Photoshop 5

Helmut Kraus

Photoshop 5

Perfekte Bildbearbeitung für MacOS und Windows

ADDISON-WESLEY

An imprint of Addison Wesley Longman, Inc.

Bonn • Reading, Massachusetts • Menlo Park, California
New York • Harlow, England • Don Mills, Ontario
Sydney • Mexico City • Madrid • Amsterdam

Die Deutsche Bibliothek – CIP-Einheitsaufnahme

Photoshop 5: Perfekte Bildbearbeitung für Mac OS und Windows /
Helmut Kraus. – Bonn, Reading, Mass. [u.a.]: Addison-Wesley-Longman
(Dpi – design publishing imaging)
ISBN 3-8273-1441-0

1. Auflage 1998

Redaktion und Satz: Rainer Dorau, Düsseldorf. Gesetzt aus der Meta.
Lektorat: Rudolf Krahm
Produktion: Anne Heiming
Belichtung, Druck und Bindung: Media-Print, Paderborn
Umschlaggestaltung: Helmut Kraus, Düsseldorf

Das verwendete Papier ist aus chlorfrei gebleichten Rohstoffen hergestellt und alterungsbeständig. Die Produktion erfolgt mit Hilfe umweltschonender Technologien und unter strengsten Auflagen in einem geschlossenen Wasserkreislauf unter Wiederverwendung unbedruckter, zurückgeführter Papiere.

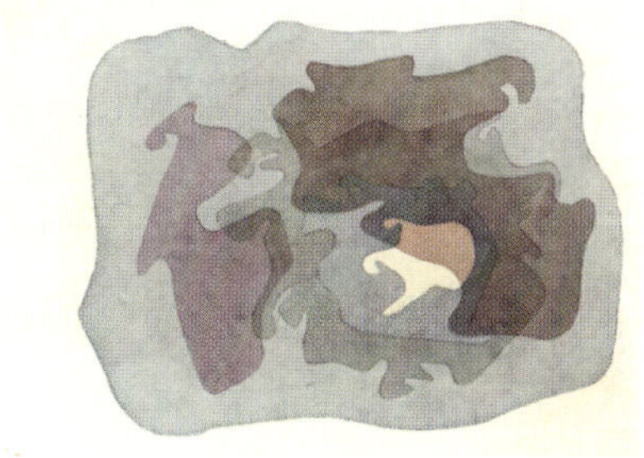

»Nur der Schein trügt nicht.«

Paul Klee

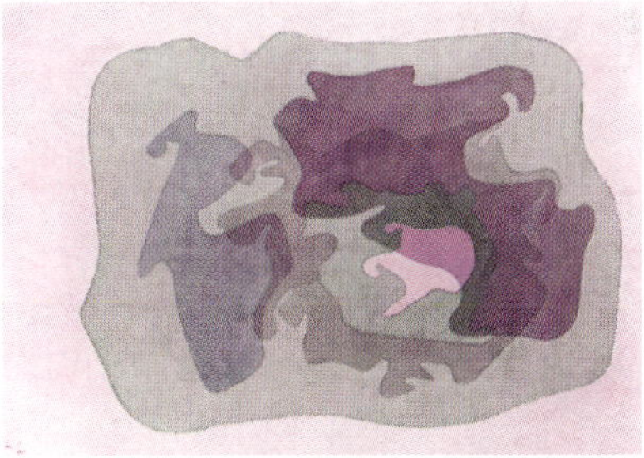

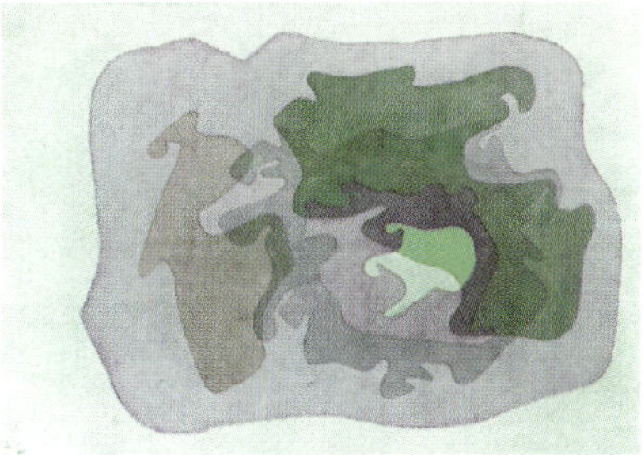

Inhalt

Grundlagen

Praxis

Anwendungen

Visuelle Referenz

Appendix

Grundlagen

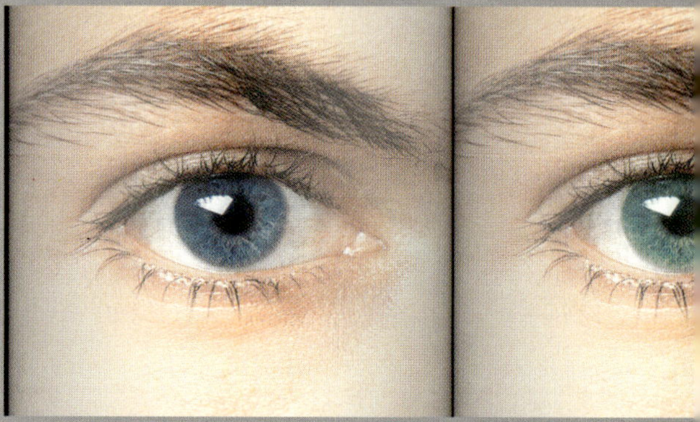

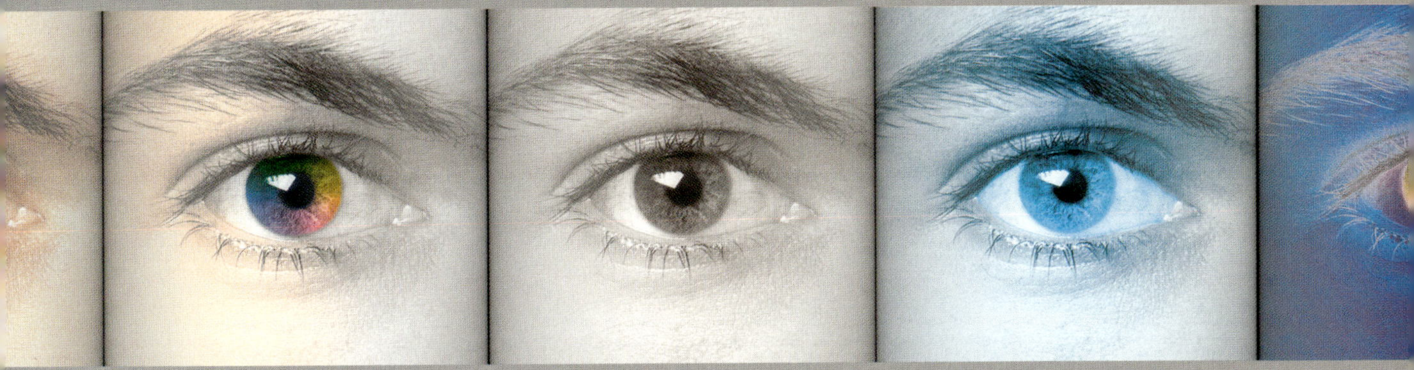

Das Auge des Autors

Anstelle eines Vor- und Nachwortes, eines Vor- und Nachspanns

»**Das Auge,** das dominante Organ mit den tausend Verantwortlichkeiten, regiert das Individuum mehr als je zuvor.« Soweit stimmt der Autor mit Fernand Léger überein. Ja, er möchte sogar weit darüber hinausgehen. Das Auge ist, wenn es auch im Vergleich mit den übrigen Sinnen des Menschen immer ein wenig überbewertet scheint, das wichtigste Sinnesorgan für den Kommunikationsprozeß geworden. Saßen in den dreißiger Jahren noch die Menschen im Kreis der Familie oder versammelt mit guten Freunden um den Radioempfänger, ist das ausgehende Jahrhundert von einem primär visuellen Informationsträger beherrscht: vom Fernsehen. Die visuelle Macht des Mediums Fernsehen beeinflußt nachhaltig unseren Gebrauch der anderen Medien – und das nicht notwendig negativ. So konnte das Fernsehen beispielsweise der Musikbranche zu neuen Rekorden verhelfen, weil über Videoclips eine noch stärkere Bindung zwischen den Produzenten und den Konsumenten zu erzielen ist als über die reinen Audio-Medien wie Rundfunk, Schallplatte und CD.

Auch andere Bereiche werden mehr und mehr durch visuelle Medien beherrscht. In der Geschäftswelt ist das Faxgerät zum wichtigsten Träger des Informationsaustauschs geworden, weil es über das gesprochene Wort hinaus eine visuelle Verbindlichkeit zu schaffen vermag. Wir arbeiten heute fast selbstverständlich mit grafischen, also visuell orientierten Benutzeroberflächen. Wir bereiten Informationen optisch so auf, daß beispielsweise unübersichtliche Zahlenkolonnen ihre Bedeutung in übersichtlichen Charts offenbaren.

Natürlich sind wir durch diese immer schneller fortschreitende Entwicklung gefordert, unsere Informationen, die wir an andere weitergeben wollen, bestmöglich aufzubereiten. Wir wollen ja verstanden werden.

»Nie zuvor ist der Fortschritt der Geschichte so atemlos gewesen wie seit der Erfindung der bildermachenden Apparate. Denn endlich hat die Geschichte ein konkretes Ziel, dem entgegen sie läuft, das Ziel, ins Bild gesetzt zu werden.« Der Kulturphilosoph Vilém Flusser bringt die Notwendigkeit der Entwicklung der Menschheit zu einer visuell dominierten Informationsgesellschaft in brillanter Klarheit auf den Punkt. Dem ist eigentlich nichts mehr hinzuzufügen.

So bleibt dem Autor nur noch, die Erkenntnisse über die Macht der visuellen Information in Beziehung zum vorliegenden Buch zu setzen. Photoshop zählt, obwohl es »nur« eine Software ist, zu den »bildermachenden Apparaten«. Das nun brennende Interesse an der Bildbearbeitung erscheint als logische Konsequenz der Entwicklung aller Computeranwendungen – von den reinen Rechenanwendungen zur Textverarbeitung und weiter zur Grafik- und Bildbearbeitung. Dieses Photoshop-Buch soll helfen, das Programm in seinen möglichen Anwendungskontexten sinn- und wirkungsvoll einzusetzen. Dazu wird keine langweilige Beschreibung der zahllosen Funktionen wiedergegeben, sondern das Programm wird im praktischen Einsatz gezeigt. Der Leser des Buches schaut dem Photoshop-Operator bei seiner Arbeit über die Schulter. Er sieht dabei, wie Arbeiten mit Photoshop entstehen, und lernt, wie die Funktionen von Photoshop eingesetzt werden. Dieses Konzept wird im Praxis- und im Anwendungsteil des Buches praktiziert. Der Grundlagenteil stellt gewissermaßen die Vorspeise dar, so daß sich der Leser auf ein insgesamt dreigängiges Menü freuen darf. Die darauffolgende visuelle Referenz darf als kleines Kochbuch angesehen werden, das beim Nachkochen der Gerichte helfen kann. Darin sind kurz und knapp die grundlegenden Handgriffe erklärt, um sich in der Küche von Photoshop zurechtzufinden. Die beigefügte CD wird ein Weiteres dazu beitragen, es nicht allein beim Schlemmen zu belassen, sondern selbst Hand anzulegen.

All dies ist in der Absicht aufbereitet, das behandelte Thema so interessant und übersichtlich wie möglich darzustellen. Als Idealfall wäre dazu sicher ein multimediales »Etwas« vonnöten: Text, Bild, Ton, Animation. Beim Medium Buch müssen Autor und Leser hinsichtlich der Vertonung und der Animation gewisse Einbußen hinnehmen. Trotzdem versucht dieses Buch, über die üblichen Ausdrucksformen eines gedruckten Mediums hinauszugelangen. So ist das Buch nicht in einem Textprogramm geschrieben und anschließend von einem Setzer für den Druck aufbereitet worden, sondern es wurde (vollkommen zeitgemäß) in einem Layoutprogramm Seite für Seite erarbeitet. Genaugenommen müßte es heißen: Doppelseite für Doppelseite. Dies ist aus der Einsicht geboren, daß sich die natürliche Einheit eines Buches nicht aus der Einzelseite, sondern vielmehr aus der Doppelseite ableitet. Denn sie liegt bei aufgeschlagenem Buch vor dem Leser, und auf ihr allein kann sich der Leser, ohne umblättern zu müssen, informieren. Es wurde daher versucht, jedes Thema auf einer oder mehreren Doppelseiten abzuschließen.

Dieses Buch ist als Versuch zu werten, dem Medium Buch, das sich in Zukunft in einem verstärkten Konkurrenzkampf gegen die neuen computergestützten »Multi-Medien« zu behaupten hat, einen zeitgemäßeren Anstrich zu geben. Natürlich ist dieser Versuch durch die ganz persönliche Sichtweise des Autors geprägt, eben durch das Auge des Autors.

»Nie zuvor ist der Fortschritt der Geschichte so atemlos gewesen wie seit der Erfindung der bildermachenden Apparate. Denn endlich hat die Geschichte ein konkretes Ziel, dem entgegen sie läuft, das Ziel, ins Bild gesetzt zu werden.«

Vilém Flusser

Wozu Bildbearbeitung?

Eine Frage, die sich schon nach kurzer Arbeitszeit mit Photoshop gar nicht mehr stellt – trotzdem werden elf Antworten gegeben

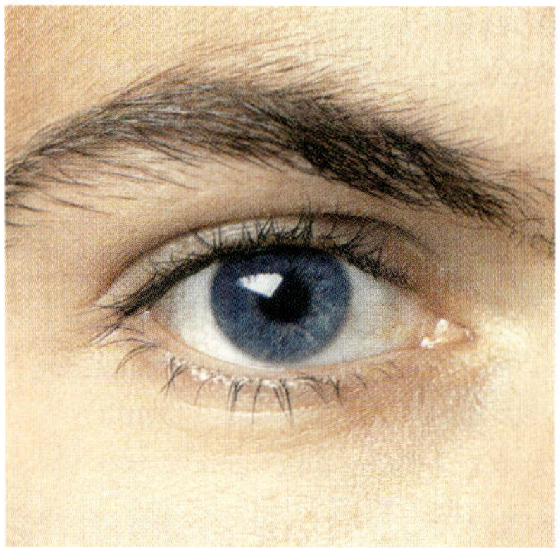

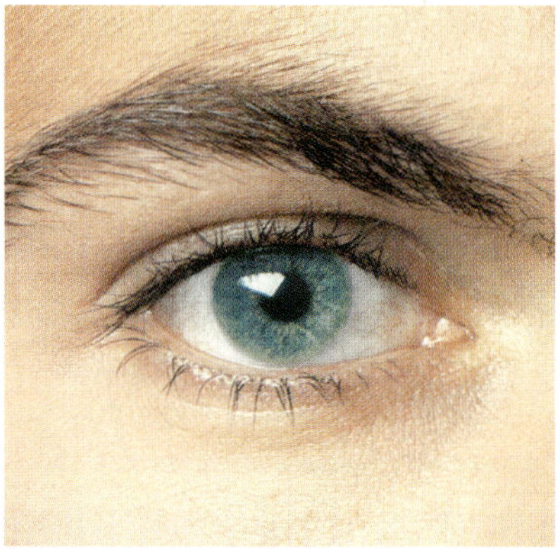

Photoshop mag auf den ersten Blick wie die Antwort auf eine Frage erscheinen, die niemand gestellt hat. Photoshop ist wie DTP überhaupt ein Kind der Zeit, in der wir leben, und geradezu notwendig aus den Ansprüchen heraus geboren, die unsere Informationsgesellschaft an Werkzeuge zur Informationsgestaltung stellt. Insofern sollten alle, die mit visueller Kommunikation zu tun haben, vorbehaltlos die Möglichkeiten von Photoshop prüfen und lernen, es als nützliches Werkzeug einzusetzen.

Fotos für die Druckwiedergabe vorbereiten

Eine der primären Anwendungen von Photoshop ist es, gescannte Bilder und Digitalfotos für die Druckwiedergabe vorzubereiten. Dazu zählt im einfachsten Fall das Scannen eines Bildes (die Steuerung des Scanners kann über ein Plug-in auch von Photoshop aus abgewickelt werden) oder das Öffnen eines Digitalfotos oder eines bereits gescannten Bildes. Darauf folgt die Umwandlung in ein Bildformat, das für eine Separation aus Photoshop oder aus einem Layoutprogramm heraus geeignet ist. Photoshop kann zahlreiche Bildformate öffnen und die Bilder in ebenso vielen Formaten wieder abspeichern, unabhängig davon, in welchem Bildformat das Bild ursprünglich vorlag.

Die Standardarbeitsschritte für die Druckvorbereitung eines Bildes mit Photoshop werden im Praxisteil dieses Buches erläutert, so daß jeder Leser ohne Probleme seine Bilder aufbereiten kann.

Fotos korrigieren

Oftmals weisen die Bildvorlagen Unzulänglichkeiten hinsichtlich der Bildqualität und des Bildausschnitts auf. Diese technischen Mängel lassen sich mit den Werkzeugen von Photoshop leicht korrigieren. Bilder können in Helligkeit, Kontrast, Farbgebung, Schärfe, Auflösung, Bildgröße und Proportionen frei korrigiert werden. Außerdem lassen sich Bildinhalte durch Ausschnitte oder durch Freistellen konzentrieren, um die Wirkung des Bildes zu verstärken.

Die Mängelbeseitigung einer Bildvorlage ist neben der Separation die vielleicht wichtigste Anwendung von Photoshop. Den Mängeln von Vorlagen und deren Beseitigung ist daher im Praxisteil ausreichend Platz eingeräumt, um auch kniffelige Korrekturen zeitsparend vornehmen zu können.

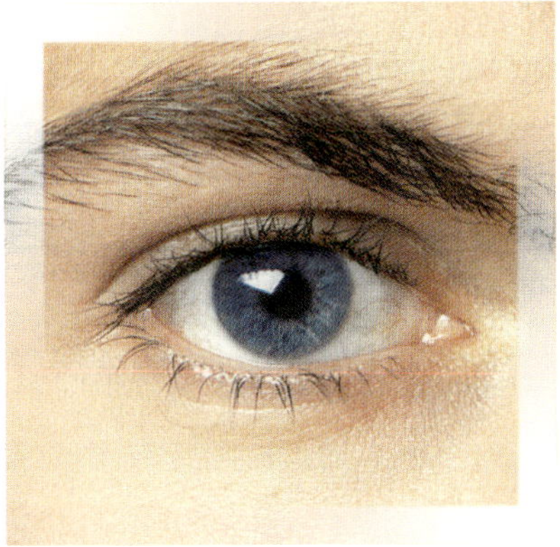

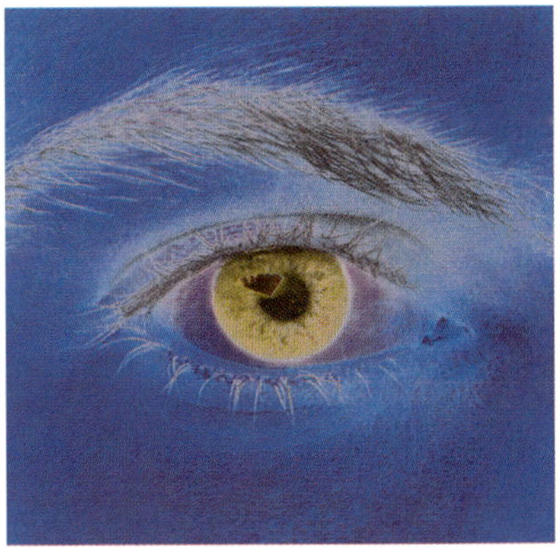

Bildern einen Rahmen geben

»Ein schöner Rahmen macht das halbe Bild.« Das ist keineswegs übertrieben. Das Buch wird auf viele Möglichkeiten der Bildveredelung durch Rahmen eingehen. Dabei werden auch einige ausgefallene, unkonventionelle Lösungen zu finden sein, mit denen sich gutes Bildmaterial noch wirkungsvoller präsentieren und weniger gutes Material (womit sich typische Photoshopper oft genug konfrontiert sehen) doch zumindest erträglicher machen läßt.

Fotos verfremden

Schon immer war die Verfremdung ein künstlerisches Element der Fotografie. Mit Photoshop verlagern sich die Möglichkeiten der Verfremdung von der Arbeit mit der Kamera und der Arbeit im Fotolabor hin zur Arbeit am Bildschirm. Das ist nicht nur umweltfreundlicher (jeder mißglückte Versuch kostet neben einem Lächeln nur den Aufruf der Widerrufen-Funktion), sondern macht bei weitem auch mehr Spaß als langwierige Experimente On-location bzw. in der Dunkelheit des Fotolabors. Nicht zuletzt stehen weit mehr digitale Verfremdungstechniken zur Verfügung, und sie lassen sich auch feinfühliger steuern als ihre analogen Vorbilder aus der klassischen Foto- und Lithographie. Photoshop-Zusätze wie Kai's Power Tools erweitern die Verfremdungsmöglichkeiten mit Photoshop um ein Weiteres.

Fotos als Vorlage für Maleffekte

Besonders Menschen ohne jede Erfahrung mit Computern sind ziemlich überrascht, wenn sie erleben, wie durch die datenverarbeitenden Maschinen Effekte erzielt werden, die perfekt mechanische Arbeitstechniken simulieren. Auch Photoshop hat in seiner Filterpalette einige erstaunliche Effekte zu bieten. Mit MetaCreations Painter, das gerne als Ergänzung zu Photoshop eingesetzt wird, lassen sich die Mal- und sonstigen künstlerischen Effekte in geradezu wahnwitziger Weise fortsetzen. Die Bildbearbeitung mit Computern erreicht auf diese Weise ein neues Niveau.

Der Anwendungsteil zeigt einige interessante Projekte, die, auch wenn es nicht so aussieht, vollständig am Computer entstanden sind.

Text-Bild-Integration

Die Integration von Text- und Bildelementen ist nicht ohne Grund die wohl am meisten eingesetzte Kommunikationsform. Wir begegnen ihr in Zeitungen, Zeitschriften und Büchern, auf Plakaten und im Fernsehen. Und natürlich im modernsten aller Kommunikationsmedien: Multimedia.

Daß sich mit Photoshop dank TrueType bzw. ATM perfekte Text-Bild-Integration erzielen läßt, mag manchen reinen Bildbearbeiter vielleicht verwundern. Layouter werden diese Möglichkeiten jedoch schnell schätzen lernen und nicht wieder darauf verzichten wollen.

Sowohl im Praxis- als auch im Anwendungsteil wird immer wieder auf die verschiedenen Verfahren, Texte in Bilder zu integrieren, eingegangen.

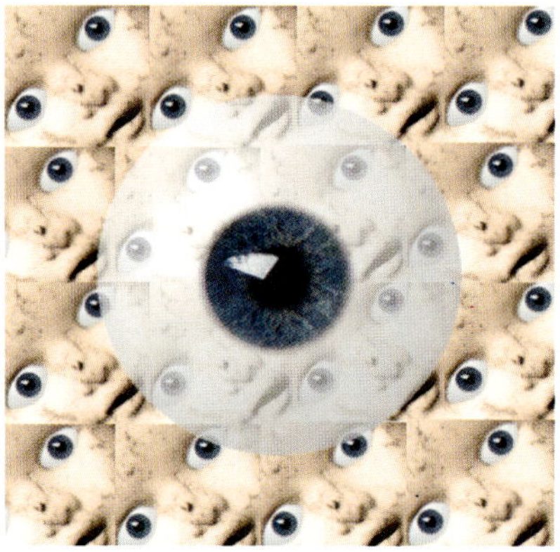

Fotomontage

Fotomontage im digitalen Zeitalter ist so einfach auszuführen, daß man sich schon bald bremsen muß, um nicht in eine Montagemanie zu verfallen.

Photoshop eignet sich aufgrund seiner vielen Montagemöglichkeiten selbst für Bildcomposing, wie es bis vor kurzem nur auf EBV-Anlagen des High-end-Bereichs (beispielsweise Quantels PaintBox) möglich war. Hinsichtlich der resultierenden Bildqualität braucht sich Photoshop auch nicht hinter diesen professionellen Vorbildern zu verstecken. Lediglich die Rechengeschwindigkeiten der Macs und PCs setzen noch eine Grenze.

Montagen werden sowohl im Praxisteil wie auch im Anwendungsteil immer wieder innerhalb der vorgestellten Beispiele auftauchen, weil sie das vielleicht wichtigste Mittel zur visuellen Kommunikation sind.

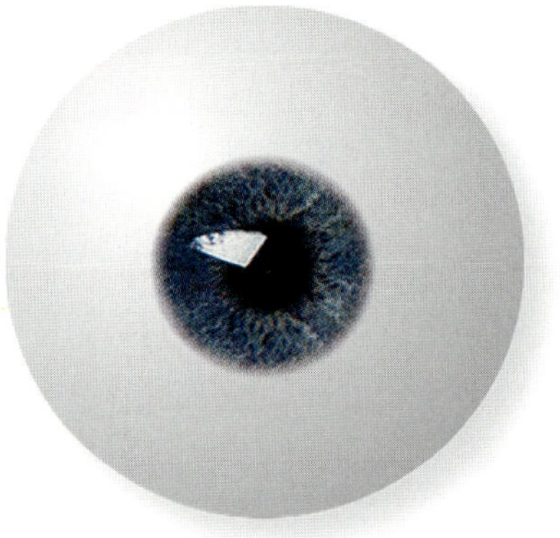

Fotos als Vorlage für Illustrationen

Das Bildbearbeitungsprogramm als Illustrationswerkzeug. Das mag auf den ersten Blick abwegig erscheinen, besonders im Hinblick auf die vielen vektorglatten Spezial-Softwares zum Illustrieren und Präsentieren.

Fotorealistische Illustrationen, die naheliegenderweise mit Photoshop entstehen können, wirken wesentlich lebendiger und überzeugender als die fast langweilig glatten Charts und Zeichnungen der Illustrators, FreiHänder und CorelZeichner. Trotz wunderbarer »Pixeleffekte« braucht jedoch niemand auf den Konstruktionskomfort der Vektorprogramme zu verzichten. Photoshop läßt sich auch als letzte Veredelungsinstanz für Vektorgrafiken heranziehen. Mehr dazu im Praxisteil.

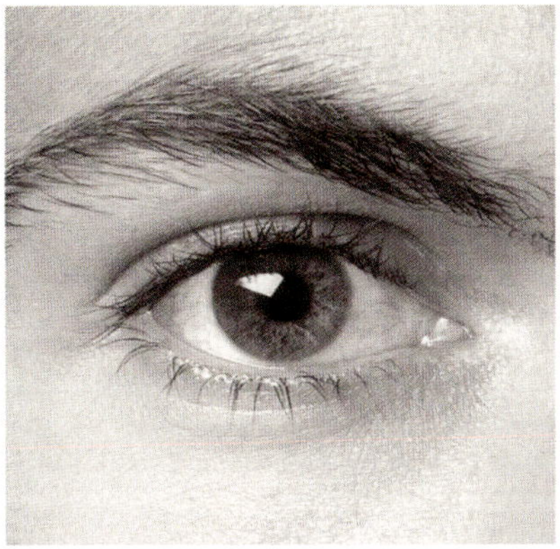

S/W-Bilder kolorieren

Wenn nur Schwarzweißvorlagen verfügbar sind und dennoch ein farbiges Layout verlangt wird, hilft Photoshop auf einfache, unkomplizierte, jedoch recht wirkungsvolle Weise, Farbe ins triste Grau der Schwarzweißbilder zu bringen. Der Schlüssel dazu liegt unter anderem auch in den Malfunktionen von Photoshop, die im Praxis- und Anwendungsteil an unterschiedlichen Beispielen vorgestellt werden.

S/W-Bildern mehr Tiefe geben

Die Anzahl der darstellbaren bzw. druckbaren Halbtöne (Graustufen) läßt sich erheblich vergrößern, wenn anstelle nur einer Druckfarbe zwei oder mehr Farben verwendet werden. Vierfarbig gedruckte S/W-Bilder weisen beispielsweise eine wesentlich bessere Halbtonwiedergabe und Detailzeichnung auf als monochrom gedruckte.
Wenn das Budget für einen Vierfarbdruck nicht ausreicht, hilft auch schon eine zusätzliche Druckfarbe weiter. Dies kann beispielsweise ein Grauton sein oder aber wie im obigen Beispiel eine zusätzliche Schmuckfarbe.

Doch Farbe um jeden Preis – das muß nicht sein. An dieser Stelle soll daher auch einmal die ästhetische Wirkung von Schwarzweißbildern angesprochen sein. Die Verwendung nur einer Druckfarbe (es muß nicht immer Schwarz sein) kann die grafische Wirkung von Bildern enorm steigern.

Mit Duplexdruck Kosten sparen

Kosten einsparen, das ist ein wichtiger Aspekt bei der Gestaltung von Druckvorlagen. Und es ist ein Aspekt, der von vielen Gestaltern übersehen wird. Durch geschickten Einsatz von nur zwei Schmuckfarben läßt sich teilweise auf eine erstaunliche Palette von Zwischentönen zugreifen, die insgesamt einen Farbeindruck hervorrufen, der nicht nach »billigem« Zweifarbdruck aussieht.

Neben dem Kostenaspekt kommt bei Duplexbildern auch oft eine Konzentration der Bildaussage zum Tragen. Auf jeden Fall ist ein technisch gutes Duplexbild einer mittelmäßigen Vierfarbreproduktion vorzuziehen.

Im Praxis- wie im Anwendungsteil werden mehrere Beispiele diskutiert, die auf die besondere Verfahrensweise beim Erstellen von Duplexbildern eingehen.

Photoshop zwischen den Welten

Über die Unterschiede eineiiger Zwillinge oder in welchen Punkten die Arbeitsweise des Programms unter Windows und MacOS voneinander abweicht

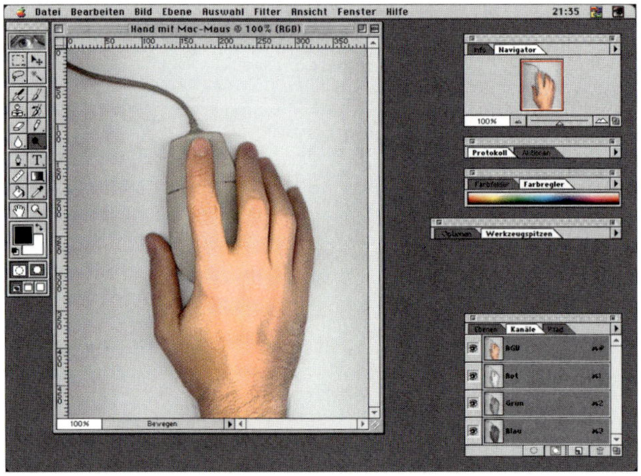

So präsentiert sich Photoshop 5 unter dem MacOS. Die Aufnahme zeigt einen 17-Zoll-Monitor mit einer Auflösung von 832 mal 624 Pixel.

Im Jahr 1990 hätte man sicher kaum jemanden dazu verleiten können, sich in bezug auf die Zukunft der Bildverarbeitung mit den kleinen, »persönlichen« Computern hoffnungsvoll zu äußern – vielleicht mit Ausnahme einiger Visionäre aus dem Hause Adobe. Denn 1990, der Macintosh war gerade sechs Jahre alt geworden, hatten die kleinen Computer immer noch gegen zahlreiche Vorurteile zu kämpfen. Beinahe ketzerisch mußte den Lithographen an ihren erst kürzlich zu siebenstelligen Summen erworbenen Highend-Scannern mit angeschlossenen EBV-Anlagen die Idee vorkommen, Bildbearbeitung und Retusche auf den kleinen Kreativ-Computern zu erledigen.

Doch wie bei den Kollegen vom altehrwürdigen Setzerhandwerk verstummte die Kritik mehr und mehr und wich einer interessierten Beobachtung der ernstzunehmenden Konkurrenz aus dem Lager der Desktop-Computer.

Noch viel mehr als die Veränderungen der Software Photoshop von der ersten bis hin zur aktuellen Version kamen die Veränderungen der Hardware zum Tragen. Die Computerleistungen haben sich seit 1990 in einem Maße gesteigert, daß die Unterschiede zwischen EBV und Desktop-Bildbearbeitung nahezu völlig zusammengeschrumpft sind. Desktop-Computer sind zu Werkzeugen herangereift, mit denen sich praxistauglich und konkurrenzfähig vierfarbig produzieren läßt.

Photoshop konnte zur Schlüsselapplikation für Bildbearbeitung mit Desktop-Computern aufsteigen. Einer der wichtigsten Vorzüge von Photoshop gegenüber anderen Bildbearbeitungsprogrammen ist die plattformübergreifende Kompatibilität. Neben der MacOS-Version bietet Adobe Photoshop auch für Windows und Unix an, womit die wichtigsten Hardware-Plattformen »kleiner« Computer abgedeckt sind. Die Kompatibilität zwischen der MacOS- und der Windows-Version ist so ausgeprägt, daß man von identischen Versionen sprechen kann. Nicht nur die Datenformate sind austauschbar, Adobe hat auch – von geringen Unterschieden abgesehen – die Benutzeroberfläche beider Versionen aufeinander abgestimmt. Die Terminologie der Mac-Version wurde mit dem 5er Release dem Windows-Photoshop angeglichen. So heißt beispielsweise das erste Menü jetzt auf beiden Plattformen »Datei«. Die wenigen Unterschiede, mit denen »Weltenbummler« zu rechnen haben, sind im folgenden kurz zusammengefaßt.

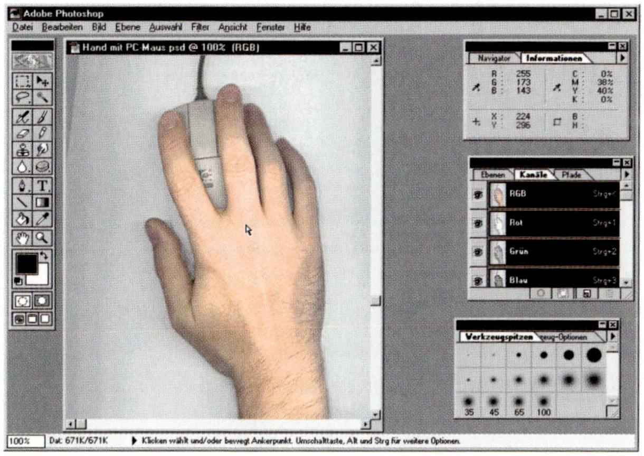

So präsentiert sich Photoshop 5 unter Windows. Die Aufnahme zeigt einen Monitor mit einer Auflösung von 800 mal 600 Pixel.

Fenster-Handling unter dem MacOS

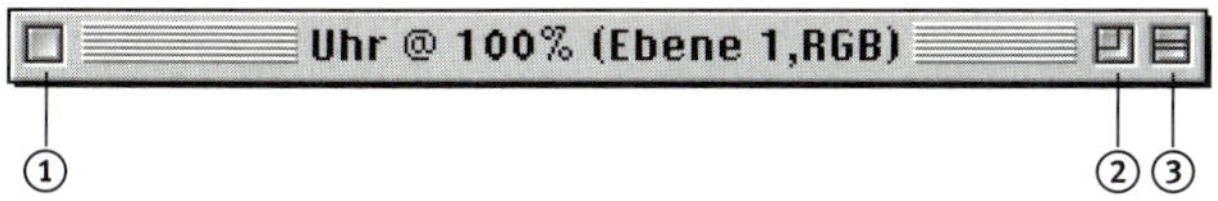

1 Datei schließen
Das Schließfeld schließt die geöffnete Datei.

2 Fenstergröße anpassen
Das Erweiterungsfeld paßt das Fenster der gewählten Darstellungsgröße an.

- Ein erneuter Mausklick auf das Feld wechselt zur vorherigen Fenstergröße.

(Zu diesem Feld gibt es unter Windows keine direkte Entsprechung. Das Anpassen der Fenstergröße an die Darstellungsgröße kann aber auch durch einen Doppelklick auf das Symbol der Hand in der Werkzeugpalette erreicht werden.)

3 Fenster auf Titelleiste verkleinern
Das Feld Fensterinhalt Ein/Aus reduziert das Dateifenster auf die Titelleiste.

- Ein erneuter Mausklick auf das Feld blendet wieder das gesamte Fenster ein.

Fenster-Handling unter Windows

1 Datei schließen
Das Schließfeld schließt die geöffnete Datei.

2 Vollschirmmodus aktivieren
Das Maximieren-Feld stellt die Vollschirmansicht ein, die auch mit dem Symbol in der Werkzeugpalette aktiviert werden kann (letztere jedoch ohne Programmtitelleiste).

- Ein erneuter Mausklick auf das Feld – jetzt zeigt es das Wiederherstellen-Symbol () – aktiviert die Fensterdarstellung.

3 Fenster auf Titelleiste verkleinern
Das Minimieren-Feld verkleinert das Dateifenster auf die Titelleiste und legt sie links unten im Programmfenster ab.

- Ein erneuter Mausklick auf das Feld – jetzt zeigt es das Wiederherstellen-Symbol () – wechselt zur vorherigen Darstellung (Fenster oder Vollschirm).

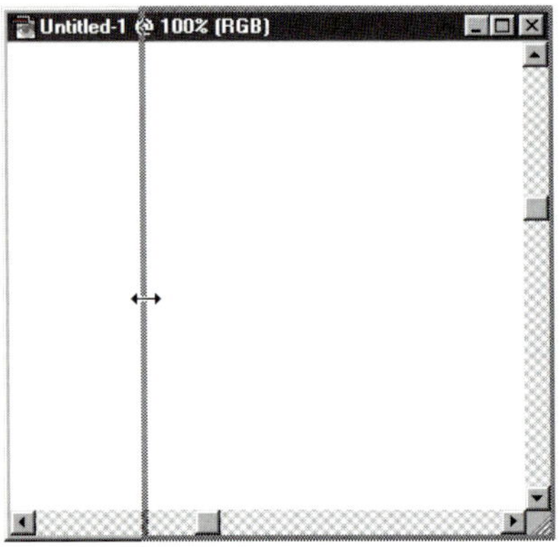

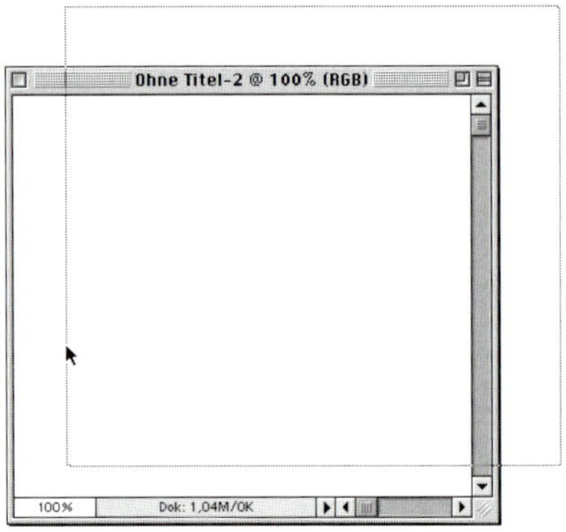

Fensterrahmen

Wird unter Windows eine Seite des Fensterrahmens bewegt, verändern sich dadurch die Proportionen des Fensters. Unter dem MacOS wird beim Bewegen einer Rahmenseite das gesamte Fenster verschoben, ohne daß sich dessen Größe ändert.

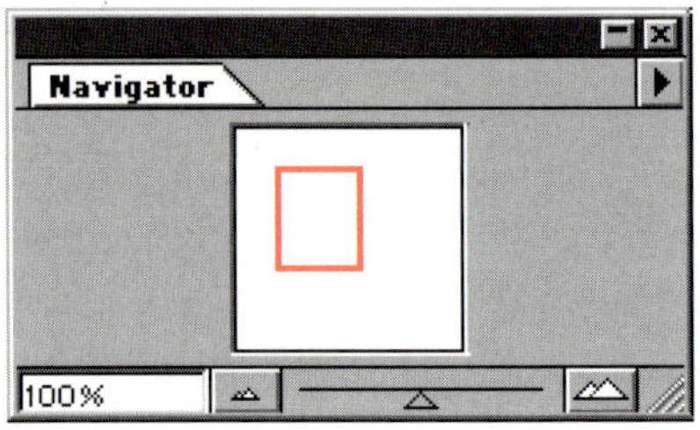

Darstellungsgröße eingeben

Ein weiterer kleiner Unterschied in der Benutzeroberfläche besteht darin, daß in der MacOS-Version die Darstellungsgröße in der linken unteren Ecke jedes Bildfensters angezeigt oder eingegeben wird und daher auch für nicht aktive Bilder sichtbar ist. In der Windows-Version dagegen ist das kombinierte Anzeige-Eingabe-Feld am linken Ende der Informationsleiste untergebracht, die sich am unteren Rand des Programmfensters befindet (Fenster, Info-Leiste einblenden). Es zeigt immer nur die Darstellungsgröße der aktiven Datei.

Ein weiteres Zoomfeld – und hier sind Mac- und Windows-Photoshop wieder vereinheitlicht – befindet sich in der linken unteren Ecke der Navigatorpalette.

Tastenbelegung

Eine PC-Tastatur besitzt drei Zusatztasten, die in Photoshop zur Schnellauswahl von Menüfunktionen oder für andere Operationen genutzt werden können: Alt-, Steuerung- (Strg) und Umschalttaste (⇧). Auf einer Mac-Tastatur finden sich insgesamt vier Zusatztasten: Wahltaste (⌥), Befehlstaste (⌘), Control- (Ctrl) und Umschalttaste (⇧).

Dennoch lassen sich alle Photoshop-Tastaturkürzel ganz einfach zwischen Mac und Windows übertragen. Die »Übersetzung« ist der Tabelle unten zu entnehmen.

Kontextmenü öffnen

Unter Windows wird das Kontextmenü mit der rechten Maustaste eingeblendet. Im Gegensatz zu PC-Mäusen verfügt eine Apple-Maus nur über eine Taste. Um das Kontextmenü aufzurufen, muß zusätzlich zur Maustaste die Ctrl-Taste gedrückt werden.

Hinweis: Verwendete Kurzschreibweisen für Tastenkürzel

Um in möglichst kurzer Form Tastenkürzel für beide Betriebssystem-Plattformen anzugeben, werden im Buch folgende Schreibweisen verwendet:

Strg/⌘-Taste	unter **Windows** die Strg-Taste drücken, unter dem **MacOS** die Befehlstaste (⌘)
Alt/⌥-Taste	unter **Windows** die Alt-Taste drücken, unter dem **MacOS** die Wahltaste (⌥)

Tastenentsprechungen

MacOS	**Windows**
Befehlstaste (⌘)	Strg-Taste
Wahltaste (⌥)	Alt-Taste
Umschalttaste	Umschalttaste
Ctrl-Taste	(keine Entsprechung)

Speichermanagement für Photoshop unter dem MacOS

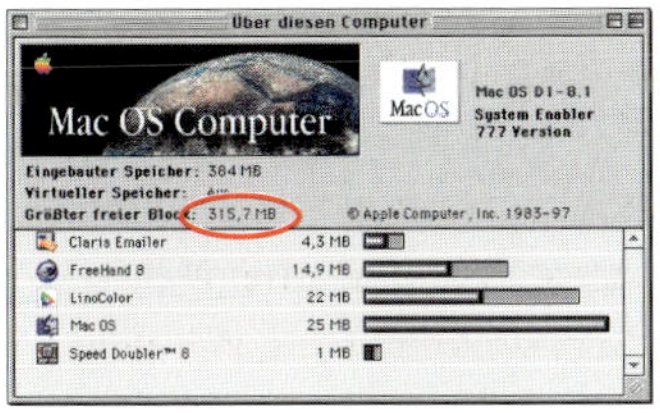

1 Reservieren von Arbeitsspeicher

Für effektives Arbeiten mit großen Bilddateien sollte der Programmdatei von Photoshop im Finder-Dialog Informationen so viel Arbeitsspeicher wie möglich zugewiesen werden. Die Höhe der Speicherzuteilung hängt davon ab, wieviel Speicher insgesamt zur Verfügung steht und wieviel davon für andere Programme benötigt wird.

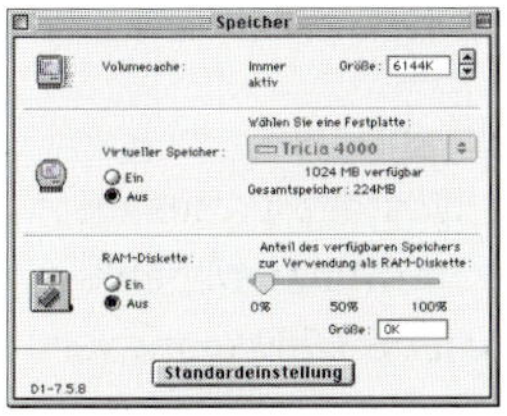

2 Virtuellen Speicher des Systems ausschalten

Wenn der Rechner über genügend Arbeitsspeicher verfügt, sollte der virtuelle Arbeitsspeicher des Systems (Kontrollfeld Speicher) ausgeschaltet werden. Dadurch erhöht sich die Arbeitsgeschwindigkeit von Photoshop.

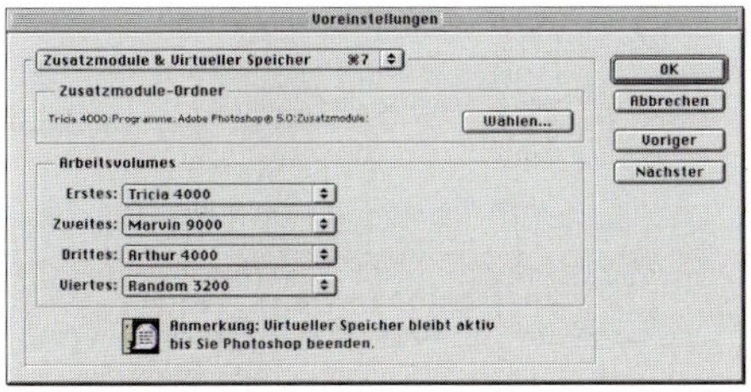

3 Virtuellen Speicher von Photoshop einrichten

Zum Auslagern von Bilddaten, die nicht im Arbeitsspeicher verwaltet werden können, verwendet Photoshop eigenen virtuellen Speicher. Welche Festplatten dafür verwendet werden sollen, kann im Dialog Datei, Voreinstellungen, Zusatzmodule & Virtueller Speicher festgelegt werden.

Speichermanagement für Photoshop unter Windows

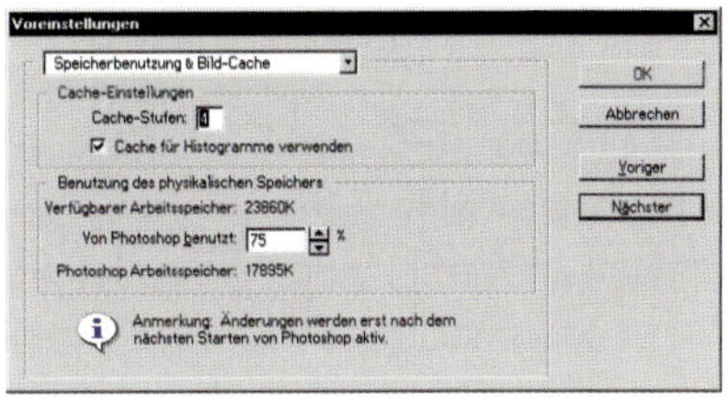

1 Reservieren von Arbeitsspeicher

Unter Windows wird der vom Programm verwendete Arbeitsspeicher im Dialog des Befehls Datei, Voreinstellungen, Speicherbenutzung & Bild-Cache eingestellt. Dabei kann ein prozentualer Wert gewählt werden. Dieser muß unter 100 % liegen, da sonst keine weiteren Programme mehr geöffnet werden können.

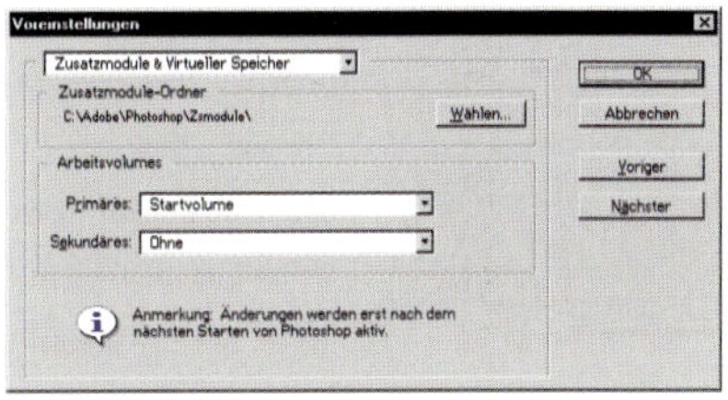

2 Virtuellen Speicher von Photoshop einrichten

Photoshop legt zur Auslagerung von Bilddaten eine eigene Auslagerungsdatei an, deren Ort im Dialog Datei, Voreinstellungen, Zusatzmodule & Virtueller Speicher bestimmt werden kann. Der dafür verfügbare Festplattenspeicher sollte mindestens dreimal so groß wie die bearbeitete Datei sein.

Ganz schön bunt

Warum Photoshop so viele unterschiedliche Farbmodi zur Verfügung stellt

Im RGB-Modus stehen 16,7 Millionen Farben zur Verfügung. Eine unvorstellbare Menge? Ein Bildschirm, der alle RGB-Farben auf einmal anzeigen kann, müßte eine Bildschirmdiagonale von 64 Zoll haben. Oder ein anderes Beispiel: Buntstifte, eng aneinandergelegt, würden eine Strecke von 117 Kilometern beanspruchen, wenn jeder in einer der 16,7 Millionen Farben malen soll.

Wenn auch die Vielzahl der Farbsysteme von Photoshop auf den ersten Blick unüberschaubar scheint, so wird sich bei der Arbeit mit dem Programm nach und nach zeigen, daß jeder Modus aus dem Menü Bild, Modus seine Berechtigung hat. Teilweise sind die Modi als Arbeitshilfe anzusehen, teilweise begründen sie sich durch technische Notwendigkeiten, die bei der Wiedergabe der bearbeiteten Bilder zu beachten sind.

»Farbräume sind Farbträume.« Dieses nette Wortspiel weist auf eine Problematik hin, mit der sich jeder Photoshop-Anwender auseinandersetzen muß, wenn er unnötige Qualitätsverluste vermeiden möchte. Den Farbmodi von Photoshop liegt jeweils ein eigener Farbraum zugrunde, der alle im Modus darstellbaren Farben enthält. Die Farbräume der Modelle sind leider ziemlich inkompatibel zueinander. Dadurch, daß sich beispielsweise die Farbräume RGB und CMYK nur teilweise überlappen, sind Farben des einen Farbraums im anderen nur näherungsweise darstellbar und umgekehrt. Die auf dem Bildschirm im RGB-Modus dargestellten Farben lassen sich zum Teil nicht im Vierfarbdruck drucken. Und selbst die im CMYK-Modus dargestellten Farben sind nur eine mehr oder weniger gute Vorschau der später tatsächlich gedruckten Farben. Ein selbstleuchtender Bildschirm kann rein physikalisch nicht dieselben Farben anzeigen, wie sie durch Reflexion von Licht auf bedrucktem Papier entstehen.

Trotz dieser technisch-physikalischen Misere lassen sich Farben auch am Bildschirm kontrollieren, wenn das Anzeigegerät für die beabsichtigte Anwendung kalibriert wird. Wie eine Kalibrierung am besten vorgenommen wird, ist Gegenstand des nachfolgenden Kapitels »What you see is what you get?«.

Doch zurück zu den Farbmodi: Wichtig für die Arbeit mit Photoshop ist die Kenntnis darüber, welche Arbeiten in welchem Modus vorgenommen werden sollten. Entscheidend dafür ist, mit welcher Technik das bearbeitete Bild zur Anzeige gebracht werden soll. Soll es für eine Bildschirmpräsentation aufbereitet oder im Web publiziert werden? Soll es auf einem niedrigauflösenden Farbdrucker in möglichst guter Qualität ausgegeben oder im Offsetdruck vierfarbig auf hochwertigem, gestrichenem Papier gedruckt werden? Das jeweilige Ausgabemedium bestimmt wesentlich die Wahl des Farbmodus und die erforderliche Bildbearbeitung.

Die nachfolgenden Seiten stellen die Farbmodi von Photoshop vor und zeigen auf, für welche Anwendungsbereiche bevorzugt in welchem Modus gearbeitet werden soll.

Die Farbumfangwarnung (Menü Ansicht) versieht bei RGB- und Lab-Bildern alle Farben, die im Vierfarbdruck nicht exakt reproduziert werden können und durch ähnliche Farben ersetzt werden müssen, mit einer grauen Kennzeichnungsfarbe.

Keine unnötigen Modus-konvertierungen vornehmen

Bei der Umwandlung eines Bildes in einen anderen Farbmodus gehen oft Farbinformationen verloren, beispielsweise bei der Konvertierung von RGB nach CMYK. In diesem Fall stellt eine Rückumwandlung in den Ursprungsmodus nicht die ursprünglichen Farben wieder her. Um die Farbwirkung eines Bildes im Vierfarbdruck zu beurteilen, kann – ohne tatsächlich eine Konvertierung durchzuführen – die CMYK-Vorschau aktiviert werden (Menü Ansicht, Vorschau, CMYK).

Unproblematisch hingegen ist die Konvertierung RGB oder CMYK in den Lab-Modus und zurück in den Ausgangsmodus, da der Lab-Farbraum alle anderen Photoshop-Farbräume enthält.

Umwandeln von und nach RGB, CMYK oder Graustufen

Bei der Umwandlung aus einem der Modi RGB, CMYK oder Graustufen in einen anderen Farbmodus und bei der Umwandlung in den RGB-, CMYK- oder Graustufenmodus spielen die Vorgaben in den Farbeinstellungsdialogen (Menü Datei, Farbeinstellungen) eine wesentliche Rolle. Auch wenn eine Änderung der Farbeinstellungen nicht die Farben der Pixel im Bild ändert, sondern nur die Bildschirmanzeige anpaßt, sind diese Einstellungen maßgeblich für die Umrechnung von einem in einen anderen Farbraum.

Welche Einstellungen zu erwünschten Ergebnissen führen, ist im Kapitel »An Profil gewonnen« beschrieben.

Bearbeitungen im Modus mit dem größten Farbraum vornehmen

Farb- und Helligkeitskorrekturen sollten in einem sehr großen Farbraum vorgenommen werden, um nicht von vornherein den Beschränkungen eines Ausgabeprozesses (beispielsweise Vierfarbdruck oder Web-Farbpalette) zu unterliegen. Der größte Farbraum in Photoshop ist der Lab-Farbraum, der zweitgrößte der RGB-Farbraum.

Die meisten Scanner und Digitalkameras liefern ihre Bilder als RGB-Daten. Eine Umwandlung in Lab macht hier keinen Sinn, da sich der Farbumfang dadurch nur theoretisch erhöht. Da einige Photoshop-Funktionen wie Filter im Lab-Modus nicht anwendbar sind, geht dieses Buch vom RGB-Modus als Standardbearbeitungsmodus aus.

Eine verfrühte Konvertierung in den CMYK-Modus beispielsweise würde zu einer unnötigen Einschränkung des Farbspektrums führen. Erst wenn alle Arbeiten abgeschlossen sind, sollte in CMYK konvertiert werden.

Über Farbkanäle

Jedem Farbmodus liegt ein eigenes Farbmodell zugrunde, das die Farben in unterschiedliche Komponenten aufschlüsselt. Die Farbkanäle sind die technische Repräsentation dieser Komponenten. Jeder Farbkanal besitzt eine Farbtiefe von 8 Bit (Ausnahme: Bitmap mit 1 Bit), das ermöglicht 256 Abstufungen innerhalb einer Komponente. Graustufen-, RGB- und CMYK-Bilder können auch auf 16 Bit pro Farbkanal (bis zu 65.536 Tonwerte) umgestellt werden, wodurch eine feinere Differenzierung zwischen den Abstufungen erreicht wird. Bei der höheren Farbtiefe sind jedoch nicht alle Photoshop-Funktionen verwendbar.

Der Dialog Bitmap stellt mehrere unterschiedliche Umwandlungsmethoden zur Verfügung.

Bitmap in Schmuckfarbe gedruckt (Pantone 534 C)

Bitmap

Das Bildformat aus der Gründerzeit der Personal-Computer – und dennoch aktuell wie von Anfang an. Macintosh-Pioniere wie April Greiman haben den monochromen Bitmaps zum Durchbruch in der grafischen Gestaltung verholfen. Die groben Pixelstrukturen rauhen den ansonsten so glatten Datenbestand in den Computern auf und verhelfen zu neuen, interessanten Ansichten über das so Dargestellte.

Das Bitmap-Format kann genau zwei Farbwerte speichern, Schwarz und Weiß. Das kompakteste aller Bildformate von Photoshop ist daher primär für Strichzeichnungen gedacht, die ja lediglich aus schwarzen Linien auf hellem Papier bestehen. Da Photoshop auch Graustufenbilder (Farbbilder müssen zuerst ins Graustufenformat umgewandelt werden) in gerasterte Bitmaps übertragen kann, sind auch Anwendungen denkbar, die über einfache Strichzeichnungen weit hinausgehen. Zunächst einmal können monochrome Bitmaps natürlich auch mit einer **Schmuckfarbe** gedruckt werden, wenn sie von einem Layoutprogramm entsprechend separiert werden. Und durch die unterschiedlichen Rasterungen können Bilder optimal für die Ausgabe auf niedrigauflösenden Druckern vorbereitet werden. Der reizvolle grafische Effekt grob gerasterter Bitmaps ist ja bereits angesprochen worden. Somit sind die Bitmaps durchaus nicht so farblos, wie sie auf den ersten Blick erscheinen mögen.

50 % Schwellenwert

Pattern Dither

Diffusion Dither

Rasterung, Punkt, 40

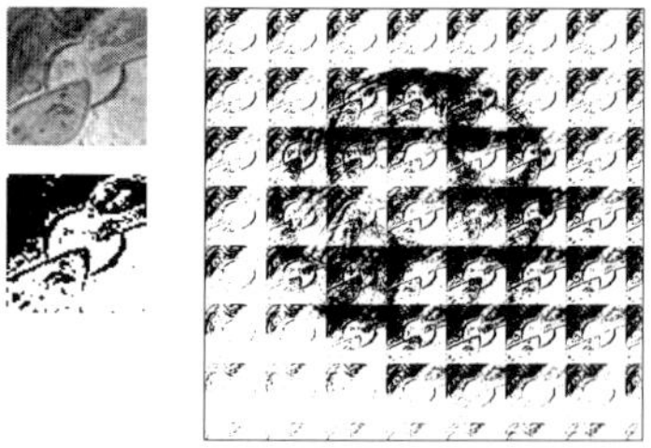

Eigenes Muster

Graustufen

Im Farbmodus Graustufen enthält das Bild bis zu 256 Tonwerte zwischen Schwarz (mit einem Helligkeitswert von 0) und Weiß (mit einem Helligkeitswert von 255). Für die Darstellung der Helligkeitsabstufungen werden also 8 Bit pro Pixel benötigt.

Graustufenbilder entstehen beim Scannen mit Graustufeneinstellung oder durch Umwandeln eines Farbbildes in den Modus Graustufen. Im Graustufenmodus stehen alle Bearbeitungswerkzeuge von Photoshop zur Verfügung.

Da viele Werkzeuge und Menübefehle für den Bitmap-Modus nicht zur Verfügung stehen, empfiehlt es sich häufig, ein Bitmap-Bild für die Bearbeitung in ein Graustufenbild umzuwandeln. Dabei entsteht ein Schwarzweißbild mit nur einer Graustufe (Schwarz). Nach Abschluß aller Bearbeitungen kann dann wieder in den Modus Bitmap zurückgewandelt werden.

Beim Umwandeln von Farbbildern in Graustufenbilder gehen alle Farbinformationen verloren. Das Umwandeln ist aus jedem Farbmodus möglich. Die Grauwerte der konvertierten Pixel entsprechen dabei der Luminanz der Ausgangspixel. Das Ergebnis ist dasselbe wie beim Fotografieren einer farbigen Vorlage mit einem panchromatischen Schwarzweißfilm.

Auch Graustufenbilder können mit einer **Schmuckfarbe** gedruckt werden, wenn sie von einem Layoutprogramm entsprechend separiert werden.

Graustufenbild in Schmuckfarbe gedruckt (Pantone 485 C)

Graustufenbild in Schmuckfarbe gedruckt (Pantone 534 C)

Duplexbild mit den vier CMYK-Farben als Sonderfarben (Quadruplex)

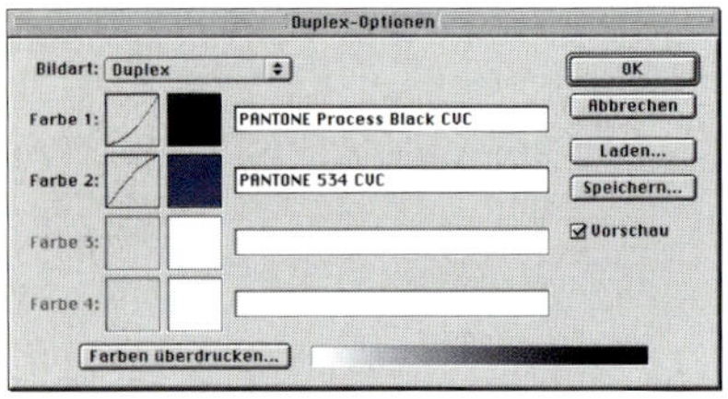

Der Dialog Duplex-Optionen zur Auswahl der Sonderfarben

Duplex

Der Modus Duplex ist ein spezielles Farbformat, durch den sich Bilder mehrfarbig mit bis zu vier Sonderfarben drucken lassen. Duplexbilder sind eigentlich Graustufenbilder, die zusätzlich Schmuckfarbeninformationen beinhalten. Jede Sonderfarbe wird dabei mit Hilfe von Gradationskurven einem Tonwertbereich des Graustufenbildes zugeordnet. Die Gradationskurve bestimmt dabei automatisch auch die Aufrasterung der Druckfarbe.

Duplexbilder lassen sich nur aus Graustufenbildern erzeugen. Farbbilder müssen zuerst in den Graustufenmodus umgewandelt werden. Möglich sind dann eine, zwei (Duplex), drei (Triplex) oder vier Sonderfarben (Quadruplex).

Wenn als Sonderfarbe für die Mitteltöne des Bildes eine bunte Druckfarbe verwendet wird, erhält das Bild eine leichte bis kräftige Farbtönung, die dem Bild ein für den Duplexdruck charakteristisches Aussehen verleiht. Duplexbilder unterscheiden sich deutlich von einfarbigen Reproduktionen und erzeugen da, wo der Kostenrahmen für einen Vierfarbdruck nicht ausreicht oder bewußt auf das Zusammenspiel nur zweier Druckfarben gesetzt wird, eine besondere »Farbigkeit«.

Mit dezent gewählten Duplexfarben, etwa einem Grauton für die hellen Bereiche (die Mitteltöne und Lichter) und Schwarz für die Tiefen, läßt sich die Graustufenwirkung eines Bildes betonen und dessen Tonwertumfang erweitern. Beim einfarbigen Drucken von Graustufenbildern mit einer Druckmaschine lassen sich von den 256 möglichen Graustufen nur etwa 50 wiedergeben. Wenn nun anstelle einer Druckfarbe (in der Regel Schwarz) zwei oder mehrere Druckfarben übereinandergelegt werden, erhöht sich die Anzahl der darstellbaren Graustufen, denn von jeder Sonderfarbe können nun bis zu 50 Graustufen gedruckt werden.

Duplexbild mit Schwarz und Orange (Pantone 117 C) als Sonderfarbe

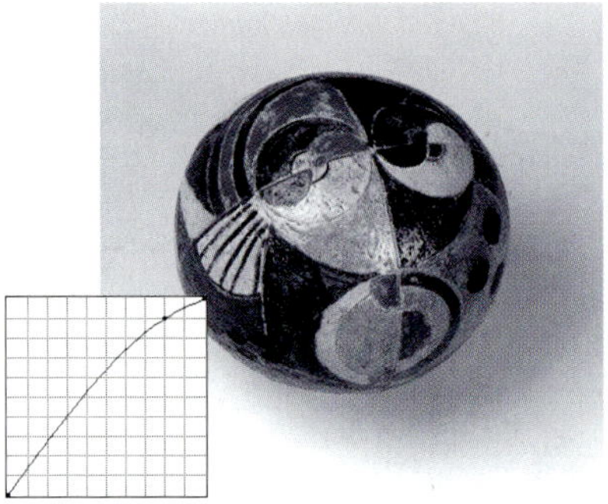

Duplexbild mit Schwarz und Blau (Pantone 534 C) als Sonderfarbe

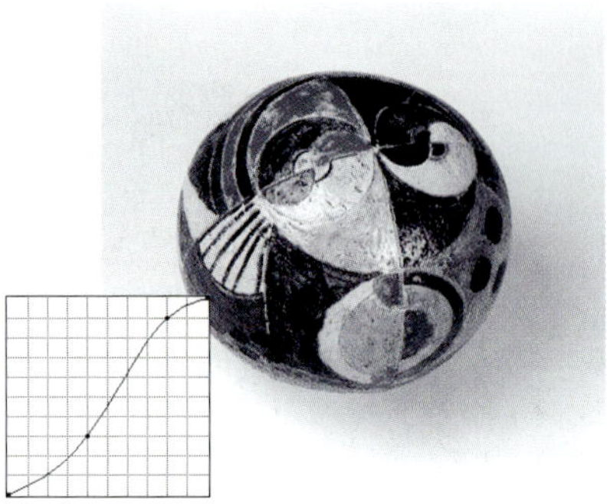

Dasselbe Duplexbild mit geänderter Gradationskurve für das Pantone-Blau

World-Wide-Web-Palette mit Diffusion-Dither

World-Wide-Web-Palette ohne Dither

Indizierte Farben

Bilder mit indizierten Farben enthalten eine reduzierte Anzahl an Farben. Im 8-Bit-Modus, der höchsten Farbtiefe, sind dies 256 Farben, bei einer geringeren Farbtiefe entsprechend weniger. Benötigt werden solche Bilder beispielsweise für Multimedia-Animationsprogramme, die nur 8-Bit-Farbe verarbeiten können, und für Projekte, bei denen Bilder auch auf Bildschirmen mit einer geringen Farbauflösung in vorbestimmbarer Farbqualität angezeigt werden sollen (z.B Web-Publishing).

Beim Reduzieren der 16,7 Millionen möglichen Farben eines RGB-Bildes (CMYK- und Lab-Bilder müssen vorher in RGB umgewandelt werden) auf nur 256 oder weniger Farben wird jeder Farbe eine möglichst ähnliche Farbe aus einer Farbtabelle zugeordnet. Dabei kann zwischen unterschiedlichen Farbtabellen ausgewählt werden. Verfügbar sind die Macintosh- und Windows-Systempaletten mit 256 gleichmäßig verteilten Farben und die World-Wide-Web-Palette, die 216 Farben enthält, die in beiden Systempaletten vorkommen. Eine flexible Palette setzt sich nur aus im Bild enthaltenen Farben zusammen. Zusätzlich besteht die Möglichkeit, eigene Farbpaletten zu definieren.

Nicht in der Farbtabelle enthaltene Farben können mit zwei unterschiedlichen Methoden simuliert werden. Entweder wird die Farbe durch eine möglichst ähnliche Farbe ersetzt oder sie wird durch die Kombination bestimmter Palettenfarben zu einem Dither oder Muster »gemischt«.

Der Dialog Indizierte Farben stellt unterschiedliche Farbpaletten mit fester oder variabler Farbtiefe sowie zwei Dithermethoden zur Auswahl.

Flexible Palette mit 8 Bit (256 Farben)

Flexible Palette mit 4 Bit (16 Farben)

Gleichmäßige Palette mit 4 Bit (16 Farben)

RGB

Der RGB-Modus ist den technischen Bedingungen des Computers angepaßt. Der Computerbildschirm baut farbige Bilder aus den Grundfarben des RGB-Systems **R**ot, **G**rün und **B**lau auf.

Der RGB-Modus ist für die meisten Anwendungen der bevorzugte Farbmodus für die Bildbearbeitung. Bei Bildern, die für Bildschirmpräsentationen mit hoher Farbtiefe vorgesehen sind, muß nicht einmal in einen anderen Modus konvertiert werden. Auch Bilder, die gedruckt werden sollen, liegen oft als RGB-Daten vor, etwa wenn sie von einem Desktop-Scanner oder einer Digitalkamera stammen. Der gegenüber dem CMYK-Farbraum größere RGB-Farbraum sollte bis zum Abschluß aller Arbeiten beibehalten werden. Erst im letzten Arbeitsschritt kann die Separation in CMYK-Daten ausgeführt werden. Ein Wechsel von CMYK zurück zu RGB würde, da die Umrechnung nicht umkehrbar ist, zu einem weiteren Farbverlust führen.

Im RGB-Modus können bis zu 16,7 Millionen unterschiedliche Farben dargestellt werden. Jeder der drei Farbkanäle hat eine Farbtiefe von acht Bit pro Pixel. Somit hat das gesamte Bild eine Farbtiefe von 24 Bit. Die Farbmischung im RGB-Modus ist additiv, das heißt eine Mischung aller drei Grundfarben zu 100 % ergibt Weiß, Schwarz ist die Abwesenheit von Farbe.

Die rechts dargestellten Kanäle des RGB-Modus zeigen, da sie im Vierfarbdruck reproduziert sind, nur eine Umsetzung der RGB-Farben in den CMYK-Farbraum.

Die additive Farbmischung des RGB-Farbraums

Die Farbauszüge des RGB-Modus: Rot, Grün und Blau. (Die exakten RGB-Farben lassen sich im Vierfarbdruck naturgemäß nicht wiedergeben.)

Bei einem CMYK-Bild wurde die Helligkeit verändert. Dies beeinflußt auch – im Gegensatz zum Beispiel im Lab-Modus auf der nächsten Seite – den Farbwert der einzelnen Farben.

Die subtraktive Farbmischung des CMYK-Farbraums

CMYK

Der CMYK-Modus ist die erste Wahl für den Farbdruck. Er speichert die gesamte Farbinformation eines Bildes in den vier Kanälen **C**yan, **M**agenta, Gelb (**Y**ellow) und Schwarz. Diese Trennung entspricht der für den Vierfarbdruck nötigen Farbtrennung (Separation). (Der Buchstabe **K** stammt von der englischen Bezeichnung »key« für »Tiefe«.) Wenn im CMYK-Modus gearbeitet wird, ist das Bild bereits vierfarbsepariert. Beim Moduswechsel nach CMYK werden die Vorgaben im Dialog CMYK einrichten (Datei, Farbeinstellungen) berücksichtigt, deshalb müssen die Separationseinstellungen dem beabsichtigten Druckverfahren entsprechen. Wird von RGB nach CMYK konvertiert, beeinflussen auch die Vorgaben im Dialog RGB einrichten das Separationsergebnis.

Jeder der vier Farbkanäle besitzt einen möglichen Tonwertumfang von 256 Tonwerten (8 Bit). Ein CMYK-Bild kommt damit auf eine Datentiefe von 32 Bit und beansprucht dadurch mehr Speicherplatz als ein Duplikat im RGB-Modus. Dem Vierfarbmodus liegt die subtraktive Farbmischung zugrunde, das heißt eine Mischung aller vier Grundfarben zu 100% ergibt Schwarz. Weiß ist die Abwesenheit von Farbe.

Insgesamt ist der CMYK-Farbraum kleiner als der RGB-Farbraum, so daß sich nicht alle Farben aus dem RGB-Modus 1:1 übertragen lassen. Das Ergebnis der Separation sollte deshalb vor dem Drucken nochmals auf einem gut kalibrierten Bildschirm beurteilt werden.

Die Farbauszüge des CMYK-Modus: Cyan, Magenta, Gelb und Schwarz

Bei einem Lab-Bild wurde nur der Helligkeitskanal bearbeitet, die Farben blieben unverändert.

Lab

Der Farbmodus Lab ist der von Photoshop intern benutzte Farbraum für alle Farbumrechnungen (so wird beispielsweise bei der Umwandlung von RGB in CMYK zuerst in Lab konvertiert). Lab ist geräteunabhängig und arbeitet nach einem Farbmodell, das 1931 vom Centre Internationale d'Eclairage (CIE) als Richtlinie für alle kolorimetrischen Messungen eingeführt wurde. Der Lab-Farbbereich umfaßt alle RGB- und alle CMYK-Farben, so daß verlustfrei zwischen den beiden Modi und Lab umgerechnet werden kann.

Der Einsatz des Farbmodus Lab wird insbesondere beim Austausch von Bildern zwischen unterschiedlichen Systemen empfohlen. So basiert das von Photoshop verwendete ICC-Farbmanagementsystem auf dem Lab-Farbmodell. Drucker mit PostScript Level 2 können auch direkt Lab-Bilder verarbeiten.

Im Modus Lab werden die Bilder aus drei Komponenten zusammengesetzt: einem Kanal für die Helligkeit (L für Lightness), einem Kanal mit den Buntheitskomponenten von Grün bis Magenta (a) und einem von Blau bis Gelb (b). Da jeder Kanal eine Farbtiefe von acht Bit hat, ergibt sich auch hier wieder wie bei den RGB-Bildern eine gesamte Datentiefe von 24 Bit.

Der Lab-Modus bietet Vorteile, wenn die Helligkeit unabhängig von den Farbwerten eines Bildes bearbeitet werden soll, da die Helligkeitskomponente bereits als getrennter L-Kanal vorliegt.

Die Kanäle des Lab-Modus: Lightness, a, b

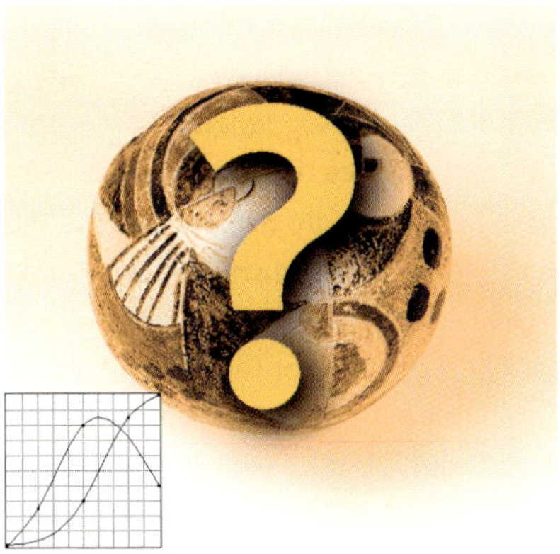

Der Mehrkanalmodus ermöglicht es, in Duplexbildern, bei denen sich die Duplexfarben in allen Tonwertbereichen mischen, mit reinen Farben zu arbeiten.

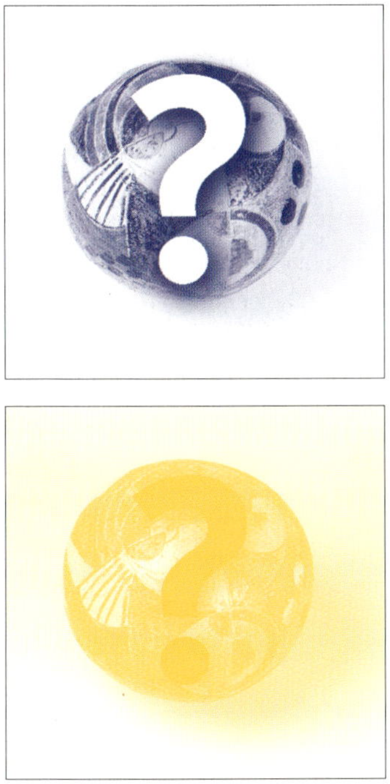

Die Kanäle des Mehrkanalbildes: Pantone 2748 und Pantone 116

Mehrkanal

Mehrkanalbilder enthalten ausschließlich Volltonfarbkanäle. Der Mehrkanalmodus ist eine Alternative zum Duplexmodus und bietet sich dann an, wenn die Duplexkanäle manuell nachbearbeitet werden sollen. Um Mehrkanalbilder mit Volltonfarben in Layoutprogrammen ordnungsgemäß in Schmuckfarben separieren zu können, müssen sie im EPS-Format (DCS 2.0) gesichert werden.

Neben Duplexbildern lassen sich auch CMYK-, RGB- und Lab-Dateien in den Mehrkanalmodus umwandeln. Bei CMYK-Dateien wird aus jedem Farbkanal ein Volltonfarbkanal, der Gesamtkanal entfällt naturgemäß. Die Tonwertumfänge der Farbkanäle bleiben dabei exakt erhalten, auch wenn sich die Bildschirmdarstellung nach der Moduskonvertierung ändert (Volltonfarbkanäle gestatten nur eine angenäherte Wiedergabe am Bildschirm).

Die Kanäle von RGB-Dateien werden bei der Konvertierung in den Mehrkanalmodus in druckbare CMY-Volltonfarbkanäle umgewandelt.

Eine Ausnahme bilden Lab-Dateien: Lab-Kanäle werden nicht in Volltonfarbkanäle, sondern in Alphakanäle umgewandelt, da es für Lab kein korrespondierendes Druckverfahren gibt und eine Schmuckfarbenwiedergabe keinen Sinn machte.

Wenn einer der Farbkanäle eines RGB-, CMYK- oder Lab-Bildes gelöscht wird, wandelt Photoshop die Datei automatisch in den Mehrkanalmodus um.

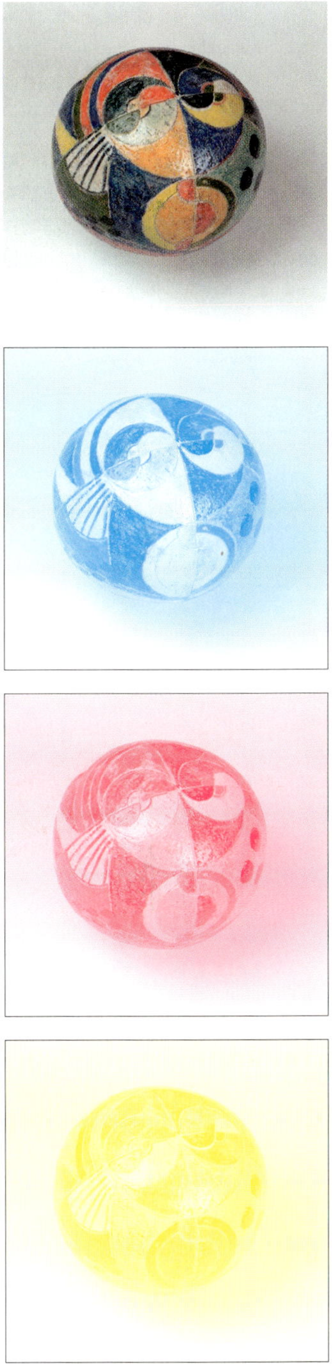

Ein RGB-Bild wird in die Volltonfarben Cyan, Magenta und Gelb umgewandelt.

An Profil gewonnen

Warum Colormanagement in Photoshop keine Fiktion mehr, sondern Realität geworden ist und wie es funktioniert

Ein funktionierendes Colormanagement über Programm- und Betriebssystemgrenzen hinaus ist eines der Ziele, dem das grafische und bildverarbeitende Gewerbe entgegenfiebert.

Wie im Kapitel »Ganz schön bunt« gezeigt, liegt jedem Farbmodus von Photoshop ein eigener Farbraum zugrunde. So basiert der RGB-Modus auf dem RGB-Modell mit den Grundfarben Rot, Grün und Blau, das etwa bei Monitoren, Scannern und Digitalkameras Anwendung findet. Der CMYK-Modus berücksichtigt das für den Vierfarbdruck geltende Farbsystem mit den Druckfarben Cyan, Magenta, Gelb und Schwarz. Und der Lab-Modus, dem kein direktes Reproduktionsverfahren korrespondiert, bildet die Grundlage für alle internen Farbumrechnungen in Photoshop. Soweit scheint alles klar.

Soweit die Theorie.

In der Praxis jedoch erweist sich Farbbildverarbeitung als viel komplizierter. Ein Scanner beispielsweise besitzt aufgrund der technischen Unterschiede einen anderen Farbumfang als ein Monitor, auch wenn beide nach dem RGB-Prinzip funktionieren. Nimmt man eine Digitalkamera hinzu, ergeben sich weitere Abweichungen im Farbumfang. Und vergleicht man die Monitore verschiedener Hersteller, so zeigt sich auch hier, daß alle innerhalb ihres eigenen RGB-Farbraums arbeiten.

Bei der Druckausgabe sieht es nicht viel anders aus. Glücklicherweise hat sich im europäischen Druckereigewerbe mit der Euroskalanorm ein einheitlicher Qualitätsstandard durchgesetzt. Nach Euroskala separierte Druckvorlagen – also belichtete Farbauszüge – können von jeder Offsetdruckerei angenommen und auf jeder Offsetdruckmaschine in gleicher Qualität gedruckt werden. Jedoch gilt die Euroskalanorm nur für den Offsetdruck. Bei der Ausgabe einer vierfarbseparierten Datei auf einem hochwertigen Tintenstrahldrukker, der ebenfalls mit den Farben Cyan, Magenta, Gelb und Schwarz druckt, kann man nicht nur sein sprichwörtliches blaues Wunder erleben: Die Farben des Tintenstrahlausdrucks entsprechen nicht den Farben im Offsetdruck.

Ziel von Colormanagement ist es, die gesamte Produktionskette von der Bilderfassung mit einem Scanner (oder einer Digitalkamera) über die Bildbearbeitung mit einem Programm wie Photoshop bis hin zur Druckausgabe so zu standardisieren, daß die Weitergabe von Farbdaten nicht dem Einfluß der (eingeschränkten) Farbräume der beteiligten Geräte unterliegt.

Die Voraussetzungen für ein geräteunabhängiges, aber auch programm- und plattformunabhängiges Farbmanagement sind mit dem 1993 eingeführten ICC-Standard geschaffen worden. Das International Color Consortium, das den ICC-Standard entwickelte, ist ein Zusammenschluß von Betriebssystemanbietern (Apple, Microsoft und Sun) und führenden Herstellern aus dem grafischen Gewerbe (u.a. Adobe und Linotype). Das ICC-Farbmanagement ist mittlerweile fester Bestandteil des MacOS (ColorSync 2.0 und höher) und von Windows 95 (Image Color Matching, ICM). Die Scan- und Separationssoftware LinoColor von Linotype war das erste Programm, das Farbanalysen und -korrekturen nach dem ICC-Standard durchführte. Mit Photoshop 5 etabliert sich ICC-Farbmanagement nun auch im kreativen Bereich der Bildbearbeitung.

Der Schlüssel zu einem funktionierenden Farbmanagement sind die **Farbprofile.** Da alle am Produktionsprozeß beteiligten Geräte mit eigenen Farbräumen arbeiten, dienen die Farbprofile als »Schnittstellen«, um Farben aus dem einen in einen anderen Farbraum mit minimalem Verlust umzurechnen. Ein Farbverlust tritt beispielsweise dann auf, wenn der Quellfarbraum größer als der Zielfarbraum ist. Die in den Profilen enthaltenen Umrechnungstabellen sorgen aber dafür, daß der Farbeindruck so weit wie möglich erhalten bleibt. Als Referenzfarbraum dient im ICC-Farbmanagement stets der Lab-Farbraum.

Ein Scanner beispielsweise liest die Farben einer Vorlage im eigenen, geräteabhängigen Farbraum. Die Farbabweichung gegenüber den »idealen« Farben im Lab-Farbraum hat der Hersteller im RGB-Profil des Scanners niedergelegt. Die Scansoftware schreibt die Profildaten mit in die RGB-Bilddatei, damit andere am ICC-Farbmanagement beteiligte Komponenten sie auslesen können. Wird der Scan dann etwa in Photoshop geöffnet, erkennt das Programm das vom Scanner mitgelieferte Profil, liest die Scandaten mit der in der Tabelle festgeschriebenen Korrektur als Lab-Daten ein und konvertiert sie anschließend in den aktuell eingestellten RGB-Farbraum (Zielprofil).

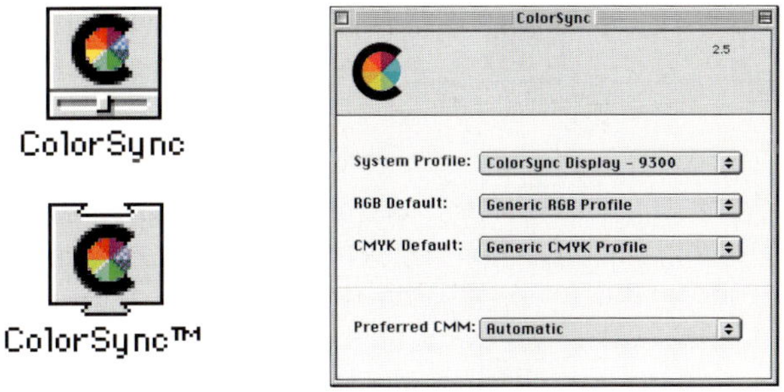

Die Voraussetzungen für ICC-Farbmanagement sind unter dem MacOS mit ColorSync ab Version 2.0 gegeben. Photoshop 5 benötigt mindestens die Version 2.1.2 (die Abbildung zeigt ColorSync 2.5). Die ColorSync-Profile liegen im Ordner ColorSync-Profile innerhalb des Systemordners (vor Version 2.5 innerhalb des Preferences Ordners).

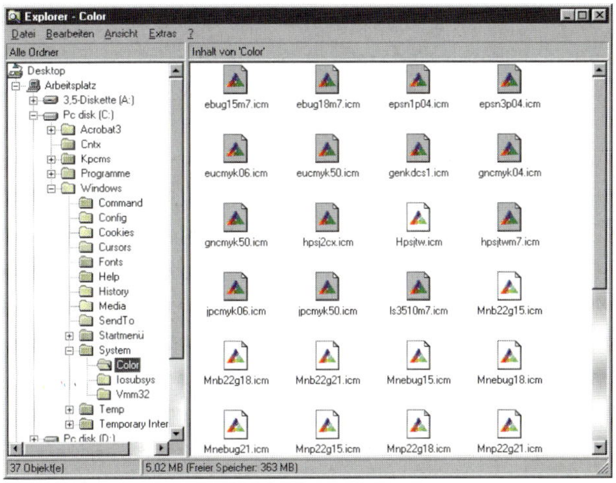

Unter Windows ist das ICC-Farbmanagement unter dem Namen Image Color Matching implementiert. Photoshop 5 setzt ICM ab der Version 2.0 voraus. Die ICM-Profildateien liegen im Ordner Windows\System\Color.

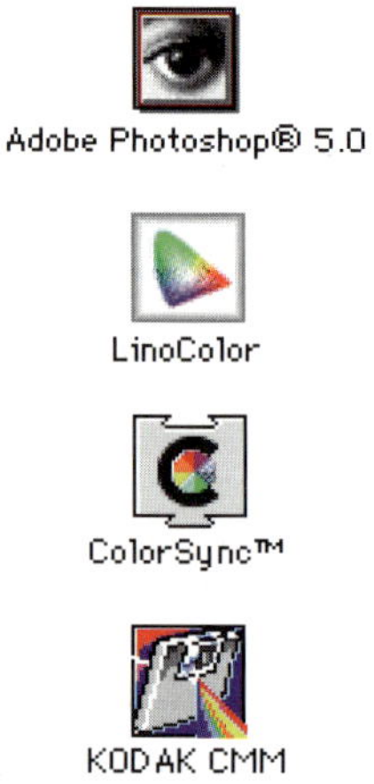

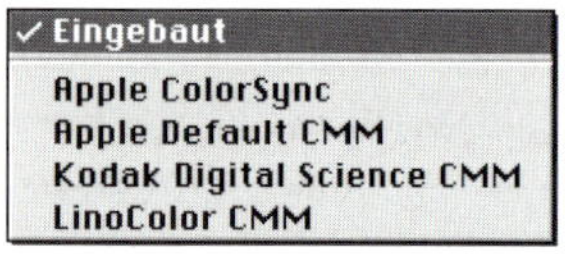

Photoshop verwendet bei allen Modusumwandlungen sein eigenes CMM-Modul (»Color Matching Method«). Dieses Modul enthält alle nötigen Algorithmen zur Umrechnung zwischen ICC-Profilen – mithin also die »Intelligenz« des ICC-Farbmanagements – und arbeitet weitgehend unbemerkt im Hintergrund. Bei einer Profilkonvertierung besteht jedoch die Möglichkeit, ein anderes CMM-Modul für die Umrechnung auszuwählen, sofern entsprechende Software installiert ist.

Der Vorteil eines Farbmanagements liegt darin, mehrere Farbprofile gleichzeitig berücksichtigen zu können. Tatsächlich werden bei der Arbeit in Photoshop im Regelfall vier Profile »simultan« miteinander verrechnet:

- Das in die geöffnete Datei **eingebettete Profil.** Bei Scans handelt es sich um das Scannerprofil, bei Photoshop-Dateien um das Profil des Farbraums, in dem die Datei erstellt wurde.
- Das Profil des aktuellen **Arbeitsfarbraums,** den Photoshop für die Bearbeitung im RGB-Modus zugrunde legt.
- Das **Monitorprofil,** das benötigt wird, um die Farben des geräteunabhängigen Arbeitsfarbraums akkurat auf dem Bildschirm darzustellen.
- Das **Druckprofil,** das die Farbverluste eines Druckprozesses (im Regelfall der Vierfarbdruck) am Bildschirm simuliert.

Der allererste Schritt bei der Arbeit mit Photoshop 5 besteht darin, die Farbmanagementfunktionen so einzurichten, daß jeweils die richtigen Profile berücksichtigt werden und sich nicht unbemerkt Fehler einschleichen können. Ist dieser erste Schritt getan, läuft das Farbmanagement weitgehend automatisiert ab.

Die dazu nötigen Vorgaben nimmt der Anwender in den Farbeinstellungsdialogen vor (Menü Datei, Farbeinstellungen). Warum eine anfängliche Überprüfung und Änderung der Einstellungen außerordentlich wichtig ist, wird auf den nachfolgenden Seiten beschrieben.

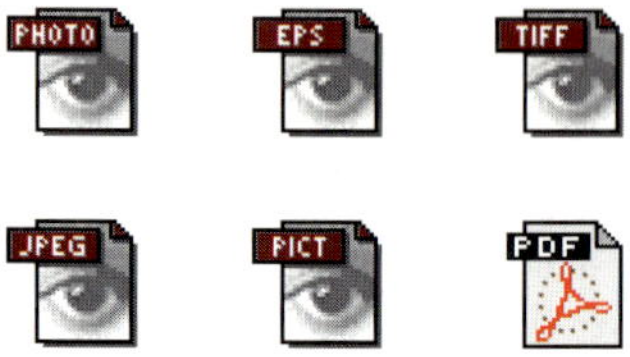

ICC-Profile lassen sich in alle wichtigen Dateiformate einbinden: Photoshop, EPS, TIFF, JPEG, PICT, TIFF und PDF (letzteres nur für RGB- und Graustufenbilder).

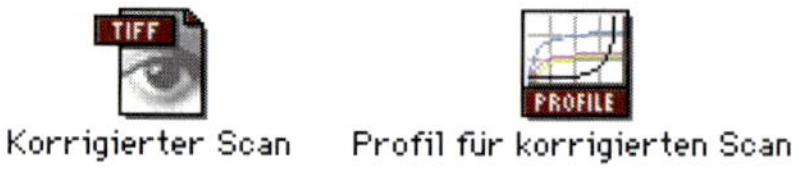

Wenn ein Bild mit einer Software weiterverarbeitet werden soll, die mit einem eingebetteten Profil nichts anfangen kann, sondern es als separate Datei voraussetzt, muß das aktuelle RGB- oder CMYK-Profil im Dialog RGB einrichten oder CMYK einrichten gespeichert werden. Ob zu einem Graustufenbild ein RGB- oder CMYK-Profil gehört, hängt von der Einstellung im Dialog Graustufen einrichten ab.

Foto: MACup Verlag

Darstellung der Lab-Referenzvorlage

Darstellung eines Lab-Bildes nach der Umwandlung in sRGB

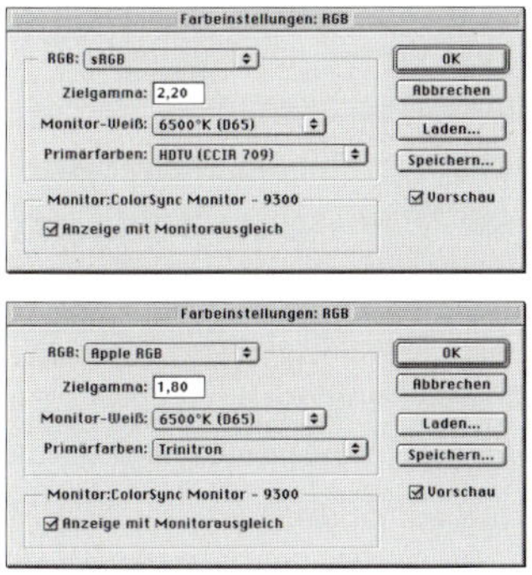

Zwei sinnvolle Einstellungen für die Arbeit im RGB-Farbraum

RGB einrichten

Unter dem Menüpunkt Datei, Farbeinstellungen, RGB einrichten wird der **RGB-Arbeitsfarbraum** festgelegt. Im Gegensatz zu früheren Photoshop-Versionen arbeitet das Programm nicht mehr automatisch im Farbraum des angeschlossenen Monitors, sondern ermöglicht konsistente Farbbildbearbeitung in einem geräteunabhängigen RGB-Farbraum.

Die RGB-Einstellungen werden bei jeder Modus- oder Profilkonvertierung von und nach RGB herangezogen. Hier wird der Umfang des RGB-Farbraums definiert, aus dem oder in den konvertiert wird. Darüber hinaus sorgen die Einstellungen dafür, daß die RGB-Farben so getreu wie möglich auf dem Bildschirm dargestellt werden. Da die RGB-Einstellungen das Ergebnis einer Konvertierung maßgeblich beeinflussen, ist es wichtig, die richtigen Optionen zu wählen. Auf fertig separierte CMYK-Dateien oder Lab-Bilder haben die Einstellungen keinen Einfluß. Eine Ausnahme bilden Graustufenbilder: Wenn für sie unter Graustufen einrichten (Datei, Farbeinstellungen) die Option RGB gewählt ist, steuern die RGB-Einstellungen auch deren Helligkeitseindruck auf dem Bildschirm.

Im oberen Einblendmenü des Dialogs ist eine Liste vordefinierter Profile enthalten. Die darin festgelegten Einstellungen werden mit den drei Optionen darunter angezeigt. Bei der Standardvorgabe **sRGB** handelt es sich um einen geräteunabhängigen RGB-Farbraum, der nicht den Einschränkungen eines bestimmten Monitortyps unterliegt. Für die Druckvorstufe stellt der etwas kleinere Farbraum **Apple-RGB** eine Alternative zu sRGB dar. Er wird nicht nur vom MacOS verwendet, sondern auch von vielen DTP-Programmen unterstützt – auch in der Windows-Welt. Sein Farbumfang reicht sowohl für die Bearbeitung von Bildern, die im Web publiziert oder in Multimedia-anwendungen integriert werden sollen, als auch für Bilder, deren Ziel der Vierfarbdruck ist, vollkommen aus. Die übrigen Farbräume spielen eher eine untergeordnete bis gar keine Rolle. Allein für Videoproduzenten ist noch die Einstellung PAL/SECAM interessant.

Photoshop erlaubt es, die Optionen der voreingestellten Profile zu ändern. Dies ist aber nur dann zu empfehlen, wenn gewichtige Gründe vorliegen. Damit die geänderten Einstellungen bei einer Profilkonvertierung als Quelle berücksichtigt werden können, müssen sie als ICC-Profil gesichert (Schaltfläche Speichern) und in den Profileordner gelegt werden. Unter dem MacOS liegen die ICC-Profile im Ordner ColorSync-Profile innerhalb des Systemordners (vor ColorSync 2.5 innerhalb des Preferences-Ordners) und unter Windows im Ordner Windows\System\Color. Damit Photoshop die neuen Profile erkennt, muß das Programm geschlossen und neu gestartet werden.

Im unteren Bereich des Dialogs zeigt Photoshop das ICC-Profil (falls vorhanden) des angeschlossenen Monitors an. Denn für die Bildschirmanzeige wird der aktuelle RGB-Farbraum in dieses Monitorprofil umgerechnet.

Foto: Adobe Systems

Darstellung mit 9 % Tonwertzuwachs

Darstellung mit 15 % Tonwertzuwachs

Darstellung mit 30 % Tonwertzuwachs

CMYK einrichten

Eines der häufigsten Druckverfahren für Farbbilder ist der Vierfarbdruck mit den Druckfarben Cyan, Magenta, Gelb und Schwarz. Der Vierfarbdruck simuliert eine große Bandbreite an Farben durch Übereinanderdrucken der vier Druckfarbraster. Um Bilder im Vierfarbdruck reproduzieren zu können, müssen die darin vorkommenden Farben bezüglich ihrer Anteile an den Druckfarben Cyan, Magenta, Gelb und Schwarz aufgeschlüsselt, sprich: in einzelne Farbkanäle separiert werden. Diese Aufgabe übernimmt in Photoshop der Befehl CMYK-Farbe im Menü Bild, Modus.

Alle Farbbilder, die in einem anderen als dem CMYK-Farbmodus vorliegen, müssen für den Vierfarbdruck konvertiert werden. Gescannte Fotos und in einem Malprogramm hergestellte Bilder liegen meist als RGB-Bilder vor. Die Umrechnung der RGB-Daten in CMYK-Daten entscheidet wesentlich über die Qualität der separierten Datei.

Unter dem Menüpunkt CMYK einrichten (Datei, Farbeinstellungen) werden die Separationsparameter für die Umwandlung in den CMYK-Modus festgelegt. Photoshop stellt drei unterschiedliche CMYK-Module für die Festlegung der Separationseinstellungen zur Auswahl. Mit der Option **ICC** wird die Vierfarbseparation fest in den ICC-Workflow eingebunden. Anstatt die Separationsparameter selbst bestimmen zu müssen, muß dann nur ein ICC-kompatibles Druckprofil des verwendeten Ausgabegeräts ausgewählt werden – den Rest erledigt dann das Farbmanagement. Solche Profile liegen bereits für eine Reihe von digitalen Proofdruckern vor; einige Hersteller stellen die neuesten Versionen der Profildateien im Internet zum Download bereit.

Das Modul **Tabellen** stellt die Kompatibilität zu Photoshop 4 her. Mit diesem Modul können die mit älteren Photoshop-Versionen erstellten Separationstabellen geladen und angewendet werden. Photoshop 5 bietet jedoch keine Möglichkeit, diese Separationstabellen zu editieren, sie können aber als ICC-Profil gesichert werden.

Während für digitale Druckmaschinen ICC-kompatible Profile zur Verfügung stehen, gestaltet sich die Charakterisierung des Offsetdruckprozesses – also das Erstellen von Umrechnungstabellen, die das Ergebnis im Druck getreu abbilden – weitaus schwieriger. Deshalb ist in bezug zum Offsetdruck (von Tiefdruck und Siebdruck ganz zu schweigen) noch etwas »Handarbeit« beim Einrichten der richtigen Separationseinstellungen gefordert. Die nötigen Einstellungen nimmt der Anwender im Modul **Eingebaut** vor. Hier werden die Druckfarbennorm und die Separationsart bestimmt.

Bei geöffneten CMYK-Bildern hat eine Änderung der CMYK-Einstellungen nur Einfluß auf die Bildschirmanzeige, nicht aber auf die Bilddaten selbst; die Anzeige entspricht dann nicht mehr dem Druckergebnis. Liegt das Bild aber im RGB- oder einem anderen Modus vor und wird dann in den CMYK-Modus umgewandelt, bestimmen die Einstellungen, wie die Farben in den CMYK-Farbraum umgerechnet werden.

Druckfarben und Tonwertzuwachs
Die Standardvorgabe für die Druckfarben SWOP (Coated) muß, wenn im europäischen Raum produziert wird, auf **Euroskala (Gestrichen)** [Eurostandard (Coated)] abgeändert werden, ansonsten würde falsch separiert. Der SWOP-Standard ist nur im Heimatland der Photoshop-Programmierer verbreitet.

Beim Druck auf ungestrichenem, Recycling- oder Zeitungspapier kann eine Änderung des Tonwertzuwachses notwendig sein. **Tonwertzuwachs** bedeutet, daß die Rasterpunkte beim Drucken größer werden, als von ihrem Farb- oder Helligkeitswert her optimal wäre, und das gedruckte Bild dadurch dunkler wirkt. Die Druckpunktvergrößerung ist einerseits durch die Viskosität der Druckfarben und andererseits durch die Saugfähigkeit des Papiers bedingt. Die Folge: Die Farben verlaufen geringfügig. Über den Wert für den Tonwertzuwachs führt Photoshop das »Ausbluten« der Druckfarben bereits am Bildschirm vor Augen.

Der Wert für den Tonwertzuwachs sollte nicht leichtfertig oder »auf gut Glück« gewählt werden. Für eine optimale Separation ist eine genaue Absprache mit der Druckerei unabdingbar. Die Profis der Druckereibetriebe können wertvolle Ratschläge geben und wissen, welche Einstellungen für die verwendeten Druckverfahren und Papiersorten zu wählen sind.

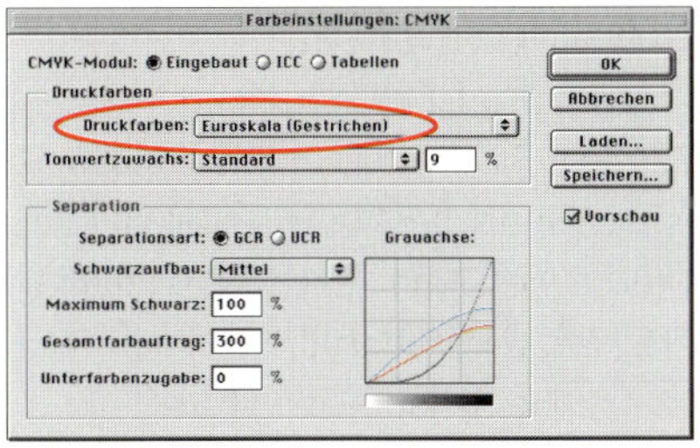

SWOP-Druckfarben sind in Europa nicht gebräuchlich, deshalb muß die Standardvorgabe auf die in Europa geltende Norm Euroskala geändert werden. Im Regelfall ist davon auszugehen, daß für gestrichene Papiere produziert wird (9 % Tonwertzuwachs). Nur wenn der Druckereibetrieb einen anderen Wert empfiehlt, ist dieser zu ändern.

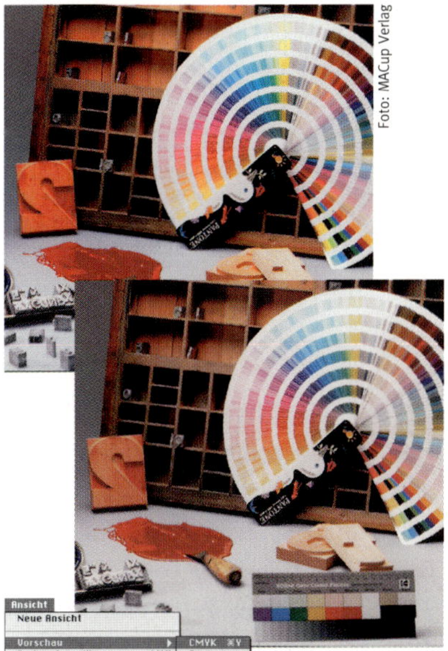

Foto: MACup Verlag

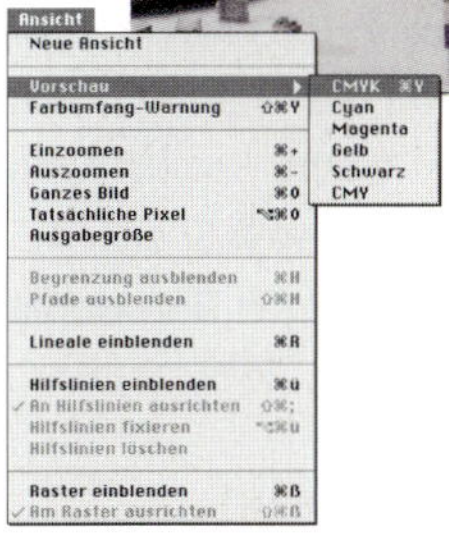

Beim Sichern im Format Photoshop DCS 1.0 – einer EPS-Variante – zerlegt Photoshop CMYK-Dateien in fünf Einzeldateien: je eine für die vier Farbauszüge und eine für die Bildschirmvorschau.

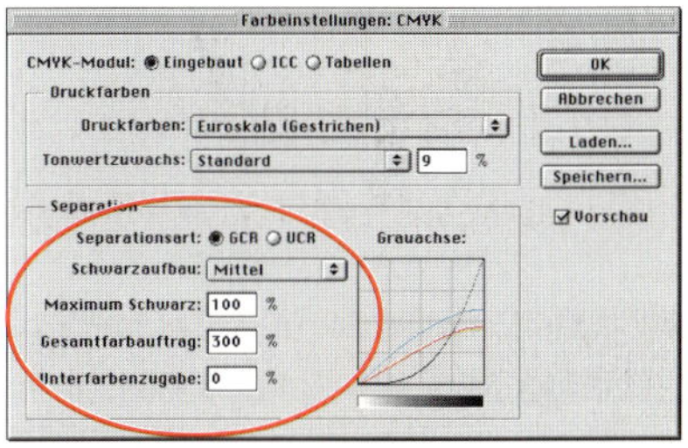

Mit aktiver CMYK-Vorschau (Ansicht, Vorschau, CMYK) läßt sich das Ergebnis einer Separation bereits für RGB-Bilder am Bildschirm vorwegnehmen, nicht jedoch für Lab-Bilder. Die CMYK-Vorschau ist aber nur bedingt aussagekräftig, denn sie berücksichtigt nur die Separationseinstellungen (Schwarzaufbaumethode) und nicht den Wert für den Tonwertzuwachs.

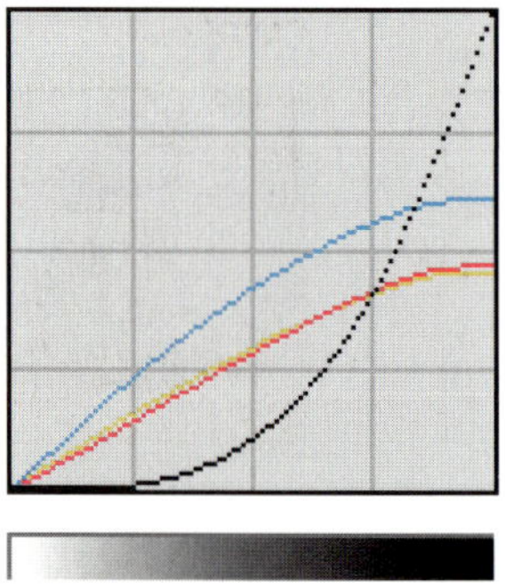

Das Grauachsendiagramm gibt für jede Schwarzaufbaumethode an, aus welchen Druckfarbenanteilen sich ein neutrales, also nicht farbstichiges Grau zusammensetzt, wenn es vierfarbig gedruckt wird. Die waagerechte Achse repräsentiert die Grauwerte von Weiß bis Schwarz (siehe Graukeil). An der senkrechten Achse läßt sich der Farbauftrag der jeweiligen Druckfarbe in % ablesen.

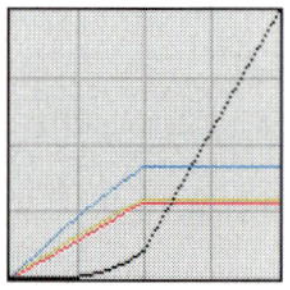

Eine Reduzierung des Gesamtfarbauftrags (hier 200%) wirkt sich nur in den tiefen Tönen aus.

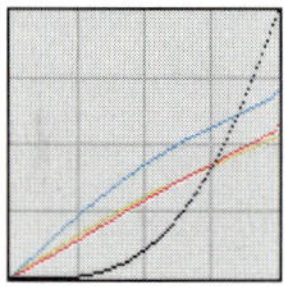

Eine Unterfarbenzugabe (hier 20%) erhöht die Farbanteile der Buntfarben in den tiefen Tönen, um ein satteres Schwarz zu erhalten. Damit steigt auch der Gesamtfarbauftrag.

Separationsart und Schwarzaufbau

Obwohl sich Farbbilder theoretisch auch mit nur drei Grundfarben, Cyan, Magenta und Gelb, reproduzieren lassen, wird Schwarz zur Verbesserung der Tiefe als vierte Farbe im Vierfarbdruck eingesetzt. Das Übereinanderdrucken der Druckfarben Cyan, Magenta und Gelb ergibt infolge von Verunreinigungen in den Druckfarben nicht, wie vom subtraktiven Farbsystem erwartet, die Farbe Schwarz, sondern nur einen an Schwarz angenäherten Braunton. Durch den Einsatz von Schwarz können aber nicht nur völlig schwarze Bildpartien besser wiedergegeben werden – er kann auch zu einer Einsparung der übrigen drei Druckfarben führen, was nicht nur ökonomischer und ökologischer ist, sondern auch eine Verbesserung der Druckqualität bedeutet, da sich der Gesamtfarbauftrag dadurch deutlich reduziert.

Photoshop bietet zwei unterschiedliche Methoden für die Berechnung des Verhältnisses zwischen den Buntfarben (Cyan, Magenta und Gelb) und dem Schwarzanteil an: UCR und GCR.

Das Verfahren der **Unterfarbenentfernung UCR** (Under color removal) ersetzt alle grauen Bildbereiche, in denen die drei Druckfarben Cyan, Magenta und Gelb gleiche Anteile besitzen, durch auf Schwarz basierende Grautöne. In nichtgrauen Bereichen aber bewirkt diese Methode keine Ersetzung und somit keine Verminderung des Gesamtfarbauftrags.

Beim **Unbuntaufbau GCR** (Grey component replacement) werden die Cyan-, Magenta- und Gelbanteile in allen Farbbereichen um ein gewisses Maß verringert, das heißt auch in den Partien, in denen die Farben unterschiedliche Anteile besitzen. Die Verminderung wird durch entsprechende Zugabe von Schwarz ausgeglichen. Photoshop erlaubt für die GCR-Methode eine präzise Steuerung hinsichtlich der Stärke des Schwarzaufbaus. Neben den fünf im Dialog Separation auswählbaren Vorgaben – von keinem Schwarzaufbau bis zu größtmöglichem Schwarzaufbau – kann der kundige Photoshopper auch eigene GCR-Separationskurven kreieren (Option Eigene Werte im Schwarzaufbau-Einblendmenü).

Die Option **Gesamtfarbauftrag** beschränkt die maximal zulässige Druckfarbendichte. Bei vier Druckfarben wären in schwarzen Bereichen theoretisch 400% möglich. Bei einem so hohen Wert wäre aber keine ausreichende Haftung auf dem Papier mehr gegeben und die Farbe verschmierte. Bei einer GCR-Separation mit der Schwarzaufbaumethode Ohne können in schwarzen Bereichen maximal 300% Farbauftrag entstehen. Bei den übrigen GCR-Schwarzaufbaumethoden wird die Standardvorgabe sogar unterschritten.

Die auf der gegenüberliegenden Seite abgebildeten Separationsbeispiele zeigen die Auswirkungen der unterschiedlichen Schwarzaufbaumethoden (UCR und GCR). Während die Unterschiede im Schwarzkanal auf der einen Seite und in den Buntkanälen (Cyan, Magenta und Gelb) auf der anderen sehr stark hervortreten, sind die Differenzen zwischen den resultierenden Separationsbildern (CMYK) erstaunlicherweise erst bei genauerem Hinsehen erkennbar.

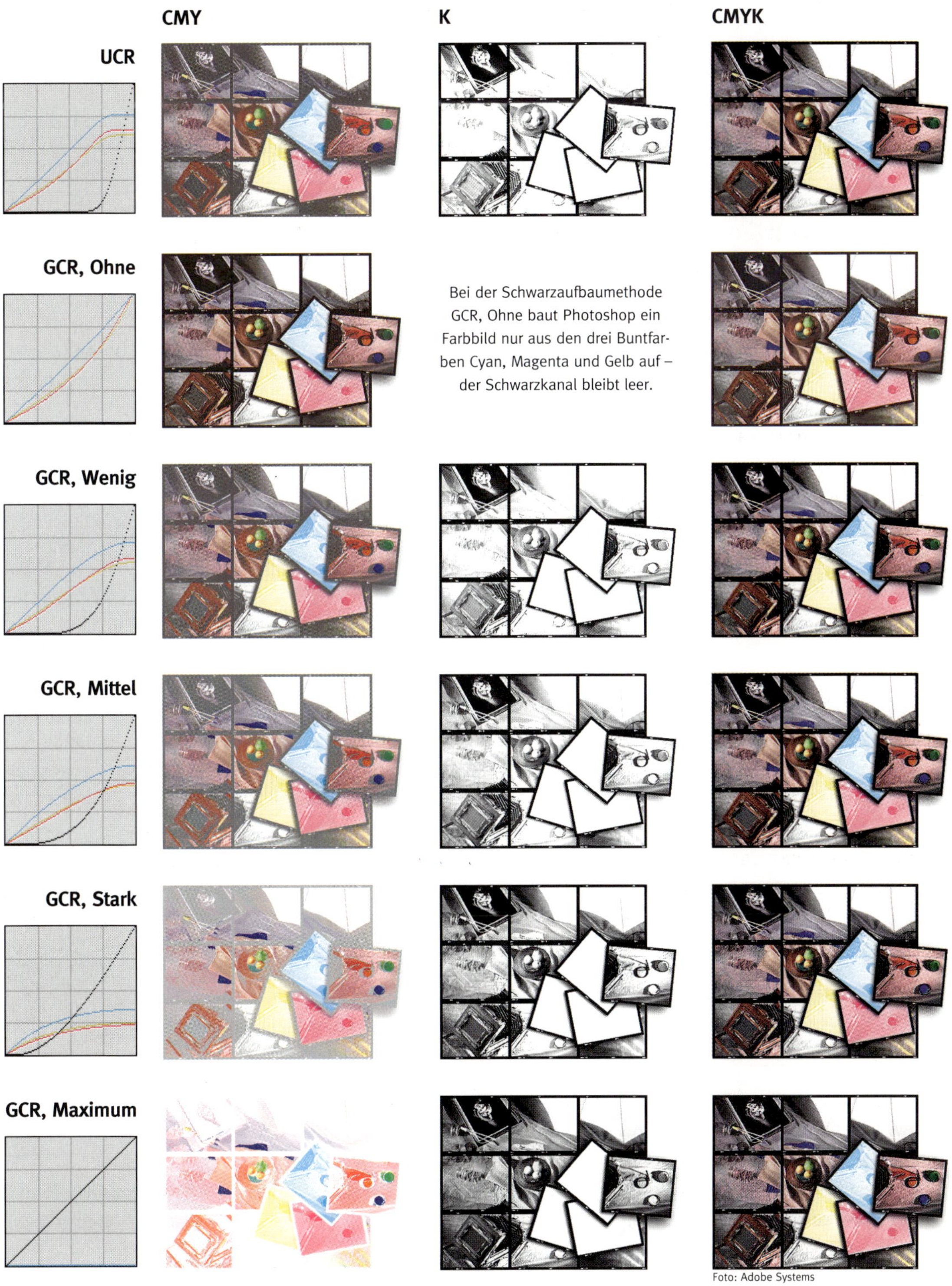

Bei der Schwarzaufbaumethode GCR, Ohne baut Photoshop ein Farbbild nur aus den drei Buntfarben Cyan, Magenta und Gelb auf – der Schwarzkanal bleibt leer.

Foto: Adobe Systems

Graustufen einrichten

Darstellung wie RGB

Die Vorgaben unter Datei, Farbeinstellungen, Graustufen einrichten steuern, wie Photoshop bei der Umwandlung eines Farbbildes in ein Graustufenbild (Bild, Modus, Graustufen) die Farbwerte in Helligkeitswerte umrechnet. Umgekehrt sind die Vorgaben auch maßgeblich bei einer Konvertierung von Graustufen in einen Farbmodus sowie bei jeder Profilkonvertierung aus einem unkorrigierten Tonwertumfang in eine korrigierte Grauskala.

Die Option **Graustufen verhalten sich wie RGB** behandelt Graustufenbilder wie entfärbte RGB-Bilder. Deshalb wirken sich bei dieser Einstellung auch die Vorgaben unter RGB einrichten auf die Helligkeitswiedergabe und eine Modus- oder Profilkonvertierung aus. Die RGB-Option ist für Bilder sinnvoll, die nur für die Bildschirmwiedergabe vorgesehen sind (beispielsweise Multimedia oder Web-Publishing).

Die Einstellung **Graustufen verhalten sich wie schwarze Druckfarbe** ist für Graubilder gedacht, deren Ziel die Druckausgabe ist. Mit dieser Option berücksichtigt Photoshop auch den unter CMYK einrichten eingestellten Tonwertzuwachs, der ja auch für einfarbig gedruckte Bilder gilt.

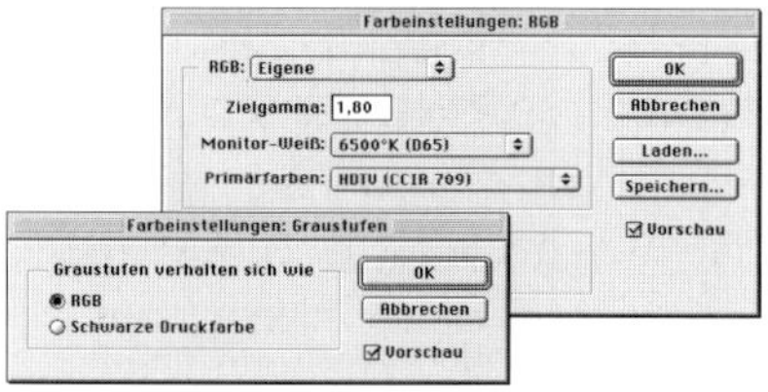

Bei der Darstellung wie RGB beeinflussen auch die RGB-Einstellungen die Helligkeitswiedergabe der Graustufen auf dem Bildschirm.

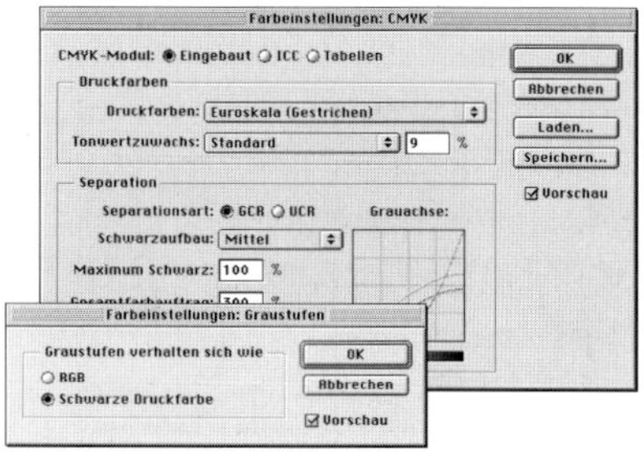

Bei der Darstellung wie schwarze Druckfarbe berücksichtigt Photoshop bei der Helligkeitswiedergabe von Graustufenbildern den unter CMYK einrichten eingestellten Tonwertzuwachs im Druck.

Darstellung wie schwarze Druckfarbe mit 9 % Tonwertzuwachs

Darstellung wie schwarze Druckfarbe mit 15 % Tonwertzuwachs

Darstellung wie schwarze Druckfarbe mit 30 % Tonwertzuwachs

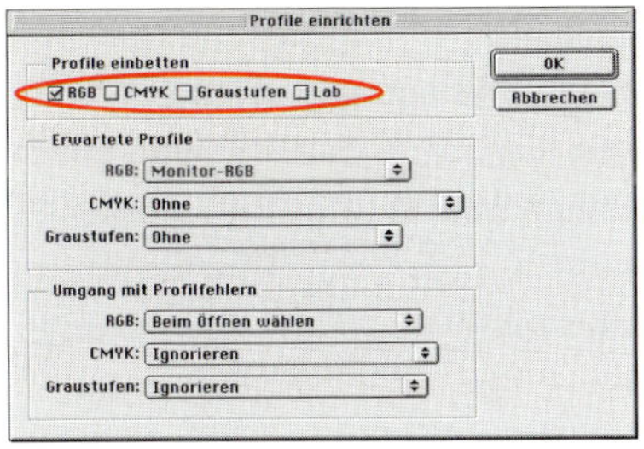

Im Feld Profile einbetten wird festgelegt, für welche Farbmodi Photoshop beim Speichern einer Datei Profile integrieren soll.

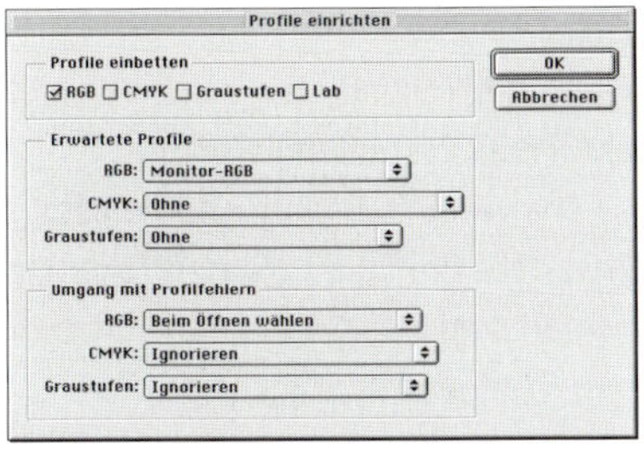

Mit der Option Ohne bzw. Ignorieren wird das Bild ohne Konvertierung geöffnet, mit der Option Konvertieren automatisch in den aktuellen Farbraum umgewandelt.

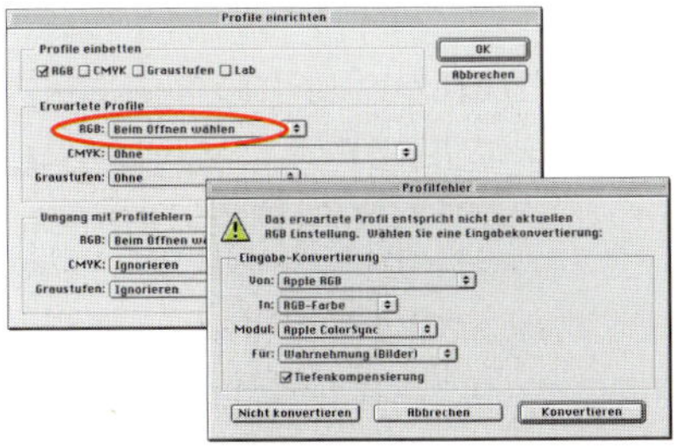

Die Option Beim Öffnen wählen gibt dem Anwender die Möglichkeit, jeweils im Einzelfall zu wählen, ob eine Konvertierung durchgeführt werden soll oder nicht. Wenn ja, können das richtige Quell- und Zielprofil ausgewählt werden.

Profilkonvertierung

Photoshop besitzt seit der 5 vor dem Punkt nicht nur die Fähigkeit, ICC-Profile, die in Dateien eingebettet sind, zu erkennen, sondern solche Profile auch selbst in Bilder zu integrieren. Für welche Farbmodi Photoshop das aktuelle Farbraumprofil beim Sichern einbetten soll, wird im Dialog Profile einrichten (Datei, Farbeinstellungen) festgelegt. Sinnvoll ist das Einbetten eines Profils, wenn die Datei innerhalb eines ICC-Farbmanagements weiterverarbeitet werden soll (beispielsweise die Ausgabe eines im sRGB-Farbraum erstellten Bildes auf einem Proofdrucker). Lab-Bilder sind grundsätzlich auch ohne eingebettetes Profil ICC-kompatibel.

Die Arbeit mit ICC-Profilen bietet große Chancen in einem Farbmanagement-gestützten Workflow, birgt aber auch Risiken in sich. Werden die falschen Profile miteinander verknüpft, kann es zu unvorhersehbaren Farbverfälschungen kommen, die die gute Absicht des Farbmanagements zunichte machen. Deshalb muß ein Photoshop-Anwender stets darauf achten, daß Dateien mit den richtigen Profileinstellungen geöffnet und gesichert werden.

Photoshop bietet umfangreiche Kontrollmöglichkeiten, wie mit Dateien zu verfahren ist, die kein Profil enthalten oder deren eingebettetes Profil nicht mit dem aktuell eingestellten Profil übereinstimmt. Bevor das Dateihandling näher beschrieben wird, ein paar wichtige Ratschläge vorweg:

- **RGB-Bilder,** die in Photoshop in CMYK (oder einen anderen Farbraum) konvertiert werden sollen, sollten beim Öffnen in den aktuellen RGB-Farbraum umgerechnet werden, weil sonst bei der Separation ein Farbraum, der nicht dem Farbumfang des Bildes entspricht, zugrunde gelegt wird. Anders ausgedrückt: Es werden sonst die falschen Umrechnungstabellen angewendet.
- **CMYK-Dateien,** die mit Photoshop oder einem hochwertigen Separationsprogramm wie LinoColor erstellt wurden, dürfen nicht in den Farbraum eines anderen CMYK-Druckprozesses konvertiert werden, weil sonst alle Separationsparameter wie etwa der Schwarzaufbau verlorengehen.
- **Graustufenbilder** sind meist wie CMYK-Dateien auf ein Druckverfahren oder für eine Bildschirmwiedergabe optimiert. Auch hier ist eine Konvertierung beim Öffnen generell nicht zu empfehlen.

Mit den Vorgaben im Dialog Profile einrichten kann das Verhalten von Photoshop beim Öffnen von Dateien in vielfältiger Weise gesteuert werden. Im großen und ganzen lassen sich drei Fälle unterscheiden: Entweder das eingebettete Profil entspricht den aktuellen Profileinstellungen (der einfachste Fall), oder es entspricht diesen Einstellungen nicht (der Routinefall), oder aber die Datei enthält gar kein Profil (der kniffligste Fall).

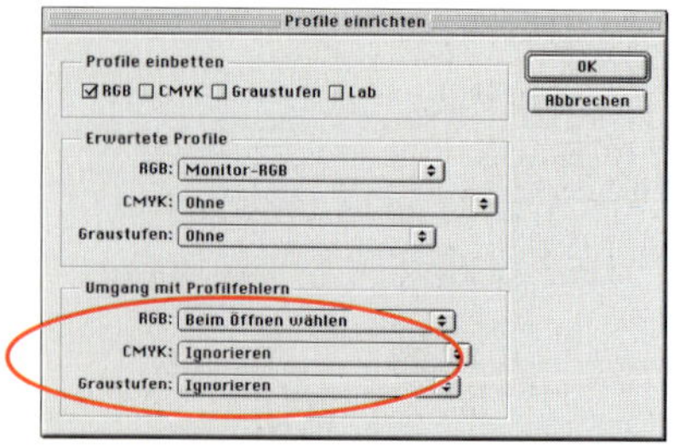

Die Einstellungen für den Umgang mit Profilfehlern betreffen nur Dateien, in die ein Profil eingebettet ist, das aber nicht mit den aktuellen Vorgaben in einem der Farbeinstellungsdialoge übereinstimmt.

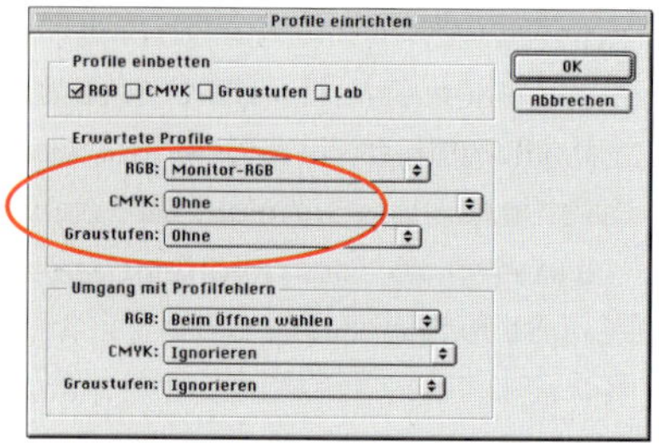

Die Einstellungen für Erwartete Profile betreffen nur Dateien, in die kein Profil eingebettet ist.

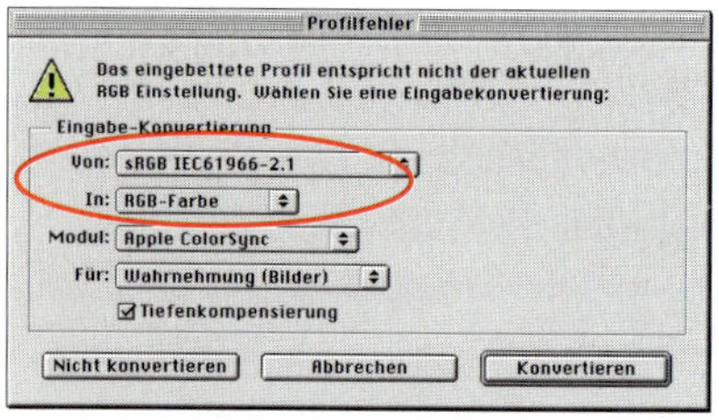

Mit der Einstellung Beim Öffnen wählen blendet Photoshop beim Auftreten eines Profilfehlers einen Dialog ein, in dem der Datei, die gerade geöffnet wird, das richtige Quellprofil zugewiesen werden kann.

Fall 1:

Das eingebettete Profil stimmt mit den aktuellen Profileinstellungen überein

Angenommen, eine RGB-Datei wurde im sRGB-Farbraum erstellt (Datei, Farbeinstellungen, RGB einrichten) und mit Profil gesichert (Datei, Farbeinstellungen, Profile einrichten, RGB). Wenn diese Datei auf dem gleichen oder einem anderen Rechner mit Photoshop geöffnet wird, bei dem die RGB-Einstellung ebenfalls auf sRGB lautet, wird die Datei ohne Konvertierung geöffnet (Quell- und Zielprofil sind ja identisch).

Die Einstellungen in den Feldern Erwartete Profile und Umgang mit Profilfehlern im Dialog Profile einrichten sind für diesen Fall ohne Bedeutung.

Fall 2:

Das eingebettete Profil weicht von den aktuellen Profileinstellungen ab

Sind Quell- und Zielprofil nicht identisch – etwa wenn eine mit Apple-RGB-Profil gesicherte Datei im sRGB-Farbraum geöffnet werden soll –, tritt ein sogenannter »Profilfehler« auf. Ob Photoshop die Datei dann in den aktuellen Farbraum konvertiert oder nicht, hängt von den Einstellungen im Feld **Umgang mit Profilfehlern** im Dialog Profile einrichten ab. Die Option **Ignorieren** beläßt es bei der Nichtübereinstimmung und öffnet die Datei ohne Konvertierung (diese Option ist für CMYK- und Graustufendateien sinnvoll). Die Option **Konvertieren** wandelt die Datei automatisch in den aktuellen Farbraum um, also beispielsweise von Apple-RGB in sRGB (diese Option ist für RGB-Bilder sinnvoll). Für CMYK-Dateien besteht die Möglichkeit, automatisch auch in RGB oder Lab zu konvertieren, was normalerweise jedoch keinen Sinn macht. Mit der Option **Beim Öffnen wählen** blendet Photoshop jedesmal, wenn beim Öffnen einer Datei ein Profilfehler auftritt, einen Dialog ein, in dem die Profile für den Quell- und Zielfarbraum explizit gewählt werden können. Im oberen Einblendmenü (Von) wird der Name des in die Datei eingebetteten Profils angezeigt, diese Einstellung darf nicht geändert werden. Im zweiten Menü (In) wird dann das Zielprofil gewählt. Die allgemeinen Farbmodi konvertieren immer in den aktuell eingestellten Farbraum.

Die gewählten Optionen im Feld Erwartete Profile im Dialog Profile einrichten sind für Dateien mit eingebettetem Profil bedeutungslos.

Fall 3:

Die Datei enthält kein Profil

Der dritte Fall trifft auf alle Altdatenbestände zu, also beispielsweise auf alle mit **Photoshop 4** gesicherten Bilder. Wie bei Dateien mit eingebetteten Profilen gibt es auch hier zwei Möglichkeiten: die Datei entweder mit oder ohne Konvertierung zu öffnen. Da es aus den oben beschriebenen Gründen bei RGB-Dateien empfehlenswert ist, sie in den aktuellen RGB-Farbraum zu konvertieren, steht Photoshop vor einem kleinen Problem: Um eine Konvertierung durchführen zu können, benötigt das Programm Angaben über den Quellfarbraum – Photoshop kann schließlich nicht aus dem Nichts heraus umwandeln. Da Photoshop-4-Dateien aber kein Profil enthalten, fehlen diese Angaben. Im Dialog Profile einrichten muß deshalb im Feld **Erwartete Profile** eingestellt werden, welches Farbraumprofil Photoshop für eine Konvertierung zugrunde legen soll. Die Option **Ohne** ignoriert die Tatsache des fehlenden Profils und öffnet die Datei ohne Konvertierung. Aber bei Auswahl eines der in den Menüs angebotenen Profile nimmt Photoshop die Profilkonvertierung aus diesem Farbraum heraus vor. Bei Photoshop-4-Dateien empfiehlt es sich, das Profil **Monitor-RGB** auszuwählen, da dies der Arbeitsfarbraum der 4er Version war (vorausgesetzt, es wird derselbe Monitortyp verwendet, ansonsten ist Apple-RGB zu wählen). Die Option **Beim Öffnen wählen** bietet sich dann an, wenn die profillosen Dateien aus unterschiedlichen Quellen stammen (Photoshop 4, Digitalkamera, Scanner etc.). Dann kann für jedes Bild der richtige Quellfarbraum ausgewählt werden, sofern er bekannt ist.

Die Einstellungen im Feld Umgang mit Profilfehlern im Dialog Profile einrichten sind für Dateien ohne Profil nicht von Relevanz.

Eine Ausnahme in der Gruppe der profillosen Bilder stellen **Photoshop-5-Dateien** dar: Bilder, die mit Photoshop 5 ohne Profil gesichert werden (einzustellen unter Profile einbetten im Dialog Profile einrichten), ignorieren die Einstellungen im Feld Erwartete Profile und werden grundsätzlich ohne Konvertierung geöffnet. Adobe geht davon aus, daß die Nicht-Einbettung eines Profils auf einer bewußten Entscheidung beruht und beim Öffnen generell keine Konvertierung gewünscht ist.

Warum Profilkonvertierung?

Die Funktion Profilkonvertierung aus dem Menü Bild, Modus bietet die Möglichkeit, eine Konvertierung zwischen Farbprofilen durchzuführen, sowohl innerhalb eines Farbmodus als auch farbmodusübergreifend. Eine manuelle Profilkonvertierung ist immer dann notwendig, wenn ein Bild ohne Konvertierung geöffnet wurde und dann festgestellt wird, daß es doch hätte konvertiert werden müssen, oder wenn die Farbeinstellungen während der Arbeit an einem Bild geändert werden. Photoshop rechnet ein Bild nicht in den aktuellen Farbraum um, wenn

- im Dialog Profile einrichten für den Farbmodus die Option **Ignorieren** gewählt ist,
- im Dialog Profile einrichten für den Farbmodus die Option **Beim öffnen wählen** eingestellt ist und beim Öffnen des Bildes die Schaltfläche **Nicht konvertieren** gewählt wird,
- die Datei kein Profil enthält und das **erwartete Profil** mit dem aktuellen Profil übereinstimmt,
- das Bild aus einem anderen Programm über die **Zwischenablage** eingefügt wird.

In diesen Fällen sollte immer überprüft werden, ob eine manuelle Profilkonvertierung durchzuführen ist oder nicht.

Ein Beispiel: Screenshot-Programme arbeiten im Farbraum des Monitors. Wenn ein Screenshot in Photoshop geöffnet oder über die Zwischenablage eingefügt wird, muß er zuerst vom Farbprofil des Monitors in das aktuelle RGB-Farbprofil umgerechnet werden, ansonsten ist die Farbdarstellung in Photoshop nicht exakt.

Foto: MACup Verlag

Wird während der Arbeit an einem RGB-Bild der RGB-Farbraum gewechselt und das Bild anschließend mit Bild, Modus, CMYK-Farbe vierfarbsepariert, wird bei der Umrechnung ein falsches Quellprofil angewendet. Dieses Bild enthält ein sRGB-Profil. Nach der Umstellung auf Wide Gamut RGB und einer Moduskonvertierung sind die Farben viel zu stark gesättigt.

Die richtige Vorgehensweise führt in einem solchen Fall keine einfache Modusumwandlung, sondern eine Profilkonvertierung (Bild, Modus, Profilkonvertierung) durch. Als Quellprofil kann dann der Ursprungsfarbraum sRGB angegeben werden.

What you see is what you get?

Wie die Monitordarstellung auf die Farben im Druck abgestimmt wird

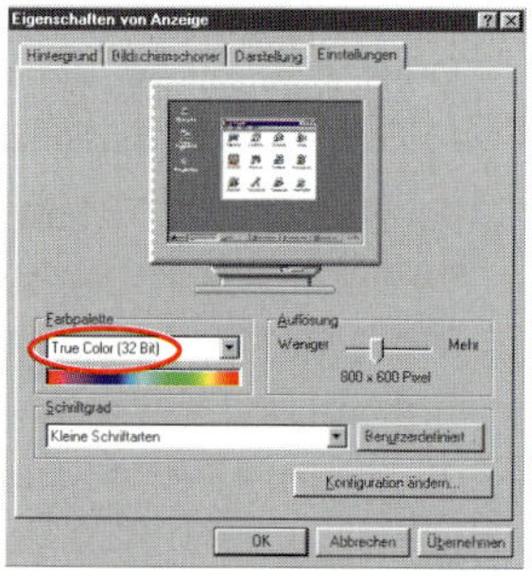

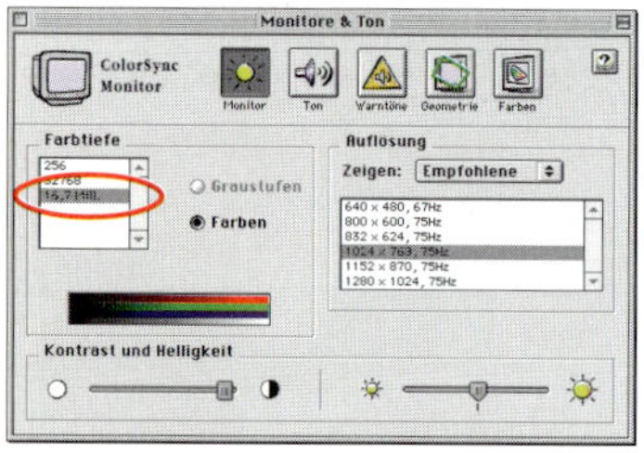

Je mehr Farben auf dem Bildschirm angezeigt werden können, desto besser ist die Farbwiedergabe. Für echte Farbbildbearbeitungen sind eine 24-Bit-Grafikkarte und ein ausreichend bestückter Videospeicher unbedingte Voraussetzung.

Ein sinnvolles und effizientes Arbeiten mit Photoshop ist nur möglich, wenn die auf dem Bildschirm angezeigten Farben möglichst genau den Farben in der späteren Endausgabe entsprechen. Das Ergebnis einer Bearbeitung muß direkt am Bildschirm zuverlässig beurteilt werden können, ohne daß jedesmal ein zeit- und kostenintensiver Farbproof notwendig ist. Wie ist es nun bei Photoshop, inwieweit trifft das Schlagwort »What you see is what you get« zu?

Dank der vollen Unterstützung des ICC-Farbmanagements ist die Farbwiedergabe in Photoshop so zuverlässig wie nie zuvor. Voraussetzung dafür ist, daß für alle am Farbmanagement beteiligten Komponenten – Scanner, Monitor und Proofdrucker – die aktuellsten ICC-Profile verwendet werden. Denn mit dem Einsatz von Farbprofilen kalibriert sich der Workflow fast wie von selbst. Probleme entstehen meist erst dann, wenn für ein Gerät kein ICC-Profil vorliegt oder unbemerkt ein falsches Profil verwendet wurde.

Ein paar Dinge muß der Photoshop-Anwender aber auch bei »vollautomatisiertem« Farbmanagement beachten: Alle Faktoren, die die Bildschirmansicht betreffen, aber außerhalb des Einflusses von ICC-Profilen liegen, fallen unter seine Verantwortung. Dazu zählen beispielsweise die Reglerstellungen für Helligkeit und Kontrast am Monitor oder die Beleuchtung am Arbeitsplatz. Deshalb muß auch in einem Colormanagement-Workflow eine Monitorkalibrierung durchgeführt werden.

Desweiteren ist das ICC-Farbmanagement noch nicht so weit fortgeschritten, daß es alle Druckverfahren umfaßte. Zwar existieren für eine ganze Reihe digitaler Proofdrucker entsprechende ICC-Profile, für den Analogdruck – und hier ist der Offsetdruck an erster Stelle zu nennen – trifft dies aber noch nicht zu. Deshalb ist es dennoch nötig, das System manuell zu kalibrieren und die auf dem Bildschirm angezeigten Farben mit einem Probedruck abzugleichen, dessen Farben den echten Farben im Auflagendruck entsprechen.

Die Kalibrierung der Bildschirmdarstellung gliedert sich in zwei Phasen:

1. Kalibrierung des Monitors

Der Monitor ist ein RGB-Gerät, das die angezeigten Farben aus den Grundkomponenten Rot, Grün und Blau zusammensetzt. Für eine getreue Farbwiedergabe kommt es auf eine richtig justierte Farb- und Graubalance der drei Monitorgrundfarben an. Dies ist die Aufgabe einer Monitorkalibrierung. Sie sorgt für eine in sich stimmige Farbdarstellung auf dem Bildschirm.

2. Abstimmen der Bildschirmdarstellung auf einen Proof

Bei der Anzeige von CMYK-Bildern spielt auch die gewählte Druckfarbeneinstellung ein Rolle: Sie sorgt für eine adäquate Vorschau der Bildhelligkeit durch eine Tonwertzunahme im Druck.

Zwar müssen CMYK-Bilder für die Wiedergabe auf einem Monitor in RGB umgerechnet werden – sonst wären sie nicht darstellbar –, die Farben werden aber nicht in den aktuellen RGB-Farbraum, sondern direkt in das Monitorprofil transformiert. Deshalb haben die RGB-Einstellungen keinen Einfluß auf die Wiedergabe von CMYK-Dateien.

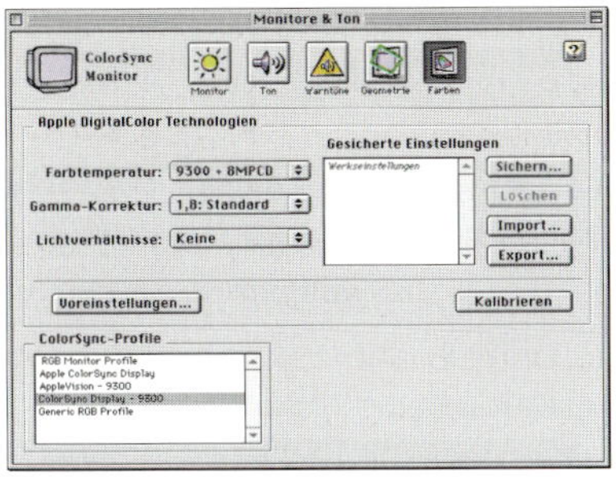

Die Monitorkalibrierung kann unter dem MacOS auch mit dem Kontrollfeld Monitore & Ton durchgeführt werden. Wenn es zu dem angeschlossenen Monitor ein ColorSync-Profil gibt, wird es in der unteren Liste ausgewählt (dazu muß es sich im Ordner ColorSync befinden) – weitere Einstellungen sind dann nicht erforderlich.

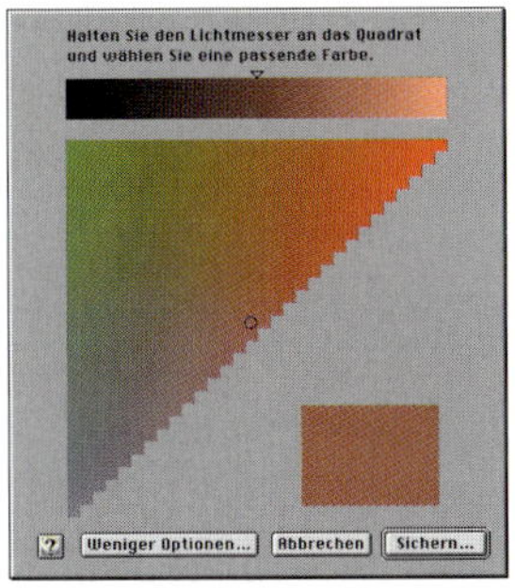

Falls die Werkseinstellungen für die Beleuchtung am Arbeitsplatz nicht optimal sind, kann mit Monitore & Ton gegengesteuert werden. Dabei wird das Farbfeld im Dialog auf die Reflexion einer neutralgrauen Scheibe, die an den Bildschirm gehalten werden muß, abgeglichen. So lassen sich mehrere unterschiedliche Lichtverhältnisse speichern und wieder laden.

Kalibrierung des Monitors

Die Kalibrierung des Monitors kann mit dem Programm Adobe Gamma oder jedem beliebigen anderen Kalibrierungsprogramm vorgenommen werden. Wichtig ist, daß immer nur ein Kalibrierungswerkzeug verwendet wird, also entweder das von Adobe oder das eines anderen Herstellers. Die gleichzeitige Verwendung zweier Kalibrierungsprogramme kann zu falschen Ergebnissen führen. Wenn beispielsweise unter dem MacOS bereits eine Monitorkalibrierung mit dem Kontrollfeld Monitore & Ton durchgeführt wurde, ist eine Kalibrierung mit dem Adobe-Programm nicht mehr nötig. Sie kann sogar zu einer Aufhebung der sorgfältig eingerichteten Kalibrierungseinstellungen führen, da Adobe Gamma die Einstellungen im gleichen ICC-Profil speichert wie Monitore & Ton.

1. Vorwärmphase des Monitors beachten. Vor Beginn der Kalibrierung sollte der Monitor mindestens eine halbe Stunde eingeschaltet sein, da sonst noch Schwankungen in der Anzeige auftreten können.

2. Raumbeleuchtung standardisieren. Da Änderungen des Umgebungslichts die Farbwahrnehmung deutlich beeinflussen, sollte während der Arbeit mit Photoshop auf gleichbleibende Lichtverhältnisse geachtet werden. Diese Lichtverhältnisse müssen auch bei der Kalibrierung vorherrschen.

3. Neutrale Hintergrundfarbe einstellen. Als Desktop-Hintergrund wird ein neutrales Grau mittlerer Helligkeit ge-

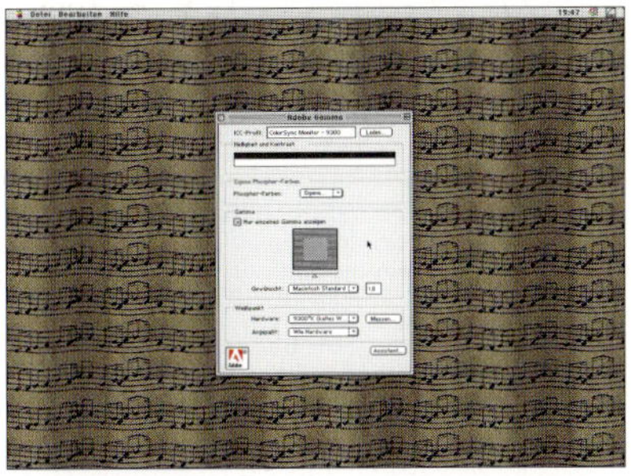

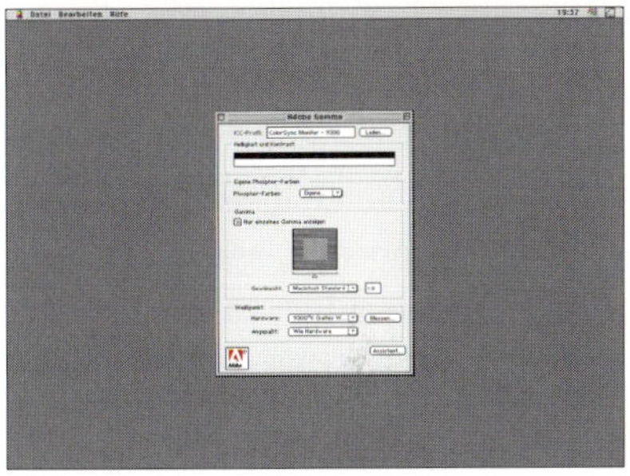

Da die menschliche Farbwahrnehmung stark von Umgebungsfarben beeinflußt wird, sollte auch bei einer so trivial scheinenden Angelegenheit wie der Monitorkalibrierung mit dem Gamma-Kontrollfeld auf einen neutralgrauen Schreibtischhintergrund geachtet werden.

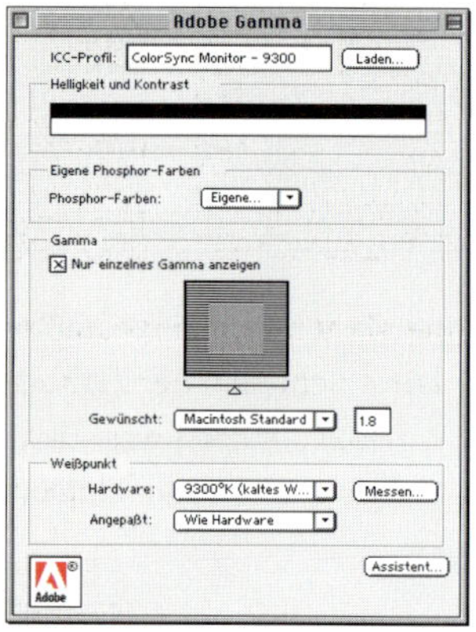

Das Gamma-Kontrollfeld stellt für die Monitorkalibrierung alle nötigen Optionen in einem Fenster zur Auswahl.

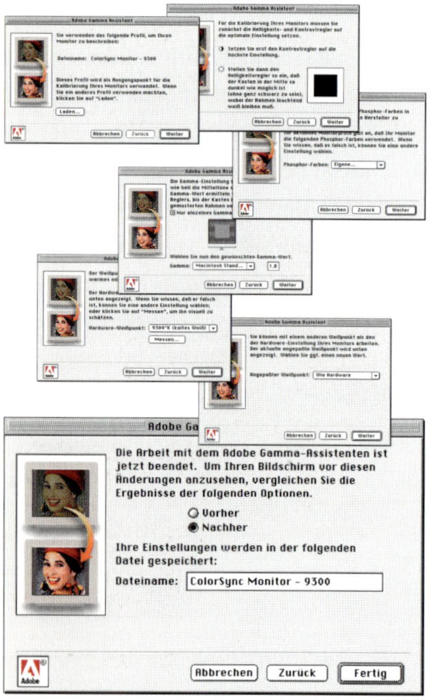

Der Adobe-Gamma-Assistent leitet schrittweise durch die Kalibrierungsprozedur. Vorteilhaft ist die Möglichkeit zum Vorher-Nachher-Vergleich am Ende des Kurses und zur Eingabe eines neuen Profilnamens.

wählt. Andere Farben oder gar gemusterte Hintergrundbilder könnten die Farbwahrnehmung bei der Kalibrierung negativ beeinflussen.

4. Adobe Gamma starten. Wenn nicht mit einem anderen Kalibrierungsprogramm gearbeitet wird (in diesem Fall befolgen Sie bitte die Anweisungen des Herstellers), wird die Monitorkalibrierung mit dem Programm Adobe Gamma durchgeführt. Das Programm befindet sich unter dem MacOS im Ordner Kontrollfelder und unter Windows in der Systemsteuerung. (Das frühere Gamma-Kontrollfeld wird von Photoshop 5 nicht mehr unterstützt.) Am schnellsten geht die Kalibrierung ohne Assistenten, also in der Kontrollfeldversion.

5. Helligkeit und Kontrast einstellen. Mit den Reglern am Monitor werden Helligkeit und Kontrast auf die maximalen Einstellungen gesetzt. Anschließend wird die Helligkeit so weit verringert, bis im Feld Helligkeit und Kontrast des Adobe-Gamma-Fensters kein Unterschied mehr zwischen den grauen und schwarzen Quadraten erkennbar ist. Der weiße Balken darunter muß allerdings strahlend weiß bleiben und darf nicht gräulich wirken. Die Reglerstellungen dürfen nach dem Kalibrieren nicht mehr verändert werden, da auch sie die exakte Farb- und Helligkeitswiedergabe der Bilder beeinflussen (mit Klebestreifen fixieren oder per Software sperren).

6. ICC-Profil laden. Falls Adobe Gamma den angeschlossenen Monitor nicht schon selbst erkannt hat, wird mit der

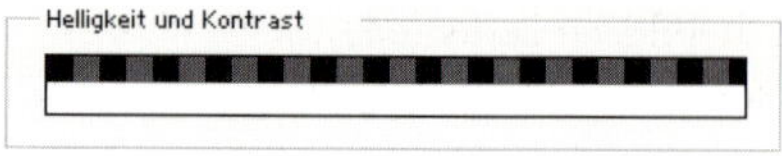

Ist der Monitor zu hell eingestellt, heben sich die grauen Quadrate deutlich von den schwarzen ab.

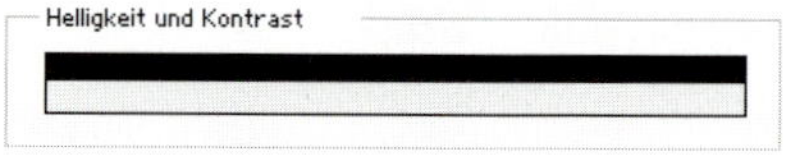

Bei einem zu dunklen Monitor wirkt der untere Balken gräulich.

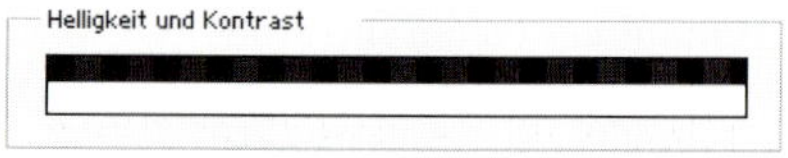

Die optimale Einstellung: Im oberen Balken sind keine (oder fast keine) Unterschiede zwischen grauen und schwarzen Quadraten zu erkennen, und der untere Balken ist immer noch strahlend weiß.

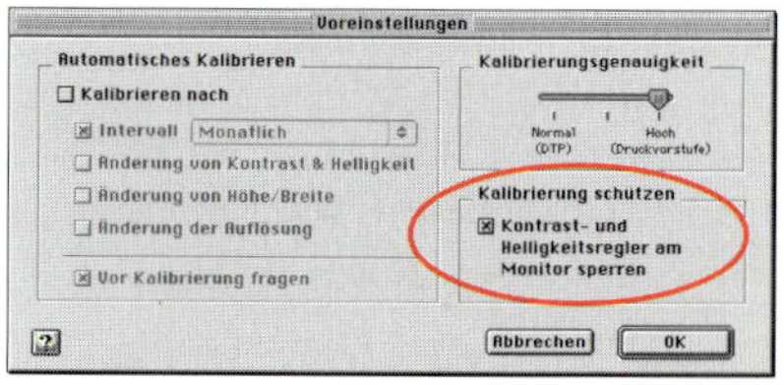

Das Kontrollfeld Monitore & Ton des MacOS bietet die Möglichkeit, die Regler für Helligkeit und Kontrast am Monitor softwareseitig zu sperren. Die Regler lassen sich dann nicht versehentlich verstellen. Diese Option kann auch genutzt werden, wenn die Kalibrierung mit Adobe Gamma vorgenommen wird.

Schaltfläche Laden das ICC-Profil des Monitors geladen. Die übrigen Einstellungen in Adobe Gamma werden dann automatisch gemäß den Profildaten aktualisiert.

Sollte kein ICC-Profil vorliegen, müssen die Einstellungen wie in den nachfolgenden Schritten beschrieben manuell vorgenommen werden.

7. Monitortyp auswählen. Unter Phosphorfarben wird der Monitortyp ausgewählt. Falls der Monitor nicht in der Liste enthalten ist, können über die Option Eigene die Chromatizitätswerte gemäß den Herstellerangaben eingegeben werden.

8. Graubalance einstellen. Unter Gamma befindet sich ein Anzeigefeld aus schwarzen und weißen Linien und einer grauen Fläche in der Mitte. Bei einer korrekten Graubalance erscheint das graue Feld genauso hell wie das schwarzweiße Linienmuster. Wenn das Feld heller oder dunkler erscheint, muß mit dem Regler entsprechend nachjustiert werden.

9. Farbbalance überprüfen. Sobald eine korrekte Graubalance eingestellt ist, wird die Option Nur einzelnes Gamma anzeigen ausgeschaltet. Adobe Gamma zeigt dann drei Anzeigefelder für die Komponenten Rot, Grün und Blau. Auch hier muß die Helligkeit der mittleren Farbflächen mit den umgebenden Linienmustern übereinstimmen. Wenn dem nicht so ist, erfolgt die Korrektur über die Regler.

10. Zielgamma einstellen. Unter Gewünscht wird nun der Zielgammawert für das System eingestellt. Der Standardwert des MacOS ist 1,8, Windows arbeitet mit einem Zielgamma von 2,2. Unter Windows steht diese Option nur bei entsprechender Konfiguration zur Verfügung.

11. Weißpunkt bestimmen. Unter Hardware wird das Monitorweiß des Monitors gemäß den Angaben des Herstellers festgelegt. Falls der Wert nicht bekannt ist, kann er über die Schaltfläche Messen optisch ermittelt werden.

Unter Angepaßt wird die Option Wie Hardware gewählt. Ein von der Hardwareeinstellung abweichender Wert, also ein angepaßter Weißpunkt ist nur in dem Fall zu wählen, wenn die fertigen Bilder unter besonderen Lichtverhältnissen präsentiert werden. Unter Windows steht diese Option nur bei entsprechender Konfiguration zur Verfügung.

12. Einstellungen als ICC-Profil sichern. Mit einem Klick auf OK oder das Schließfeld ist die Kalibrierung abgeschlossen. Adobe Gamma speichert die Einstellungen im gewählten ICC-Profil. Wenn kein Profil geladen war, legt das Programm ein neues Profil an.

Für andere Ausgabeverfahren muß das System erneut kalibriert werden. Wenn alle Kalibrierungen gespeichert werden, können sie jederzeit nach Bedarf abgerufen werden.

Bei einer falsch eingestellten Graubalance hebt sich der monochrome Bereich als helle oder dunkle Fläche gegenüber dem Linienmuster ab.

Eine optimale Graubalance ist erreicht, wenn das mittlere Feld nicht mehr vom äußeren Linienmuster zu unterscheiden ist.

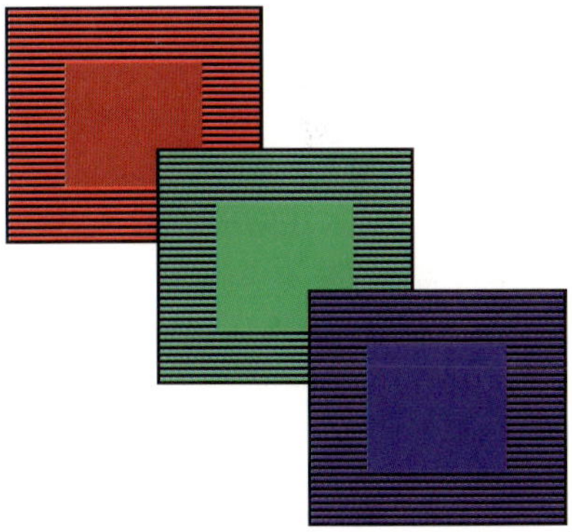

Die Einstellung der Farbbalance gleicht im Prinzip einer Graubalancekorrektur – sie wird nur für jede Grundfarbe separat vorgenommen, um eine eventuelle Farbstichigkeit des Monitors zu kompensieren.

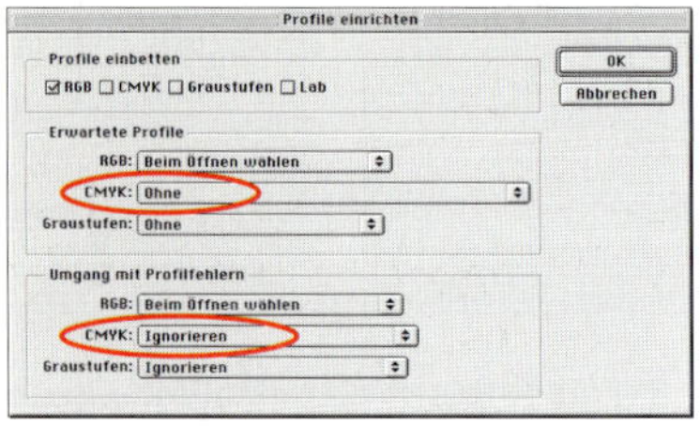

Wird das Testbild aus Photoshop heraus gedruckt, sollten vor dem Öffnen im Dialog Profile einrichten (Datei, Farbeinstellungen) für CMYK sicherheitshalber die Optionen Ohne und Ignorieren gewählt werden, damit die Konvertierung in einen anderen Farbraum ausgeschlossen ist.

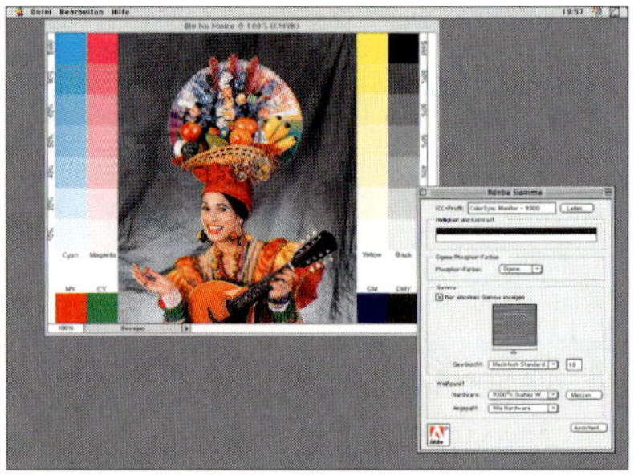

Zeigt der Proof im Vergleich mit dem Monitorbild eine abweichende Farbgebung, muß die Kalibrierung wiederholt werden. In diesem Fall werden die Einstellungen im Gamma-Kontrollfeld direkt am Testbild auf dem Monitor überprüft und an den Proof angepaßt.

Abstimmen der Bildschirmdarstellung auf einen Proof

Ob die Bildschirmeinstellungen eine gute Vorschau auf die Farben im Druck geben, kann anhand eines Analogproofs überprüft werden. Dazu wird ein Referenzbild, das bereits fertig separiert vorliegen muß, auf demselben Produktionsweg verarbeitet, den später auch die mit Photoshop bearbeiteten Bilder durchlaufen sollen. Beim Vierfarbdruck umfaßt der Proofprozeß die Belichtung der vier Farbauszüge auf Film und die Anfertigung eines Andrucks auf dem später verwendeten Auflagenpapier.

Im Lieferumfang von Photoshop ist ein speziell für den Proofprozeß vorbereitetes Testbild enthalten. Auf dem Mac trägt es den Dateinamen Olé No Moiré und ist im Ordner Other Goodies, Kalibrierung gespeichert. Windows-Anwender finden das Testbild unter dem Namen Testpict.tif im Ordner Goodies auf der Photoshop-Installations-CD.

Damit der Proof als farbverbindliches Muster genutzt werden kann, müssen folgende Punkte unbedingt beachtet werden:

- **Keine Moduskonvertierung durchführen:** Das Referenzbild muß als CMYK-Bild vorliegen und darf nicht durch Umwandlung eines RGB-Bildes entstanden sein, da die Bilddaten sonst durch die Profileinstellungen und Separationsparameter verändert wurden.

  Wer sich eine eigene Testvorlage erstellen möchte, arbeitet direkt im CMYK-Modus. Auch sollte er daran denken, daß für einen optimalen Vergleich Farbfelder mit den reinen Druckfarben (100 % Cyan, 100 % Magenta, 100 % Gelb und 100 % Schwarz) und mit den drei Farbmischungen, die sich aus jeweils zwei Grundfarben zu 100 % ergeben (100 % Cyan und 100 % Magenta usw.) enthalten sein sollten.
- **Profilkonvertierung ausschließen:** Falls das Testbild aus Photoshop heraus belichtet oder gedruckt werden soll, muß vor dem Öffnen im Dialog Profil einrichten (Datei, Farbeinstellungen) im Feld Umgang mit Profilfehlern für CMYK die Option Ignorieren eingestellt werden. Ansonsten würde die Referenzdatei womöglich in einen anderen CMYK-Farbraum konvertiert, was zu einer verfälschten Farbdarstellung im Proof führen kann. Nach Beendigung des Kalibrierungsvorgangs, das heißt nachdem die Bildschirmanzeige auf den Proof abgestimmt wurde, kann die Grundeinstellung auf die vorherige Einstellung zurückgesetzt werden.

Die Abstimmung der Bildschirmanzeige auf den Proof wird bei optimaler, das heißt repräsentativer Beleuchtung durchgeführt.

1. Beleuchtungseinstellung laden. Wenn für mehrere Beleuchtungssituationen eine Monitorkalibrierung durchgeführt wurde, muß im Programm Adobe Gamma (oder der bei der Kalibrierung benutzten Software) die den momentanen Lichtverhältnissen entsprechende Profileinstellung geladen werden.

2. Profilkonvertierung ausschließen. In Photoshop wird im Dialog Profile einrichten (Datei, Farbeinstellungen) für den Umgang mit Profilfehlern bei CMYK-Dateien die Option Ignorieren gewählt. Damit wird ausgeschlossen, daß das Testbild in einen anderen CMYK-Farbraum konvertiert wird, was eine falsche Bildschirmdarstellung zur Folge hätte.

3. Testbild öffnen. Das Testbild wird in Photoshop geöffnet und mit dem Proof verglichen. Sowohl die Farbfelder als auch das fotografische Motiv sollten auf dem Bildschirm getreu wiedergegeben sein.

4. System neu kalibrieren. Farbabweichungen lassen sich durch Feinjustierungen im Programm Adobe Gamma (oder der verwendeten Kalibrierungssoftware) beseitigen. Dazu wird die gesamte Prozedur der Monitorkalibrierung wiederholt – diesmal jedoch so, daß jeder Schritt in Einklang mit dem Proof erfolgt.

Falls sich die reinen Farben und das Bild nicht gleichzeitig optimal wiedergeben lassen, ist der exakten Bildwiedergabe der Vorzug zu geben.

Das im Lieferumfang von Photoshop enthaltene Testbild mit Farbfeldern und fotografischem Motiv

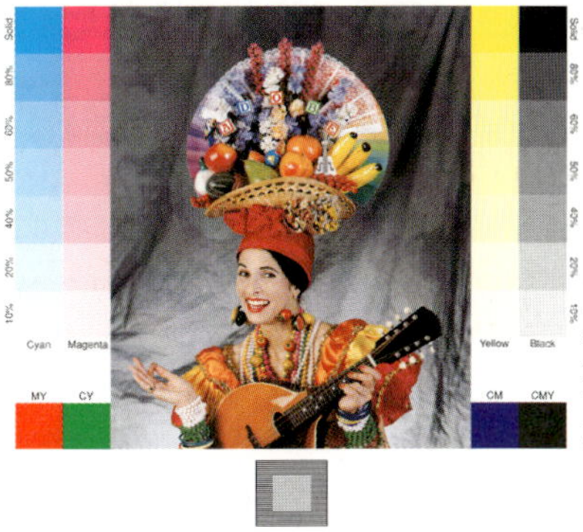

Foto: Adobe Systems

Falsch eingestellte Graubalance: Das Bild wird zu hell angezeigt.

Farbstich durch zuviel Rot

Farbstich durch zuviel Grün

Farbstich durch zuwenig Rot und zuviel Grün

Farbstich durch zuviel Grün und zuwenig Blau

Woher kommen die Bilder?

Wie die Bilder, die mit Photoshop weiterbearbeitet werden, ihren Weg vom Film, Videoband oder anderen Quellen in den Datenspeicher des Computers finden

Vermutlich ist es immer noch so, daß die meisten Bilder, die mit Photoshop verarbeitet werden, mit konventionellen Kameras auf konventionelles Filmmaterial aufgenommen, im Fotolabor auf chemischem Wege entwickelt und schlußendlich als Dia oder Fotoabzug mit einem Flachbett-, Trommel- oder Photo-CD-Scanner digitalisiert werden.

Aber nicht nur Fotos lassen sich digitalisieren, auch Einzelbilder aus Videofilmen oder einer TV-Ausstrahlung können mit geeigneter Zusatz-Hard- und -Software in die Welt der Pixel überführt werden. Zudem wächst der Anteil der Fotografen, die direkt mit Digitalkameras arbeiten, stetig, und auch andere Quellen, wie die zahlreichen Fotosammlungen von Bildagenturen oder aus dem Internet, werden immer stärker genutzt.

In diesem Kapitel werden alle wichtigen Bildquellen kurz vorgestellt. Aus welcher Quelle ein Bild stammt, entscheidet oft nicht nur über die Professionalität der Aufnahme (bei Fotos), auch die Bildgröße und das Farbformat hängen unter Umständen von der Bezugsquelle ab. Während professionelle CD-ROM-Archive Bilder in sehr hoher Auflösung und bereits fertig separiert anbieten, besitzen die aus dem Internet heruntergeladenen Bilder oft nur die niedrige Bildschirmauflösung und je nach Speichermethode auch nur eine geringe Farbauflösung.

Scanner

Foto: Macup Verlag

Nur zu Testzwecken.
Scan mit Dainippon Trommelscanner.
Bildgröße weitgehend beliebig.
CMYK

Für allerhöchste Qualität immer noch unverzichtbar: der Scan mit einem Trommelscanner mit Photomultiplier-Technik. Aber auch Desktop-Flachbettscanner der gehobeneren Preisklasse bieten mittlerweile eine Scanqualität, die für den größten Teil anfallender Druckaufträge vollkommen ausreichend ist. Im DTP-Alltag bewährt sich noch immer die Kombination aus Selfmade-Scans mit dem eigenen Flachbettscanner für Bilder in niedriger Auflösung und qualitativ hochwertig reproduzierten Scans vom Dienstleister.

Photoshop ist nicht nur für die Bildbearbeitung ein zentrales Werkzeug. Viele Scanner-Hersteller bieten für die Steuerung ihrer Geräte ein Plug-in zu Photoshop an. Der Vorteil einer solchen Lösung ist, daß das gescannte Bild direkt für die Weiterbearbeitung in Photoshop geöffnet wird.

Digitalkamera

Foto und Gemälde: Renate Spiering

Kunstvoll.
Kodak DCS 420.
Bildgröße 1.524 mal 1.012 Pixel.
RGB

Die digitale Fotografie verbindet in geradezu idealer Weise die fotografische Technik mit der Computertechnik. Digital zu fotografieren bedeutet nicht bloß, Foto und Scan in einem Arbeitsgang zu verschmelzen. Die Digitalfotografie eröffnet in vielen Bereichen neue Horizonte. Projekte, die mit konventioneller Fotografie aus Kostengründen scheitern, sehen bei einer Kalkulation mit digitalem Equipment durchaus profitabel aus (Beispiel Katalogfotografie). Oder das Thema Geschwindigkeit: Mit einer Film-Fotokamera geht wertvolle Zeit bei der chemischen Entwicklung und der anschließenden Digitalisierung des Dias oder Fotoabzugs mit einem Scanner verloren. Und nur Digitalkameras in Anbindung an die mobile Datenübertragung bringen den Abschlußtreffer einer Fußballbegegnung noch rechtzeitig in die Redaktion, um in der nächsten Zeitungsausgabe zu erscheinen.

Photo CD

Foto: Helmut Bechtel

Beautiful World.
Photo-CD-Scan.
Bildgröße bis 5.353 mal 2.048 Pixel.
RGB

Die Photo CD ist ein einfaches, unkompliziertes und kostengünstiges Medium für Bilddateien. Die Qualität besonders der Professional Photo CD ist beinahe für alle Anwendungen ausreichend. Der Hauptvorteil der Photo CD ist der, daß das Speichermedium für die Scans gleich mitgeliefert wird. Es werden also weder Wechselplattenmedien noch sonstige teure Datenspeicher für den Transport vom Scan-Service zum Layout-Studio benötigt. Nachteil der Photo CD ist, daß die Bilder im unseparierten, Kodak-eigenen Farbformat vorliegen. Zum Archivieren der zum Drucken aufbereiteten und überarbeiteten Bilder müssen also doch konventionelle Speichermedien verwendet werden.

Bildarchiv

Unendliche Weiten.
Hochwertiger Scan.
Bildgröße weitgehend beliebig.
RGB oder CMYK

Digitale Bildarchive werden von zahlreichen kommerziellen Anbietern zu ganz unterschiedlichen Preisen angeboten. Datenmedium für digitale Fotosammlungen ist die CD-ROM mit bis zu 650 Megabyte Fassungsvermögen.

Der Zugriff auf vorgefertigtes Material ist vor allem dann von Vorteil, wenn kurzfristig ein Bild zu einem bestimmten Thema benötigt wird, aber keine Zeit bleibt, um einen Fototermin zu organisieren. Die »Bilder von der Stange« können aber keine Exklusivverwertung garantieren, es wäre also möglich, daß das ausgesuchte Bild auch in anderen Kontexten auftaucht.

Malprogramm

Taxi, bitte!
Bilddatei.
Bildgröße weitgehend beliebig.
RGB oder CMYK

Malprogramme wie Painter sind das digitale Pendant zur Künstlerwerkstatt. Hier stehen dem ambitionierten Digitalkünstler alle bekannten Werkzeuge und Hilfsmittel zur Auswahl, um Aquarelle, Ölgemälde, Kohlezeichnungen usw. anzufertigen. Die Eigenschaften der Malwerkzeuge und Malgründe stehen ihren »materiellen« Vorbildern in nichts nach.

Die Malwerkzeuge von Photoshop können im Vergleich mit ausgewachsenen Malprogrammen als Schmalspurversionen gelten. Sie lassen erahnen, welche phantastischen Möglichkeiten im digitalen Künstleratelier offenstehen. Zur fotorealistischen Aufbereitung von Bildern sind Malprogramme jedoch ungeeignet.

Rendering-Software

Water World.
Bilddatei.
Bildgröße weitgehend beliebig.
RGB

Rendering-Programme berechnen perspektivische Ansichten von dreidimensionalen Objekten oder Szenen. Hinter den Computergrafiken, die unter dem Schlagwort »Virtuelle Realität« gefaßt werden, steht immer eine Rendering-Software. Umfangreiche Programme bieten Modelling-Funktionen zum Konstruieren der 3-D-Objekte, Renderingalgorithmen zur Berechnung der Oberflächen (Struktur und Farbe) und der Beleuchtung sowie Animationsfunktionen zum Erstellen von Videosequenzen. Die Qualität einer virtuellen Szene ist vom verwendeten Renderalgorithmus abhängig. Mit guten Algorithmen erstellte Bilder berücksichtigen nicht nur realistische Beleuchtungseffekte wie Lichtreflexe und Schattenwurf, die Szene (oder die Objekte) spiegelt sich auch in reflektierenden Oberflächen.

QuickTime VR

Rundumsicht.
Bilddatei im PICT-Format.
Bildhöhe maximal 4.095 Pixel.
RGB

QuickTime VR ist eine Technologie zum Erstellen und Abspielen von interaktiven Filmsequenzen. Unterschieden werden Panoramen und Objekte. In einem QuickTime-VR-Panorama kann der Benutzer durch Ziehen mit der Maus seinen Blickwinkel verändern (nach oben, unten, rechts oder links, mithin also auch nach hinten schauen), wobei wie beim Blick durch ein Objektiv die typischen perspektivischen Verzerrungen berechnet werden (in Echtzeit).

Darstellungsgrundlage eines QuickTime-VR-Panoramas ist ein (aus mehreren Einzelbildern errechnetes) Panoramabild, das der QuickTime-VR-Benutzer jedoch nie in voller Größe und in dieser Perspektive zu sehen bekommt. Dieses Quellbild, das in Photoshop geöffnet werden kann, besitzt eine ganz besondere Ästhetik – man sieht die Welt fortan mit anderen Augen.

TV

Tagesthemen.
Frame-grabbing mit Video Mashine.
Bildgröße 768 mal 576 Pixel.
RGB

Das Fernsehen ist eine hervorragende Quelle für Bildmaterial. Ob aktuelles Zeitgeschehen, wissenschaftlicher Fortschritt oder Kultur, das Fernsehen bietet derzeit die wohl ausführlichste Bilddatenbank. Der Zugriff darauf ist denkbar einfach. Mit einem Framegrabber lassen sich Standbilder digitalisieren und im Rechner weiterbearbeiten. Noch sind die dabei entstehenden Bilder bei einer Farbtiefe von 24 Bit auf eine Größe von 768 mal 576 Pixel beschränkt. Mit Einzug des HDTV wird die Bildauflösung verdoppelt.

Mittlerweile gibt es auch TV-Karten, die den Fernsehempfang mit PC oder Mac sowie die Einzelbild- oder Sequenzdigitalisierung per mitgelieferter Software ermöglichen. Die Auflösung der so digitalisierten TV-Bilder liegt aber unterhalb der PAL-Auflösung.

Computer

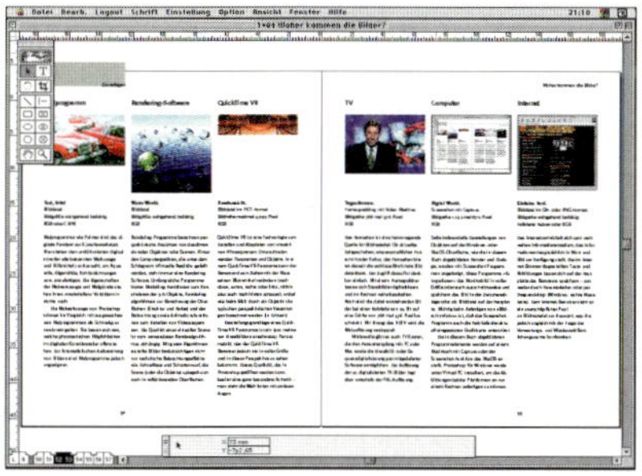

Digital World.
Screenshot mit Capture.
Bildgröße 1.152 mal 870 Pixel.
RGB

Selbstreferentielle Darstellungen von Objekten auf der Windows- oder MacOS-Oberfläche, wie die in diesem Buch abgebildeten Fenster und Dialoge, werden mit Screenshot-Programmen angefertigt. Diese Programme »fotografieren« das Monitorbild in voller Größe oder auch ausschnittsweise und speichern das Bild in der Zwischenablage oder als Bilddatei auf der Festplatte. Wichtig beim Anfertigen von »Bildschirmfotos« ist, daß das Screenshot-Programm auch die Farbtiefe der aktuell eingesetzten Grafikkarte unterstützt.

Die in diesem Buch abgebildeten Programmelemente wurden auf einem Macintosh mit Capture oder der Screenshot-Funktion des MacOS erstellt. Photoshop für Windows wurde unter Virtual PC installiert, um die Abbildungen beider Plattformen an nur einem Rechner anfertigen zu können.

Internet

Globales Dorf.
Bilddatei im GIF- oder JPEG-Format.
Bildgröße weitgehend beliebig.
Indizierte Farben oder RGB

Das Internet entwickelt sich zum weltweiten Informationsmedium, das Informationen hauptsächlich in Wort und Bild zur Verfügung stellt. Die im Internet-Browser dargestellten Texte und Abbildungen lassen sich auf der Festplatte des Benutzers speichern – entweder durch Herunterladen oder per Drag-and-drop (Windows: rechte Maustaste). Dem Internet-Benutzer steht so ein unerschöpflicher Pool an Bildmaterial zur Auswahl, was ihn jedoch sogleich mit der Frage der Verwertungs- und Wiederveröffentlichungsrechte konfrontiert.

Pixel für Pixel Qualität

Wie mit der geeigneten Scanauflösung maximale Bildqualität bei minimalem Datenumfang erzielt werden kann

Belichtungsdienstleister haben oft genug mit Datenmengen zu kämpfen, die unnötig das Netzwerk und nicht zuletzt den RIP belasten, obwohl meistens schon die Hälfte der Daten ausgereicht hätte, um mit derselben Qualität zu belichten. Umgekehrt kommt es auch vor, daß Bilder, die auf dem Bildschirm gut aussehen, durch die Belichtung plötzlich grob pixelig und mit stufigen Konturen erscheinen. Beide Fälle lassen sich wirkungsvoll vermeiden, wenn mit den richtigen Bildauflösungen gearbeitet wird.

Bildvorlagen stammen meistens von einem der üblichen Filmformate ab. Als verbreitete Filmformate dürfen das Kleinbildformat mit 24 mal 36 mm, das Mittelformat mit 56 mal 56 mm und schließlich das Großformat, das bei 9 mal 12 cm beginnt, gelten. Es gibt daneben noch zwei rechteckige Mittelformate, die besser auf die üblichen DIN-Papierformate abgestimmt sind, jedoch ist keines dieser Formate exakt deckungsgleich mit den DIN-Größen. Die Abbildungen auf der rechten Seite zeigen den für den Druck in DIN-Formaten nutzbaren Bildausschnitt unterschiedlicher Filmformate.

Bildvorlagen werden in der Regel direkt als Dia (Durchsichtsvorlage) oder als Abzug auf Fotopapier (Aufsichtsvorlage) angeliefert. Zwar lassen sich Dias auch mit Flachbettscannern, die mit Durchlichteinheit ausgestattet sind, in recht guter Qualität scannen, zu empfehlen ist jedoch die Digitalisierung mit einem Diascanner, der die Besonderheiten des Filmträgermaterials besser berücksichtigt und brillantere Scans liefert.

Eine Alternative, die stets in Betracht gezogen werden sollte, ist der Scan vom Dienstleister. Vor allem wenn vom Kleinbilddia ein hochauflösendes Digitalbild angefertigt werden soll, ist der mit einem Trommelscanner eingelesene Scan allen anderen Lösungen vorzuziehen. Die gute Reproduktionsqualität wiegt dann die Scankosten auf. Bei Aufsichtsvorlagen reicht die Qualität und Auflösung vieler Flachbettscanner meist aus.

Seit Erscheinen der Photo CD gewinnt dieses digitale Bildmedium auch immer mehr an Bedeutung für die DTP-Produktion. Neben der normalen Photo CD, die sich nur zum Erfassen von Kleinbilddias und -negativen eignet, gibt es auch die Professional Photo CD, die eine noch höhere Auflösung bietet und auch für alle Filmformate bis 4 mal 5 Inch geeignet ist.

Neben der richtigen Bildauflösung beim Erfassen der Vorlagen – ob sie nun mit Desktop-Flachbettscannern, High-end-Scannern oder im Photo-CD-Verfahren gescannt werden – sind die jeweils anfallenden Kosten ein wichtiger Gesichtspunkt. Für den High-end-Scan sind etwa zwischen 40 und 150 Mark zu veranschlagen. Der Transfer auf die Professional Photo CD kostet rund 40 Mark pro Bild, während die Preise bei der normalen Photo CD mit 1,50 bis 6 Mark deutlich niedriger ausfallen. Dagegen steht der Abzug vom Dia oder Negativ mit 10 bis 25 Mark. Neben der Photo CD ist demnach der Scan mit dem eigenen Flachbettscanner die billigste Möglichkeit der Bilderfassung.

Die rot umgrenzten Bereiche markieren den maximal nutzbaren Ausschnitt in bezug auf die DIN-Formate.

Foto: Helmut Bechtel

Kleinbild: 24 mal 36 mm

Mittelformat I: 42 mal 56 mm

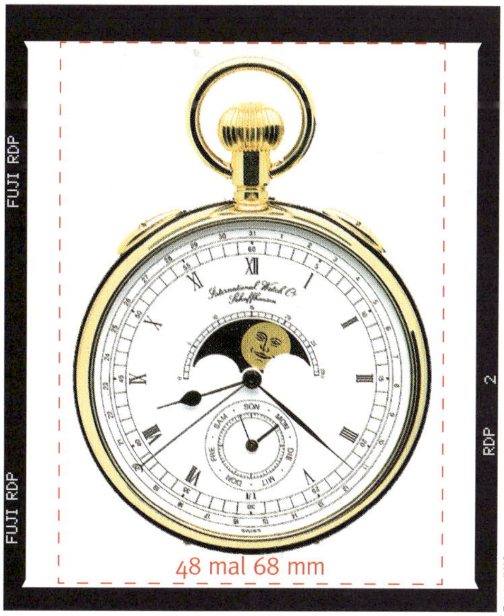

Foto: IWC

Mittelformat II: 56 mal 68 mm

Fotografisch erstellte Bildvorlagen überwiegen auch im Color Publishing noch immer gegenüber den rein digitalen Fotografien. So sind auch fast alle Bilder in diesem Buch konventionell mit einer Kamera auf chemischen Film aufgenommen. Die Digitalisierung erfolgte mit Desktop-Flachbettscannern, Desktop-Diascannern, Trommelscannern oder per Transfer auf Photo CD.

Foto: Mercedes Benz AG

Großformat: ab 84 mal 114 mm

Ermitteln der richtigen Bildgröße

Bildformat (in cm)		Bildpunkte* (in Mio.)	Speicherplatz* (in MByte)
DIN A7	7,4 x 10,5	1,1	**4,2**
DIN A6	10,5 x 14,8	2,2	**8,5**
DIN A5	14,8 x 21	4,5	**17,0**
DIN A4	21 x 29,7	9,0	**33,0**
DIN A3	29,7 x 42	17,9	**65,0**
DIN A2	42 x 59,4	35,9	**130,0**

*) Die Werte für die Anzahl der Bildpunkte und den Speicherplatz lassen sich bis zu einem Drittel verringern, wenn nicht unbedingt höchste Bildqualität gefordert ist.

Bildgrößen der Photo CD

Photo CD	Auflösung (in Pixel)	Bildpunkte* (in Mio.)
Base / 16	128 x 192	**0,02**
Base / 4	256 x 384	**0,1**
Base	512 x 768	**0,4**
4Base	1.024 x 1.536	**1,6**
16Base	2.048 x 3.072	**6,3**
64Base	4.096 x 6.144	**25,1**

*) Theoretisch reichen die Auflösungen der Photo CD für Druckgrößen bis A4, die der Professional Photo CD sogar bis zur Postergröße A2.

Viele Anwender von Desktop-Scannern sind anfangs ziemlich verwirrt, wenn in den begleitenden Handbüchern zum Scanner oder auch in der Fachliteratur Formeln zum Ermitteln der richtigen Scanauflösung auftauchen.

Aus diesem Grund wird im folgenden versucht, ganz ohne Mathematik und Formeln, ohne die Verwirrung um dpi den Weg zur richtigen Bildauflösung zu finden. Bei den Tabellen zum Ermitteln der geeigneten Bildauflösung werden unter anderem die unterschiedlichen Papierformate der DIN-Reihe berücksichtigt und in Beziehung zu den Filmformaten bei unterschiedlicher Art der Bilderfassung gesetzt.

Die **Tabelle der Bildformate** (links oben) gibt an, wie viele Bildpunkte für eine optimale Druckqualität benötigt werden. Als Druckparameter wird ein 60er Raster im Vierfarbdruck angenommen. Der dort angegebene Speicherplatz bezieht sich auf eine separierte Bilddatei im CMYK-Modus.

Der Tabelle liegt folgende Überlegung zugrunde: Für ein 60er Raster (60 Linien pro Zentimeter) werden 120 Bildpunkte pro Zentimeter benötigt, um zwei benachbarte Linien voneinander unterscheiden zu können. Dies bedeutet, daß beispielsweise für ein Bild von 5 mal 5 Zentimetern Größe 5 mal 120 mal 5 mal 120 Bildpunkte benötigt werden: also 360.000 Bildpunkte. Die so ermittelte Anzahl von nötigen Bildpunkten ist auf den ziemlich ungünstigen Fall abgestimmt, eine Linienstruktur verlustfrei abzubilden. Für Fotografien wie Portraits, Landschaftsaufnahmen und auch viele Produktfotos (wenn sie keine Schrift enthalten) kann auch mit bis zu einem Drittel weniger Bildpunkten gearbeitet werden, ohne daß die Bildqualität sichtbar leidet.

Wenn nun die Anzahl der Bildpunkte bei einem bereits gescannten Bild bekannt ist (sie ergibt sich aus der Anzahl der Pixel in horizontaler Richtung multipliziert mit der Anzahl der Pixel in vertikaler Richtung), kann mit Hilfe der Tabelle leicht abgeschätzt werden, bis zu welcher Größe das Bild gedruckt werden darf. So kann beispielsweise ein Bild mit 1,5 Millionen Bildpunkten gut im Format DIN A7 und zur Not noch im Format A6 gedruckt werden.

Die drei Tabellen auf der rechten Seite zeigen die Scanauflösungen für die üblichen Filmformate Kleinbild, Mittel- und Großformat, das heißt wie viele Bildpunkte je nach Vorlagenformat erfaßt werden. Dabei ist berücksichtigt, daß die Filmformate nicht unbedingt optimal auf die DIN-Formate abgestimmt sind. So ist jeweils nur die im DIN-Format maximal nutzbare Bildfläche angegeben.

Beispiel: Die Vergrößerung eines Kleinbilddias im Format 20 mal 28 wird bei 300 dpi mit einem Desktop-Scanner digitalisiert. Dabei werden rund 8 Millionen Bildpunkte erfaßt.
Die Tabelle links oben zeigt, daß dies gut für A5 und noch knapp für A4 ausreicht. Dank des Spielraums von einem Drittel wird man das Bild fast immer größer als A4 drucken können, ohne daß mit sichtbaren Bildmängeln zu rechnen ist.

Scanauflösung: Kleinbild		
Kleinbild 24 x 34 mm	Bildauflösung (in Pixel)	Bildpunkte (in Mio.)
Kleinbilddia	2.400 x 3.400	**8,2**
Photo CD 4/1	1.024 x 1.448	**1,5**
Photo CD 16/1	2.048 x 2.896	**5,9**
Vergrößerung*	1.240 x 1.754	**2,1**
Vergrößerung**	2.362 x 3.340	**7,9**
High-end-Scan***	2.400 x 3.400	**8,2**

*) 300-dpi-Scan von 10,5 x 14,8 cm
**) 300-dpi-Scan von 20 x 28 cm
***) 2.540-dpi-Scan von Kleinbilddia

Scanauflösung: Mittelformat		
Mittelformat I 56 x 40 mm II 56 x 68 mm	Bildauflösung (in Pixel)	Bildpunkte (in Mio.)
MF-Dia I	4.000 x 5.600	**22,4**
MF-Dia II	4.800 x 6.800	**32,6**
Photo CD 64/1	4.096 x 5.792	**23,7**
High-end-Scan*	4.000 x 5.600	**22,4**

*) 2.540-dpi-Scan von Mittelformat I

Scanauflösung: Großformat		
Großformat 81 x 115 mm	Bildauflösung (in Pixel)	Bildpunkte (in Mio.)
GF-Dia	8.100 x 11.400	**92,3**
Photo CD 64/1	4.096 x 5.792	**23,7**
High-end-Scan*	8.100 x 11.500	**93,2**

*) 2.540-dpi-Scan von Großformat

Tips für den korrekten Scan

- Immer in der physikalischen Auflösung des Scanners scannen. Die Auflösung kann später in Photoshop mit Bild, Bildgröße nach oben oder unten angepaßt werden.
- Auch für Graustufenscans in Farbe scannen. Der Farbmodus kann später mit Bild, Modus, Graustufen geändert werden.
- Wenn die Scansoftware es erlaubt, sollte die nötige Gammakurve schon beim Scan berücksichtigt werden. Jede Änderung der Gradation in Photoshop dezimiert die Farbtiefe des Scans.
- Alle Bildkorrekturen wie beispielsweise Schärfen sollten nicht in der Scansoftware vorgenommen werden, sondern besser in Photoshop, weil bis auf wenige Ausnahmen die Korrekturen in Photoshop zu besseren Resultaten führen.
- Bei Änderungen an der Bildgröße bzw. Bildauflösung sollte in der Regel eine Unschärfemaskierung erfolgen.

Foto: Macup Verlag

Das Testdia der Page in unzureichenden 100 dpi (knapp 60.000 Bildpunkte) ...

... mit ausreichenden 200 dpi (200.000 Bildpunkte) ...

... und mit unnötigen 400 dpi (1 Million Bildpunkte)

Nur für Überflieger

Welche Möglichkeiten Photoshop bietet und welche Arbeiten der Anwender mit der Bildbearbeitung durchführen kann, wird in diesem Abschnitt beschrieben

Fotomontage

Eine der umfangreichsten Anwendungsmöglichkeiten für Photoshop bietet die Fotomontage. Es lassen sich zwei oder mehr Bilder ineinander verschmelzen, ursprünglich in keinem Zusammenhang stehende Bildbereiche miteinander kombinieren, Motive verdoppeln oder halbtransparente Bildpartien erzeugen.

Hinsichtlich der Professionalität der Montageergebnisse setzt Photoshop praktisch keinerlei Grenzen. Es erlaubt sowohl bewußt auf Kontrast abzielende Collagen wie auch eine absolut harmonische Einbettung eines Motivs in eine neue Umgebung, die – vorausgesetzt, die Motive stimmen bereits hinsichtlich Lichteinfall, Schattenbildung und Farbgebung überein – später vom technischen Standpunkt aus nicht mehr erkennbar ist (was den Dokumentationswert von Fotografien nachhaltig in Frage stellt).

Der am wenigsten problematische Fall liegt dann vor, wenn das Material zur Fotomontage aus einem einzigen Bild stammt, weil viele Faktoren, die den harmonischen Gesamteindruck des Bildes negativ beeinflussen könnten, bereits ausgeschlossen sind. Der zu montierende Bereich des Bildes kann beispielsweise in eine neue Ebene über dem Originalbild kopiert und darin beliebig verschoben werden. Unerwünschte Bereiche, das heißt solche, die nicht sichtbar sein sollen, lassen sich mit Hilfe einer Ebenenmaske ausblenden, ohne daß sie gelöscht werden müssen.

Doch auch die Kombination verschiedener Ursprungsbilder oder einzelner Partien aus ihnen bereitet keine Probleme, wenn ein paar Dinge berücksichtigt werden. So sollten die ausgesuchten Bilder optisch hinsichtlich ihrer Ausleuchtung und Farbgebung möglichst wenig differieren, um umfangreichen nachträglichen Korrekturen weitestgehend vorzubeugen. Auch die Größenverhältnisse der montierten Teile spielen eine wichtige Rolle. Bei Überlagerungen jeglicher Art hält sich Photoshop strikt an das Pixelraster – unabhängig von der jeweiligen Auflösung (in dpi). In einer Montage erscheint ein 1.000 Pixel breites Objekt gegenüber einem 100 Pixel breiten Objekt um den Faktor 10 vergrößert. Liegen die zu kombinierenden Bilder als Fotografien vor, können bereits beim Scannen die nötigen Einstellungen getroffen werden, die größenrichtige Proportionen garantieren. Der Dialog Bildgröße (Menü Bild) gibt Auskunft über die Abmessungen eines Bildes. In ihm läßt sich die Bildgröße auch verändern.

Aber auch in digitaler Form vorliegende Bilder können nachträglich in ihrer Bildgröße verändert werden, einzelne Partien oder Ebenen lassen sich sogar unabhängig vom übrigen Bild auf die richtige Größe skalieren, wenngleich hier Grenzen hinsichtlich der Einhaltung der Bildqualität bestehen.

Eine interessante Variation der Fotomontage ist der fließende Übergang von einem Bild zu einem anderen. Für einen solchen Überblendeffekt läßt sich für eines der beiden Ursprungsbilder mit dem Verlaufswerkzeug der Werkzeugpalette eine Verlaufsmaske in einer Ebenenmaske erstellen, die den Ebeneninhalt allmählich ausblendet, so daß die darunterliegenden Ebenen sichtbar werden. Maskierte Bildbereiche sind in der Ebenenmaske schwarz dargestellt, nicht maskierte weiß. Der durch verschiedene Grautöne wiedergegebene Übergang einer Verlaufsmaske maskiert das Bild an dieser Stelle nur teilweise. Die Deckkraft der Ebenenpixel korreliert hier direkt mit dem Prozentwert des jeweiligen Grautons in der Ebenenmaske, der Ebeneninhalt blendet dann halbtransparent über. So entsteht ein fließender Übergang. Im Grunde machen Ebenenmasken nichts anderes als der Deckkraftregler in der Ebenenpalette. Der Unterschied besteht darin, daß der Deckkraftregler sich global auf den gesamten Ebeneninhalt gleichmäßig auswirkt, während die Ebenenmaske beliebigen Bildbereichen eine voneinander abweichende Deckkraft zuweisen kann.

Neben solchen Transparenzeffekten, die allein mit der Deckkraft spielen, gibt es in Photoshop auch vordefinierte Überblendungsarten, die die Vereinigung der aktuellen Ebene mit den darunterliegenden Ebenen in ganz spezifischer Weise steuern. Die Deckmodi aus dem Einblendmenü der Ebenenpalette entsprechen jeweils – sowohl einfachen als auch sehr komplexen – mathematischen Operationen, die mit den Farb- und Helligkeitswerten der Ebenenpixel ausgeführt werden. Im Modus Aufhellen beispielsweise bleiben alle Pixel der aktuellen Ebene sichtbar, die heller als die der darunterliegenden Ebenen sind, alle dunkleren werden ausgeblendet. Einige der Deckmodi lehnen sich an Effekte an, die der Fotograf bisher durch die Überlagerung von Dias oder Negativen erzeugte. Der Modus Multiplizieren beispielsweise simuliert die Überlagerung zweier Dias (wodurch das Ergebnis dunkler wird), der Modus Negativ multiplizieren hat die gleiche Wirkung, als ob man zwei Negative übereinander legt und auf Fotopapier belichtet (wodurch das Ergebnis heller wird).

Eine andere Form der »Maskierung«, die nicht wie bei Ebenenmasken auf einer Form, sondern auf einer Farbbereichsmaske basiert, ist im Dialog Ebenen-Optionen (Menü der Ebenenpalette) gegeben. Hier läßt sich individuell für jede Ebene eine Farbbereichseinschränkung vornehmen. Ob ein Bildpixel in der Gesamtmontage sichtbar ist oder ausgeblendet wird, hängt bei einer Farbbereichseinschränkung von der Helligkeit dieses Pixels oder von der Helligkeit der Pixel in den darunterliegenden Ebenen ab (oder von beidem). Eine Farbbereichseinschränkung kann beispielsweise bewirken, daß alle dunklen Bereiche der aktuellen Ebene ausgeblendet werden oder der Ebeneninhalt nur in den hellen Bereichen der darunterliegenden Ebenen sichtbar ist.

Da alle Montageeinstellungen – Deckkraft, Deckmodus, Farbbereichseinschränkung und Maskierung – miteinander kombinierbar sind, ergibt sich eine enorme Bandbreite möglicher Überblendungen.

Total legal

Ob das Phänomen Graffiti der modernen Kunst zuzurechnen ist oder nicht, ist eine Streitfrage. Daß einem Sprayer eine drastische Strafe drohte, würde er ein solch überdimensionales Graffiti-Bild anfertigen, ist nach geltendem Recht keine Streitfrage. Photoshop erlaubt, das Sprayen aus dem Schatten der Anonymität heraus salonfähig zu machen – und zwar ganz legal.

(Beispiel Seite 156)

Keine Reisekosten

Die Kombination unterschiedlicher Motive zu einer Montage entspringt nicht selten dem Umstand, daß sie nur unter großem Aufwand hätten gemeinsam fotografiert werden können. Photoshop hilft Reisekosten zu sparen – oder dabei, daß man seinen Urlaub auf Fuerteventura ganz unbeschwert, ohne die gute Studiokamera mitschleppen zu müssen, genießen kann.

(Beispiel Seite 138)

Sichtbares unsichtbar machen
Wenn Vordergrundelemente das eigentliche Motiv verdecken, wie hier parkende Fahrzeuge die attraktive Hausfront, können sie mit Hilfe der Retuschewerkzeuge zum Verschwinden gebracht werden. Die zu retuschierenden Partien werden durch Kopien vorhandener Bildteile ersetzt. Zwar entspricht der an den Gehweg angrenzende Grundstücksbereich nach der Retusche nicht mehr ganz der Realität, doch kann sich der Blick nun voll und ganz auf das Immobilienobjekt konzentrieren.
(Beispiel Seite 88)

Fotoretusche

Eine aus der täglichen (fotografischen) Bildbearbeitungspraxis nicht mehr wegzudenkende motivische Korrektur ist die Retuschearbeit. Sie kann unter anderem dabei helfen, bei Portraitaufnahmen den Teint der abgelichteten Person kosmetisch nachzubessern, die ein Motiv verdeckenden und störenden Objekte zu entfernen, ein montiertes Motiv in die neue Umgebung nahtlos einzubetten und vieles mehr.

Auch in der digitalen Bildbearbeitung kann hier auf klassische Werkzeuge wie Pinsel und Farbe zurückgegriffen werden. Doch nicht genug, daß dem Photoshop-Anwender neben dem Pinselwerkzeug auch ein Buntstift, ein Airbrush und ein Stempel zur Verfügung stehen: Jedes dieser Werkzeuge kann entweder eine der in der Werkzeugspitzenpalette vordefinierten Spitzen (scharf- oder weichkantig) oder aber eine beliebige, vom Anwender frei definierbare Spitzenform und -größe erhalten. Die Stärke des Farbauftrags läßt sich durch Regulierung der Deckkraft respektive des Drucks frei variieren. Mehr noch: Alle Malwerkzeuge erhalten durch die Malmodi, die wie die Ebenenmodi wirken und in der Optionenpalette des jeweiligen Werkzeugs eingestellt werden, eine noch größere Variabilität. Durch die gegebenen Kombinationsmöglichkeiten – Farbauswahl, Art der Werkzeugspitze, Deckkraft und Deckmodus – übertrifft die Funktionalität dieser digitalen Werkzeuge bei weitem die ihrer klassischen Vorbilder.

Bei der Fotoretusche kommt dem Stempelwerkzeug zentrale Bedeutung zu. Der Stempel ist in der Lage, ein Bild in sich aufzunehmen und Partien von ihm auf eine andere Stelle des gleichen Bildes oder aber auf ein anderes Bild zu stempeln, genauer gesagt: zu kopieren. Der Anwender bestimmt den exakten Ausgangspunkt, mit dem der Stempel seinen Abdruck beginnt. Auf diese Weise lassen sich die in einem Bild vorhandenen Strukturen an andere Stellen kopieren, ganz gleich, ob sich diese in der gleichen Ebene befinden oder in einer anderen Ebene oder gar in einer anderen Bilddatei. Diese Möglichkeit ist vor allem bei der Retusche unerwünschter Bildteile und der Wiederherstellung verdeckter Bereiche von unschätzbarem Wert.

Eine weiteres wichtiges Werkzeug bei der Bildretusche ist der Protokollpinsel. Er besitzt die Fähigkeit, zurückliegende Arbeitsstadien, die in der Protokollpalette dokumentiert sind, partiell wiederherzustellen. Hat der Anwender sich einmal »vermalt«, kann er das Malheur mit dem Protokollpinsel wieder rückgängig machen, auch wenn der Befehl Widerrufen aus dem Menü Bearbeiten nicht mehr auswählbar ist. Die Rücknahme aller seit der letzten Sicherung vorgenommenen Änderungen durch den Befehl Zurück zur letzten Version aus dem Menü Datei läßt sich somit umgehen. Grenzen bei der Arbeit mit dem Protokollpinsel bestehen nur durch die maximale Anzahl aufgezeichneter Arbeitsschritte in der Protokollpalette. Wichtige Zwischenschritte lassen sich aber unabhängig davon als Schnappschüsse sichern, die der Protokollpinsel auch dann restaurieren kann, wenn der Arbeitsschritt, der zu dem als

Schnappschuß gesicherten Stadium geführt hat, bereits aus der Protokolliste gestrichen wurde.

Retuscheure kennen das Problem, daß sich die Konturen einer montierten Bildpartie oftmals nicht so recht in die neue Umgebung einpassen wollen und allzu deutlich hervortreten. Für die Fälle, bei denen die Konturbehandlung mit den Funktionen aus dem Menü Ebene, Hintergrund nicht ausreicht und eine manuelle Nachbearbeitung erforderlich wird, hält die Werkzeugpalette den Weichzeichner (Tropfensymbol) und den Wischfinger bereit. Auch diese Werkzeuge erlauben, je nach eingestelltem Modus in ihrer Optionenpalette, der geforderten Bildmanipulation gerecht zu werden.

Im weiteren Sinne zählt zur Fotoretusche auch das Handkolorieren von Graustufenbildern. Graustufenbilder lassen sich, nachdem sie in den RGB-Modus umgewandelt wurden, problemlos mit den Malwerkzeugen kolorieren (Deckmodus Farbton & Sättigung). Ausgewählte Bildpartien können natürlich auch mittels Dialogeinstellungen auf unterschiedlichste Weise eingefärbt werden (Bild, Einstellen, Farbton/Sättigung).

Die Anwendung der Retuschewerkzeuge erfordert ein hohes Maß an Fingerspitzengefühl und legt daher den Einsatz eines Grafiktabletts nahe.

Virtuelle Welten

Im Zeitalter der modernen Informationsverarbeitung markiert die digitale Bildbearbeitung mehr als jede andere Technik der Bildmanipulation den Übergang von der Fotografie zum Fotorealismus. Fast alle Bearbeitungen fotografischer Vorlagen mit Photoshop laufen auf eine Verunwirklichung der aufgezeichneten »Wirklichkeit« hinaus. Montage, Retusche, Bildkorrektur und bewußte Verfremdungen sind oft nichts anderes als die Darstellung möglicher Szenen. Virtualität in diesem Sinne ist also ein fundamentales, die tägliche Arbeit mit Photoshop begleitendes Moment.

Mit relativ einfachen Mitteln lassen sich in Photoshop virtuelle Szenen komponieren, die nicht unbedingt vortäuschen, »real« zu sein. Die Verlaufsfunktion kann dreidimensional wirkende Flächen erzeugen. Durch sorgfältiges Aufhellen und Abdunkeln bestimmter Partien läßt sich das für fotorealistisch anmutende Szenen so wichtige Wechselspiel von Licht und Schatten nachempfinden. Schlagschatten lassen sich plan auf virtuelle Wände oder perspektivisch verzerrt auf virtuelle Ebenen werfen. Oberflächen können mit Mustern gefüllt werden oder täuschend echt wirkende Materialstrukturen erhalten. Spiegelungen auf reflektierenden Oberflächen lassen den Betrachter an der Virtualität der Szene zweifeln und Bewegungsunschärfe suggeriert die Echtheit einer nie stattgefundenen Bewegung.

Science fiction?
Gerade die Kombination fotografischer und künstlicher Elemente macht den Reiz virtueller Realität aus – der Betrachter ist gern bereit, diese als eine aller möglichen Welten anzuerkennen.
(Beispiel Seite 102)

Vorlage: Helmut Bechtel

Wirklich unwirklich
Wenn sich zu räumlicher Tiefe auch Lichtspiegelungen gesellen, wird die Täuschung meist perfekt. Obwohl für diese Szene nur fotografisches Material verwendet wurde, haftet ihr eine gewisse Künstlichkeit an.
(Beispiel Seite 144)

Photoshop bringt Farbe ins Spiel
Für die Präsentation neuer Automobile in den angebotenen Farben wäre anstatt langweiliger Farbmusterkarten ein Produktkatalog denkbar, der ein Fahrzeug in allen Spielarten zeigt. Die Farbkorrektur in Photoshop ermöglicht die Visualisierung unterschiedlicher Farb-Outfits, ohne daß dafür jemals ein Fahrzeug in die Lackiererei geschickt werden muß.
(Beispiel Seite 150)

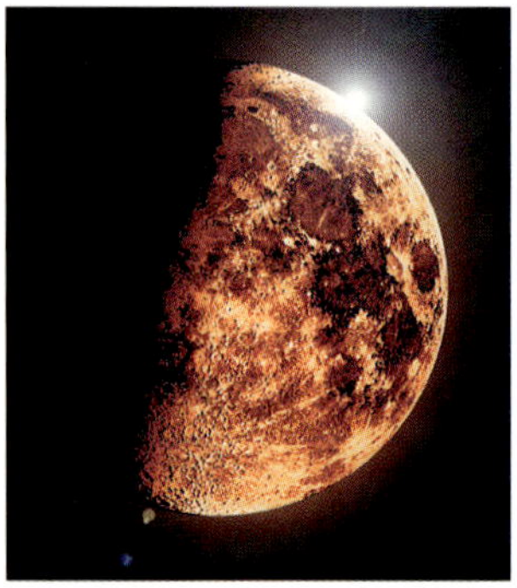

Aus der Not eine Tugend machen
Wenn das Wetter eine dringend benötigte Farbaufnahme des Mondes nicht zuläßt, muß der Bildbearbeiter manchmal auch aus einer Schwarzweißvorlage das Beste machen. Das Einfärben des Graustufenbildes wirkt beinahe realistischer als die Wirklichkeit selbst.
(Beispiel Seite 100)

Bildkorrektur

Farbstichigkeit, falsche Belichtung, schlechte Entwicklung – all das sind Probleme, die einem Fotofinisher das Leben schwer machen können. In der digitalen Bildbearbeitung kommen Mängel hinzu, die zum Teil auf unvollkommene Technik zurückzuführen sind, wie beispielsweise durch den Scanvorgang hervorgerufene Farbschimmer. Photoshop besitzt leistungsstarke Funktionen, die diese Unzulänglichkeiten beseitigen können.

Zu den häufigsten Aufgaben der Bildnachbearbeitung gehört das Aufhellen oder Abdunkeln ausgewählter Bereiche. Fehlbelichtungen, Grauschleiern und ähnlichen Schönheitsfehlern kann der Dialog Tonwertkorrektur (Bild, Einstellen) zu Leibe rücken. Schwarzpunkt- und Weißpunktregler (Tonwertspreizung) können den Kontrast und gleichzeitig die Bildhelligkeit verbessern. Der graue Gammaregler reguliert die mittlere Helligkeit, ohne die Lichter oder Tiefen zu beschneiden. Noch feinere Helligkeitskorrekturen, wie eine Helligkeits- oder Kontraständerung ausschließlich in einem bestimmten Tonwertbereich, sind im Dialog Gradationskurven möglich (Bild, Einstellen). Exzessiv angewendet, kann eine Änderung der Gradation zur Solarisation und ihr ähnlichen Effekten führen. Zur manuellen Tonwertkorrektur stehen in der Werkzeugpalette ein Abwedler und ein Nachbelichter, wie sie der Fotograf aus der Dunkelkammer kennt (aber mit verbesserten Eigenschaften), zur Verfügung.

Farbstiche lassen sich im Dialog Farbbalance oder Variationen (Bild, Einstellen) durch Verschieben der Farbbalance entlang der drei Farbachsen Cyan–Rot, Magenta–Grün und Gelb–Blau beheben. Photoshop erlaubt, die Balancierung für die Lichter, Mitteltöne und Tiefen getrennt vorzunehmen. Durch eine »Zweckentfremdung« der Farbbalance läßt sich auch bewußt eine Farbveränderung herbeiführen.

Im Normalfall werden Farbkorrekturen im RGB-Modus (Bild, Modus, RGB-Farbe) ausgeführt. Ganz gleich, welche Photoshop-Funktion der Anwender wählt, läuft eine Farbkorrektur auf die Veränderung der Helligkeit in einzelnen Farbkanälen hinaus. Doch muß sich kein Anwender mit der komplizierten Materie der doch sehr technisch wirkenden Gradationskurven vertraut machen, um zu vernünftigen Ergebnissen zu gelangen. Photoshop erlaubt es auch, unabhängig vom gewählten Farbmodus eine Korrektur nach dem intuitiveren HSB-Modell vorzunehmen. Das HSB-Modell orientiert sich an den der menschlichen Wahrnehmung eher zugänglichen Kriterien Farbton (Spektralfarbe), Farbsättigung (Farbintensität) und Helligkeit (Tendenz zu Weiß oder Schwarz). Dieses Farbmodell ist im Dialog Farbton/Sättigung (Bild, Einstellen) realisiert. Ein angenehmer Vorzug des Dialogs Farbton/Sättigung ist die Möglichkeit, alle Farben gleichmäßig durch die gesamte Farbskala zu verschieben.

Filter

Zu den spektakulärsten Photoshop-Effekten zählen sicherlich die Filter (Menü Filter). Während es sich in der klassischen Fotografie bei Filtern um Objektivvorsätze handelt, stellen die Photoshop-Filter Algorithmen dar, die verschiedenste Berechnungen mit den Farb- und Tonwerten der Pixel oder an der Pixelverteilung durchführen. Die Weichzeichnungsfilter von Photoshop, um ein Beispiel zu nennen, gehen damit weit über die Möglichkeiten fotografischer Weichzeichner hinaus. Eine Weichzeichnung nach Gaußscher Berechnung kann ein Bild im Extremfall sogar bis zur völligen Unkenntlichkeit verfremden. Allein der Anwender entscheidet durch Regulierung der Filterstärke, ob sich ein Effekt zurückhaltend auswirkt oder ob er im Hinblick auf eine beabsichtigte Verfremdung seine volle Wirkung entfaltet.

Die Gruppe der eben erwähnten Weichzeichnungsfilter (Filter, Weichzeichnungsfilter) zählt zu den wichtigsten Gestaltungswerkzeugen bei der Arbeit mit Photoshop. Sie ermöglichen Weichzeichnungen nach klassischer Art (»Hamilton-Effekt«), aber auch kreisförmige und strahlenförmige Verwischungen (Radialer Weichzeichner).

Das Gegenstück zu den Weichzeichnungsfiltern bilden die Scharfzeichnungsfilter. Diese dienen nicht dazu, zu starke Weichzeichnungen wieder rückgängig zu machen (was nicht ohne Qualitätseinbußen vonstatten ginge), sondern die Unschärfe der zu bearbeitenden Dateien zu korrigieren.

Die häufigste Anwendung der Scharfzeichnungsfilter betrifft die Behandlung unscharf belichteter Vorlagen und gescannter Fotos. Denn selbst auf guten Scannern digitalisierte Bilder weisen meist eine durch den Scanvorgang hervorgerufene Unschärfe auf und erfordern deshalb eine Nachbearbeitung mit einem Scharfzeichnungsfilter (Unscharf maskieren). Bilder, deren Auflösung in Photoshop geändert wurde, was unvermeidlich mit einem leichten Verlust der Zeichnung einhergeht, erhalten durch eine Schärfung ihre ursprüngliche Qualität zurück.

Die anderen Filter aus dem Filtermenü ahmen zum Teil fotografische Effekte nach, die ein gewissenhafter Fotograf gewöhnlich zu vermeiden sucht, wie beispielsweise Blendenflekke (Renderingfilter) oder Bewegungsunschärfe (Weichzeichnungsfilter). Richtig angewendet, lohnt sich ihr Einsatz insbesondere bei solchen Projekten, die eine »natürliche« Szene suggerieren wollen. Auch Dunkelkammereffekte wie die Solarisation gehören zum Repertoire des Filtermenüs (Stilisierungsfilter). Die meisten Filter zielen jedoch bewußt auf eine effektvolle Verfremdung des Ausgangsbildes. Die Mal-, Kunst- und Zeichenfilter beispielsweise machen aus Adobes »Fotoladen« eine gut sortierte Künstlerwerkstatt. Aber der Bildbearbeiter muß bei der Anwendung der Effektfilter nicht notwendigerweise die Herstellung spektakulärer oder sensationeller Ergebnisse im Auge haben, die so scheinen, als wären sie hauptsächlich auf Übertreibung aus. Die Filter lassen sich auch sinnvoll zur Erstellung von Hintergrundmustern oder zur Nachbildung von Materialstrukturen verwenden, die beispielsweise bei der Fotomontage oder Fotoretusche benötigt werden.

Und wer vom Fieber gepackt mit weiteren Filtereffekten experimentieren möchte, dem erlaubt Photoshop, seinen ganz persönlichen Filter nach vorgegebener mathematischer Berechnung zu definieren (Filter, Sonstige Filter, Eigener Filter).

Die Palette der Photoshop-Filter kann durch Produkte von Fremdanbietern (beispielsweise Kai's Power Tools) erweitert werden. Diese Zusatzfilter bereichern das Programm durch zum Teil atemberaubende Effekte.

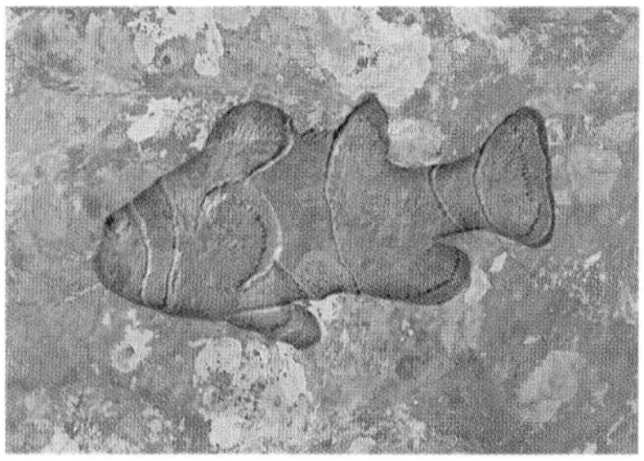

Auf den Spuren der Wirklichkeit
Filter können vorhandenes Bildmaterial in einer Weise verfremden, die jeden Betrachter in Erstaunen versetzt – vor allem wenn Ursprungsbild und Filtereffekt zum Vergleich nebeneinandergestellt werden. Ohne Photoshop bräuchte dieses »prähistorische« Fossil für seine Entstehung sicher noch ein paar Millionen Jahre.
(Beispiel Seite 126)

Praxis

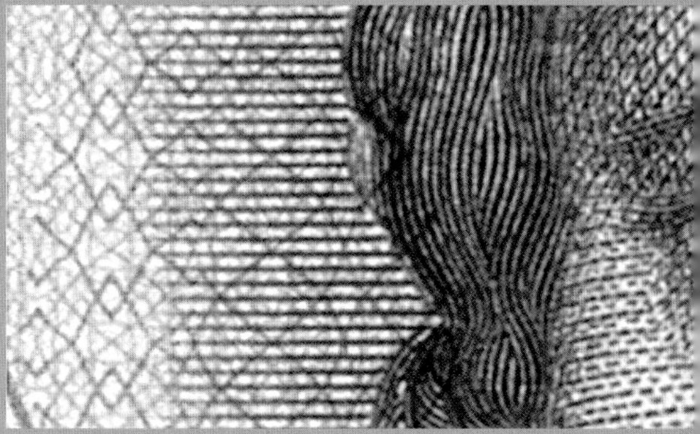

Passepartout

Wie Bilder auf die richtige Größe und Auflösung für ein optimales Druckergebnis gebracht werden

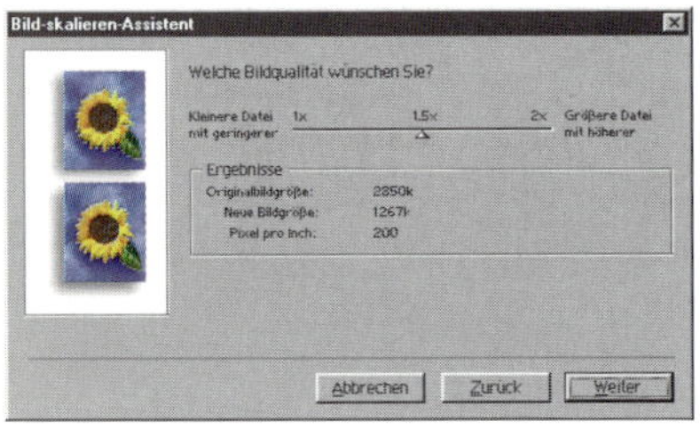

Der Assistent Bild skalieren aus dem Menü Hilfe leitet Schritt für Schritt durch die Prozedur einer Bildgrößenänderung. Der Assistent legt eine Dateikopie mit den geänderten Maßen an; das Ursprungsbild bleibt im Originalzustand erhalten.

Wichtige Begriffe	
Pixelmaße	Anzahl der Pixel in horizontaler und vertikaler Richtung
Bildformat	Abmessungen des Bildes in einer Längeneinheit
Auflösung	Anzahl der Pixel pro Längeneinheit

Die Größe eines Bildes bestimmt sich unmittelbar aus der Anzahl der Pixel, die es enthält. Mit der Pixelanzahl ist zwar indirekt schon etwas über den Speicherbedarf, den das Bild auf der Festplatte oder im Arbeitsspeicher beansprucht, gesagt. Wenn das Bild aber gedruckt werden soll und der Bildbearbeiter etwas über die Größe im Druck erfahren möchte, so ist die Anzahl der Pixel nur wenig aussagekräftig. Zusätzlich muß er noch zwei Eigenschaften, die sich gegenseitig bedingen, berücksichtigen: das Bildformat und die Bildauflösung. Diese Begriffe sollten zuerst geklärt werden.

Die **Pixelmaße** bestimmen die absolute Größe des Bildes. Sie ergeben sich aus der Pixelanzahl in horizontaler und vertikaler Richtung. Je mehr Pixel ein Bild enthält, desto größer ist es. Die Pixelmenge steht deshalb in direktem Verhältnis zur Dateigröße.

Dem steht das in einer Längeneinheit (Zentimeter oder Inch) gemessene **Bildformat** gegenüber. Es gibt an, wie groß das Bild gedruckt wird, und steht in direktem Zusammenhang zur Auflösung des Bildes. Die **Auflösung** bestimmt die Pixelanzahl pro Längeneinheit und ist somit ein Maß für die Wiedergabequalität im Druck.

Ganz unabhängig von diesen Werten ist die Darstellungsgröße des Bildes auf dem Bildschirm. Das Bild kann nicht nur in Originalgröße, sondern auch in verkleinerter oder vergrößerter Ansicht angezeigt werden, ohne daß dadurch Pixel hinzugefügt oder weggenommen werden. In Originalgröße (100%, Tatsächliche Pixel) entspricht ein Bildschirmpixel einem Bildpixel.

Foto: Helmut Bechtel

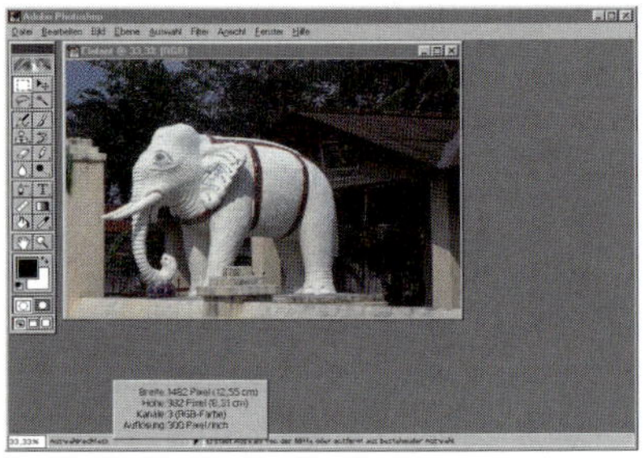

Schnell Informationen zur Bildgröße abfragen

Informationen über die Abmessungen und die Auflösung des aktuellen Bildes können ohne Verwendung des Befehls Bildgröße aus dem Menü Bild zu jedem geöffneten Bild eingeblendet werden. Dazu wird bei gedrückter Alt/⌥-Taste auf das Statusfeld geklickt, das die Dateigröße, die Effizienz, das Timing oder das aktuell gewählte Werkzeug anzeigt. Unter dem MacOS befindet sich dieses Feld links unten im Rahmen des Bildfensters, unter Windows am linken Ende der Informationsleiste, die sich am unteren Rand des Programmfensters befindet.

Bildausschnitt erstellen

Wenn das Bild um das eigentliche Motiv herum unnötig viel Hintergrundbereiche enthält oder einfach nur ein Ausschnitt aus dem Gesamtbild benötigt wird, kann das Bild beschnitten werden. Photoshop bietet dafür unterschiedliche Methoden, die die Arbeitsfläche des Bildes verkleinern.

Freistellen durch Kopieren

Sollte der gesamte Bildinhalt noch für andere Anwendungen weiter benötigt werden, wird der gewünschte Ausschnitt mit dem Auswahlrechteck markiert und dann über die Zwischenablage (Bearbeiten, Kopieren) in eine neue Datei kopiert (Bearbeiten, Einfügen). Anschließend wird im Dialog Datei, Neu automatisch die Größe des Bildes aus der Zwischenablage als Bildgröße vorgeschlagen.

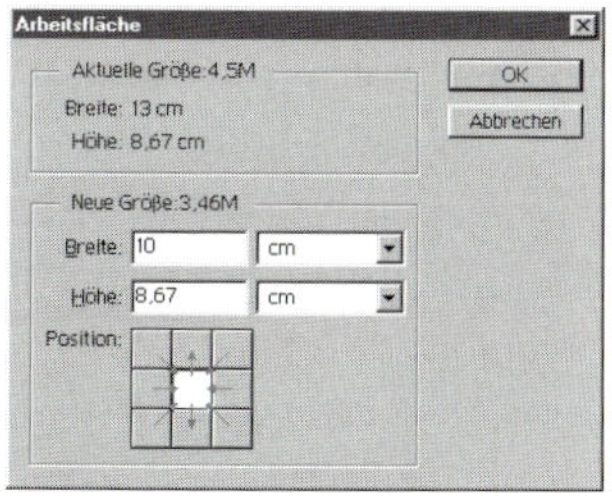

Arbeitsfläche verkleinern

Mit dem Befehl Bild, Arbeitsfläche kann die Arbeitsfläche des Bildes verkleinert oder vergrößert werden. Die Anwendung des Menübefehls eignet sich besonders, wenn das Bild um einen bekannten Wert oder Prozentwert beschnitten werden soll.

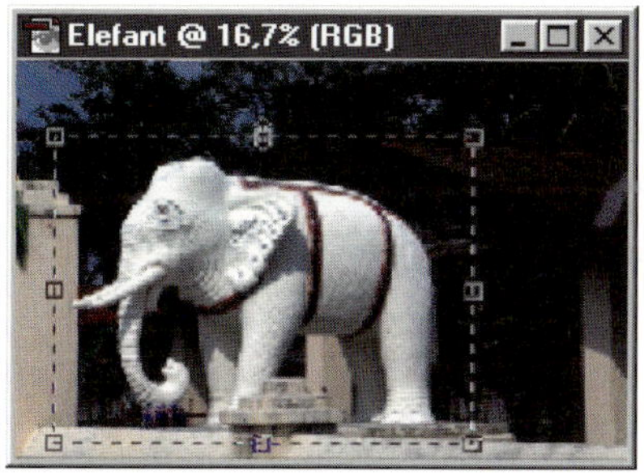

①

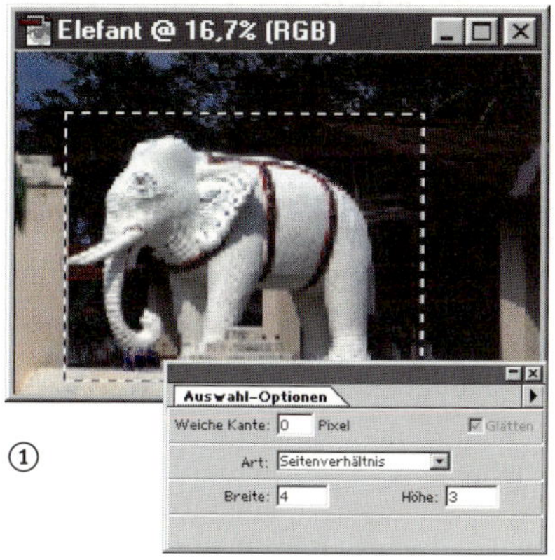

①

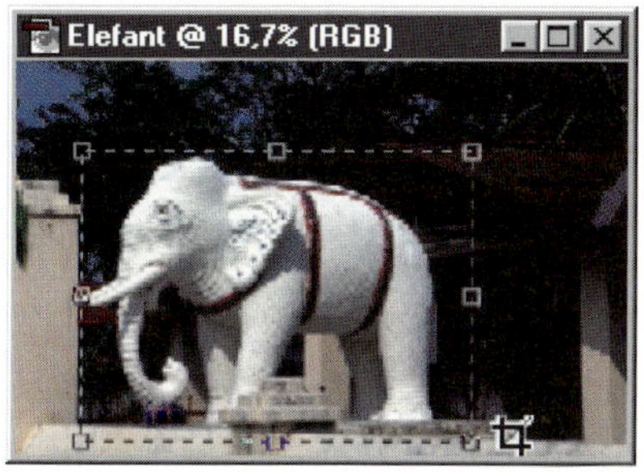

②

③

Freistellen mit Freistellungswerkzeug

1. Mit dem Freistellungswerkzeug wird ein Auswahlrahmen um den gewünschten Bildausschnitt aufgezogen.

2. Über die Griffe des Auswahlrahmens kann die Größe verändert werden. Anfassen im Inneren ermöglicht das Verschieben des gesamten Rahmens. Wird die Maus außerhalb des Rahmens gedrückt und gezogen, läßt sich der Rahmen um den Rotationsmittelpunkt drehen.

3. Ein Doppelklick innerhalb des Auswahlrahmens (oder das Betätigen der Eingabetaste) stellt den Ausschnitt frei.

Freistellen mit rechteckiger Auswahl

1. Mit dem Auswahlrechteck wird um den gewünschten Bildausschnitt ein Auswahlrahmen aufgezogen. Dabei kann über die Palette Auswahl-Optionen eine feste Größe in Pixeln oder auch ein Seitenverhältnis für die Auswahl und somit für den Bildausschnitt angegeben werden.

2. Der auf die gewünschte Größe aufgezogene Auswahlrahmen läßt sich durch Verschieben optimal ausrichten.

3. Anschließend entfernt der Befehl Freistellen aus dem Menü Bild alle Bildbereiche, die sich außerhalb der Auswahl befinden.

Bildformat und Auflösung

Für eine Bildgrößenänderung wird die Funktion Bildgröße aus dem Menü Bild verwendet. Sie erlaubt sowohl eine verlustfreie Größenänderung, bei der eine neue Auflösung oder ein neues Bildformat eingegeben wird, die Pixelmaße sich aber nicht ändern, als auch eine »echte« Größenänderung, bei der die Pixelmenge zu- oder abnimmt. Im letzteren Fall verteilt Photoshop die Farben des Bildes in ein neues Pixelraster. Diese Berechnung neuer Farbwerte wird Interpolation genannt und kann nach drei unterschiedlichen Verfahren vorgenommen werden. Beste Ergebnisse liefert grundsätzlich die bikubische Interpolation. Die Standardvorgabe für die Interpolationsmethode im Dialog Bildgröße (und für alle anderen größenändernden Funktionen wie Transformieren) wird unter Datei, Voreinstellungen, Allgemeine eingestellt. Sie läßt sich im Dialog aber bei Bedarf für eine einzelne Bildgrößenberechnung abändern.

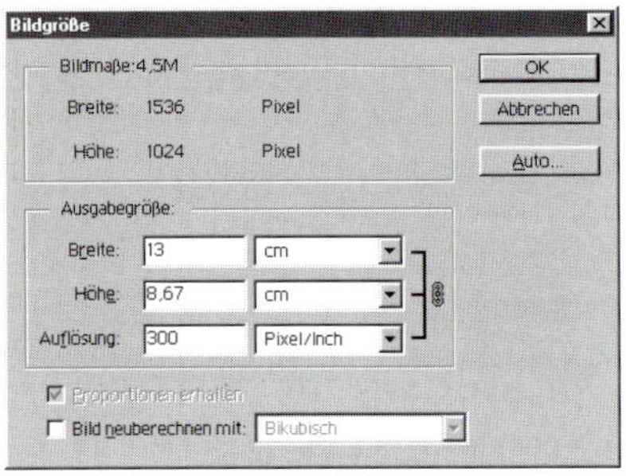

Die Bilddaten des Ausgangsbildes aller folgenden Beispiele

Erhalten der Proportionen

Die Option Proportionen erhalten im Dialog Bildgröße (neben den Werten für Breite und Höhe erscheint ein Verkettungssymbol) gewährleistet eine proportionale Änderung der Bildgröße. Bei der Eingabe eines Wertes für die Bildbreite ermittelt Photoshop den entsprechenden Wert für die Höhe automatisch und umgekehrt. Bei deaktivierter Option kann das Bild gestaucht oder gedehnt werden.

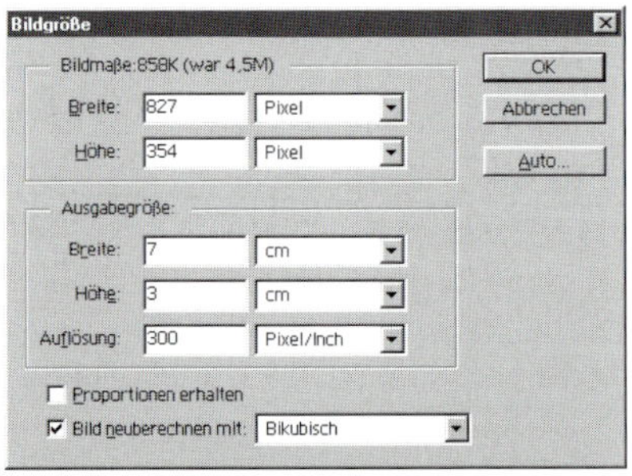

Durch das Ändern der Bildgröße ohne Beibehaltung der Proportionen kann das Bild gedehnt und gestaucht werden.

Erhalten der Dateigröße

Eine feststehende Dateigröße – hierzu wird die Option Bild neuberechnen deaktiviert – behält die Anzahl der Pixel im Bild bei und erlaubt nur, das Verhältnis zwischen Bildformat und Auflösung zu verschieben. Wird das Bild auf ein größeres Bildformat gebracht, verringert sich automatisch die Auflösung. Eine Erhöhung der Auflösung verkleinert umgekehrt das Bildformat.

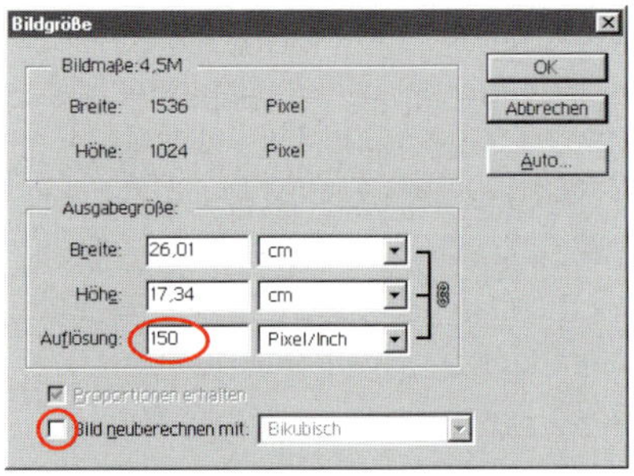

Ohne Neuberechnung des Bildes lassen sich Bildformat und Auflösung nur in Abhängigkeit voneinander ändern: Eine Verringerung der Auflösung führt zu einer Vergrößerung des Bildformats, ohne daß sich dabei die Pixelmaße ändern.

Bildformat und Auflösung ändern
Wenn die Option Bild neuberechnen im Dialog Bildgröße aktiviert ist, kann das Bild prinzipiell auf beliebige Verhältnisse von Bildformat und Auflösung umgerechnet werden. Hierbei wird automatisch interpoliert, das heißt es verändert sich die Pixelanzahl.

Vorsicht ist geboten, wenn das Bild effektiv vergrößert wird. Denn wenn neue Pixel im Bild entstehen, müssen die ursprünglichen Pixelfarben über eine größere Fläche neu verteilt werden. Die Interpolation erhöht zwar die Datenmenge, sie kann dem Bild jedoch nicht wirklich neue Farbinformationen hinzufügen. Mit der Vergrößerung wird also keine Verbesserung der Bildqualität erreicht, sondern nur ein »Aufblasen« des Bildes. Eine Vergrößerung macht nur in wenigen Fällen Sinn, beispielsweise wenn sonst die einzelnen Pixel im Druck sichtbar würden oder wenn ein kleines Bild für ein Screendesign auf ein größeres Format gebracht werden muß.

Welche Auswirkungen eine Änderung des Bildformats oder der Auflösung auf die Dateigröße hat, wird im oberen Teil des Dialogs angezeigt. Hier erscheint, basierend auf den aktuellen Werten in den Eingabefeldern, die neue Dateigröße. In Klammern wird auch die ursprüngliche Größe angezeigt.

Auflösung ändern, aber Bildformat beibehalten
Gelegentlich kann es vorkommen, daß ein Bild in einer Auflösung vorliegt, die viel zu hoch für die im Layout vorgesehene Größe ist. In diesem Fall wird die Auflösung durch Eingabe eines niedrigeren Wertes verringert, während das Bildformat unverändert bleibt (dabei darf unter Ausgabegröße für Höhe und Breite nicht die Einheit Prozent ausgewählt sein). Photoshop reduziert dann die Gesamtanzahl der Pixel im Bild. Eine Erhöhung der Auflösung bei gleichbleibendem Bildformat sollte vermieden werden, da dadurch dem Bild keine neuen Farbinformationen hinzugefügt werden und sich die Dateigröße unnötig vergrößert.

Bildformat ändern, aber Auflösung beibehalten
Soll ein Bild, das bereits die optimale Auflösung hat, kleiner gedruckt werden, wird einfach ein neues Bildformat eingegeben, die Bildauflösung bleibt unverändert. Praktisch ist hier die Möglichkeit, das Bild auf einen vorgegebenen Prozentwert zu verkleinern. (Auch hier sollte wieder eine Vergrößerung des Bildes vermieden werden.)

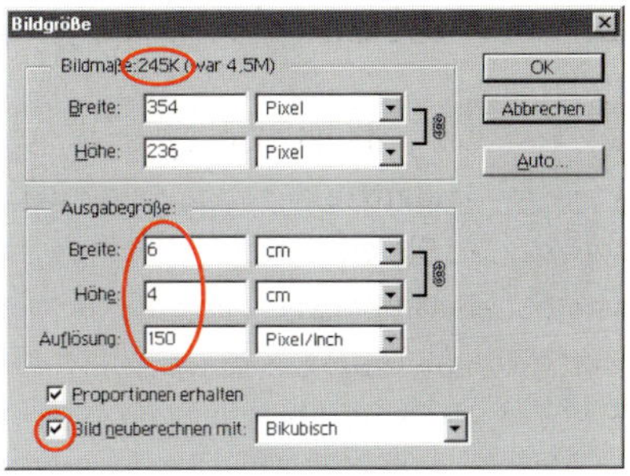

Wenn sowohl Auflösung als auch Bildformat geändert werden sollen, muß das Bild neu berechnet werden.

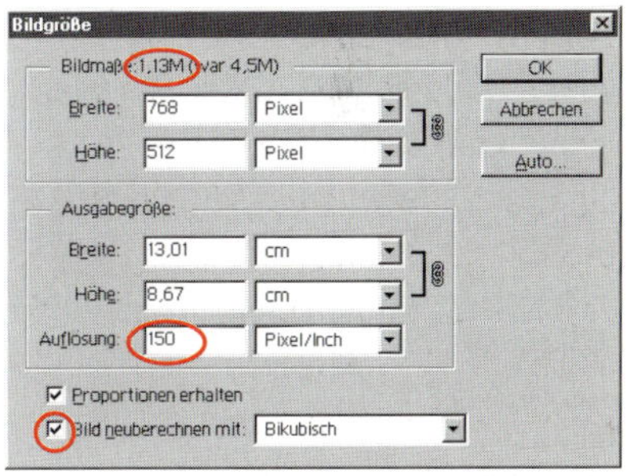

Eine Erhöhung oder Verringerung der Auflösung unter Beibehaltung des Bildformats geht mit einer Interpolation einher: Das Bild erhält eine neue Größe.

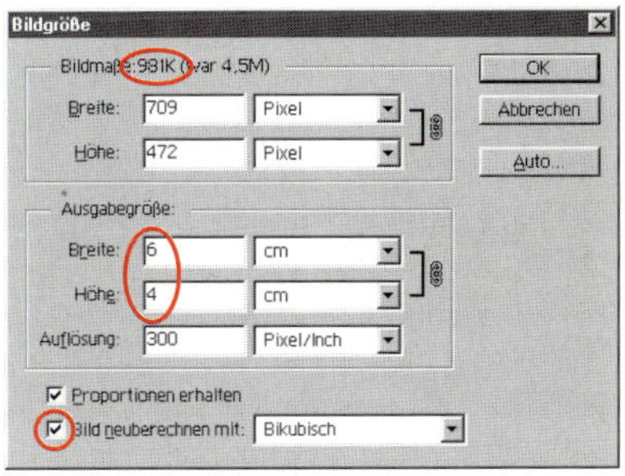

Auch das Verändern des Bildformats bei gleichbleibender Auflösung führt zu einer neuen Bildgröße.

Bikubische Interpolation

Bilineare Interpolation

Pixelwiederholung

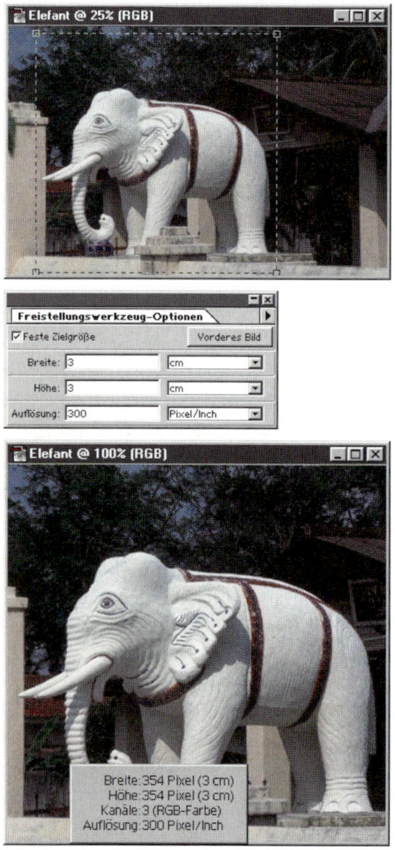

Das Freistellungswerkzeug kann den gewählten Bildausschnitt direkt auf die gewünschte Bildgröße umrechnen.

Freistellen und Umrechnen in einem Arbeitsschritt

Wenn ein Bildausschnitt mit dem Freistellungswerkzeug freigestellt wird, lassen sich in der Optionen-Palette des Werkzeugs mit der Option Feste Zielgröße gleichzeitig auch Bildformat und Auflösung für den gewählten Ausschnitt vorgeben. Auch hier muß Photoshop wieder interpolieren.

Es kann aber auch nur das Bildformat oder nur die Auflösung voreingestellt werden. In diesem Fall sind die Werte in nicht benötigten Eingabefeldern mit der Rückschrittaste zu löschen. Bei einer solchen Umrechnung wird nicht interpoliert, sondern Photoshop übernimmt diese Vorgaben nur in den Dialog Bildgröße.

Noch ein paar Worte zu den Interpolationsmethoden

Die **bikubische Interpolation** bietet die getreueste und schärfste Umsetzung der ursprünglichen Farbinformationen und sollte deshalb vorzugsweise eingesetzt werden.

Die **bilineare Interpolation** liefert schon recht passable Ergebnisse, benötigt aber eine deutlich kürzere Rechenzeit. Da diese Methode aber weniger Umgebungsfarben berücksichtigt, kommt sie für qualitativ hochwertige Bildgrößenänderungen nicht in Frage.

Die Interpolation **Pixelwiederholung** fügt durch Verdoppelung identische Pixelreihen und -spalten hinzu und entfernt Reihen und Spalten bei einer Bildverkleinerung. Sie wird für einige spezielle Verfahren eingesetzt, die auch in diesem Buch dargestellt werden.

Die obigen Abbildungen zeigen das Ergebnis der unterschiedlichen Interpolationsmethoden bei einer Auflösung von 100 dpi. Die »Lupe« beinhaltet einen Ausschnitt in 3facher Vergrößerung.

Arbeitsfläche erweitern

Wenn es das Ziel einer Bildgrößenänderung ist, an einer oder mehreren Seiten neue, leere Ränder anzufügen, muß die Funktion **Arbeitsfläche** aus dem Menü Bild verwendet werden. Diese Funktion erhöht, wenn unter Höhe und Breite größere Werte eingegeben werden, zwar auch die Anzahl der Pixel im Bild, sie nimmt aber keine Neuverteilung der Farben vor. Ob nur an einer oder an mehreren Seiten neue Ränder entstehen, hängt von der gewählten Fixposition ab. Bei einer Mittelposition wird die Zugabe zur Hälfte der einen und zur Hälfte der gegenüberliegenden Seite zugerechnet. In der Hintergrundebene wird den neuen Rändern die Hintergrundfarbe zugewiesen, in allen übrigen Ebenen sind sie transparent.

Randzugabe für den Anschnitt

Bilder, die an einer oder mehreren Seiten im Anschnitt gedruckt werden, müssen mit einem größeren Ausschnitt bedacht werden als Bilder, die nicht bis an den Seitenrand reichen. Da die Schnittkanten aufgrund der Toleranzen der Druckmaschinen nicht immer exakt an der vorgesehenen Stelle verlaufen, benötigen die Bilder im Anschnitt eine Randzugabe von 2 bis 5 Millimeter.

Das Beispiel in der rechten Spalte zeigt, wie ein Bild vergrößert werden kann, wenn es im Anschnitt gedruckt werden soll, aber eigentlich nicht genügend Fläche zur Verfügung steht. Die fehlende Randzugabe muß dann künstlich ergänzt werden.

Bild für den Anschnitt erweitern

1. Im Dialog Bild, Arbeitsfläche wurden die Werte für Breite und Höhe um 5 mm erhöht und die rechte obere Bildecke als Fixpunkt festgelegt.

2. Um die fehlenden Bereiche zu ergänzen, wurde am unteren Bildrand ein rechteckiger Bereich von gut 5 mm Höhe markiert. Bei gedrückter Alt/⌥- und Umschalttaste wurde er mit dem Bewegen-Werkzeug so weit nach unten verschoben, bis die Oberkante der Auswahl mit der Bildkante abschloß. (Die Umschalttaste sorgt für einen exakt vertikalen Versatz; die Alt/⌥-Taste kopiert die Auswahl.) Eine vergrößerte Darstellung erleichterte das Ausrichten.

3. Die so entstandene schwebende Auswahl wurde vertikal gespiegelt (Bild, Transformieren, Vertikal spiegeln).

4. Ebenso wurde dann mit dem linken Bildbereich verfahren, der zu diesem Zweck horizontal gespiegelt werden mußte.

5. Unschöne Übergangsbereiche und allzu auffällige Symmetrien ließen sich nun mit dem Stempel retuschieren. Wie sichtbar die Anschlußstellen sind und in welchem Maße eine Retusche erforderlich wird, hängt wesentlich vom Bildinhalt ab.

①

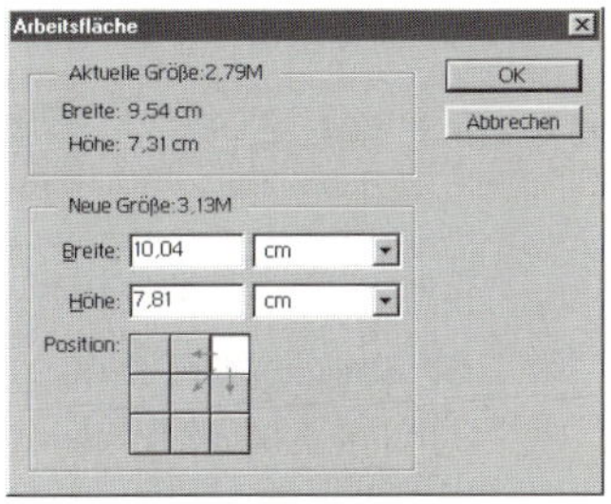

②

③

④

⑤

Wahl ohne Qual

Warum die richtige Auswahl fast schon die halbe Bildbearbeitung ausmacht

Unterschiedliche Bildvorlagen erfordern unterschiedliche Auswahlverfahren für Motiv oder Hintergrund.

Sollen nur Teilbereiche eines Bildes bearbeitet werden, müssen sie zuvor ausgewählt sein. Durch eine gezielte Auswahl läßt sich der Aufwand, um bestimmte Bildpartien zu bearbeiten, auf ein Minimum reduzieren. Photoshop bietet dem Anwender mehrere Auswahlverfahren an, die von der Umschließung einfacher geometrischer oder Freihandformen bis hin zu komplizierten Auswahlmasken reichen.

Neben dem Auswahlrechteck, dem Auswahloval und dem Lasso gehört auch der Zeichenstift zu den Auswahlwerkzeugen. Dank seiner spezifischen Eigenschaften, die aus Vektorgrafikprogrammen wie Illustrator entlehnt sind, erlaubt er die präzise Umschließung der Konturen eines Motivs.

Die vorrangige Aufgabe eines Pfades besteht in der Umwandlung in eine aktive Auswahl (Auswahl erstellen aus dem Einblendmenü der Pfadepalette). Umgekehrt läßt sich jede Auswahl in einen Pfad verwandeln, um die vektoriellen Formeigenschaften eines Pfades zu nutzen (Arbeitspfad erstellen aus dem Einblendmenü der Pfadepalette).

Die sicherlich bedeutendste Rolle hinsichtlich der Auswahlen spielen die Alphakanäle von Photoshop. Jede Datei kann aus bis zu 24 Kanälen bestehen, wovon ein CMYK-Bild beispielsweise bereits vier mit den vier Farbkanälen belegt, so daß ihm 20 freie Kanäle bleiben. Diese freien Kanäle heißen Alphakanäle und stellen nichts anderes als Graustufenmasken dar, die als Auswahl geladen werden können (Auswahl, Auswahl laden). Jede getroffene Auswahl kann in einem Alphakanal gespeichert werden, um zu einem späteren Zeitpunkt für eine erneute Bearbeitung zur Verfügung zu stehen. Auf diese Weise läßt sich eine mehrfache Auswahlprozedur für gleiche Bildpartien vermeiden.

In Alphakanälen lassen sich die unterschiedlichsten Masken erstellen. Die Farbe Schwarz entspricht hier der Maskenfarbe und schützt die Bereiche, die von ihr abgedeckt werden. Weiß läßt Bildbereiche vollkommen ungeschützt, und Graunuancen schützen die korrespondierenden Partien nur zum Teil, wobei die prozentuale Deckkraft der Maske dem Prozentwert des jeweiligen Grautons entspricht. Beim Erstellen einer Auswahlmaske dürfen alle Photoshop-Werkzeuge zur Anwendung kommen. Mit Hilfe des Verlaufswerkzeugs sowie der Mal- und Retuschewerkzeuge lassen sich Masken erstellen, die alle Rand-, Flächen- und Deckeigenschaften der sonst von ihnen aufgetragenen Farbe zeigen. Werden komplizierte Bildstrukturen in einen Alphakanal kopiert, lassen sich auch diese als Auswahlmaske verwenden, ohne per Hand erzeugt werden zu müssen.

Als ein Schnellverfahren für eine Maskierung bietet Photoshop den Maskierungsmodus an (Symbol in der Werkzeugpalette). Der Maskierungsmodus richtet in einem temporären Alphakanal eine Auswahlmaske mit dem Namen Maskierungsmodus ein, der aber, sobald der Anwender wieder in den Standardmodus wechselt, gelöscht und in eine aktive Auswahl umgewandelt wird.

Hilfskraft gesucht

Die Lineale von Photoshop bieten oft schon eine gute Orientierungshilfe für den Ansatzpunkt des Mauszeigers beim Auswählen. Doch in vielen Situationen läßt sich mit Linealhilfslinien das Auswählen wesentlich erleichtern. Das folgende Beispiel zeigt, wie sich mit Hilfslinien das Freistellen der Kugel vereinfachen läßt.

1. Für die Arbeit mit Hilfslinien müssen zuerst die Lineale eingeblendet werden (Ansicht, **Lineale einblenden**).

2. Anschließend lassen sich die Hilfslinien aus den Linealen herausziehen. Aus dem horizontalen Lineal am oberen Fensterrand werden horizontale Hilfslinien gezogen und aus dem vertikalen Lineal entsprechend vertikale Hilfslinien. Dabei spielt es keine Rolle, welches Werkzeug aktiviert ist. Bereits gesetzte Hilfslinien lassen sich aber nur mit dem **Bewegen-Werkzeug** verschieben. Über den Linealen wechselt der Mauszeiger in einen Pfeil. Bei gedrückter Maustaste wurde die erste Hilfslinie aus dem horizontalen Lineal bis an die Oberkante der Kugel gezogen. Die vergrößerte Bildschirmdarstellung erleichterte das exakte Ausrichten.

3. Auf dieselbe Weise wurde dann eine Hilfslinie an der Unterkante der Kugel positioniert. Die beiden Hilfslinien an der linken und rechten Kante wurden aus dem senkrechten Lineal gezogen. Nicht ganz exakt positionierte Hilfslinien ließen sich nachträglich mit dem **Bewegen-Werkzeug** verschieben.

4. Nun konnte die Kugel mit dem **Auswahloval** ausgewählt werden. Dabei wurde am linken oberen Schnittpunkt der Hilfslinien begonnen und die Auswahl bis zum rechten unteren Schnittpunkt aufgezogen. Wenn im Menü Ansicht die Option **An Hilfslinien ausrichten** aktiviert ist, reicht es, den Mauszeiger in die Nähe des jeweiligen Schnittpunkts zu führen. Die Hilfslinien ziehen die Auswahl dann »magnetisch« an.

5. Die fertige Auswahl wurde in einem **Alphakanal** gesichert (auf das Symbol in der Kanälepalette klicken) und mit einem Namen versehen (Doppelklick auf das Etikett des neuen Kanals).

6. Die Hilfslinien konnten anschließend mit Ansicht, **Hilfslinien ausblenden** unsichtbar gemacht werden. (Sie lassen sich mit dem Befehl jederzeit wieder einblenden.)

②
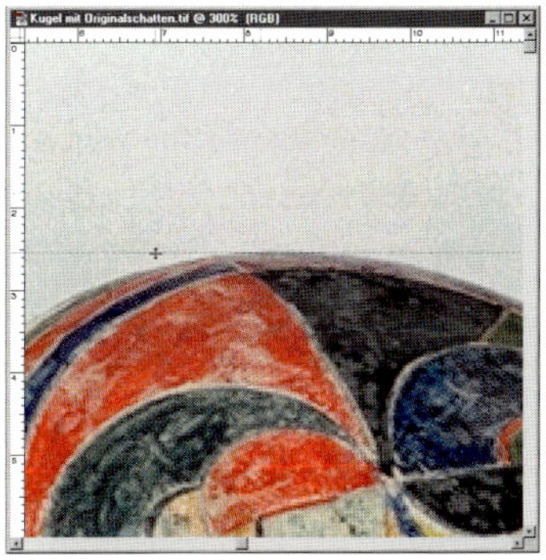

③

④

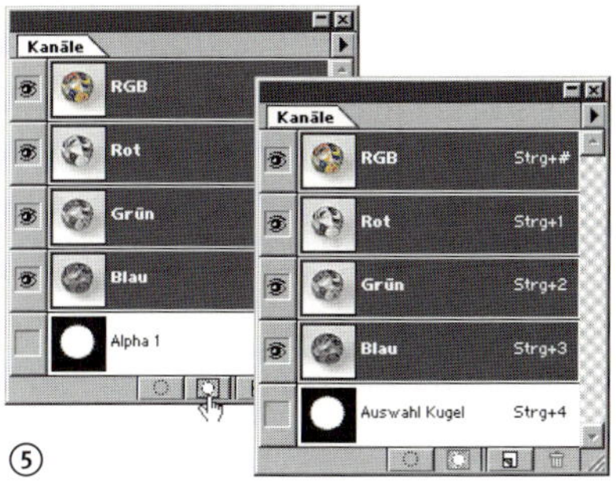

⑤

Ähnlichkeitsprinzip

Oft scheint eine Auswahl nicht angrenzender Bereiche mit den Auswahlwerkzeugen nicht realisierbar. In solchen Fällen kann der Befehl Ähnliches auswählen Abhilfe schaffen (Menü Auswahl). Er erweitert eine bestehende Auswahl unter Berücksichtigung des in der Optionenpalette des Zauberstabs eingestellten Toleranzwerts um alle Pixel des Bildes mit ähnlichem Farbwert.

1. In diesem Beispiel wurde der blaue Himmel durch einen künstlichen Farbverlauf ersetzt, wobei die ihn verdeckenden Bäume und Sträucher erhalten bleiben sollten. Statt an jeder Stelle, an denen der Himmel zwischen den Bäumen hindurchscheint, eine manuelle Auswahlerweiterung vorzunehmen (was sich als unmöglich erwies), wurde zunächst in der rechten oberen Ecke des Bildes ein Stück vom Himmel mit dem **Zauberstab** ausgewählt und in der Palette Zauberstab-Optionen der Toleranzwert auf etwa 25 eingestellt.

2. Nach der Zauberstab-Auswahl wurde im Menü Auswahl der Befehl **Ähnliches auswählen** aufgerufen. Dieser Befehl orientiert sich an dem in der Palette Zauberstab-Optionen eingestellten Toleranzwert. Der Toleranzwert (zwischen 0 und 255) entscheidet über den Umfang des Farbbereichs, aus dem Pixel in die Auswahl aufgenommen werden. Falls der Toleranzwert geändert werden soll, muß vorher in der Palette ein neuer Wert eingegeben werden.

3. Bei genauerer Betrachtung hafteten an den Ästen der Bäume noch blaue Pixel, die nicht ausgewählt waren. Zwar hätten diese Pixel durch eine Erhöhung des Toleranzwertes eingeschlossen werden können, doch wäre dann der unerwünschte Nebeneffekt aufgetreten, daß die Auswahl auch um Pixel, die nicht dem Himmel zugehören, erweitert worden wäre. Um zunächst den gleichen Farbton beizubehalten, sollte der Farbverlauf in die Farbe des Himmels überblenden. Dazu wurde mit der Pipette ein Blauton des Himmels aus der rechten oberen Ecke des Bildes aufgenommen und mit dem **Verlaufswerkzeug** ein leicht geneigter, linearer Verlauf von Blau nach Weiß in die Auswahl gelegt. Am Horizont erschien der Himmel nun fast weiß.

4. Nun konnte die Farbe des Himmels verändert werden. Um auch die nicht von der Auswahl eingeschlossenen blauen Pixel zu färben, wurde für die Auswahlbegrenzung eine weiche Kante (Auswahl, Weiche Auswahlkante) von 2 oder 3 Pixel eingestellt. Im Dialog **Variationen** (Bild, Einstellen) wurde die Farbe des Himmels mit der Option Sättigung intensiviert und durch die Zugabe von Blau und Magenta in den Mitteltönen variiert.

①

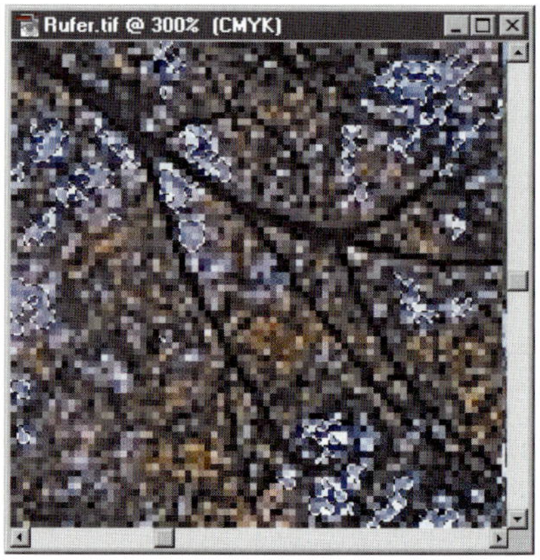

①

①

Schneidiger Pfad

Wird ein Photoshop-Bild exportiert, so bleiben seine rechtwinkligen Abmessungen in der Regel erhalten. Für die Weiterverarbeitung in Layout- und Grafikprogrammen beispielsweise ist es aber wichtig, daß ein Motiv freigestellt positioniert werden kann, das heißt, daß es ohne seinen Hintergrund erscheint. Diese Freistellung übernimmt in Photoshop ein Beschneidungspfad.

1. Mit dem Werkzeug **Zeichenstift** wurde das zu exportierende Motiv konturiert. Die Umschließung der Motivkonturen sollte möglichst genau erfolgen, damit an den Rändern des Motivs nicht unerwünschte Hintergrundpixel haften bleiben.

2. Nach der letzten Korrektur des erstellten Pfades wurde er gesichert (**Pfad speichern** aus dem Menü der Pfadepalette).

3. Vor dem Export mußte das Denkmal in diesem Beispiel hinsichtlich seiner Farbe korrigiert werden, da es durch die Reflexion des Rasens in seiner

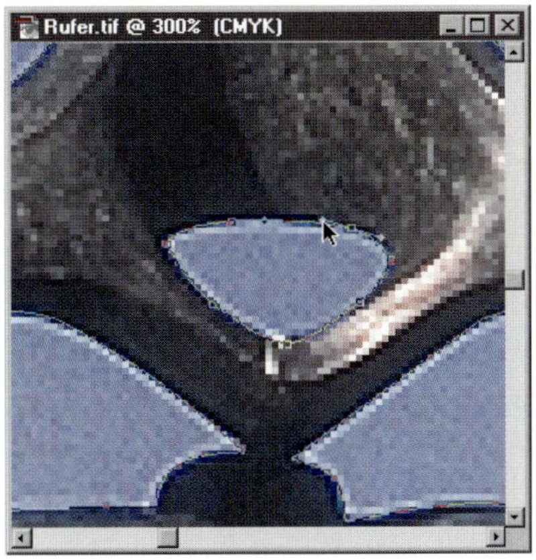

①

Oberfläche eine zu starke »Grünstichigkeit« aufwies. Dazu wurde der Pfad in eine Auswahl umgewandelt (Auswahl erstellen aus dem Palettenmenü oder auf das Symbol ⬚ am unteren Palettenrand klicken). Im Dialog **Farbbalance** (Bild, Einstellen) wurde der Gelb/Blau-Regler in den Mitteltönen und in den Lichtern so weit nach rechts bewegt, bis der Grünstich verschwand.

4. Zuletzt wurde der Pfad in einen **Beschneidungspfad** umgewandelt (Beschneidungspfad aus dem Palettenmenü). Im Dialog mußte dafür der Pfadname aus dem Einblendmenü ausgewählt und eine Kurvennäherung eingegeben werden.

5. Das Bild wurde dann als **EPS-Datei** exportiert (Datei, Kopie speichern unter, Photoshop EPS). Zuletzt wurde das freigestellte Bild in Adobe Illustrator vor einer Grafik positioniert.

③

④

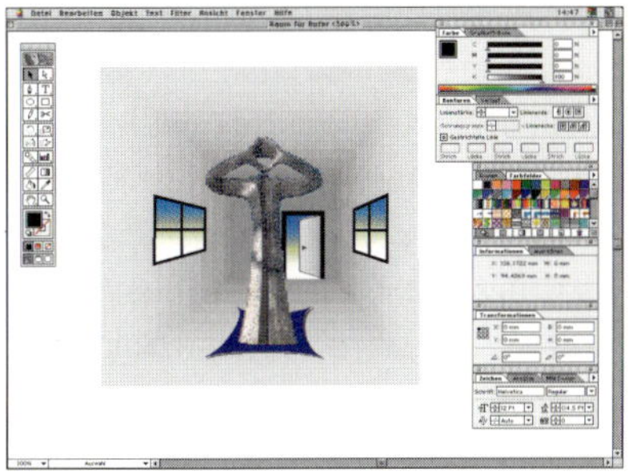

⑤

Strukturierte Auswahl

Oftmals lassen sich Auswahlmasken ohne großen Aufwand aus vorhandenen Bildstrukturen erstellen. In diesem Beispiel wurde die Kugel freigestellt und so vor einem neuen Hintergrund positioniert, daß sie denselben Schatten wie im Ausgangsbild wirft. Für die Rekonstruktion des Schattens über dem neuen Hintergrund wurde der ursprüngliche Hintergrund als Auswahlmaske gesichert.

1. Zunächst wurde die Hintergrundebene dupliziert (das Etikett der Hintergrundebene auf das Symbol ◻ ziehen) und »Kugel« genannt. Dann erfolgte in der neuen Ebene die Auswahl der Kugel mit dem **Auswahloval** wie zu Beginn dieses Kapitels unter der Überschrift »Hilfskraft gesucht« beschrieben. Als die Auswahl die Kugel perfekt umschloß, wurde sie umgekehrt (Auswahl, Auswahl umkehren), so daß nur noch der Hintergrund ausgewählt war.

2. In der neuen Ebene konnte dann der Hintergrund in die Zwischenablage ausgeschnitten werden (Bearbeiten, **Ausschneiden**).

3. Anschließend wurde in der Kanälepalette ein neuer Kanal mit dem Namen »Schatten« eingerichtet (Neuer Kanal aus dem Palettenmenü oder auf die Symboltaste ◻ klicken) und der Inhalt der Zwischenablage in ihn eingefügt (Bearbeiten, **Einfügen**). Mit Bild, Festlegen, Umkehren (oder Strg/⌘ + I) wurde der Kanal invertiert. Auf diese Weise verwandelte sich der ursprüngliche Hintergrund in eine Auswahlmaske für den Schatten, die für den neuen Hintergrund verwendet werden konnte.

4. Nachdem wieder der RGB-Kanal aktiviert war, wurde das Bild mit der neuen Hintergrundstruktur in einer neuen Ebene zwischen Hintergrundebene und Kugelebene eingefügt.

5. Für die Rekonstruktion des Schattens wurde dann die Auswahlmaske aus dem Schattenkanal in den neuen Hintergrund geladen (Auswahl, Auswahl laden, Schatten oder mit gedrückter Strg/⌘-Taste auf das Etikett des Schattenkanals klicken). Dies wählte automatisch den Bereich aus, der abgedunkelt werden mußte. Im Dialog **Tonwertkorrektur** (Bild, Einstellen) wurde der Weißpunktregler für den Tonwertumfang so weit nach links bewegt, bis der ausgewählte Bereich ausreichend abgedunkelt war und wie ein naturgetreuer Schatten wirkte.

Variante: Wie im nächsten Beispiel kann auch hier für den Hintergrund eine Einstellungsebene mit Tonwertkorrektur und dem Hintergrundkanal als Ebenenmaske angelegt werden.

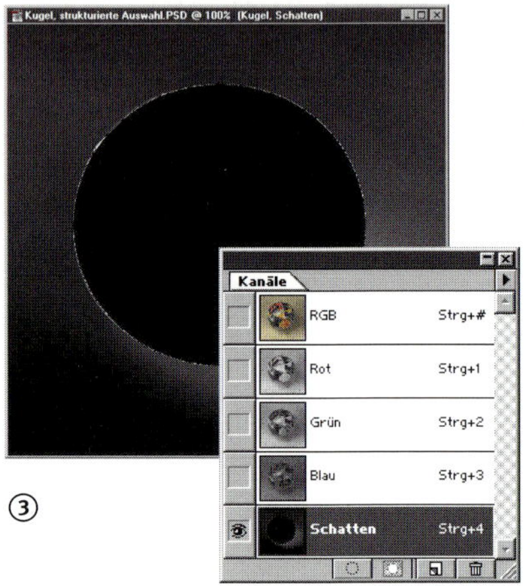

③

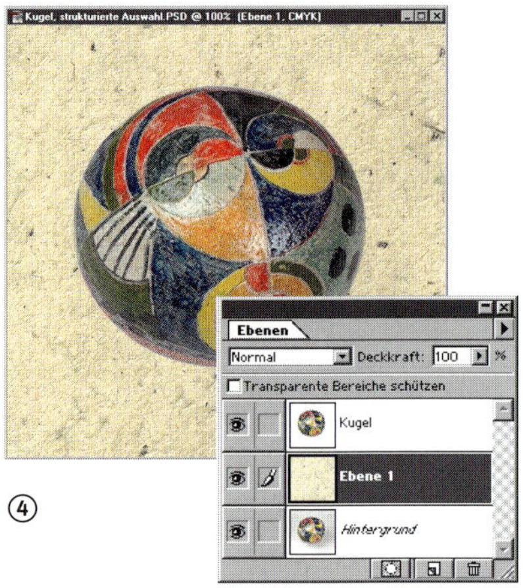

④

⑤

Malerische Auswahl

Auswahlmasken lassen sich in Alphakanälen auch mit den Mal- und Retuschewerkzeugen bearbeiten oder von Grund auf neu erstellen. So dienen die Mal- und Retuschewerkzeuge indirekt als Auswahlwerkzeuge. In diesem Beispiel wurde der von der Kugel auf die Ebene geworfene Schatten teils mit dem Auswahloval, teils mit dem Airbrush neu entworfen.

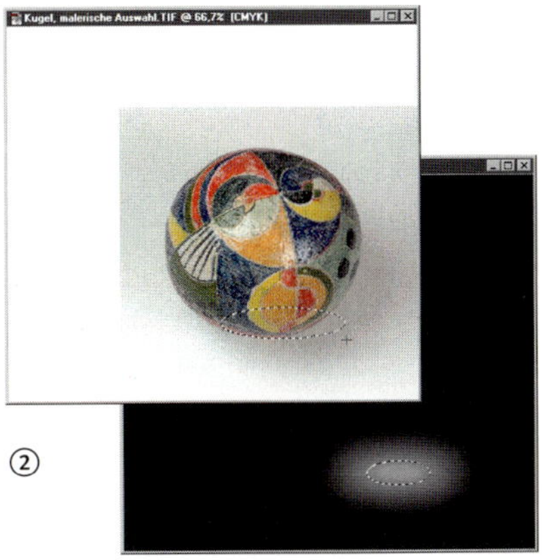

②

④

1. Im Dialog **Arbeitsfläche** (Bild, Arbeitsfläche) wurde die Abmessung des Bildes in der Höhe und in der Breite vergrößert, um genügend Raum für die Distanz von schwebender Kugel und Schatten zu schaffen.

2. Bei der Rekonstruktion des Halbschattens zeichnete das **Auswahloval** im RGB-Kanal dessen elliptische Form nach. Um die unscharfe Kontur des Schattens nachzuahmen, erhielt die Auswahlbegrenzung eine sehr weiche Kante (Auswahl, Weiche Auswahlkante). Die weiche Auswahl wurde in dem neuen Kanal »Schatten« gesichert.

3. Der **Airbrush** täuschte im Kanal »Schatten« durch Auftragen eines weichen, weißen Sprühpunktes einen kleinen Kernschatten vor.

4. Wie im vorigen Beispiel wurde die Hintergrundebene dupliziert und in der neuen Ebene die Kugel freigestellt. Mit dem **Bewegen-Werkzeug** konnte sie dann nach links oben zur Lichtquelle hin verschoben werden.

5. Und wieder wurde ein neues Hintergrundbild als Ebene zwischen der Kugel und dem ursprünglichen Hintergrund eingefügt.

6. Die gesicherte Auswahl wurde geladen (mit Strg/⌘-Taste auf das Kanaletikett klicken) und eine neue **Einstellungsebene** mit Tonwertkorrektur angelegt (mit gedrückter Strg/⌘-Taste auf das Symbol ◨ klicken). Die neue Einstellungsebene übernahm die Auswahl automatisch als Maske.

7. Zuletzt wurde dann die Helligkeit im Dialog **Tonwertkorrektur** verändert, bis die gewünschte Schattenwirkung auftrat.

⑥

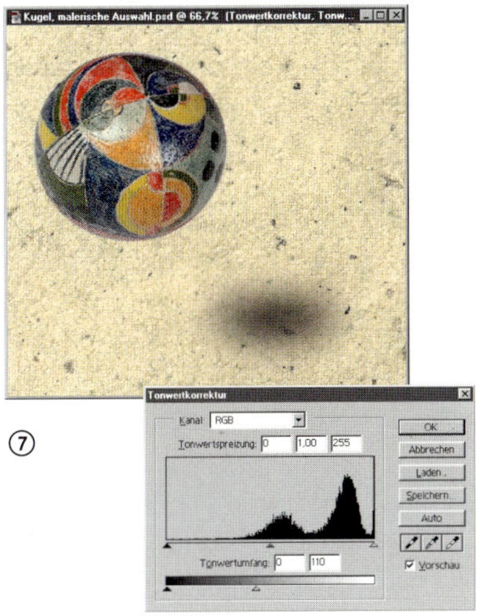

⑦

Canale Grande

Über Kanal- und Rechenoperationen und warum Mathematik und Bildbearbeitung eine gewisse Verwandschaft nicht leugnen können

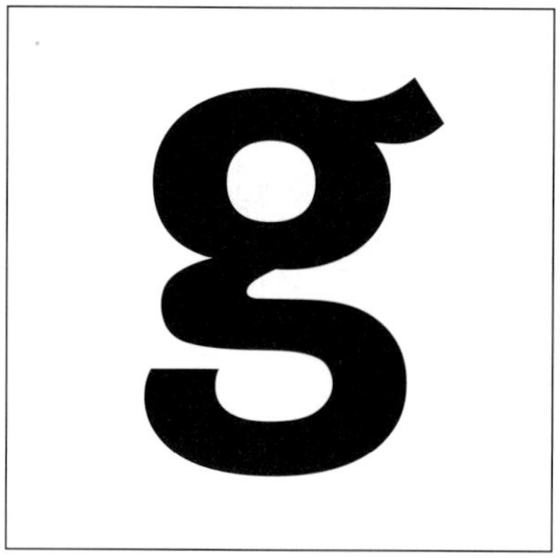

An einem einfachen Buchstaben lassen sich vielfältige Variationen demonstrieren.

Die Funktion Kanalberechnungen aus dem Menü Bild führt mit den Kanälen einer oder mehrerer Dateien unterschiedliche mathematische Operationen durch, indem sie die Helligkeitswerte miteinander korrespondierender Pixel in eine Formel einsetzt und das Ergebnis der Berechnung als neuen Kanal ausgibt. Daß diese eher »unkreativ« anmutenden Bearbeitungsfeatures durchaus eine nützliche Hilfe darstellen können, sollen die nachfolgenden Beispiele zeigen.

Viele der Kanaloperationen entfalten ihre Stärken bei der Herstellung von Auswahlmasken, aber auch bei Verfremdungen oder Retuschearbeiten finden die Funktionen ihren sinnvollen Einsatz. Maßgeblich für alle Rechenoperationen ist der Helligkeitswert der Pixel. Ein schwarzes Pixel besitzt den Helligkeitswert 0 und ein weißes den Wert 255. Alle Grauabstufungen werden durch Werte zwischen diesen beiden Extremen wiedergegeben. Der Befehl Addieren beispielsweise summiert die Helligkeitswerte zweier korrespondierender Pixel, so daß als Ergebnis in jedem Falle ein helleres Pixel anfällt.

Voraussetzung für das Verknüpfen der Kanäle zweier Bilder ist zum einen eine übereinstimmende Bildgröße. Damit Photoshop die Pixel zweier Kanäle einander zuordnen kann, müssen die Bilder exakt dieselbe Pixelabmessung haben. Darüber hinaus müssen die Bilder geöffnet sein.

Manche Filter, wie beispielsweise der Relieffilter, zeigen eine Verwandtschaft zu den Rechenoperationen. Die Wirkung des Relieffilters kann durch Kombination verschiedener Rechen- und Filteroperationen nachgeahmt werden. Werden die Techniken zur Anwendung der Rechenoperationen weiter verfeinert, lassen sich die Eigenschaften vieler Materialstrukturen simulieren, an denen das Wechselspiel von Licht und Schatten vorrangig zum Tragen kommt, wie beispielsweise bei Chrom oder Glas.

Neben den Kanalberechnungen mit dem Menübefehl lassen sich auch direkt in der Kanälepalette unterschiedlichste Operationen mit Kanälen durchführen. Eine der nützlichsten Palettenfunktionen bei der Arbeit mit Kanälen ist das Duplizieren. Mit ihr lassen sich im Handumdrehen Kopien einzelner Kanäle erstellen, ohne den Umweg mit Kopieren und Einfügen über die Zwischenablage gehen zu müssen. Innerhalb eines Kanals kann – wie in einem Graustufenbild – mit allen verfügbaren Filtern und Werkzeugen gearbeitet werden.

Die auf den folgenden Seiten vorgestellten Beispiele zeigen einen kleinen Ausschnitt aus den möglichen Anwendungen für Kanäle und Kanaloperationen. Einige der Effekte könnten zwar auch mit anderen Techniken, beispielsweise mit Hilfe von Ebenen, erzeugt werden. Doch wird jeder Photoshop-Anwender seine eigenen Vorlieben entwickeln und die Effekte entweder lieber mit Hilfe der Kanäle oder der Ebenen realisieren.

Licht und Schatten

Der Relieffilter aus dem Filtermenü erzeugt zu beiden Seiten einer Kontur zwei Kanten von gleicher Stärke, eine helle und eine dunkle. In einem natürlichen Relief fällt der Schatten aber auch ein wenig auf den Reliefgrund, so daß die dunklen Partien breiter erscheinen als die hellen. Der Relieffilter kann diesen Effekt nicht simulieren, wohl aber die Kanaloperationen.

1. Vom Schwarzkanal des Graustufenbildes war zunächst eine **invertierte Kopie** anzulegen. Dazu wurde der Kanal bei gedrückter Alt/⌥-Taste auf das Symbol ◱ gezogen, im Dialog die Option Umkehren aktiviert und als Name »Logo-Auswahl« festgelegt.

2. Ein weiterer Kanal entstand aus dem Kanal »Logo-Auswahl« (einfach auf ◱ ziehen) und wurde »Versatz 1« genannt (Doppelklick auf das Etikett). Der Filter **Verschiebungseffekt** (Filter, Sonstige Filter) bewirkte mit negativen Werten eine leichte Verschiebung nach links oben, wobei der waagerechte Versatz etwas großzügiger ausfallen sollte als der senkrechte.

3. Durch **Wiederholung** des zweiten Schrittes wurde ein weiterer Kanal mit dem Namen »Versatz 2« eingerichtet. Aber diesmal erfolgte die Verschiebung des Kanalinhalts mit doppelt so hohen (positiven) Werten wie für den ersten Versatz nach rechts unten.

4. Die aus den Kanälen »Versatz 1« und »Versatz 2« mit den Kanalberechnungen gebildete **Differenz** wurde »Versatzdifferenz« genannt, anschließend der Kanal »Logo-Auswahl« als Auswahl geladen (mit gedrückter Strg/⌘-Taste auf das Kanaletikett klicken) und die Auswahl mit Schwarz gefüllt.

5. Die Kanalberechnungsfunktion **Subtrahieren** berechnete aus den Kanälen »Versatz 2« und »Versatzdifferenz« einen neuen Kanal (»Lichter«). Der Skalierungsfaktor dabei war 1 und der Verschiebungswert 255.

Die Subtraktion wurde mit Kanal »Versatz 1« als Quelle 1 für den neuen Kanal »Schatten« wiederholt.

6. Schließlich mußten die Kanäle »Lichter« und »Schatten« noch mit dem **Gaußschen Weichzeichner** weichgezeichnet werden. Die Auto-Tonwertkorrektur (Bild, Einstellen) erhöhte den geringen Kontrast.

7. Nach der **Umwandlung in eine RGB-Datei** wurde in den RGB-Kanal ein neuer, farbiger Hintergrund eingefügt.

8. In der neuen Ebene wurde zuerst der Kanal »Lichter« als Auswahl geladen und mit einer Tonwertkorrektur aufgehellt. Anschließend wurde der Kanal »Schatten« geladen und abgedunkelt.

②

③

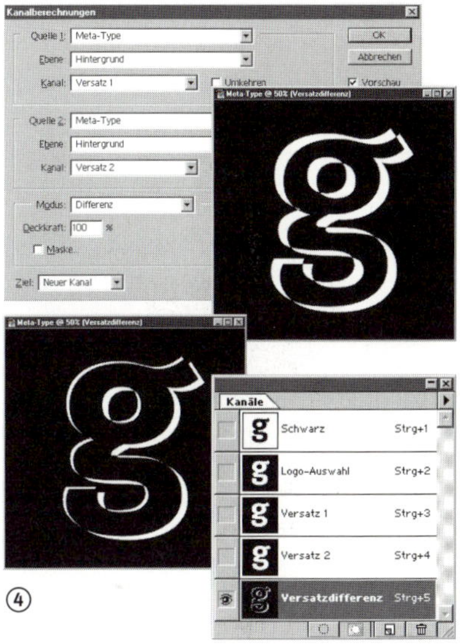

④

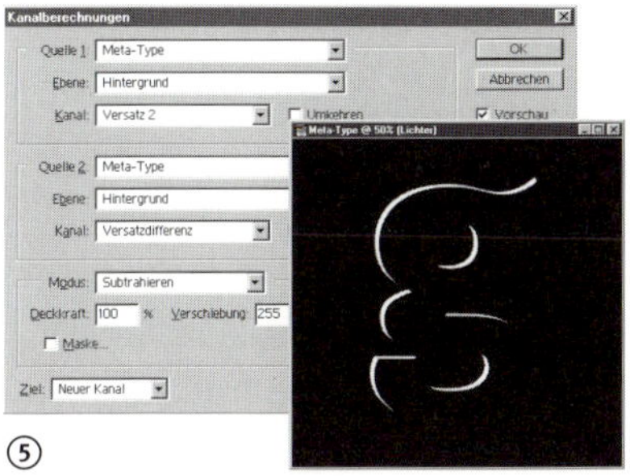

⑤

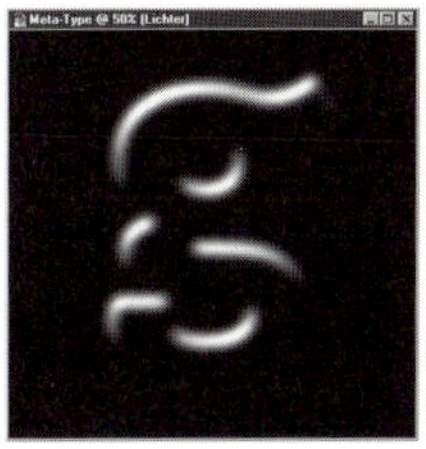

⑥

Glänzende Idee

Der Chromeffekt simuliert ganz anders als das Relief eine glänzende Oberfläche, in der sich Gegenstände der Umgebung spiegeln. So verschieden ihre optische Wirkung ist, so haben sie dennoch, was ihre Erzeugung angeht, offenkundige Gemeinsamkeiten. Abwandlungen des Chromeffekts ahmen lackierte Oberflächen, Glas oder Wassertropfen täuschend echt nach.

1. Vom Schwarzkanal des Graustufenbildes wurde wieder eine invertierte Kopie angelegt (»Logo-Auswahl«).

2. Ein weiterer Kanal entstand als Kopie dieses Kanals, wurde »Versatz 1« genannt und wie beim Relief mit dem Filter **Verschiebungseffekt** nach links oben versetzt. Anschließend erfolgte die Weichzeichnung des Kanalinhalts mit dem Gaußschen Weichzeichner.

3. Eine Kopie von »Versatz 1« wurde als »Versatz 2« gesichert und mit dem Verschiebungseffektfilter nach rechts unten versetzt. Um für den Kanal »Versatz 2« auch gegenüber dem Ausgangskanal einen Versatz zu erreichen, mußten die Werte bei geändertem Vorzeichen verdoppelt werden.

4. Das Ergebnis der mit den Kanalberechnungen erzeugten **Differenz** aus den Kanälen »Versatz 1« und »Versatz 2« wurde in einen neuen Kanal (»Versatzdifferenz«) eingefügt und invertiert (Strg/⌘ + I). Mit Hilfe der Funktion Auto-Tonwertkorrektur konnte der Bildkontrast nachreguliert werden.

5. Ein als Reflexion dienendes, stark weichgezeichnetes **Graustufenbild** mit ausreichendem Hell/Dunkel-Kontrast wurde in einen weiteren Kanal (»Reflexionsmuster«) kopiert. Danach wurden die Kanäle »Reflexionsmuster« und »Versatzdifferenz« mit einer Kanalberechnung im Modus Normal bei einer Deckkraft von 50% miteinander verrechnet und das Ergebnis in einen neuen Kanal (»Chromeffekt«) eingefügt.

6. Die für Chrom bekannten Reflexionseigenschaften erreichte eine Manipulation der **Gradationskurve** des Kanals »Chromeffekt« (Bild, Einstellen, Gradationskurve).

7. Im Kanal »Logo-Auswahl« wurde dann der Kanal selbst als Auswahl aktiviert und die Auswahl bei Weiß als Vordergrundfarbe mit Bearbeiten, **Kontur füllen** (12, Mitte) vergrößert.

8. Mit der erweiterten Auswahl »Logo-Auswahl« konnte die Chromtype im Chromeffekt-Kanal ausgewählt und in die Zwischenablage kopiert werden. Zuletzt wurde sie als transparente Ebene über einem passenden Hintergrundbild eingefügt. Die bläuliche Färbung erzeugte die Zugabe von Blau im Dialog Farbbalance (Bild, Einstellen).

②

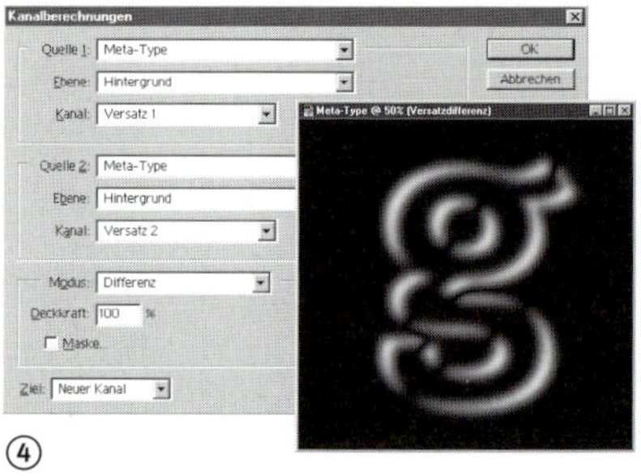

④

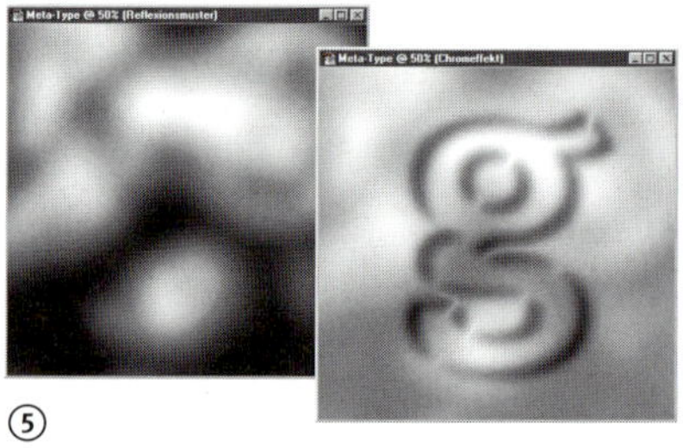

⑤

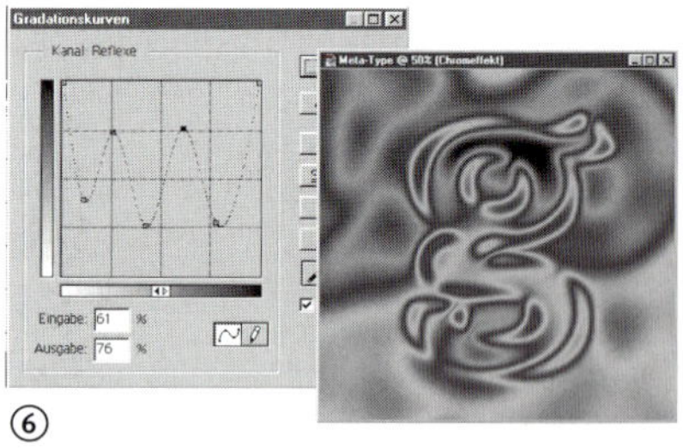

⑥

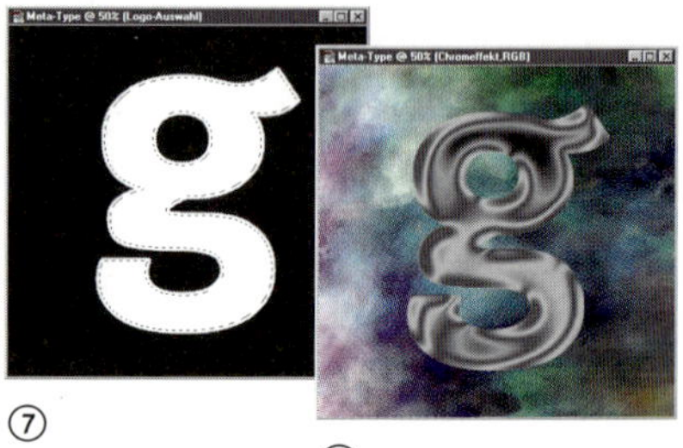

⑦ ⑧

Mit Durchblick

Scheint Licht auf eine Plexiglasscheibe, so strahlt das Licht gebündelt an den Schnittkanten der Scheibe wieder ab. Der hier dargestellte Effekt simuliert eine ähnliche Wirkung, ein farbloses Glasstück, das an seinen abgerundeten Kanten helles Licht abgibt. Auch wenn dieser Effekt in der Realität so nicht zu beobachten ist, hat er etwas Bestechendes an sich.

1. Als **Ausgangsbild** diente wieder das Graustufenlogo. Die ersten Arbeitsschritte waren mit den Schritten 1 bis 4 des Chromeffekts identisch.

2. Nachdem die ersten vier Schritte des Chromeffekts ausgeführt waren, wurde der Kanal »Logo-Auswahl« in den Kanal »Versatz 1« als Auswahl geladen und der Inhalt der Auswahl mit schwarzer Farbe (Hintergrundfarbe) gelöscht. Anschließend erhielt der Kanal den neuen Namen »Lichter«.

3. Nach dem Wechsel in den Kanal »Versatz 2« konnte die noch bestehende Auswahl ein zweites Mal geschwärzt werden. Auch dieser Kanal wurde umbenannt, er wurde »Schatten« getauft.

4. Als der Kanal »Versatzdifferenz« aktiviert war, wurde die Auswahl umgekehrt (Auswahl, **Auswahl umkehren**) und ebenfalls mit Schwarz gefüllt. Der Kanal wurde in »Reflexe« umbenannt.

5. Mit **RGB-Farbe** aus dem Menü Bild, Modus wurde die Graustufendatei nun in den RGB-Modus umgewandelt.

6. Bei aktiviertem RGB-Kanal wurde dann ein Hintergrundbild in eine Ebene eingefügt. Mit »Logo-Auswahl« als Auswahl geladen, erzielte der Filter **Verwackelungseffekt** (Filter, Vergröberungsfilter) eine leichte Verschwommenheit im Inneren des Logos.

7. Anschließend konnten nacheinander die Kanäle »Reflexe«, »Schatten« und »Lichter« geladen werden. Die mit »Reflexe« getroffene Auswahl erhielt eine weiße Füllung, die anschließend im Dialog Farbbalance leicht eingefärbt wurde. Die ausgewählten Schattenpartien wurden mit dem Befehl Bearbeiten, Fläche füllen mit Schwarz bei 80%iger Deckkraft gefüllt. Mit den von der Lichtermaske ausgewählten Bereichen wurde gleichermaßen verfahren, nur wurden sie mit Weiß und einer Deckkraft von 60% gefüllt.

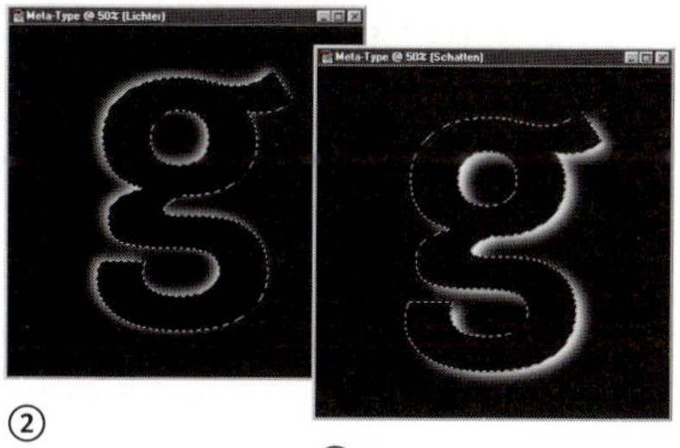

② ③

④

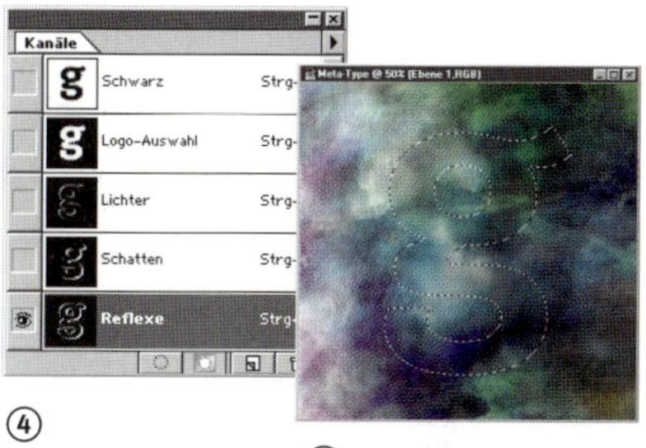

④ ⑥

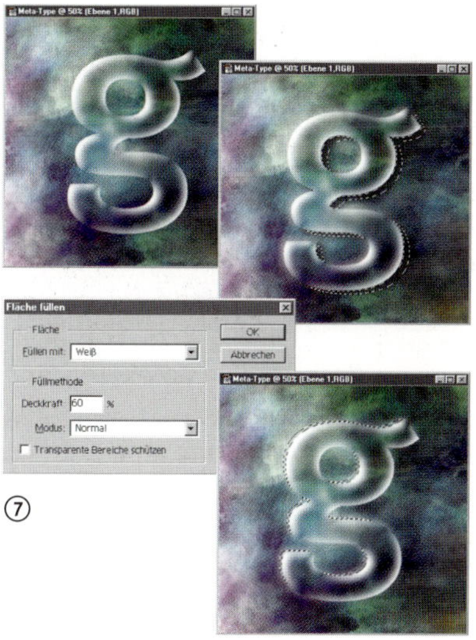

⑦

Auf Montage

Über die Ebenenoptionen und ihre wunderbaren Auswirkungen auf die Arbeit mit mehreren Bildern oder Bildausschnitten

Noch ahnen weder Fisch noch Schweißer etwas vom anderen ...

Unerwarteter Besuch eines Fisches am Arbeitsplatz eines Schweißers. Arbeitet der Schweißer unter Wasser (in Jeansjacke?) oder kann der Fisch fliegen? Zudem ist es recht wagemutig von dem Schuppentier, so gemächlich mitten durch die sprühenden Funken zu gleiten ... Die Herstellung solcher und ähnlicher Effekte macht ausgiebig von der Ebenenverwaltung von Photoshop Gebrauch.

Die Bildmontage gehört zu den wichtigsten Aufgaben bei der Arbeit mit Photoshop. Das zentrale Werkzeug für die Regulierung, auf welche Art und Weise sich unterschiedliche Elemente oder Bildausschnitte zu einem Montagebild vereinigen, ist die Ebenenpalette und die dazugehörigen Funktionen aus dem Palettenmenü bzw. dem Menü Ebene. Damit die Vorteile der Ebenenverwaltung genutzt werden können, sollten alle Elemente, die unabhängig voneinander bearbeitet werden sollen, in separate Ebenen gelegt und erst ganz zum Schluß zu einer Ebene zusammengefaßt werden.

Die Elemente in einer Ebene verdekken alle Pixel der darunterliegenden Ebenen, ohne sie zu ersetzen. Photoshop als ein Werkzeug der digitalen Bildbearbeitung geht aber über das bloße »Einkleben« von Motiven in ein neues Bild weit hinaus: Die Pixel der unterschiedlichen Ebenen können miteinander »interagieren«. In der Ebenenpalette läßt sich beispielsweise die Deckkraft reduzieren, um das Motiv transparent zu überblenden. Die verschiedenen Deckmodi des Einblendmenüs erlauben zudem die Vereinigung der aktuellen Ebene mit dem darunterliegenden Bild nach einer bestimmten mathematischen Operation. Im Modus Aufhellen beispielsweise gehen nur die helleren, im Modus Abdunkeln nur die dunkleren Pixel in die Montage ein. Einige Modi wie Multiplizieren und Negativ multiplizieren sind der Überlagerung von fotografischen Negativen bzw. Dias nachempfunden.

Als weitere Montageoption kann der Farbwertbereich für die aktuelle Ebene und auch für das darunterliegende Bild eingeschränkt werden. Ein Farbwert von 0 entspricht der Farbe Schwarz und der Wert 255 dem reinen Farbton. Durch eine Einschränkung des

Farbwertbereichs der aktuellen Ebene auf 0 bis 100 beispielsweise besitzen nur die dunklen Ebenenpixel die Fähigkeit, Pixel der darunterliegenden Ebenen zu ersetzen. Wird hingegen der Farbwertbereich des darunterliegenden Bildes beispielsweise auf den Bereich von 200 bis 255 reduziert, erlauben nur die hellen Pixel des darunterliegenden Bildes eine Ersetzung durch Pixel der aktuellen Ebene. Und nur, wenn beide Bedingungen erfüllt sind, findet eine Ersetzung statt. Das Teilen der Regler mit Hilfe der Alt/⌥-Taste macht aus den abrupten Übergängen weiche Übergänge. Das kommt einer Reduzierung der Deckkraft für Pixel mit Farbwerten aus den Übergangsbereichen gleich.

1. Zunächst wurden passende **Bildvorlagen** ausgesucht. Die Bilder mußten hinsichtlich ihrer Bildgröße und der Lichtgebung übereinstimmen. Da der Fisch von unten beleuchtet wird, eignete er sich hervorragend für eine Positionierung über der Schweißstelle.

2. Der Fisch wurde mit dem Zeichenstift konturiert und der entstandene Pfad in eine Auswahl umgewandelt (Pfadetikett in der Pfadpalette auswählen und **Auswahl erstellen** aus dem Palettenmenü wählen oder die Enter-Taste des Ziffernblocks drücken). Die Funktion Frei transformieren aus dem Menü Bearbeiten drehte den Fisch in die gewünschte Horizontale.

3. Am einfachsten ließ sich der Fisch per Drag-and-drop in das Schweißerbild kopieren: Das noch ausgewählte Unterwassertier brauchte lediglich mit dem **Bewegen-Werkzeug** in das Fenster des Schweißers gezogen zu werden. Photoshop setzt per Drag-and-drop bewegte Objekte beim Einfügen automatisch in eine neuen Ebene ein. Um den Übergang zwischen Fisch- und Hintergrundebene zu glätten und störende Randpixel zu beseitigen, war eine Randbehandlung mit der Funktion **Rand entfernen** aus dem Menü Ebene, Hintergrund nötig.

4. Das Bewegen-Werkzeug stellte den Fisch an die vorgesehene Stelle. Damit der Fisch nicht aus dem Bild herausschwimmt, sondern sich auf den Schweißer zu bewegt, empfahl sich eine **horizontale Spiegelung** (Menü Bearbeiten, Transformieren, Horizontal spiegeln).

5. Die eigentliche kompositorische Integration erfolgte im **Dialog Ebenen-Optionen** (Doppelklick auf das Etikett der Fischebene oder Funktion Ebenen-Optionen aus dem Menü der Ebenenpalette). Für die farbliche Anpassung wurde der Modus Luminanz gewählt und für die räumliche Wirkung eine Farbbereichseinschränkung vorgenommen: Indem der weiße Regler für Darunterliegendes auf die Werte 110 und 140 gesetzt wurde, schützte er die hellen Funkenbereiche. Um die Farbbereichsregler zu teilen, muß beim Ziehen mit der Maus die Alt/⌥-Taste gedrückt gehalten werden.

6. Nach einer Reduzierung der beiden Ebenen auf die Hintergrundebene (Menü Ebene, **Auf Hintergrundebene reduzieren**) waren die Montagearbeiten abgeschlossen.

①

③

④

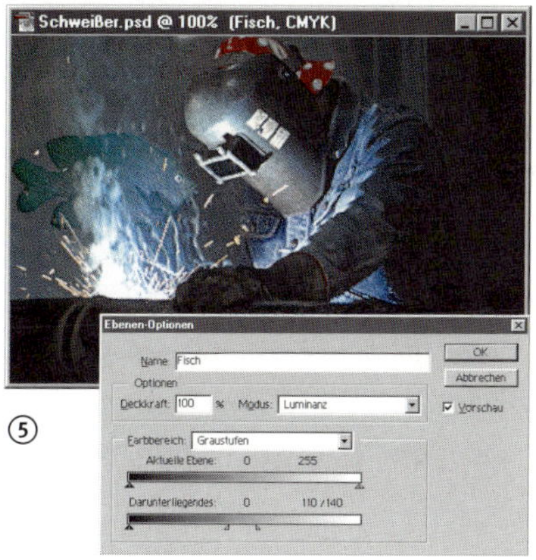

⑤

ARTificial Reality

Warum künstliche Kunst dank Photoshop keine Kunst ist

Das Foto eines schönen Spraykunstwerks, das aber für den Verwendungszweck zuviel Hintergrund hatte.

Eines der Hauptanwendungsgebiete von Photoshop ist die Korrektur technisch und inhaltlich mangelhafter Bildvorlagen. Unter die technischen Mängel von Fotos beispielsweise fallen Unschärfe, falsche Belichtung und Farbstichigkeit. Als inhaltlich mangelhaft können Bilder gelten, bei denen ein Teil des darzustellenden Motivs abgeschnitten ist oder durch andere Objekte verdeckt wird.

Die Möglichkeiten zur technischen und inhaltlichen Bildkorrektur mit Photoshop sollen an zwei Beispielen vorgestellt werden. Ausgangsbild für das erste Beispiel war das Foto eines Graffiti-Bildes aus einer Straßenunterführung. Zum Zeitpunkt der Aufnahme war das Bild bereits teilweise von einem wenig Respekt zollenden Sprayerkollegen übersprüht worden und mußte rekonstruiert werden. Auch ließ die räumliche Enge der Unterführung nicht zu, einen größeren Bildausschnitt zu erfassen (man hätte sonst die bei Weitwinkelobjektiven üblichen Verzerrungen in Kauf nehmen müssen) – der untere Bereich des Bildes ist deshalb nicht vollständig erhalten.

Hinzu kam auch noch, daß nur ein Teil des Bildes, der wißbegierige Sprayer mit seinem Handbuch, benötigt wurde. Mit Bildbearbeitung läßt sich aus einer solchen, nicht ganz zufriedenstellenden Vorlage ganz einfach das Bild machen, das der Fotograf mit seinen Mitteln nicht anfertigen konnte: künstliche Wirklichkeit.

1. Die Schirmmütze der Graffiti-Figur war leider von einem respektlosen Sprayer auf wenig kunstvolle Weise übersprüht worden. Diese »Verunstaltung« sollte nun in Photoshop beseitigt werden.

Für diese Arbeiten eignen sich besonders der **Wischfinger** und der Stempel. Der Wischfinger wird immer dann verwendet, wenn Farbübergänge erhalten bleiben sollen. Er wirkt ähnlich wie ein Finger, der durch nasse Farbe gezogen wird. Das Werkzeug übernimmt dabei die Farbe bzw. das Farbmuster von der Stelle, an der mit dem Wischen begonnen wird. Er sollte möglichst immer nur in eine Richtung entlang der zu bearbeitenden Linie bewegt werden. Entscheidend für das Ergebnis ist, an welcher Stelle mit dem Wischen begonnen wird, welche Breite der Wischfinger hat und wie genau die zu rekonstruierende Linie nachgezogen wird. Ein zu breiter Wischfinger kann zu einer unerwünschten Farbübertragung führen.

Im Beispiel wurde in der Palette Werkzeugspitzen eine kleine, weiche **Werkzeugspitze** gewählt, deren Durchmesser etwa der Breite der zu retuschierenden Linien entsprach. Sie wurde mit geringfügig verringertem Druck (90%) angewendet.

2. Die unvollständige schwarze Kontur um die Figur wurde mit dem **Pinsel** nachgezeichnet. Eine stark vergrößerte Bildschirmdarstellung erleichtert die Rekonstruktion. Nicht benötigte Hintergrundbereiche ließen sich ebenfalls mit dem Pinsel oder durch Auswählen und Füllen mit der Vordergrundfarbe schwärzen.

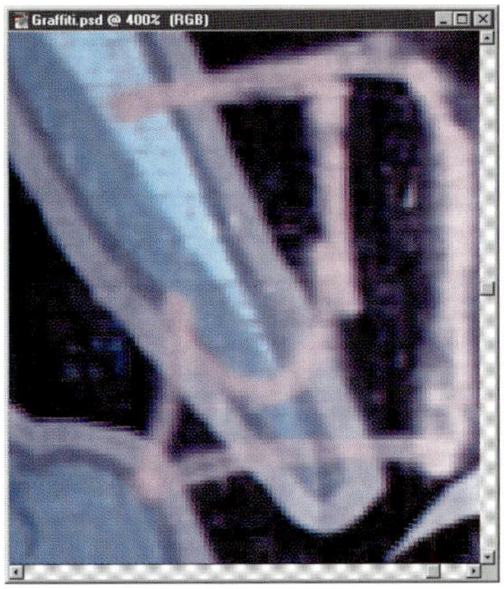

①

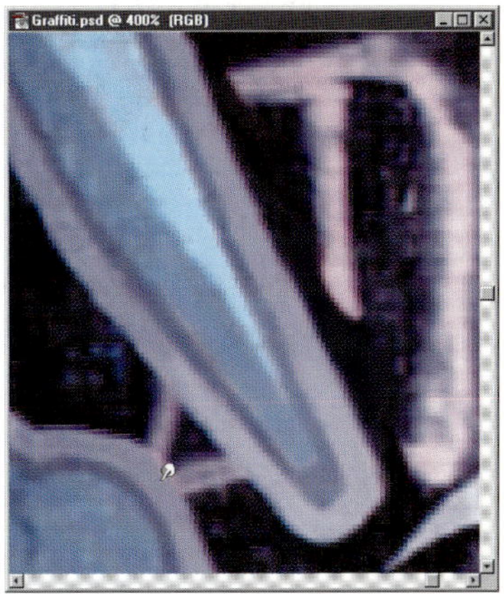

①

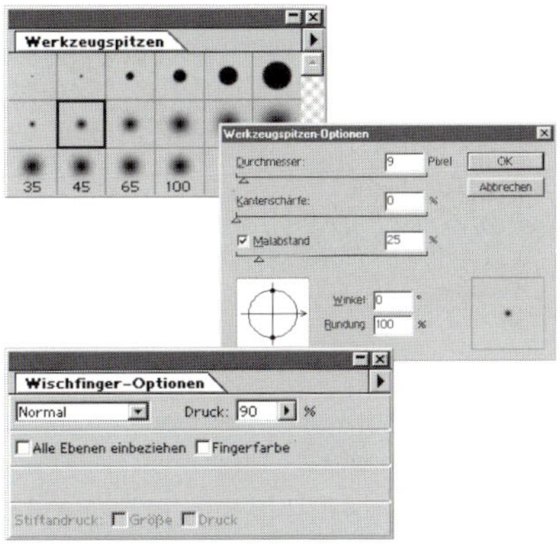

①

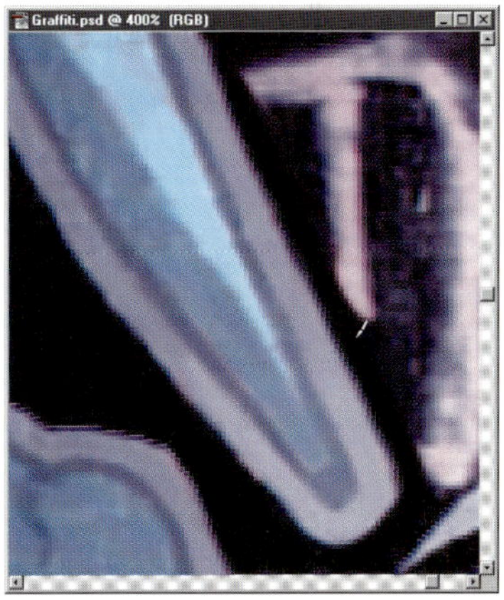

②

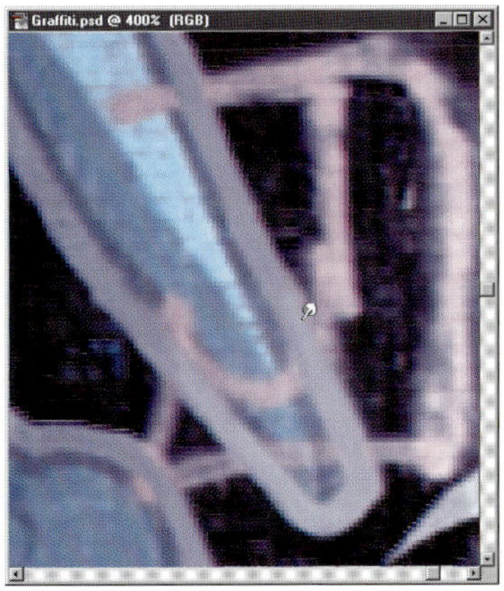

①

②

③

⑥

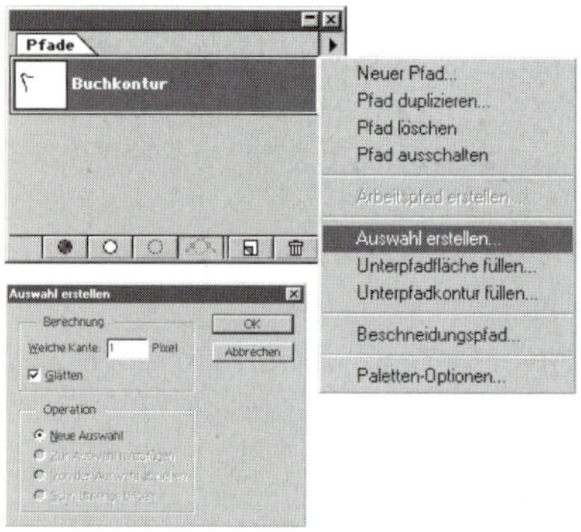

④

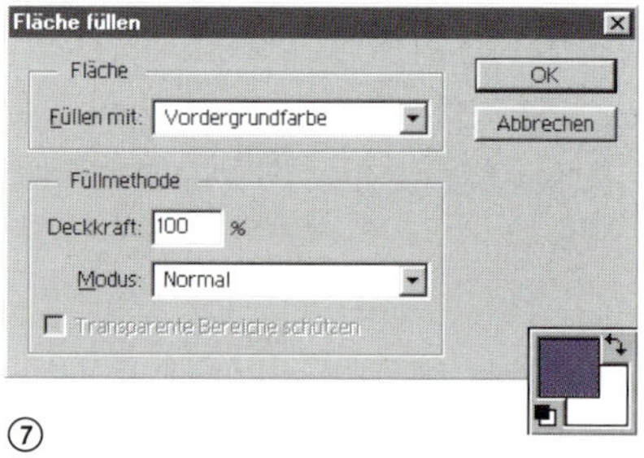

⑦

⑦

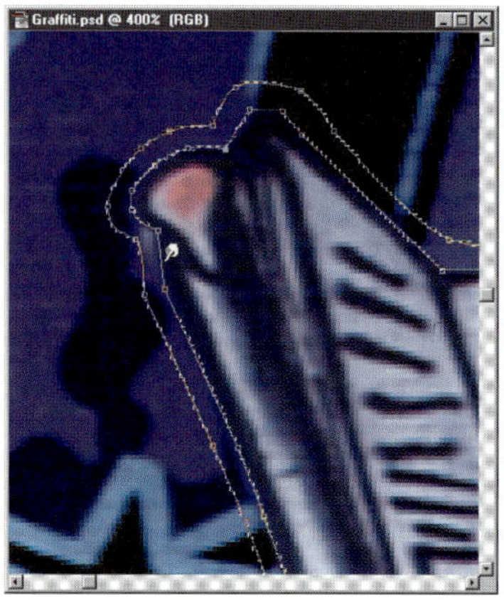

⑤

3. Die nächsten Schritte hatten zum Ziel, das Buch mit einer schwarzen Kontur zu versehen, die angrenzenden Elemente zu löschen und die Figur restlos vor schwarzem Hintergrund freizustellen. Dazu waren mehrere Arbeitsgänge nötig.

Eine Kontur um ein unregelmäßig geformtes Objekt sollte nicht direkt mit einem Zeichenwerkzeug wie dem Buntstift oder Pinsel gezeichnet werden. Ein besseres Ergebnis läßt sich immer erzielen, wenn zuerst der betroffene Bereich ausgewählt wird. Ein weiterer Vorteil einer Auswahl ist, daß auch der außerhalb der Kontur liegende Bereich problemlos bearbeitet werden kann – die Auswahl muß dazu nur umgekehrt werden. Diese Auswahl kann entweder mit dem Lasso oder dem **Zeichenstift** vorgenommen werden.

Der Zeichenstift bietet den Vorteil, daß der Verlauf des erstellten Pfads beliebig korrigiert werden kann, bevor er in eine Auswahl umgewandelt wird. Es ist also möglich, den Pfad um die Objektkontur zunächst nur grob zu zeichnen und anschließend die Ankerpunkte exakt an die gewünschte Stelle zu verschieben, gegebenenfalls auch weitere Kurvenpunkte einzufügen. Über die zu jedem Ankerpunkt gehörenden Griffe läßt sich die Krümmung genau der Form des Objektes anpassen.

4. Der Befehl **Auswahl erstellen** aus dem Menü der Pfadepalette wandelte den Pfad dann in eine Auswahl um. Im Dialog sollte, um Ungenauigkeiten auszugleichen, die Option **Glätten** eingeschaltet und eine **weiche Kante** von 1 Pixel Breite ausgewählt werden.

5. Nachdem die Auswahl mit Auswahl umkehren aus dem Auswahl-Menü invertiert worden war, konnte mit dem **Wischfinger** der Rand des Buches gleichmäßig bis an den Pfad heran nachgezogen werden.

6. Ein großer, schwarzer **Pinsel** löschte die angrenzenden Bildpartien auf der anderen Seite der Kontur.

7. Zum Füllen der Konturlinie mußte die Auswahl wieder umgekehrt werden. Mit der Pipette wurde ein typischer Farbton aus der Konturlinie aufgenommen und die Auswahl mit Bearbeiten, **Fläche füllen** mit der Vordergrundfarbe gefüllt. Manchmal ist es nach dieser Operation notwendig, die Füllung mit dem Wischfinger nachzubearbeiten.

8. Die am unteren Rand des Bildes abgeschnittenen Tropfenspuren ließen sich mit einem feinen **Pinsel** und schwarzer Farbe abrunden.

9. Zuletzt wurden alle übrigen, nicht mehr benötigten Hintergrundelemente mit dem **Pinsel** übermalt und die Spritzer aus der linken oberen Bildecke näher an das Buch heran verschoben. Dazu brauchten die Spritzer nur mit dem **Auswahlrechteck** ausgewählt und mit dem **Bewegen-Werkzeug** an die gewünschte Position bewegt zu werden. Photoshop setzt in den freigewordenen Bereich der Hintergrundebene automatisch die Hintergrundfarbe ein, sie wurde deshalb vorher auf Schwarz eingestellt. Da im Dialog Verblassen (Menü Filter) der Deckmodus **Aufhellen** gewählt wurde, blieb die vom Auswahlbereich überdeckte Konturlinie des Buchs unverändert.

⑧

⑨

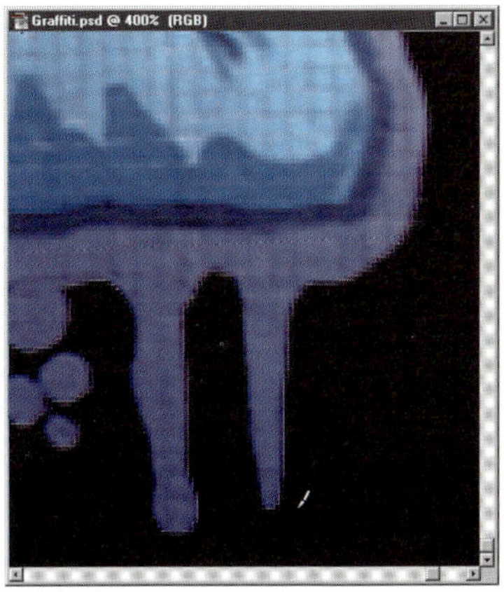

⑧

⑨

Real Reality, Virtual Reality

Über Möglichkeiten zur Korrektur technisch und inhaltlich mangelhafter Bildvorlagen

Das Ausgangsbild: schlechte Farben, schlechte Belichtung und ein Teil der Immobilie durch Autos verdeckt

Ein wohlbekanntes Problem: Für den Verkauf eines Hauses wird kurzfristig ein Foto für das Exposé benötigt. Nichts leichter als das, denkt sich der Makler und bittet den Hausbesitzer, mal eben schnell ein Foto vom Haus zu machen.

Dies erweist sich aber als gar nicht so trivial. Wie so oft stehen vor dem Haus mehrere Autos geparkt, die den unteren Teil des Hauses fast vollständig verdecken. Leider reicht die Zeit nicht mehr, einen anderen Zeitpunkt abzupassen, an dem das Haus ungehindert zu sehen ist.

Also wird das Foto gemacht und in einem Schnellabor ein Abzug in Auftrag gegeben. Das nebenstehende Bild zeigt das enttäuschende Ergebnis einer solchen Blitzaktion. Zu allem Übel hat der Abzug nun auch noch einen Farbfehler, mit dem das Haus nicht gerade besonders ansprechend wirkt.

Hier hilft Photoshop weiter. Mit ein wenig Erfahrung und Fingerspitzengefühl könnte das Foto für das Exposé so aussehen, wie oben gezeigt. Zu hoffen ist, daß dies in Zukunft öfter Anwendung findet.

Vorbereitungen (Bilder 1. Spalte)

1. Als erstes wurden die Farben, die Sättigung und die Helligkeit des Bildes im Dialog **Variationen** (Bild, Einstellen) nach Augenmaß justiert.

2. Das Maklerbild sollte nur das Haus selbst zeigen und möglichst wenig Umgebung. Mit dem **Freistellungswerkzeug** wurde dazu der Ausschnitt festgelegt und das Bild beschnitten. Von der Hintergrundebene wurde eine Kopie angelegt (Ebene, Ebene duplizieren) und alle Korrekturen in dieser zweiten Ebene ausgeführt. Durch Ein- und Ausblenden der Korrekturebene war jederzeit ein Vergleich mit der Ursprungsebene möglich.

Entfernen der Autos (Bilder 2. Spalte)

1. Zum Entfernen des mittleren Autos vor der Garagenzufahrt wurde ein kleiner Bildausschnitt mit Garagentor und Straßenpflaster mit dem Auswahlrechteck umgrenzt und bei gedrückter Strg/⌘- und Alt/⌥-Taste als **Kopie** links neben dem Original angesetzt (Strg/⌘-Taste aktiviert das Bewegen-Werkzeug, Alt/⌥-Taste erzeugt die Kopie). Weitere Ausschnitte wurden nach dem gleichen Verfahren links fortlaufend angefügt.

2. Die durch das Ansetzen entstandenen Übergänge ließen sich mit dem **Stempel** bei aktiver Option Ausgerichtet (Palette Stempeloptionen) beseitigen, indem jeweils eine Latte ohne Ansatz kopiert wurde. Um möglichst wenige retuschierbedürftige Übergänge zu erhalten, wurde nun dieser korrigierte Bereich des Garagentors kopiert und wieder angesetzt.

①

①

②

②

②

②

③

⑤

④

⑥

④

⑦

3. Auch die Mauer hinter der Motorhaube ließ sich mit dem **Stempel** rekonstruieren. Dazu wurde das Werkzeug exakt an eine linke obere Ecke eines Steins gesetzt und mit einem Mausklick bei gedrückter Alt/⌥-Taste der Aufnahmeursprung bestimmt. Das Nachzeichnen mußte dann ebenfalls an der linken oberen Ecke eines halb verdeckten Steins beginnen. Wichtig war, die gesamte Fläche möglichst in einem Arbeitszug zu rekonstruieren bzw. beim nächsten Ansetzen wieder an einer linken oberen Steinecke zu beginnen.

4. Um die rechte runde Ecke der Mauer zu erhalten, wurde der obere Teil der rechten Rundung mit dem **Stempel** nach unten übertragen.

5. Auch das Straßenpflaster konnte mit dem **Stempel** ergänzt werden.

6. Im Bereich zwischen Mauer und Garagentor mußte eine Holzbrüstung rekonstruiert werden, von der nur die obere Kante hinter dem Auto sichtbar war. Es empfahl sich, den wiederherzustellenden Bereich mit dem **Auswahlrechteck** auszuwählen, damit bereits erstellte Partien nicht versehentlich übermalt wurden. Eine sorgfältige Kopieraktion mit dem **Stempel** baute die Holzlatten nacheinander auf.

7. Gemäß der Licht- und Schattenwirkung wurde das Garagentor mit dem Auswahlrechteck ausgewählt und im linken Bereich mit dem **Nachbelichter** in mehreren Durchgängen abgedunkelt. Jedesmal, bevor das Werkzeug neu ansetzte, wurde in der Optionenpalette ein höherer Belichtungswert eingestellt.

8. Der Bereich unter der Holzbrüstung wurde mit dem **Lasso** ausgewählt und dann das Straßenpflaster mit dem **Stempel** ergänzt.

9. Da die untere Kante der Holzbrüstung noch zu scharf und abrupt erschien, dehnte der **Wischfinger** den grünlichen Streifen von der Mauerunterkante nach rechts hin aus.

10. Zuletzt mußten noch die Reste des Autodachs entfernt werden. Dazu wurde der Bereich zwischen dem Tor und der Backsteinfassade ausgewählt und mit dem **Stempel** der Schatten von links oberhalb des Gartentors kopiert.

11. Nach dem gleichen Verfahren ließen sich auch die beiden anderen Autos entfernen.

⑧

⑨

⑩

Entfernen der Verzerrung

1. Da das Haus mit einem Weitwinkelobjektiv fotografiert worden war, verliefen die Fluchten nicht exakt parallel. Das »Geradestellen« der Gebäudefront erledigte die Funktion **Perspektivisch verzerren** aus dem Menü Bearbeiten, Transformieren. Durch Ziehen eines der oberen Eckanfasser des Transformationsrahmens waagerecht nach außen ließ sich die Hausfront »entzerren«. Damit die Eckanfasser beim Ziehen über die Bildbegrenzungen hinaus nicht »verschwanden«, wurde eine verkleinerte Ansicht mit genügend Montagefläche um das Bild gewählt.

2. Den letzten Schliff erhielt das Bild durch Nachschärfen mit dem Filter **Unscharf maskieren** (Filter, Scharfzeichnungsfilter; Stärke 100%, Radius 1 Pixel, Schwellenwert 5 Stufen).

①

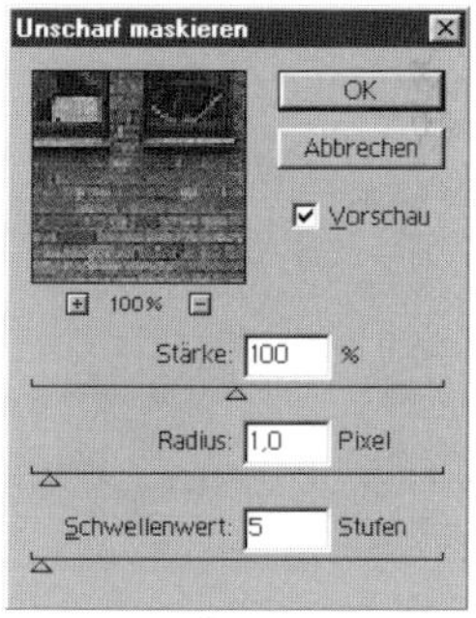

②

Schön schattig

Wie Schatten auf recht einfache Weise räumliche Tiefe schaffen

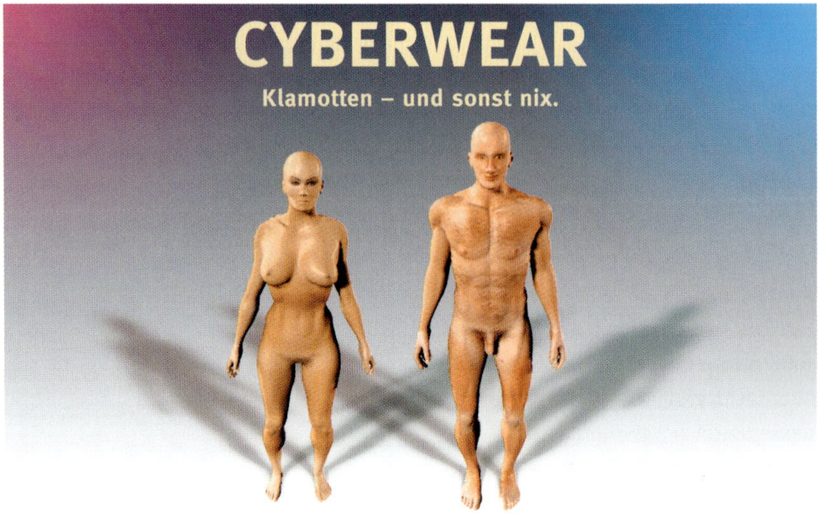

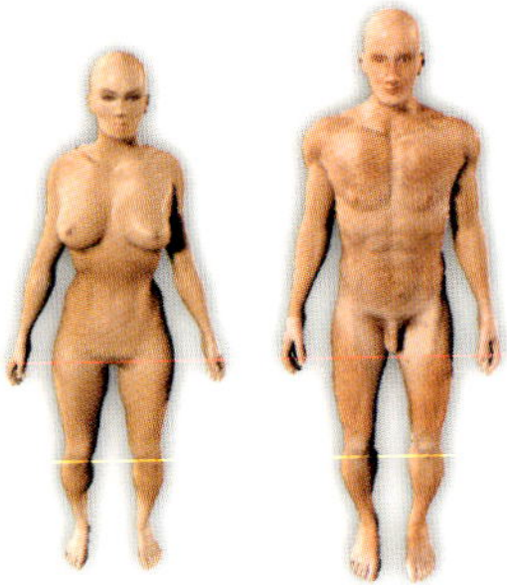

Das Traumpaar aus dem Cyberspace

Wo Licht ist, da ist auch Schatten, sagt ein bekanntes Sprichwort, und wo Schatten ist, so ließe sich frei ergänzen, entsteht ein dreidimensionaler Raum. Möglichkeiten, Schatten zu projizieren, gibt es viele, und jeder Schattenwurf zeigt dem Betrachter die Lage der Projektionsfläche. So machen die Schlagschatten in diesem Beispiel aus einem einfachen Farbverlauf eine perspektivische Fläche. Eine Qualität, die dem Farbverlauf ohne die Schatten niemals zugesprochen werden könnte.

Auf eine flache Ebene geworfene Schlagschatten besitzen – anders als bei einer senkrecht hinter dem Objekt befindlichen Wand – eine besondere Eigenschaft. Sie verjüngen sich zunehmend in der Ferne. Hier treffen zwei Phänomene aufeinander: Zum einen wirken die ferner liegenden Schattenpartien gegenüber den näherstehenden aufgrund der Perspektive des Betrachters kleiner. Zum anderen macht sich bei größerer Entfernung des Schattens vom schattenwerfenden Objekt eine stärkere Diffusion an den Schattenkonturen bemerkbar: sie verwischen mehr und wirken heller. Der Photoshop-Anwender kann beiden Phänomenen mit der Verzerren-Funktion, dem Gaußschen Weichzeichner und einer Tonwertkorrektur Rechnung tragen.

Unverzichtbar bei komplizierten Schattenproblemen ist die Montage in mehreren Ebenen. So kann die Weichzeichnung der Schatten, ihre Helligkeit und Farbe, die Farbe des Hintergrundes und der Spotlights und vieles andere unabhängig voneinander bearbeitet werden, ohne andere Elemente zu verändern. Nicht geglückte Ergebnisse lassen sich im schlimmsten Fall auch nach mehreren Bearbeitungsschritten durch Löschen der jeweiligen Ebene verwerfen. So kann der Anwender viele Schattenformen ausprobieren, bevor er sich für die Integration »seines« Schattens entscheidet.

Vorbereitung (Bild rechts oben)

1. Als Motiv dienten zwei künstliche Figuren, die mit dem Renderprogramm **Poser** richtig in Pose gesetzt wurden.

2. In Photoshop wurden die beiden Figuren als Freisteller benötigt. Nach dem Öffnen der Bilddatei wurde der Hintergrund durch einen Doppelklick auf sein Etikett in der Ebenenpalette in eine transparente Ebene mit dem Namen »Adam und Eva« umgewandelt. Trotz dieser Aktion waren die Bereiche um die Figuren noch nicht wirklich transparent, sondern weiß gefüllt. Der **Zauberstab** wählte die weißen Umgebungsbereiche mit einer Toleranz von 8 Pixeln und eingeschalteter Glätten-Option aus. Ein Druck auf die Rückschrittaste löschte den Auswahlbereich aus der Ebene.

3. Um unsauberen Übergängen vorzubeugen, wurde die Funktion **Rand entfernen** (Ebene, Hintergrund) angewendet.

Schatten erzeugen

1. Von der Ebene »Adam und Eva« wurde mit der Funktion Ebene duplizieren aus dem Menü Ebene eine Kopie mit dem Namen »Schatten links« angelegt und hinter die Ebene »Adam und Eva« gestellt. Dann wurde die Funktion **Fläche füllen** aus dem Menü Bearbeiten aufgerufen, die Optionen Füllen mit Schwarz und Transparente Bereiche schützen ausgewählt bzw. aktiviert und die Einstellungen angewendet. Letztere Option bewirkte, daß nur die Farbe der Pixel, deren Deckkraft größer als 0% war, durch Schwarz ersetzt wurde, ohne jedoch die Deckkraft zu verändern. (Vollständige Transparenz ist in Photoshop gleichbedeutend mit 0% Deckkraft.) Anschließend wurde im Einblendmenü der Ebenenpalette der Deckmodus **Multiplizieren** gewählt.

2. Getreu der Wirklichkeit sollte der Schatten an den Konturen etwas weichgezeichnet werden. Damit die Weichzeichnung aber an den Schattenköpfen stärker ausfiel als an den Füßen, mußte zuerst eine Verlaufsmaske mit 100% Deckkraft an den Köpfen und 0% Deckkraft an den Füßen erstellt werden. Dazu wurde in der Werkzeugpalette der **Maskierungsmodus** aktiviert und das Verlaufswerkzeug gewählt. Der Maskierungsmodus stellt Vorder- und Hintergrundfarbe automatisch auf Weiß und Schwarz ein. Das **Verlaufswerkzeug** zog einen exakt senkrechten Verlauf (dazu die Umschalttaste drücken) vom obersten Punkt am Kopf der männlichen Figur bis zu den Fußspitzen auf. Der Wechsel zurück in den Standardmodus wandelte die Verlaufsmaske in eine Verlaufsauswahl um.

3. Nun erfolgte die Weichzeichnung des Schattens mit dem **Gaußschen Weichzeichner** (Filter, Weichzeichnungsfilter). Doch anstatt den Filter einmal mit voller Stärke anzuwenden, wurde er mehrmals mit kleineren Radien angewendet – das Ergebnis fiel deutlich besser aus. Beginnend mit einem Radius von 1 Pixel wurde der Wert bei jedem Durchgang um 1 Pixel erhöht, bis der Weichzeichnungseffekt wie gewünscht ausfiel (letzter Wert: 10 Pixel). Um nicht jedesmal mit der Maus

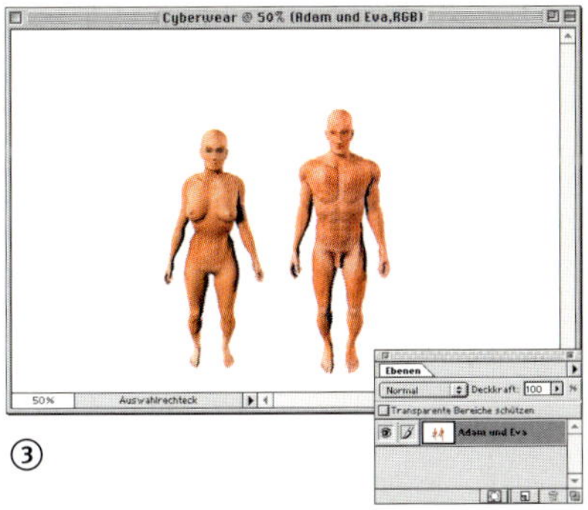

③

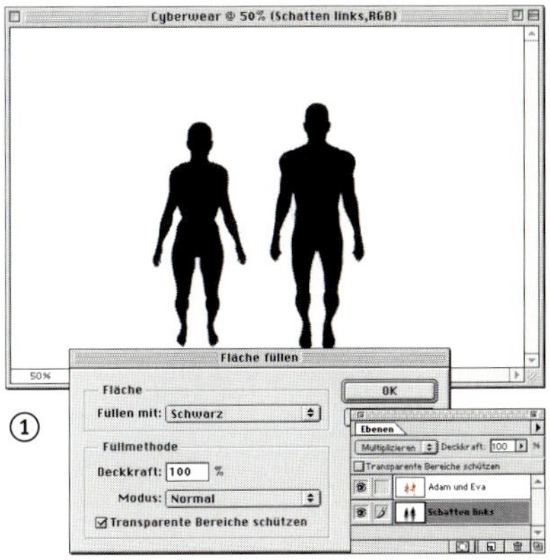

①

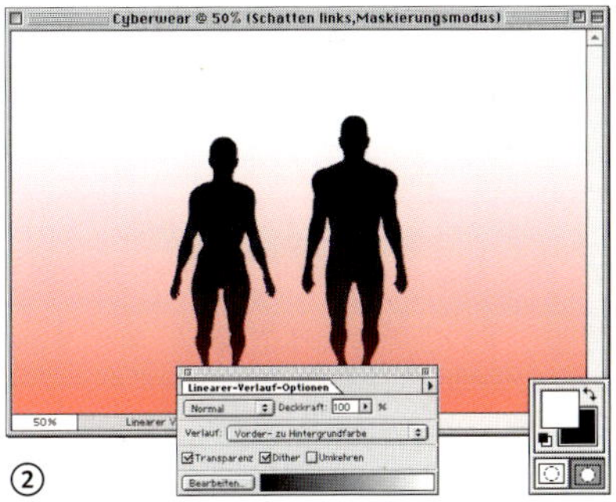

②

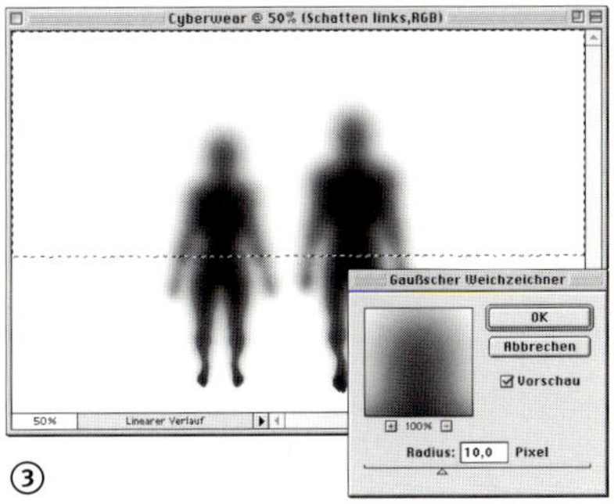

③

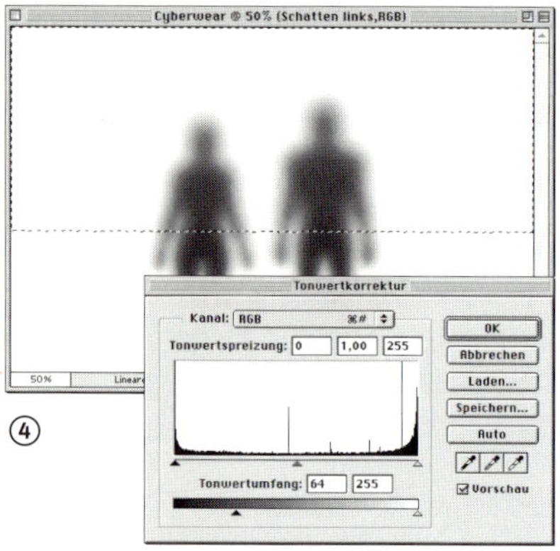

④

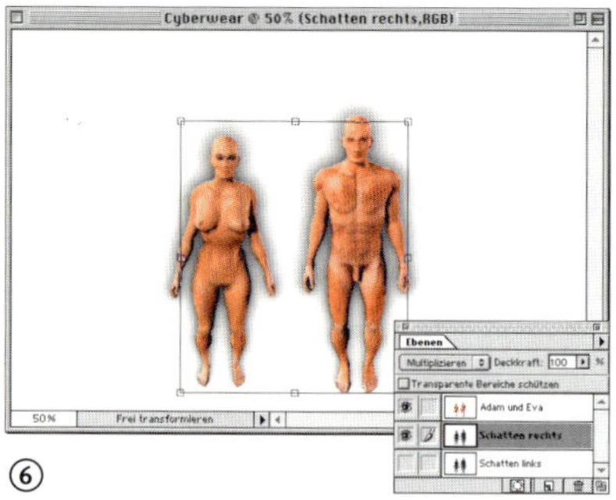

⑥

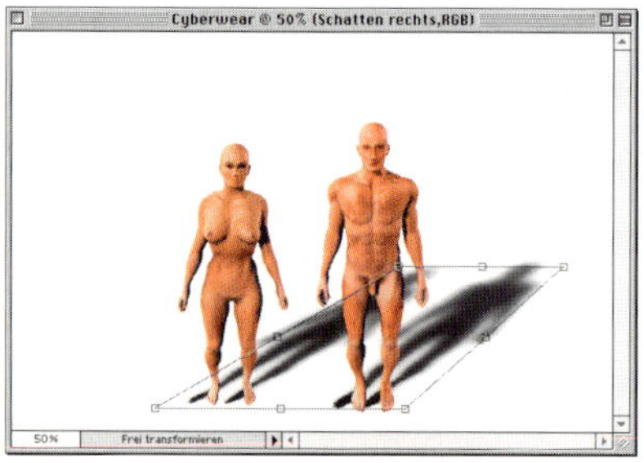

⑥

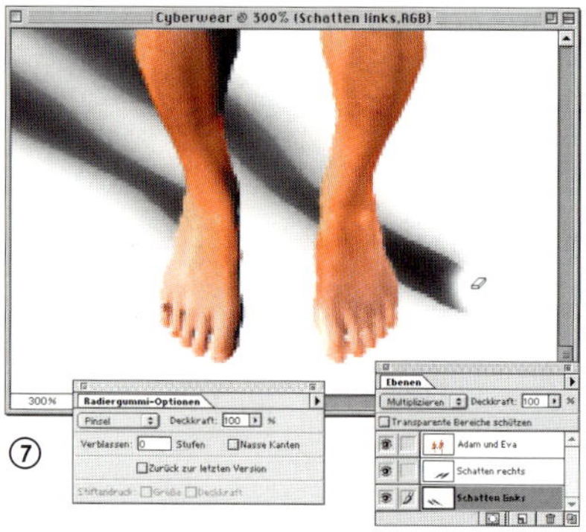

⑦

ins Filteruntermenü navigieren zu müssen, kann der Filterdialog ab dem zweiten Aufruf mit der Tastenkombination Strg/⌘ + Alt/⌥ + F geöffnet werden.

4. Um den räumlichen Eindruck noch etwas zu verstärken, wurde, während die Verlaufsauswahl noch bestand, der obere Bereich des Schattens mit dem Dialog **Tonwertkorrektur** (Bild, Einstellen) ungefähr um 25% aufgehellt (schwarzer Regler des Tonwertumfangs auf Tonwert 64).

5. Da im Beispiel zwei Spotlights Schatten auf die virtuelle Fläche werfen, wurde für jede Lichtquelle eine separate Schattenebene benötigt. Zu diesem Zweck wurde von der Ebene »Schatten links« eine Kopie mit dem Namen »Schatten rechts« angelegt (Ebene, **Ebene duplizieren**).

6. Die noch bestehende Verlaufsauswahl mußte für die nächsten Schritte aufgehoben werden (Auswahl, Auswahl aufheben). Nun ging es darum, die Schatten perspektivisch zu verzerren. Die Arbeiten begannen in der aktiven Ebene »Schatten rechts«, die Ebene »Schatten links« wurde währenddessen ausgeblendet (Mausklick auf das Augensymbol neben dem Etikett in der Ebenenpalette).

Die Funktion **Verzerren** (Bearbeiten, Transformieren) legte einen rechteckigen Rahmen um den Ebeneninhalt. Durch Ziehen des mittleren Griffs der oberen Rahmenseite nach rechts unten konnte der Ebeneninhalt in einem Schritt gestaucht und nach rechts geneigt werden. Im Beispiel betrug die vertikale Kompression 50% und der Neigungswinkel –48° (diese Werte können in der Informationenpalette abgelesen werden). Nun mußte nur noch der linke obere Anfasser etwas näher an den rechten oberen herangeführt werden, um der Fluchtpunktperspektive zu genügen (Neigungswinkel –58°). Da die Rahmenecke nur horizontal bewegt werden sollte, war beim Ziehen die Umschalttaste zu drücken.

Durch die Transformation hatten sich die Schatten zu weit von den Füßen der Figuren entfernt. In der Mitte angefaßt, konnte der Rahmen aber noch an die richtige Stelle zurückbewegt werden. Zusätzlich war eine geringfügige Spreizung der unteren Rahmenseite nötig, um Distanzabweichungen an den Schattenbeinen auszugleichen. Wichtig war, die Schatten an die Fersen der Figuren, nicht an ihre Fußspitzen, zu »kleben«. Mit einem Doppelklick ins Rahmeninnere wurde die Transformation in die Ebene eingerechnet.

Die gleiche Transformation wurde anschließend auf die Ebene »Schatten links« angewendet. Dazu wurde diese Ebene mit einem Mausklick auf ihr Etikett in der Ebenenpalette aktiviert und gleichzeitig eingeblendet, die Ebene »Schatten rechts« durch einen Mausklick auf ihr Augensymbol ausgeblendet. Im Unterschied zur Ebene »Schatten rechts« erfolgte die Verzerrung allerdings nach links geneigt (positive Neigungswinkel).

7. Die Unordnung an den Füßen konnte leicht per Hand retuschiert werden. Die überstehenden Schattenfüße wurden mit dem **Radiergummi** gelöscht und die fehlenden Schatten links und rechts neben den Füßen mit dem **Wischfinger** in den jeweiligen Schattenebenen ergänzt.

8. Da die Schatten zu dunkel wirkten, wurde ihre **Deckkraft** in der Ebenenpalette auf 40% reduziert.

9. Bei weißen Lichtquellen wären die Schatten nun fertiggestellt. Im Beispiel war die Sache aber durch zwei farbige Spots – der eine cyan-, der andere magentafarben – komplizierter: Die Schatten mußten eine Färbung erhalten. Dieser Effekt ist in der Realität tatsächlich zu beobachten. Bei zwei Lichtquellen erscheint ein Schatten nicht in der Farbe des den Schatten verursachenden Scheinwerfers, sondern in der Farbe des anderen, der den Schatten beleuchtet.

Dazu wurden für die Ebenen »Schatten links« und »Schatten rechts« jeweils eine eigene Einstellungsebene angelegt (Ebene, Neu, Einstellungsebene). Im Dialog **Neue Einstellungsebene** mußte die Option Mit darunterliegender Ebene gruppieren aktiviert werden, damit sich die Einfärbung nur auf die darunterliegende Ebene auswirkt. Als Werkzeug zur Farbkorrektur wurde unter Art der Dialog **Farbton/Sättigung** gewählt und in diesem die Option **Kolorieren** aktiviert. Für die Ebene »Schatten links« wurden alle übrigen Dialogvorgaben ohne Änderung übernommen, für die Ebene »Schatten rechts« war eine Änderung des Farbtons auf 180° nötig. Falls der Kolorierungseffekt nicht wunschgemäß ausgefallen wäre, hätten die Einstellungen durch einen Doppelklick auf das Etikett der jeweiligen Einstellungsebene jederzeit ohne Qualitätsverlust geändert werden können.

Spots und Hintergrund

1. Für den Verlauf im Hintergrund wurde eine neue Ebene angelegt und hinter alle übrigen Ebenen gestellt. In der Werkzeugpalette mußte eine neue Vordergrundfarbe eingestellt werden (Mausklick auf das Farbfeld). Nun konnte das **lineare Verlaufswerkzeug** einen vertikalen Verlauf über die gesamte Bildhöhe spannen. In der Optionenpalette des Verlaufswerkzeugs mußte dazu die Einstellung Vorder- zu Hintergrundfarbe gewählt sein. Damit der Verlauf exakt senkrecht verlief, wurde beim Ziehen die Umschalttaste gedrückt.

2. Bei den Lichtkegeln links und rechts oben handelt es sich um radiale Verläufe, die mit dem **radialen Verlaufswerkzeug** in einer neuen Ebene aufgezogen wurden. Die jeweilige Lichtfarbe wurde in der Werkzeugpalette als Vordergrundfarbe definiert. In der Optionenpalette des Verlaufswerkzeugs wurde die Einstellung Vordergrundfarbe zu Transparent gewählt. Der Ansatzpunkt für das Verlaufswerkzeug (= Mittelpunkt der Radialverläufe) lag genau in den Bildecken. Die Distanz betrug jeweils 400 Pixel. Um die »Leuchtkraft« der Spots zu verstärken, fiel die Wahl des Ebenenmodus auf **Negativ multiplizieren**.

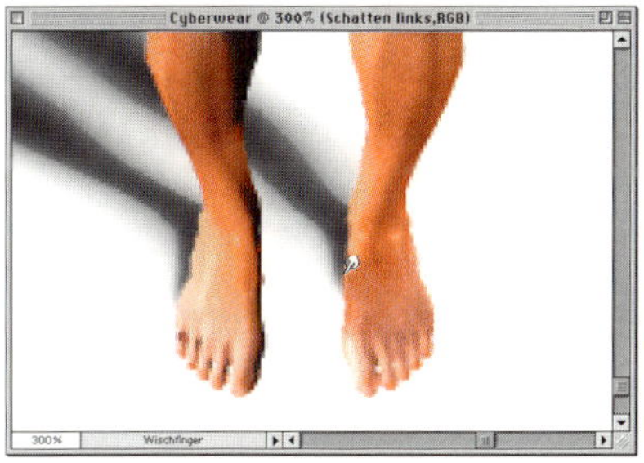

⑦

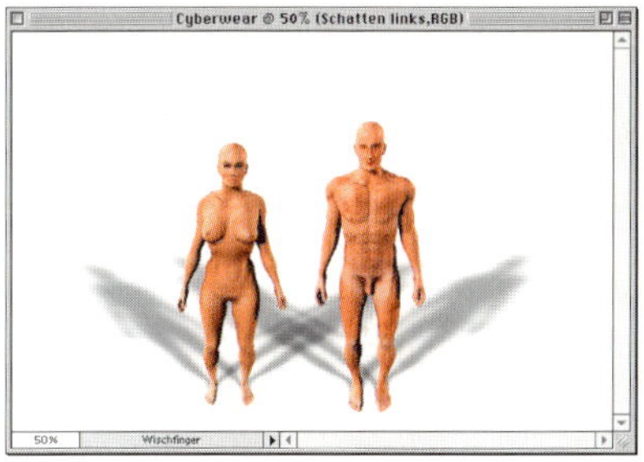

⑧

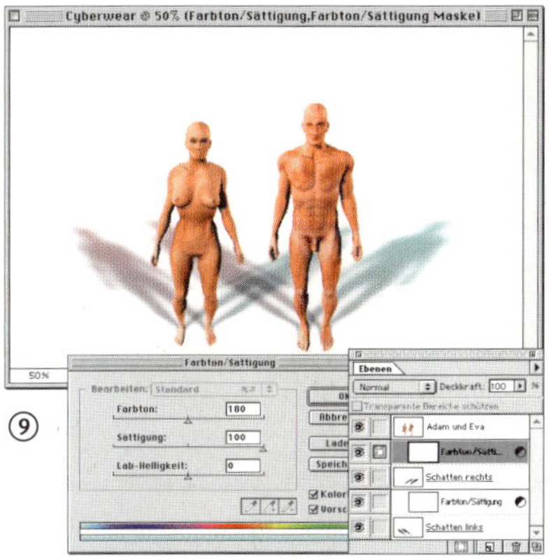

⑨

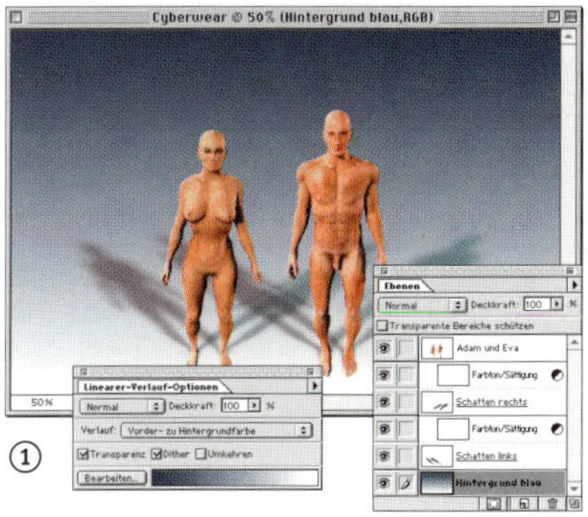

①

Unschärferelation

David Hamilton hat das Weichzeichnen zum Stil erklärt – Photoshop kann auch ohne das legendäre Imagon weich, weicher, am weichesten zeichnen

Trotz sparsamer Ausleuchtung eignet sich dieses Portrait für die Weichzeichnung.

Hamilton-Bilder erwecken den Eindruck, als ob zwischen der Kamera und dem Motiv ein nebliger Dunst in der Luft läge. Dieser Effekt kann von den Filtern Weichzeichnen oder Stark weichzeichnen nicht simuliert werden, da ihre Wirkung zu schwach ist – nur der Gaußsche Weichzeichner garantiert einen auffälligen Schleiereffekt. Weil der Gaußsche Weichzeichner aber die Bilddetails rigoros verwischt, darf er nur auf eine Ebenenkopie angewendet werden, die mit verminderter Deckkraft in das Ursprungsbild überblendet. Dies ist sozusagen das Geheimnis der professionellen Weichzeichnung, wie sie auch fotografisch in der Kamera entsteht. Spezielle Portraitobjektive wie beispielsweise das Rodenstock-Imagon arbeiten mit einem »eingebauten« Linsenfehler, der dem eigentlichen Bild ein oder mehrere unscharfe Bilder überlagert. Aus dieser Überlagerung aus scharfen und unscharfen Bildern entsteht ein perfekt weichgezeichnetes Bild, das zwar eine ausreichende Konturenschärfe aufweist, aber nur noch eine geringe Detailzeichnung.

Verstärkt wird der Weichzeichnungseffekt, wenn die weichgezeichnete Ebene aufgehellt wird – dadurch erscheinen Lichtquellen und Reflexe weicher als dunklere Partien. Im Beispiel wurde eine Maske verwendet, die nicht nur das Gesicht vor einer übermäßigen Weichzeichnung schützt, sondern eine zu den Bildrändern hin zunehmende Verwischung der Konturen erlaubt.

1. Von der Hintergrundebene, die das Originalportrait enthielt, wurden zwei **Kopien** mit den Namen »Weichzeichnung« und »Weichzeichnung maskiert« erstellt (Ebene, Ebene duplizieren).

2. In der Ebene »Weichzeichnung maskiert«, die die vorderste Ebene bildete, wählte das **Lasso** die Gesichtskonturen mit einer 2 Pixel breiten weichen Kante aus (Palette Lasso-Optionen). Nach Fertigstellung der Auswahl wurde sie als Ebenenmaske gesichert (Ebene, Ebenenmaske hinzufügen, Auswahl maskieren).

3. In der Ebenenmaske zog das **radiale Verlaufswerkzeug**, ausgehend vom Nasenbein, einen kreisförmigen Verlauf von Schwarz nach Weiß auf, der bis an den nächstgelegenen Bildrand reichte. Damit der Verlauf die zuvor gesicherte Auswahl nicht ersetzt, sondern sich mit ihr mischt, wurde vorher in der Optionenpalette des Verlaufswerkzeugs der Modus **Abdunkeln** eingestellt. Ob die Ebenenmaske gelungen war, ließ sich durch einen Mausklick bei gedrückter Alt/⌥-Taste auf das Ebenenmasken-Thumbnail direkt überprüfen: Diese Tasten-Maus-Aktion blendete die Ebenenmaske ein und gleichzeitig alle übrigen Ebenen und Kanäle aus.

4. Nachdem die Ebene »Weichzeichnung« aktiviert war, wurde die Ebene »Weichzeichnung maskiert« kurzzeitig ausgeblendet. Der **Gaußsche Weichzeichner** (Filter, Weichzeichnungsfilter) zeichnete den Ebeneninhalt ordentlich weich. Die Reduzierung der **Ebenendeckkraft** auf 40% gewährleistete, daß das scharfe Hintergrundbild durch die Weichzeichnung hindurch sichtbar blieb. (Gleiches gelingt auch mit der Funktion Verblassen aus dem Menü Filter. Im Gegensatz zur Ebenendeckkraft läßt sich der Verblassen-Effekt jedoch nachträglich nicht mehr korrigieren.)

5. Eine zweite Anwendung des **Gaußschen Weichzeichners** mit gleichem Radius erfolgte danach in der Ebene »Weichzeichnung maskiert«. Da das Verbindungssymbol zwischen den beiden Thumbnails aktiviert war, wurde auch die Ebenenmaske weichgezeichnet. Für diese Ebene wurde die **Deckkraft** auf 70% vermindert.

6. Von den Ebenen »Weichzeichnung« und »Weichzeichnung maskiert« wurde jeweils eine Kopie angelegt (Ebene, **Ebene duplizieren**). Der Deckmodus beider Ebenenkopien wurde auf **Negativ multiplizieren** geändert. Durch eine Nachregulierung der Deckkraft aller angelegten Ebenen konnte der Effekt verfeinert werden.

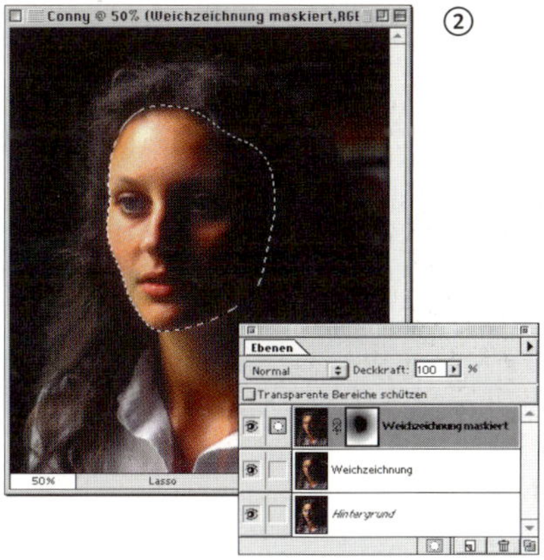

②

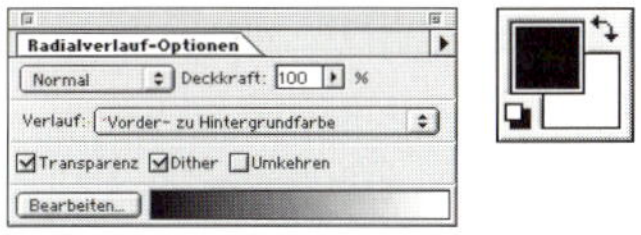

③

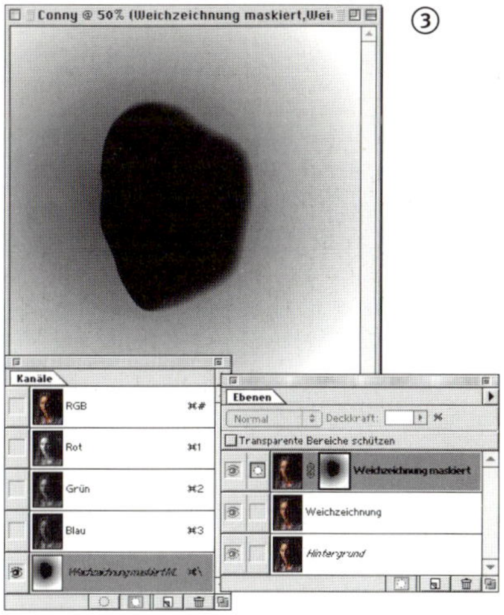

③

④

⑤

⑥

Zoom

Beim Zoom-Effekt wirkt das Motiv so, als hätte es sich während der Belichtungszeit auf die Kamera zubewegt bzw. als hätte der Fotograf an der Kamerabrennweite gedreht. Diese besondere Art eines Weichzeichnungseffekts gelingt mit dem Filter **Radialer Weichzeichner** (Filter, Weichzeichnungsfilter) in einem Schritt. Im Filterdialog muß die Option Strahlenförmig gewählt werden. Da die Wirkung der strahlenförmigen Weichzeichnung wie bei jeder anderen Weichzeichnung auch von der Bildgröße abhängt, kann die richtige Stärke nur durch Probieren ermittelt werden. Wenn der Mittelpunkt der radialen Weichzeichnung wie im Beispiel nicht in der Bildmitte liegt, muß er im Justierfeld des Dialogs verschoben werden.

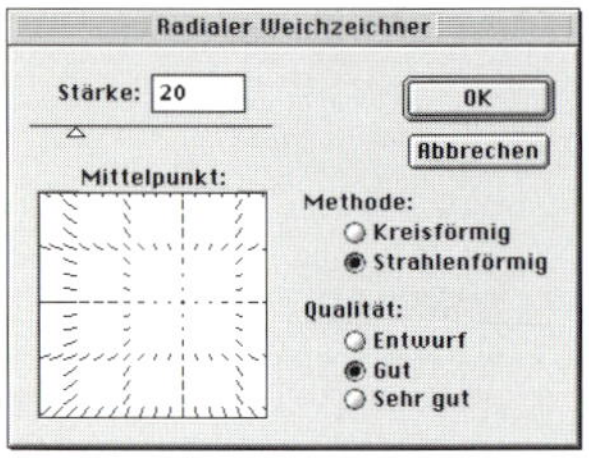

Karussell

Den rotierenden Hintergrund erzeugt der Filter **Radialer Weichzeichner** (Filter, Weichzeichnungsfilter) mit der Option Kreisförmig. Wenn das Gesicht maskiert wird, bleibt es auch bei größerer Entfernung vom Zentrum der Rotation unbewegt.

Der Mittelpunkt der simulierten Drehbewegung kann im Justierfeld des Filterdialogs an die gewünschte Stelle verschoben werden. Leider zeigt der Dialog keine Bildvorschau, daher muß gegebenenfalls mehrere Male probiert werden, bis die richtige Mittelpunktstellung gefunden ist.

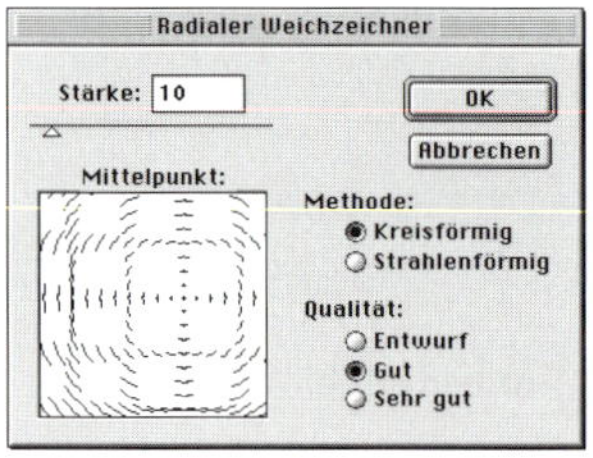

Intercity

Als Alternative zur Zoom- und Drehbewegung bleibt noch die einfache Bewegungsunschärfe. In diesem Beispiel wurde der Filter **Bewegungsunschärfe** (Filter, Weichzeichnungsfilter) mit einem Winkel von 0° angewendet. Die Verwischung verläuft daher exakt waagerecht.

Wie bei den übrigen Beispielen wurde das Gesicht der Puppe maskiert, um dessen Details sichtbar zu lassen.

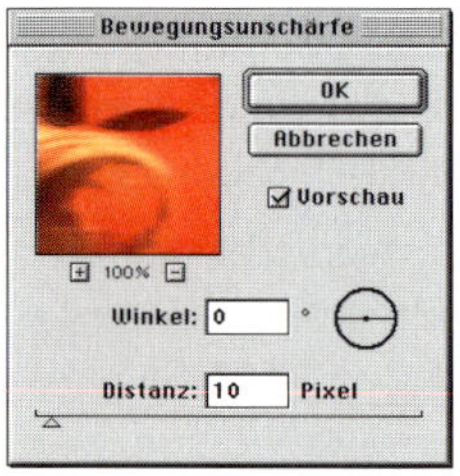

Good Vibrations

Obwohl er streng genommen nicht zu den Weichzeichnungsfiltern zählt, kann der Filter **Verwackelungseffekt** (Filter, Vergröberungsfilter) zur eher kunstvollen Verwischung von Portraitaufnahmen verwendet werden. Im Prinzip macht der Filter nichts anderes, als mehrere Kopien des Bildes leicht gegeneinander versetzt zu überlagern. In seiner Wirkung ist der Filter jedoch mit den Weichzeichnungsfiltern vergleichbar: Das Bild wird unscharf.

Der Filter Verwackelungseffekt arbeitet mit einer vorgegebenen Stärke und Distanz – Änderungen seitens des Benutzers sind mangels Dialog nicht möglich.

Malerisch

Der Übergang von der Weichzeichnung zum Maleffekt ist fließend. Bei vielen Effektfiltern spielt das Auflösen der Konturen, an denen der Betrachter die Schärfe des Motivs mißt, eine wichtige Rolle. Zwei Filter, die man nicht auf Anhieb zu den Maleffektfiltern rechnen würde, haben eine ganz ähnliche Wirkung: die Filter **Helligkeit interpolieren** und **Staub & Kratzer entfernen** (Filter, Störungsfilter). Obwohl diese beiden Filter dazu gedacht sind, Störungen wie Bildrauschen oder Beschädigungen wie Kratzer zu korrigieren, lassen sie sich als malerische Weichzeichnungsfilter zweckentfremden. Mit hohen Radien, die für eine reine »Entstörung« in den meisten Fällen viel zu stark ausfallen, lösen auch sie die Motivkonturen auf, indem sie flächige Bereiche bilden.

Web-Art

Auch in den Filtersammlungen von Drittanbietern, die nicht im Lieferumfang von Photoshop enthalten sind, finden sich interessante Weichzeichnungsfilter. In den Kai's Power Tools beispielsweise ist ebenfalls ein Gaußscher Weichzeichner mit sehr schöner Wirkung enthalten. Im Gegensatz zum Photoshop-Filter ermöglicht der Filter **KPT Gaussian** jedoch Abwandlungen hinsichtlich der Weichzeichnungsrichtung. In der Einstellung Weave bekommt der Weichzeichnungseffekt einen seidenen oder gewebeartigen Touch.

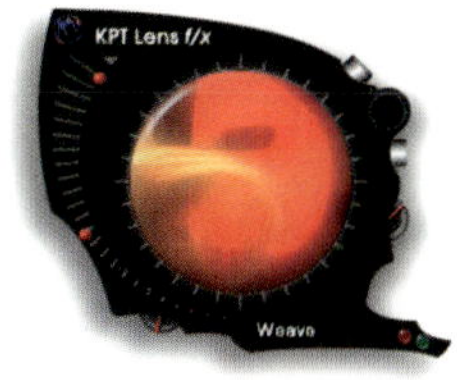

Wirklich einleuchtend

Über die visuelle Anziehungskraft des Mondes und ein einleuchtendes Verfahren, sein Leuchten ins rechte Licht zu rücken

Blick in den Weltraum: Der farblose Ausdruck des Mondgesichts wandelt sich bald in eine lebendige Szene.

Eine vom Motiv abstrahlende »Aura« hat beinahe etwas Poetisches an sich. Sie unterstreicht die Leuchtkraft des Objekts, auch wenn wie in diesem Fall der Mondkörper nicht selbst leuchtet, sondern nur das Sonnenlicht reflektiert.

Das Verfahren, dem Mond ein Leuchten anzudichten, ähnelt sehr stark dem Weichzeichnungsverfahren. Die Aura wird durch eine sehr starke Weichzeichnung des Mondes erzeugt, die hinter eine unbehandelte Version des Erdbegleiters gestellt wird.

Bei diesem Effekt muß dafür Sorge getragen werden, daß der Übergang von der Tages- zur Nachtseite des Mondes ohne Aura bestehen bleibt, da der Mond, auch wenn er nur halb zu sehen ist, gleichwohl rund ist und ein Leuchten nur an den Konturen zu beobachten wäre. Dies wurde im Beispiel durch eine Ebenenmaske gelöst, die den gesamten Mondkörper kreisrund und scharfkantig maskierte, so daß die weichgezeichneten Partien nur außerhalb der Kreisform sichtbar waren.

1. Als Ausgangsbild für diesen Leuchteffekt diente ein Schwarzweißfoto des Erdtrabanten, das nach dem Öffnen in Photoshop in den **RGB-Modus** konvertiert wurde (Bild, Modus, RGB-Farbe).

2. Das Einfärben des Erdtrabanten erfolgte nicht mit der Kolorierfunktion aus dem Dialog Farbton/Sättigung, sondern mit dem Dialog **Farbbalance** (Bild, Einstellen) – letzterer produzierte eine bessere Farbwirkung. Um das Kolorieren möglichst flexibel handhaben zu können, wurde eine Einstellungsebene angelegt (Ebene, Neu, Einstellungsebene) und im Dialog unter Art Farbbalance gewählt. Die Einstellungen im Dialog Farbbalance erfolgten mit unterschiedlichen Farbtonwerten in den Tiefen (100, 0, –33), den Mitteltönen (66, 0, –66) und den Lichtern (33, 0, –100). Die Option Luminanz erhalten mußte in diesem Fall ausgeschaltet sein. Andere Motive verlangen nach anderen Werten; mit einem Doppelklick auf das Etikett der Einstellungsebene lassen sich die Farbwerte jederzeit ändern. Wenn die Einfärbung zufriedenstellend ausfällt, wird die Einstellungsebene in die Hintergrundebene eingerechnet (Ebene, Mit darunterliegender auf eine Ebene reduzieren).

3. Damit die goldene Farbe noch kräftiger erscheint, erfuhr das Bild im Dialog **Farbton/Sättigung** (Bild, Einstellen) eine Erhöhung der Sättigung um 25 %.

4. Von der Hintergrundebene wurde eine Kopie mit dem Namen »Mond« erzeugt (Ebene, **Ebene duplizieren**).

5. Nachdem der Mond mit dem **Auswahloval** kreisrund eingegrenzt wurde, konnte die Auswahl als **Ebenenmaske** gesichert werden (Ebene, Ebenenmaske hinzufügen, Außerhalb der Auswahl maskieren; oder Symbol der Ebenenpalette). Für eine kreisrunde Auswahl muß beim Aufziehen die Umschalttaste gedrückt werden. Im Beispiel war es leichter, die Auswahl vom Mittelpunkt des Himmelskörpers aus aufzuziehen, deshalb war zusätzlich die Alt/⌥-Taste zu drücken. Falls eine Auswahl nicht exakt positioniert wird, läßt sie sich mit dem Auswahlwerkzeug noch an die richtige Stelle schieben. Wichtig war, daß die Auswahl auch die Schattenhälfte des Mondes mit einschloß.

6. Anschließend erfolgte die Weichzeichnung der Hintergrundebene mit dem **Gaußschen Weichzeichner** (Filter, Weichzeichnungsfilter). Die Stärke der Weichzeichnung bestimmte den Radius der Aura.

7. Ein kleiner Trick erhöhte die Leuchtkraft der Aura. Dazu wurde die Hintergrundebene dupliziert und für die Ebenenkopie der Deckmodus **Negativ multiplizieren** (Einblendmenü der Ebenenpalette) eingestellt.

8. Nachdem alle Ebenen zusammengefaßt waren (Ebene, Auf Hintergrundebene reduzieren), kam der Filter **Blendenflecke** (Filter, Renderingfilter) zur Anwendung, was den Eindruck erweckt, als ginge hinter dem Mond ein heller Stern auf. Als Mittelpunkt der Lichtbrechung wurde die hellste Stelle an der Kontur des Mondes gewählt. Objektivart war ein 105-mm-Okular, die Helligkeit blieb bei 100 %.

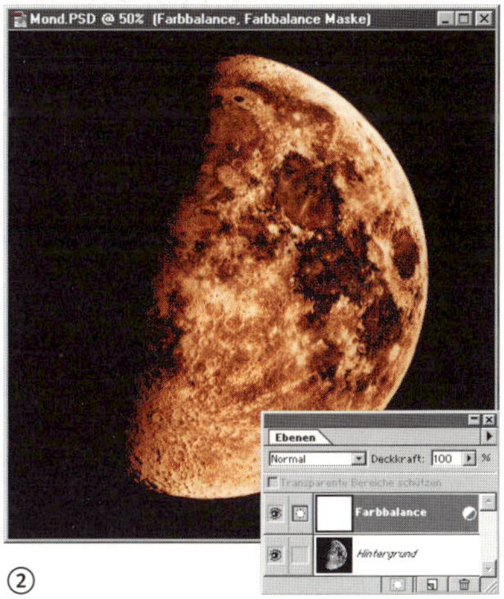

②

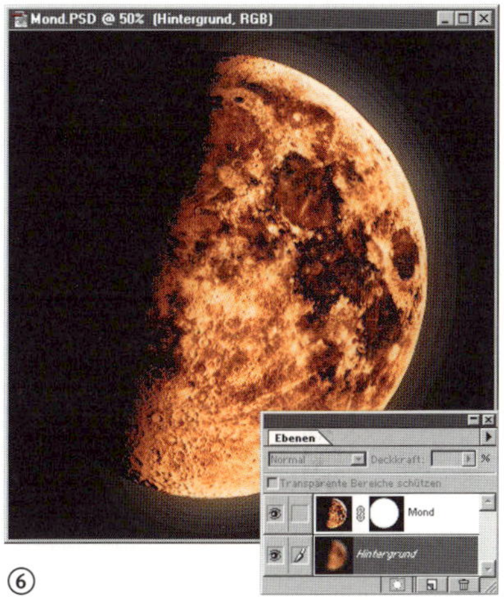

⑥

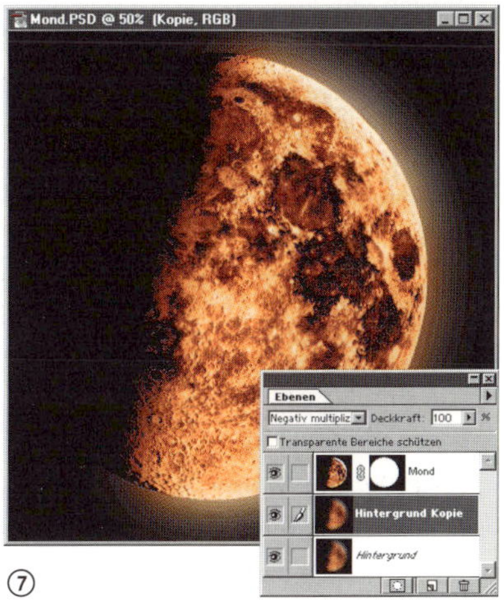

⑦

Globalisierung

Eine Hommage an Antoine de Saint-Exupéry oder wie sich Panoramen zu kleinen Planeten »rundbiegen« lassen

Das Ausgangsbild

Das Panorama wurde mit dem Panorama-Stitcher des QTVR Authoring Studio aus 12 Einzelaufnahmen gerendert.

Daß Panoramabilder keine statische Angelegenheit sein müssen, hat Apple mit der QuickTime-VR-Technologie bewiesen. Eine andere Form des dynamischen Umgangs mit Panoramen bietet in Photoshop der Filter Polarkoordinaten, der die Rundumsicht nicht wie bei QuickTime VR zu einem Zylinder zusammenfügt, sondern gemäß einer polaren Projektion so auf einer Fläche abbildet, daß eine kleine, in sich abgeschlossene Welt entsteht.

Das Ausgangspanorama wurde für ein QuickTime-VR-Projekt angelegt. Bevor es in Photoshop mit dem 360°-Bild losgehen konnte, mußte es mit der Morphing-Software des Apple QuickTime VR Authoring Studio aus 12 Einzelbildern errechnet werden. Die Einzelbilder waren mit einer herkömmlichen Spiegelreflexkamera und einem 15-mm-Objektiv aufgenommen worden.

1. Da das Panorama für diesen Effekt einer massiven Verzerrung durch den Filter Polarkoordinaten unterzogen werden mußte, wurde in der höchsten Auflösung gearbeitet, um möglichst wenig Details zu verlieren. Das Panorama besaß eine Größe von 4.416 mal 1.412 Pixeln. Da der Filter Polarkoordinaten Bilder aber nur bis zu einer Größe von 4.096 mal 4.096 Pixeln verarbeitet (bei größeren Bildern beginnt der Filter zu kacheln), wurde das Panorama auf diese Größe umgerechnet. Das quadratische Format ist Voraussetzung, damit der Filter eine kreisrunde und keine ovale Verzerrung ausführt. Die neuen Bildmaße wurden im Dialog **Bildgröße** (Menü Bild) eingegeben; die Option Proportionen erhalten wurde ausgeschaltet.

2. Die Funktion Bild, **Arbeitsfläche drehen, 180°** stellte das Bild auf den Kopf. (Wenn die Datenmenge durch die Bildgrößenänderung in Schritt 1 stark zunimmt, kann das Bild auch bereits vor Schritt 1 gedreht werden – das spart Rechenzeit.) Ohne die 180°-Drehung entstünde kein Planeten-, sondern ein Fish-eye-Effekt, der aber nicht weniger interessant wirkt.

3. Nun kam der Filter **Polarkoordinaten** (Filter, Verzerrungsfilter) mit der Option Rechteckig → Polar zur Anwendung.

4. Im Beispiel wurde das Bild (verlustfrei) mit der Funktion Bild, **Arbeitsfläche drehen, 90° gegen UZS** so gedreht, daß der Schloßturm oben auf dem »Globus« stand. Bei anderen Motiven kann ein anderer Drehwinkel erforderlich sein.

5. Um den Mittelpunkt des Bildes herum scheint sich die Szene nach innen zu stülpen – einer der unerwünschten Nebeneffekte des Filters Polarkoordinaten. Zunächst wurden eine waagerechte und eine senkrechte **Hilfslinie** jeweils an der 2.048-Pixel-Position angelegt, um den Mittelpunkt des Bildes zu markieren (Ansicht, Lineale einblenden; Hilfslinien aus den Linealen herausziehen und Position in der Informationenpalette ablesen). Anschließend zog das **Auswahloval** vom Kreuzungspunkt der Hilfslinien aus eine kreisrunde Auswahl auf, deren Durchmesser ungefähr einem Drittel der Bildbreite bzw. -höhe entsprach. Damit die Auswahl kreisrund ausfällt und vom Mittelpunkt aus aufgezogen werden kann, müssen Umschalt- und Alt/⌥-Taste gleichzeitig gedrückt werden.

Der Filter **Distorsion** (Filter, Verzerrungsfilter) machte die Einstülpung bei einer Anwendungsstärke von etwa –50% teilweise wieder rückgängig.

6. Der unschöne Effekt im unmittelbaren Bildmittelpunkt konnte nur durch Retuschieren und Einsetzen von intakten Bereichen der Pflastersteintextur korrigiert werden. Der **Stempel** kopierte intakte Bildstellen. Im Ursprungspanorama wurden Pflastersteinbereiche mit dem **Lasso** umgrenzt und in die Zwischenablage kopiert, im Polarbild eingefügt und mit der Funktion **Frei transformieren** skaliert, perspektivisch verzerrt und gedreht.

7. Eine Kopie des fertig retuschierten Bildes wurde im Dialog **Bildgröße** auf die für die Wiedergabe in diesem Buch benötigte Größe von 927 mal 927 Pixeln gebracht (Option Proportionen erhalten wieder einschalten).

8. Ein abschließendes Scharfzeichnen mit dem Filter **Unscharf maskieren** (Filter, Scharfzeichnungsfilter; Stärke 100%, Radius 1,2 Pixel, Schwellenwert 5) gab dem Bild mehr »Biß«.

9. Für die Weltraumszene wurde die Hintergrundebene dupliziert und die Kopie mit einer **Ebenenmaske** versehen, die nicht nur den »Schmutz« in den Bildecken, sondern auch den Himmel maskierte. Die Lichtpunkte entstanden mit dem Filter **Blendenflecke** (Filter, Renderingfilter) in überlagerten Ebenen mit schwarzer Füllung. Die Ebenen erhielten den Deckmodus Negativ multiplizieren und wurden auf unterschiedliche Größe skaliert (Frei transformieren).

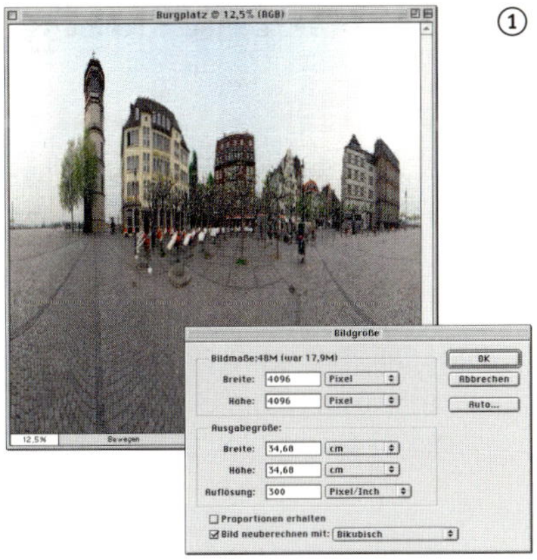

①

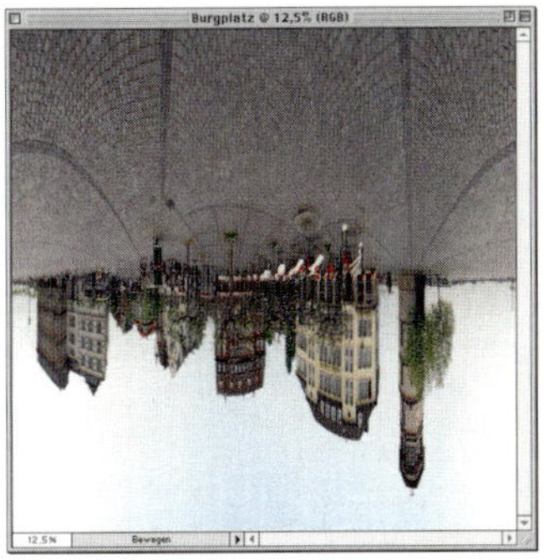

②

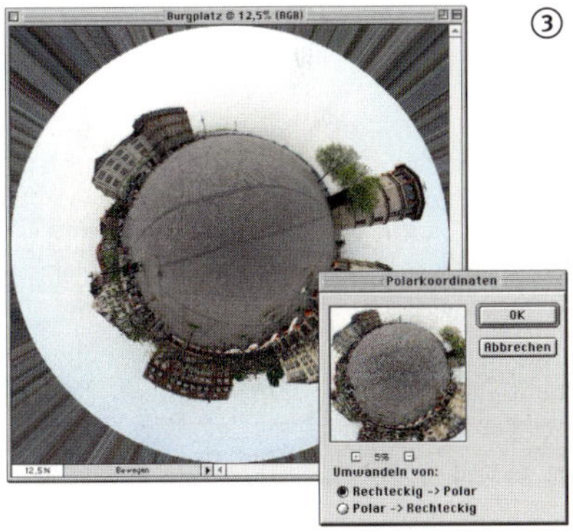

③

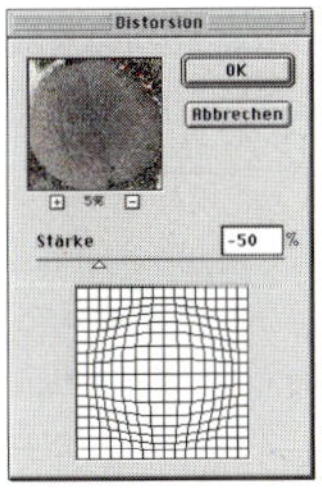

⑤

Schnell, schneller, am schnellsten

Wie mit Bewegungsunschärfe eine undynamische Fotografie in ein dynamisches Foto umgewandelt werden kann

Schade: Ein schnelles Auto steht bewegungslos und ohne Fahrer vor großartiger Kulisse.

Als Ausgangsbild diente das Foto eines Sportwagens auf einer Straße mit einer eindrucksvollen Landschaft im Hintergrund. Das Foto würde wesentlich dynamischer wirken und besser zu dem flotten Flitzer passen, wenn dieser fahrend erscheinen würde. Dies läßt sich in Photoshop ganz einfach durch nachträglich erzeugte Bewegungsunschärfe simulieren. Dabei wird lediglich der Hintergrund unscharf gemacht, das Auto selbst bleibt scharf, als ob der Fotograf die Kamera bei der Aufnahme mitgezogen hätte. Wichtig ist, daß anschließend auch noch die Räder eine Bewegungsunschärfe erhalten, da sie sich während der Belichtungszeit weiter um ihre Achse drehen.

Der aufmerksame Beobachter kann die nachträgliche (und unvollständige) Bearbeitung von Fotos in Zeitschriften und Werbeprospekten oft daran erkennen, daß das Verwischen der Reifen und Felgen vergessen wurde – fahrende Autos mit stehenden Rädern.

1. Im ersten Arbeitsgang wurde der Sportwagen, der keine Bewegungsunschärfe erhalten durfte, mit dem **Zeichenstift** konturiert. Der Pfad schloß auch die Schattenbereiche direkt unterhalb des Wagens mit ein.

Mit ein wenig Geduld kann der Umriß eines Objekts mit dem Zeichenstift sehr exakt nachgezogen werden. Zuerst wird nur ein grober, geschlossener Pfad um das Objekt gelegt. Dann werden die Ankerpunkte mit dem Direktauswahlwerkzeug bei ausreichender Vergrößerung genau auf die Kontur verschoben und – wo nötig – mit dem Plus-Zeichenstift neue Ankerpunkte eingefügt. Über die Griffe an den Enden der Tangenten läßt sich die Krümmung der Kurve genau dem Umriß des Objekts anpassen.

2. Ein von der Hintergrundebene erstelltes Duplikat (Ebene, **Ebene duplizieren**) erhielt den Namen »Maserati«.

3. Aus dem angelegten Pfad wurde mit Auswahl erstellen aus dem Menü der Pfadepalette eine geglättete Auswahl mit einer 1 Pixel breiten weichen Kante erstellt. Die Funktion Ebene, Ebenenmaske hinzufügen, Außerhalb der Auswahl maskieren sicherte die Auswahl in der Ebene »Maserati« als **Ebenenmaske**.

4. Nun wurde auf die Hintergrundebene der Filter **Bewegungsunschärfe** (Filter, Weichzeichnungsfilter) mit einem Winkel, der der Richtung der Kamerabewegung entsprach, angewendet.

5. Am hinteren und vorderen Teil der Fahrzeugkontur mußten noch mit dem **Stempel** im Modus Ausgerichtet die Verwischungen in den Hintergrund wegretuschiert werden, da das Fahrzeug ja scharf abgebildet sein sollte.

6. Nach der Rückkehr zur Ebene »Maserati« erhielten noch die Räder eine Unschärfe, um den Eindruck von Bewegung zu verstärken. Vorder- und Hinterrad mußten dabei einzeln bearbeitet werden. Um die erste Radfelge auszuwählen, wurde sie grob mit dem Auswahloval umrissen. Die Funktion **Auswahl frei transformieren** aus dem Menü Auswahl paßte die Auswahlbegrenzung durch Drehen, Dehnen und Stauchen exakt der Radfelgenform an – dabei wurde nur die Auswahlbegrenzung, nicht ihr Inhalt transformiert. (**Achtung:** Im ersten Release der deutschsprachigen Version von Photoshop 5 sind die Namen der Befehle Auswahl verändern und Auswahl frei transformieren vertauscht!) Die Rotationsunschärfe der Räder entstand durch Anwendung des Filters **Radialer Weichzeichner** (Filter, Weichzeichnungsfilter).

Die letzten Schritte – ovale Auswahl erstellen, frei transformieren und weichzeichnen – wurden für die zweite Radfelge wiederholt.

①

②

③

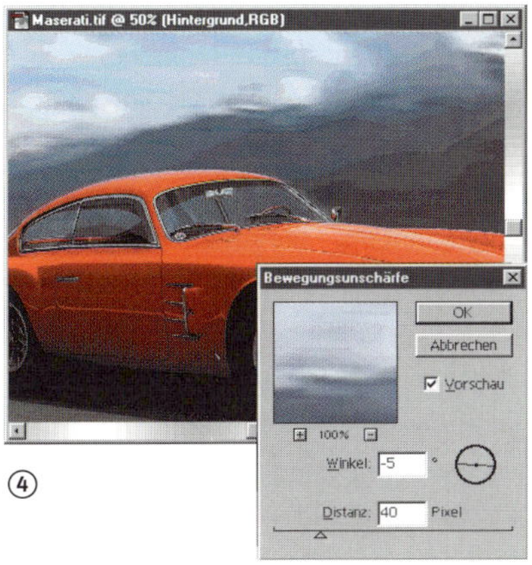

④

⑤

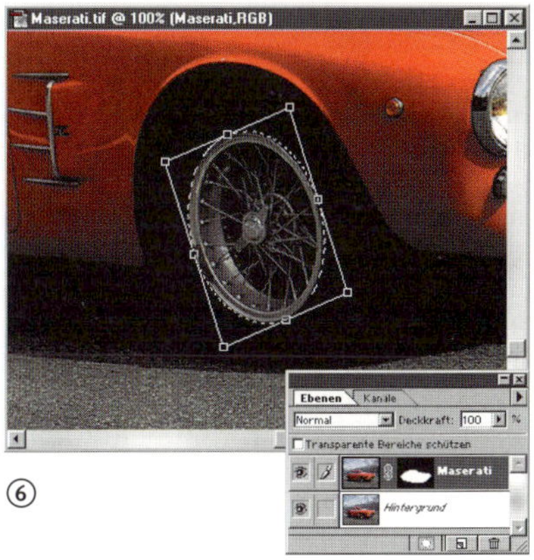

⑥

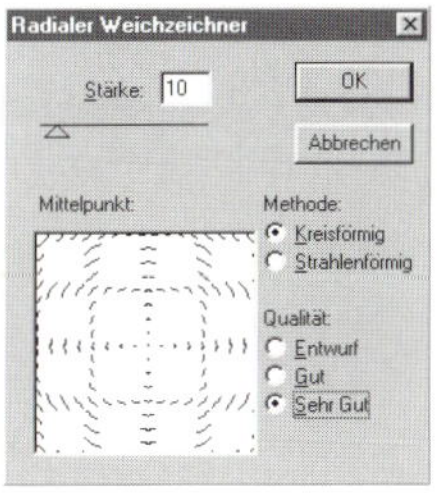

⑥

Bewegend

Wie Unschärfe oder eine Weichzeichnung Bewegung simulieren kann

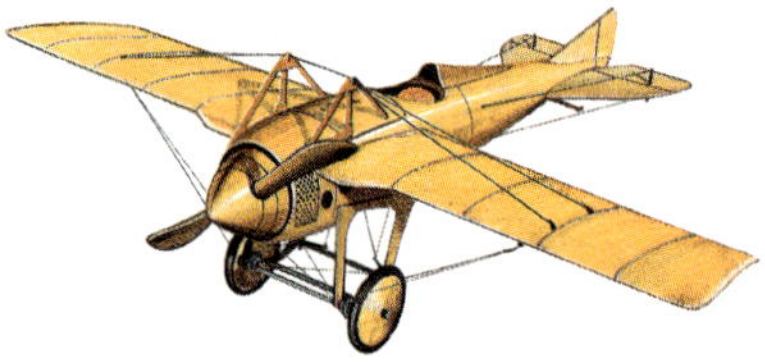

Aus einem langweiligen Museumsflieger ...

... soll ein »animierter« Flieger werden.

Technische Abbildungen wirken im Vergleich zum dargestellten Objekt teilweise recht langweilig. Im Gegensatz zur Ansicht des Originals ist die Sicht auf eine vorgegebene Perspektive festgelegt, und natürlich sind bewegliche Teile weder auf einer Fotografie noch auf einer Grafik zu erkennen. Photoshop kann helfen, technischen Darstellungen, Fotografien oder auch Zeichnungen bzw. Gemälden etwas Leben einzuhauchen und sie somit interessanter und informativer zu gestalten.

Im Beispiel soll die Zeichnung eines alten Kunstflugzeuges für einen Katalog aufgefrischt werden. Die Idee, die Luftschraube zu »animieren«, liegt natürlich besonders nahe. Ein Flugzeug mit laufendem Motor sieht sicherlich interessanter aus als dasselbe Flugzeug, in trister Museumsmanier zur ewigen Bewegungslosigkeit verdammt.

Ausgangsmaterial war eine Abbildung in dem neu zu gestaltenden Flugzeugkatalog, die mit ausreichender Auflösung mit einem Flachbettscanner digitalisiert wurde.

1. Mit dem **Auswahloval** wurde um den Propeller eine kreisrunde Auswahl mit einer weichen Kante von 2 Pixeln aufgezogen. Anschließend nahm die Pipette an einer Stelle der Propellerflügel deren Farbe als Vordergrundfarbe auf. Mit **Neue Ebene** aus dem Menü der Ebenenpalette wurde eine neue Ebene mit dem Namen »Rotorebene« angelegt und die Kreisauswahl in dieser Ebene mit Bearbeiten, **Fläche füllen**, Füllen mit Vordergrundfarbe mit der aufgenommenen Farbe eingefärbt. Unter Füllmethode wurde eine Deckkraft von 15 % eingestellt, damit die Farbe nur schwach überblendet.

2. Ein Mausklick auf das Symbol **Auswahl sichern** in der Kanälepalette sicherte die Auswahl in einem neuen Alphakanal (»Alpha 1«).

3. Nachdem wieder die Hintergrundebene aktiviert wurde, wählte der **Zeichenstift** die Propellerflügel aus. Der erstellte Arbeitspfad konnte ganz einfach mit der Enter-Taste des Ziffernblocks in eine Auswahl umgewandelt werden.

4. Die Funktion **Ebene durch Kopieren** (Ebene, Neu) kopierte den Inhalt der Auswahl automatisch in eine neue Ebene, ohne seine Position zu verändern. In der Ebenenpalette wurde die Ebene an die oberste Position verschoben.

5. Ein Mausklick bei gedrückter Strg/⌘-Taste auf das Etikett des Alphakanals (»Alpha 1«) in der Kanälepalette lud den Kanal als Auswahl. Anschließend wurde mit Filter, Weichzeichnungsfilter, **Radialer Weichzeichner** ein Dialog aufgerufen, der die Einstellungen für die »Bewegungsunschärfe« des Propellers ermöglichte. Nach einigen Versuchen fiel das Ergebnis des Filters wie gewünscht aus (Stärke 60, Methode Kreisförmig, Qualität Sehr gut). Anschließend wurde die Ebene mit der darunterliegenden zusammengefaßt (Ebene, **Mit darunterliegender auf eine Ebene reduzieren**).

6. Der »Propellerschweif« wirkte aufgrund seiner kreisrunden Form unnatürlich, deshalb sollte er gemäß der Betrachterperspektive verzerrt werden. Das Werkzeug für die perspektivische Verzerrung war die Funktion **Frei transformieren** aus dem Menü Bearbeiten. Wenn dieses Werkzeug gewählt ist, sind alle Funktionen aus dem Transformieren-Untermenü weiterhin auswählbar (oder durch Tasten aktivierbar). Auf diese Weise lassen sich unterschiedlichste Transformationen in nur einem Arbeitsschritt (das heißt mit nur einer Interpolation) ausführen. Im Beispiel wurde die noch bestehende Kreisauswahl in der Ebene »Rotorebene« geneigt (Neigen), in der Horizontalen gestaucht (Skalieren) und noch rautenförmig verzerrt (Verzerren), bis die angedeutete Drehbewegung zur Perspektive des Flugzeugs paßte. Ein Doppelklick ins Innere des Transformationsrahmens rechnete die Verzerrung in die Ebene ein.

7. Um die Schweifbewegung in der Mitte etwas aufzuhellen, löschte der **Radiergummi** mit der Eigenschaft Airbrush und mittelgroßer Werkzeugspitze die Bereiche um die Propellernabe.

8. Am nun vorliegenden Bild störten noch die scharfen Konturen der Propellerflügel in der Hintergrundebene. Um den Eindruck der Bewegung perfekt zu machen, sollten die Rotorblätter mit Filter, Weichzeichnungsfilter, **Bewegungsunschärfe** noch verwischt werden. Im Dialog mußte der Winkel der gewünschten Propellerbewegung (im rechten Winkel zum Flügel) und die Stärke der Bewegung angegeben werden. Die Rotorblätter ließen sich am einfachsten mit dem **Lasso** auswählen, wobei darauf zu achten war, für das Verwischen genügend Fläche auszuwählen. Daß beim oberen Rotorblatt auch Bereiche des Flugzeugkörpers mit verwischt wurden, war notgedrungen in Kauf zu nehmen.

9. Zum Schluß wurde noch die Propellernabe nachbearbeitet, da sie im Vergleich zur simulierten Bewegung der Rotorblätter zu scharf wirkte. Im Modus Aufhellen verwischte der **Weichzeichner** auch hier die Konturen.

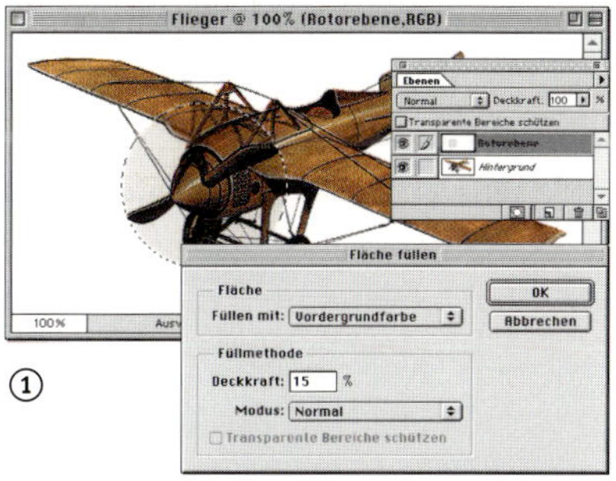

①

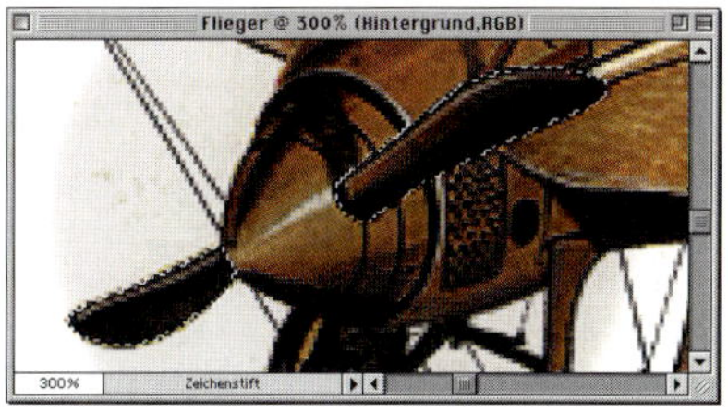

③

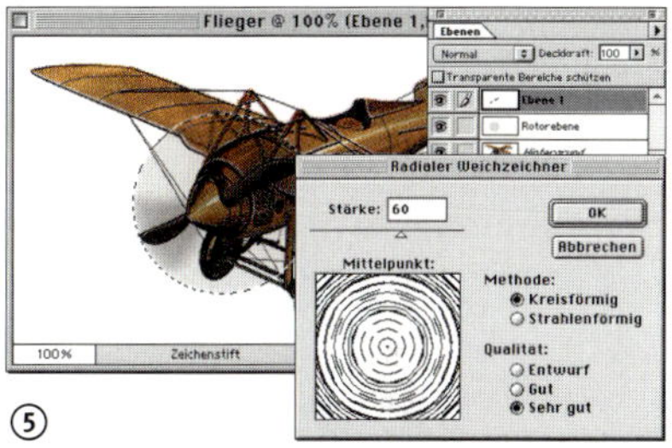

⑤

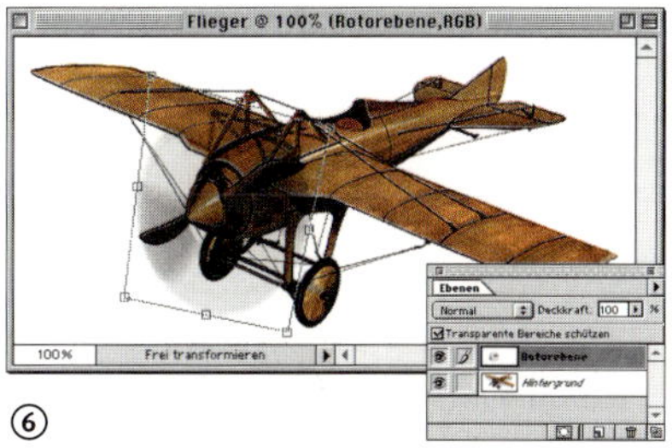

⑥

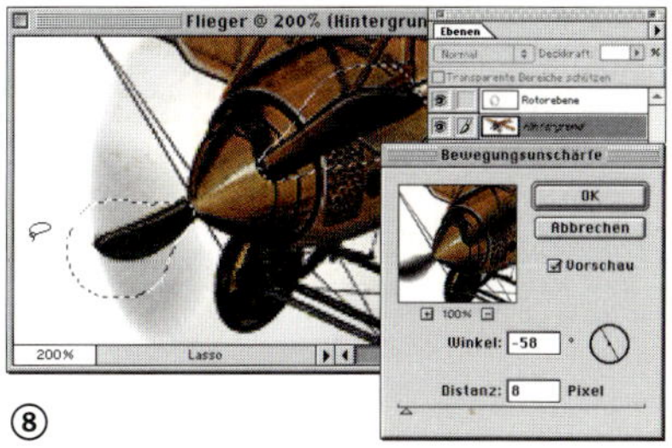

⑧

Zeitraffer

Wie ein Winkelverlauf eine Drehbewegung vortäuschen kann

Manchmal wirkt das zur Verfügung stehende Bildmaterial auf den ersten Blick nicht gerade vielversprechend.

Nicht das schnelle Rotieren eines Gegenstandes, wie beim Flugzeugpropeller im vorigen Beispiel, sondern die kaum wahrnehmbare Bewegung des Minutenzeigers einer Uhr sollte dieses Bild visualisieren, indem es den Ablauf einer Viertelstunde zu einem Augenblick verdichtet. Dazu wurde der entsprechende Bereich des Zifferblatts mit einem Winkelverlauf überlagert.

1. Ausgangsbild war das Foto einer Taschenuhr ohne Zeiger. Nachdem der Chronometer freigestellt und gerade gedreht war (Bearbeiten, Transformieren, Drehen), wurde mit Ebene, Neu, Ebene eine neue, leere Ebene mit dem Namen »Verlauf« angelegt. Das **Auswahloval** zog nun vom Mittelpunkt des Zifferblatts eine kreisrunde Auswahl auf (Umschalt- und Alt/⌥-Taste drücken). Der Radius entsprach exakt der Länge des Minutenzeigers, der zusammen mit dem Stundenzeiger in einem späteren Schritt ergänzt wurde. Die Auswahl wurde als Ebenenmaske gesichert (Ebene, **Ebenenmaske hinzufügen,** Außerhalb der Auswahl maskieren).

2. Anschließend wurde das **Winkelverlaufswerkzeug** gewählt und in dessen Optionenpalette (Doppelklick auf das Werkzeugsymbol in der Werkzeugpalette) auf die Schaltfläche Bearbeiten geklickt, um den Dialog **Verläufe bearbeiten** zu öffnen. In der Liste der Verläufe wurde die Verlaufsart Vordergrundfarbe zu Transparent gewählt und mit einem Mausklick auf die Schaltfläche Duplizieren von dieser Verlaufsart eine Kopie mit dem Namen »Verlauf für Uhr« erstellt. Unter der Option **Transparenz** wurde der weiße Regler (für Transparenz) auf die 25%-Position verschoben. Dadurch wurde gewährleistet, daß die schwarze Vordergrundfarbe bereits nach einem Viertelkreis vollständig zu Transparent überblendete.

3. Mit einem Mausklick auf ihr Thumbnail wurde wieder die Ebene ausgewählt. In der Werkzeugpalette wurden die Standardfarben eingestellt (Symbol ◪) und in der Optionenpalette des **Winkelverlaufswerkzeugs** die Optionen Transparenz und Umkehren aktiviert (erstere sorgt dafür, daß die transparenten Bereiche tatsächlich transparent werden, zweitere erzeugt den Verlauf nicht im, sondern gegen den Uhrzeigersinn). Das Winkelverlaufswerkzeug spannte den selbstdefinierten Verlauf ausgehend vom Mittelpunkt des Zifferblatts exakt waagerecht nach rechts auf (Umschalttaste drücken). Bei einem Winkelverlauf spielt es keine Rolle, wie weit der Verlauf aufgezogen wird. Die **Ebenendeckkraft** wurde auf 50% verringert.

4. Nun war nur noch ein kleiner, kaum sichtbarer Fehler zu korrigieren: Der Verlauf lag auch über dem Achsenstift und dem ihn umschließenden Metallring. Das **Auswahloval** zog (bei gleichzeitig gedrückter Umschalt- und Alt/⌥-Taste) wieder ausgehend vom Mittelpunkt des Achsenstifts eine kreisrunde Auswahl in der Größe des Rings auf. Nachdem wieder die Ebenenmaske aktiviert war, konnte die Auswahl in der Maske mit der Rückschrittaste schwarz gefüllt werden – so war auch dieser Bereich maskiert.

5. Zur Vervollständigung der Uhr wurden über die **Plazieren**-Funktion aus dem Menü Datei noch die in Macromedia FreeHand als Vektorgrafik vorbereiteten Zeiger in das Zifferblatt montiert.

6. Die Vervielfältigung der Uhr geschah durch mehrfaches Duplizieren. In der ersten Ebenenkopie wurde der das Uhrgehäuse umgebende Bereich gelöscht. Diese Ebene erhielt einen **Schlagschatten** (Ebene, Effekte, Schlagschatten). Alle weiteren Ebenen waren Duplikate dieser ersten Kopie, die mit der Funktion **Frei transformieren** (Menü Bearbeiten) skaliert wurden.

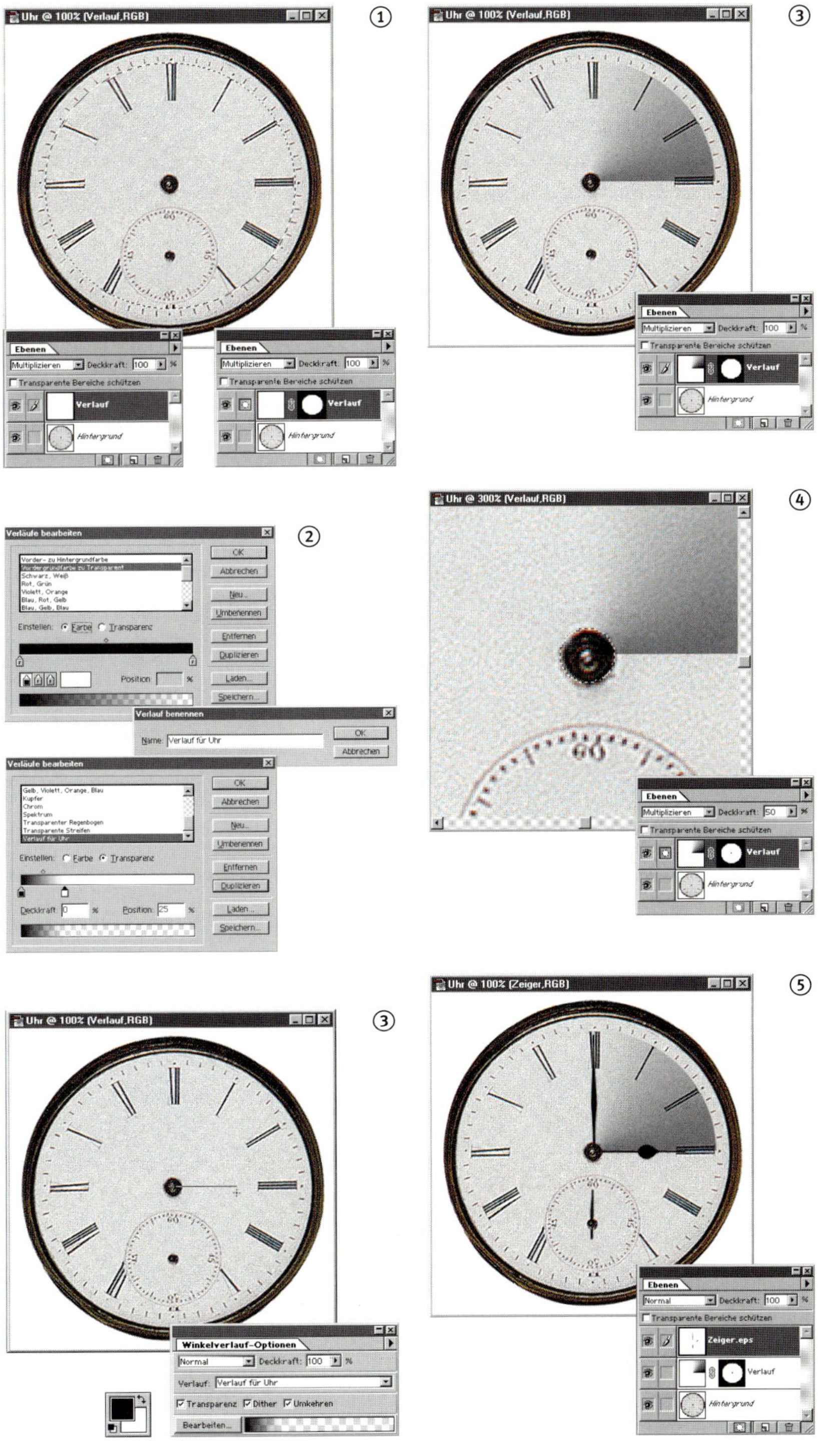

Offensichtlich

Wie zwei Fotos zu einer Schnittfotografie verschmelzen, die ohne Photoshop das Gehäuse einer Espressomaschine gekostet hätte

Die Ausgangsbilder: Die komplette Maschine ...

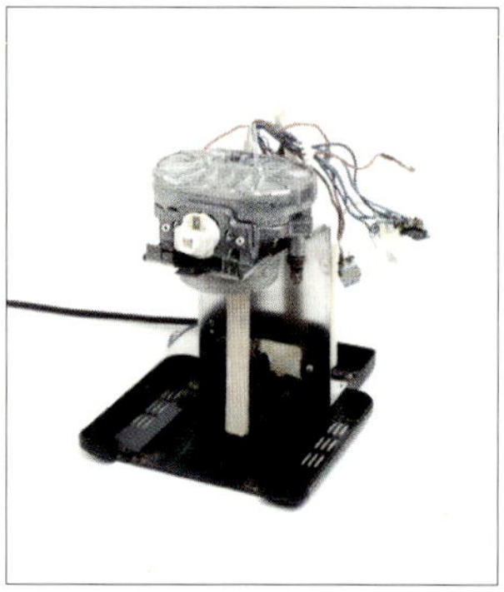

... und ihr interessantes Innenleben

Eine Espressomaschine, deren Gehäuse teilweise aufgeschnitten ist, gibt den Blick auf ihr Innenleben frei. Ohne der Maschine Gewalt anzutun, gelingt eine solche Schnittfotografie durch eine Ebenenmontage in Photoshop. Ausgangsbilder waren zwei Fotos der Espressomaschine: einmal komplett zusammengebaut und einmal ohne Gehäuse. Wichtige Voraussetzung für diese Bildmontage war, daß beide Bilder unter denselben Aufnahmebedingungen fotografiert worden waren, also die gleiche Perspektive, die gleiche Brennweite und der gleiche Abstand der Kamera zum Objekt eingehalten wurden. Einheitliche Aufnahmebedingungen lassen sich am besten im Studio realisieren, wo die Kamera fest auf einem Stativ steht und für gleichbleibende Beleuchtung gesorgt werden kann. Da die Espressomaschine vom Studioaufbau entfernt werden mußte, um sie für die zweite Aufnahme auseinanderzumontieren, wurden die Positionen der Füße mit einem Stift markiert. So konnte das »nackte« Innere exakt an denselben Platz gestellt werden. Der »Kopf« der entkleideten Maschine mußte mit einem Hölzchen gestützt werden, da ohne das Gehäuse keine ausreichende Stabilität vorhanden war. Dieses Hölzchen ist aber aufgrund der späteren Maskierung in Photoshop nicht mehr zu sehen.

1. Die Scans der beiden Fotos wurden in Photoshop übereinandergelagert. Dazu wurde das Foto vom Innenleben der Espressomaschine mit dem **Bewegen-Werkzeug** in das Foto vom Gehäuse gezogen. Da die mit einem Diascanner eingelesenen Bilder dieselben Abmessungen besaßen, konnte beim Bewegen die Umschalttaste gedrückt werden, so daß das Innenlebenfoto automatisch deckungsgleich als neue Ebene über dem Gehäusebild eingesetzt wurde.

2. In der Ebene mit dem Innenleben der Espressomaschine wurde mit dem **Zeichenstift** ein Pfad um den Teil gezogen, der später durch den aus dem Gehäuse geschnittenen Teil sichtbar sein sollte. Da mit mehreren Schnitten experimentiert werden sollte, war es wichtig, den gesamten Maschinenkopf entlang seiner Kontur akkurat zu umpfaden, auch wenn später nur ein Teil davon sichtbar war.

3. Mit einem Mausklick bei gedrückter Strg/⌘-Taste auf das Pfadetikett in der Pfadepalette wurde die Pfadkontur in eine Auswahl umgewandelt. Diese Kurzmethode zum Umwandeln eines Pfades in eine Auswahl legt die im Dialog **Auswahl erstellen** (Menü der Pfadepalette) aktuell eingestellten Werte für weiche Kante und Glätten zugrunde, umgeht aber den Dialog. Die Auswahl wurde als **Ebenenmaske** gesichert (Symbol ◘ in der Ebenenpalette).

4. Die Ebene »Innenleben« wurde vorübergehend ausgeblendet (Augensymbol ausschalten) und die Hintergrundebene, die das Gehäusebild enthielt, aktiviert (Mausklick auf das Ebenenetikett). In der Pfadepalette legte das Symbol ◱ einen neuen, aber noch leerer Pfad an. Da beim Anklicken des Symbols die Alt/⌥-Taste gedrückt wurde, konnte dem neuen Pfad ein Name gegeben werden (»Schnitt«). Der **Zeichenstift** umgrenzte nun – noch recht grob – den Gehäusebereich, der für den Schnitt vorgesehen war. Nachdem die Ebene »Innenleben« wieder eingeblendet war, wurde die Pfadform besser an den Maschinenkopf angepaßt.

5. Als eine zufriedenstellende Schnittform gefunden war, wurde der Pfad »Schnitt« in eine Auswahl umgewandelt, die Auswahl umgekehrt (Umschalt + Strg/⌘ + I), die **Ebenenmaske** der Ebene »Innenleben« aktiviert (Mausklick auf das Ebenenmasken-Thumbnail) und die Auswahl darin schwarz gefüllt (Rückschrittaste). So war der Maschinenkopf nur innerhalb des Schnittbereichs sichtbar. Anschließend wurde die Auswahl aufgehoben.

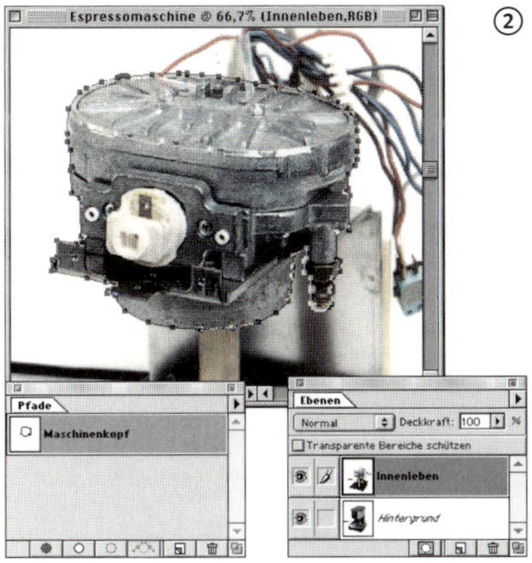

②

③

④

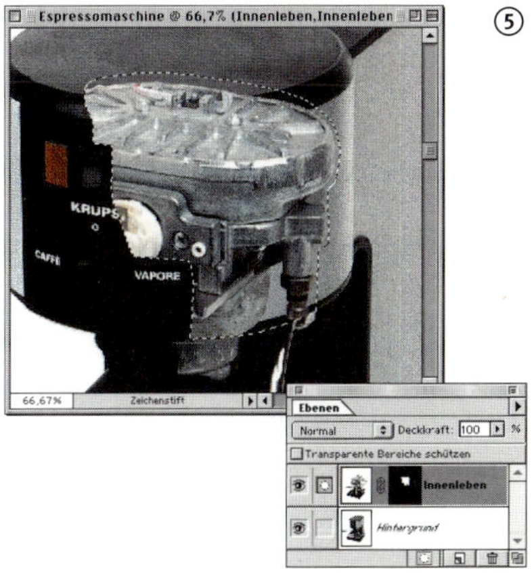

⑤

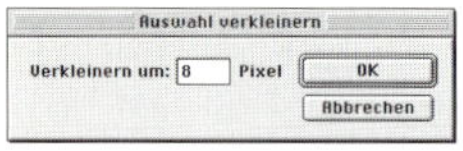

⑥

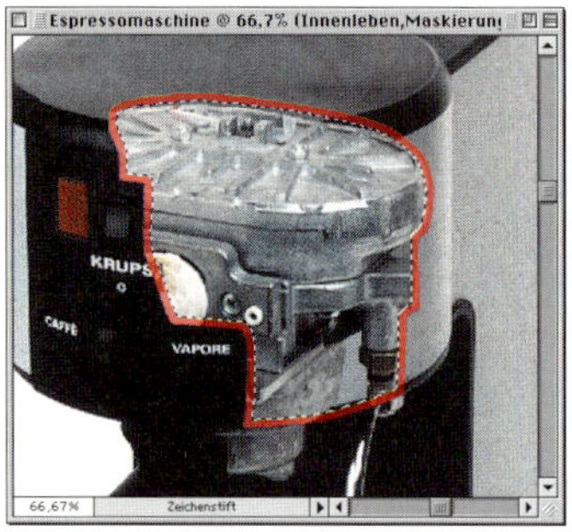

⑥

⑦

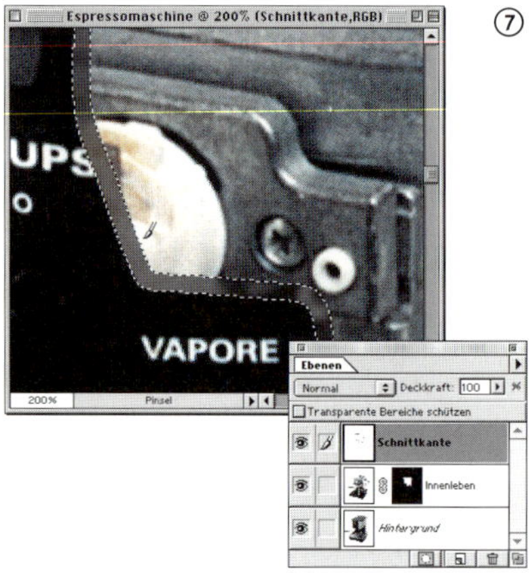

⑦

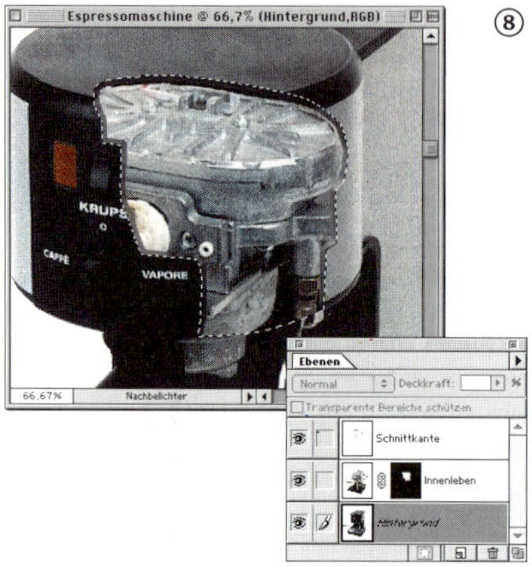

⑧

6. Nun stand der schwierigste Teil der Operation bevor: die Rekonstruktion der Schnittkante am Kunststoffgehäuse. Diese Kante war ja das einzige, das nicht fotografiert werden konnte (dafür hätte das Gehäuse tatsächlich aufgeschnitten oder aufgesägt werden müssen). An oberster Stelle in der Ebenenreihenfolge wurde eine neue Ebene mit dem Namen »Schnittkante« angelegt. Die äußere Kontur der Schnittkante war ja bereits durch den Pfad »Schnitt« fertiggestellt. Es fehlte also nur noch eine Begrenzung für die innere Kontur. Diese hätte mit einem weiteren Pfad realisiert werden können, was größtmögliche Flexibilität hinsichtlich der Kantenbreite geboten hätte. Im Beispiel wurde aber ein einfacheres Verfahren gewählt: der vorhandene Pfad wurde verkleinert. Dazu wurde in den Maskierungsmodus gewechselt (Symbol ◘ in der Werkzeugpalette), der Pfad »Schnitt« als Auswahl geladen und schwarz gefüllt. (Eine schwarze Füllung erscheint im Maskierungsmodus in roter Maskenfarbe.) Anschließend wurde die noch bestehende Auswahl um 8 Pixel verkleinert (Auswahl, Auswahl verändern, **Verkleinern**) und weiß gefüllt. Durch die Rückkehr in den Standardmodus wurde die Maske in eine Auswahl umgewandelt, die die Form der Schnittkante besaß. Die Auswahl mußte nun nur noch umgekehrt werden (Umschalt + Strg/⌘ + I).

7. Lichtreflexe, Schatten und Spiegelungen auf der Kante wurden mit Mal- und Retuschewerkzeugen erzeugt. Der **Stempel** kopierte zunächst die Farben benachbarter Bereiche in die Schnittkantenauswahl: im hinteren Bereich das Grau oder Schwarz des Gehäuses, im vorderen Teil Partien des Inneren (als »Spiegelungen«). Der **Weichzeichner** machte die Spiegelungen etwas unscharf. Der **Wischfinger** versuchte, der richtigen Perspektive der Spiegelungen Rechnung zu tragen. Der **Pinsel** trug auf der Schnittkante durch den schwarzen Kunststoff schwarze Farbe mit geringer Deckkraft auf und dunkelte die Spiegelungen dadurch ab. Der **Abwedler** erzeugte die hellen Lichtreflexe und der **Nachbelichter** die dunklen Schattenpartien.

8. Um noch die neben und hinter dem Inneren sichtbaren Teile des Gehäuses abzudecken, wurde der Pfad »Schnitt« erneut als Auswahl geladen und die Auswahl in der **Hintergrundebene** schwarz gefüllt.

9. Um eine bessere räumliche Wirkung zu erreichen, ergänzte der **Nachbelichter** in der Ebene »Innenleben« Schatten auf dem inneren Maschinenkopf, die ein aufgeschnittenes Gehäuse gemäß dem Lichteinfall auch in der Realität auf ihn werfen würde.

Eine Offenbarung

Unsichtbares sichtbar machen: mit Bildbearbeitung ganz einfach

Eine alte Uhr ...

... und ihre Antriebsmechanik

Wie für eine technische Darstellung das eigentlich unsichtbare mechanische Werk einer Uhr sichtbar gemacht werden kann, zeigt dieses Beispiel.

1. Ausgangsbilder waren zwei Fotos von der Vorderansicht einer Uhr und ihres Räderwerks. Das Uhrwerk wurde mit dem Bewegen-Werkzeug automatisch als **neue Ebene** über dem Zifferblatt eingesetzt. Für den Überblendungseffekt wurde der Deckmodus in der Ebenenpalette auf **Multiplizieren** geändert.

2. Das Uhrwerk sollte nur in der rechten Hälfte sichtbar sein. Deshalb wurde zuerst mit dem **Auswahloval** ausgehend von der Zeigerachse eine kreisrunde Auswahl aufgezogen (Umschalt- und Alt/⌥-Taste drücken) und von dieser Auswahl anschließend mit dem **Auswahlrechteck** der linke Teil abgezogen (nur Alt/⌥-Taste drücken). Nachdem die Auswahl eine weiche Kante von 3 Pixeln Breite erhalten hatte (Auswahl, Weiche Auswahlkante), wurde sie als **Ebenenmaske** gesichert (Symbol ◘ in der Ebenenpalette). Die Deckkraft der Ebene wurde auf 80 % reduziert.

①

②

Farbe ohne Farbfilm

Wie Schwarzweißbildern die fehlende Komponente hinzugefügt werden kann

Ein schönes schwarzweißes Foto, das durch Kolorieren einen »antiken« Touch bekommen könnte.

Mit dem Pinsel lassen sich Schwarzweißfotos auf einfache Weise nachträglich von Hand kolorieren. Im Modus Farbton & Sättigung überträgt das Malwerkzeug nur den Farbton und die Farbsättigung der gewählten Vordergrundfarbe auf die übermalten Bildpartien. Deren Helligkeit wird hingegen nicht verändert, so daß Strukturen und Schattierungen erhalten bleiben.

1. Als Voraussetzung für alle weiteren Bearbeitungen mußte das Graustufenbild in den Modus **RGB-Farbe** (Bild, Modus) umgewandelt werden.

2. Um die Felskanten wurde mit dem Zeichenstift ein Pfad gelegt, aus dem dann eine **Auswahl** erstellt werden konnte (Auswahl erstellen aus dem Menü der Pfadepalette oder Enter-Taste des Ziffernblocks). Diese Auswahl erleichterte das Kolorieren sehr, da es einfacher war, die Form der Felsen mit einem Pfad als mit dem Pinsel nachzuzeichnen. Durch eine Umkehr der Auswahl (Auswahl, Auswahl umkehren) konnte das Gestein gleichzeitig vor Veränderungen geschützt werden.

3. In der Werkzeugpalette wurde als Vordergrundfarbe ein Blauton für den Himmel definiert (Mausklick auf das Farbfeld). Ein weicher **Pinsel** malte diesen Ton anschließend im Modus **Farbton & Sättigung** (Palette Pinsel-Optionen) ins Bild. Für einen nahtlosen Übergang zwischen Bäumen und Himmel mußten die Baumkronen so weit übermalt werden, wie der Himmel zwischen den Blättern hindurchscheint. Damit die Farbe auch später direkt zur Verfügung steht, wurde sie in einem Farbfeld der Palette Farbfelder abgelegt.

4. Die gleiche Prozedur wurde für das Laubwerk mit einem Grünton wiederholt. In den Bereichen, in denen der Himmel durch die Blätter hindurch zu

②

③

⑤

sehen ist, erfolgte die Kolorierung mit einem sehr **feinen Pinsel**, um die Himmelspartien nicht wieder zu übermalen. Um eine bessere Kontrolle über das Ergebnis zu erhalten, bot sich eine vergrößerte Darstellung des Bildes an. Auch diese Farbe – wie im übrigen auch alle weiteren – wurde in einem Farbfeld der Palette Farbfelder gespeichert.

5. Auch beim Einfärben des Gartentors mit einem Braunton erwies sich die Pfadauswahl als hilfreich, da der obere Teil der Hölzer grob übermalt werden konnte und die Konturen nicht penibel nachgezeichnet werden mußten. Im unteren Bereich war jedoch zu beachten, daß zwischen den Hölzern Himmel und Bäume sichtbar sind. Diese wurden – wie zuvor die Blätter der Bäume am Übergang zum Himmel – mit einem **feinen Pinsel** bei ausreichender Vergrößerung koloriert.

6. Damit das Bild wie ein altes Farbfoto mit gedämpften Farben wirkt, wurde – nachdem eventuell bestehende Auswahlen aufgehoben waren – im Dialog **Farbton/Sättigung** (Bild, Einstellen) die Sättigung reduziert.

④

⑤

④

⑤

④

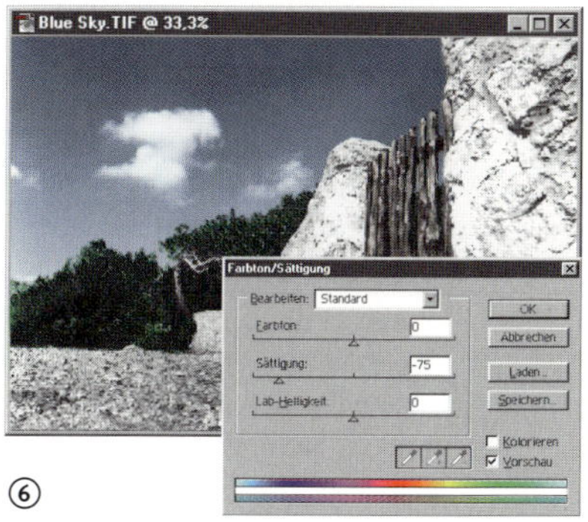

⑥

Vom Winde verweht

Wie sich mit Hilfe der Verlaufsfunktion von Photoshop auf erstaunlich einfache Weise Duplexeffekte in RGB oder CMYK simulieren lassen

Das Ausgangsbild für die Triplex-Simulation

Die reizvolle Wirkung von Duplexbildern ist nicht allein dem Zweifarbdruck vorbehalten. Oft wird die reduzierte Farbgebung von Duplexbildern auch im Vierfarbdruck oder in Screenanwendungen eingesetzt – Duplexdateien lassen sich ja auch in RGB oder CMYK konvertieren. Ist der Einsatz von Duplexbildern nicht von der Not einer Kostenersparnis durch die Beschränkung auf nur zwei oder drei Druckfarben motiviert, gibt es auch Alternativen zu den diffizilen Duplexeinstellungen – die Duplexgradationskurven müssen schließlich sehr mit Bedacht gewählt werden, damit das Ergebnis zufriedenstellend ausfällt. Eine Alternative für duplexähnliche Effekte bietet die Option Kolorieren im Dialog Farbton/Sättigung (Bild, Einstellen). Kolorierte Bilder haben aber den Nachteil, daß sie nur aus zwei Farben bestehen (Schwarz und Buntfarbe, Weiß zählt als Papierfarbe nicht mit) und mehrfarbige Effekte nicht simuliert werden können.

Das nachfolgend vorgestellte Verfahren hebt diese Beschränkung auf und zeigt einen in RGB simulierten Triplexeffekt mit Schwarz, einem dunklen Grün und einem hellen Ockerton. Dabei wird ein Farbverlauf angelegt, der die Tonwertskala eines entfärbten RGB-Bildes ersetzt, die korrespondierenden Tonwertbereiche also mit den Verlaufsfarben koloriert.

1. Der RGB-Scan einer Windmühle wurde in Photoshop geöffnet, in den **Graustufenmodus** (Bild, Modus, Graustufen) umgewandelt und direkt wieder in RGB zurückgewandelt (Bild, Modus, RGB-Farbe). Das Ergebnis war ein entfärbtes RGB-Bild.

2. Mit einem Doppelklick auf das in der Werkzeugpalette sichtbare **Verlaufswerkzeug** wurde die Palette Verlauf-Optionen eingeblendet. Die Schaltfläche Bearbeiten in der Palette öffnet den Dialog Verläufe bearbeiten, in dem die vorhandenen Verläufe modifiziert und neue Verläufe definiert werden können. Um keinen der vorhandenen Verläufe zu verändern, wurde mit einem Klick auf Neu ein **neuer Verlauf** mit dem Namen »Triplex-Simulation« in die Liste aufgenommen. Der neue Verlauf bestand zunächst nur aus zwei Farben (jeweils Schwarz).

3. Das linke Ende des Verlauf ersetzte später die dunklen, das rechte Ende die hellen Töne des Bildes. Deshalb wurde für das rechte Ende Weiß eingestellt. Dazu wurde der Farbregler unter dem Verlaufsbalken ausgewählt und auf das Farbfeld geklickt. Photoshop öffnet daraufhin den Dialog **Farbwähler;** hier wurde ein Weiß definiert (RGB: 255/255/255). Nach dem Schließen des Farbwählers mit OK zeigte der Dialog Verläufe bearbeiten einen Verlauf von Schwarz nach Weiß.

4. Um eine dritte Farbe in den Verlauf einzufügen, wurde mit einem Mausklick unterhalb des Verlaufsbalkens ein neuer Regler an die 33%-Position gesetzt (der Wert kann auch ins Eingabefeld getippt werden). Wieder wurde mit einem Mausklick auf das Farbfeld der Dialog Farbwähler geöffnet. Da die Triplex-Farben vorher anhand eines Pantone-Fächers bestimmt wurden, wurde die **Pantone-Farbbibliothek** geöffnet (Schaltfläche Eigene) und die gesuchte Schmuckfarbe – Pantone 5477 – ausgewählt (die Farbnummer kann auch über die Zifferntasten eingegeben werden). **Achtung:** Mit diesem Verfahren werden jedoch keine Volltonfarbkanäle erstellt; die Pantone-Farben werden nur in RGB simuliert.

5. Für die **vierte Farbe** wurden die vorherigen Schritte wiederholt. Der Regler wurde im Verlauf an der 67%-Position eingefügt und erhielt als Farbe Pantone 4525.

6. Nachdem der Verlauf eine zufriedenstellende Grauwertverteilung zeigte (ggf. Reglerpositionen korrigieren), wurde er als Effektkurven gespeichert. Dazu wird unter dem MacOS mit gedrückter **⌘-Taste** auf die Schaltfläche Speichern im Dialog Verläufe bearbeiten geklickt. Unter Windows müssen beim Klicken auf die Schaltfläche die **Strg- und Umschalttaste** gedrückt sein. (Ohne Zusatztasten wird der Verlauf nicht als Effektkurven, sondern lediglich als Verlaufsdatei gesichert.) Um den angelegten Verlauf in der Liste der Verläufe zu behalten, muß auch der Dialog Verläufe bearbeiten mit OK geschlossen werden.

7. Die graue RGB-Datei wurde nun mit den Verlaufsgradationskurven eingefärbt. Dazu wurde der **Dialog Gradationskurven** aufgerufen (Bild, Einstellen) und die gesicherten Kurven mit der Schaltfläche Laden geöffnet. Unter Windows muß im Öffnen-Dialog der richtige Dateityp (*.amp) ausgewählt werden. OK wendete die Kurven auf das Bild an. (Vorher lassen sich im Dialog durch Auswahl einzelner Farbkanäle auch noch Feinkorrekturen an den Gradationskurven vornehmen.)

①

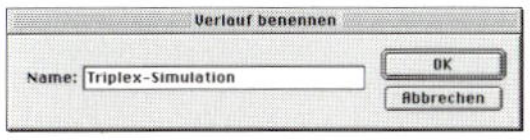

②

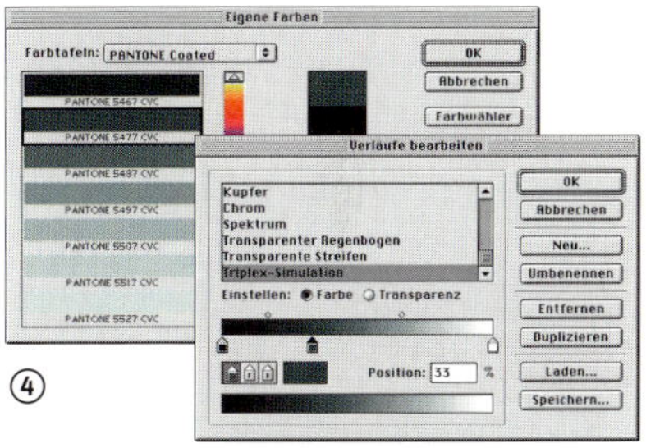

④

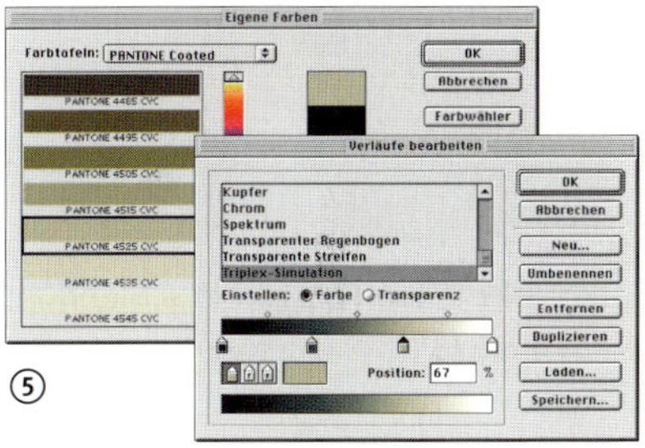

⑤

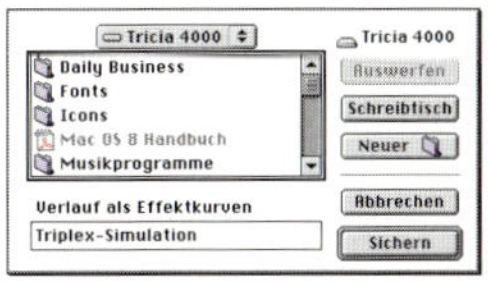

⑥

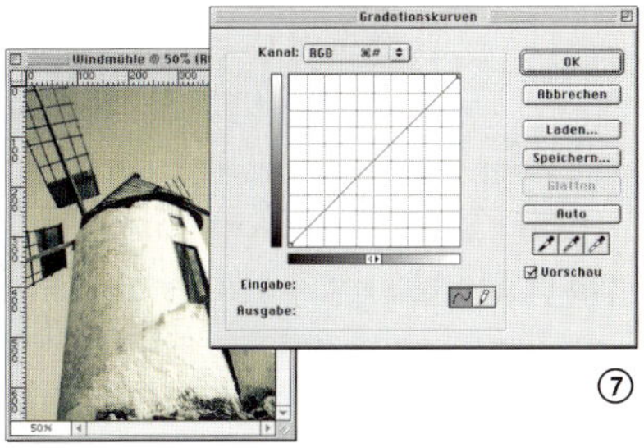

⑦

Ohne Grenzen

Über den sanften Übergang mehrerer Bilder ineinander

Dieselbe Bildmontage ohne Blending wirkt nicht besonders interessant.

Ein interessanter Effekt entsteht auch, wenn der Verlauf nicht, wie im Beispiel gezeigt, von innen nach außen, sondern umgekehrt von außen nach innen aufgezogen wird.

Interessante Fotomontagen lassen sich durch Überblenden zweier oder mehrerer Bilder erreichen. Dabei wird ein Bild so über ein anderes Bild gelegt, daß seine Intensität linear nach außen hin abnimmt. Der dabei erzeugte Effekt kommt einem Verschmelzen der Bilder an den überlappenden Partien gleich.

Im vorliegenden Beispiel sollte das Titelbild einer CD mit Texturen unterschiedlichster Art gestaltet werden. Aufgabe war es, schon über das Titelbild zu visualisieren, daß die CD eine Vielfalt unterschiedlichster Texturen enthält.

1. Der erste Arbeitsschritt bestand im Anlegen einer **neuen Datei** in ausreichender Größe. Nachdem alle benötigten Dateien in Photoshop geöffnet waren, wurden sie nacheinander in die Montagedatei kopiert. Am einfachsten gelang dies, indem das Etikett der jeweiligen Texturdatei aus der Ebenenpalette auf das Fenster der Montagedatei gezogen wurde. Jedes Bild erschien automatisch in einer eigenen Ebene. Die einzelnen Komponenten mußten nur noch mit dem Bewegen-Werkzeug an die richtige Position geschoben werden.

2. Um den Überblick in der Montagedatei zu behalten, erhielten alle Ebenen einen **Namen**, der auf ihren Inhalt hinwies (Doppelklick auf das jeweilige Ebenenetikett).

3. Für die Überblendungsbereiche wurde der mittleren Textur in der obersten Ebene (»Fraktal«) eine **Ebenenmaske** hinzugefügt (Ebene, Ebenenmaske hinzufügen, Nichts maskieren).

4. Anschließend erfolgte die **Auswahl der Überschneidungsbereiche**. Mit einem Mausklick bei gedrückter Strg/⌘-Taste auf das Thumbnail der Ebene »Fraktal« in der Ebenenpalette wurde deren Transparenzmaske als Auswahl geladen. (Das Ebenen-Thumbnail ist die linke Miniatur im Ebenenetikett und darf nicht mit dem Thumbnail der Ebenenmaske verwechselt werden.) Ein weiterer Mausklick bei gedrückter Umschalt-, Strg/⌘- und Alt/⌥-Taste auf das Thumbnail der nächsten Ebene bildete die Schnittmengenauswahl beider Transparenzmasken. Diese Schnittmenge entsprach genau dem Überschneidungsbereich.

5. Da immer noch die Ebenenmaske der Ebene »Fraktal« aktiv war, konnte sie direkt mit einem Verlauf gefüllt werden. In der Optionenpalette des **linearen Verlaufswerkzeugs** wurde dazu die Option Vorder- zu Hintergrundfarbe gewählt. Das Verlaufswerkzeug zog von einer Ecke der Auswahl zur gegenüberliegenden einen diagonalen Verlauf auf, wobei Weiß (Vordergrundfarbe bei Ebenenmasken) zur Bildmitte und Schwarz (Hintergrundfarbe) nach außen zeigte.

6. Die übrigen drei Bereiche wurden auf die gleiche Weise ausgewählt: Erst Transparenzmaske der Ebene »Fraktal« laden, dann **Schnittmenge** mit der Transparenzmaske der nächsten Ebene bilden und mit einem diagonalen Verlauf füllen.

7. Die **Reduktion der Ebenendatei** auf die Hintergrundebene verringert nicht nur den Speicherplatz, sondern stellt auch die Voraussetzung dafür dar, die Datei in einem Format sichern zu können, das von Layoutprogrammen akzeptiert wird (z.B. TIFF oder EPS).

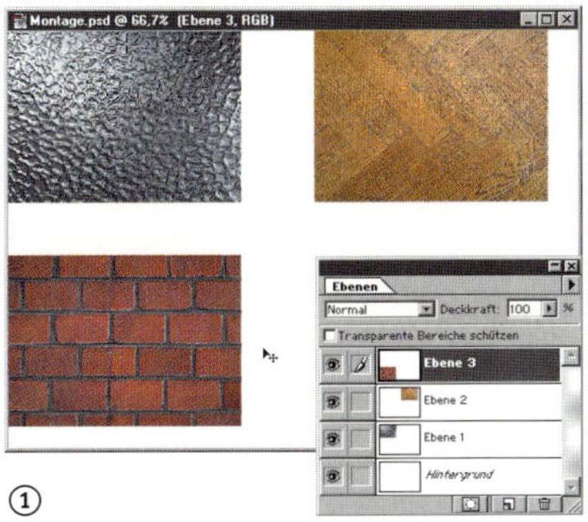

①

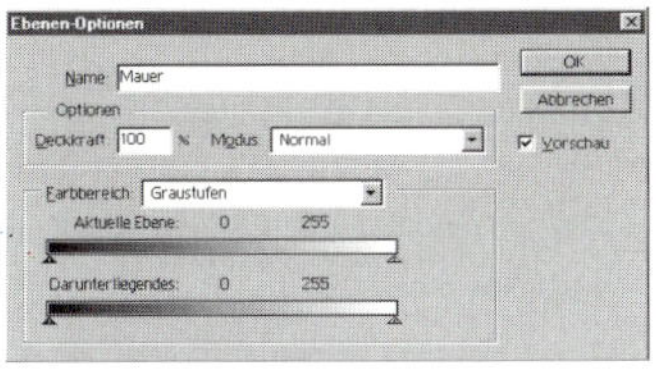

②

③

④

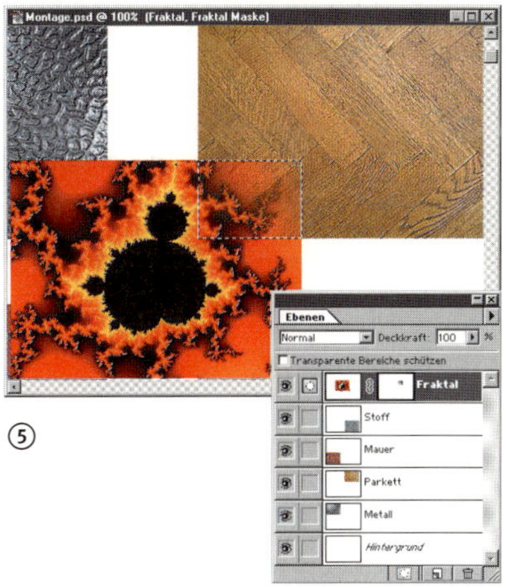

⑤

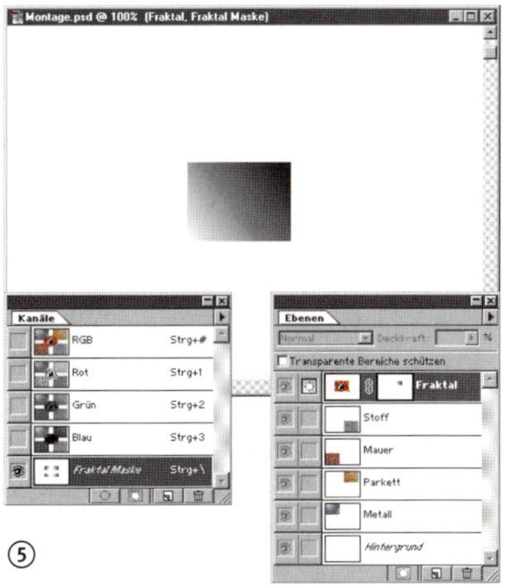

⑤

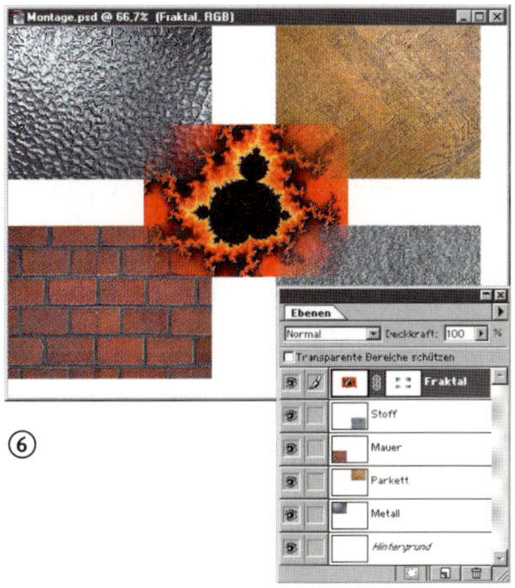

⑥

Gut in Form

Wie sich die Form eines Motivs in eine Schablone für neue Hintergründe verwandeln läßt

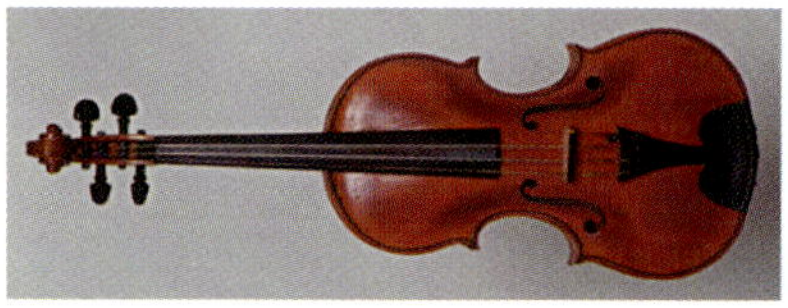

Aus einer Violine und einem Notenblatt entsteht eine Notenvioline.

Das wohl augenfälligste Merkmal dieses Konzertplakats ist die hervorgehobene Violinenform. Während die ersten Arbeitsschritte zum Ziel hatten, die Form des Instruments in einer Maske nachzubilden, ging es in den nachfolgenden Schritten darum, durch die wohlüberlegte Wahl von Motivfüllung und Motivhintergrund die Instrumentenform ihrem Charakter gemäß überhaupt erst zur Geltung zu bringen. Diese und andere Formen lassen sich nicht nur wie hier mit einer (noten-)typografischen Anlage, sondern auch mit fotografischen Bildern oder etwa Mustern kombinieren.

Nachbildung der Geigenform

1. Als Ausgangsmaterial lag ein niedrigaufgelöster RGB-Scan einer Violine vor, der zunächst mit Bild, Arbeitsfläche drehen, 90° im UZS senkrecht gestellt wurde. Da nur die Form der Violine interessierte, bot sich die Konturierung mit dem **Zeichenstift** an. Auch die Resonanzlöcher waren mit dem Zeichenstift zu umgrenzen. Der fertiggestellte Pfad wurde unter dem Namen »Violinenform« gesichert (**Pfad sichern** aus dem Menü der Pfadepalette oder Doppelklick auf das Etikett des Arbeitspfads).

2. Der Pfad mußte nun in den hochaufgelösten Notenblattscan, der für alle weiteren Schritte als Montagedatei verwendet wurde, übertragen werden. Dazu gibt es mehrere Möglichkeiten: Der Pfad kann mit dem Direktauswahlwerkzeug ausgewählt, in die Zwischenablage kopiert und im neuen Bild als neuer Pfad eingefügt werden. Diese Methode hat jedoch den Nachteil, daß der Pfad als Arbeitspfad eingesetzt wird. Schneller geht es, wenn das **Direktauswahlwerkzeug** den Pfad bei gedrückter Alt/⌥-Taste in das andere Fenster zieht (Kopie-Modus) oder das Pfadetikett aus der Pfadepalette in das Fenster gezogen wird.

3. Da der Notenblattscan viel größer als das kleine Violinenbild war, mußte der Pfad auf die Höhe des Notenblatts skaliert werden. Damit der Pfad besser sichtbar war und der unruhige Notenhintergrund beim Skalieren nur störte, wurde die Hintergrundebene mit einem Doppelklick auf ihr Etikett in der Ebenenpalette in eine **transparente Ebene** umgewandelt. Die Ebene erhielt den Namen »Noten«. Ein Mausklick auf das Augensymbol blendete sie vorübergehend aus.

4. Bei noch aktivem Pfad und gewähltem Pfadwerkzeug wurde die Funktion **Pfad frei transformieren** aus dem Menü Bearbeiten aufgerufen. (Falls der Befehl Punkte frei transformieren lautet, ist der Arbeitspfad nicht gesichert worden oder es sind einzelne Punkte des Pfads ausgewählt. Heißt der Befehl nur Frei transformieren oder ist er grau dargestellt, ist entweder der Pfad nicht ausgewählt oder es ist kein Pfadwerkzeug aktiv.) Durch Ziehen bei gedrückter Umschalttaste an den Eckgriffen des Transformationsrahmens wurde der Pfad proportional skaliert. Photoshop vergrößert dabei nur den Pfad, nicht den Inhalt der Bildebene. Als der Pfad die gewünschte Größe erreicht hatte und mittig ausgerichtet war (Transformationsrahmen verschieben), wurde die Skalierung mit einem Doppelklick ins Rahmeninnere bestätigt.

Montage (Bilder nächste Seite)

1. Da das Notenbild als Graustufendatei vorlag, war für die weiteren Schritte zunächst eine Umwandlung in den RGB-Modus erforderlich (Bild, Modus, **RGB-Farbe**). Von der Ebene »Noten« wurden für die Überlagerung insgesamt vier Kopien angelegt (Ebene, **Ebene duplizieren**).

2. Mit Ebene, **Neu**, Ebene kam zu den insgesamt fünf Ebenen eine weitere mit dem Namen »Basis« hinzu. Nun wurde wieder der Pfad durch einen Mausklick auf sein Etikett ausgewählt und in eine Auswahl umgewandelt (**Auswahl erstellen** aus dem Menü der Pfadepalette). Die Auswahl wurde mit Weiß gefüllt (Bearbeiten, Fläche füllen; Füllen mit Weiß). Diese Ebene zeigte die Form der Violine als weißen Scherenschnitt; sie wurde in der Ebenenpalette an die zweite Position verschoben.

3. Die Ebene »Basis« sollte die Basisebene einer **Maskierungsgruppe** bilden, deshalb wurden die Ebenen »Noten Kopie 1« bis »Noten Kopie 4« mit der jeweils darunterliegenden Ebene

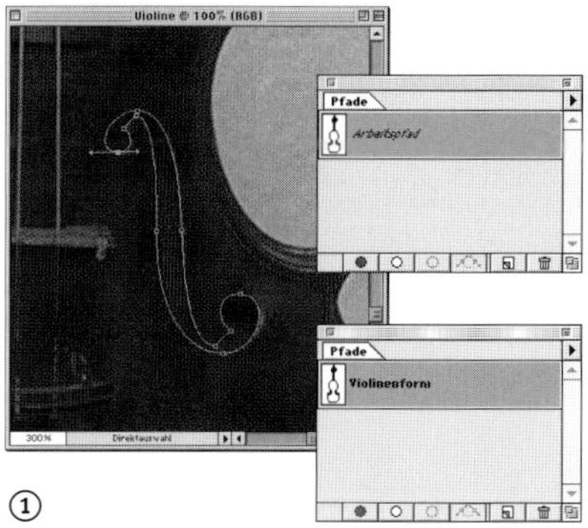

①

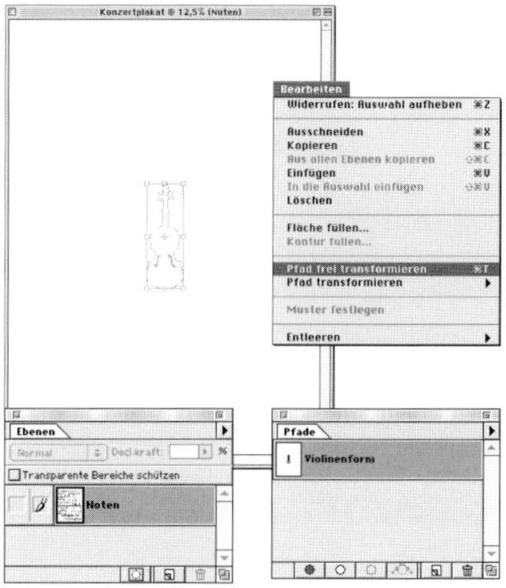

④

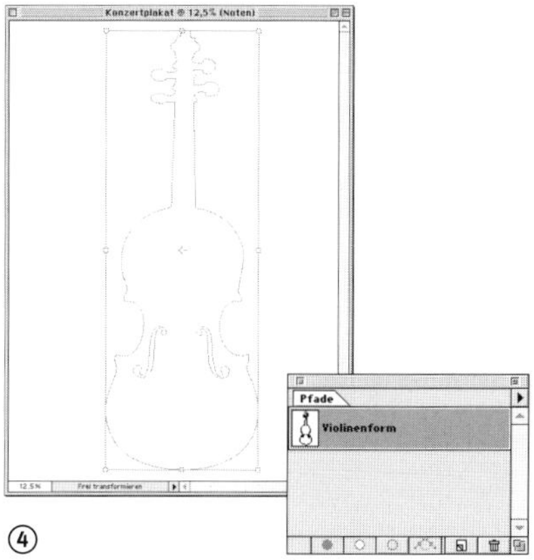

④

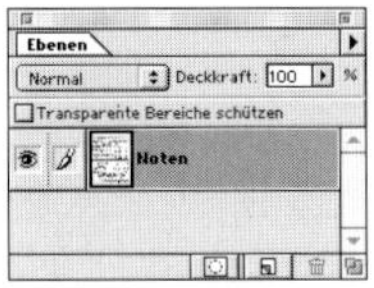

①

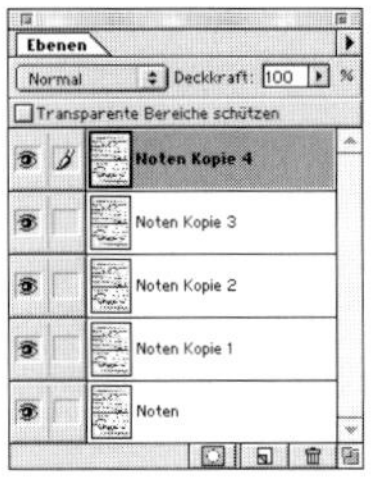

①

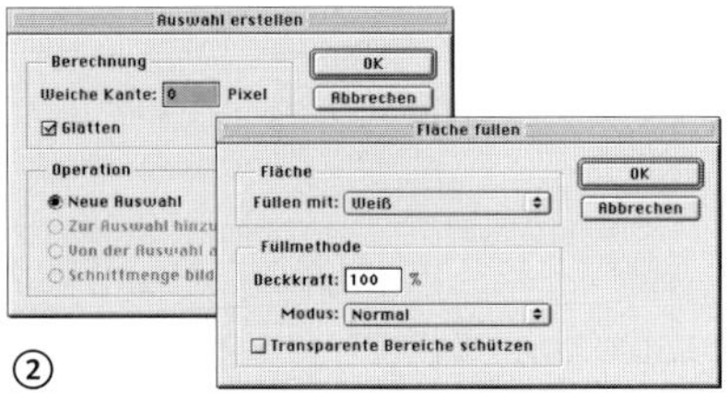

②

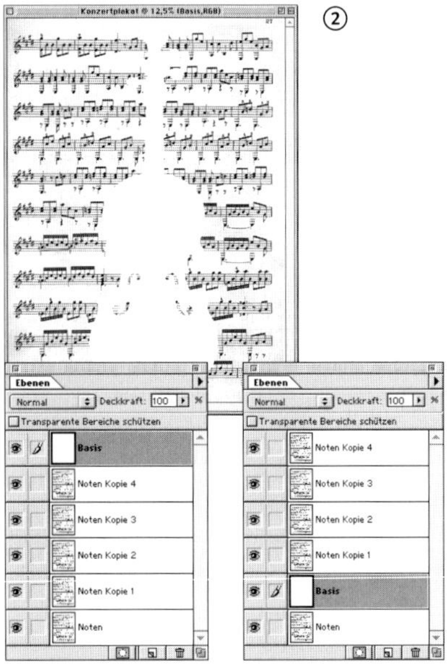

②

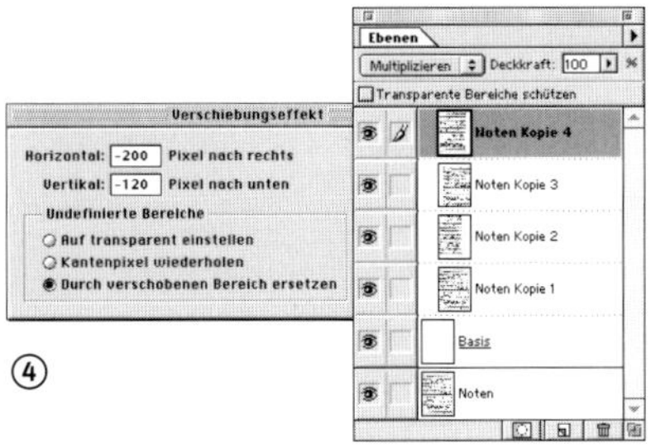

④

gruppiert. Das Gruppieren einer Ebene mit der darunterliegenden erfolgt, indem mit gedrückter Alt/⌥-Taste auf die Trennlinie zwischen beiden Ebenen geklickt wird. In die Maskierungsgruppe aufgenommene Ebenen erscheinen gegenüber der Basisebene eingerückt.

4. Die Notentextur innerhalb der Violinenform entstand durch Überlagerung der gegeneinander versetzten Ebenen der Maskierungsgruppe. Die Ebenen »Noten Kopie 2«, »Noten Kopie 3« und »Noten Kopie 4« wurden jeweils unterschiedlich gegenüber der unverändert gelassenen Ebene »Noten Kopie 1« verschoben und mit dem Ebenenmodus **Multiplizieren** versehen. Das Versetzen von Ebeneninhalten kann manuell mit dem Bewegen-Werkzeug oder mit dem Filter **Verschiebungseffekt** (Filter, Sonstige Filter) erreicht werden. Der Filter bietet gegenüber der manuellen Methode den Vorteil, daß die Verschiebung mit genau ausgerechneten Abständen erfolgen kann. Außerdem sorgt die Option Durch verschobenen Bereich ersetzen im Filterdialog dafür, daß die über den Bildrand hinausgeschobenen Bildpartien auf der gegenüberliegenden Seite wieder zum Vorschein kommen.

5. Da der Überlagerungseffekt wie gewünscht ausfiel, konnten, nachdem die Ebene »Basis« aktiviert wurde, die gesamten Ebenen der Maskierungsgruppe mit der Funktion **Gruppe auf eine Ebene reduzieren** aus dem Menü Ebene zusammengerechnet werden. Das Ergebnis war nicht nur eine übersichtlichere Ebenenpalette, auch wertvoller Arbeitsspeicher wurde frei.

6. Der Inhalt der Violinenform und der umgebende Hintergrund sollten unabhängig voneinander koloriert werden. Deshalb wurde über der Ebene »Noten« eine Einstellungsebene mit der Farbkorrekturart Farbton/Sättigung angelegt (Ebene »Noten« aktivieren und **Neue Einstellungsebene** aus dem Menü der Ebenenpalette wählen). Im Dialog Neue Einstellungsebene wurde die Option Mit darunterliegender Ebene gruppieren aktiviert. Die Option **Kolorieren** im Dialog Farbton/Sättigung gewährleistete, daß das Schwarzweißfoto der Noten eingefärbt werden konnte. Als Kolorierungsfarbe wurde ein schwach gesättigter, braungelblich wirkender Ton gewählt, der an vergilbtes Papier erinnerte.

7. Da die Ebene »Noten« auch mit Kolorierungseffekt insgesamt noch zu dunkel erschien, wurde ihre **Deckkraft** auf 40% herabgesenkt (nicht die Deckkraft der Einstellungsebene).

8. Da für die Ebene »Basis« eine **zweite Einstellungsebene** mit ähnlicher Farbwirkung (auch Farbton/Sättigung) vorgesehen war, wurde die Einstellungsebene dupliziert (Etikett auf das Symbol ⧉ ziehen) und die Kopie in der Ebenenreihenfolge über die Ebene »Basis« gestellt. Sie wurde mit der Ebene »Basis« gruppiert, damit sich die Kolorierung nur auf sie auswirkte. Die Werte für Farbton und Sättigung im Dialog **Farbton/Sättigung** (Doppelklick auf das Etikett der Einstellungsebene) wurden identisch mit der unteren Einstellungsebene gesetzt, die Lab-Helligkeit jedoch drastisch erhöht.

9. Der dreidimensionale Eindruck des Konzertplakats wurde durch einen hinter die Violinenform gelegten Schatten erreicht. Der Schatten wäre eine ideale Anwendungsmöglichkeit für die Funktion Ebene, Effekte, Schlagschatten gewesen. Der maximale Weichzeichnungsradius dieser Funktion erwies sich jedoch für die Größe eines Plakats als nicht ausreichend. Deshalb wurde hinter der Ebene »Basis« eine **neue Ebene** mit dem Namen »Schatten« angelegt (untere Einstellungsebene wählen, mit gedrückter Alt/⌥-Taste auf das Symbol ⧉ in der Ebenenpalette klicken und im Dialog einen Namen vergeben), der Pfad »Violinenform« erneut als Auswahl geladen und die Auswahl schwarz gefüllt. Anschließend wurde die Ebene mit dem **Gaußschen Weichzeichner** (Filter, Weichzeichnungsfilter) verwischt. Ein Radius von 80 Pixeln ergab den gewünschten Effekt. Eine dezentere Schattenwirkung erreichte eine Verringerung der **Ebenendeckkraft** auf 50%. (Im CMYK-Modus sollten Schatten den Ebenenmodus Multiplizieren erhalten.)

10. Um den räumlichen Eindruck zu verstärken, wurde die Ebene »Noten« ausgewählt und mit dem **Gaußschen Weichzeichner** (Filter, Weichzeichnungsfilter) unscharf gezeichnet.

11. Die Überlagerung des Plakats mit Schrift wurde im **Layoutprogramm** vorgenommen. So ließ sich randscharfe Schrift verwenden, ohne daß die Bildauflösung zu steigern gewesen wäre. Auch blieb so weitgehende Flexibilität hinsichtlich der Typografie, der Schriftfarbe und des Konzerttermins gewahrt.

⑤

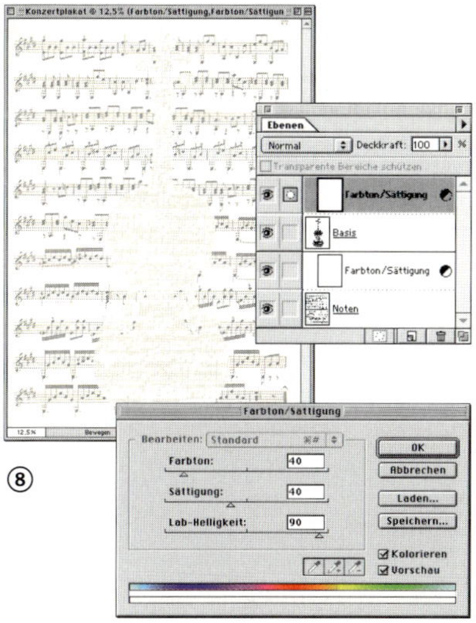

⑧

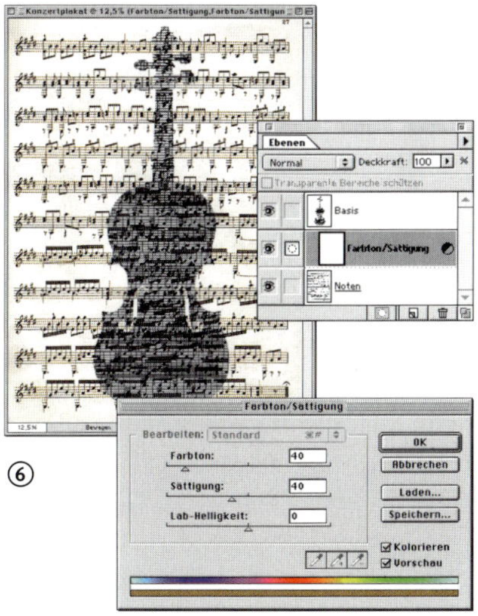

⑥

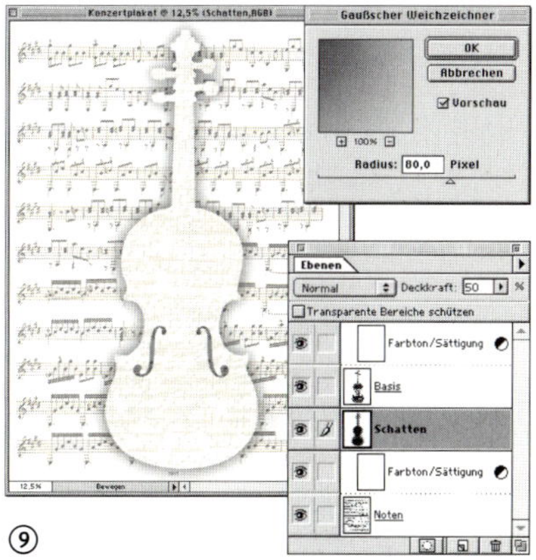

⑨

⑦

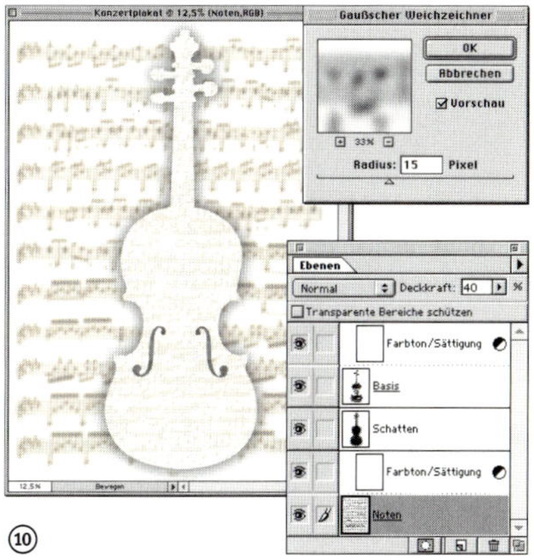

⑩

Aus dem Rahmen gefallen

Wenn ein Bild seines Rahmens überdrüssig wird und einfach auszieht

Plastik: David Gerstein, Kunstagentur Doron

Das Ausgangsmaterial: das Foto einer 3-D-Plastik und eine Vektorgrafik

Nichts ist unmöglich – auch nicht eine solch verrückte Montage, die so nicht hätte fotografiert werden können. Bei der Bildvorlage handelt es sich um das Foto einer Plastik des israelischen Künstlers David Gerstein. Drei ausgeschnittene und bemalte Edelstahlplatten mit laufenden Figuren liegen – kraft zwischengeschraubter Distanzhülsen – in drei räumlichen Ebenen. Alle zusammen wahren einen ebenso großen Abstand zur Wand, an der die 3-D-Plastik aufgehängt wird. Da sich die räumliche Erfahrung der Plastik in einem Foto nur vage erahnen läßt, sollte Gersteins außergewöhnliche Kompositionstechnik durch eine Montage in Photoshop hervorgehoben werden. Ein Mittelformat-Diarahmen schiebt sich halb hinter die erste Figurenebene und führt so den Versuch ad absurdum, die Plastik per Projektion auf die Fläche der dritten Dimension zu berauben und sie in enge Grenzen einzusperren.

1. Das allerwichtigste bei dieser Fotomontage war – wie bei vielen anderen Montagearbeiten auch – die sorgfältige Vorarbeit. Die vorderste Figurenebene der Plastik wurde vollständig mit dem **Zeichenstift** konturiert. Dabei waren nicht nur die äußeren, sondern auch die inneren, eingeschlossenen Konturen zu umgrenzen. Alle Pfadsegmente waren Unterpfade eines einzigen Pfades (Pfadepalette).

Für das Beispiel hätte es ausgereicht, nur die Bereiche auszuwählen, hinter denen die obere Kante des Diarahmens verläuft. Da jedoch unterschiedliche Rahmenstellungen ausprobiert werden sollten, wurde der Mehraufwand in Kauf genommen, alle Figuren der vorderen Edelstahlplatte zu konturieren.

2. Als der Pfad fertiggestellt war, wurde er mit **Auswahl erstellen** aus dem Menü der Pfadepalette in eine Auswahl umgewandelt (Weiche Kante 1 Pixel; Glätten).

3. Die Funktion **Ebene durch Kopieren** (Ebene, Neu) kopierte die ausgewählten Figuren in eine neue Ebene, wobei sie ihre Position exakt beibehielten. Die neue Ebene wurde in »Figuren« umbenannt (Ebenen-Optionen aus dem Menü der Ebenenpalette). Um eventuelle Ungenauigkeiten bei der Pfadauswahl, die störende Randpixel verursachen können, zu korrigieren, wurde die Funktion **Rand entfernen** (Ebene, Hintergrund) angewendet.

4. Um ausreichend Platz für den Diarahmen zu schaffen, wurde die **Arbeitsfläche** des Bildes entsprechend vergrößert (Bild, Arbeitsfläche).

5. Der Mittelformat-Diarahmen wurde in einem Vektorgrafikprogramm gezeichnet und als EPS-Grafik gesichert. Den Import der Vektorgrafik in Photoshop erledigte die Funktion **Plazieren** aus dem Menü Datei. Diese Funktion setzt eine EPS-Grafik zunächst mit einem Transformationsrahmen ein, der ein Drehen, Skalieren und Verschieben erlaubt, bevor die Grafik »gerastert«, das heißt, in Pixel umgewandelt wird. Im Beispiel wurde von allen drei möglichen Transformationen Gebrauch gemacht: Die Grafik wurde gedreht, etwas vergrößert und an die gewünschte Stelle verschoben. Ein Doppelklick in das Innere des Transformationsrahmens setzte den Diarahmen als neue Ebene ein. Die Ebene erhielt automatisch den Namen der Quelldatei (»Mittelformat.eps«). Die neue Ebene wurde in der Ebenenpalette an die mittlere Position verschoben.

6. Als zusätzliches Gimmick sollte der Diarahmen einen Schatten auf den weißen Hintergrund werfen, der mit der Schattenwirkung der fotografierten Plastik harmonierte. Dazu wählte der **Zauberstab** mit einer Toleranz von 32 Pixeln und eingeschalteter Glätten-Option (beides in der Palette Zauberstab-Optionen) den äußeren Bereich um den Diarahmen aus. Als die Auswahl umgekehrt war (Auswahl, Auswahl umkehren), wurde eine **neue Ebene** mit dem Namen »Schatten« und dem Deckmodus Multiplizieren angelegt (Ebene, Neu, Ebene).

7. Die Funktion **Fläche füllen** aus dem Menü Bearbeiten füllte die Auswahl in der Ebene »Schatten« mit schwarzer Farbe (Füllen mit: Schwarz). Die noch bestehende Auswahl wurde sodann als Ebenenmaske gesichert (Ebene, **Ebenenmaske hinzufügen**, Auswahl maskieren).

8. Nachdem das Verbindungssymbol zwischen den Thumbnails von Ebene und Ebenenmaske ausgeschaltet und wieder die Ebene aktiviert war, konnte ihr Inhalt unabhängig von der Ebenenmaske mit dem **Gaußschen Weichzeichner** weichgezeichnet werden.

9. Eine Verringerung der **Ebenendeckkraft** auf 80% paßte die Helligkeit des Schattens der Plastik an.

①

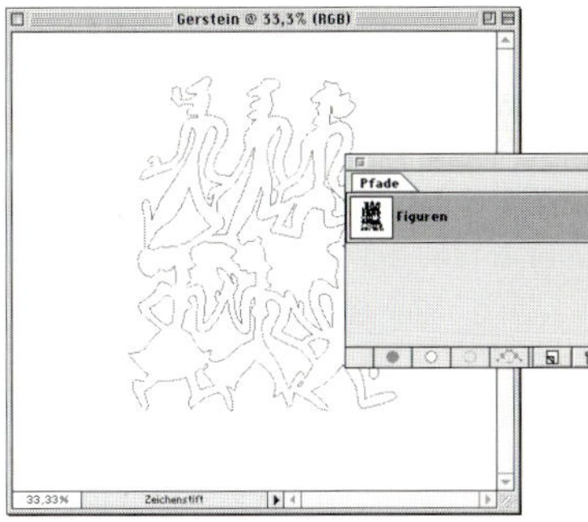

⑤

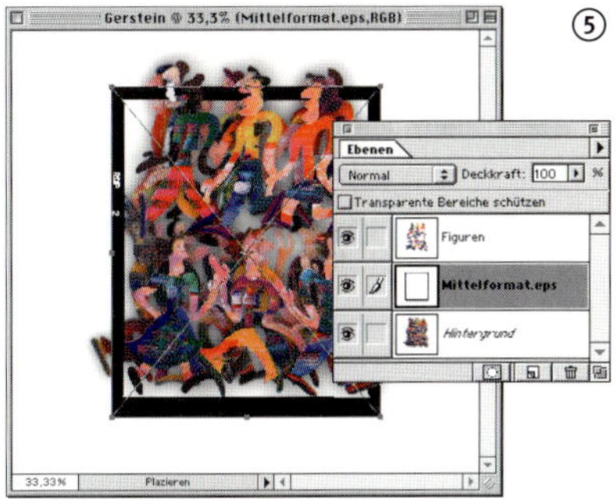

⑦

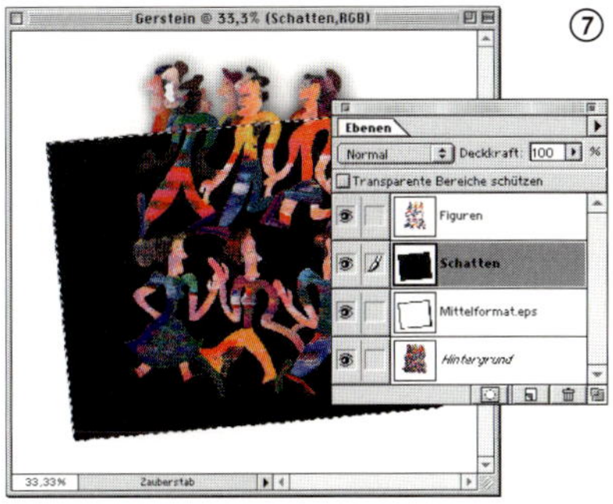

⑧

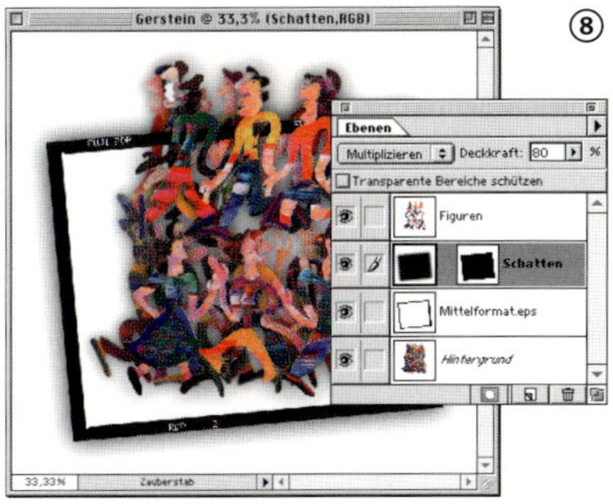

3-D-Effekt

Wie sich durch Übereinanderlegen zweier Bilder mit Photoshop ein räumlicher Effekt erzeugen läßt

Foto: Helmut Bechtel

Das Ausgangsbild für den 3-D-Effekt

Eine interessante Variante entsteht, wenn das Relief in das Ursprungsbild überblendet.

Ein interessanter 3-D-Effekt läßt sich mit Photoshop erzeugen, wenn ein Bild mit einem Relief überlagert wird. Dabei erhält das Bild die räumliche Struktur des Reliefs. Das Beispiel zeigt, wie sich auch mit ganz einfachen Bildvorlagen – einem freigestellten Fisch und einer Steintextur – interessante Illustrationen gestalten lassen.

1. Als Hintergrundtextur wurde das Bild einer verwitterten Steinoberfläche geöffnet. Da die Textur sehr kontrastreich ausfiel, wurde die Hintergrundebene mit einem Doppelklick auf ihr Etikett in der Ebenenpalette direkt in eine **transparente Ebene** umgewandelt. Im Dialog Ebenen-Optionen, der dabei geöffnet wurde, konnte ein sinnvoller Name (»Textur«) und sogleich eine verringerte Deckkraft vorgegeben werden.

2. Nachdem das Bild des Fisches geöffnet und der Fisch ausgewählt war, wurde er mit dem **Bewegen-Werkzeug** in das Fenster der Textur gezogen. Photoshop legt bei solchen Aktionen automatisch eine neue Ebene für das kopierte Motiv an. Die Ebene wurde in »Fisch« umbenannt. Das Bewegen-Werkzeug verschob den Fisch an die vorgesehene Stelle.

3. Der Filter **Basrelief** (Filter, Zeichenfilter) erstellte aus dem Fisch ein graues Flachrelief. Im Filterdialog wurde ein sehr hoher Wert für die Details und ein sehr niedriger für die Glättung vorgegeben. Als Position der Lichtquelle wurde Unten rechts eingestellt.

Trotz dieser Beleuchtungseinstellung scheint das Licht im Beispiel von links oben zu kommen. Das liegt zum Teil daran, daß das menschliche Auge daran gewöhnt ist, daß das Licht in der Regel von oben und nicht von unten scheint. Gegenüberliegende Lichtpositionen (beispielsweise Oben links und Unten rechts) entscheiden deshalb darüber, ob der fossile Abdruck eingedrückt oder erhaben erscheint.

Die Reliefart – Vertiefung oder Erhöhung – läßt sich auch noch nachträglich wechseln, wenn der Inhalt der Ebene invertiert wird (Bild, Einstellen, Umkehren).

4. Als Deckmodus für die Ebene »Fisch« wurde **Luminanz** gewählt, damit nur die Helligkeitswerte des Reliefs, die Licht und Schatten und somit Dreidimensionalität vortäuschen, in die Texturebene eingerechnet werden, deren Farbgebung aber beibehalten wird. Die Ebenendeckkraft wurde auf 60% vermindert.

5. Das Relief wirkte nach der Überblendung in die Hintergrundtextur noch zu flach. Ein leichter Schatten im Inneren der Fischkontur sorgte für etwas mehr Plastizität. Dazu wurde eine **neue Ebene** mit dem Namen »Schatten« erstellt (Ebene, Neu, Ebene) und mit einem Mausklick bei gedrückter Strg/⌘-Taste auf das Thumbnail der Ebene »Fisch« deren Transparenzmaske als Auswahl geladen.

Die Auswahl erhielt eine weiche Kante (Auswahl, **Weiche Auswahlkante**) und wurde anschließend mit schwarzer Farbe gefüllt (Bearbeiten, **Kontur füllen**; Mitte). Als Stärke der Kontur wurde der gleiche Wert wie für die weiche Kante verwendet.

6. Die Transparenzmaske der Ebene »Fisch« wurde erneut als Auswahl geladen (um die scharfe Auswahl wiederherzustellen) und die Auswahl als Ebenenmaske gesichert (Ebene, **Ebenenmaske hinzufügen,** Außerhalb der Auswahl maskieren). Eine Verringerung der Ebenendeckkraft auf 50% machte die Montage perfekt.

②

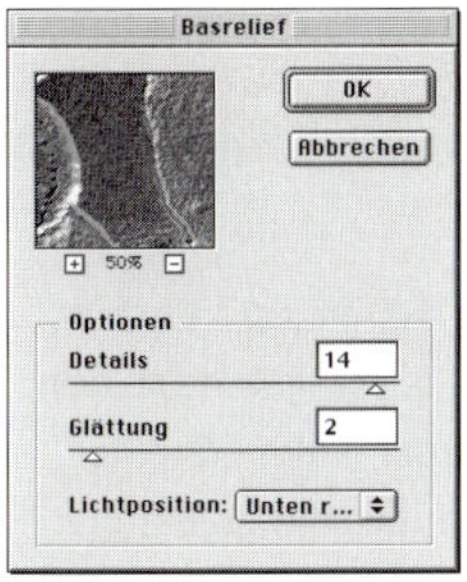

③

④

⑤

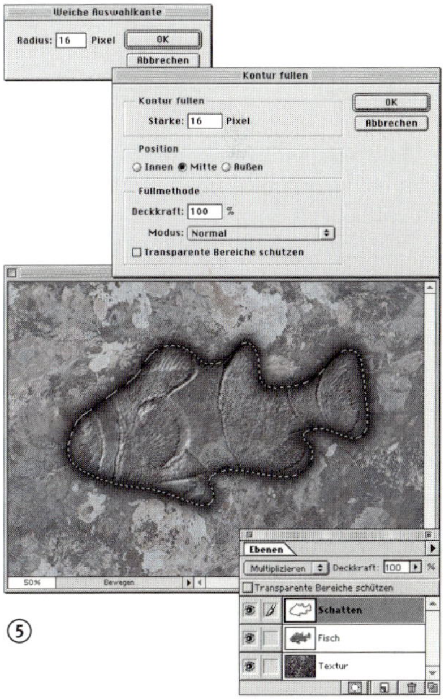

⑤

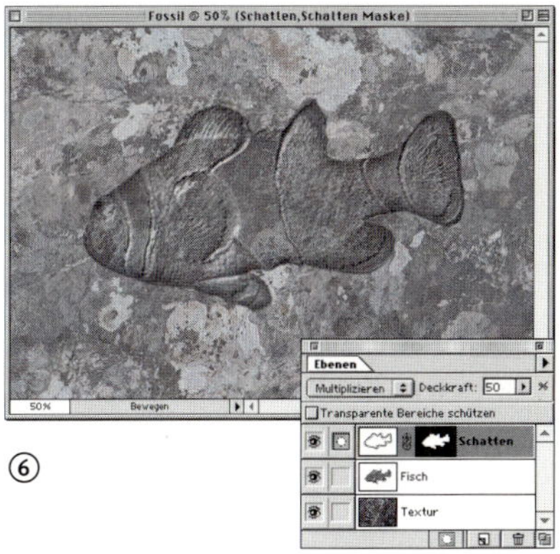

⑥

Photoshop als Typoshop

Text-Bild-Integration: Nicht erst seit Multimedia ist Photoshop neben Layout- und Grafikprogrammen ein wichtiges Werkzeug für die typografische Arbeit

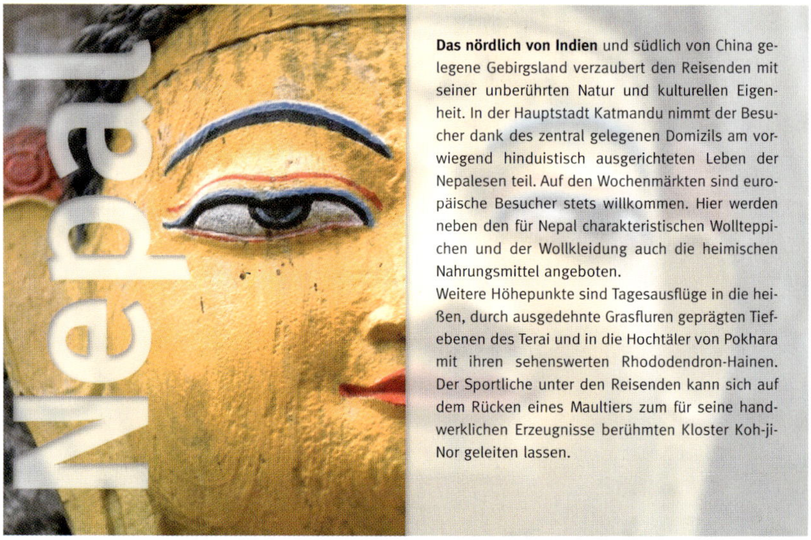

Foto: Helmut Bechtel

Das Ausgangsbild: eine bunt bemalte nepalesische Steinfigur

Die Montage von Bildern und Text in einem Layoutprogramm gehört zu den alltäglichen Aufgaben beim Erstellen von Publikationen. Sobald es bei der Kombination der beiden unterschiedlichen Informationsträger aber um mehr geht, als nur um ein bloßes Nebeneinander, also um eine Integration von Text im Bild, muß die Vorbereitung der Bilder in Photoshop typografischen Erfordernissen gerecht werden.

Bei der Text-Bild-Integration lassen sich zwei grundsätzliche Verfahrensweisen unterscheiden. Im ersten Verfahren dient das Bild als Untergrund für den Text, der erst bei der Montage im Layoutprogramm über das Bild gelegt wird. Der unschätzbare Vorteil dieses Verfahrens liegt in der Nutzbarkeit aller typografischen Einstellmöglichkeiten des Layoutprogramms und der gestochen scharfen Wiedergabe der Schriftzeichen. Es bietet sich daher besonders für längere Lesetexte an. Die Rolle von Photoshop beschränkt sich in solchen Fällen auf die Vorbereitung des Untergrundes, um eine gute Lesbarkeit des Textes zu gewährleisten.

Die Integration von Text in Photoshop selbst kann insbesondere die Möglichkeiten der Bildbearbeitung nutzen, etwa um die Schriftzeichen mit unterschiedlichen Füllungen zu versehen. Der Schwerpunkt der Textbehandlung in Photoshop liegt auf der Gestaltung von Headlines und Aufmachern, weniger auf dem Satz von Fließtextpassagen.

Für den Prospekt eines Reiseveranstalters wurde der fotografische Textuntergrund in Photoshop aufgehellt und der Text im Layoutprogramm Adobe PageMaker über das Bild gelegt.

1. Um die Größe des aufzuhellenden Bildbereichs zu ermitteln, mußte der Text zuerst in **PageMaker** fertig formatiert und wie gewünscht gesetzt werden. Nach Fertigstellung des Textblocks wurde der Nullpunkt auf die linke obere Ecke des Bildes verschoben und Hilfslinien für den Aufhellbereich gesetzt. Die Position der Hilfslinien wurde in der PageMaker-Kontrollpalette abgelesen und notiert.

2. Wichtig für alle weiteren Arbeitsschritte war, daß die Auflösung des Bildes bereits auf den endgültigen Wert von 300 Pixel pro Inch festgelegt war (Bild, **Bildgröße**; Ausgabegröße).

3. Um im Photoshop-Bild Hilfslinien ziehen zu können, mußten zuerst die Lineale eingeblendet werden (Ansicht, **Lineale einblenden**). Ein Doppelklick auf eines der Lineale öffnet den Dialog Voreinstellungen: Maßeinheiten & Lineale, in dem die gleiche Maßeinheit wie in PageMaker (Zentimeter) gewählt wurde. Da der gesamte rechte Bildbereich aufgehellt werden sollte, mußte nur eine Hilfslinie an die in PageMaker notierte Position gezogen werden. Bei Ausschnitten, die nicht an den Bildrand stoßen, sind vier Hilfslinien nötig.

4. Das **Auswahlrechteck** zog im rechten Bildbereich eine rechteckige Auswahl auf. Die Auswahlbegrenzung schnappte automatisch an der Hilfslinie ein.

5. Anschließend wurde eine **neue Einstellungsebene** (Ebene, Neu, Einstellungsebene) mit der Korrekturart **Tonwertkorrektur** über der Hintergrundebene angelegt. Durch Verschieben des schwarzen Reglers für den Tonwertumfang auf den Wert 160 hellte der Textfond auf. Die bestehende Auswahl wurde dabei automatisch als Einstellungsmaske gesichert.

6. Mit dem **Textwerkzeug** wurde der Schriftzug »Nepal« eingegeben und die Textebene in eine Bildebene umgewandelt (Ebene, Text, Ebene rendern),. Der Schriftzug wurde gedreht (Bearbeiten, Transformieren, **90° gegen UZS drehen**) und mit dem Bewegen-Werkzeug an die gewünschte Position verschoben.

7. Ein Mausklick auf das Thumbnail der Ebene »Nepal« lud ihre Transparenzmaske als Auswahl. Nachdem die Einstellungsebene gewählt war, konnte die Auswahl mit Weiß gefüllt werden (Bearbeiten, **Fläche füllen**; Füllen mit Weiß). Anschließend wurde die nicht mehr benötigte Textebene gelöscht.

8. Als die Hintergrundebene gewählt und die Maske der Einstellungsebene durch einen Mausklick auf deren Thumbnail als Auswahl geladen war, kopierte die Funktion **Ebene durch Kopieren** (Ebene, Neu) den ausgewählten Bildbereich in eine neue Ebene. Die Ebene wurde in »Weichzeichnung« umbenannt (Ebene, Ebenen-Optionen).

9. Bei eingeschalteter Option Transparente Bereiche schützen (Ebenenpalette) zeichnete der **Gaußsche Weichzeichner** (Filter, Weichzeichnungsfilter) den Ebeneninhalt weich, ohne weiche Kanten zu erzeugen.

10. Nachdem das Bild durch entsprechende Schatten ergänzt war, wurde es für den Import in PageMaker auf die Hintergrundebene reduziert (Ebene, **Auf Hintergrundebene reduzieren**), in den CMYK-Modus umgewandelt (Bild, Modus, CMYK-Farbe) und im TIFF-Format gespeichert.

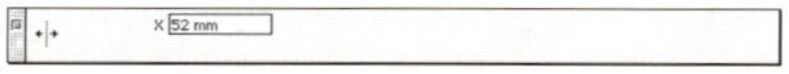

①

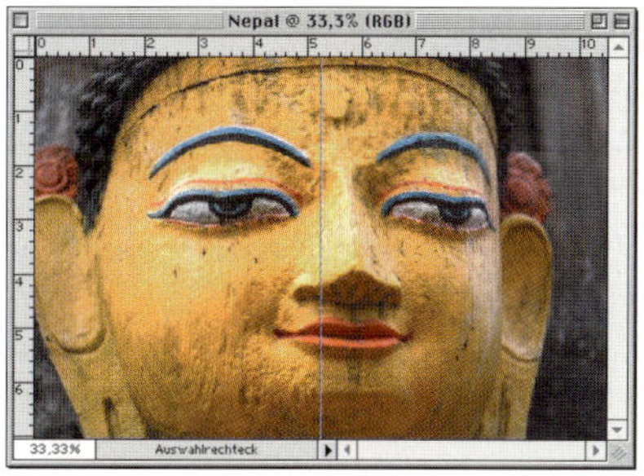

①

①

①

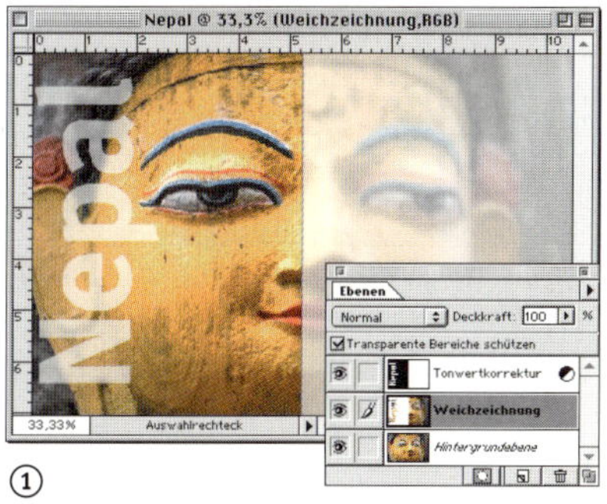

①

Kolorieren

Anstatt den Textuntergrund lediglich aufzuhellen, wurde er für diesen Farbeffekt im Dialog **Farbton/Sättigung** (Bild, Einstellen) gleichzeitig koloriert. Dazu war im Dialog die Option Kolorieren zu aktivieren (Häkchen sichtbar) und ein zur Farbgebung des Bildes passender Farbton zu wählen. Die Farbsättigung konnte unverändert beibehalten werden.

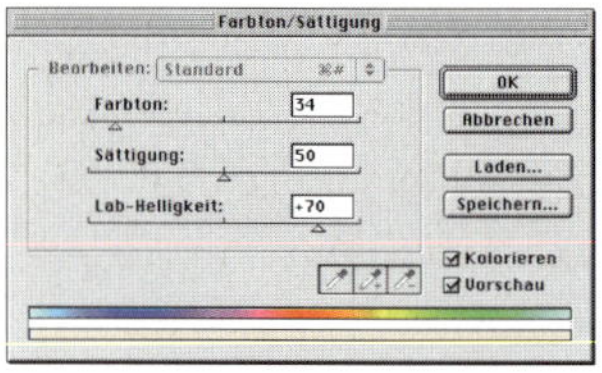

Farben auswaschen

Hier ein Beispiel, wie aus dem Textfond die Farbe herausgezogen wurde und ein schwarzweißer Ausschnitt zurückblieb. Das »Auswaschen« der Farbe erfolgte im Dialog **Farbton/Sättigung** (Bild, Einstellen) mit einer Einstellung von –100 für die Sättigung. Zusätzlich wurde der Textfond mit dem Regler für die Lab-Helligkeit aufgehellt.

Die Umwandlung in ein Schwarzweißbild hätte auch mit der Funktion Entfärben (Bild, Einstellen) vorgenommen werden können. Anschließend hätte man wie gewohnt mit Schritt 5 fortfahren können.

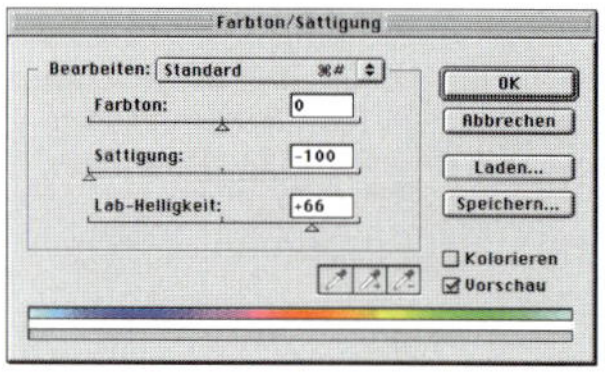

Koloreffekt

Dieser Farbeffekt unterscheidet sich vom Bild auf Seite 128 nur durch eine Verschiebung des Farbtons im Dialog **Farbton/Sättigung** (Bild, Einstellen). Hier wurde zur Verstärkung des Farbkontrasts genau die Komplementärfarbe eingestellt (Farbton: 180°). Damit es schneller ging, wurde der Textfond nicht im Dialog Tonwertkorrektur, sondern gleich im Dialog Farbton/Sättigung mit dem Regler für die Lab-Helligkeit aufgehellt.

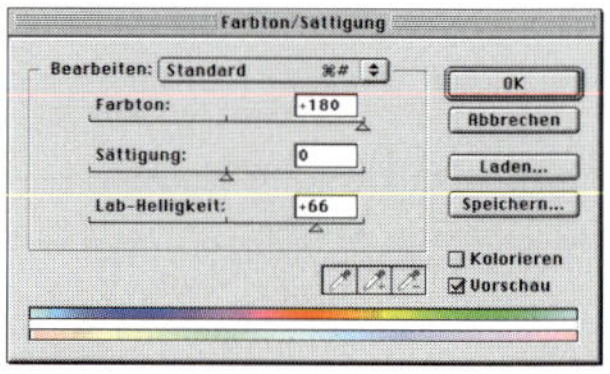

Helles Negativ

Dieses Beispiel zeigt den Texthintergrund negativ und aufgehellt. Dazu wurde im Dialog **Tonwertkorrektur** (Bild, Einstellen) der schwarze Regler für den Tonwertumfang ganz nach rechts an das andere Ende des Graustufenbalkens auf den Wert 0 verschoben und der weiße Regler auf den Wert 160 eingestellt. Zusätzlich zum Negativeffekt kam der Koloreffekt zur Anwendung: Im Dialog **Farbton/Sättigung** (Bild, Einstellen) wurden die Farben um 180° durchs gesamte Farbspektrum verschoben.

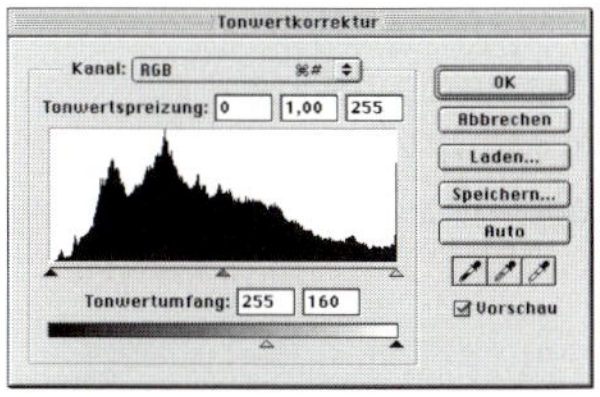

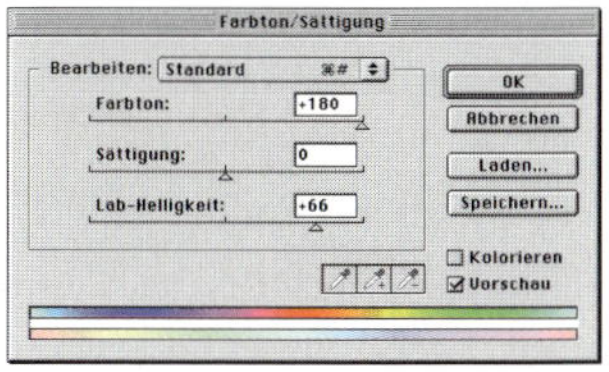

Getöntes Glas

Dieses Beispiel zeigt keinen aufgehellten, sondern einen abgedunkelten Textfond. Damit der Text noch lesbar bleibt, sollte er die Farbe Weiß erhalten (oder eine ähnlich helle Farbe). Zum Abdunkeln wurde im Dialog **Tonwertkorrektur** (Bild, Einstellen) der weiße Regler für den Tonwertumfang auf den Wert 128 verschoben.

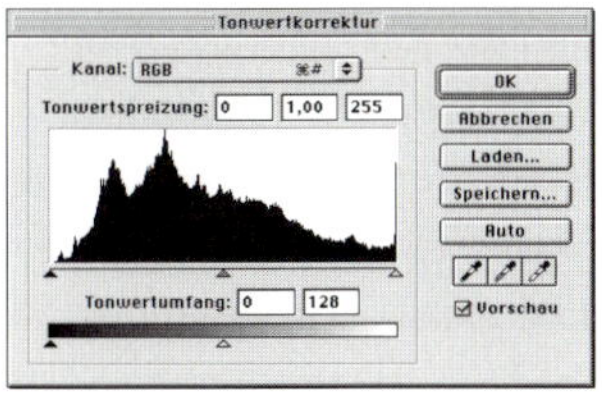

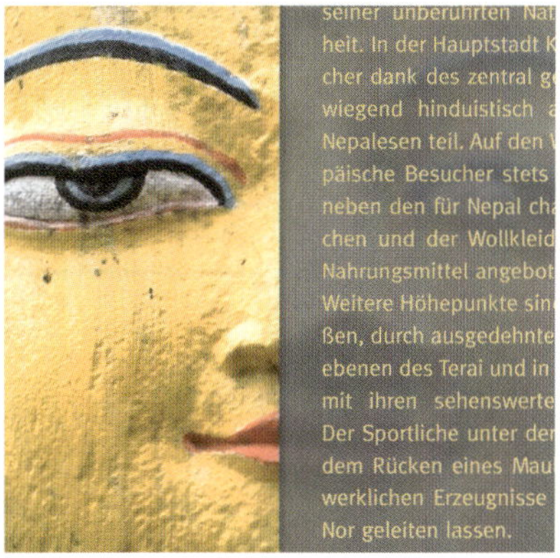

Mattes Glas

Dieser Textfond fällt im Unterschied zum »getönten Glas« kontrastärmer aus. Erreicht wurde die Kontrastverminderung hier im Dialog **Tonwertkorrektur** (Bild, Einstellen), indem der Tonwertumfang nicht nur in den Lichtern, sondern auch in den Tiefen beschnitten wurde (dadurch hellte sich das Bild wieder etwas auf).

Damit sich der Text besser vom dunkelgrauen Untergrund abhebt, erhielt er die gelbe Gesichtsfarbe der bemalten Steinfigur. Die CMYK-Definition des Gelbtons wurde mit dem **Farbaufnehmer** (Aufnahmebereich: 3 x 3 Pixel) ermittelt und in der Informationenpalette abgelesen. In PageMaker wurde eine neue CMYK-Farbe mit genau diesen Werten gemischt und als Schriftfarbe verwendet.

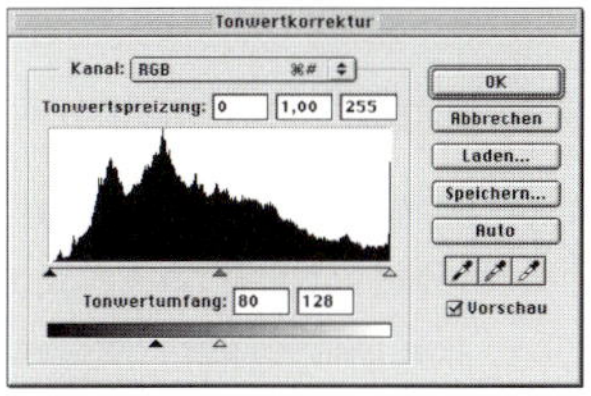

Gespaltene Persönlichkeit

Wie man auch wertvolle Bildvorlagen preiswert zerreißen kann

Bildvorlage: Deutsche Bundesbank

Zwei Dinge braucht diese Montage: eine geeignete Bildvorlage und einen Scan von gerissenem Papier.

Photoshop-Bilder auf dem Bildschirm zu zerreißen, stellt eine der Unmöglichkeiten dar, die die digitale Bildverarbeitung so mit sich bringt. Der Effekt von zerrissenem Papier läßt sich am einfachsten simulieren, indem die betreffende Materialstruktur fotografiert oder besser gleich gescannt wird. (Simulieren läßt sich allerdings nicht das haptische und akustische Vergnügen, das beim Zerreißen von Papier empfunden werden kann.) Für den hier gezeigten Riß wurde ein Papierbogen der Länge nach durchgerissen, auf den Scanner gelegt und noch mit einer schwarzen Pappe abgedeckt, um die Rißkante deutlich hervorzuheben.

1. Nachdem das Portrait der Clara Schumann im Scan der 100-DM-Banknote mit dem **Freistellungswerkzeug** freigestellt war, wurde der Papierriß-Scan als **neue Ebene** eingefügt, indem sein Ebenenetikett aus der Ebenenpalette in das Fenster der Montagedatei gezogen wurde. Bei kurzzeitiger Reduzierung der Deckkraft wurde der Riß so lange verschoben, bis er das Gesicht in vorteilhafter Weise teilte. Anschließend wurde die Ebenendeckkraft wieder auf 100% zurückgesetzt und die Ebene in »Riß« umbenannt.

2. Der schwarze Bereich links vom Riß war von grauen und weißen Stellen zu befreien. Dazu wurden Bereiche mit dem **Auswahlrechteck** großflächig ausgewählt und mit Schwarz gefüllt, die übrigen Stellen mit dem **Pinsel** übermalt. Mit der weißen Fläche rechts vom Riß war ebenso zu verfahren, mit dem Unterschied, daß diese weiß gefüllt wurde. Es mußte aber darauf geachtet werden, daß die grauen Bereiche, die dem Riß seine charakteristische Struktur geben, erhalten blieben.

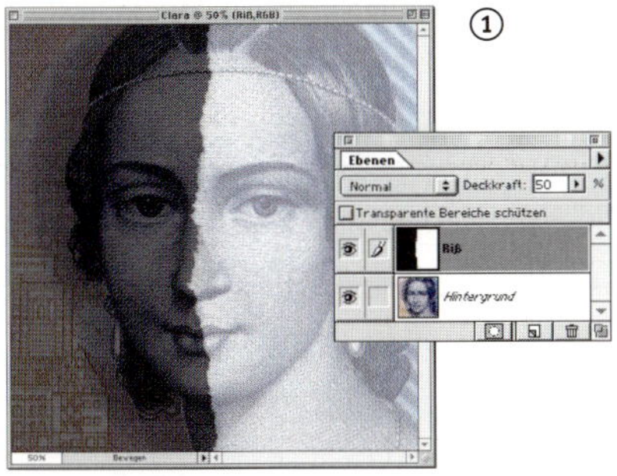
①

③

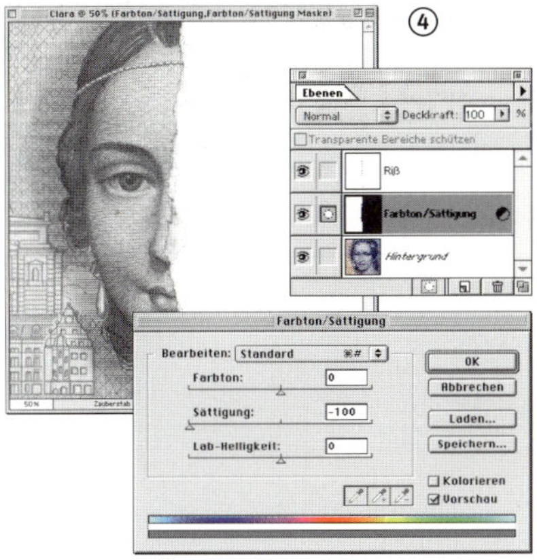
④

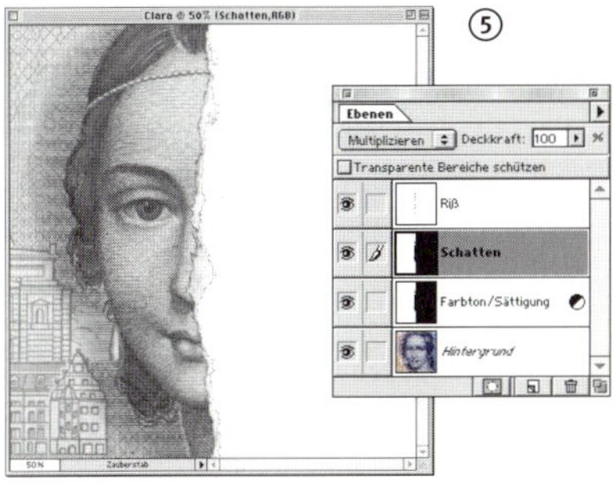
⑤

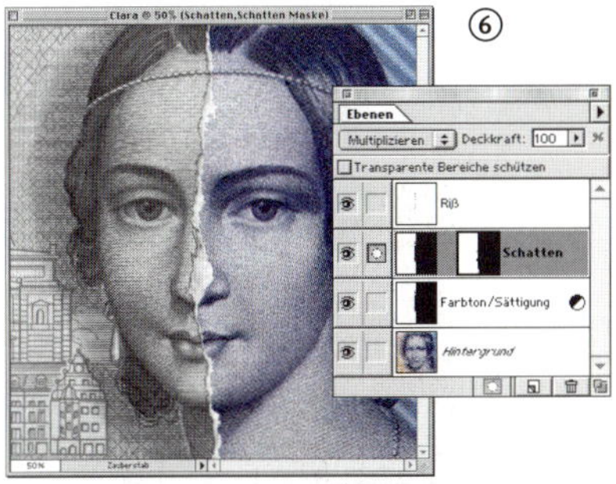
⑥

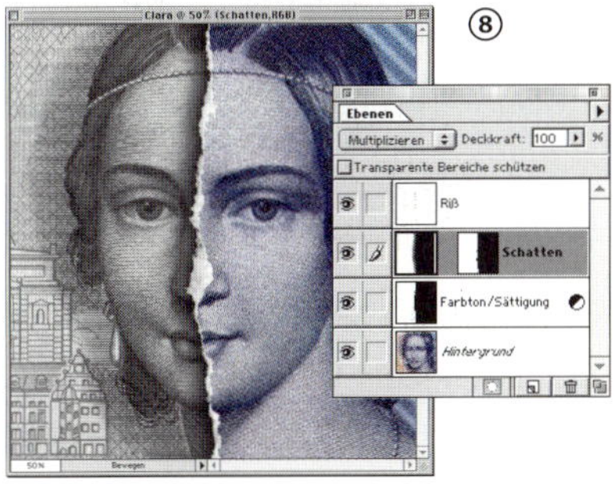
⑧

3. Der **Zauberstab** wählte die schwarze Fläche mit einer Toleranz von 0 Tonwertstufen aus. Mit der Rückschrittaste wurde der Inhalt der Auswahl gelöscht, so daß die linke Hälfte der Clara Schumann zum Vorschein kam.

4. Bei noch bestehender Auswahl legte die Funktion **Neue Einstellungsebene** aus dem Menü der Ebenenpalette eine Einstellungsebene mit der Korrekturart Farbton/Sättigung an. Im Dialog Farbton/Sättigung wurde die Sättigung auf den niedrigsten Wert (–100) gesenkt, was dem Schumann-Portrait die Farbe entzog. Die zuvor bestehende Auswahl wurde von der Einstellungsebene automatisch als Maske verwendet. Die Einstellungsebene mußte danach nur noch in der Ebenenpalette an die mittlere Position verschoben werden.

5. Da die Auswahl beim Anlegen der Einstellungsebene aufgehoben wurde, mußte sie mit der Funktion Auswahl, **Erneut wählen** wiederhergestellt werden. Anschließend wurde die Auswahl umgekehrt (Auswahl, Auswahl umkehren), eine **neue Ebene** mit dem Namen »Schatten« und dem Deckmodus Multiplizieren angelegt (Ebene, Neu, Ebene) und die Auswahl in dieser neuen Ebene mit Schwarz gefüllt.

6. Nachdem wieder die Ebene »Riß« aktiviert war, wählte der **Zauberstab** (Toleranz: 0) den rechten, weißen Bereich aus, so daß er mit der Rückschrittaste gelöscht werden konnte. Anschließend wurde die Ebene »Schatten« aktiviert und die noch bestehende Auswahl als Ebenenmaske gesichert (Ebene, **Ebenenmaske hinzufügen**, Auswahl maskieren). Dadurch wurde nun auch die andere Hälfte des Portraits wieder sichtbar.

7. In der Ebenenpalette wurde das Verbindungssymbol zwischen dem Ebenen-Thumbnail und dem Ebenenmasken-Thumbnail der Ebene »Schatten« ausgeschaltet, um den Ebeneninhalt unabhängig von der Ebenenmaske bearbeiten zu können. Ein weiterer Mausklick auf das Ebenen-Thumbnail wechselte von der Ebenenmaske zur Ebene. Nun zeichnete der **Gaußsche Weichzeichner** (Filter, Weichzeichnungsfilter) den gesamten Ebeneninhalt weich.

8. Das **Bewegen-Werkzeug** versetzte den Schatten bei gedrückter Umschalttaste exakt waagerecht in der gewünschten Schattenbreite nach links.

Vierfarbwunder

Wie sich Vierfarbauszüge in einem CMYK-Bild visualisieren lassen

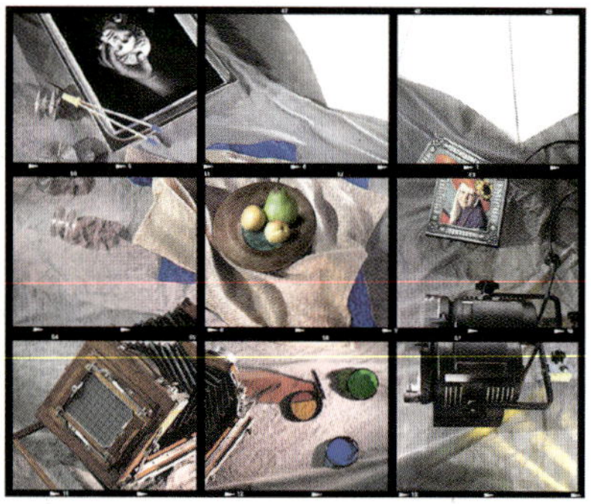

Foto: Adobe Systems

Das Ausgangsbild: eine collagenartige Montage aus Einzeldias

Der Umgang mit Vierfarbauszügen gehört zu der täglichen Arbeit eines Bildbearbeiters oder eines Belichtungsbüros. Bei der Vierfarbseparation wird die CMYK-Datei in ihre einzelnen Farbkanäle »zerlegt«, so daß diese nacheinander auf Film belichtet werden können. Die vier Filme dienen anschließend dem Drucker als Vorlagen für seine Druckplatten, die in den vier Farbwerken der Druckmaschine einmontiert die vier Druckfarben Cyan, Magenta, Gelb und Schwarz so übereinander drucken, daß wieder ein normaler Farbeindruck von zigtausend Farben entsteht.

Was aber, wenn die Vierfarbseparation selbst in einem Photoshop-Bild visualisiert werden soll und echte Farbauszüge miteinander zu kombinieren sind? In solchen Fällen darf der vom Farbauszug eingenommene Bildbereich nur im entsprechenden Farbkanal vorhanden sein.

Darüber hinaus läßt sich an dem Beispiel zeigen, wie Schatten zu konstruieren sind, die von Objekten auf unterschiedliche optische Ebenen geworfen werden. Das oberste CMYK-Dia beispielsweise wirft nur einen kleinen Schatten auf das direkt unter ihm liegende Dia, einen etwas größeren auf das nächste Dia und einen großen Schatten auf den Hintergrund.

Erstellen der »Farbauszüge«

1. Zunächst wurde das RGB-Bild mit Bild, Modus, **CMYK-Farbe** in den Vierfarbmodus umgewandelt.

2. Da die einzelnen Farbauszugdias in separate Ebenen gelegt werden mußten, wurde eines der Dias samt umgebenden Rahmen mit dem Auswahlrechteck ausgewählt. Dann wurde vom ausgewählten Bereich mit Ebene, Neu, **Ebene durch Kopieren** eine Kopie in eine neue Ebene übertragen und diese

Ebene weitere drei Male dupliziert (Ebene, **Ebene duplizieren**). Die Ebenen erhielten jeweils den Namen der gezeigten Auszugsfarbe (»CMYK«, »Cyan«, »Magenta« und »Gelb«).

3. Nun wurde das Innere des Diarahmens mit dem **Auswahlrechteck** ausgewählt, in der Ebenenpalette die Ebene »Cyan« aktiviert und die Ebene »CMYK« ausgeblendet. In der Kanälepalette wurde der Cyankanal durch einen Mausklick bei gedrückter Umschalttaste auf sein Kanaletikett abgewählt, so daß nur noch die Kanäle Magenta, Gelb und Schwarz ausgewählt waren. Ein Druck auf die **Rückschrittaste** löschte die Auswahl in den aktivierten Kanälen, übrig blieben die Cyananteile des ausgewählten Bereichs. Damit das Ergebnis direkt zu sehen war, wurde der Cyankanal eingeblendet.

In gleicher Weise wurde mit den übrigen Ebenen und Kanälen verfahren. Zuerst wurde der Gesamtkanal gewählt und dann der Kanal, dessen Inhalt nicht gelöscht werden durfte, mit einem Mausklick bei gedrückter Umschalttaste auf sein Etikett abgewählt (dieselbe Aktion aktiviert ihn auch wieder). Anschließend wurde die Auswahl in den übrigen drei Kanälen gelöscht.

4. Die das Hintergrundbild überlagernden Einzeldias wurden mit dem **Bewegen-Werkzeug** grob an die vorgesehene Position verschoben und anschließend mit der Funktion **Frei transformieren** (Menü Bearbeiten) gedreht und gleichzeitig an die definitive Position gesetzt. Erst ein Doppelklick in den Transformationsrahmen rechnete die Drehung in die jeweilige Bildebene ein.

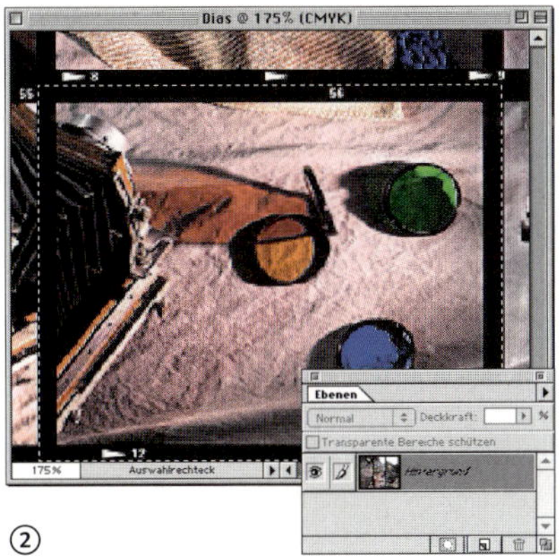

②

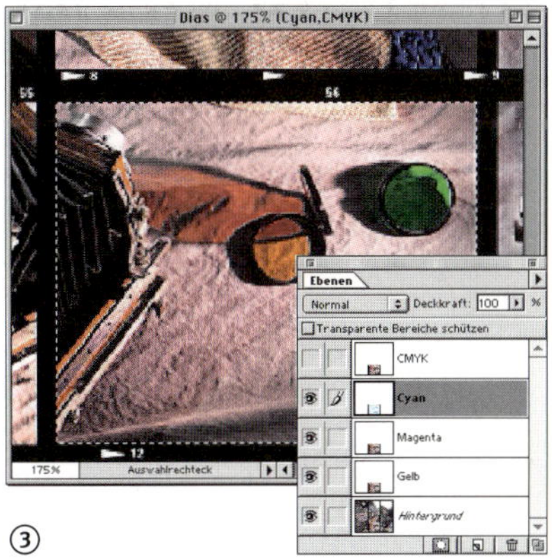

③

③

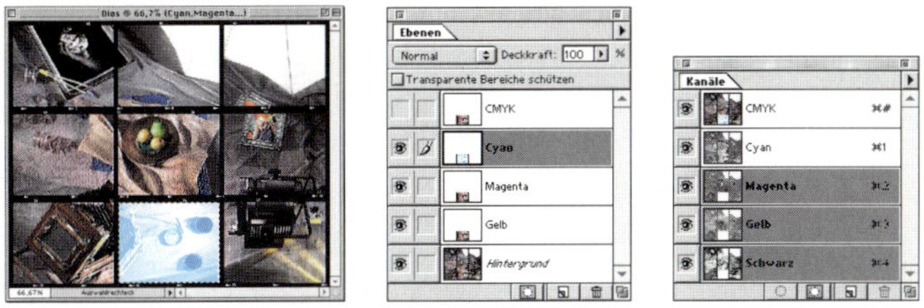

③

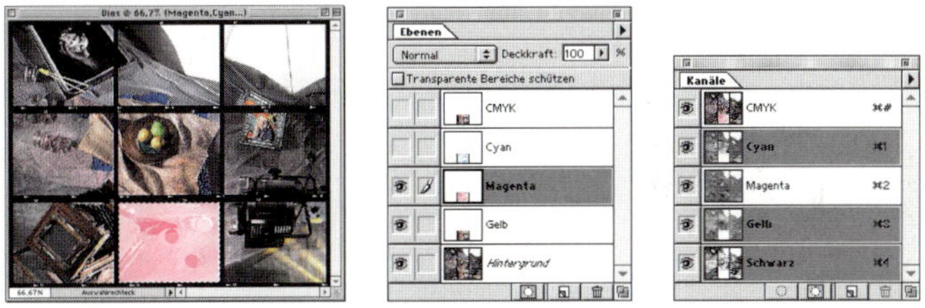

③

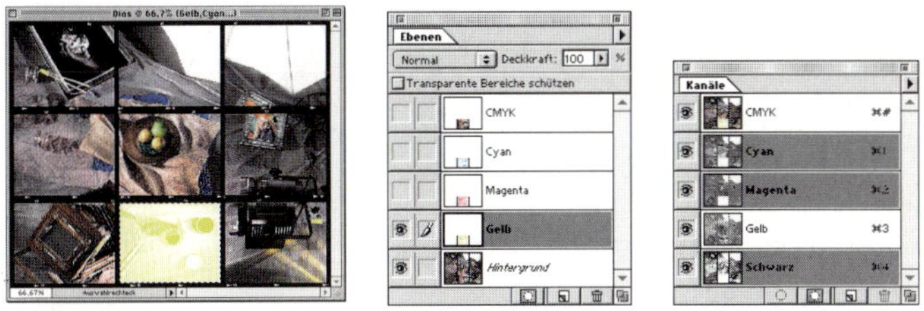

③

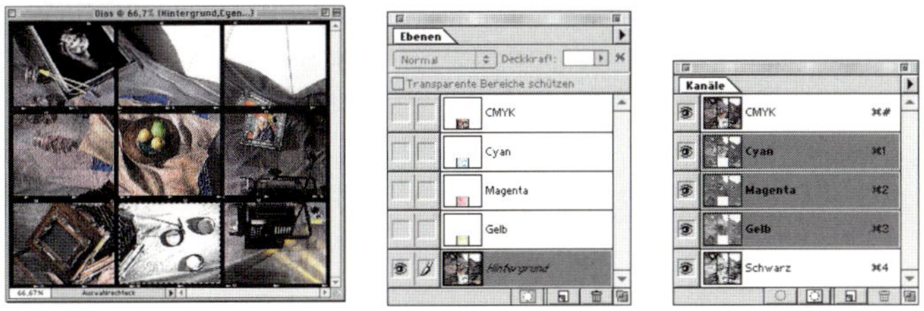

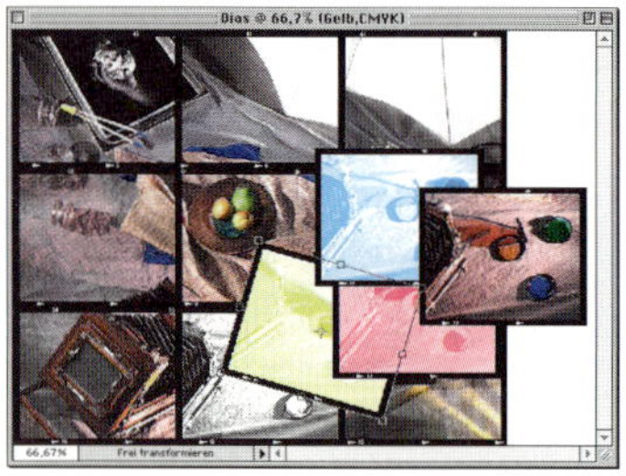

④

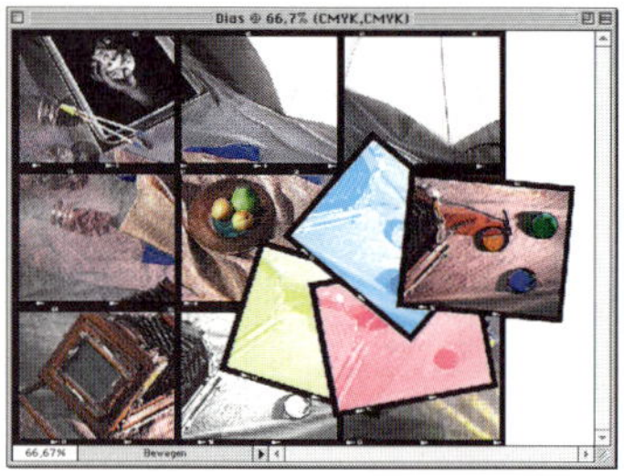

④

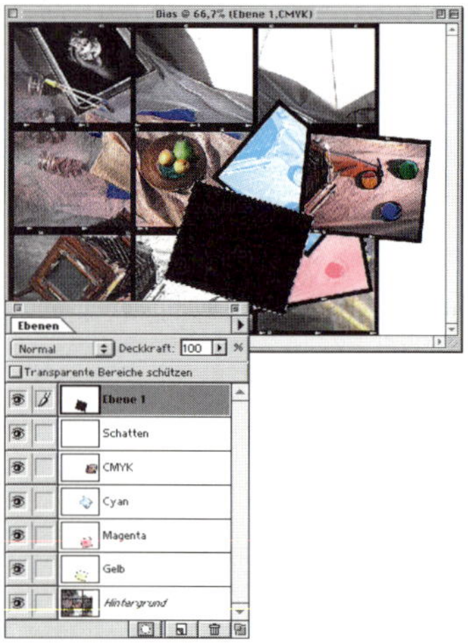

②

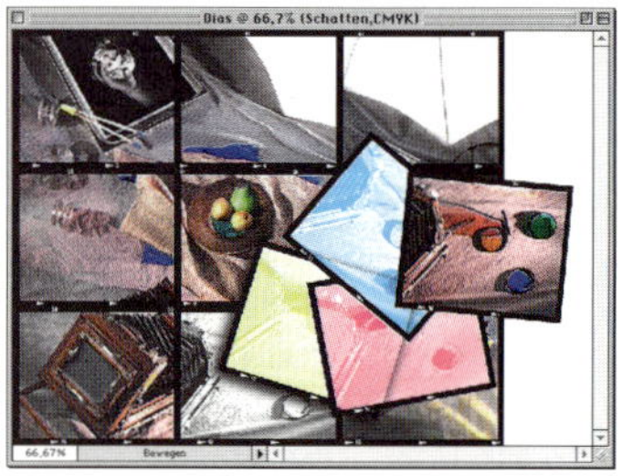

④

Anlegen der Schatten

1. Für die Schatten wurde über der Ebene »CMYK« eine neue Ebene mit dem Namen »Schatten« angelegt. Deckmodus der Schattenebene war **Multiplizieren.** In diese Ebene waren nach und nach die einzelnen Teilstücke des Schattens zu integrieren – insgesamt ist der Schatten im Beispiel aus neun Teilsegmenten aufgebaut, für die jeweils die nachfolgenden Schritte 2 bis 6 neu zu durchlaufen waren.

2. Das Symbol ◱ der Ebenenpalette fügte über der Ebene »Schatten« eine neue Ebene ein (»Ebene 1«). Mit einem Mausklick bei gedrückter Strg/⌘-Taste auf das Thumbnail der Ebene »Gelb« (bzw. in späteren Schritten »Magenta«, »Cyan« und »CMYK«) wurde deren **Transparenzmaske** als Auswahl geladen und die Auswahl anschließend in der Ebene »Schatten« schwarz gefüllt (Taste D; Alt/⌥ + Rückschrittaste).

3. Nachdem die Auswahl aufgehoben war (Strg/⌘ + D), zeichnete der **Gaußsche Weichzeichner** (Filter, Weichzeichnungsfilter) die schwarze Fläche weich. Als Radius wurden die Werte 4, 8, 12 oder 16 verwendet, je nachdem, ob der Schatten auf die nächsttiefere Ebene, die übernächste oder die überübernächste usw. fallen sollte.

4. Anschließend wurde in der Werkzeugpalette das **Bewegen-Werkzeug** gewählt und die weichgezeichnete Fläche mit den Richtungstasten nach links unten versetzt. Jeder Druck auf eine Richtungstaste verschiebt den Ebeneninhalt um ein Bildschirmpixel (damit die Distanz einem Bildpixel entspricht, muß in der 100%-Ansicht gearbeitet werden). Der Versatz wurde jeweils halb so groß wie der Radius für die vorangegangene Weichzeichnung gewählt. Bei einem Weichzeichnungsradius von 4 Pixeln beispielsweise verschoben die Richtungstasten den Ebeneninhalt um 2 Pixel nach unten sowie um 2 Pixel nach links.

5. Nun mußten noch die Bereiche in der Ebene gelöscht werden, auf die kein Schatten oder kein Schatten in dieser Stärke (siehe Schritt 2) fallen durfte. Dazu wurden die entsprechenden Bereiche ausgewählt und mit der **Rückschrittaste** gelöscht. Eine große Hilfe beim Auswählen waren die **Transparenzmasken** der Diaebenen, die sich mit einem Mausklick bei gedrückter Strg/⌘-Taste als Auswahl laden ließen. Wird zusätzlich die Umschalttaste gedrückt, kann der bestehenden Auswahl die Transparenzmaske einer anderen Ebene hinzugefügt werden. Das zusätzliche Drücken der Alt/⌥-Taste zieht die Transparenzmaske der angeklickten Ebene von der bestehenden Auswahl ab. Manchmal war es günstiger, eine Auswahl einfach umzukehren (Strg/⌘ + I), als komplizierte Auswahlen vorzunehmen. Nicht vergessen werden durfte auch, die Transparenzmaske der Ebene, die diesen Schatten werfen sollte, zu laden und die Auswahl zu löschen – ansonsten würde die schwarze Fläche das darunterliegende Dia verdecken.

6. Die Funktion Ebene, **Mit darunterliegender auf eine Ebene reduzieren** rechnete das fertiggestellte Teilsegment in die Ebene »Schatten« ein.

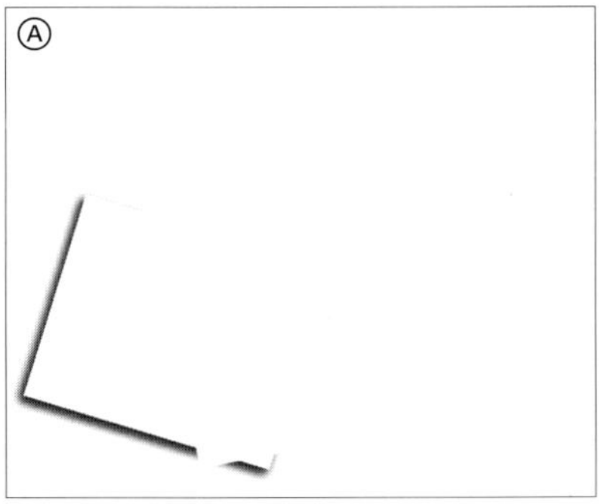

Gaußscher Weichzeichner: 4 Pixel
Versatz: 2 Pixel

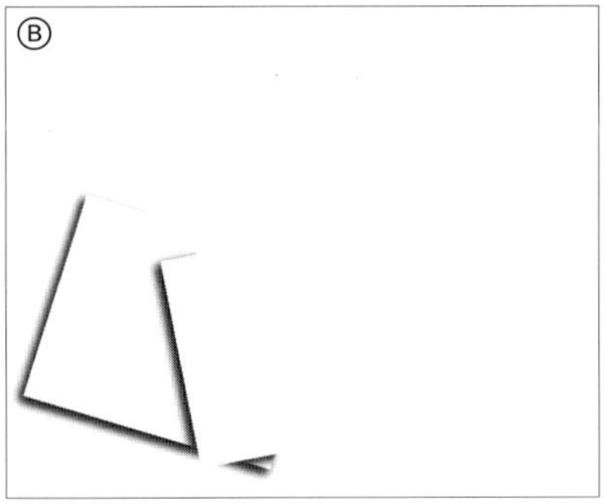

Gaußscher Weichzeichner: 4 Pixel
Versatz: 2 Pixel

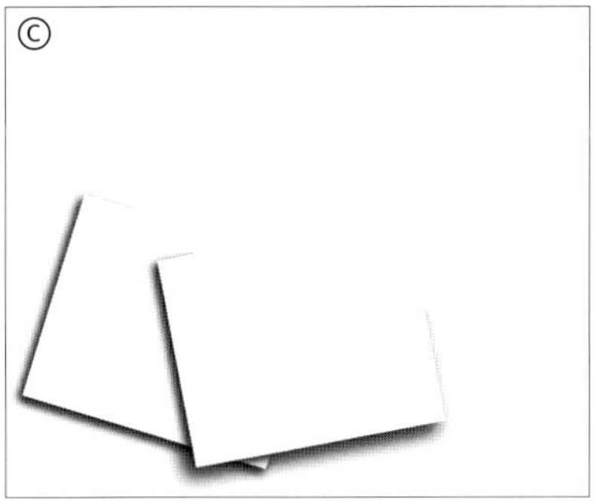

Gaußscher Weichzeichner: 8 Pixel
Versatz: 4 Pixel

Gaußscher Weichzeichner: 4 Pixel
Versatz: 2 Pixel

Gaußscher Weichzeichner: 8 Pixel
Versatz: 4 Pixel

Gaußscher Weichzeichner: 12 Pixel
Versatz: 6 Pixel

Gaußscher Weichzeichner: 4 Pixel
Versatz: 2 Pixel

Gaußscher Weichzeichner: 8 Pixel
Versatz: 4 Pixel

Gaußscher Weichzeichner: 16 Pixel
Versatz: 8 Pixel

Wie im Studio

Wie man sich den Transport einer Studiokamera nach Fuerteventura sparen kann

Ausgangsbilder für die Fotomontage waren das Foto einer Großformatkamera ...

... und eine Landschaftsaufnahme.

Das Foto zeigt eine Großformat-Studiokamera, auf deren Mattscheibe die anvisierte Landschaft verkleinert zu sehen ist. Was für einen Fotografen einen erheblichen Aufwand bedeuten würde, läßt sich in Photoshop mit einfachen Mitteln und vor allem in sehr viel kürzerer Zeit erledigen.

Freistellen der Kamera

1. Das wichtigste bei dieser Fotomontage war die sorgfältige Auswahl der Kamera. Die Wahl fiel auf den Zeichenstift, da er wie kein anderes Werkzeug in der Lage ist, die Form eines Objekts exakt nachzuzeichnen. Um sich die Arbeit ein wenig zu erleichtern, wurde zunächst aber eine grobe Auswahl mit dem **Zauberstab** vorgenommen. Bei gedrückter Umschalttaste konnten der Zauberstabauswahl nach und nach alle Hintergrundbereiche hinzugefügt werden. Nicht vergessen werden durften auch die Spalten und Ritzen an der Kamera, durch die der Hintergrund hindurch sichtbar ist.

2. Nachdem alle Bereiche ausgewählt waren, wurde die Auswahl umgekehrt (Auswahl, Auswahl umkehren). Für die weitere Feinarbeit an der Auswahlbegrenzung wandelte die Funktion **Pfad erstellen** aus dem Menü der Pfadpalette die grobe Auswahl in einen Pfad um, dessen Kontur und Kurvenverläufe mit dem **Direktauswahlwerkzeug** präzise angepaßt werden konnten.

3. Nach seiner Fertigstellung wurde der Pfad wieder in eine Auswahl zurückverwandelt (**Auswahl erstellen** aus dem Menü der Pfadpalette).

Montage

1. Das **Bewegen-Werkzeug** zog die ausgewählte Kamera in das Fenster des Landschaftsbildes, wo sie automatisch als neue Ebene eingesetzt wurde. Da die Kamera im Verhältnis zur Landschaftsaufnahme zu groß erschien, wurde sie mit der Funktion **Frei transformieren** aus dem Menü Bearbeiten auf die passende Größe gebracht und ausgerichtet. Damit die Kamera beim Skalieren nicht disproportional verkleinert wurde, mußte beim Ziehen an den Eckgriffen des Transformationsrahmens die Umschalttaste gedrückt werden. Ein Doppelklick ins Rahmeninnere startete die Größenumrechnung. Die Ebene wurde anschließend in »Kamera« umbenannt (**Ebenen-Optionen** aus dem Menü der Ebenenpalette).

2. Die Funktion **Rand entfernen** (Ebene, Hintergrund; Breite 1 Pixel) sorgte für einen farblich einwandfreien Übergang zur Hintergrundebene.

3. Eine Kopie der Hintergrundebene (Ebene, **Ebene duplizieren**) mit dem Namen »Mattscheibenbild« wurde an die oberste Position in der Ebenenpalette verschoben, um sie in den Vordergrund zu stellen. Da das Bild auf der Mattscheibe einer Großformatkamera auf dem Kopf steht, wurde die Ebene um 180° gedreht (Bearbeiten, Transformieren, **180° drehen**). Für den nächsten Schritt wurde die Ebene ausgeblendet (Mausklick auf das Augensymbol neben dem Ebenenetikett), blieb aber weiterhin ausgewählt.

4. Das **Auswahlrechteck** umriß die Mattscheibe der Studiokamera möglichst genau; eventuelle Positionierungenauigkeiten ließen sich nachträglich durch Verschieben der Auswahlbegrenzung korrigieren. Diese Auswahl wurde in der ausgeblendeten, aber weiterhin aktiven Ebene »Mattscheibenbild« als **Ebenenmaske** gesichert (Ebene, Ebenenmaske hinzufügen, Außerhalb der Auswahl maskieren).

5. Nun wurde wieder die Ebene »Mattscheibenbild« eingeblendet, mit einem Mausklick auf das Ebenen-Thumbnail von der Ebenenmaske zur Ebene gewechselt und mit einem weiteren Klick auf das Kettensymbol die Verbindung von Ebene und Ebenenmaske gelöst. Die Funktion **Frei transformieren** (Menü Bearbeiten) verkleinerte den Ebeneninhalt proportional (beim Ziehen an den Eckgriffen die Umschalttaste drücken), so daß auf der Mattscheibe nahezu die vollständige Breite des Bildes zu sehen war. Als die Position des Bildes noch leicht korrigiert war, konnte ein Doppelklick ins Rahmeninnere die Größenumrechnung ausführen.

6. Mit dem Deckmodus **Multiplizieren** (Einblendmenü in der Ebenenpalette) blendete das verkleinerte Landschaftsbild so in die Mattscheibe über, daß deren Struktur nicht verloren ging. Die Senkung der **Ebenendeckkraft** auf 60% machte die Illusion schließlich perfekt.

7. Trotz Skalierung (Schritt 1), die immer ein wenig unscharf zeichnet, wirkte die Kamera vor der Landschaft noch unnatürlich scharf. Die dem allgemeinen Schärfeeindruck angemessene Unschärfe erhielt die Ebene »Kamera« mit dem Filter **Stark weichzeichnen** (Filter, Weichzeichnungsfilter).

①

③

④

⑤

⑥

Leuchtendes Beispiel

Über das Leuchten von Leuchtreklame und die Faszination des Lichts

»Wenn du heute morgen schon sechs unmögliche Dinge getan hast, warum dann nicht als siebentes zum Frühstück ins Milliways, das Restaurant am Ende des Universums?«

Douglas Adams

»Das Ende des Universums ist sehr beliebt.«

Zaphod Beeblebrox

Bei dieser Image-Postkarte einer beliebten Szenekneipe kamen zwei Effekte zur Anwendung. Der Schriftzug »Milliway's« simuliert Leuchtbuchstaben aus gelbem Kunststoff, die ein wenig von einer hinter ihnen liegenden Wand abstehen. Die in der Verkleidung befindlichen weißen Neonröhren strahlen daher auch die Wand an, und es entsteht ein ähnlicher Diffusionseffekt wie beim Leuchten des Mondes. Da sich das weiße Licht der nicht sichtbaren Neonröhren mit dem von den gelben Kunststoffbuchstaben reflektierten Licht mischt, ist der Schein heller als die Buchstaben selbst.

Der andere Effekt ahmt freiliegende Neonröhren unterschiedlicher Farbe nach. Wer diesen Effekt einmal an realen Neonröhren beobachtet hat, weiß, daß sie im Innern heller, ja fast weiß erscheinen, während erst die äußeren Bereiche die jeweilige Farbe der Leuchtstoffröhre wiedergeben. Auch dieser besonderen Eigenschaft konnte bei der Photoshop-Simulation Rechnung getragen werden.

1. Die neu in der Größe einer Postkarte angelegte RGB-Datei erhielt für den dunklen Hintergrund eine schwarze Füllung (Bearbeiten, Fläche füllen; Füllen mit Schwarz). In der Werkzeugpalette wurde dann als **Vordergrundfarbe** ein heller Gelbton ausgewählt, der hinter den Schriftzeichen leuchten sollte.

2. Das **Textwerkzeug** ermöglichte die Eingabe des Schriftzugs, den Photoshop automatisch in eine neue Ebene einsetzte. Mit dem **Bewegen-Werkzeug** ließ sich der Text wie gewünscht etwas oberhalb der Bildmitte positionieren. Im Dialog Ebenen-Optionen (Menü der Ebenenpalette) wurde der Ebene der Name »Milliway's« zugewiesen.

3. Der Schriftzug sollte aber nicht nur in der Ebene »Milliway's«, sondern auch im schwarzen Hintergrund erscheinen. Dazu wurde der Inhalt der Ebene »Milliway's« in die Hintergrundebene eingerechnet, ohne die Ebene »Milliway's« zu löschen: Hintergrundebene auswählen und die Funktion **Sichtbare auf eine Ebene reduzieren** aus dem Menü Ebene bei gedrückter Alt/⌥-Taste aufrufen. Ohne die Zusatztaste würde Photoshop die Ebene nach dem Einrechnen löschen.

4. Anschließend erfolgte eine Weichzeichnung der Hintergrundebene mit dem **Gaußschen Weichzeichner.** Um die Farbintensität der Weichzeichnung zu verstärken, wurde die Hintergrundebene dupliziert (Ebene, Ebene duplizieren), für die Ebenenkopie der Deckmodus **Negativ multiplizieren** eingestellt und die Ebene wieder in die Hintergrundebene eingerechnet (Ebene, Mit darunterliegender auf eine Ebene reduzieren).

5. In der Palette Zauberstab-Optionen wurde der Toleranzwert auf 0 festgesetzt und die Option Glätten aktiviert. In der Hintergrundebene wählte der **Zauberstab** dann mit einem Mausklick in eine der Bildecken alle äußeren Pixel mit exakt schwarzer Farbe aus.

6. Nachdem die Auswahl umgekehrt war (Auswahl, Auswahl umkehren), wurde sie mit **Pfad erstellen** aus dem Menü der Pfadpalette in einen Pfad umgewandelt. Als Toleranz genügte 1 Pixel.

7. Nun waren mehrere Einstellungen vorzunehmen: In der Werkzeugpalette fiel die Wahl auf den **Airbrush**, in der Werkzeugspitzenpalette wurde ihm eine große, weiche Spitze zugewiesen und in der Palette Airbrush-Optionen der Modus Normal bei 100%igem Druck gewählt. Als Vordergrundfarbe gefiel ein leuchtendes Violett. Nach Aufruf von **Pfadkontur füllen** aus dem Menü der Pfadpalette (oder einem Druck auf die Enter-Taste des Ziffernblocks) erschien unter dem Pfad eine Airbrush-Spur mit den eingestellten Eigenschaften.

8. Anschließend zeichnete der Befehl **Pfadkontur füllen** ein zweites Mal eine Airbrush-Spur, jedoch mit geänderten Einstellungen: Weiß für die Vordergrundfarbe, eine kleinere, aber immer noch weiche Werkzeugspitze und eine Druckeinstellung von 35 %. Auf diese Weise erhielt die Neonröhre einen hellen Schein in der Mitte.

9. Schließlich wurde in der Ebene »Milliway's« die Farbe des Schriftzugs angepaßt; sie mußte vorher in der Werkzeugpalette als Vordergrundfarbe eingestellt werden. Da bei Textebenen die Option **Transparente Bereiche schützen** automatisch aktiviert ist, konnte der Schriftzug mit der Kombination aus Alt/⌥- und Rückschrittaste mit einem kräftigen Gelb gefüllt werden. Das Füllen kann beliebig oft mit anderen Farben wiederholt werden, ohne daß der Schriftzug »verschmutzt« und unbrauchbar wird.

10. Die Sterne entstammen dem Zeichensatz FF Dingbats. Nach der Eingabe mit dem **Textmaskierungswerkzeug** in eine neue Ebene wurden ihre Konturen in Pfade verwandelt, als Neonröhren, wie in Schritt 7 und 8 beschrieben, eingefärbt und danach gedreht (Bearbeiten, Frei transformieren).

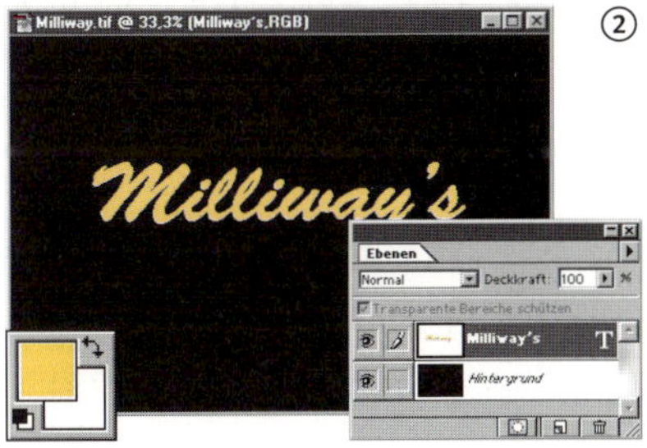

②

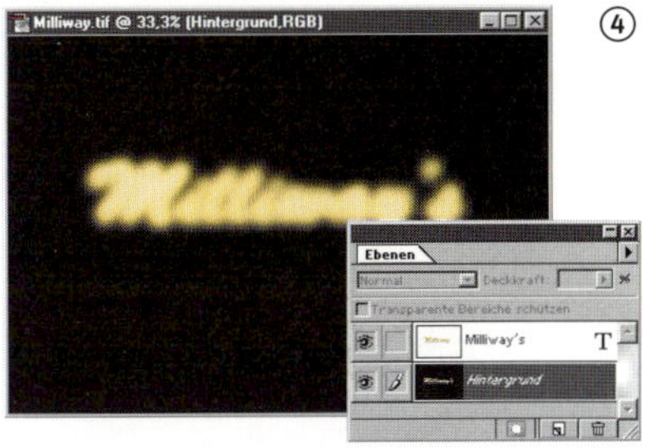

④

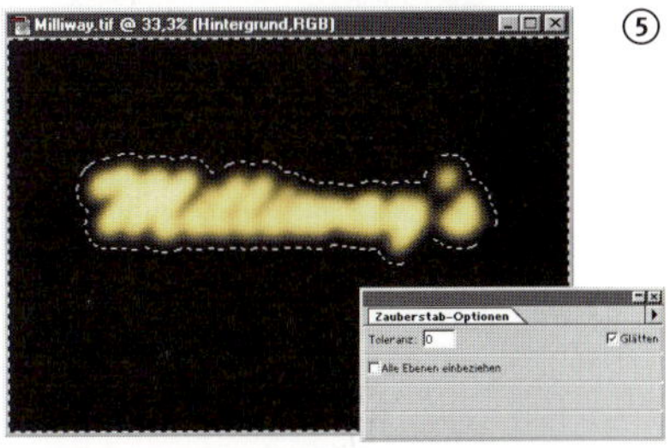

⑤

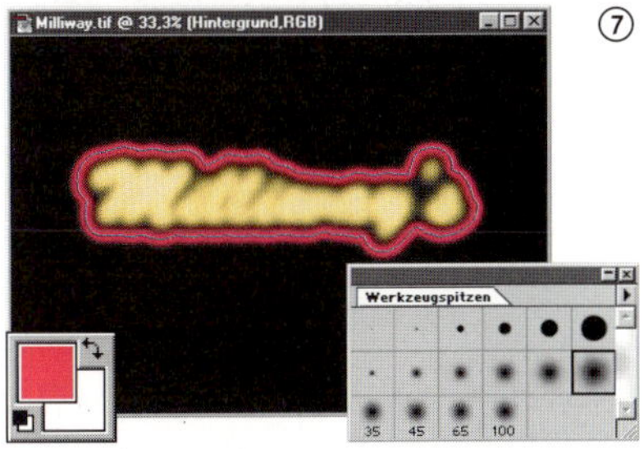

⑦

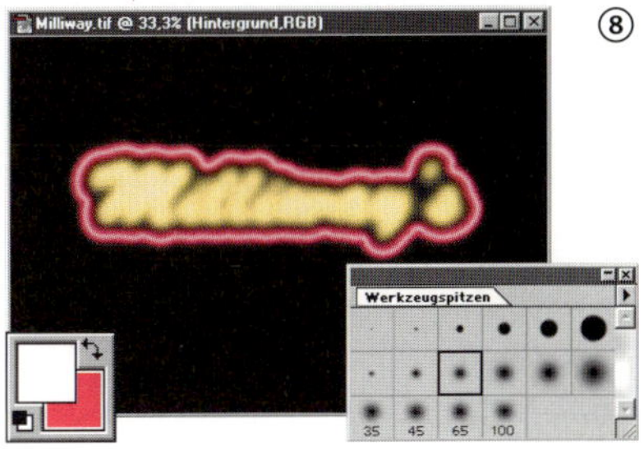

⑧

Unter die Lupe genommen

Wie sich in einem Bild zwei unterschiedliche Auflösungen kombinieren lassen

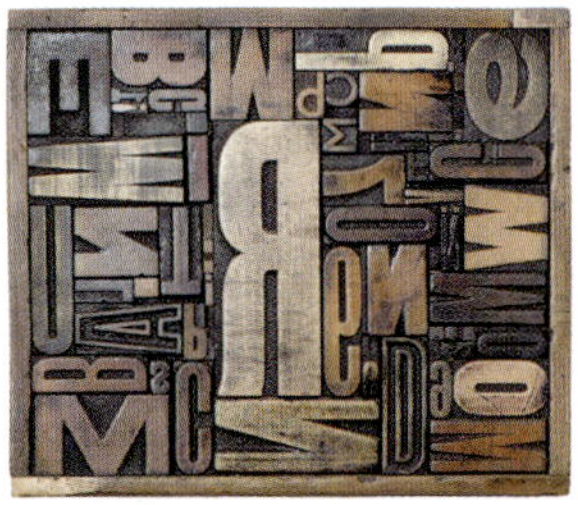

Diese Collage aus Holzhochdruckbuchstaben offenbart ihr wahres Gesicht.

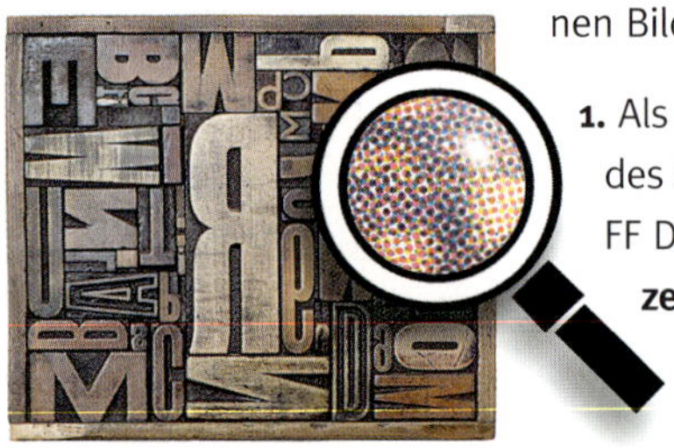

Anstelle eines Pixelmosaiks kann auch ein Vierfarbraster mikroskopiert werden. Dazu wird nach der Anwendung des Mosaikfilters der Vergröberungsfilter Farbraster angewendet. Für ein »echtes« Vierfarbraster empfiehlt es sich, die Datei vorher in den CMYK-Modus umzuwandeln. RGB-Dateien generieren nur ein Dreifarbraster mit den Farben Cyan, Magenta und Gelb.

Bei der Montage zweier Bilder mit Photoshop wird stets eine pixelgleiche Ersetzung vorgenommen, das heißt ein Pixel ersetzt immer ein Pixel, ganz gleich, welche Auflösung die Bilder besitzen. Dieses Grundgesetz gilt auch bei der hier gezeigten Montage eines hochaufgelösten mit einem vergrößerten Ausschnitt. Bei den unter die Lupe genommenen »Pixeln« handelt es sich deshalb um Quadrate aus vielen kleinen Bildpunkten gleicher Farbe.

1. Als Lupe diente ein entsprechendes Symbol aus dem Zeichensatz FF Dingbats, das mit dem **Textwerkzeug** in eine neue Ebene eingegeben wurde. Die neue Ebene erhielt den Namen »Lupe« (Doppelklick auf das Ebenenetikett).

2. Der **Zauberstab** wählte die »Glasfassung« zwischen den beiden schwarzen Kreisen mit einer Toleranz von 128 Tonwertstufen und eingeschalteter Glätten-Option (Palette Zauberstab-Optionen) aus. Die Auswahl wurde anschließend weiß gefüllt (Bearbeiten, Fläche füllen; Füllen mit: Weiß).

3. Nun wählte der **Zauberstab** mit unveränderten Einstellungen das »Lupenglas« aus, um, nachdem von der Hintergrundebene eine Kopie mit dem Namen »Mosaik« erstellt wurde (Ebene, Ebene duplizieren), die Auswahl in dieser neuen Ebene als **Ebenenmaske** zu sichern.

4. Anschließend wurde mit einem Mausklick auf das Ebenen-Thumbnail in der Ebenenpalette wieder von der Ebenenmaske zur Ebene gewechselt und das **Verbindungssymbol** zwischen Ebenen- und Ebenenmasken-Thumbnail deaktiviert. Dies war die Voraussetzung, um die Ebene unabhängig von der Ebenenmaske bearbeiten zu können.

5. Nach dem Aufruf des Filters **Mosaikeffekt** (Filter, Vergröberungsfilter) wurde unter Zellengröße der gewünschte Vergrößerungsfaktor eingegeben. Um beispielsweise mit der Lupe eine 20fache Vergrößerung zu zeigen, werden 20 Quadratpixel eingegeben.

Der Filter Mosaikeffekt zeigt selbstverständlich keinen vergrößerten Ausschnitt, er vergröbert nur die feinen

Bildstrukturen zu großen Pixelblöcken, indem er die durchschnittliche Farbe und Helligkeit der Ursprungspixel ermittelt. Für einen »authentischen« Vergrößerungseffekt muß man anders vorgehen: Die Größe des in Schritt 3 ausgewählten Lupenglases wird in der Informationspalette abgelesen und die Werte (B und H) durch den beabsichtigten Vergrößerungsfaktor geteilt. Den Ergebnissen sind sicherheitshalber jeweils 2 Pixel hinzuzufügen und die Resultate in der Palette Auswahl-Optionen als feste Größe vorzugeben. Das Auswahlrechteck wählt anschließend einen Bereich dieser Größe in der Hintergrundebene aus, so daß dieser mit Bearbeiten, Kopieren in die Zwischenablage übertragen werden kann. Mit der Funktion Neu aus dem Menü Datei wird dann eine neue Datei mit den Maßen des in der Zwischenablage befindlichen Ausschnitts angelegt und der Ausschnitt mit Bearbeiten, Einfügen eingesetzt. Die Vergrößerung des Ausschnitts erfolgt im Dialog Bildgröße (Menü Bild) durch Eingabe eines dem Vergrößerungsfaktor entsprechenden Prozentwerts. Es ist darauf zu achten, die Option Bild neuberechnen einzuschalten und die Interpolationsmethode auf Pixelwiederholung zu ändern. Der so »aufgepumpte« Ausschnitt wird ausgewählt (Auswahl, Alles auswählen), in die Zwischenablage kopiert (Bearbeiten, Kopieren) und wieder in die Montagedatei eingefügt (Bearbeiten, In die Auswahl einsetzen), nachdem vorher wie in Schritt 3 das Lupenglas ausgewählt wird.

6. Nach der Filteranwendung wurde der Inhalt der Ebene »Mosaik« mit dem **Bewegen-Werkzeug** nur noch so weit verschoben, bis die Lupe vollständig vom Mosaikmuster ausgefüllt war.

7. Mit einem Mausklick bei gedrückter Strg/⌘-Taste auf das Thumbnail der Ebenenmaske wurde die Maske als Auswahl geladen. Der auf die Auswahl angewendete Filter **Wölben** (Filter, Verzerrungsfilter) simulierte einen leichten Linseneffekt.

8. In einer neuen Ebene (Ebene, Neu, Ebene) über der Ebene »Mosaik« wurde die Auswahl mit einem 50%igen Grauton gefüllt (Bearbeiten, Fläche füllen; Füllen mit: 50% Grau). Anschließend wurde der KPT-Filter **Glaslinse** angewendet. Die Ebene erhielt den Deckmodus Negativ multiplizieren. Im Dialog Tonwertkorrektur (Bild, Einstellen) wurde die Auswahl so weit abgedunkelt, bis der Lichtreflex zufriedenstellend erschien.

Wer nicht im Besitz der KPT-Filter ist, kann den Lichtreflex auch mit dem **radialen Verlaufswerkzeug** realisieren. Dazu wird als Vordergrundfarbe Weiß gewählt und in der Optionenpalette des Verlaufswerkzeugs die Einstellungen Vordergrundfarbe zu Transparent gewählt. Die Option Transparenz muß aktiviert sein, damit der Verlauf tatsächlich zu Transparent überblendet. Der Ansatzpunkt des Radialverlaufs stellt den Mittelpunkt des Lichtreflexes dar. Abgeschwächt werden kann der Verlauf anschließend mit der Funktion Filter, Verblassen.

9. Ein leichter Schatten unter der Lupe verbesserte die optische Wirkung.

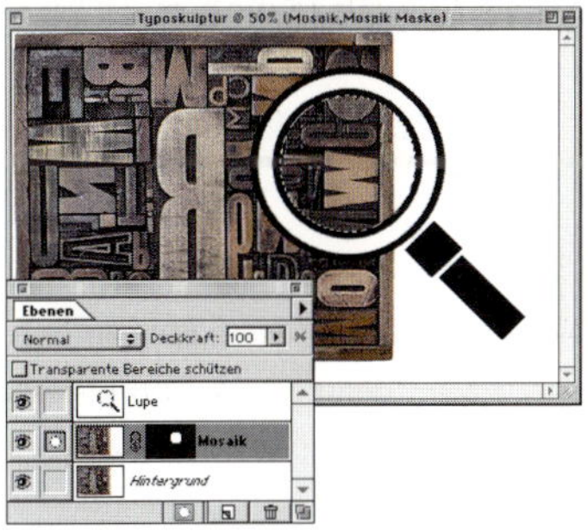

③

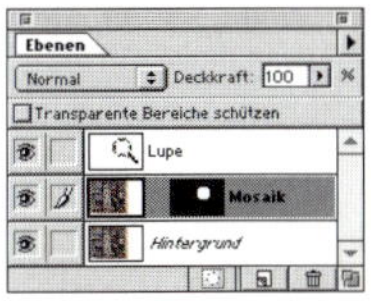

④

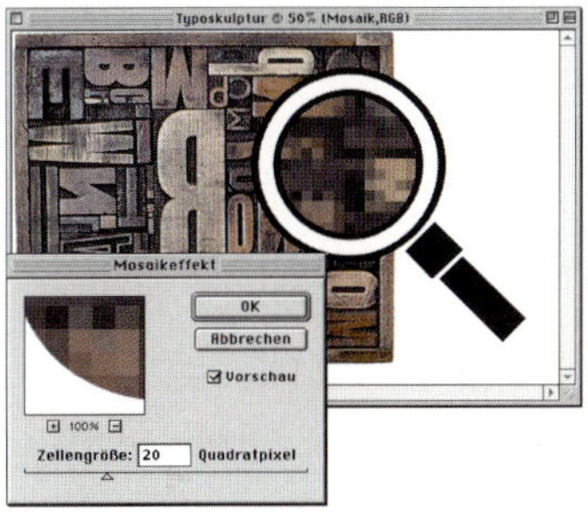

⑤

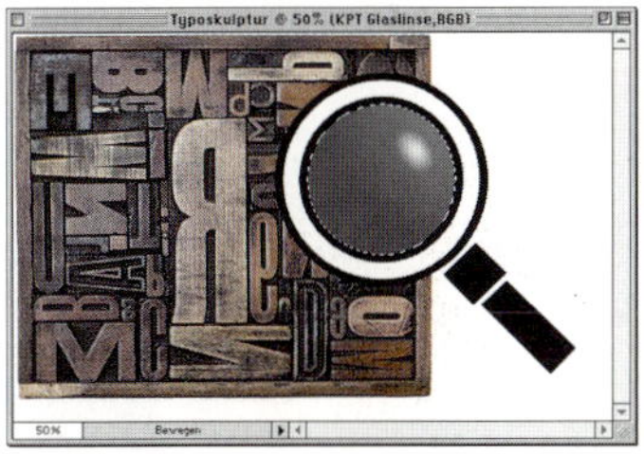
⑧

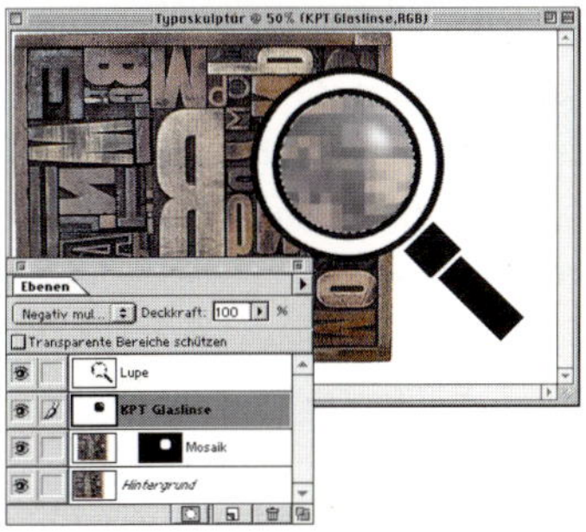

⑧

Spieglein, Spieglein ...

Eine nicht ganz wirkliche Spiegelung auf dem Wasser mit Photoshop erzeugt

Foto: Helmut Bechtel

Das Ausgangsbild für die Spiegelung: das Foto eines Schmetterlings in seinem natürlichen Lebensraum

Spiegelungen zu erzeugen, ist in Photoshop keine unlösbare, ja nicht einmal besonders schwierige Aufgabe – es genügt meist jedoch nicht, bloß eine der Spiegelungsfunktionen auf eine Kopie des Motivs anzuwenden. Wenn, wie im Beispiel, eine »authentische« Spiegelung eines Schmetterlings auf einer welligen Wasseroberfläche simuliert werden soll, sind ein paar zusätzliche Arbeitsschritte nötig. Eine wirklich realistische Spiegelung kann zwar mit Photoshop nicht erzeugt werden, da der Blickwinkel auf die Spiegelung nicht stimmt, das Auge läßt sich mit ein paar Tricks jedoch so täuschen, daß es die falsche Perspektive nicht sofort bemerkt.

Vorbereitung des Hintergrundes

1. Die Funktion **Neu** aus dem Menü Datei legte eine neue RGB-Datei mit einer Größe von 1.050 x 1.050 Pixeln und transparentem Hintergrund an (die Option Transparent im Dialog bewirkt, daß die neue Datei keine Hintergrundebene besitzt und daher nur im Photoshop-Format gesichert werden kann). Die Horizontlinie sollte das Bild genau im Verhältnis 2:1 teilen, daher wurde mit dem **Auswahlrechteck** eine 1.050 x 350 Pixel große Auswahl im unteren Bereich erstellt. Die Abmessungen der Auswahl wurden vorher in der Palette Auswahl-Optionen als feste Größe vorgegeben.

2. Der hochauflösende Scan von einer Wasseroberfläche wurde auf die erforderliche Breite von 1.050 Pixeln skaliert (Bild, Bildgröße) und anschließend auf die Höhe von 350 Pixeln beschnitten. Dazu wurde mit dem **Auswahlrechteck** ein passender Bereich umgrenzt (da noch die feste Größe eingestellt war, hatte die Auswahl direkt die passende Höhe) und in den noch ausgewählten Wasserbereich der Montagedatei eingesetzt, indem das **Bewegen-Werkzeug** die Auswahl bei gedrückter Umschalttaste in das Fenster der Montagedatei zog. Photoshop setzte das Wasserbild automatisch in die Auswahl der transparenten Ebene ein. Die Ebene erhielt den Namen »Wasser« (Ebenen-Optionen aus dem Menü der Ebenenpalette).

3. Auf die gleiche Weise wurde das Foto von einem leicht bewölkten Himmel in der Größe verkleinert, ausgewählt und in die Montagedatei kopiert. Im Unterschied zum Wasserausschnitt besaß das Himmelsbild jedoch die doppelte Höhe (700 Pixel), darum mußte der Wert für die Auswahlhöhe in der Palette Auswahl-Optionen vorher korrigiert werden. In der Montagedatei wurde die bestehende Auswahl vor dem Kopieren umgekehrt (Auswahl, **Auswahl umkehren**), damit das Himmelsbild paßgenau an die vorgesehene Stelle eingesetzt werden konnte. Die automatisch neu generierte Ebene wurde in »Himmel« umbenannt.

4. Das Blau des Himmels und das Blau des Wassers harmonierten noch nicht richtig miteinander. Deshalb wurde wieder die Ebene »Wasser« ausgewählt, mit der **Pipette** bei einem Aufnahmebereich von 3 x 3 Pixeln (Palette Pipette-Optionen) ein Blauton von einer repräsentativen Stelle des Himmels aufgenommen, die Transparenzmaske der Ebene »Wasser« als Auswahl geladen (bei gedrückter Strg/⌘-Taste auf das Ebenen-Thumbnail klikken) und die Auswahl mit der aufgenommenen Farbe gefüllt (Bearbeiten, Fläche füllen; Füllen mit Vordergrundfarbe). Im Füllen-Dialog war darauf zu achten, den Deckmodus **Farbton & Sättigung** auszuwählen, damit die Vordergrundfarbe nicht den gesamten Ebeneninhalt ersetzt, sondern nur deren Farbton und deren Sättigung auf das Wasserbild appliziert wird.

5. Dem Bild fehlte nun noch die richtige Tiefenwirkung. Bei einem in der Natur häufig zu beobachtenden Effekt werden Himmel und Meeresoberfläche zum Horizont hin heller, ja blenden nahezu zu Weiß über, so daß die tatsächliche Grenze zwischen Himmel und Erde nur zu erahnen ist. Dieser Effekt konnte mit einem **Verlauf** von Weiß zu Transparent simuliert werden, für den eine neue Ebene mit dem Namen »Aufhellung« über der Ebene »Himmel« anzulegen war (Ebene, Neu, Ebene). Der Verlauf durfte aber nicht gleichmäßig von Weiß zu Transparent überblenden, sondern nur einen kleinen Bereich weiß einfärben, während der größere Teil des Himmels bzw. Wassers zu sehen sein sollte.

Nachdem Weiß als Vordergrundfarbe eingestellt war, wurde in der Optionenpalette des **linearen Verlaufswerkzeugs** die Verlaufsart Vordergrundfarbe zu Transparent gewählt und anschlie-

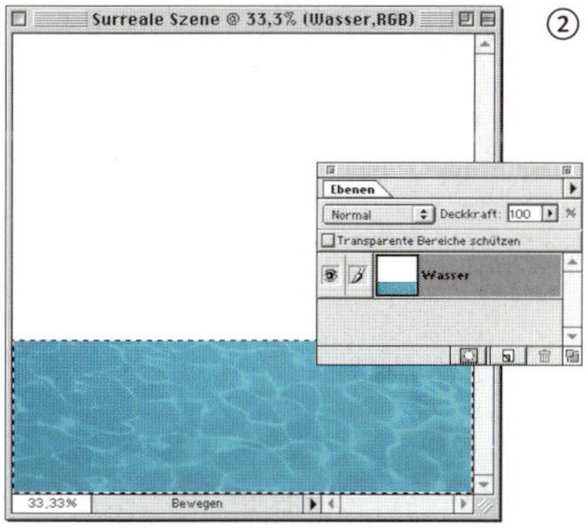

②

③

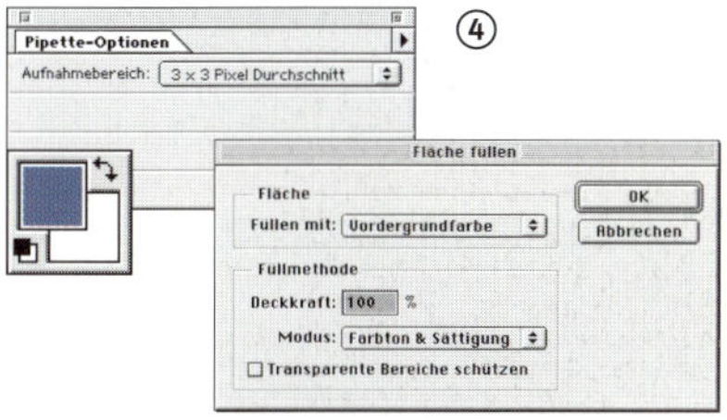

④

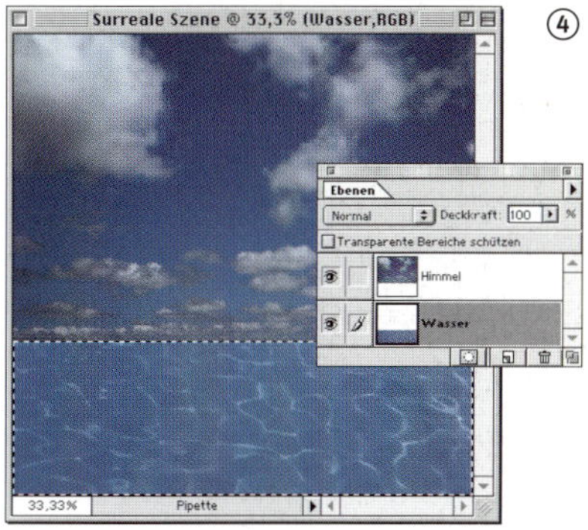

④

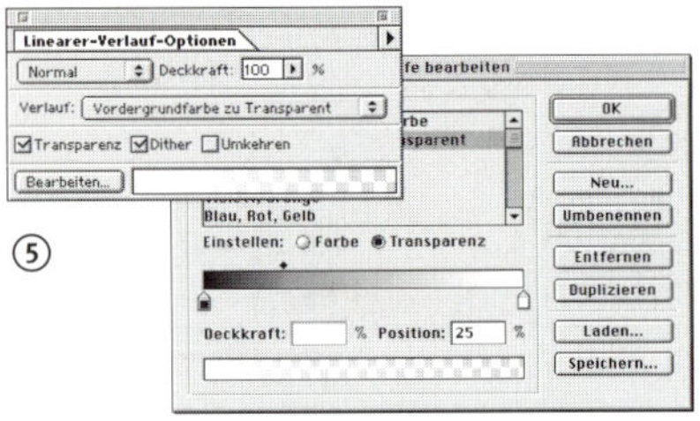

⑤

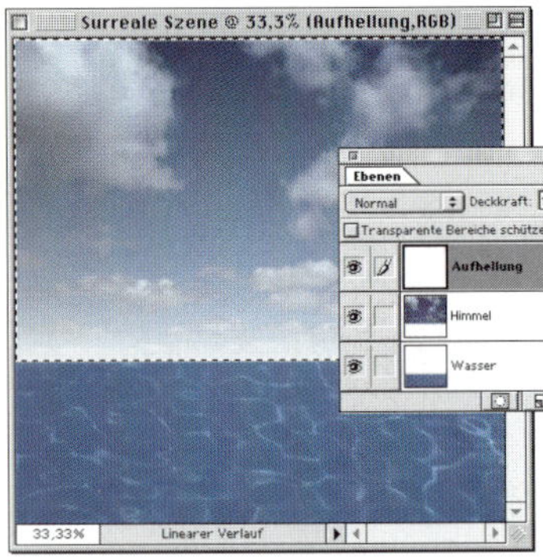

⑤

⑤

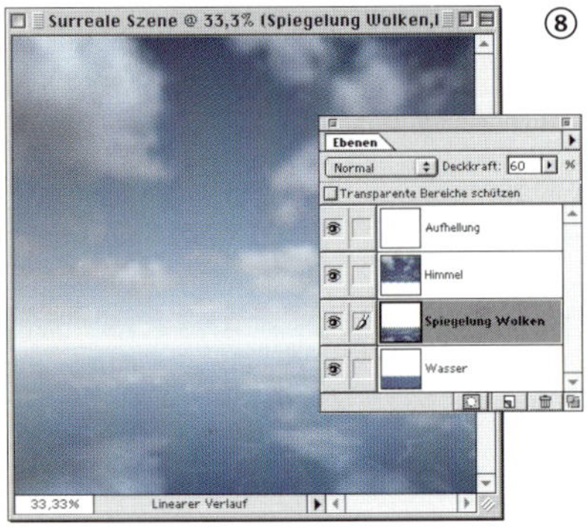

⑧

ßend mit der Schaltfläche Bearbeiten der Dialog **Verläufe bearbeiten** geöffnet. Unter der Option Transparenz wurde der Verlaufsmittelpunkt auf die 25%-Marke verschoben. Nachdem der Dialog mit OK geschlossen war, wurde mit einem Mausklick bei gedrückter Strg/⌘-Taste auf das Thumbnail der Ebene »Himmel« deren Transparenzmaske als Auswahl geladen und in der Ebene »Aufhellung« mit dem **Verlaufswerkzeug** der gewünschte Verlauf von der unteren Kante bis zur oberen Kante der Auswahl aufgezogen. Damit der Verlauf exakt senkrecht verlief, wurde dabei die Umschalttaste gedrückt.

Nun wurde die Auswahl umgekehrt (Auswahl, Auswahl umkehren) und ein **zweiter Verlauf** von der oberen bis zur unteren Kante der Auswahl erstellt.

6. Um die räumliche Wirkung weiter zu verstärken, bot es sich an, die Tiefenschärfe des Bildes künstlich zu verringern. Dazu wurde die Ebene »Himmel« ausgewählt und mit dem **Gaußschen Weichzeichner** (Filter, Weichzeichnungsfilter) weichgezeichnet.

7. Da sich nicht nur der Schmetterling, sondern auch der Himmel im Wasser spiegeln sollte, mußte von der Ebene »Himmel« eine Kopie mit dem Namen »Spiegelung Wolken« angelegt (Ebene, Ebene duplizieren) und in der Ebenenpalette hinter die Ebene »Himmel« gestellt werden. Der Inhalt der neuen Ebene wurde, nachdem die Auswahl aufgehoben war (Auswahl, Auswahl aufheben), mit der Funktion **Frei transformieren** (Menü Bearbeiten) vertikal gespiegelt und dabei ein wenig in der Höhe gestaucht (mittleren Griff der oberen Rahmenseite über die untere Seite hinaus ziehen). Die nun obere Seite des Transformationsrahmens wurde ein Stück nach oben über die Horizontlinie hinaus gezogen, um einen kleinen Spielraum für eine spätere Filteranwendung zu bekommen. Ein Doppelklick in den Rahmen rechnete die Transformation in die Ebene ein.

8. Anschließend mußte nur noch die **Deckkraft** der Ebene »Spiegelung Wolken« auf 60% verringert werden.

Spiegelung erzeugen

1. Zuerst wurde der Schmetterling im Ausgangsbild mit dem Zeichenstift freigestellt, der Pfad in eine Auswahl umgewandelt und der ausgewählte Bereich mit dem **Bewegen-Werkzeug** in das Fenster des vorbereiteten Hintergrundbildes kopiert. In der Montagedatei erschien der Schmetterling automatisch in einer neuen Ebene, die in »Schmetterling« umbenannt (Ebenen-Optionen aus dem Menü der Ebenenpalette) und in der Ebenenpalette an die oberste Position gestellt wurde. Um einen sauberen Übergang an den Konturen zu gewährleisten, wurde die Funktion **Rand entfernen** (Ebene, Hintergrund) auf die neue Ebene angewendet.

2. Für die sich im Wasser spiegelnde Fassung des Schmetterlings wurde von der Ebene »Schmetterling« eine Kopie mit dem Namen »Spiegelung Schmetterling« erstellt (Ebene, **Ebene duplizieren**).

3. Mit der Funktion **Frei transformieren** aus dem Menü Ebene lassen sich mehrere Verzerrungsoperationen in einem Rechenschritt ausführen. Wenn diese Funktion aktiviert wird, sind die Transformationsarten im Menü Bearbeiten, Transformieren weiterhin auswählbar (oder über Tastenkombinationen zuschaltbar). Zunächst wurde die Schmetterlingskopie über die Vertikale gespiegelt, indem der mittlere Griff der oberen Rahmenseite über die untere Seite hinaus gezogen wurde. Bei dieser Gelegenheit konnte der Schmetterling gleichzeitig in der Höhe gestaucht werden (was bei einer realen Spiegelung zwar nicht der Fall ist, die Wirkung des Bildes aber verbesserte – die Spiegelung wirkte dadurch »dynamischer«).

Insgesamt ließ sich der Rahmen **frei verschieben**, indem er einfach in der Mitte angefaßt und mit der Maus an eine andere Stelle gezogen wurde. Da der Rahmen exakt senkrecht nach unten verschoben werden sollte, wurde beim Ziehen mit der Maus gleichzeitig die Umschalttaste gedrückt.

Als die Funktion **Perspektivisch verzerren** (Bearbeiten, Transformieren) aufgerufen war, konnte die untere Seite des Transformationsrahmens gedehnt werden, indem der rechte Eckgriff nach rechts gezogen wurde. An der oberen Seite wurde in die umgekehrte Richtung gezogen, um den Rahmen am oberen Ende zusammenzustauchen. Die Winkel der rechten und linken Seite entsprachen dabei ungefähr der Fluchtpunktperspektive (dies zwar gegen die Regeln der Optik, das Ergebnis sah aber gut aus).

Als letzten Arbeitsgang an der Transformation wurde noch einmal die Höhe des Rahmens angepaßt, nachdem die **Skalieren**-Funktion (Bearbeiten, Transformieren) aktiviert worden war. Ein Doppelklick ins Innere des Rahmens bewirkte, daß alle Verzerrungen in einem Rechenschritt in die Bildebene eingerechnet wurden.

4. Nun mußte der auf die Wasseroberfläche projizierte Schmetterling noch mit dem Filter **Schwingungen** (Filter, Verzerrungsfilter) wellenförmig verzerrt werden, um der scheinbaren Wellenbewegung Rechnung zu tragen.

5. Eine anschließende Reduzierung der **Ebenendeckkraft** auf 60% blendete den Schmetterling realistischer in den Hintergrund über.

Abschließende Arbeitsschritte

1. Um die Wellen noch ein wenig zu betonen, wurde der Filter **Schwingungen** auch auf die Ebene »Spiegelung Wolken« angewendet. Es kamen dieselben Einstellungen wie beim Schmetterling zur Anwendung – mit Ausnahme der Skalierungswerte: Sie wurden auf die Hälfte gesenkt, um den Effekt etwas abzuschwächen.

2. Da im Bereich der Schmetterlingsspiegelung keine Wolken zu sehen sein durften, mußte dieser Bereich maskiert werden. Dazu wurde die Transparenzmaske der Ebene »Spiegelung Schmetterling« als Auswahl geladen (Mausklick bei gedrückter Strg/⌘-Taste auf das Ebenen-Thumbnail) und die Auswahl in der Ebene »Spiegelung Wolken« als **Ebenenmaske** gesichert (Ebene, Ebenenmaske hinzufügen, Auswahl maskieren).

①

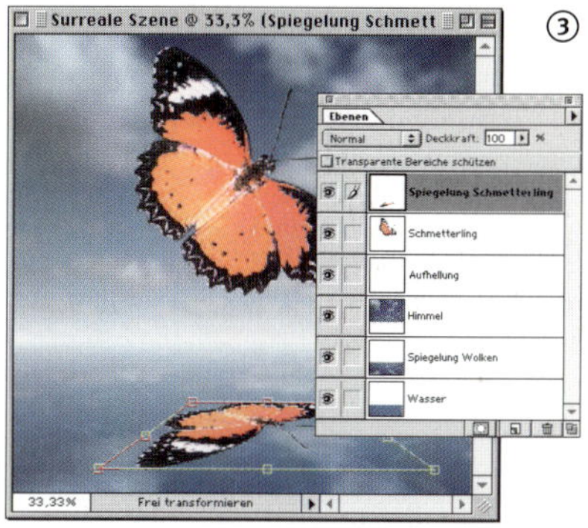

③

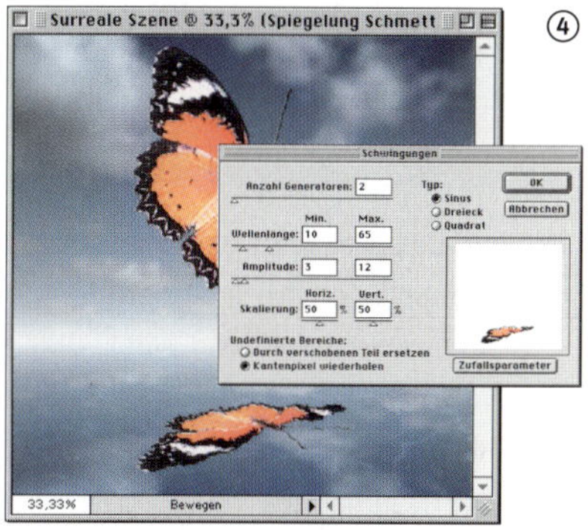

④

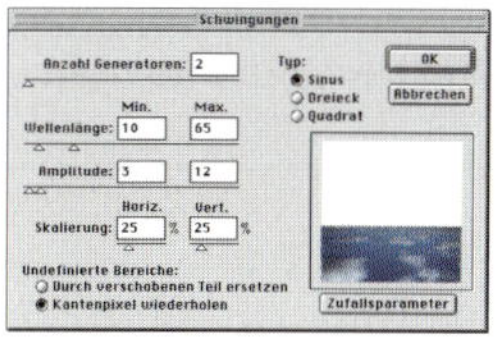

①

Rundherum

Wie sich mit Photoshop Bild und Bildrahmen verschmelzen lassen

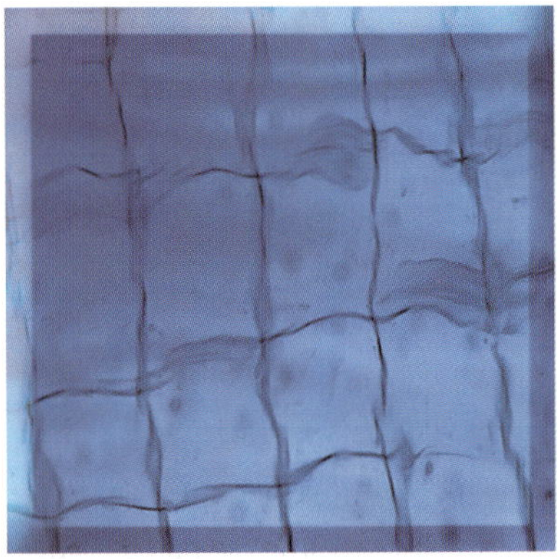

Das Beispiel zeigt einen einfachen Rand, durch den der Hintergrund wie eine vorstehende Taste wirkt. Diese Form wird beispielsweise für Tasten von Benutzeroberflächen verwendet. Durch einfaches Vertauschen von Licht- und Schattenpartien lassen sich aus erhabenen Objektbereichen auch Vertiefungen anfertigen.

Pooleffekt

1. Von der Hintergrundebene wurde eine Kopie erstellt (Ebene, **Ebene duplizieren**) und in der neuen Ebene eine Rechteckauswahl für das Poolinnere getroffen. Ein Mausklick auf das Symbol in der Ebenenpalette sicherte die Auswahl als Ebenenmaske.

2. Die Funktion **Schlagschatten nach innen** (Ebene, Effekte) fügte der Ebene einen Schatten hinzu, der nur innerhalb des von der Ebenenmaske begrenzten Bereichs sichtbar war. Damit der Schatten an allen vier Seiten gleich breit erschien, wurde die Distanz auf Null gesetzt.

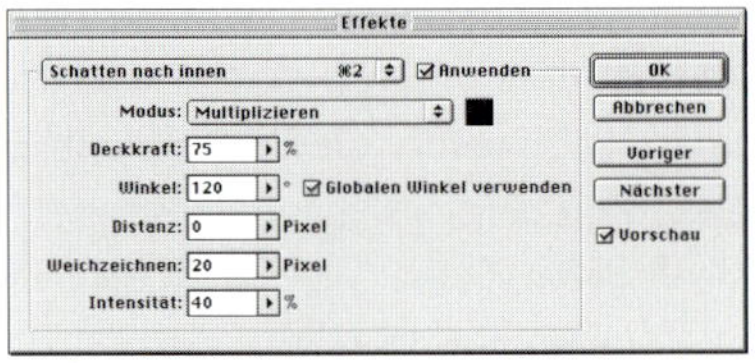

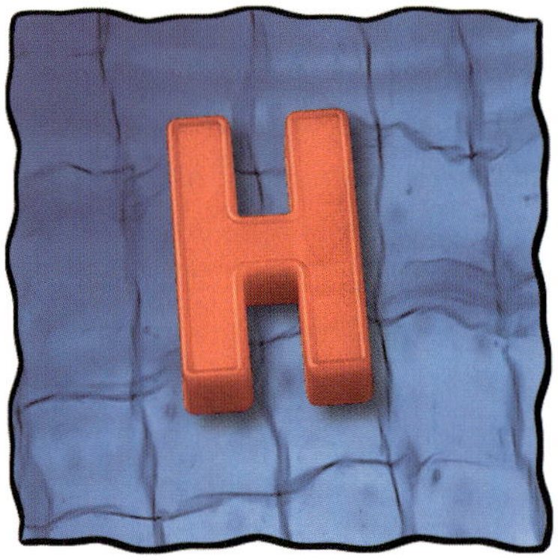

Schwingungskontur

1. Ein Doppelklick auf das Etikett der Hintergrundebene in der Ebenenpalette wandelte sie in eine **transparente Ebene** um. Das Auswahlrechteck zog eine Auswahl in der gewünschten Rahmengröße auf; diese wurde als **Ebenenmaske** gesichert (Symbol in der Ebenenpalette).

2. Der Filter **Schwingungen** (Filter, Verzerrungsfilter) verzerrte die Form der Ebenenmaske mit einer Sinus-Schwingung, 3 Generatoren, langen Wellen und niedrigen Amplituden.

3. In einer neuen Ebene, die nach hinten gestellt wurde, wurde die Ebenenmaske als **Auswahl** geladen (Mausklick mit gedrückter Strg/⌘-Taste auf deren Thumbnail) und die Auswahl schwarz gefüllt (Bearbeiten, **Fläche füllen**; Füllen mit Schwarz).

4. Nachdem die Auswahl aufgehoben war, vergrößerte der Filter **Dunkle Bereiche vergrößern** (Filter, Sonstige Filter) die schwarze Fläche um wenige Pixel.

Ausgefranst

1. Die Vorgehensweise beim Franseneffekt entspricht der der Schwingungskontur. Anstelle des Filters Schwingungen kam hier jedoch der Filter **Verwakkelte Striche** (Filter, Malfilter) in der Ebenenmaske zur Anwendung (Strichlänge 11, Radius 18, Richtung Links oben).

2. Bei der Anwendung des Filters **Dunkle Bereiche vergrößern** (Filter, Sonstige Filter) in der neuen Ebene unterhalb der Wasserebene wurde aber nur ein halb so großer Radius vorgegeben.

Wasserkante

1. Die Wasserkante ist – wie schon der Franseneffekt – eine Abwandlung der Schwingungskontur. Verantwortlich für den Effekt ist der Filter **Ozeanwellen** (Filter, Verzerrungsfilter), der mit einem Wellenabstand von 5 Pixeln und einer Wellenhöhe von 11 Pixeln auf die Ebenenmaske angewendet wurde.

2. Nachdem die Ebenenmaske als Auswahl geladen war und diese in einer neuen Ebene unterhalb der Wasserebene mit Schwarz gefüllt wurde, zeichnete sie der **Gaußsche Weichzeichner** mit geringem Radius weich.

3. Zum Schluß verschob das **Bewegen-Werkzeug** den Schatten ein wenig nach rechts unten.

Nicht reißfest

1. Auch dieses Beispiel zeigt den Variantenreichtum, der durch die Anwendung von Effektfiltern auf eine Ebenenmaske gegeben ist. Die Vorgehensweise entsprach im Kern wieder der Schwingungskontur. Nachdem die Ebenenmaske erstellt war, fiel die Wahl diesmal jedoch auf den Filter **Gerissene Kanten** (Filter, Zeichenfilter; Farbverhältnis 15, Glättung 2, Kontrast 19).

2. In der neuen Ebene unterhalb der Wasserebene wurde die aus der Ebenenmaske erstellte Auswahl mit nur zu 20% deckendem Schwarz gefüllt (Bearbeiten, **Fläche füllen**; Füllen mit Schwarz, Deckkraft 20%).

3. Der Filter **Störungen hinzufügen** (Filter, Störungsfilter; Menge 40, Gaußsche Normalverteilung, Monochrom) sorgte anschließend für leichte Unregelmäßigkeiten in der Helligkeit.

4. Anschließend wurde wieder die Ebenenmaske aktiviert und der Filter **Schwingungen** (Filter, Verzerrungsfilter) auf sie angewendet (Sinus, 3 Generatoren, Wellenlänge 1/116, Amplitude 1/12).

Güteklasse A

Photoshop für Autodesigner und designorientierte Autofahrer

Foto: Mercedes Benz AG

Ein einziges Produktfoto kann als Vorlage für die gesamte Farbpalette einer Automobil-Baureihe dienen.

Besondere Autokonzepte erfordern auch besondere Konzepte bei der Produktdokumentation. Eine konzeptionell schwache Farbmusterkarte aus rechteckigen Farbtäfelchen bietet zwar einen recht guten Eindruck von den reinen Farben, der Kunde wird jedoch selten in der Lage sein, sich das Auto in seiner Wunschfarbe vorstellen zu können – außer er hat es schon so auf der Straße oder im Laden gesehen.

Das Problem dabei ist, daß durch die Rundungen und Kanten des Autos das Licht ständig gebrochen wird und die wahrgenommene Farbe nur an wenigen Stellen in reiner Form zu sehen ist. Vorstellbar wären neuartige Farbkarten, die anstelle der rechteckigen Farbfelder das Fahrzeug in jeder angebotenen Farbe zeigen. Grundsätzlich wäre dies natürlich auch ohne Bildbearbeitung möglich, wenn bei gleichbleibender Beleuchtung Autos in den unterschiedlichen Farben fotografiert werden. Diese Lösung ist jedoch sehr kostenintensiv und bei einem neuen Auto auch produktionstechnisch aufwendig. Die Prospekte müssen zudem oft schon vor der Produktion des Fahrzeugs fertiggestellt sein.

Um die Farbkarte mit einer Bildverarbeitung zu erstellen, genügt ein einziges Foto. In Photoshop kann dann die Farbe des Autos ganz einfach über den Farbton und die Sättigung geändert werden. Dabei bleiben alle durch die Beleuchtung und die Lichtbrechung hervorgerufenen Farbschattierungen erhalten.

1. Da im Foto die Farbe der lackierten Karosserieteile unabhängig vom Hintergrund und anderen Elementen geändert werden sollte, waren zunächst die entsprechenden Auswahlen vorzubereiten. Mit dem **Zeichenstift** wurde um die wichtigsten Bereiche jeweils ein Pfad gezeichnet. Dies waren die Kontur des Fahrzeugs (um den Hintergrund einfärben zu können), die Karosserie, die Fenster und die Radkappen.

2. In der Pfadepalette wurde der Pfad »Karosserie« mit einem Mausklick bei gedrückter Strg/⌘-Taste auf sein Etikett als **Auswahl** geladen. (Alternativ kann auch das Pfadetikett aktiviert und auf das Symbol ◌ in der Pfadepalette geklickt werden. Um den Dialog Auswahl erstellen einzublenden und darin eine weiche Kante vorzugeben, wird das Symbol ◌ mit gedrückter Alt/⌥-Taste angeklickt oder der Befehl Auswahl erstellen aus dem Menü der Pfadepalette gewählt.)

3. Die Funktion **Neue Einstellungsebene** aus dem Menü der Ebenenpalette legte über dem Hintergrundbild eine Einstellungsebene mit der Korrekturart **Farbton/Sättigung** an. Die bestehende Auswahl wurde dabei automatisch in eine Maske für die Einstellungsebene umgewandelt.

Im Dialog Farbton/Sättigung wurde die Option **Kolorieren** eingeschaltet, der Regler für den Farbton bis zur neuen Farbe verschoben und sowohl die Sättigung als auch die Lab-Helligkeit angepaßt.

4. Für **Metallicfarben** war eine weitere Einstellungsebene erforderlich, denn solche Speziallackierungen intensivieren die Lichtreflexe auf der Außenhaut des Fahrzeugs. Technisch gesprochen heißt das: Metallicfarben verstärken den Kontrast.

Zuerst wurde wieder der Pfad »Karosserie« in der Pfadepalette aktiviert und wie in Schritt 2 in eine Auswahl umgewandelt. Anschließend legte die Funktion **Neue Einstellungsebene** aus dem Menü der Ebenenpalette eine zweite Einstellungsebene mit der Korrekturart **Tonwertkorrektur** an, wobei die Auswahl automatisch in eine Einstellungsmaske umgewandelt wurde.

Die Kontrasterhöhung erfolgt im Dialog Tonwertkorrektur durch Verschieben des Schwarzpunkt- und des Weißpunktreglers (Tonwertspreizung) nach innen.
Für eine Silbermetalliclackierung muß die Farbe außerdem im Dialog Tonwertkorrektur mit dem grauen Gamma-Regler aufgehellt und die Sättigung in der Farbton/Sättigung-Einstellungsebene reduziert werden, um dem Fahrzeug die Farbe zu entziehen.

5. Nach der Farbkorrektur wurde das veränderte Bild mit **Kopie sichern unter** aus dem Menü Datei unter dem Namen der jeweiligen Farbstudie gespeichert. Im Dialog war die Option Auf Hintergrundebene reduzieren einzuschalten, um nicht unnötig Speicherplatz durch Einstellungsebenen zu verschwenden.

6. Für jeden neuen Farbton mußten nur die Einstellungen in den Einstellungsebenen angepaßt werden. Mit einem Doppelklick auf das Etikett der jeweiligen **Einstellungsebene** wurde der entsprechende Korrekturdialog (Farbton/Sättigung oder Tonwertkorrektur) aufgerufen, so daß nur die Werte geändert werden brauchten. (Die Einstellungen beziehen sich immer relativ auf die Originalfarben in der Hintergrundebene, nicht auf die zuvor eingestellte Farbe.) Die neue Farbversion wurde wie in Schritt 5 unter einem neuen Namen gesichert.

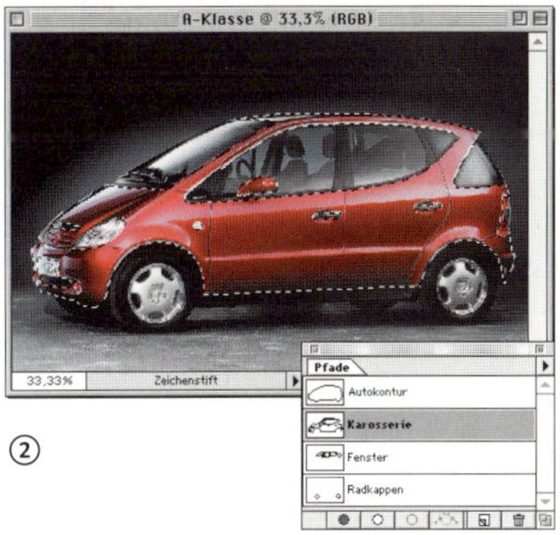

②

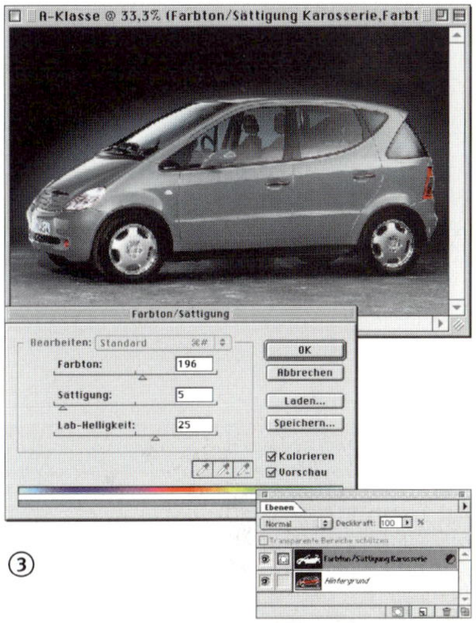

③

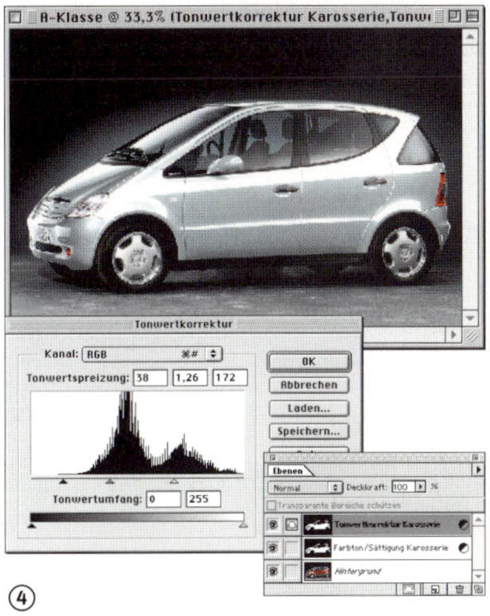

④

Farbstudie »WaterWorld«

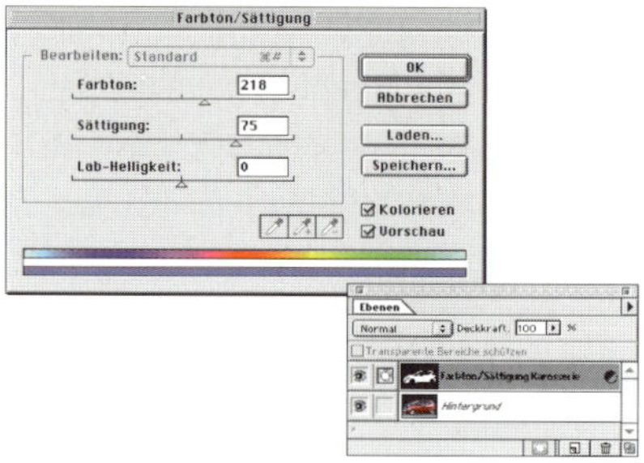

Farbstudie »BlackMagic«

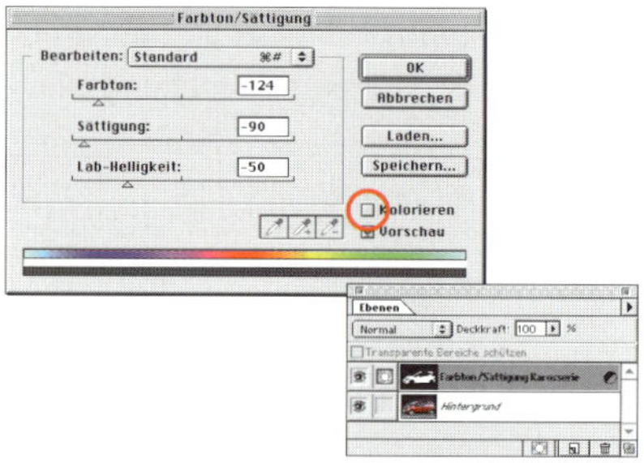

Farbstudie »SpaceCraft«

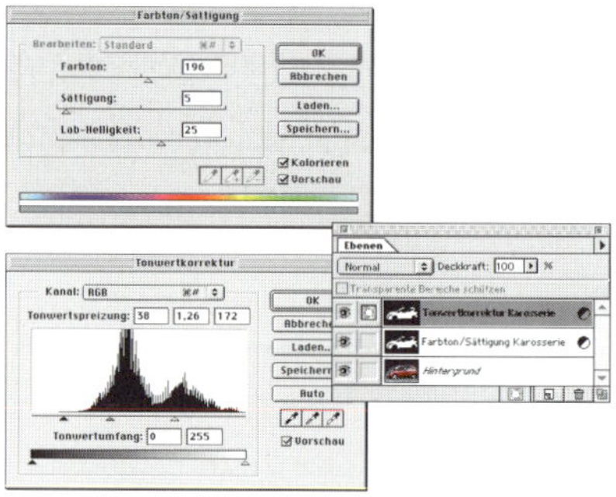

Farbstudie »SnowWhite«

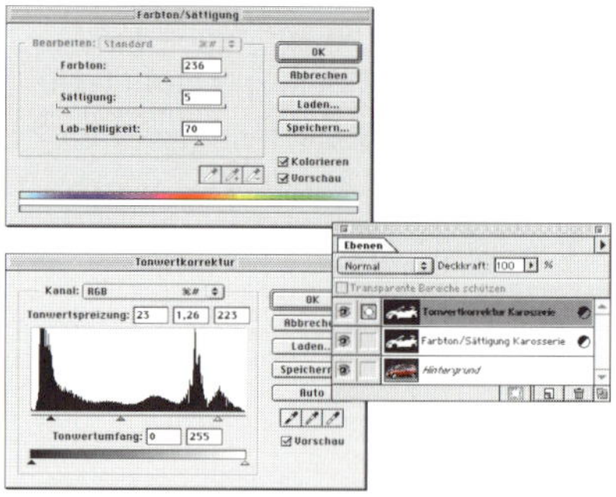

Alternative 1

Die Option Kolorieren im Dialog Farbton/Sättigung färbt den ausgewählten Bereich vollständig mit der eingestellten Farbe ein, so daß auch andersfarbige Spiegelungen in der Kolorierungsfarbe erscheinen. Die gleichmäßige Färbung der Fahrzeugkarosserie kann dadurch aber in bezug zu ihrer Umgebung zu perfekt und unnatürlich wirken, denn außer der Kolorierungsfarbe selbst und ihren Abstufungen zu Weiß und Schwarz sind keine anderen Farbtöne im Karosseriebereich enthalten. Bei geeigneten Motiven kann die Option Kolorieren auch ausgeschaltet bleiben, so daß der Farbtonregler mit mehreren vorhandenen Farbtönen spielen kann.

Das Foto der A-Klasse kam für eine Einfärbung ohne Kolorieren-Option nicht in Frage. Die farbigen Lichtreflexe auf der Motorhaube, die nicht mit der Lackfarbe übereinstimmten, erschienen sonst beim Verschieben des Farbtons in unerwünschten Falschfarben.

Alternative 2

Autokarosserien lassen sich digital nicht nur einfärben, sondern auch mit Strukturen versehen, die man bisher im Autodesign vermißt. Dazu muß der Hintergrundebene nur eine geeignete Textur überlagert werden. Wichtig dabei ist, die Texturebene mit einer Ebenenmaske zu versehen, die den Ebeneninhalt nur auf die Karosserie überblendet. Bei hellen Texturen und dunkler Wagenfarbe ist für die Texturebene der Deckmodus Negativ multiplizieren zu wählen, bei dunklen Texturen und heller Lackierung erzielt der

Modus Multiplizieren bessere Ergebnisse. Die Texturebene kann getrost zusätzlich zu einer Einstellungsebene angelegt werden. Die Marmorversion der A-Klasse rechts unten ist auf diese Weise entstanden.

Alternative 3

Im Dialog Farbton/Sättigung besteht keine Möglichkeit, eine Farbe mit exakten CMYK- oder RGB-Werten zu definieren, geschweige denn eine Farbe aus einer genormten Farbskala wie beispielsweise der Pantone-Skala auszuwählen – die Farbbestimmung erfolgt rein intuitiv. Wenn anstelle der Einstellungsebene mit einer normalen Ebene gearbeitet wird, die mit der exakt vordefinierten Farbe gefüllt wird, läßt sich das Problem umgehen. Als Ebenenmodus ist dann Farbton & Sättigung zu wählen, damit die Originalfarbe durch den Farbton und die Sättigung der Wunschfarbe ersetzt, deren ursprüngliche Helligkeit aber beibehalten wird. Die Auswahl der Karosserie muß in der Farbebene als Ebenenmaske gesichert werden, damit nicht auch der Hintergrund, Lampen und Fenster koloriert werden.

Diese Kolorierungsmethode läßt sich noch weiter verfeinern: Wird anstelle einer Farbe beispielsweise ein Spektralverlauf in die Ebene gelegt, ergibt sich eine bisher noch nie dagewesene Lackierung (siehe Eingangsbeispiel).

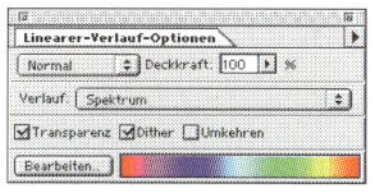

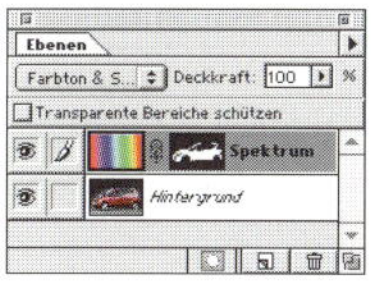

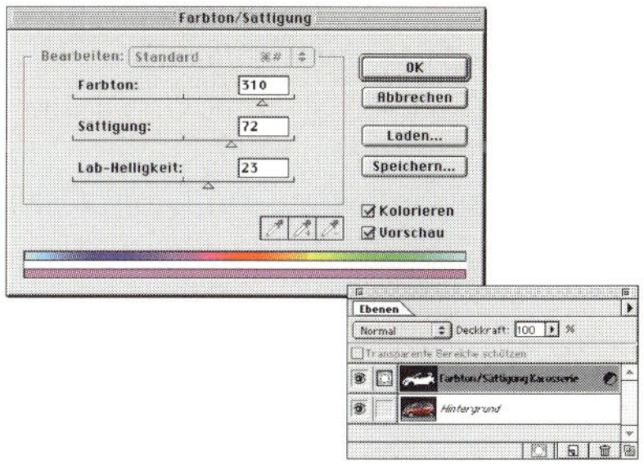

Farbstudie »PinkPanther«

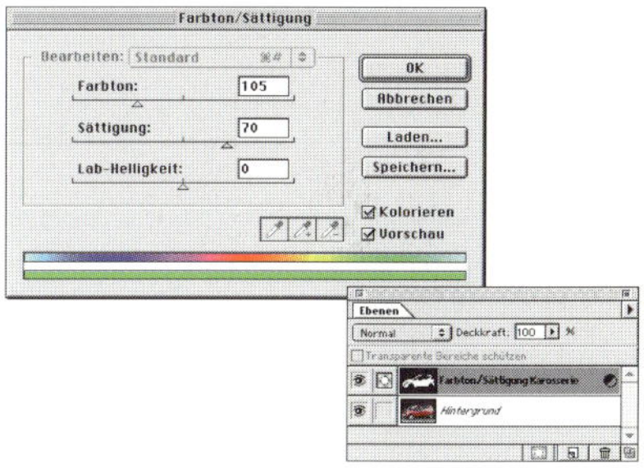

Farbstudie »RainForest«

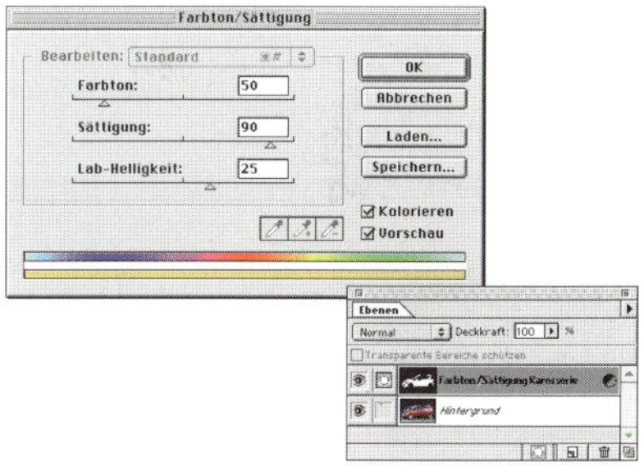

Farbstudie »YellowSubmarine«

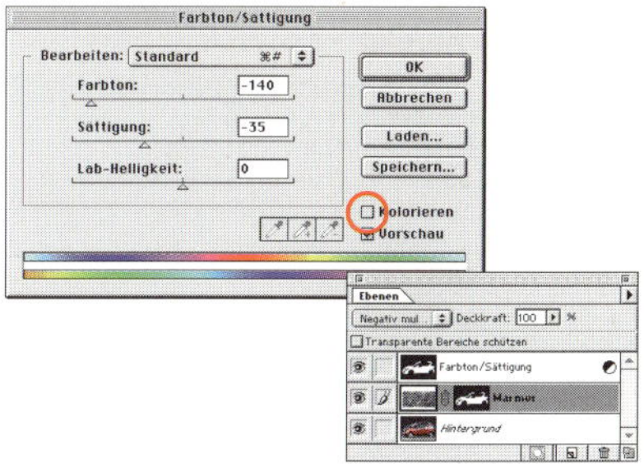

Farbstudie »HaleBopp«

Naßgemacht

Wie mit Photoshop ein fotografisch trockengedockter Fisch wieder seinem Element zugeführt werden kann

Über Kanalberechnungen läßt sich ein Effekt erzeugen, der Wassertropfen auf einer Fotografie simuliert. Die Tropfenkonturen, die das Licht einer hellen Lichtquelle brechen, werden mit Hilfe mehrerer Alphakanäle erstellt und dann in eine neue Ebene des Fischbildes montiert.

1. Für die Tropfen wurde in der Arbeitsdatei zuerst ein Alphakanal mit dem Namen »Tropfenformen« angelegt. Der **Pinsel** malte weiße Punkte in Tropfenform in den schwarz gefüllten Kanal. Dabei durften die Tropfenformen nicht zu klein und ihre Ränder nicht zu weich ausfallen.

2. Die Funktion **Kanal duplizieren** aus dem Menü der Kanälepalette legte eine Kopie des Kanals »Tropfenformen« mit dem Namen »Versatz« an. Dessen Inhalt wurde mit dem Filter **Verschiebungseffekt** (Filter, Sonstige Filter) um wenige Pixel nach links oben verschoben.

3. Mit dem Dialog **Kanalberechnungen** aus dem Menü Bild wurde nun die Differenz aus den Kanälen »Tropfenformen« und »Versatz« berechnet und das Ergebnis in einen neuen Alphakanal eingefügt. Der neue Kanal wurde in »Lichtkonturen« umbenannt.

4. Der Kanal »Lichtkonturen« mußte nun noch etwas mit dem **Gaußschen Weichzeichner** (Filter, Weichzeichnungsfilter) weichgezeichnet und anschließend mit der Funktion **Auto-Tonwertkorrektur** (Bild, Einstellen) aufgehellt werden.

5. Ein Mausklick bei gedrückter Strg/⌘-Taste auf das Etikett des Kanals »Tropfenformen« lud ihn im Kanal »Lichtkonturen« als Auswahl. Nachdem die Auswahl umgekehrt war (Auswahl, Auswahl umkehren), konnte sie mit der **Rückschrittaste** mit Schwarz – der Hintergrundfarbe – gefüllt werden.

Das Ausgangsbild: der fotografisch trockengedockte Fisch

6. Der Kanal »Lichtkonturen« wurde vollständig ausgewählt (Auswahl, Alles auswählen), in die Zwischenablage kopiert (Bearbeiten, Kopieren) und, nachdem der RGB-Kanal aktiviert war, als **neue Ebene** über der Hintergrundebene eingesetzt (Bearbeiten, Einsetzen). Im Dialog Ebenen-Optionen aus dem Menü der Ebenenpalette wurde die Ebene in »Lichtkonturen« umbenannt und der Deckmodus auf **Negativ multiplizieren** geändert.

7. Von der Hintergrundebene wurde eine Kopie mit dem Namen »Versatz« angelegt (Ebene, **Ebene duplizieren**). Anschließend lud ein Mausklick bei gedrückter Strg/⌘-Taste auf das Etikett des Kanals »Tropfenformen« dessen Inhalt als Auswahl, die sogleich als **Ebenenmaske** gesichert wurde (Ebene, Ebenenmaske hinzufügen, Außerhalb der Auswahl maskieren). Nachdem wieder die Ebene aktiviert und das Verbindungssymbol zwischen Ebenen- und Ebenenmasken-Thumbnail gelöst war, wurde der Ebeneninhalt mit dem **Bewegen-Werkzeug** ein wenig nach rechts versetzt.

8. Über der Ebene »Versatz« wurde eine **neue Ebene** mit dem Namen »Schatten« angelegt (Ebene, Neu, Ebene) und ihr Deckmodus auf Multiplizieren gestellt. Der Kanal »Tropfenformen« wurde erneut in eine Auswahl umgewandelt. Nachdem die Auswahl schwarz gefüllt (Bearbeiten, Fläche füllen; Füllen mit Schwarz) und aufgehoben war (Auswahl, Auswahl aufheben), konnte der Ebeneninhalt mit dem **Gaußschen Weichzeichner** (Filter, Weichzeichnungsfilter) weichgezeichnet

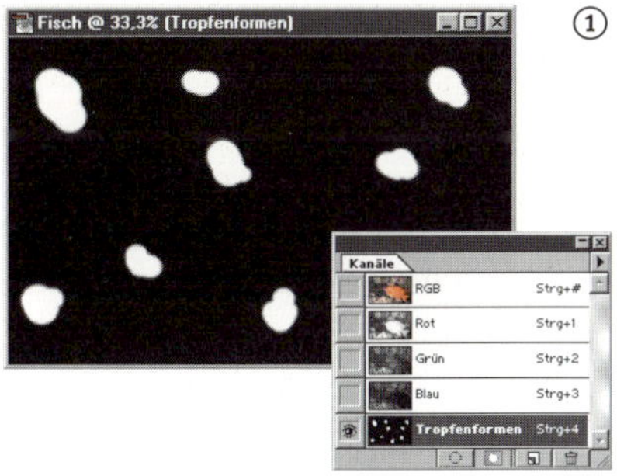

①

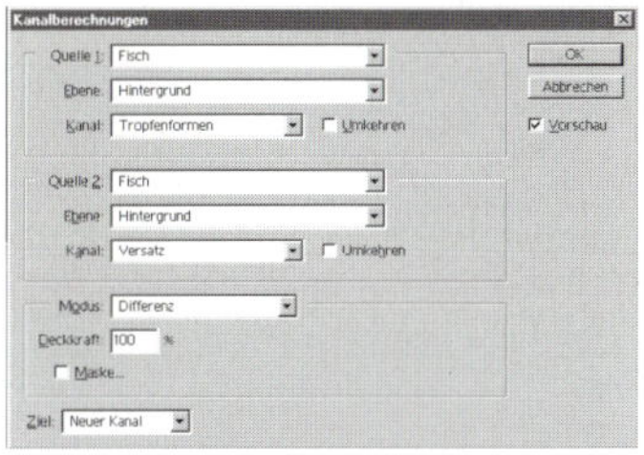

③

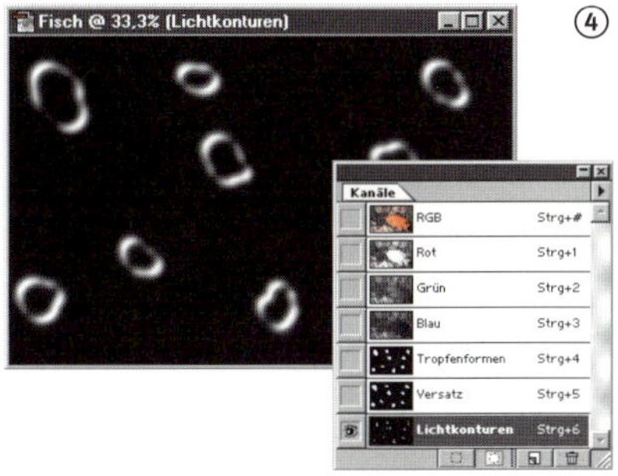

④

und mit dem **Bewegen-Werkzeug** ein Stück nach rechts unten versetzt werden.

9. Damit der Schatten nur außerhalb der Konturen zu sehen war, wurde der Kanal »Tropfenformen« ein letztes Mal als Auswahl geladen und die Auswahl in der Ebene »Schatten« als **Ebenenmaske** gesichert (Ebene, Ebenenmaske hinzufügen, Auswahl maskieren). So blieb der Schatten frei verschiebbar (Verbindungssymbol lösen). Zum Schluß mußte nur noch die **Ebenendeckkraft** auf 70% reduziert werden.

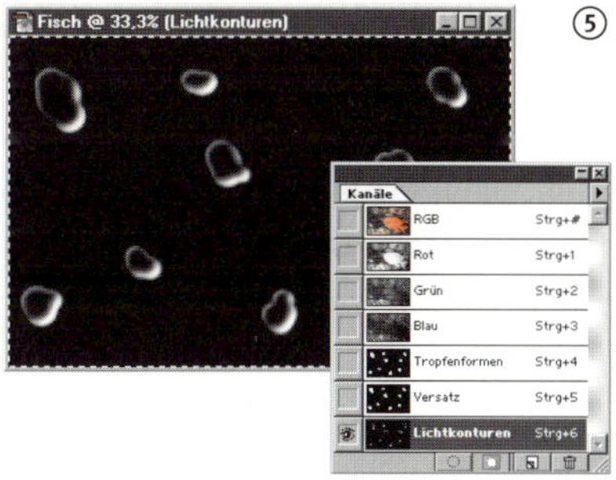

⑤

⑥

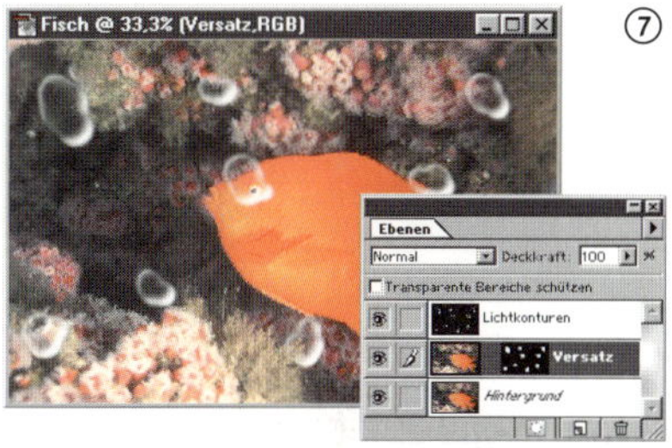

⑦

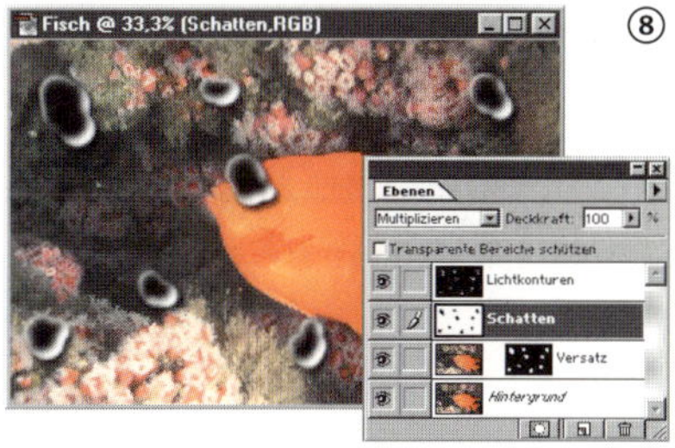

⑧

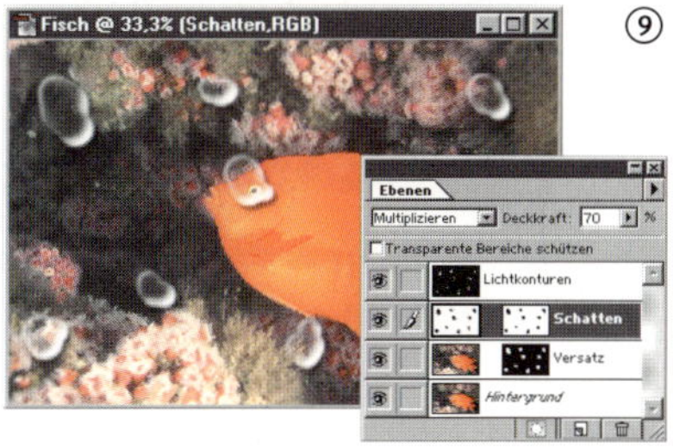

⑨

Graffiti-Projekt

Wie durch Bildmontage aus einer Industrieanlage ein Kunstobjekt wird

Das Ausgangsmaterial für ein umweltfreundliches Graffiti-Projekt – garantiert ohne FCKW

Sind Hausbesitzer, die Deutsche Bahn AG oder die Verantwortlichen für die Reinhaltung von Unterführungen meist sehr darum bemüht, die von den vielen unter einem Pseudonym operierenden Sprayern über Nacht hergestellten Graffiti-Bilder schnell wieder zu entfernen oder zu übertünchen, geht dieses Beispiel den umgekehrten Weg. Für einen Zeitschriftenbeitrag zum Thema Verschönerung von Industrieanlagen durch Künstler erhielt ein makelloser Gastank das teuflische Gesicht der urbanen Undergroundkultur. Ob das Resultat ästhetisch reizvoller erscheint oder aufgrund seiner Ähnlichkeit mit einem Totenschädel als Mahnmal zu nehmen ist, sei hier dahingestellt, gilt das Interesse doch allein der konkreten Bildbearbeitung in Photoshop.

Montage der Graffiti

1. Alle für die Montage benötigten Dateien wurden in Photoshop geöffnet. Die Graffiti-Objekte waren vor der Montage freizustellen, hier bot sich der **Zeichenstift** an. Nach Fertigstellung der Pfade wurden diese in eine Auswahl umgewandelt (Auswahl erstellen aus dem Menü der Pfadepalette) und der im ersten Graffito ausgewählte Bereich mit dem **Bewegen-Werkzeug** in das Fenster mit den Gastanks gezogen. Dabei war es wichtig, das Objekt exakt mittig in der automatisch neu angelegten Ebene einzusetzen, deshalb wurde beim Kopieren zwischen den Fenstern die Umschalttaste gedrückt. Die neue Ebene wurde in »Graffito 1« umbenannt (Ebenen-Optionen aus dem Menü der Ebenenpalette).

2. Eine zylindrische Verzerrung des Objekts mit dem Filter **Wölben** (Filter, Verzerrungsfilter) sollte die Projektion auf die Außenhaut des vorderen Gastanks simulieren. Im Filterdialog mußte dazu der Modus **Horizontal** und eine Anwendungsstärke von 65 % gewählt werden.

3. Um dem Blickwinkel von unten schräg nach oben auf die Zylinderform Rechnung zu tragen, war das Objekt zusätzlich bogenförmig zu verzerren. Diese Aufgabe übernahm der Filter Verbiegen (Filter, Verzerrungsfilter). Da der Filter aber nur in der Horizontalen verbiegt, mußte die Ebene vorher um 90° gedreht werden (Bearbeiten, Transformieren, **90° im UZS drehen**). Anschließend kam der Filter **Verbiegen** mit einer symmetrischen Verbiegung nach rechts zur Anwendung. Nachdem der Filterdialog wieder geschlossen war, wurde die Ebene wieder in die Ausgangsstellung zurückgedreht (Bearbeiten, Transformieren, **90° gegen UZS drehen**).

4. Nun folgte die Montage des Objekts über dem vorderen Gastank. Dazu wurde die Funktion **Verzerren** aus dem Menü Bearbeiten, Transformieren aufgerufen. Die Eckpunkte des Transformationsrahmens wurden so auf den Tank verschoben, daß sie einer realitätsgetreuen Projektion auf einen Zylinder entsprachen. Dabei konnte man sich gut an den horizontal und vertikal verlaufenden Schweißnähten orientieren.

Ohne die Verzerrung ins Bild einzurechnen, wurde zunächst die Transformationsart **Skalieren** gewählt (Bearbeiten, Transformieren). Durch Ziehen an den mittleren Griffen der oberen und unteren Rahmenseite konnte das Objekt so in der Höhe angepaßt werden, daß es weder gedehnt noch gestaucht wirkte. Insgesamt ließ sich der Rahmen auch **verschieben**, indem er in der Mitte angefaßt wurde. Als die

①

①

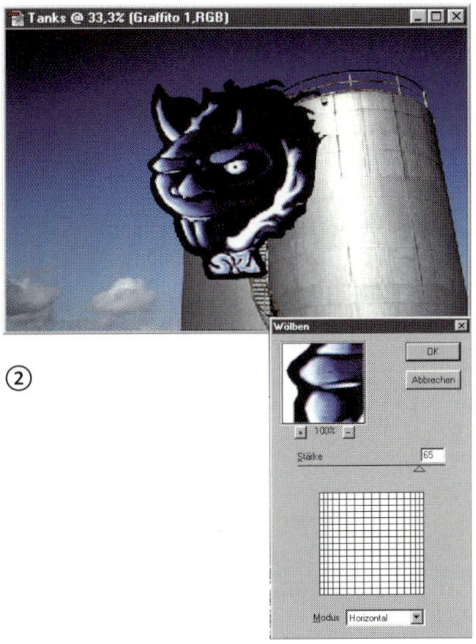

②

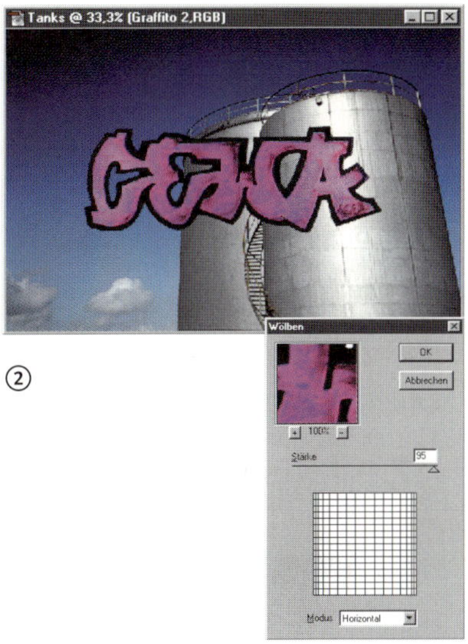

②

③

③

③

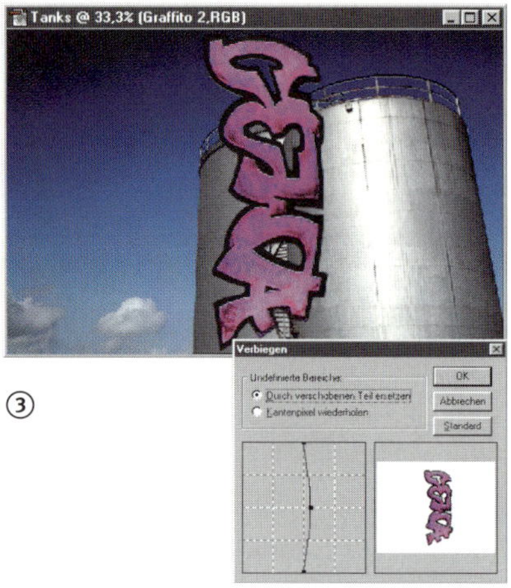

③

③

③

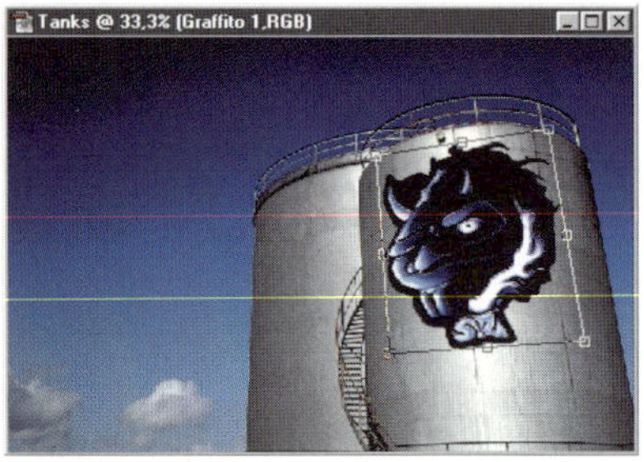

④

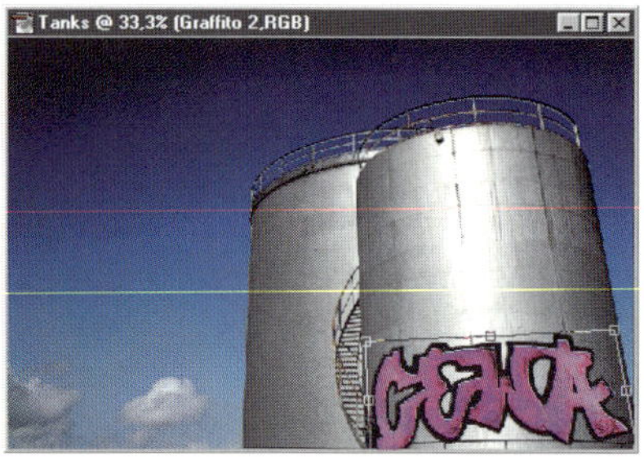

④

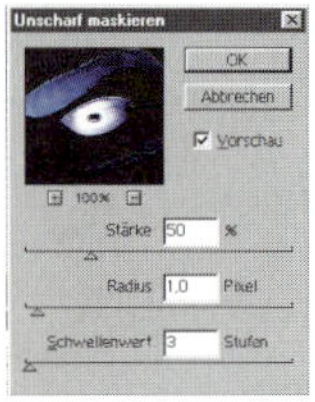

⑤

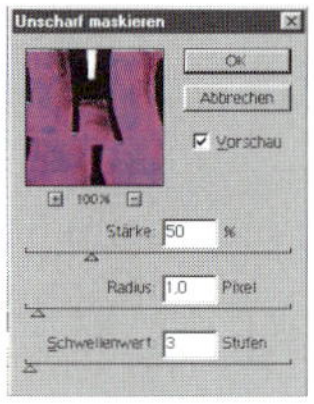

⑤

Transformation den Vorstellungen entsprach, wurde sie mit einem Doppelklick ins Rahmeninnere auf die Ebene angewendet.

5. Da das Graffiti-Objekt insgesamt drei Interpolationen durchgemacht hatte (Wölben, Verbiegen und Frei transformieren) und eine dementsprechende Unschärfe aufwies, war eine Scharfzeichnung mit dem Filter **Unscharf maskieren** (Filter, Scharfzeichnungsfilter) zu empfehlen.

6. Um die Struktur – insbesondere die Schweißnähte – des Gastanks nicht vollständig zu überdecken, wurde die **Deckkraft** für die Ebene »Graffito 1« auf 90 % verringert.

7. Für das **zweite Graffito**, den Schriftzug »Cewa«, waren die Schritte 1 bis 6 zu wiederholen. Die Ebene des Typo-Objekts wurde in »Graffito 2« umbenannt. Im Unterschied zur Ebene »Graffito 1« wurde als Ebenenmodus Hartes Licht gewählt.

Rekonstruktion der Spiegelung

1. Eine Kopie der Hintergrundebene (Ebene, **Ebene duplizieren**) erhielt den Namen »Lichtreflex« und wurde nach ganz vorn, das heißt, an die oberste Position in der Ebenenpalette gestellt. Die Graffiti wurden dadurch kurzzeitig verdeckt.

2. Für die Rekonstruktion der Lichtreflexion sollte eine Verlaufsmaske erstellt werden, die die Ebene nach links und nach rechts hin ausblendet. Um die Richtung des Verlaufs exakt bestimmen zu können, wurde zunächst der Winkel der Reflexion auf dem Zylinder abgemessen. Dazu wurde in der Werkzeugpalette das **Meßwerkzeug** gewählt. Der Winkel der mit dem Linienzeichner von oben nach unten aufgezogenen Linie (–84,5°) konnte in der Informationenpalette abgelesen und notiert werden.

3. Nachdem zur Ebene »Lichtreflexe« eine Ebenenmaske hinzugefügt war (Ebene, Ebenenmaske hinzufügen, Nichts maskieren), zog das Werkzeug **Reflektierter Verlauf** einen Verlauf von Weiß zu Schwarz auf. Dazu wurde in der Optionenpalette des Verlaufswerkzeugs die Verlaufsart **Schwarz, Weiß** gewählt und die Option Umkehren aktiviert. Beim Aufziehen des Verlaufs war darauf zu achten, daß seine Richtung genau im rechten Winkel zur Reflexlinie verlief (–84,5° + 90° = 5,5°; die Richtung konnte in der Informationenpalette kontrolliert werden) und der Anfangspunkt exakt auf der Reflexlinie lag. Das Werkzeug Reflektierter Verlauf spiegelt den Verlauf automatisch in die entgegengesetzte Richtung. Der Anfangspunkt bildet dabei den Mittelpunkt des Gesamtverlaufs.

4. Als der Verlauf wie gewünscht angelegt war, wurde der Deckmodus der Ebene auf **Luminanz** geändert, damit nur die Helligkeit der Ebene »Lichtreflex« in die darunterliegenden Ebenen übertragen wurde, Farbton und Sättigung der Graffiti jedoch unangetastet blieben.

①

①

①

③

②

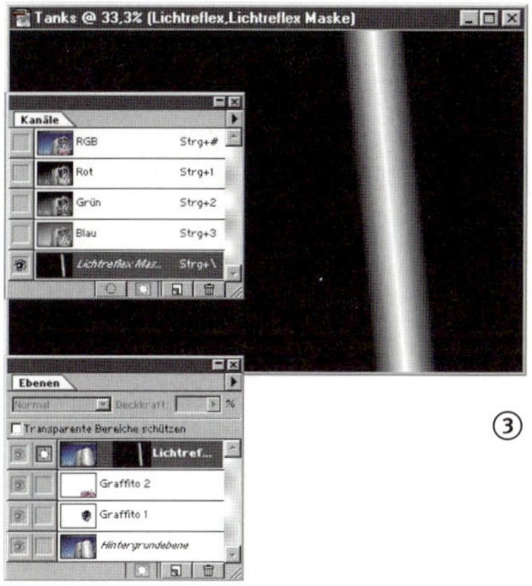

③

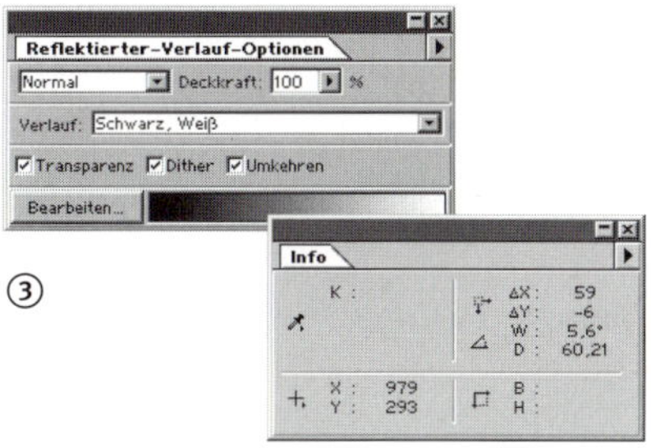

③

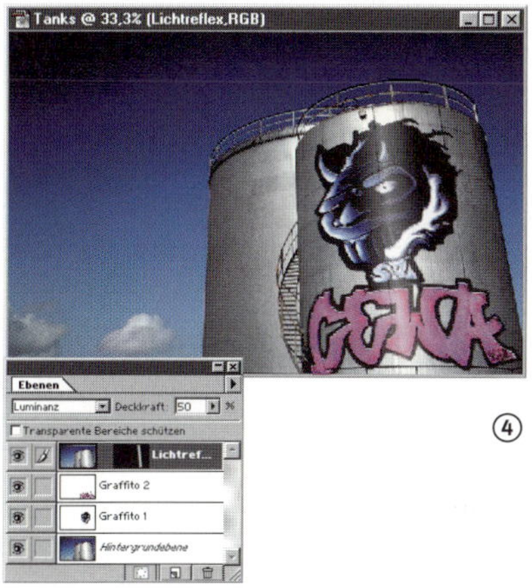

④

Anwendungen

Undercover

Ein Blick hinter die Kulissen dieses Buches und damit auch hinter die von Photoshop

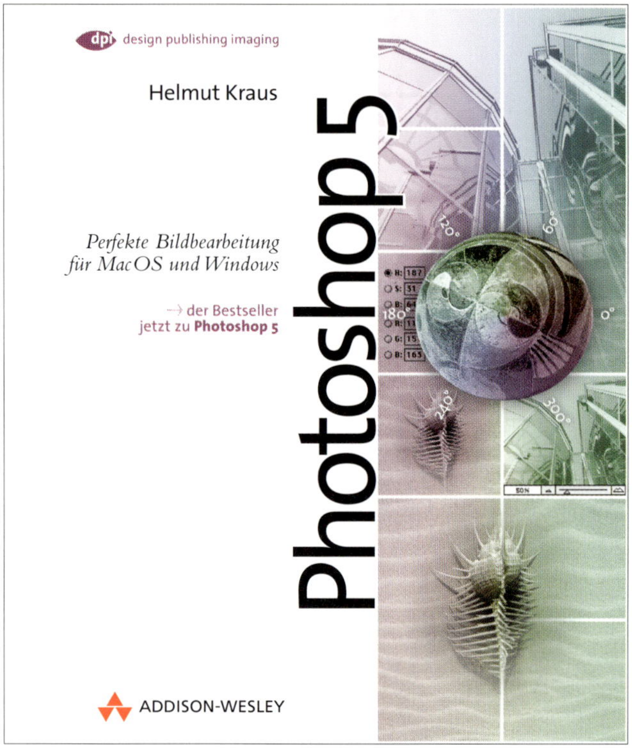

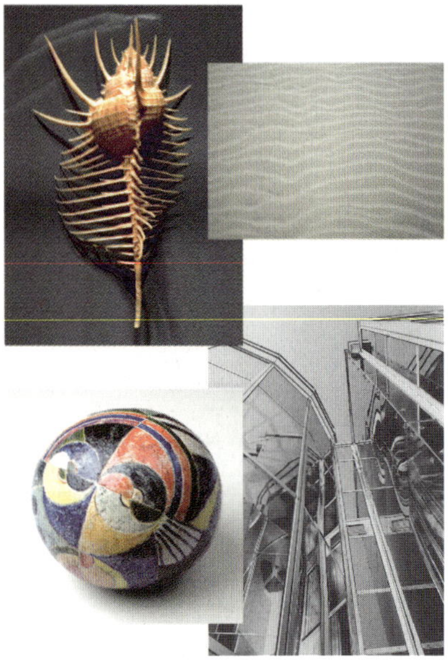

Das Ausgangsmaterial: Schwarzweißvorlagen und Farbbilder

Photoshop ist als Production-Tool aus sämtlichen Medienbereichen nicht mehr wegzudenken. Schon gar nicht aus der Verlagsbranche. Und so verwundert es kaum, daß Photoshop nicht nur thematisch den Raum zwischen den beiden Deckeln dieses Buches ausfüllt, sondern auch maßgeblich an der visuellen Erscheinung des Covers beteiligt war. Das prägende, formgebende Element der dpi-Reihe von Addison-Wesley ist die Collage. Teilweise finden dabei auch Elemente aus dem Buch Verwendung. Dieses Kapitel bietet dem Leser die Gelegenheit, das Entstehen der Covercollage mitzuverfolgen. Schritt für Schritt kann der Leser so nachvollziehen, wie Photoshop nicht nur den Inhalt, sondern auch die Form des Buches geprägt hat.

Die Coverkonzeption basiert auf einem Rastersystem. Die Bildcollage ist aus zwei mal sechs quadratischen »Zellen« aufgebaut, die sich beliebig gruppieren lassen. Ausgangspunkt der Montagearbeiten in Photoshop bildet eine 79 mal 235 Millimeter große Datei mit dem Linienraster, das die Zellen und Zellengruppen voneinander abtrennt. Aufgrund der Auflösung von 254 dpi sind die 1 Millimeter starken Linien exakt 10 Pixel breit.

Die Produktion der Buchtitel wird mit Macromedia FreeHand realisiert. Photoshop agiert in diesem Fall, wie in vielen anderen Fällen auch, als Zulieferer für eine Layoutsoftware.

Der Hintergrund

1. Die Datei mit dem Linienraster wurde geöffnet und mit Datei, **Sichern unter** unter einem neuen Namen gesichert, um das Original unverändert zu lassen. Anschließend wurde ein Wattenmeerfoto aus dem Archiv des Autors geöffnet und mit dem Dialog **Bildgröße** (Menü Bild) auf die halbe Höhe der Montagedatei heruntergerechnet (1175 Pixel).

2. Das **Bewegen-Werkzeug** kopierte die skalierte Sandtextur in die Montagedatei und richtete sie in der oberen Hälfte des Bildes aus. Es wurde darauf geachtet, daß in der Palette **Bewegen-Optionen** die Option Ebene automatisch wählen ausgeschaltet war, damit nicht versehentlich die falsche Ebene bewegt wurde.

3. Eine Kopie der Sandebene (Ebenenetikett auf das Symbol der Ebenenpalette ziehen) wurde um 180° gedreht (Bearbeiten, Transformieren, **180° drehen**) und mit dem Bewegen-Werkzeug senkrecht in die untere Hälfte verschoben (Umschalttaste gedrückt halten). Die Schnittkante zwischen beiden Hälften wurde später vom Linienraster verdeckt. Die Ebene »Sand Kopie« wurde mit Ebene, **Mit darunterliegender auf eine Ebene reduzieren** in die Ebene »Sand« eingerechnet.

4. Da diese Ebene einen großen Bildüberhang besaß, also Bereiche, die über die Bildbegrenzungen hinausragen und unnötig Speicherplatz belegen, wurde die gesamte Arbeitsfläche ausgewählt (Auswahl, **Alles auswählen**) und freigestellt (Bild, **Freistellen**).

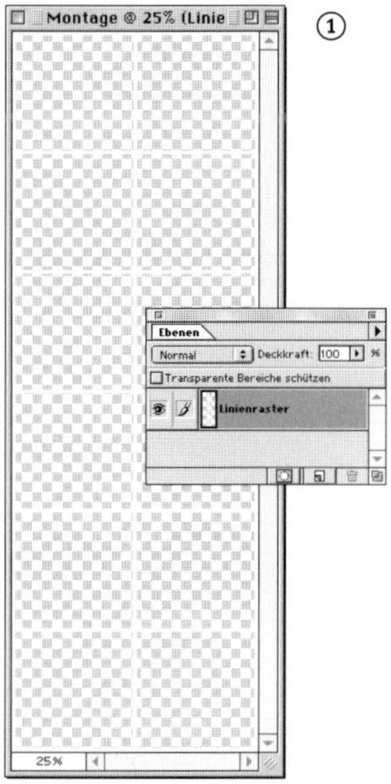

①

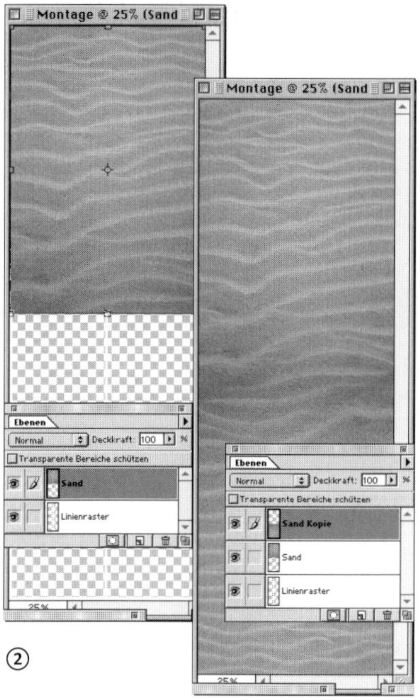

② ③

Die Motive

Die Motive der Collage konnten nun in separaten Ebenen über der Sandtextur angeordnet werden. Dazu wurden die betreffenden Bilddateien geöffnet und deren Inhalte mit dem **Bewegen-Werkzeug** in die Montagedatei gezogen.

1. Das Foto vom Glashaus wurde auf die Breite der Montagedatei skaliert (Bearbeiten, **Frei transformieren**) und an der oberen Bildkante angesetzt. (Um proportional zu skalieren, die Umschalttaste gedrückt halten.)

2. Eine der wichtigsten Montagetechniken umfaßt die Maskierung von Bildelementen. So wurde auch für das Glashausfoto eine **Ebenenmaske** angelegt (Mausklick auf das Symbol in der Ebenenpalette), die zunächst leer war und deshalb nichts maskierte. Das **lineare Verlaufswerkzeug** legte nun

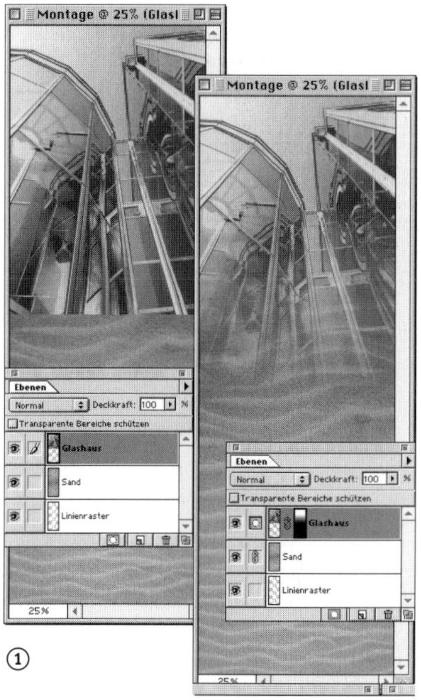

① ②

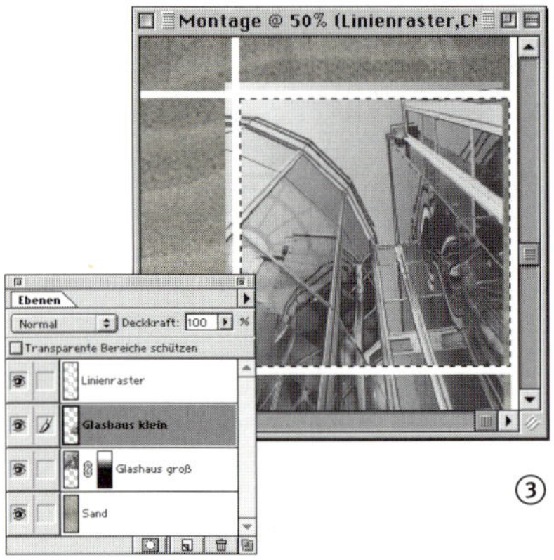

③

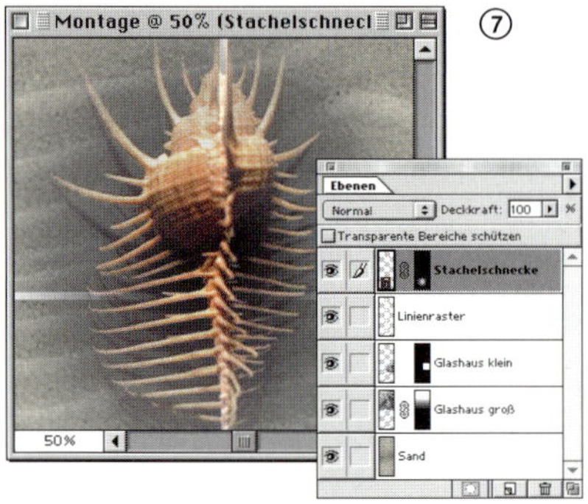

⑦

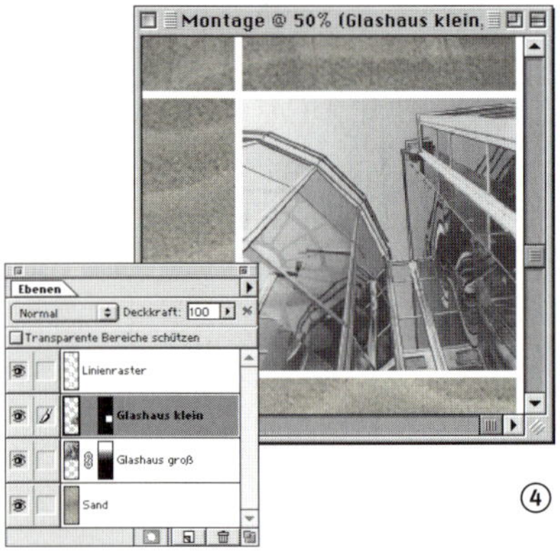

④

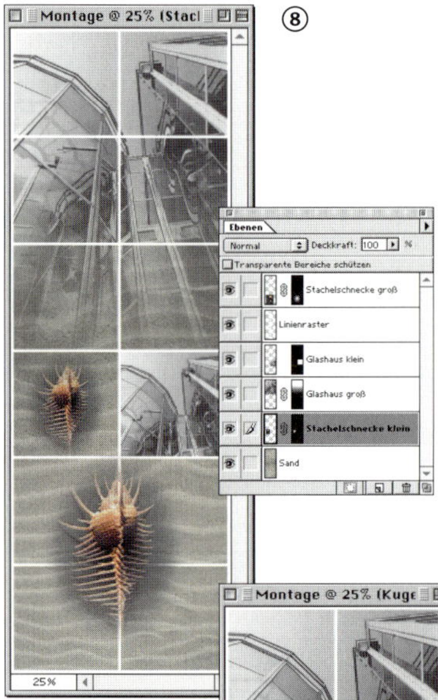

⑧

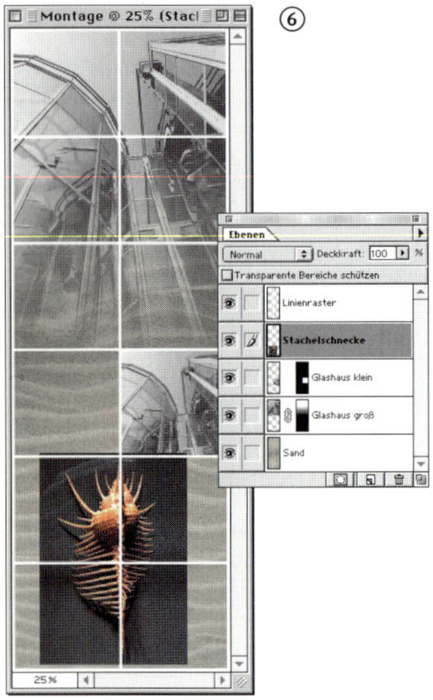

⑥

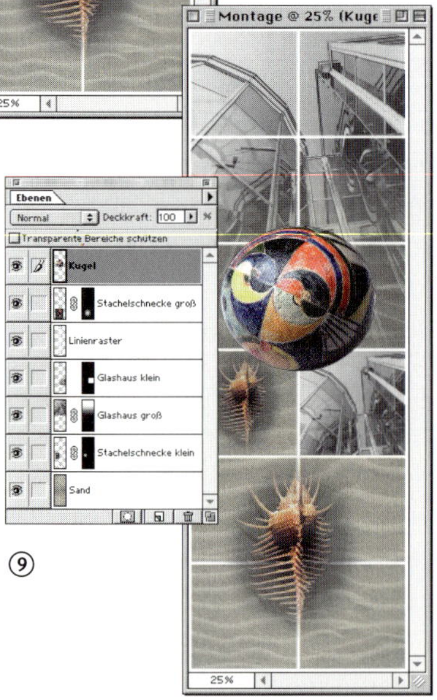

⑨

einen vertikalen Verlauf von Schwarz (unten) nach Weiß (oben) in die Maske. Ansatzpunkt des Werkzeugs war die untere Kante des Fotos, der Endpunkt lag im oberen Drittel des Motivs. Dadurch blendete das Foto von oben nach unten sanft in den Hintergrund über.

3. Für das kleine Glashausfoto wurde die Ebene dupliziert und die Ebenenmaske der Kopie gelöscht (Ebenenmasken-Thumbnail auf das Symbol 🗑 ziehen). Erneut verkleinerte die Funktion **Frei transformieren** den Ebeneninhalt; diesmal auf wenig mehr als die Breite einer Zelle (380 Pixel). Das **Bewegen-Werkzeug** verschob das verkleinerte Bild auf eine der mittleren Zellen.

4. Das kleine Glashausfoto sollte nur innerhalb einer Zelle sichtbar sein, also von den weißen Linien des Rasters eingeschlossen sein. Da das Raster nicht sichtbar war – es wurde ja von der Sandtextur verdeckt –, wurde es zunächst an die oberste Stelle in der Ebenenreihenfolge verschoben (Etikett in der Ebenenpalette nach oben ziehen). Der **Zauberstab** wählte in der Ebene »Linienraster« die Fläche der betreffenden Zelle aus. In der Palette Zauberstab-Optionen – sie wird mit einem Doppelklick auf das Zauberstabsymbol in der Werkzeugpalette eingeblendet – mußte vorher die Toleranz auf 0 und die Option Glätten ausgeschaltet werden. Bei bestehender Auswahl wurde die Ebene »Glashaus klein« aktiviert, und ein Mausklick auf das Symbol ◘ sicherte die Auswahl als Ebenenmaske.

5. Da das Foto nun noch exakt innerhalb seiner Maskengrenzen ausgerichtet werden sollte, wurde das Verbindungssymbol zwischen Ebene und Ebenenmaske deaktiviert und wieder die Ebene gewählt (Mausklick auf deren Thumbnail. Das **Bewegen-Werkzeug** positionierte den Ebeneninhalt dann an die richtige Stelle, ohne die Maske mit zu verschieben.

6. Auch die Stachelschnecke wurde wie zuvor das Glashaus mit dem Bewegen-Werkzeug in die Montagedatei gezogen und mit der Funktion **Frei transformieren** auf die richtige Größe skaliert. Da die umgebenden Bereiche störten – unter anderem ist hier die linke Hand des Fotografen zu sehen, die sich im Vitrinenglas spiegelt –, erhielt die Schnecke ebenfalls eine Ebenenmaske. Die Maske sollte aber bereits schwarz gefüllt sein, deshalb wurde das Symbol mit gedrückter Alt/⌥-Taste angeklickt.

7. Der **Airbrush** malte nun mit großer weicher Spitze (200 Pixel Durchmesser), weißer Farbe und 50%igem Druck in der Maske, bis die Schnecke wieder vollständig sichtbar, die störenden Bereiche aber weiterhin ausgeblendet waren. Um das starre Raster zu durchbrechen, wurde die Ebene vor das Linienraster gestellt.

8. Um beide Motive gleich zu gewichten, sollte dem kleinen Glashaus eine kleine Stachelschnecke zur Seite gestellt werden. Die Ebene »Stachelschnecke« wurde also dupliziert und die Kopie mit der Funktion **Frei transformieren** auf die Größe einer Zelle skaliert. Damit die Ebenenmaske mit skaliert wird, mußte das Verbindungssymbol zwischen den Thumbnails von Ebene und Ebenenmaske sichtbar sein. Das **Bewegen-Werkzeug** plazierte die Kopie in der Zelle neben dem kleinen Glashausfoto. Diese Ebene wurde in der Ebenenpalette hinter die Ebene »Linienraster« gestellt.

9. Die Kugel wurde als freigestelltes Element etwas oberhalb der Bildmitte plaziert, mit der Funktion **Frei transformieren** auf die gewünschte Größe skaliert und in der Ebenenreihenfolge vor das Linienraster gestellt.

Die Farbgebung

Die Verteilung der Motive war nun ausgewogen, die Farben jedoch noch nicht aufeinander abgestimmt. Da die Motive später mit einem radialen Spektralverlauf eingefärbt werden sollten, wurde bereits in diesem frühen Stadium auf eine einheitliche Helligkeit geachtet.

1. Eine ausgewogene Helligkeit ließ sich am besten durch eine **Farbton/Sättigung-Einstellungsebene** (mit Strg/⌘ auf klicken) überprüfen, die entweder die Farbsättigung auf Null setzte und das Bild als Graustufen anzeigte oder die das Bild in einer einheitlichen Farbe kolorierte (wie im Beispiel). Die Einstellungsebene mußte dazu in der Ebenenreihenfolge an die oberste Position gestellt werden.

2. Wie der Test zeigte, war der Hintergrund der Schnecken trotz weicher Maskierung noch zu dunkel, so daß sich ein unerwünschter Vignettie-

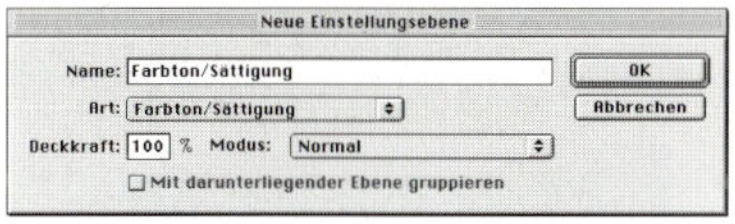

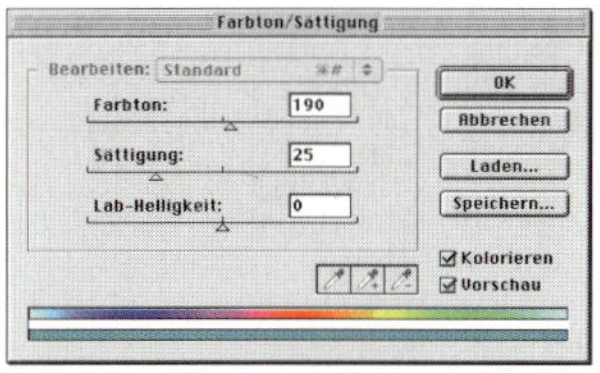

①

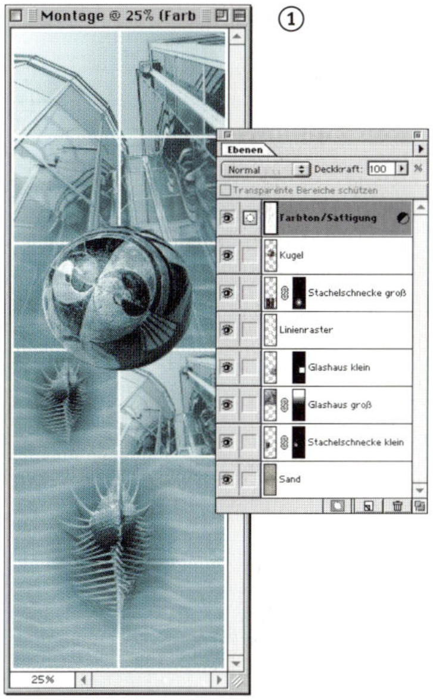

①

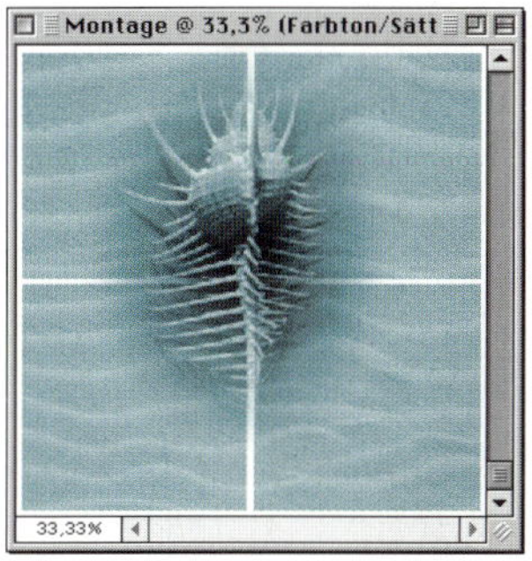

②

②

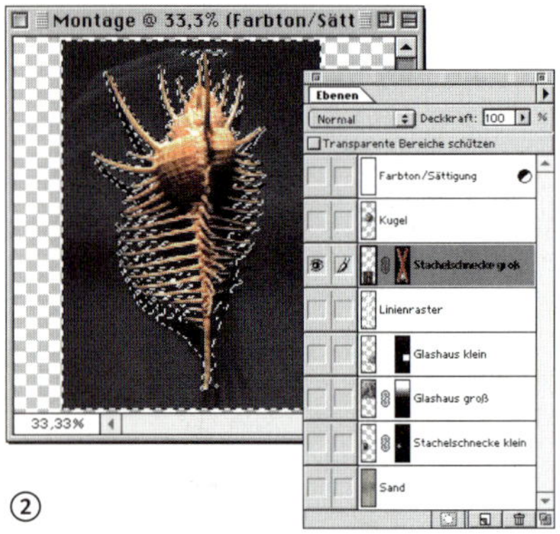

②

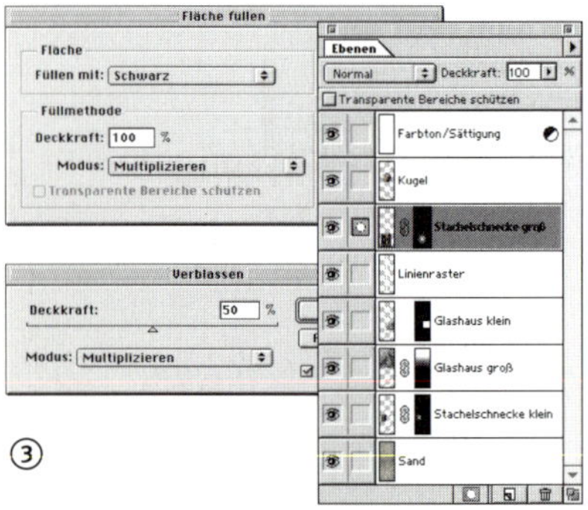

③

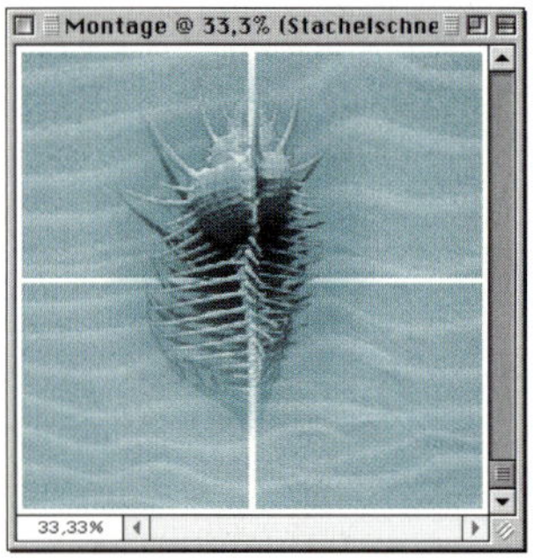

③

rungseffekt ergab. Um den Hintergrund unabhängig von der Schnecke aufhellen zu können, mußte die Ebene ausgewählt und in ihr eine Farbbereichsauswahl erstellt werden. Vor Aufruf des Befehls Auswahl, Farbbereich auswählen mußten alle anderen Ebenen und die Ebenenmaske ausgeblendet werden (mit gedrückter Alt/⌥-Taste auf das Augensymbol und mit gedrückter Umschalttaste auf das Thumbnail der Ebenenmaske klicken). Mit der Pipette des Dialogs **Farbbereich auswählen** (Menü Auswahl) und relativ niedriger Toleranz wurde die Farbe des Motivhintergrundes in die Farbbereichsmaske aufgenommen. Indem die Pipette mit gedrückter Umschalttaste durchs Bild gezogen wurde, wurden der Maske weitere Farbbereiche hinzugefügt. OK wandelte die Maske in eine aktive Auswahl um.

3. Nachdem wieder alle Ebenen eingeblendet und die Ebenenmaske der Ebene »Stachelschnecke« ausgewählt war, wurde die Auswahl in der Maske im Modus Multiplizieren schwarz gefüllt (Bearbeiten, **Fläche füllen;** Füllen mit Schwarz, Multiplizieren). Direkt im Anschluß wurde der Dialog **Verblassen** (Menü Filter) geöffnet und der Deckkraftregler so weit nach links bewegt, bis ein gewünschter Aufhellungsgrad erreicht war.

4. Die letzten beiden Schritte – Farbbereichsauswahl und Teilmaskierung – wurden mit dem kleinen Schneckenfoto wiederholt.

5. Der Spektralverlauf, der die Kugel und den Hintergrund überlagert, wurde in einer separaten, 600 mal 600 Pixel großen **RGB-Datei** angelegt (siehe die Beschreibung im Kapitel »Chapeau claque« für einen farbmetrisch korrekten Spektralverlauf). Um den Mittelpunkt exakt bestimmen zu können, wurden eine waagerechte und eine senkrechte Hilfslinie an die 300-Pixel-Marke gesetzt.

6. In der Werkzeugpalette wurde das **Winkelverlaufswerkzeug** gewählt und in dessen Optionenpalette der Verlauf Spektrum eingestellt. Das Verlaufswerkzeug zog den Verlauf vom Kreuzungspunkt der Hilfslinien bis zum rechten Bildrand auf (dabei gegebenenfalls Umschalttaste drücken). Anschließend überlagerte das **radiale Verlaufswerkzeug** diesem Spektralmuster einen Verlauf von Weiß (Mitte) nach Transparent (außen).

7. Das **Bewegen-Werkzeug** übertrug den Verlauf in die Montagedatei und plazierte ihn mittig über der Kugel. Die Ebene mußte an die oberste Position in der Ebenenreihenfolge gestellt werden, damit sie nicht dem Einfluß der Farbton/Sättigung-Einstellungsebene unterlag. Als Ebenenmodus wurde **Farbton** gewählt. Schließlich mußte der Spektralverlauf noch mit der Transparenzmaske der Kugelebene **maskiert** werden (mit gedrückter Strg/⌘-Taste auf das Thumbnail der Ebene »Kugel« und dann auf das Symbol ⬚ klicken).

8. Von der Spektrumebene wurde eine Kopie erstellt, deren Ebenenmaske und auch alle übrigen Ebenen ausgeblen-

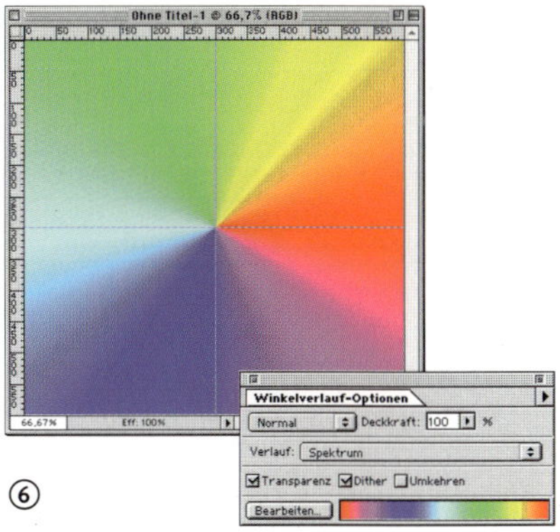

⑥

⑦

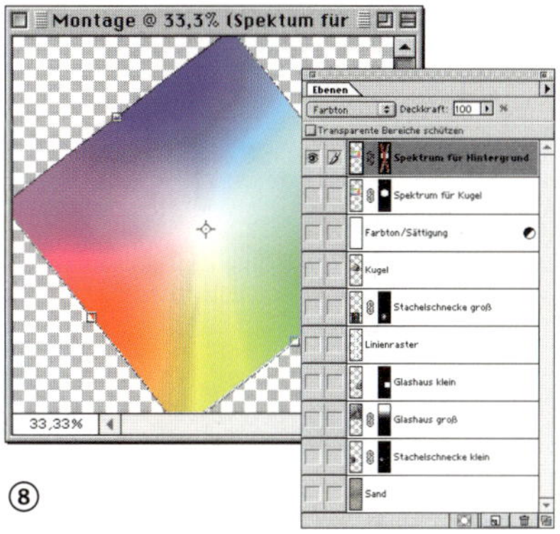

⑧

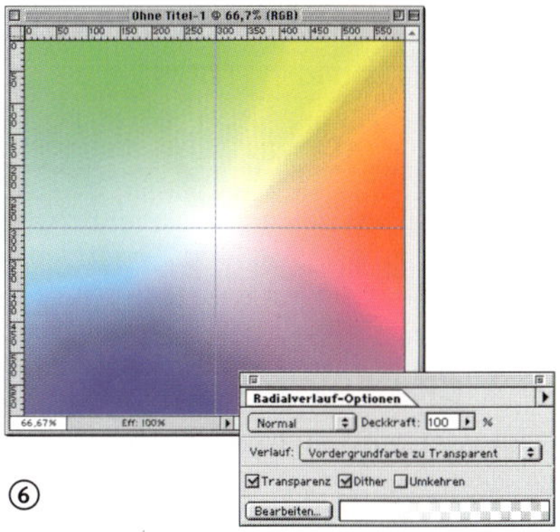

⑥

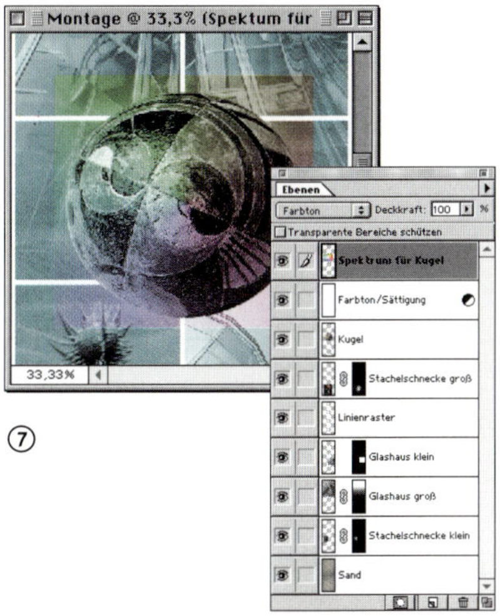

⑦

①

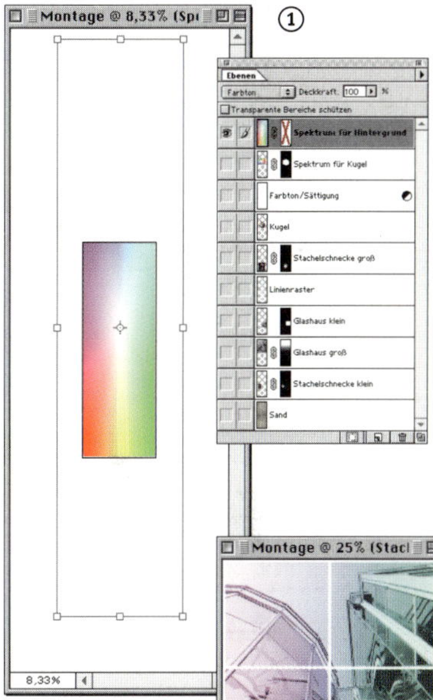

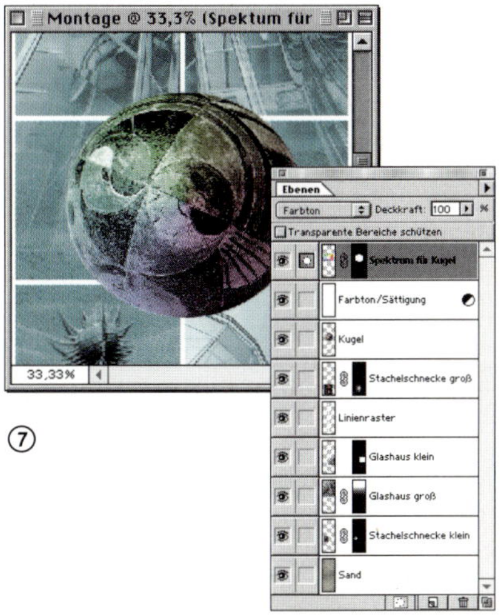

⑦

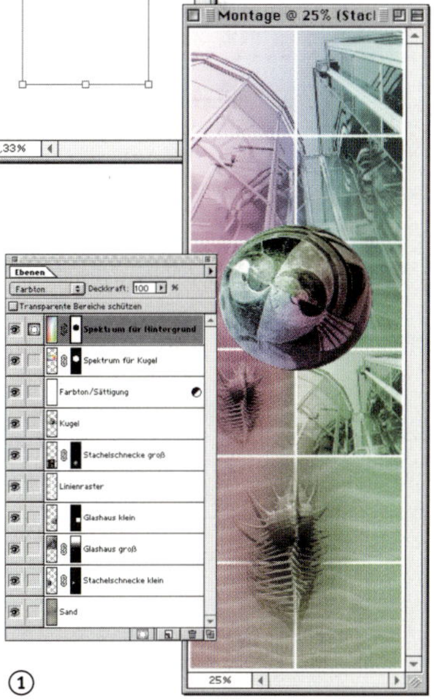

①

det. Die Funktion **Frei transformieren** (Menü Bearbeiten) drehte den Ebeneninhalt um 142°.

9. Eine zweite Anwendung der Funktion **Frei transformieren** skalierte das Spektralmuster über das gesamte Bild. Dazu mußte die Ansicht stark verkleinert werden, um auf der Montagefläche ausreichend Platz zum Anfassen der Eckgriffe des Transformationsrahmens zu haben.

10. Alle übrigen Ebenen und auch die Ebenenmaske wurden wieder eingeblendet. Die Ebenenmaske wurde ausgewählt (Mausklick bei gedrückter Umschalttaste auf ihr Thumbnail) und **invertiert** (Strg/⌘ + I).

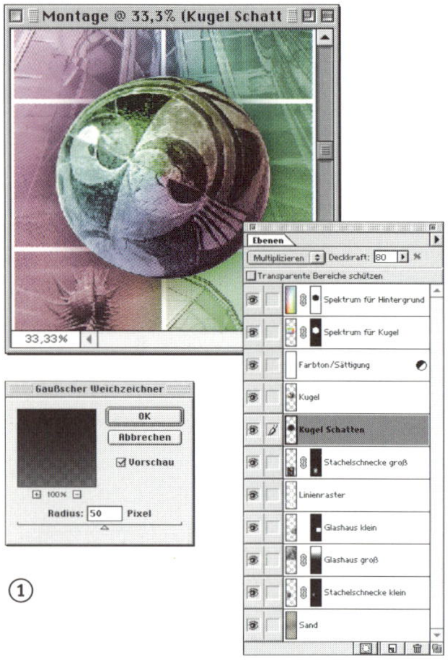

①

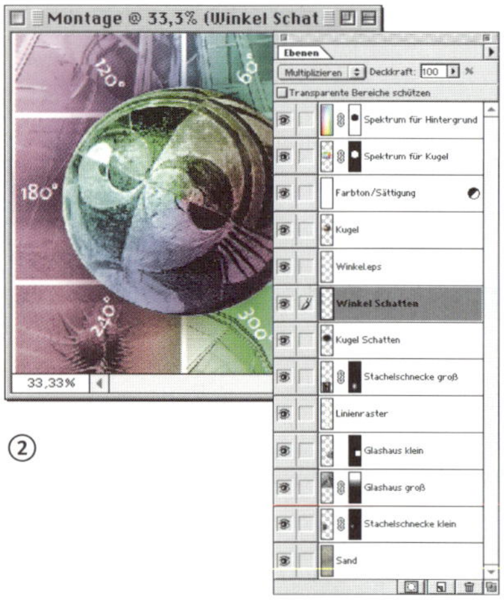

②

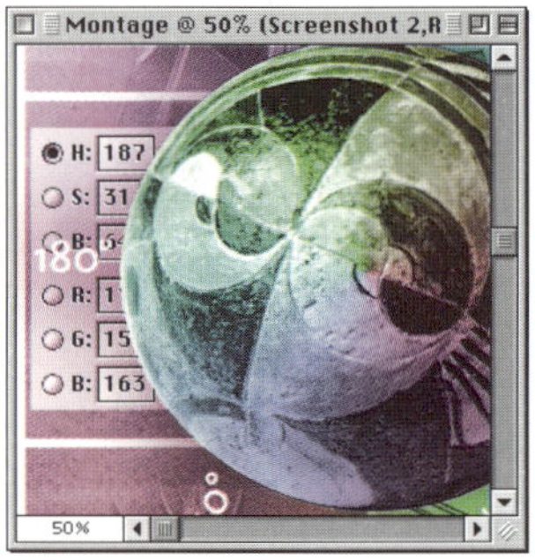

③

③

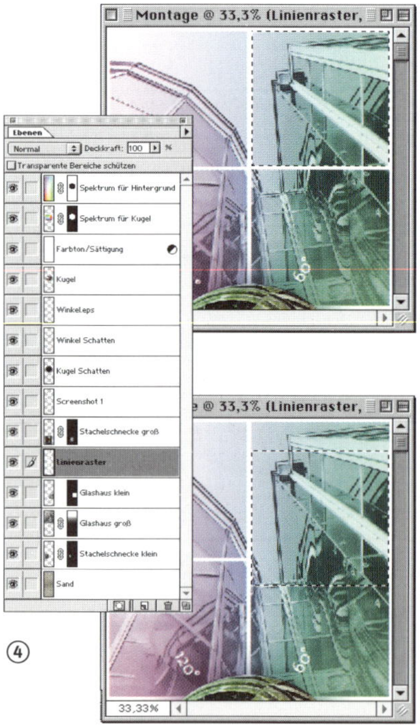

④

Abschließende Arbeiten

1. Für den weichen Schatten hinter der Kugel wurde eine separate Ebene angelegt, die Transparenzmaske der Ebene »Kugel« als Auswahl geladen und schwarz gefüllt. Nachdem die Auswahl wieder aufgehoben war, wurde die Ebene mit dem **Gaußschen Weichzeichner** (Filter, Weichzeichnungsfilter) stark weichgezeichnet.

2. Die Farbwinkelangaben um die Kugel wurden in FreeHand als Vektorgrafik vorbereitet und in Photoshop als separate Ebene importiert (Datei, **Plazieren**). Diese Ebene wurde zwischen die Ebenen »Kugel« und »Kugel Schatten« gestellt. Auch diese Ebene erhielt eine eigene Schattenebene.

3. Die Bildschirmelemente wie die Leiste der Navigatorpalette oder die Farbdefinitionen aus dem Dialog Farbwähler wurden mit einem Screenshot-Programm erstellt und über die Zwischenablage als neue Ebenen eingefügt. Der Ausschnitt aus dem Farbwähler wurde im Dialog **Tonwertkorrektur** (Bild, Einstellen) aufgehellt, indem mit der weißen Pipette auf die graue Fläche geklickt wurde. Diese Ebene erhielt als Ebenenmodus **Multiplizieren.**

4. Zum Schluß sollten noch einige Trennlinien des Linienrasters gelöscht werden, um benachbarte Zellen miteinander zu gruppieren. Dazu wurde die Ebene »Linienraster« aktiviert. Der **Zauberstab** wählte nun mit einer Toleranz von 0 und ohne Glätten-Option eine Zelle neben einer zu löschenden Trennlinie aus. Bei gedrückter Umschalttaste verschoben die **Richtungs-**

tasten die Auswahl über die Linie; die Rückschrittaste löschte sie.

5. Die weißen Ränder der Datei waren nun überflüssig und stellten nur unnötigen Datenballast dar. Ihre Breite betrug genau 10 Pixel, daher erfolgte das Freistellen im Dialog **Arbeitsfläche** (Menü Bild). Von den Pixelmaßen wurden jeweils 20 Pixel abgezogen.

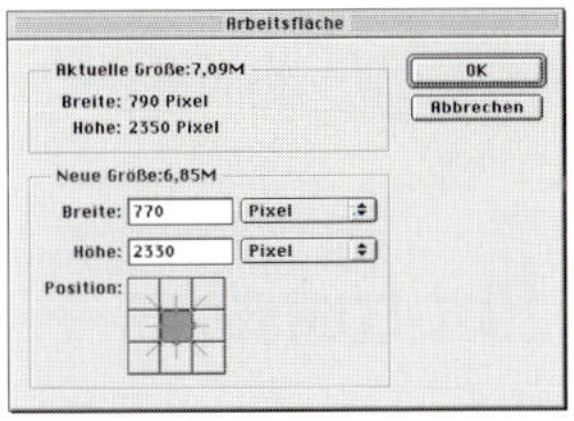

⑤

Die Montage in FreeHand

1. In FreeHand war bereits eine **Vorlage** für die Cover der dpi-Reihe angelegt, in die das fertiggestellte Coverbild als vorseparierte TIFF-Datei eingefügt werden konnte. Nun mußten noch alle Texte eingegeben und optimal ausgerichtet werden.

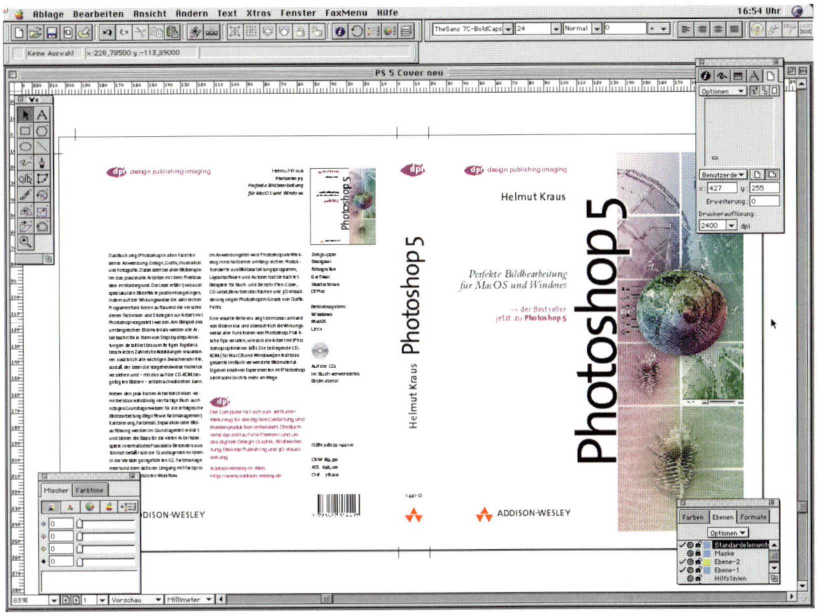

①

2. Bei **Buchstabenunterlängen** im Titel, die in das Bild hineinragten, wurde unter dem Schriftzug ein zusätzlicher Buchstabe mit breiter weißer Kontur und weißer Füllung positioniert, so daß das Bild um den Buchstaben herum ausgespart wurde. Die Stärke der Kontur betrug 2 Millimeter, und da die Hälfte davon nach außen sichtbar war, war die Aussparung genauso breit wie die Trennlinien im Bild.

3. Das **dpi-Logo** und einzelne Textpassagen erhielten eine dominante Farbe aus dem Bild. Dazu wurde die Palette Xtra-Werkzeuge geöffnet und darin die Pipette gewählt. Die Pipette ermittelte an einer repräsentativen Bildstelle die CMYK-Farbdefinition. Die Farbprobe mußte dann nur noch in die Farbpalette gezogen werden. Anschließend wurden die vorgesehenen Elemente mit dieser Farbe versehen.

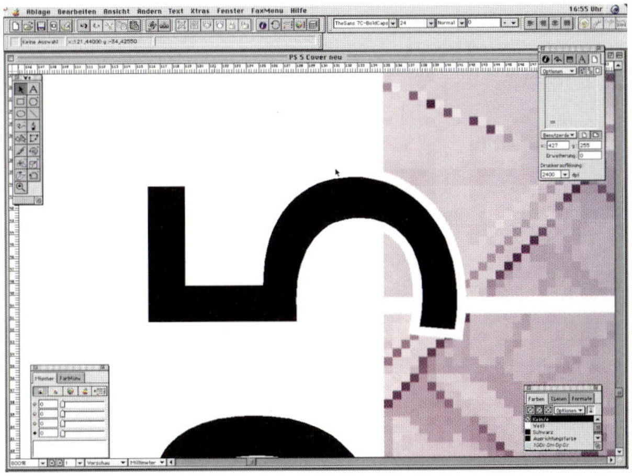

②

③

Frisch gepreßt

Wie sich aus dem Buchcover das Label der beigehefteten CD ableitet

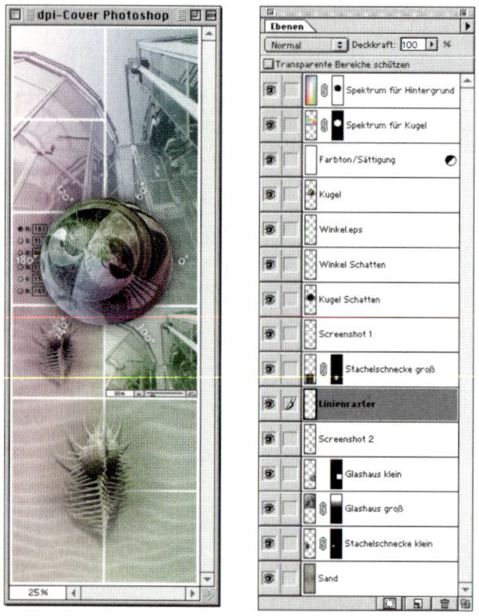

Das Ausgangsbild vom Buchcover und die Ebenenpalette der RGB-Montagedatei, aus der ein paar Ebenen kopiert wurden.

Passend zum Buch-Cover sollte auch das Label der dem Buch beiliegenden CD gestaltet werden. Die Aufteilung von Text und Bild war bereits durch die Richtlinien für das Reihenlayout festgelegt und in PageMaker vorbereitet, so daß nur noch der Text geändert und das Bild an die Einschränkungen des Siebdrucks angepaßt werden mußte. Die technischen Anforderungen an die Filme für den Labelaufdruck unterscheiden sich nicht nur von Druckverfahren zu Druckverfahren (z.B. ob Offsetdruck oder Siebdruck, Einfarbdruck oder Mehrfarbdruck), sondern können auch von Preßwerk zu Preßwerk differieren. Deshalb ist es wichtig, sich vorher die genauen Spezifikationen zu besorgen. Die CMYK-Datei des Buchcovers entsprach bereits in vielen Punkten den Anforderungen an das CD-Label. Es mußten nur noch die Bildgröße an die optimale Rasterweite von 48 Linien pro Zentimeter angepaßt und der Kontrastumfang auf den Bereich von 15 bis 85 % reduziert werden.

1. In Photoshop wurde eine Kopie der CMYK-Bilddatei vom Cover geöffnet, da das Original nicht überschrieben werden durfte. Mit einer **Gradationskurven**-Einstellungsebene (mit gedrückter Strg/⌘-Taste auf das Symbol ◙ in der Ebenenpalette klicken) wurde der Kontrastumfang auf den eingeschränkten Bereich reduziert. Dazu wurde im Dialog Gradationskurven das **Kurvenwerkzeug** aktiviert und der Anfangspunkt der Kurve (0/0) angeklickt. Der Ausgabewert wurde auf 15 % erhöht. Anschließend wurde der Endpunkt (100/100) gewählt und dessen Ausgabewert auf 85 % verringert. Das Bild machte nun einen sehr kontrastarmen und flauen Eindruck, was die Vermutung nahelegte, etwas falsch gemacht zu haben. Dem war aber nicht so.

2. Die Kontrasteinschränkung machte sich nun im gesamten Bild bemerkbar, so auch am Linienraster, das nicht mehr weiß, sondern hellgrau erschien. Um etwaigen Problemen im Druck vorzubeugen, wurden alle grafischen Elemente, die unbedingt weiß erscheinen sollten, neu aus der **RGB-Montagedatei** (siehe »Undercover«) in die CMYK-Datei importiert. Zu diesen Elementen zählten das Linienraster, die Winkelangaben und der Screenshot von der Leiste der Navigatorpalette. Nachdem die RGB-Ebenendatei geöffnet war, wurden die Etiketten der benötigten Ebenen aus der Ebenenpalette in das Fenster der CMYK-Datei gezogen. Das Drücken der Umschalttaste garantierte dabei, daß die Ebenen positionsgenau eingesetzt wurden.

Damit das Linienraster nicht Kugel und Stachelschnecke überdeckte, mußte es vorher in der Montagedatei mit Hilfe der Transparenzmasken von Kugel, Kugelschatten und Schnecke invers **maskiert** werden. (Um die Transparenzmaske einer Ebene zu laden, mit Strg/⌘-Taste auf deren Thumbnail klicken, Strg/⌘ + Umschalttaste fügt zusätzliche Transparenzmasken hinzu. Eine inverse Maskierung erfolgt mit einem Mausklick bei gedrückter Alt/⌥-Taste auf das Symbol ◙ in der Ebenenpalette.)

3. Vom aktuellen Bearbeitungszustand wurde eine Kopie gesichert (Datei, **Kopie sichern unter**), um bei eventuellen Änderungen der technischen Anforderungen zu diesem Zustand zurückkehren zu können.

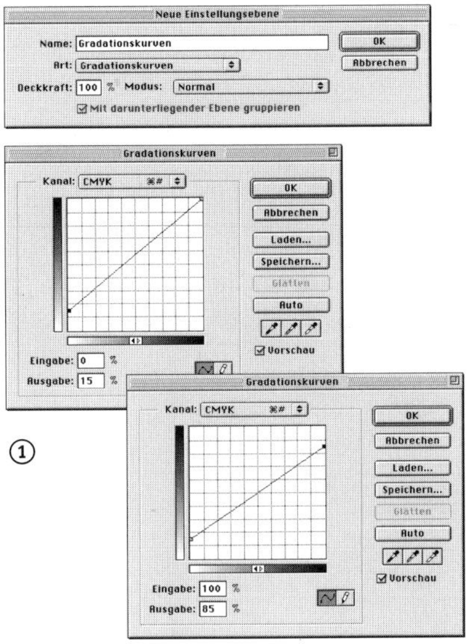

①

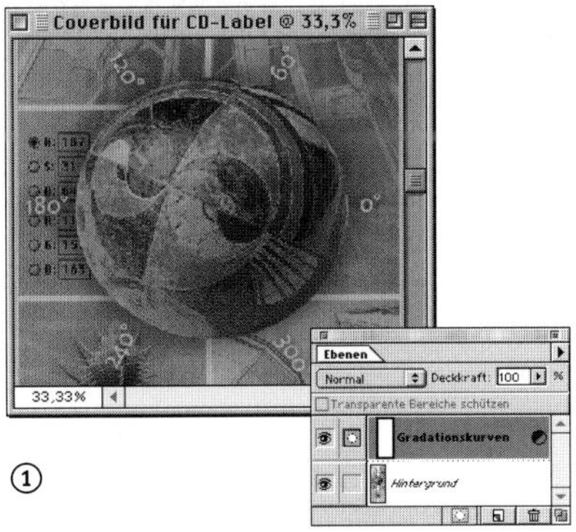

①

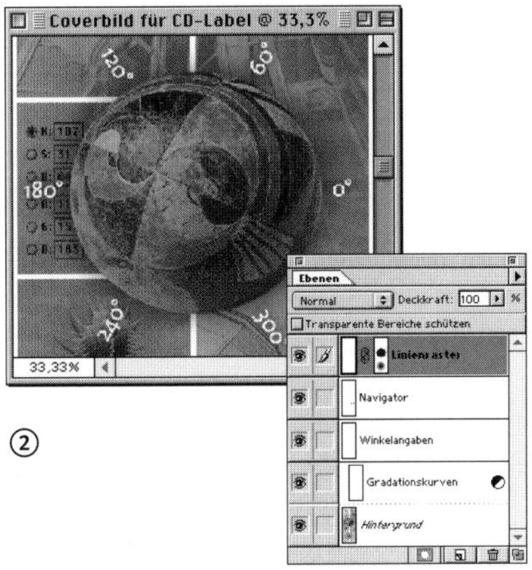

②

4. Die Datei wurde nun auf eine für das 48er Raster ausreichende Bildgröße heruntergerechnet. Im Dialog Bildgröße (Menü Bild) wurde mit der Schaltfläche Auto der Dialog **Auto-Auflösung** geöffnet. Hier wurden eine hohe Qualität und eine Rasterweite von 48 Linien pro Zentimeter (nicht Inch!) vorgegeben. Photoshop errechnete daraus im Dialog **Bildgröße** eine Auflösung von 244 dpi. Die benötigte Bildbreite betrug 5 Zentimeter.

5. Nach der Bildgrößenänderung erfolgte eine leichte Scharfzeichnung im Dialog **Unscharf maskieren** (Filter, Scharfzeichnungsfilter; 50, 1, 5).

6. Die Datei wurde mit **Kopie sichern unter** (Menü Datei) als eine auf die Hintergrundebene reduzierte TIFF-Datei gesichert und in PageMaker in die vorbereitete Satzdatei importiert und an der vorgesehenen Stelle plaziert.

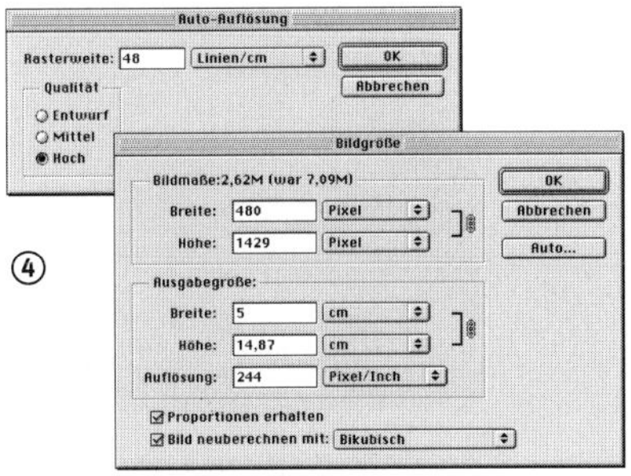

④

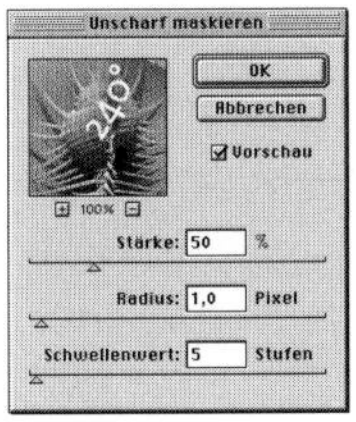

⑤

Chapeau claque

Photoshop als farbverbindlicher Zulieferer für den Cyberspace

Die Mapping-Vorlagen für den 3-D-Zylinder: Deckel (oben), Mantel (Mitte) und Boden (unten)

Für ein Multimediaprojekt sollte ein dreidimensionaler, virtueller Farbzylinder angefertigt werden, der in Form und Aufbau dem HSB-Farbraum entsprach. Der Anwender, so die Zielvorgabe, sollte den Zylinder frei im Raum bewegen können, um sich eine konkrete Vorstellung vom Farbraum machen zu können. Die Multimediaentwickler kamen schon bald überein, daß sich eine solche hochgesteckte Anforderung am besten mit Apples QuickTime-VR-Technologie lösen ließ.

Die mit Photoshop farbverbindlich angefertigten Zylinderflächen wurden mit einer 3-D-Software auf ein Zylindermodell »gemappt«. Einzelbilder des animierten Modells wurden als QuickTime-VR-Movie exportiert und schließlich mit einem Authoring-Tool in eine Benutzeroberfläche eingebettet.

Der Deckel

Der Deckel des HSB-Farbzylinders zeigt an seinem Rand einen kontinuierlichen, maximal gesättigten Farbverlauf durch das gesamte Farbspektrum. Zum Mittelpunkt der kreisförmigen Fläche nimmt die Helligkeit der Farben mehr und mehr zu – das Zentrum ist weiß.

Die Idee, die der im folgenden beschriebenen Konstruktion zugrunde liegt, ist, daß Farben mit maximaler Farbsättigung immer aus maximal zwei der drei Grundfarben des RGB-Modells zusammengesetzt sind. Farben mit allen drei Farbkomponenten enthalten immer auch eine »Graukomponente«. Die einfachste Methode, einen solchen Farbverlauf anzulegen, ist demnach, die Farbkanäle Rot, Grün und Blau jeweils so zu manipulieren, daß die Bedingung von jeweils nur zwei gleichzeitig vorkommenden Grundfarben erfüllt ist. Jeder Farbkanal muß also in drei Bereiche aufgeteilt sein: Ein Bereich muß die volle Sättigung dieser Farbkomponente zur Verfügung stellen, ein Bereich muß diese Farbkomponente vollständig unterdrücken, und ein dritter Bereich muß diese Farbkomponente kontinuierlich ein- und wieder ausblenden.

1. Zur Vereinfachung der Konstruktion wurden die Farbverläufe für den Farbkreis zuerst in einer **linearen Projektion** konstruiert. Dafür wurde ein quadratisches Graustufen-Bild mit einer Bildgröße von 600 x 600 Pixeln angelegt und in den **Mehrkanalmodus** (Bild, Modus, Mehrkanal) umgewandelt (der Mehrkanalmodus steht im Dialog Neu nicht zur Auswahl).

2. Die Anteile der drei Farbkomponenten im Farbverlauf sollten in **Volltonfarbkanälen** konstruiert werden, da später der Befehl Verschieben auf Kanalduplikate angewendet werden konnte. Der bisher einzige Kanal des Mehrkanalbildes (»Schwarz«) wurde für die Rotkomponente vorbereitet. Vertikale **Hilfslinien** bei den Positionen 100, 200, 400 und 500 erleichterten die folgende Arbeit. Dazu wurden die Lineale eingeblendet (Ansicht, Lineale einblenden) und im Einheitenmenü der Informationenpalette die Einheit Pixel gewählt. Die Hilfslinien ließen sich aus dem linken Lineal herausziehen.

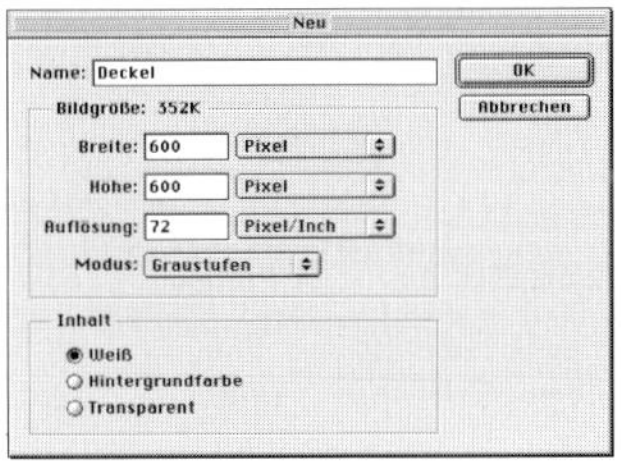

①

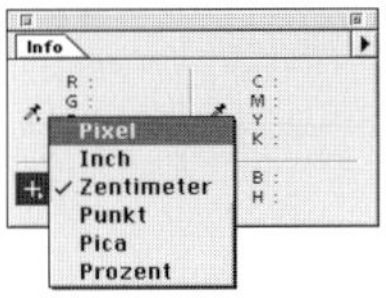

②

3. Der mittlere Bereich zwischen 200 und 400 wurde mit dem **Auswahlrechteck** ausgewählt und schwarz gefüllt. Dann wurde der Bereich zwischen 100 und 200 ausgewählt. Das **lineare Verlaufswerkzeug** füllte die Auswahl mit einem horizontalen Verlauf von Weiß nach Schwarz (Umschalttaste drücken, um einen exakt waagerechten Verlauf zu erhalten). Zwischen 400 und 500 wurde der umgekehrte Verlauf von Schwarz nach Weiß aufgezogen.

4. Für die **Grünkomponente** brauchte dann der Volltonfarbkanal nur dupliziert (Etikett auf das Symbol ◘ in der Kanälepalette ziehen) und um 200 Pixel nach rechts verschoben werden (Filter, Sonstige Filter, **Verschiebungseffekt**; Durch verschobenen Bereich ersetzen).

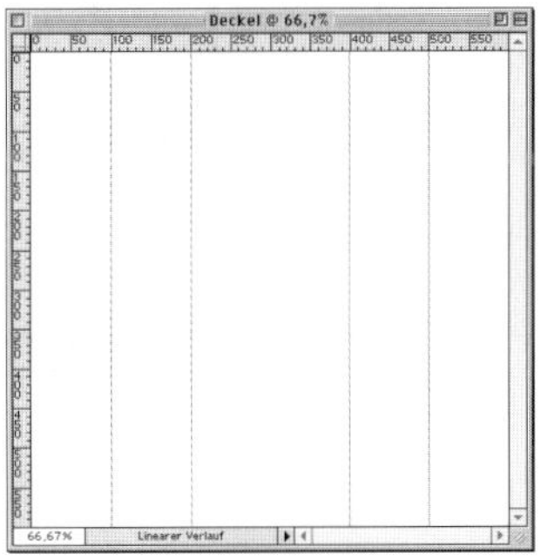

②

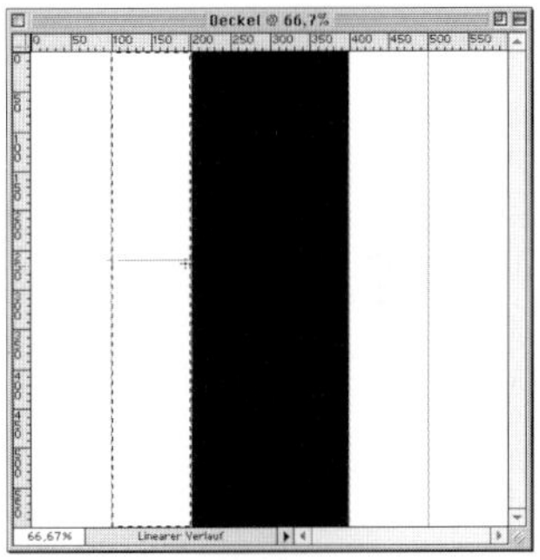

②

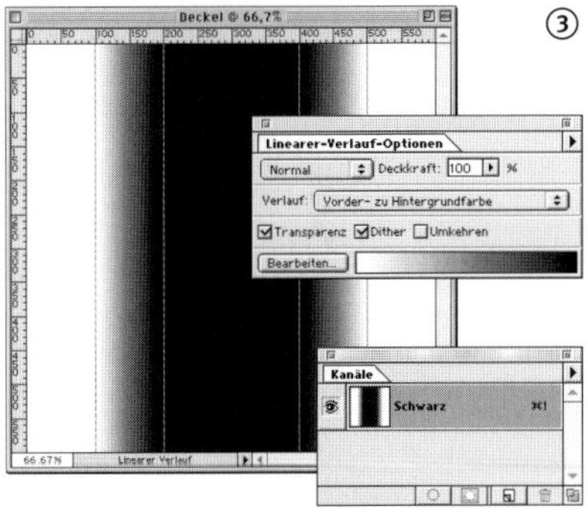

③

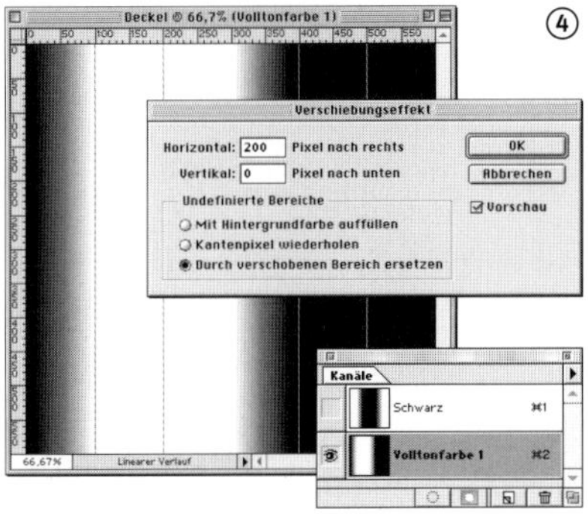

④

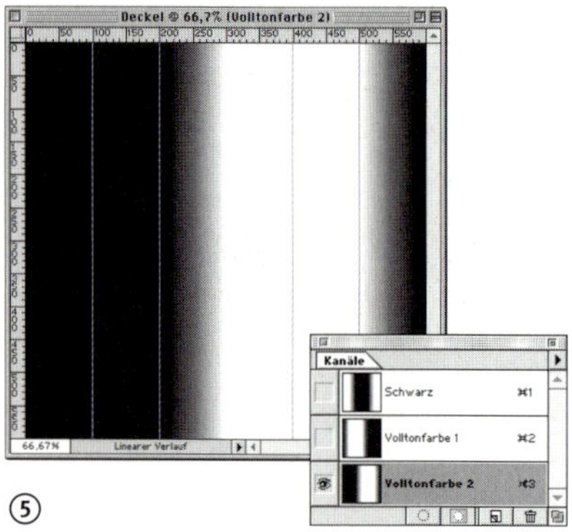

⑤

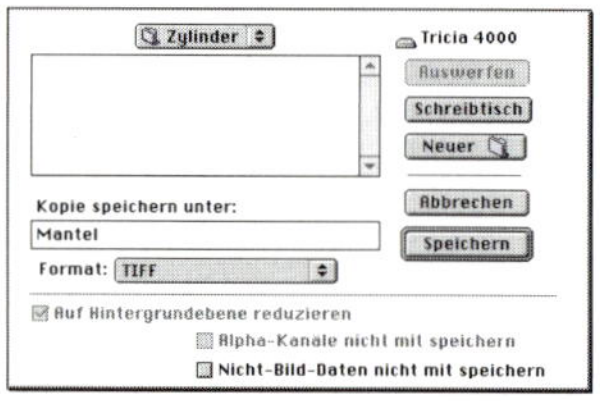

①

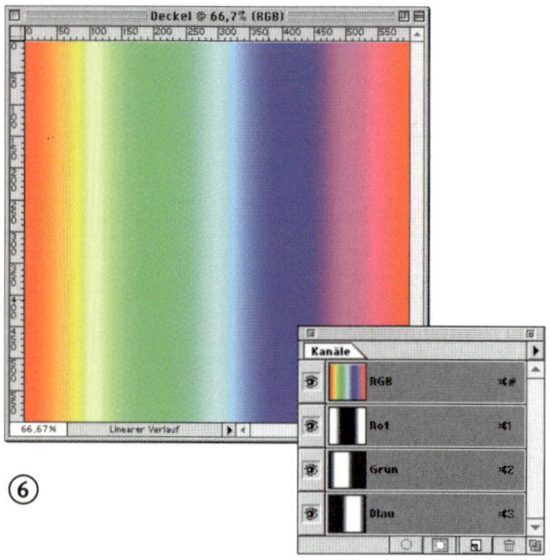

⑥

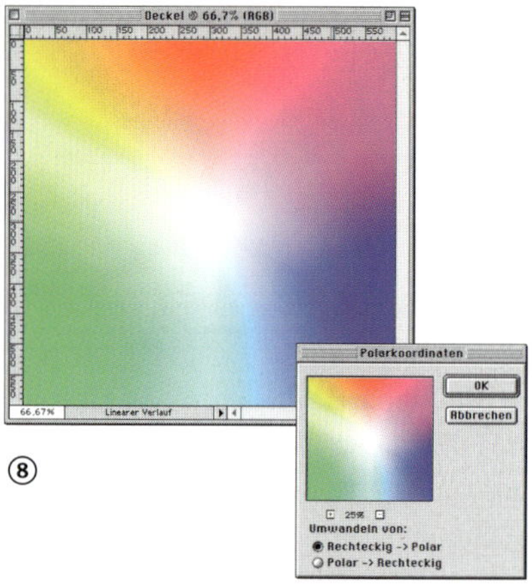

⑧

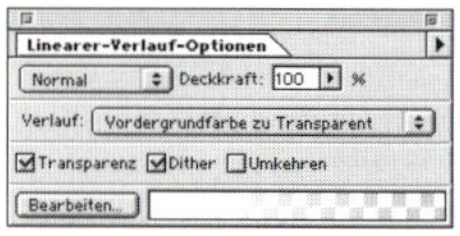

⑦

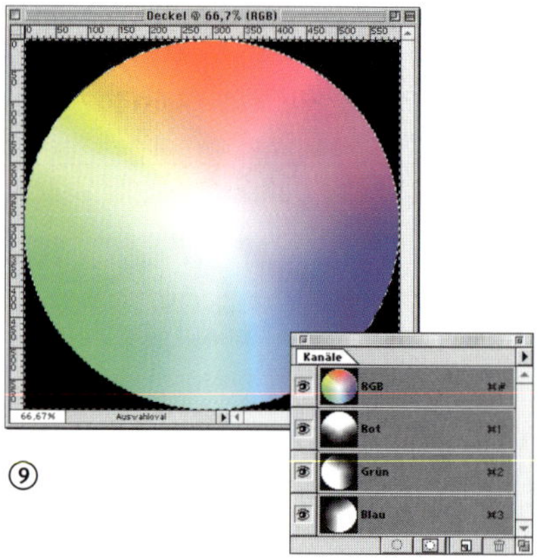

⑨

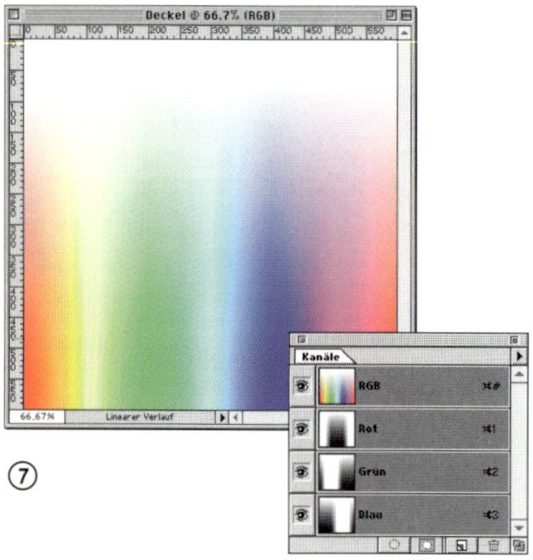

⑦

5. Der Kanal für die **Blaukomponente** entstand aus einer Kopie des Kanals für die Grünkomponente. Das Tastenkürzel Strg/⌘ + F wendete den Filter **Verschiebungseffekt** erneut an und verschob den Inhalt des dritten Kanals um weitere 200 Pixel nach rechts.

6. Nun wurde die Mehrkanaldatei in den **RGB-Modus** umgewandelt (Bild, Modus, RGB-Farbe); die Volltonfarbkanäle konvertierten dabei automatisch in die RGB-Kanäle. Das Bild zeigte nun einen wunderschönen Spektralverlauf. An dieser Stelle mußte eine Kopie der bisher erstellen Datei gesichert werden (Datei, **Kopie sichern unter**), da sich aus ihr später mit wenigen Arbeitsschritten die Mantelfläche erstellen ließ.

7. Das **lineare Verlaufswerkzeug** überlagerte dem Spektralmuster nun einen vertikalen Verlauf von Weiß (oben) nach Transparent (unten). Dadurch wurde die Farbintensität nach oben hin reduziert.

8. Jetzt konnte der Farbverlauf mit dem Filter **Polarkoordinaten** (Filter, Verzerrungsfilter) und der Option Rechtwinklig → Polar von einem linearen in einen radialen Verlauf umgerechnet werden.

9. Zur Maskierung wurde zuletzt noch mit dem **Auswahloval** eine Kreisauswahl erstellt (Umschalttaste sorgt für gleiche Höhe und Breite). Die Auswahl wurde umgekehrt (Auswahl, Auswahl umkehren) und schwarz gefüllt. Damit war die Deckseite für den Farbzylinder fertiggestellt.

Die Mantelfläche und der Boden

Die Mantelfläche des HSB-Farbzylinders zeigt entsprechend der Deckelfläche am oberen Rand einen kontinuierlichen, maximal farbgesättigten Farbverlauf. Nach unten hin nimmt die Helligkeit immer mehr ab, so daß der gesamte untere Rand schwarz ist. Zur Herstellung dieser Fläche wurde auf die beim Anlegen des Zylinderdeckels gespeicherte Dateikopie zurückgegriffen (Datei, Öffnen).

1. Wieder legte das **lineare Verlaufswerkzeug** einen vertikalen Verlauf über das Bild, diesmal jedoch von Schwarz (unten) nach Transparent (oben). Schon war der Zylindermantel fertiggestellt.

2. Für den Boden des Zylinders wurde nur eine schwarze, quadratische Fläche benötigt.

Konstruktion des 3-D-Zylinders

Die Konstruktion des 3-D-Zylinders erfolgte in Strata StudioPro.

1. Zuerst wurde ein **Zylindermodell** aus einem Kreis für den Deckel, einem extrudierten Kreis für den Mantel und einem Kreis für den Boden konstruiert. Die in Photoshop erstellen Bilder wurden als **Oberflächen-Maps** definiert.

2. Für den QuickTime-VR-Film mußten **648 Einzelbilder** gerendert werden, die den Zylinder aus jeweils anderer Perspektive zeigen. Die hohe Anzahl rührt daher, daß der Zylinder einerseits in 10°-Schritten um seine Achse gedreht (0–360°) und nach jeder Volldrehung in der Vertikalen um 10° geneigt (0–180°) wurde (36 x 18 = 648).

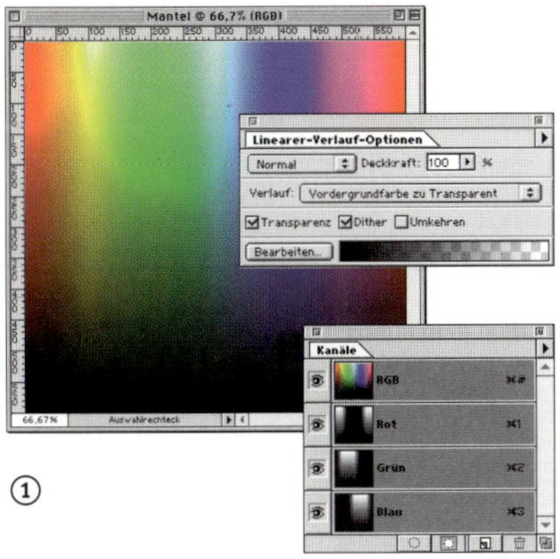

①

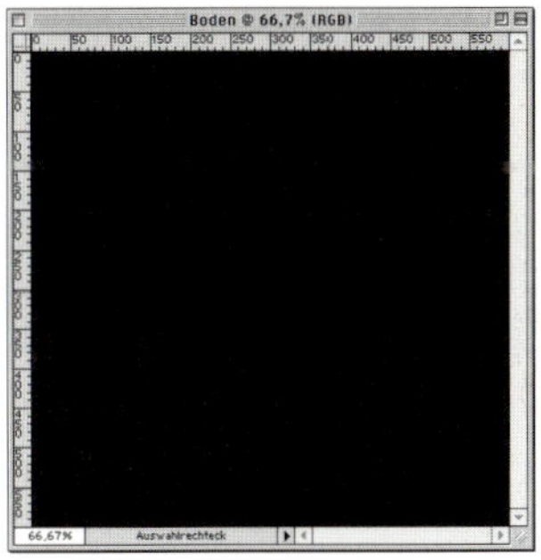

②

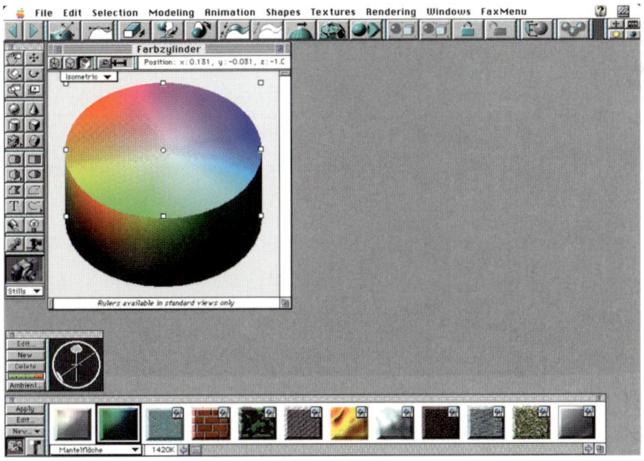

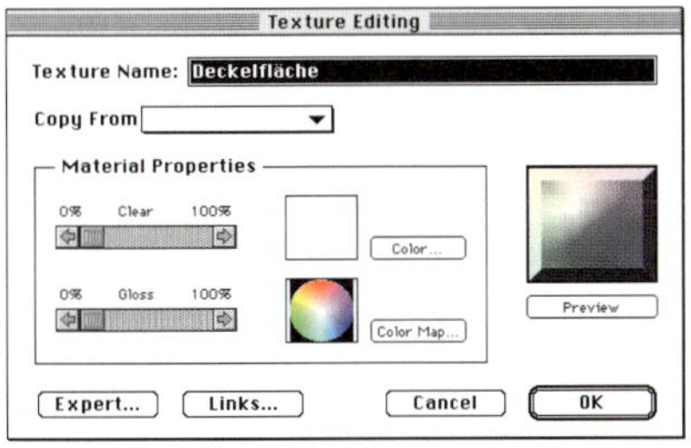

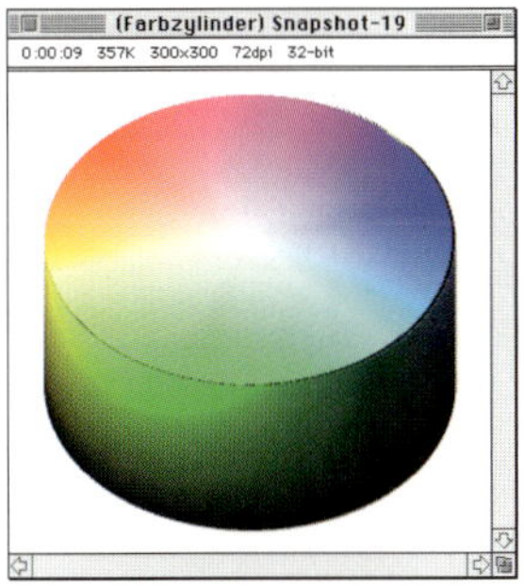

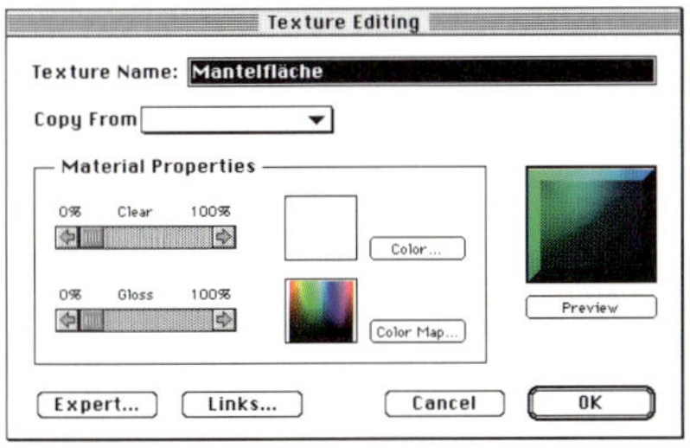

Mappen der Oberflächen in Strata StudioPro und der erste gerenderte Snapshot

Interaktiv

Wie dank der Ebenenverwaltung von Photoshop nicht nur die Elemente einer interaktiven Benutzeroberfläche erstellt, sondern auch in ihrer Wirkung beurteilt werden können

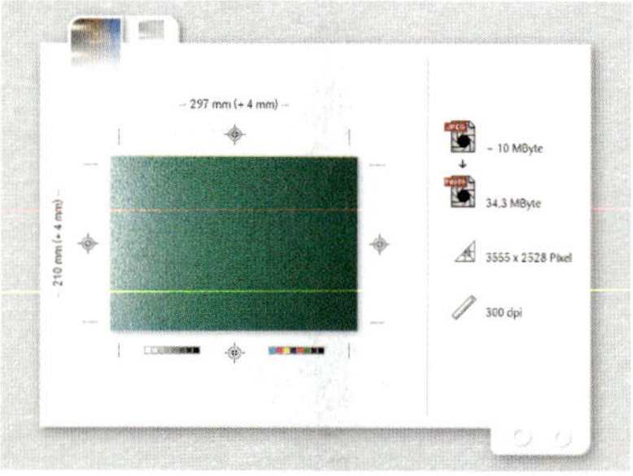

Die gesamte Anwendung besteht aus mehreren Karteikarten mit unterschiedlicher Form und Funktion. Die grundlegenden Arbeitsschritte zum Aufbau des Kartendesigns waren für alle Karteikarten gleich.

Die Konstruktion eines Browsers für ein digitales Bildarchiv auf CD-ROM muß bereits im Vorfeld alle wichtigen produktionstechnischen Besonderheiten und Einschränkungen berücksichtigen. Die wichtigsten Features des Browsers sollten eine Vorschau der auf der CD enthaltenen Bilder und eine Kopierfunktion sein, die das aktuell angezeigte Archivbild unkompliziert von der CD auf die Festplatte überträgt. Zur Vereinfachung der Bildauswahl war auch eine Übersicht eingeplant. Darüber hinaus sollte sich die thematische Gliederung der Bilder auch in der Struktur des Browsers niederschlagen.

Für die gesamte Designarbeit war Photoshop das Werkzeug der Wahl. Die Endmontage und Erstellung der interaktiven Anwendung erfolgte mit Macromedia Director. Wichtigstes Kriterium bei der Komposition der einzelnen Elemente in Photoshop war, möglichst kurze Wartezeiten beim Laden von Bildern in der Anwendung zu garantieren. Dies konnte durch eine intelligente Aufteilung der Browser-Oberfläche in kleine Einzelkomponenten erreicht werden, wobei jedoch die in Director maximal mögliche Zahl von Objekten einzuhalten war.

Als Modell für die »Seiten« der Anwendung wurden Karteikarten in einheitlicher Größe entworfen. Sie unterschieden sich nur durch die Lage und Anzahl der Reiter. Die interaktive Navigationsstruktur lief einerseits über die Reiter der Karteikarten, anderseits auch über Knöpfe.

Die Ausarbeitung der Browseroberfläche erfolgte nach einem modularen Konzept: Für jede Karteikarte und für alle Navigationselemente wurden separate Ebenendateien angelegt.

Die Grundform der Karteikarten

1. Die Karteikarten sollten über einem leicht strukturierten Hintergrund liegen und Schatten darauf werfen. Eine geeignete Textur wurde in Photoshop geöffnet und auf die für den Browser vorgesehene Größe von **640 x 480 Pixel** beschnitten. Als Auflösung für den Hintergrund wurde – wie für alle anderen Photoshop-Dateien auch – **72 dpi** gewählt. Andernfalls würde Director die Dateien nicht größenrichtig importieren.

2. Die Formen der Karteikarten wurden in neu erstellten **Alphakanälen** entworfen. Dabei wurden mit dem Auswahlrechteck und Auswahloval umgrenzte Flächen weiß oder schwarz gefüllt. Bei der rechteckigen Grundform, die für alle Karten gleich ist, war darauf zu achten, daß an allen vier Seiten ausreichend Platz für die Reiter blieb.

3. Jeder Alphakanal wurde in einer neuen Ebene (»Karteikarte«) als **Auswahl** geladen. Die Auswahl wurde hellgrau gefüllt.

4. Da die Karten an den Rändern leicht abgerundet erscheinen sollten, waren Licht- und Schattenkanten in separaten Ebenen hinzuzufügen. Dabei kam das für weiche **Schlagschatten** übliche Verfahren zur Anwendung: Die Alphakanalauswahl wurde in neu erstellten Ebenen geladen, umgekehrt und schwarz (»Schattenkanten«) oder weiß (»Lichterkanten«) gefüllt. Die Ebeneninhalte wurden mit dem Gaußschen Weichzeichner weichgezeichnet, versetzt und maskiert.

5. Die Karteikarten und die Vorschau- bzw. Übersichtsbilder sollten gemäß der suggerierten Lichteinfallsrichtung ebenfalls Schatten werfen – erstere auf die Hintergrundtextur und letztere auf die Kartenfläche. Für beide Schatten kam der **Schlagschatten**-Effekt mit unterschiedlichen Weichzeichnungsradien zur Anwendung.

Die Navigationselemente

(Bilder nächste Seite)

Alle Reiter und Tasten besitzen drei unterschiedliche Zustände. Sie sind inaktiv, wenn ein anderes Navigationselement gewählt ist, sie reagieren mit einer Farbänderung, wenn sie mit dem Mauszeiger berührt werden (Roll-over), und sie sind aktiv, wenn sie mit der Maus angeklickt wurden. Bei den reliefartig auf der Kartenoberfläche angebrachten Tasten bewirkt ein Roll-over mit der Maus, daß die »Hintergrundbeleuchtung« der Tasten eingeschaltet wird. Klickt man eine Taste mit der Maus an, erscheint sie flacher (wie eingedrückt).

Inaktive Reiter sind entfärbt und liegen flach. Die Berührung mit der Maus bringt dem Reiterbild etwas von seiner verlorenen Farbe wieder, und ein Mausklick holt den Reiter nach vorn und läßt ihn in voller Farbe erscheinen.

Die Reiter auf der linken Seite wechseln zwischen den Themengruppen (Metall, Rost und Glas). Alle neun Zustände mußten in einer einzigen Photoshop-Ebenendatei überprüfbar sein (dazu waren 10 Bildebenen und 6 weitere Einstellungsebenen nötig). Die Reiter am rechten Kartenrand schalten zwischen Vorschauansicht und Übersicht hin und her. Hier sind es vier Zustände, die von einer Datei abgedeckt werden müssen. Da die rechten Reiter auch die gewählte Themengruppe anzeigen, mußten für die anderen beiden Rubriken die Reiterbilder ausgetauscht werden.

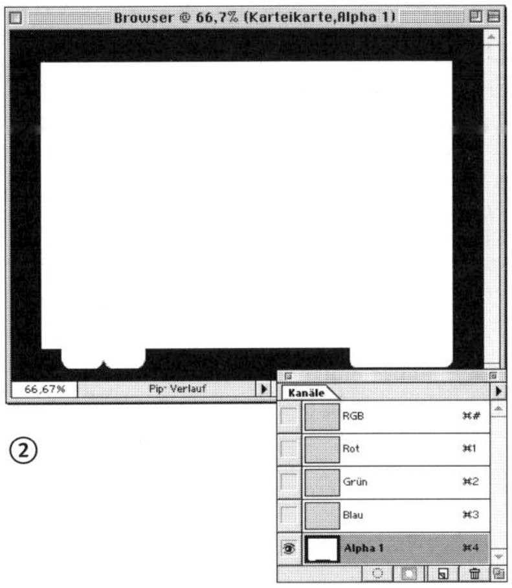

②

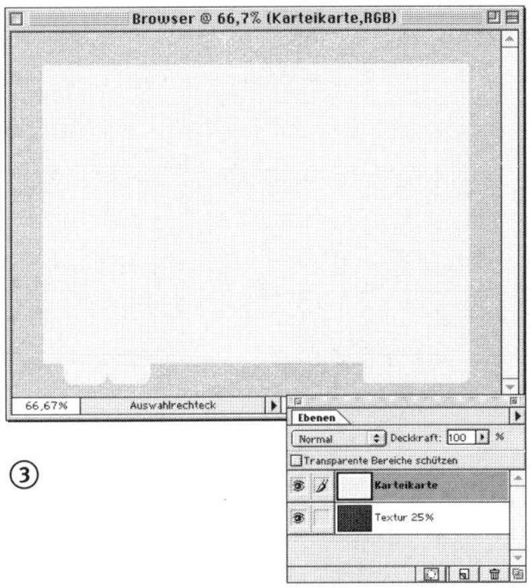

③

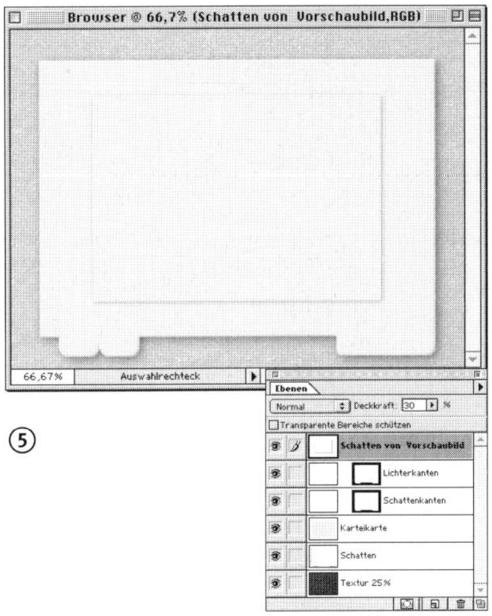

⑤

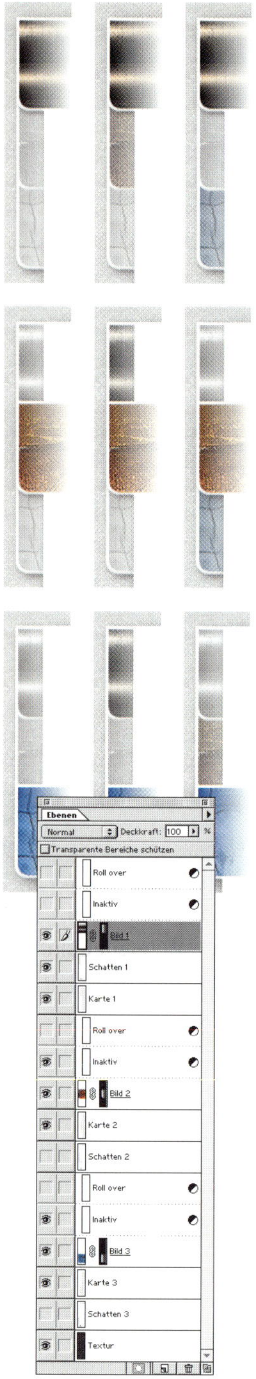

Alle Zustände der Reiter konnten in einer Ebenendatei simuliert werden.

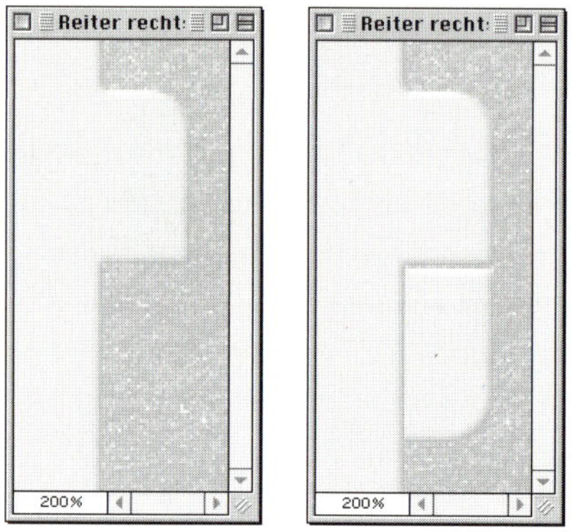

①

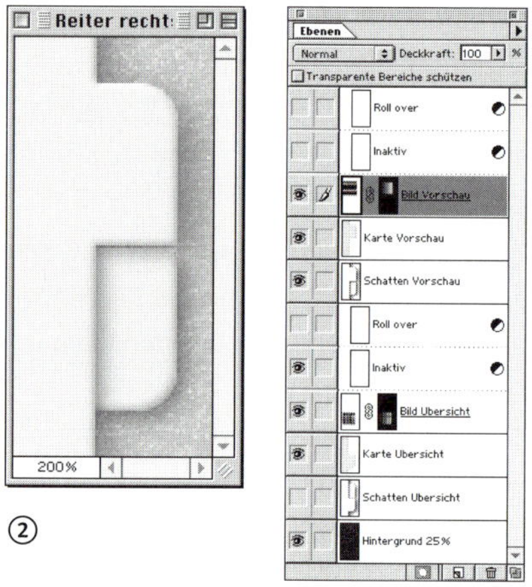

②

⑤

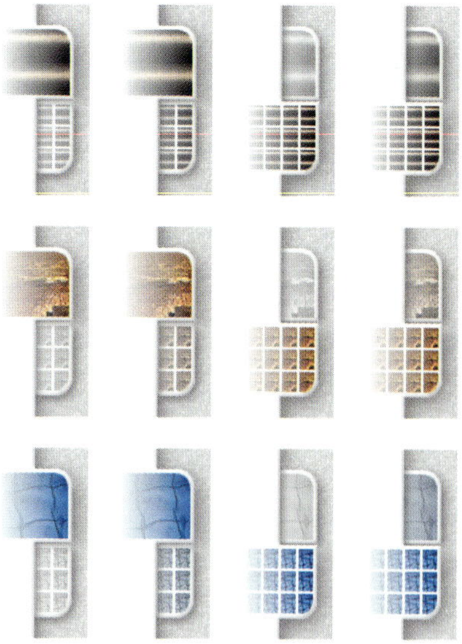

1. Die benötigten Reiterformen wurden in der erforderlichen Größe aus den fertiggestellten Karteikarten-Dateien **kopiert** und in der Reiter-Datei in die richtige Ebenenreihenfolge gebracht.

2. Die **Schatten**, die die oberen Karten auf inaktive Reiter werfen, mußten mit geringerem Weichzeichnungsradius neu generiert werden.

3. Die auf die Reiter gelegten Bildelemente (jeweils ein repräsentativer Vertreter aus jeder Rubrik) wurden mit einer **Ebenenmaske** zur Kartenmitte hin ausgeblendet.

4. Einstellungsmasken mit der Korrekturart Farbton/Sättigung, die mit der jeweiligen Bildebene gruppiert wurden, reduzierten die Sättigung halb (Rollover) oder ganz (inaktiv) bzw. hellten das Reiterbild gleichzeitig zu 25 % (Roll-over) oder 50 % (inaktiv) auf.

5. Durch Ein- und Ausblenden der Ebenen sowie Vertauschen der Ebenenreihenfolge konnten alle Interaktionszustände der Reiter in Photoshop simuliert werden. Die für Director notwendigen PICT-Dateien wurden dabei mit der Funktion **Kopie sichern unter** erzeugt.

Die Bilder

1. Die auf den Karteikarten angezeigten Vorschau- und Übersichtsbilder sind **Miniaturen** der Original-Archivbilder. Letztere wurden in Photoshop geöffnet und auf die für den Browser benötigten Bildmaße verkleinert (teilweise wurden auch Ausschnitte verwendet, damit die Struktur der Materialien sichtbar blieb). Nach der Größenumrechnung erfolgte eine leichte Unschärfemaskierung.

2. Alle Vorschau- und Übersichtsbilder wurden nach einem für die Browser-Struktur sinnvollen Schema unter neuen Namen gesichert.

Die Endmontage

1. Die Endmontage erfolgte in Macromedia Director. Im neu angelegten Projekt wurden die vorbereiteten Komponenten – Hintergründe mit Karteikarten, Navigationselemente, Vorschau- bzw. Übersichtsbilder und grafische Elemente – in die interne **Besetzungsliste** importiert, im Drehbuch angeordnet und gegebenenfalls auf der Arbeitsfläche an die gewünschte Position verschoben. Insgesamt umfaßt die Projektdatei 220 Bildelemente, die in Photoshop vorbereitet wurden.

2. Da der Browser auch auf Bildschirmen mit einer Farbtiefe von nur 8 Bit eine bestmögliche Wiedergabe der Bilder gewährleisten sollte, wurde von der fertiggestellten 24-Bit-Version eine Kopie mit neuem Namen erstellt. Nachdem diese Kopie geöffnet war, wandelte die Funktion Bitmap ändern aus dem Menü Modifizieren alle Farbbilder in **Indizierte Farben** mit einer Farbtiefe von 8 Bit um. Als Farbtabelle wurden die Macintosh-Systemfarben (auch für Windows) zugrundegelegt.

Zwar hätte die Umwandlung in Indizierte Farben auch in Photoshop erfolgen können. Dies hätte jedoch – da die Bilder fest in den Browser eingebunden wurden – die vollständige Neugestaltung des Browsers erforderlich gemacht.

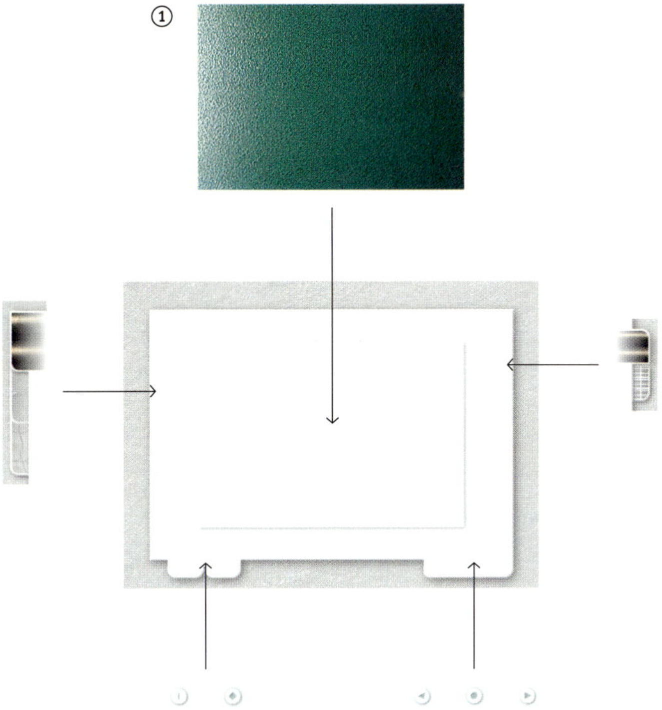

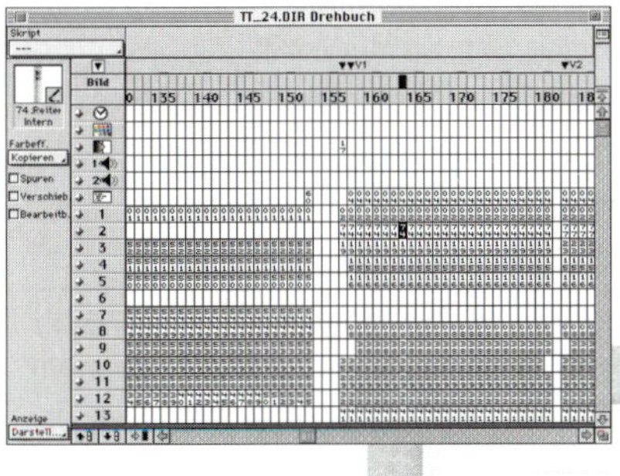

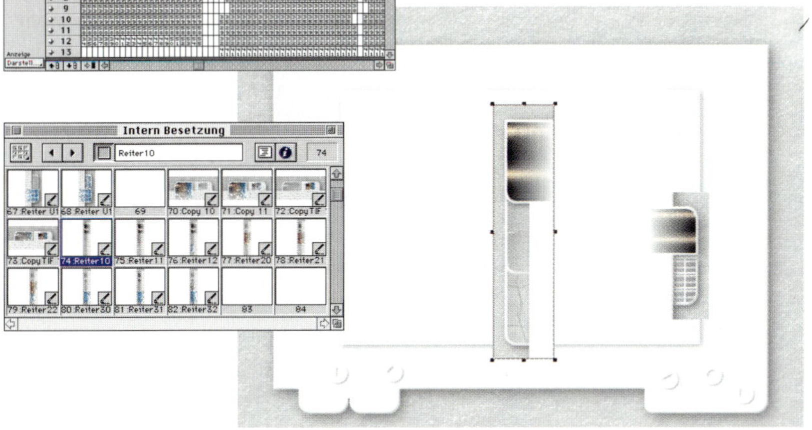

Die Endmontage des Browsers erfolgte in Macromedia Director, die einzelnen Komponenten mußten daher als separate Dateien vorbereitet und gesichert werden.

Revolution im Klassenzimmer

Wie durch eine Ebenenmontage und Modulbauweise der Konflikt zwischen althergebrachten und modernen Lehr- und Lernmethoden visualisiert werden kann

Grafik: Apple Computer

Das Ausgangsmaterial: Die Vektorgrafik eines Monitors und eine Buchentextur aus einem Bildarchiv

Schule und Computer – auch in der heutigen Zeit für viele Pädagogen und Eltern ein unauflösbarer Widerspruch. Diese Montage für das Cover eines Buches zum Thema »Computer und Pädagogik« sollte den Konflikt zwischen eingefahrenen Pädagogikkonzepten und den Chancen moderner Computertechnologie bildlich verdeutlichen und zugleich im Namen der Kinder, um die es dabei ja schließlich geht, ein Votum pro Computer abgeben. Denn die Kinder haben im Gegensatz zu vielen Erwachsenen den Computer längst erobert und die Vorteile spielerischer und interaktiver Formen der Wissenvermittlung entdeckt.

Um den Arbeitsspeicher während der Montage nicht unnötig mit zuvielen Ebenen zu belasten, wurde die Montage in Modulbauweise erstellt. Immer wenn ein Montageabschnitt fertiggestellt war, wurde ein auf eine Ebene reduziertes Duplikat der Datei angelegt und mit dieser Version weitergearbeitet. Die auf eine Ebene reduzierte Fassung bildete dabei jeweils als unterste Ebene die Basis für alle weiteren Schritte. Wichtig bei einer so komplexen Montage ist, daß Ebenen nicht frühzeitig ineinander verrechnet werden, sondern bis zum Schluß korrigierbar bleiben. Da, wo es nötig war, Stellen zu korrigieren, wurde die entsprechende Ebenendatei geöffnet, die Änderung ausgeführt und wieder ein Duplikat erstellt, dessen Ebenen auf eine Ebene reduziert wurden. Diese Ebene wurde dann in der auf sie aufbauenden Montagedatei gegen die unterste Ebene ausgetauscht. Eine Modulbauweise hat darüber hinaus den Vorteil, daß bei hochkomplexen Montagen auch mehrere Leute gleichzeitig an verschiedenen Elementen arbeiten können, die später dann in einer Endmontage zusammengeführt werden.

Vorbereitung des Monitors

1. Die schwarzweiße Vektorgrafik des Monitors wurde in Photoshop als RGB-Bild geöffnet. Im Dialog **Generisches EPS-Format umsetzen** wurde eine Auflösung von 300 dpi gewählt und die vorher festgelegte Bildbreite vorgegeben.

2. Um den Kontrast der Grafik etwas zu verbessern, wurde eine **Auto-Tonwertkorrektur** (Bild, Einstellen) angewendet und das Ergebnis etwas abgeschwächt (Filter, Auto-Tonwertkorrektur verblassen).

3. Nachdem der Monitorrahmen mit Hilfe eines Pfades freigestellt war (der Fuß wurde später wieder hinzugefügt), wurden die Höhen der oberen und unteren Rahmenseiten mit dem **Meßwerkzeug** abgemessen. Dabei wurde die Umschalttaste gedrückt gehalten, um exakt die vertikale Ausdehnung zu messen. Die Informationenpalette gab für die obere Seite eine Höhe von 150 Pixeln und für die untere Seite 168 Pixel an.

4. Beide Seiten mußten aber exakt diesselbe Höhe besitzen, um nahtlos in den Holzrahmen der Tafel übergehen zu können. Außerdem sollte der Holzrahmen nicht zu breit ausfallen, um nicht zu wuchtig zu wirken. Deshalb wurden die Rahmenseiten auf eine Breite bzw. Höhe von 130 Pixel komprimiert. Das **Auswahlrechteck** umgrenzte einen Bereich der unteren Rahmenseite, der die Tasten und Symbole mit einschloß. Die Auswahl erhielt eine weiche Kante von 8 Pixeln (Auswahl, Weiche Auswahlkante). Nun wurde die Auswahl um die Differenz von 38 Pixeln nach oben verschoben (168 – 38 = 130). Dazu wurden Strg/⌘- (für den Wechsel zum Bewegen-Werkzeug) und Umschalttaste gedrückt gehalten und viermal die Pfeil-nach-oben-Taste betätigt. Diese Aktion verschob die Auswahl um 40 Pixel nach oben. Anschließend wurde die Umschalttaste losgelassen – die Strg/⌘-Taste blieb weiterhin gedrückt – und zweimal die Pfeil-nach-unten-Taste betätigt. Dadurch wurde die Auswahl wieder um 2 Pixel in die entgegengesetzte Richtung versetzt. Da die untere Rahmenseite in der Vertikalen kaum Tonwertunterschiede aufwies (dies war der Vektorgrafik zu verdanken), entstand durch das Verschieben an der oberen, weichen Auswahlkante keine sichtbare Naht. Sonst wäre noch eine Retusche erforderlich gewesen.

In gleicher Weise wurde ein Bereich der oberen Seite um 20 Pixel nach unten versetzt (150 – 20 = 130).

5. Mit einer Korrektur der **Farbbalance** in den tiefen Tönen wurde das triste Grau des Monitors in ein wärmeres Grau verwandelt, das besser zu der Farbe des Buchenholzes paßte.

6. Abschließend wurden die Symbole über den Tasten besser herausgearbeitet (Tonwertkorrektur mit Anpassung von Schwarz- und Weißpunkt), die Betriebsanzeige mit dem Auswahlrechteck ausgewählt und mit einem matten Grün gefüllt, die Nut des Kunststoffdeckels für die Monitorkamera mit dem Stempel wegretuschiert und die Mattscheibe mit dem Auswahlrechteck markiert und schwarz gefüllt.

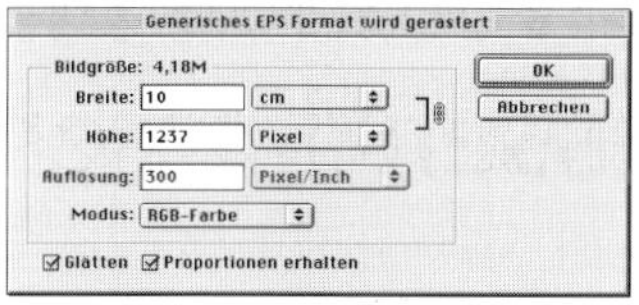

①

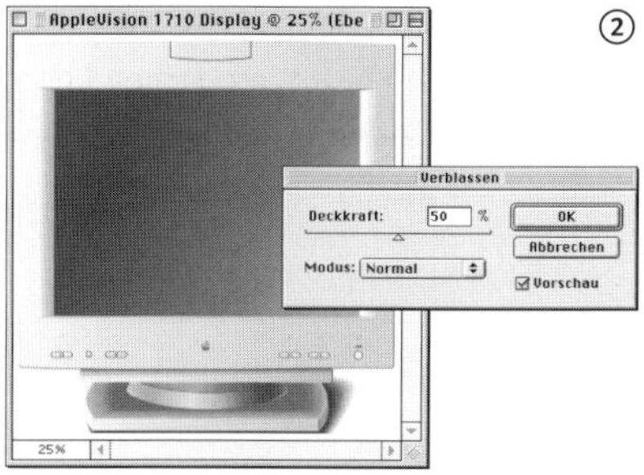

②

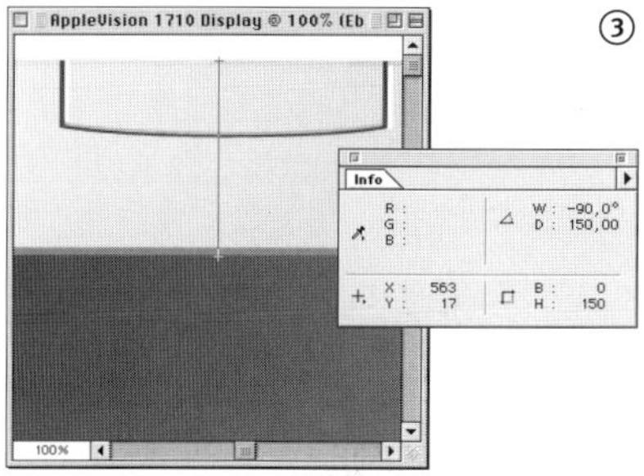

③

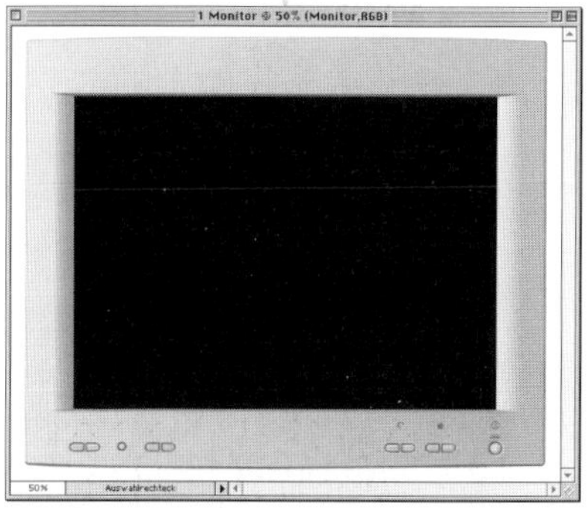

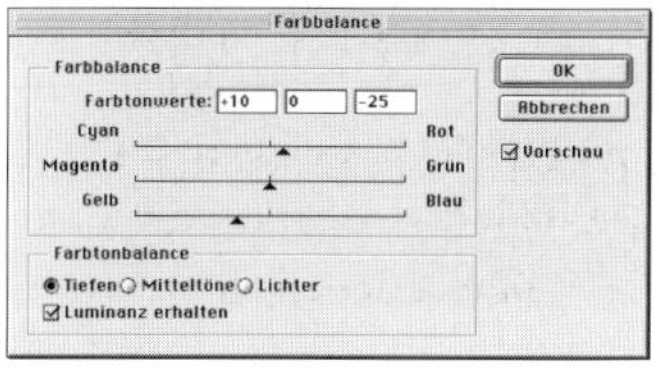

⑤

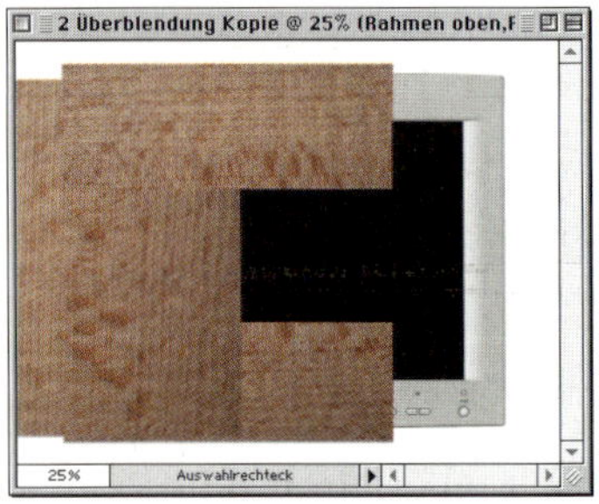

①

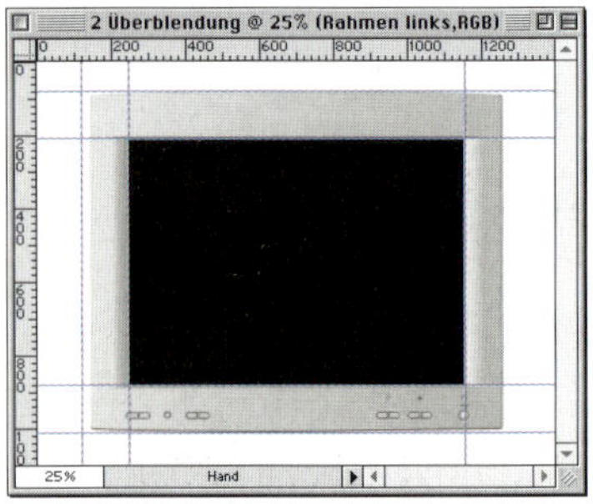

②

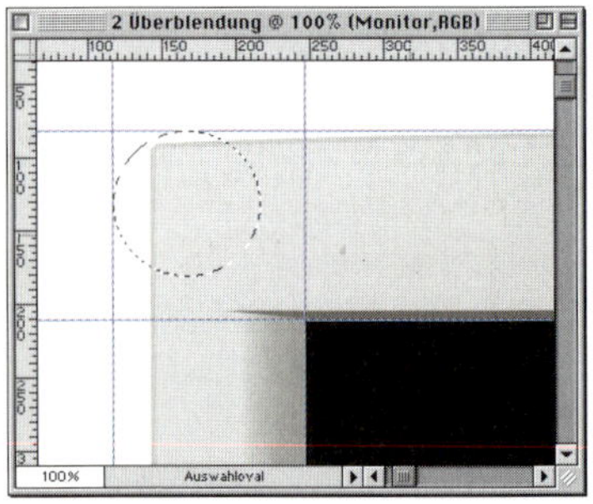

③

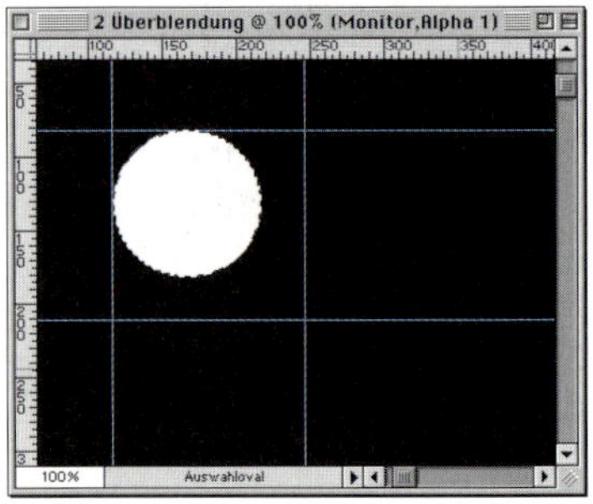

③

Konstruieren der Rahmenform

1. Da keine Holztafel zur Verfügung stand, die hätte fotografiert werden können, mußte sie in der »virtuellen Realität« von Photoshop entstehen. Dazu wurde eine Buchentextur aus einem Bildarchiv des Autors geöffnet. Einzelne Ausschnitte daraus wurden mit dem **Auswahlrechteck** umgrenzt und mit dem **Bewegen-Werkzeug** in die Montagedatei gezogen. Das Stück für die linke Rahmenseite mußte noch um 90° gegen den Uhrzeigersinn gedreht werden (Bearbeiten, Transformieren, 90° gegen UZS drehen). Für die nächsten Arbeitsschritte wurden die Holzebenen vorübergehend ausgeblendet.

2. Im folgenden Schritt ging es darum, die Form der einzelnen Rahmenteile nachbilden. Da der Holzrahmen nach rechts in den Monitor überblenden sollte, mußte nur die linke Seite sowie der mittlere und linke Bereich der oberen und unteren Seite erstellt werden. Für die Rahmenbegrenzungen wurden die Lineale eingeblendet (Ansicht, Lineale einblenden) und aus ihnen **Hilfslinien** herausgezogen. Die Hilfslinien wurden exakt an den Grenzen zwischen Mattscheibe und Monitor und an den äußeren Begrenzungen des Monitorgehäuses plaziert. Der Abstand der inneren und äußeren Hilfslinien betrug genau 130 Pixel (auf diesen Wert wurde die Rahmenbreite ja anfangs festgelegt).

3. Für die »rundgesägten« Ecken des Holzrahmens wurde vom linken oberen Kreuzungspunkt der äußeren Hilfslinien mit dem **Auswahloval** eine 100 x 100 Pixel große Kreisauswahl aufgezogen. Mit einem Mausklick auf das Symbol ◻ in der Kanälepalette wurde die Auswahl in einem Alphakanal gesichert.

4. Der Alphakanal wurde eingeblendet (Mausklick auf sein Etikett in der Kanälepalette). Für die andere runde Ecke zog das **Auswahloval** vom linken unteren Kreuzungspunkt der äußeren Hilfslinien eine zweite Kreisauswahl gleicher Größe auf. Die Auswahl wurde weiß gefüllt (Alt/⌥ und Rückschrittaste). Die übrigen von den Hilfslinien begrenzten Rahmenflächen wurden nun Stück für Stück mit dem **Auswahlrechteck** ausgewählt und ebenfalls weiß gefüllt. Dabei mußte darauf geachtet werden, daß die Eckenrundungen nicht beschädigt wurden.

5. Der Alphakanal wurde dupliziert (Kanaletikett auf das Symbol ◻ in der Kanälepalette ziehen). Das **Polygonlasso** wählte nun das linke Rahmenstück aus. Dazu klickte das Polygonlasso zuerst auf den linken oberen Kreuzungspunkt der äußeren Hilfslinien und dann auf den linken oberen Schnittpunkt der inneren Hilfslinien (die magnetischen Hilfslinien ziehen die Auswahl an). Der nächste Punkt wurde in den Mattscheibenbereich gesetzt (um sicherzustellen, daß die senkrechte Kontur des Rahmensegments vollständig von der Auswahl eingeschlossen wurde). Weitere Mausklicks folgten auf den Kreuzungspunkten der linken und unteren Hilfslinien. Ein Doppelklick in die schwarze Fläche am linken Bildrand schloß die Auswahl. Die **Rückschritttaste** füllte die Auswahl schwarz.

6. Vom Kanal »Alpha 1« wurde eine zweite Kopie erstellt (»Alpha 3«) und die Auswahl darin, nachdem sie umgekehrt wurde (Auswahl, **Auswahl umkehren**), ebenfalls schwarz gefüllt.

7. Nun wurden in der Ebenenpalette wieder die Holzebenen eingeblendet und die Ebenen mit der oberen und unteren Seite auf eine reduziert (eine der beiden Ebenen mit einem Mausklick auf ihr Etikett auswählen, bei der anderen das Verbindungssymbol aktivieren und die Funktion Ebene, Verbundene auf eine Ebene reduzieren wählen). Mit einem Mausklick bei gedrückter Strg/⌘-Taste auf das Etikett von Kanal »Alpha 2« wurde er als Auswahl geladen und die Auswahl anschließend als **Ebenenmaske** gesichert (Symbol ◙ in der Ebenenpalette).

Die gleiche Vorgehensweise folgte nun für die andere Ebene mit dem linken Seitenteil: die Ebene wurde ausgewählt, Kanal »Alpha 3« als Auswahl geladen und für diese Ebene als Ebenenmaske gesichert.

Plastische Wirkung erzielen

1. Für die plastische Wirkung fehlten nur noch Licht- und Schattenkanten; diese wurden in separaten Ebenen über den Holzebenen angelegt. Ein Mausklick auf das Symbol ◙ in der Ebenenpalette erzeugte eine **neue Ebene** (dabei die Alt/⌥-Taste gedrückt halten, um der Ebene einen Namen zu geben); sie erhielt den Namen »Schatten 1« und wurde in der Ebenenreihenfolge nach ganz oben gesetzt. Ein Mausklick bei gedrückter Strg/⌘-Taste auf das Ebenenmasken-Thumbnail der Ebene »Rahmen oben & unten« lud die Maske als Auswahl. Die Auswahl wurde umgekehrt (Auswahl, Auswahl umkehren), schwarz gefüllt (Bearbeiten, Fläche füllen, Füllen mit: Schwarz) und aufgehoben (Strg/⌘ + D).

2. Der **Gaußsche Weichzeichner** (Filter, Weichzeichnungsfilter) zeichnete den Ebeneninhalt mit einem Radius von 3 Pixeln weich. Damit der Schatten nur an den rechten und unteren Kanten erscheint, mußte der Ebeneninhalt nach links oben verschoben werden. Da der tatsächliche Radius des Gaußschen Weichzeichners ungefähr das 2,7fache des eingegebenen Wertes beträgt, wurde die Ebene um 8 Pixel nach links und oben versetzt (Filter, Sonstige Filter, **Verschiebungseffekt**).

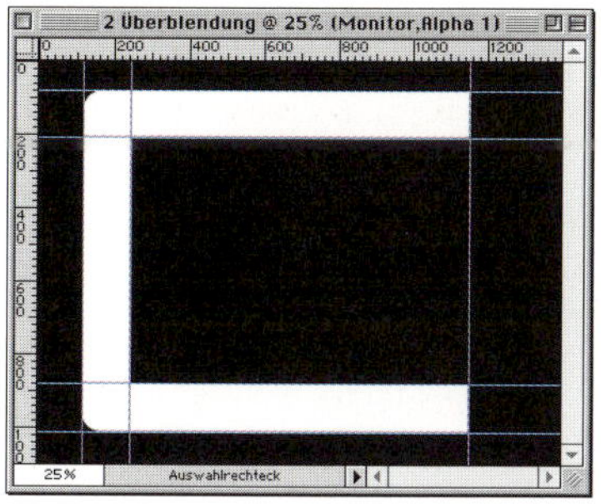

④

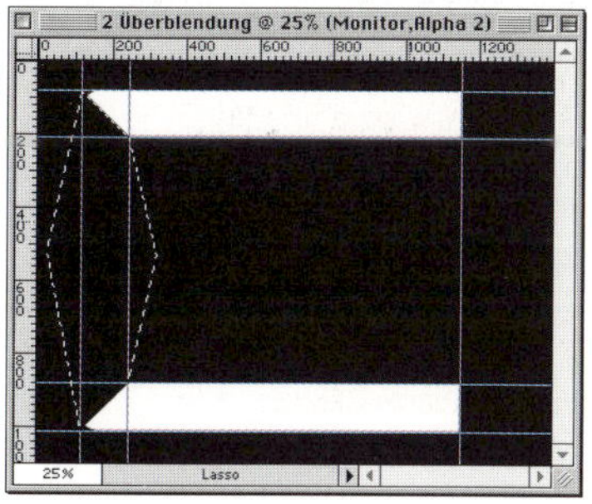

⑤

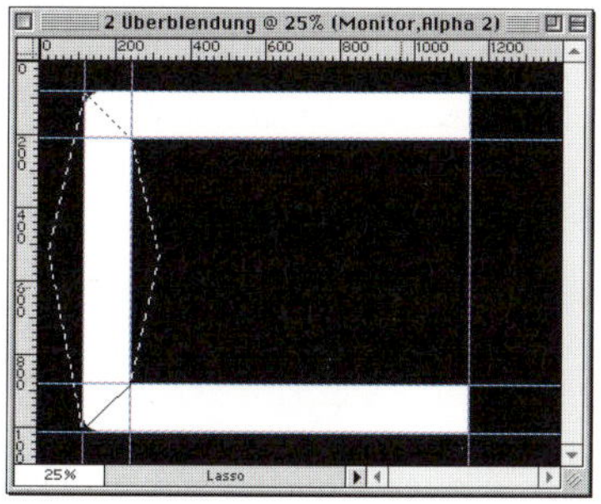

⑤

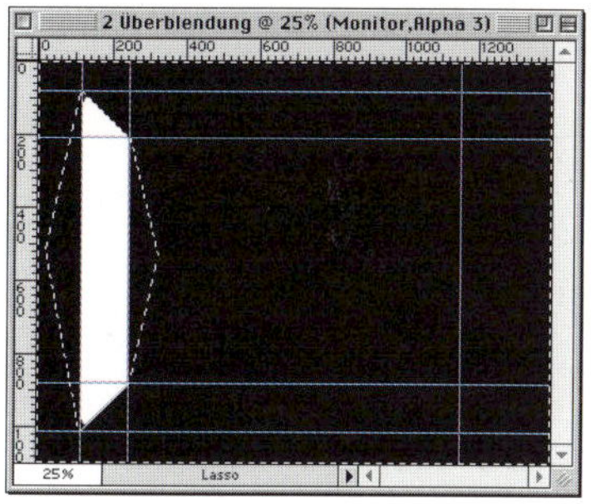

⑥

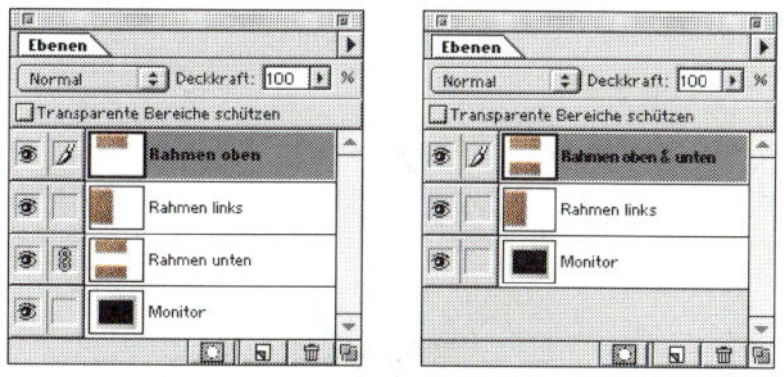

⑦

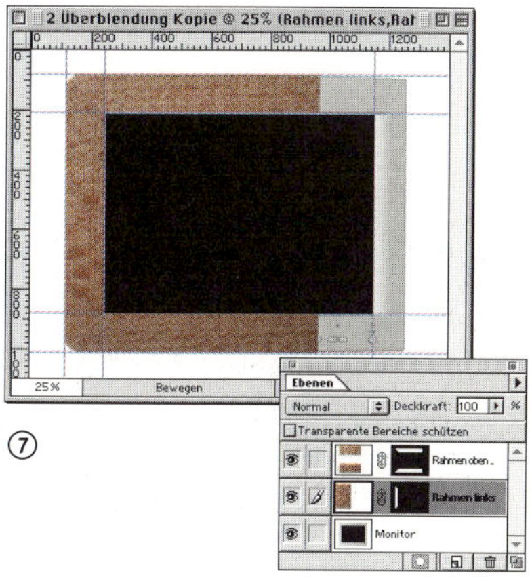

⑦

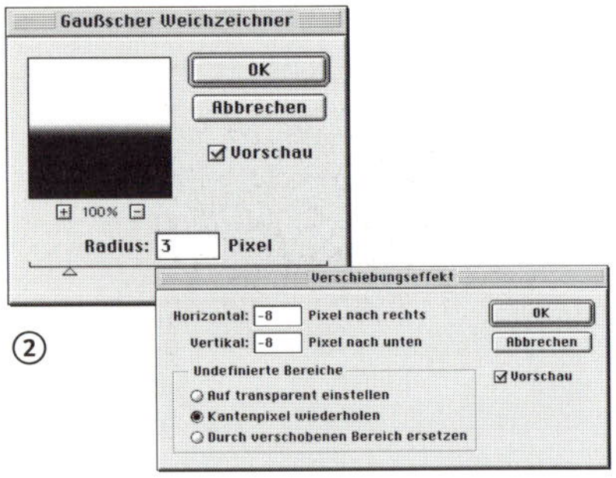

②

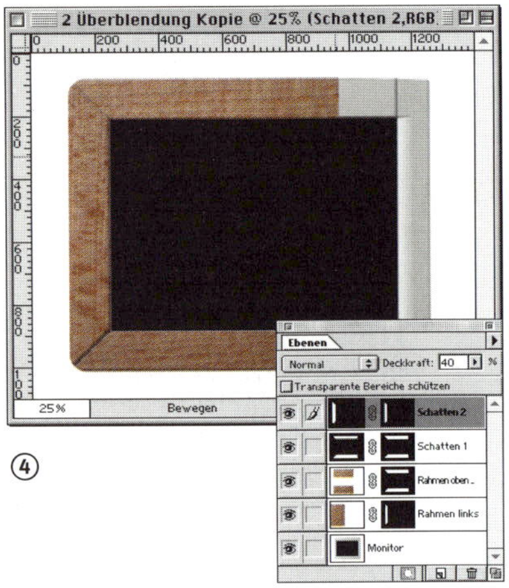

④

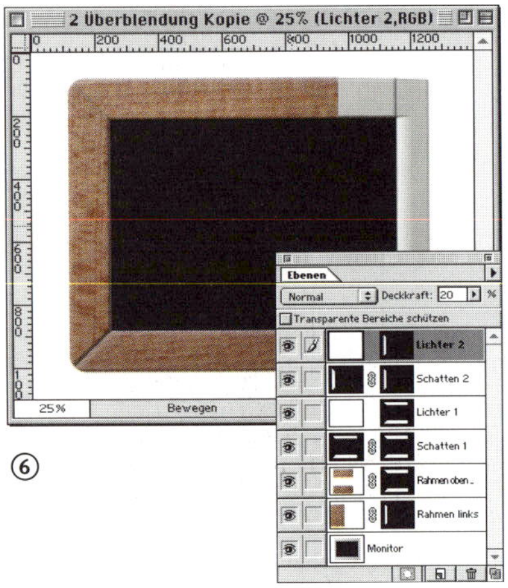

⑥

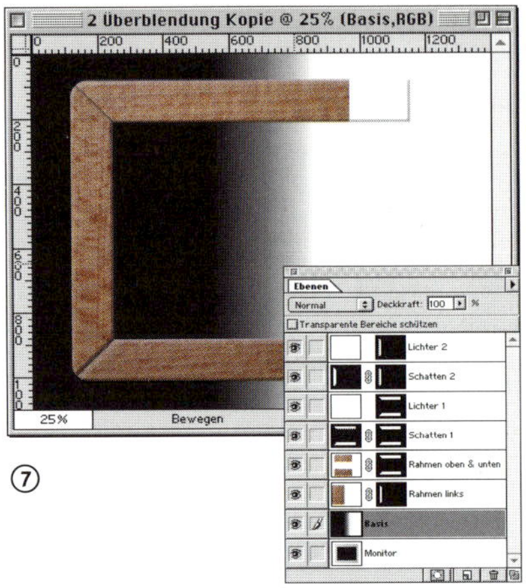

⑦

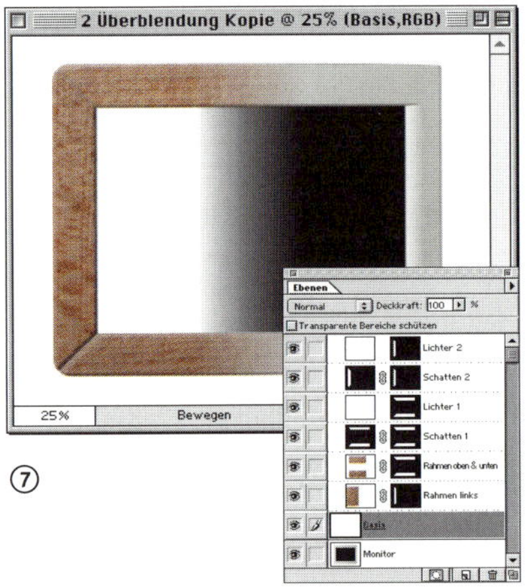

⑦

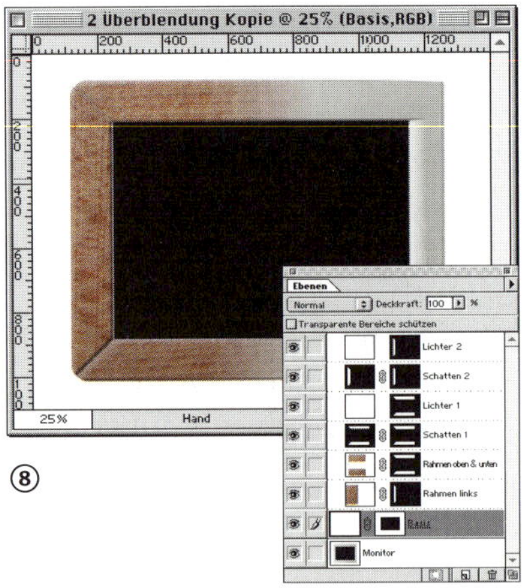

⑧

3. Die Schattenebene erhielt eine **Deckkraft** von 40% (Regler in der Ebenenpalette) und wurde in gleicher Weise maskiert wie die Holzebene, für die sie galt. Dazu wurde, bei weiterhin aktiver Ebene »Schatten 1«, das Thumbnail der **Ebenenmaske** der Ebene »Rahmen oben & unten« auf das Symbol ◻ in der Ebenenpalette gezogen.

4. Für den Schatten des linken Rahmenteilstücks wurden die Schritte 1 bis 3 wiederholt. Die neue Ebene erhielt den Namen »Schatten 2«, und sie übernahm die Ebenenmaske der Ebene »Rahmen links«.

5. Aus der Ebene »Schatten 1« ließ sich mit wenigen Handgriffen die passende **Lichtkantenebene** erzeugen. Die Ebene wurde zuerst dupliziert (»Lichter 1«). Mit der Taste D wurden in der Werkzeugpalette die Standardfarben eingestellt, die Tastenkombination Strg/⌘ + Umschalt + Rückschrittaste füllte alle nichttransparenten Bereiche der Ebene weiß. Das Verbindungssymbol zwischen den Thumbnails von Ebene und Ebenenmaske wurde ausgeschaltet und die Ebene mit dem Filter **Verschiebungseffekt** um den doppelten Wert des ersten Versatzes in die entgegengesetzte Richtung verschoben: um 16 Pixel nach rechts und nach unten. Die Ebene erhielt eine Deckkraft von 20% (Ebenenmodus: Normal).

6. Schritt 5 wurde für das noch fehlende Rahmenstück wiederholt, indem Ebene »Schatten 2« zu »Lichter 2« dupliziert wurde.

7. Die Holz-, Schatten- und Lichterebenen wurden nun zu einer Maskierungsgruppe zusammengefaßt. Dazu wurde zunächst über der Ebene »Monitor« eine neue Ebene als Basisebene eingefügt. In dieser Ebene wurde mit dem **linearen Verlaufswerkzeug** ein waagerechter Verlauf von Schwarz zu Transparent (nicht Weiß!) aufgezogen, der die Breite des Übergangs von Tafel zu Monitor bestimmte. Als eine zufriedenstellende Überblendungsbreite gefunden war, wurden alle schwarzen Ebenenpixel weiß gefärbt (Strg/⌘ + Umschalt + Rückschrittaste). Mit einem Mausklick bei gedrückter Alt/⌥-Taste auf die Trennlinien zu allen darüberliegenden Ebenen wurden diese nacheinander in die **Maskierungsgruppe** aufgenommen.

8. In der Ebene Monitor wurde die Mattscheibe ausgewählt; die umgekehrte Auswahl wurde in der Ebene »Basis« als **Ebenenmaske** gesichert (mit gedrückter Alt/⌥-Taste auf das Symbol klicken).

Vorbereitung der Tafelfläche

1. Der **Zauberstab** wählte die Mattscheibe des Monitors mit einer Toleranz von 0 (mit Glätten) aus. Diese Auswahl wurde beim Anlegen einer neuen Tonwertkorrektur-**Einstellungsebene** automatisch als Maske verwendet. Im Dialog Tonwertkorrektur erfolgte eine Aufhellung der schwarzen Mattscheibe zu einem schönen Tafelgrau.

2. Um den Eindruck einer etwas nachlässig gewischten Tafel zu erwecken, wurde eine schwarzweiße, mit dem Filter **Wolken** (Filter, Renderingfilter) erzeugte Chaosstruktur über die Mattscheibe gelagert. Wenn beim Aufruf des Filterbefehls die Alt/⌥-Taste gedrückt wird, fällt der Kontrast zwischen Vorder- und Hintergrundfarbe deutlicher aus. Und um den durch einen Schwamm verursachten Wischeffekt zu simulieren, wurde anschließend der Filter **Kreide & Kohle** (Filter, Zeichenfilter) angewendet.

3. Damit die Wolkenstruktur nur über der Mattscheibe erscheint, wurde sie mit der **Maske** der Einstellungsebene maskiert. Dazu wurde das Thumbnail der Einstellungsebene einfach auf das Symbol ⬚ in der Ebenenpalette gezogen (dabei muß die Wolkenebene aktiv sein).

4. Für die Überblendung der Wolkenstruktur hätte die in einem früheren Schritt erstellte Basisebene genutzt werden können. Es zeigte sich jedoch, daß die Montage lebendiger wirkt, wenn mehrere, geringfügig voneinander abweichende Überblendungsmasken verwendet werden. Deshalb wurde in der Ebenenmaske der Wolkenebene mit dem **linearen Verlaufswerkzeug** ein waagerechter Verlauf von Weiß nach Schwarz aufgezogen. Als Werkzeugmodus wurde Multiplizieren eingestellt (Palette Verlaufsoptionen), damit der vorhandene Maskeninhalt nicht gelöscht wurde. Die **Deckkraft** der Ebene wurde anschließend auf 15 % reduziert und der **Ebenenmodus** auf Hartes Licht abgeändert.

①

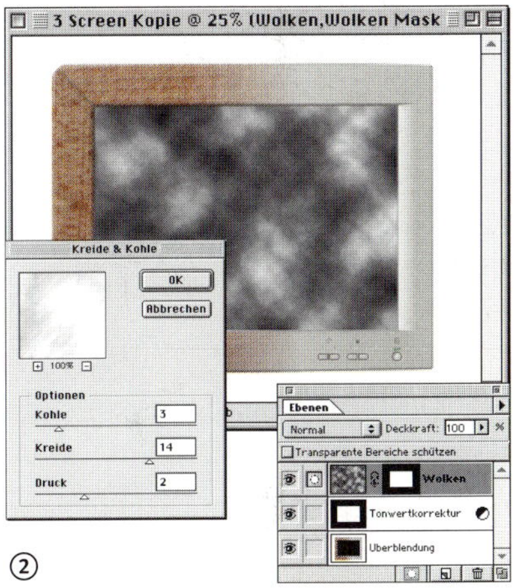

②

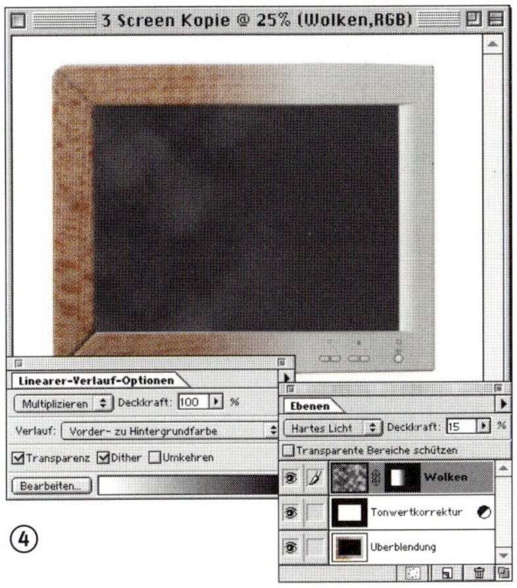

④

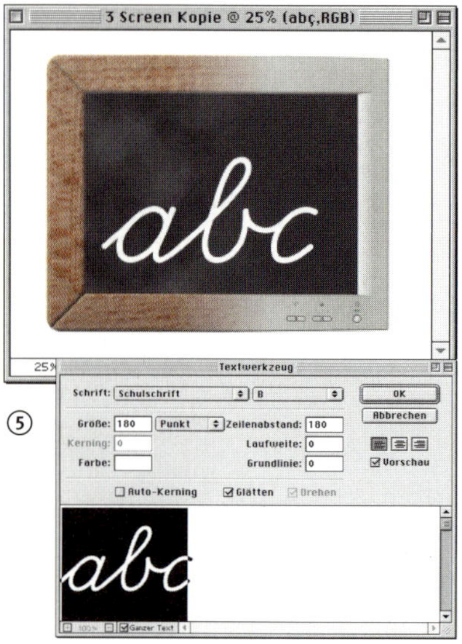

⑤

⑨

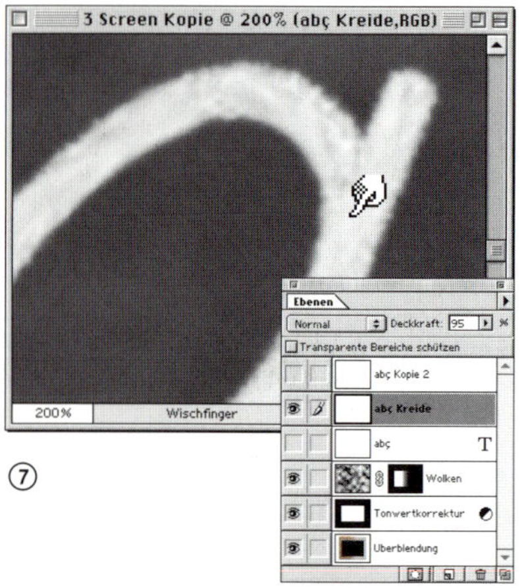

⑦

⑧

5. Die Schreibschrift wurde mit dem **Textwerkzeug** von Photoshop eingefügt. Es mußte ein wenig hin und her experimentiert werden, bis die richtige Schriftgröße gefunden war. Der Text mußte aber nicht jedesmal neu eingegeben werden: Mit einem Doppelklick auf das Etikett der Textebene wurde der Dialog Textwerkzeug erneut geöffnet und die Schriftparameter wie gewünscht verändert. Wichtig dabei ist, daß der Text im Dialog markiert wird, sonst bleiben die Änderungen ohne Wirkung. Auch die Textfarbe wurde erst im Dialog zugewiesen.

6. Von der Textebene wurde eine Kopie angelegt (Etikett auf das Symbol ⧉ ziehen) und diese in eine **Bildebene** umgewandelt (Ebene, Text, Ebene rendern). Von der Bildebene wurde ein zweites Duplikat erstellt. Die Textebene blieb erhalten, um bei Korrekturen nicht wieder von vorn anfangen zu müssen, wurde aber ausgeblendet.

7. In der unteren Textkopie (die obere wurde solange ausgeblendet) wurde mit dem **Wischfinger** die Strichführung feuchter Kreide simuliert. Dazu erhielt der Wischfinger eine Werkzeugspitze mit einem Durchmesser, der etwas kleiner war als die Strichstärke der Buchstaben. Anschließend wurde mit kurzen und längeren Zügen innerhalb der Buchstabenkonturen geschmiert. Um den Eindruck perfekt zu machen, wurde die Ebene zusätzlich geringfügig weichgezeichnet (Filter, Weichzeichnungsfilter, **Weichzeichnen**). Die Deckkraft der Ebene wurde auf 95 % reduziert.

8. Auf die oberste Textkopie kam nun der Filter **Mosaikeffekt** (Filter, Vergröberungsfilter) zur Anwendung. Als Quadratpixelgröße wurden 20 Pixel gewählt. Auch diese Ebene erhielt eine 95%ige Deckkraft.

9. Beide Textebenen erhielten mit Hilfe des **linearen Verlaufswerkzeugs** individuelle Ebenenmasken (auf Symbol ◻ in der Ebenenpalette klicken und mit dem Verlaufswerkzeug in der Maske arbeiten). Die Mosaikebene wurde anschließend samt Ebenenmaske dupliziert, um die Mosaikstruktur deutlicher hervorzuheben.

Ergänzende Elemente

1. Die Palette mit dem durchmischten Alphabet und den zu den Buchstaben passenden Tierbildern wurde in einer separaten Datei aufgebaut. Die Fensterelemente wurden mit dem Screenshotprogramm Capture unter dem MacOS abfotografiert und später in

Photoshop stilisiert. Da Capture wie alle anderen Screenshotprogramme im Farbraum des Monitors arbeitet und die Bilder über die Zwischenablage eingefügt wurden, mußten, um eine akkurate Farbdarstellung zu erzielen, alle Bildschirmfotos mit einer **Profilkonvertierung** (Bild, Modus) aus dem Farbraum des Monitors in den aktuellen RGB-Farbraum umgerechnet werden. Die gescannten Tierzeichnungen und die Schriftzeichen wurden in separate Ebenen gelagert, um sie optimal aneinander ausrichten zu können. Nach der Reduktion auf eine Ebene wurde diese per Drag-and-drop mit dem Bewegen-Werkzeug in das Montagebild gezogen.

2. Für den Schatten unter der Palette wurde die Palettenebene dupliziert, die **Kopie** hinter das Original gestellt (Etikett in der Ebenenpalette an die gewünschte Position ziehen) und mit Schutz der transparenten Bereiche **schwarz gefüllt** (Strg/⌘ + D für die Standardfarben und Alt/⌥ + Umschalt + Rückschrittaste zum Füllen). Die Ebene wurde ordentlich weichgezeichnet (Filter, Weichzeichnungsfilter, **Gaußscher Weichzeichner;** Radius 100), etwas nach rechts unten versetzt und mit einer Deckkraft von 70% versehen.

3. Da der Schatten auch über dem weißen Hintergrund schwebte, aber nur über dem Monitor sichtbar sein sollte, wurde er mit der **Transparenzmaske** der Monitorebene maskiert. Dazu wurde in der Ebenenpalette mit gedrückter Strg/⌘-Taste auf das Etikett der Ebene »Monitor« und dann auf das Symbol ◻ geklickt (die Schattenebene blieb dabei die ganze Zeit aktiv).

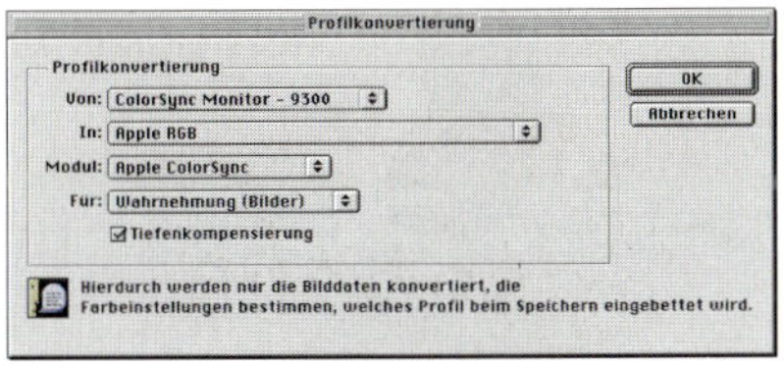

①

①

4. Der Pfeilcursor wurde aus einem Screenshot in eine separate Datei kopiert und im Dialog **Bildgröße** (Menü Bild) auf 800% vergrößert. Damit das pixelige Aussehen erhalten blieb, mußte die Interpolationsmethode für diese Vergrößerung auf **Pixelwiederholung** abgeändert werden. Der Pfeil wurde anschließend in die Montage übertragen und wie zuvor die Tierpalette mit einem Schatten versehen.

5. Zum Schluß erhielt der Holzrahmen einen weichen Schatten ohne Versatz. Der wieder hinzugefügte Monitorfuß wurde mit einem Verlauf maskiert und ein gutes Stück nach links versetzt – sonst wäre der Monitor schlicht aus dem Gleichgewicht geraten.

②

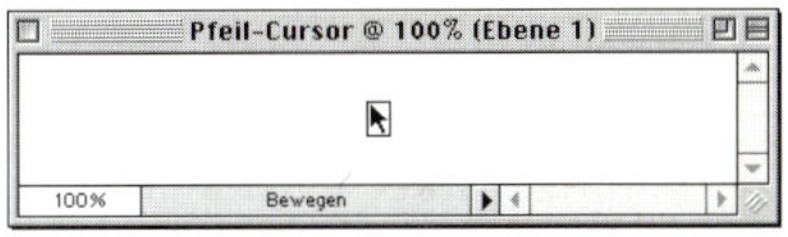

④

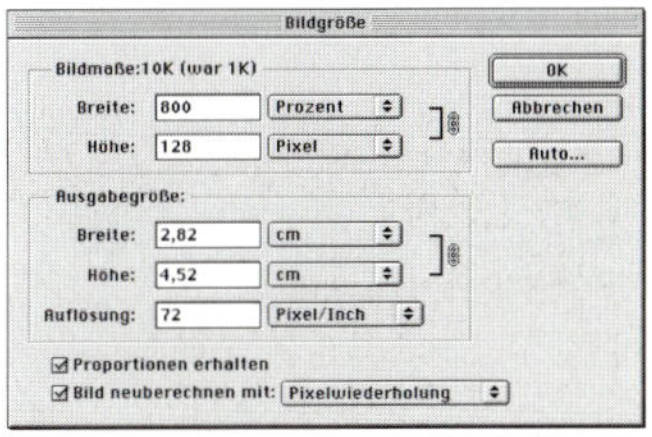

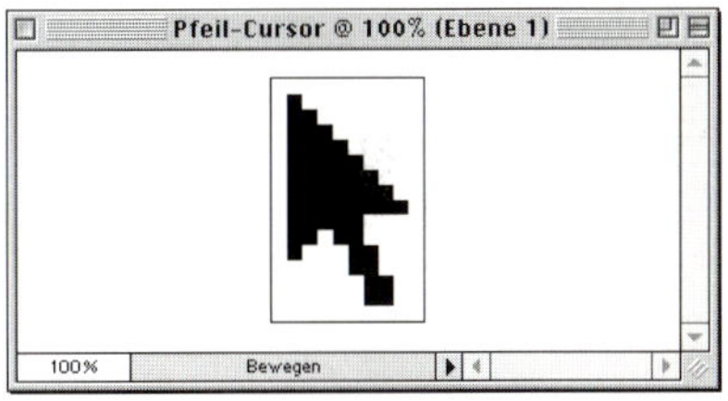

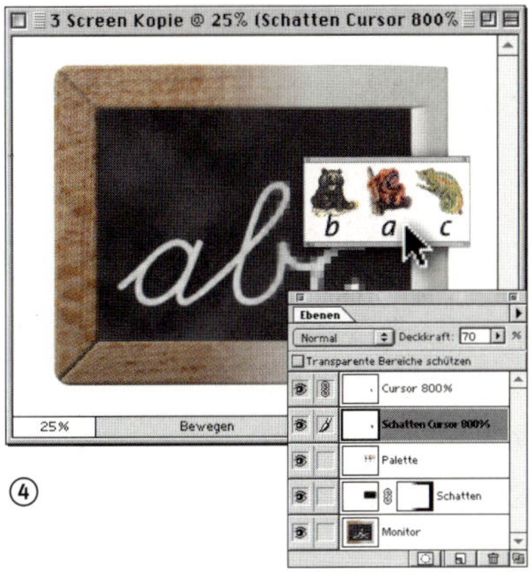

④

Gemischtes Doppel

Wie trotz Einschränkungen des Zweifarbdrucks ästhetisch reizvolle Bilder entstehen können

Foto und Plastik: Hannes Fuß

Ausgangsbild war das Foto einer etwa 10 Zentimeter großen Knetfigur

Fotografierte Knetfiguren und das Element gezielter Unschärfe bildeten den Kern des gestalterischen Konzepts für die Broschüre einer großen Krankenversicherung zum Thema »Hände und Füße«. Durch die Fokussierung auf ein bestimmtes Körperteil – hier der Fuß des Mädchens – wurde die Aufmerksamkeit der Leser auch bildlich auf das jeweilige Thema der Artikel gelenkt. In Zeiten knapper Kassen müssen auch große Unternehmen auf die Kosten achten. So entschied man sich gegen den kostenintensiven Vierfarbdruck und favorisierte den Druck mit zwei Sonderfarben. Dies war natürlich eine prädestinierte Aufgabenstellung für die Anfertigung von Duplexbildern mit Photoshop.

Bei einigen Bildern wurde die Artikelüberschrift ins Bild integriert. Normalerweise fällt das Hinzufügen von Text in die Zuständigkeit eines Layoutprogramms, in dem anstelle pixeliger Zeichen konturscharfe Schrift verwendet werden kann. Die Integration in Photoshop bot jedoch die Möglichkeit, auch beim Text mit dem Gestaltungselement Unschärfe zu spielen.

Um bei diesen Bildern eine bessere Kontrolle über die Farbigkeit der Unschärfebereiche zu haben, wurden die Duplexbilder in den Mehrkanalmodus umgewandelt und dort weiterbearbeitet – eine Möglichkeit, die erst seit Photoshop 5 besteht. Mehrkanalbilder mit Volltonfarbkanälen lassen sich, wenn sie im EPS-Format gesichert werden, in jedem Layoutprogramm importieren. Die Volltonfarbkanäle werden bei der Belichtung der Layoutdatei ordnungsgemäß als separate Auszüge ausgegeben – wie die Farben eines Bildes, das im Duplexmodus gesichert wurde, übrigens auch.

Arbeiten im Duplexmodus

1. Die RGB-Scans der Knetfiguren wurden in Photoshop geöffnet und in den **Graustufenmodus** umgewandelt, da nur von Graustufen in den Duplexmodus konvertiert werden kann.

2. Die Funktion **Duplex** aus dem Menü Bild, Modus öffnete den Dialog Duplexoptionen. Unter Bildart wurde Duplex gewählt (die anderen Optionen sind für den Druck mit einer, drei oder vier Sonderfarben gedacht). Nun mußten die Sonderfarben festgelegt werden. Ein Mausklick auf das Farbfeld der ersten Farbe öffnete den Dialog Farbwähler, und mit der Schaltfläche Eigene wurde zur **Pantone-Farbbibliothek** gewechselt. Da die Pantone-Farben vorher bereits anhand eines Pantone-Fächers ausgesucht wurden, konnten sie direkt durch Eintippen ihrer Nummer ausgewählt werden. Die Ziffernfolge 627 wählte das als erste Farbe gewünschte Dunkelgrün aus. OK schloß den Dialog.

Diese Prozedur wurde für die zweite Farbe, Pantone 5845, wiederholt.

3. Beide Farben besaßen zunächst geradlinig verlaufende Gradationskurven, was bedeutete, daß die Farben in allen Tonwertbereichen gleiche Anteile aufwiesen. Da das Dunkelgrün aber hauptsächlich die dunklen Bereiche abdecken und der zweite Ton vorrangig in den Mitteltönen zur Geltung kommen sollte, war eine Änderung beider Gradationskurven notwendig. Dazu wurde zuerst auf das Gradationskurven-Thumbnail der ersten Farbe geklickt, um den Dialog **Duplex-Gradationskurve** zu öffnen. Auf der Gradationskurve lassen sich nur an den 10%-Marken Punkte setzen und diese nur in der Vertikalen verschieben. Die Kurve wurde in der Mitte abgesenkt, um die Farbe in den Mitteltönen zurückzunehmen. Nachdem der Dialog mit OK geschlossen war, kam die zweite Kurve an die Reihe. Hier wurden die Mitteltöne angehoben, um die Farbe in diesem Tonwertbereich zu verstärken. Bei einigen Farben kann der Endpunkt der Kurve wieder auf die Nullinie zurückgeführt werden, so daß die Kurve eine Parabel beschreibt und die Farbe tatsächlich nur in den Mitteltönen vertreten ist. Bei den vorliegenden Fotografien waren bei einer Parabelkurve jedoch Abrisse zu befürchten. Deshalb blieb der Endpunkt bei 100%. Das bedeutete aber auch, daß in den dunklen Bereichen des Duplexbildes beide Farben mit hoher Deckung vertreten waren und sie sich in allen Tonwertbereichen mischten, das heißt in keinem Tonwertbereich des Bildes eine der beiden Farben in reiner Form vorkam.

Die Auswirkung der Gradationskurven auf die Verteilung der Duplexfarben über die Graustufenskala kann nicht nur am Bild beurteilt, sondern auch am Duplexverlauf im Dialog Duplexoptionen überprüft werden.

4. Wichtig ist auch, daß die Duplex-Gradationskurven gleichförmig verlaufen – also keine Berg- und Talfahrten beinhalten, was solarisationsähnliche Effekte hervorrufen würde – und mit möglichst wenig Punkten definiert sind. Etwaige Defizite in der Bildhelligkeit lassen sich später noch kompensieren. Da auch die Helligkeit im Beispielbild noch nicht zufriedenstellend

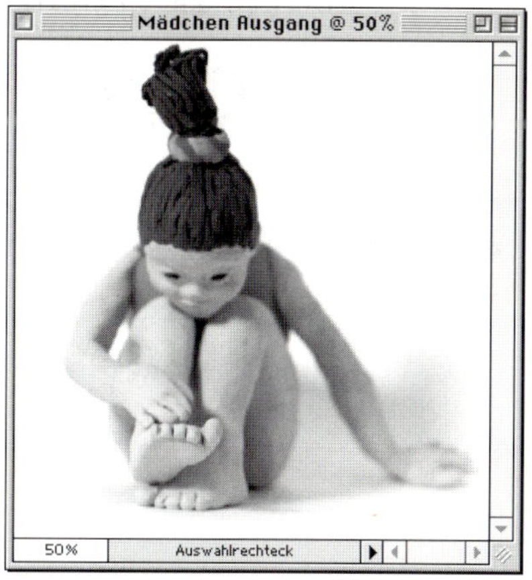

①

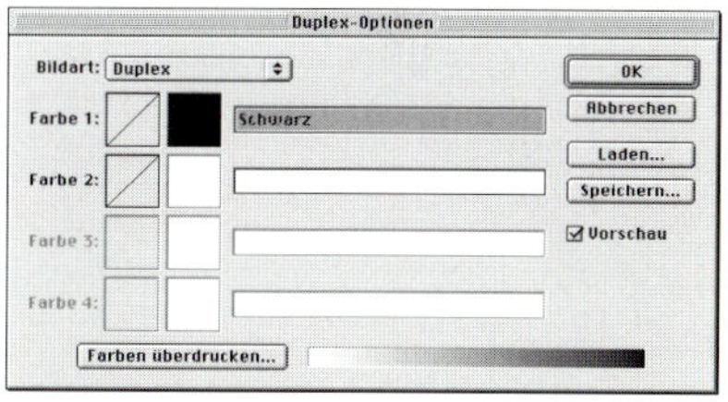

②

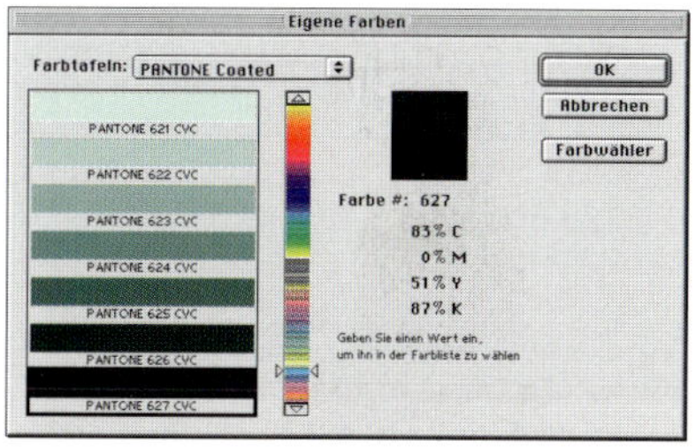

②

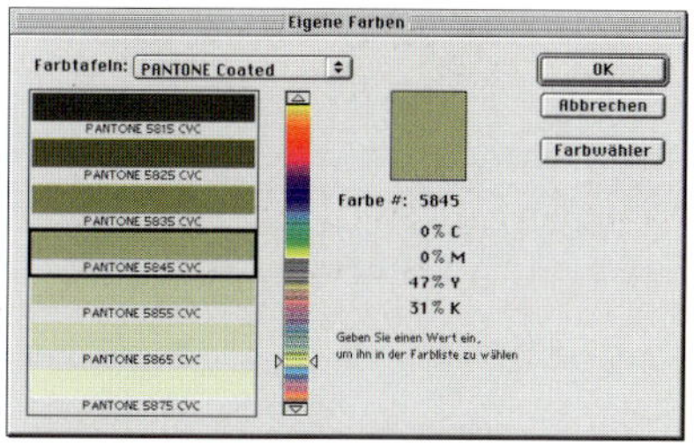

②

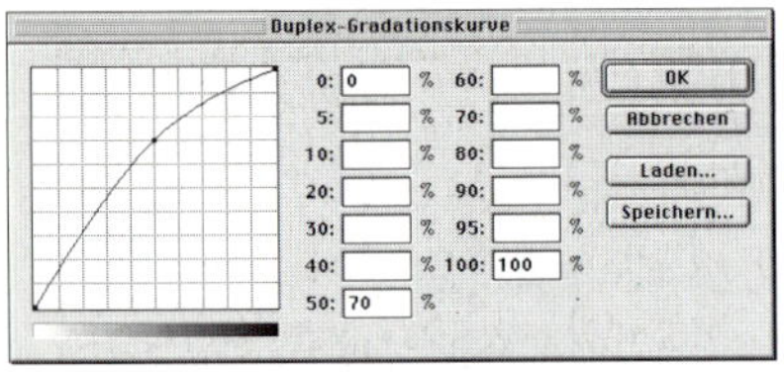

①

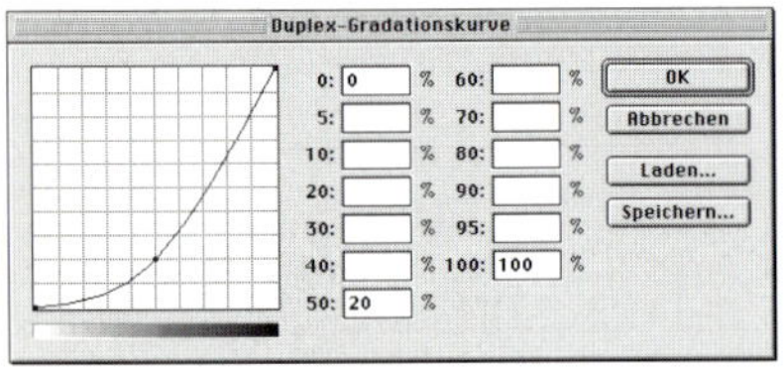

③

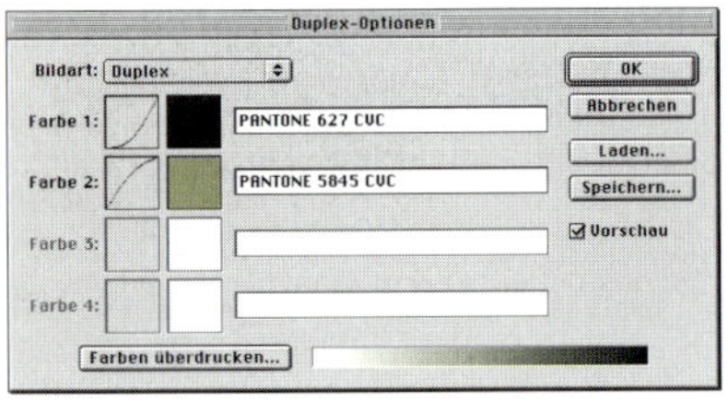

③

③

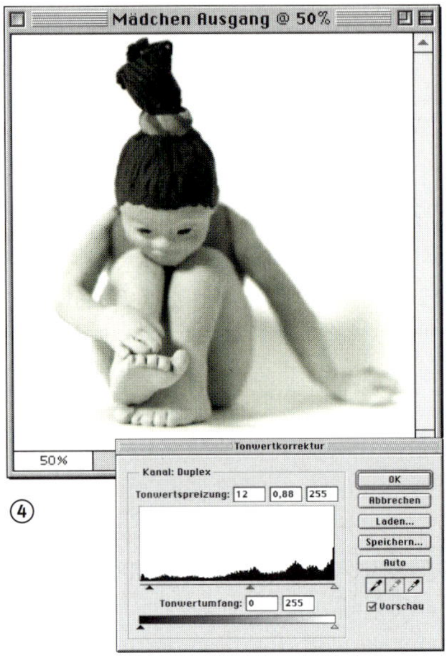

④

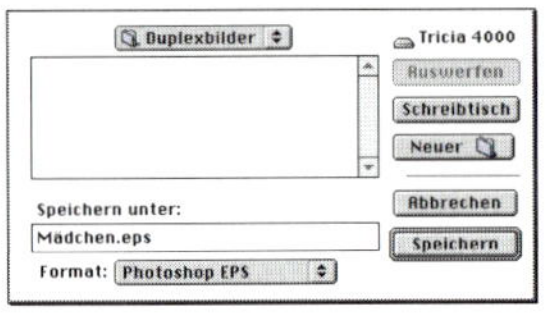

⑤

ausfiel, wurde, nachdem der Dialog Duplexoptionen wieder geschlossen war, der Dialog **Tonwertkorrektur** (Bild, Einstellen) aufgerufen. Durch Verschieben des Gammareglers wird die Zuordnung der Helligkeitswerte des ursprünglichen Graustufenbildes zu den Farben im Duplexverlauf neu vorgenommen. Eine Aufhellung (Gammaregler nach links) bedeutet im Duplexmodus ein Verschieben der Mitteltöne zum helleren Ende des Duplexverlaufs hin. Wird der Gammaregler nach rechts bewegt, verschieben sich die Farben zum dunkleren Ende des Duplexverlaufs. Zusätzlich zu einer Abdunkelung der Mitteltöne wurden auch die Tiefen neu gesetzt, um dadurch mehr Kontrast ins Bild zu bringen. Ein Verschieben des Schwarzpunkts ist vor allem dann anzuraten, wenn die dunklere Duplexfarbe immer noch deutlich heller als Schwarz ist.

5. Alle Bilder, die keinen Text erhalten sollten, wurden nun im **EPS-Format** gesichert (Datei, Sichern unter). Für die Integration des Textes ins Beispielbild waren jedoch noch weitere Schritte erforderlich.

Arbeiten im Mehrkanalmodus

(Abbildungen rechte Seite)

1. Das Bild wurde in den Modus **Mehrkanal** (Bild, Modus) umgewandelt. Eine Rückumwandlung in den Duplexmodus ist danach nicht mehr möglich, aber auch nicht nötig, wenn das Ziel der Zweifarbdruck ist. (Beim Umwandeln eines Mehrkanalbildes in RGB oder CMYK gehen die Duplexfarben verloren!)

2. Um Platz für den Text zu schaffen, wurde die **Arbeitsfläche** am rechten Rand vergrößert (Bild, Arbeitsfläche).

3. Da Mehrkanalbilder nur aus der Hintergrundebene bestehen, wurde der Text in einem **neuen Alphakanal** vorbereitet. Dazu wurde auf das Symbol ◘ in der Kanälepalette und anschließend mit dem **Textwerkzeug** ins Bild geklickt. Nachdem die gewünschten Schriftparameter festgelegt waren, wurde der Text eingegeben. Damit der Text vollständig sichtbar war, wurde die Option Ganzer Text [Schrift] aktiviert. Als Schriftfarbe wurde Weiß gewählt.

4. Nachdem der Dialog Textwerkzeug mit OK geschlossen war, wurde die schwebende Auswahl mit dem **Bewegen-Werkzeug** in die Mitte des Bildes verschoben, so daß oben und unten ungefähr gleich viel Platz entstand. Um den Text in der Horizontalen besser ausrichten zu können, wurden die Volltonfarbkanäle vorübergehend eingeblendet (Augensymbole in der Kanälepalette).

5. Bei noch aktiver Textauswahl wurde mit dem Tastenkürzel Strg/⌘ + T die Funktion **Frei transformieren** aktiviert. Die rechte Maustaste (unter dem MacOS Ctrl + Mausklick) öffnete das Transformieren-Kontextmenü, aus dem die Funktion **Perspektivisch verzerren** gewählt wurde. Die rechte Seite des Transformationsrahmens wurde gedehnt, die linke dagegen etwas gestaucht. Ein Doppelklick ins Rahmeninnere wendete die Transformation an.

6. Nachdem die Auswahl aufgehoben (Strg/⌘ + D) war, wurde ein Duplikat des Alphakanals angelegt (Etikett auf das Symbol ziehen) und der **Maskierungsmodus** aktiviert (Symbol in der Werkzeugpalette). Das **lineare Verlaufswerkzeug** zog einen waagerechten Verlauf von Schwarz nach Weiß auf (Umschalttaste gedrückt halten). Der Anfangspunkt (Schwarz) lag beim t von »macht«, der Endpunkt (Weiß) beim m. Mit der Rückkehr in den **Standardmodus** wandelte Photoshop die Verlaufsmaske in eine Auswahl um.

7. Auf die Verlaufsauswahl kam der **Gaußsche Weichzeichner** (Filter, Weichzeichnungsfilter) mit einem Radius von

①

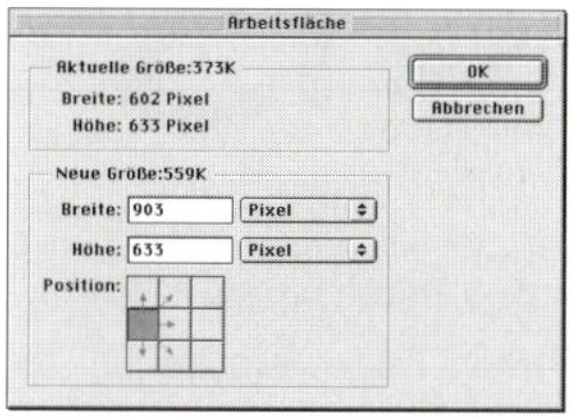

②

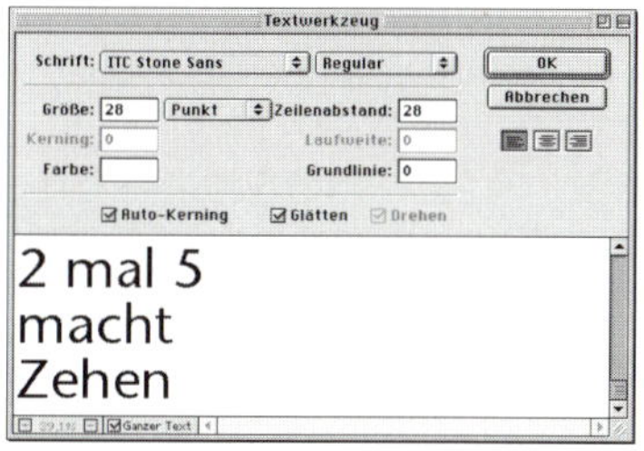

③

4 Pixeln zur Anwendung. Dieser Schritt erzeugte die perspektivische Unschärfe des Textes. Anschließend wurde die Auswahl aufgehoben.

8. Nun wurde Kanal »Alpha 2« dupliziert und der Inhalt des neuen Kanals mit dem **Gaußschen Weichzeichner** bei einem Radius von 20 Pixeln weichgezeichnet (Strg/⌘ + Alt/⌥ + F ruft den zuletzt benutzten Filterdialog auf). Die Funktion **Auto-Tonwertkorrektur** spreizte die Tonwerte über die gesamte Graustufenskala.

9. Mit einem Mausklick auf das Etikett von Kanal »Pantone 627« wurde dieser aktiviert. Der andere Volltonfarbkanal wurde zusätzlich eingeblendet (in die Augenspalte klicken). Ein weiterer Klick bei gedrückter Strg/⌘-Taste auf das Etikett von Kanal »Alpha 2« lud ihn als

⑤

⑤

⑥

⑦

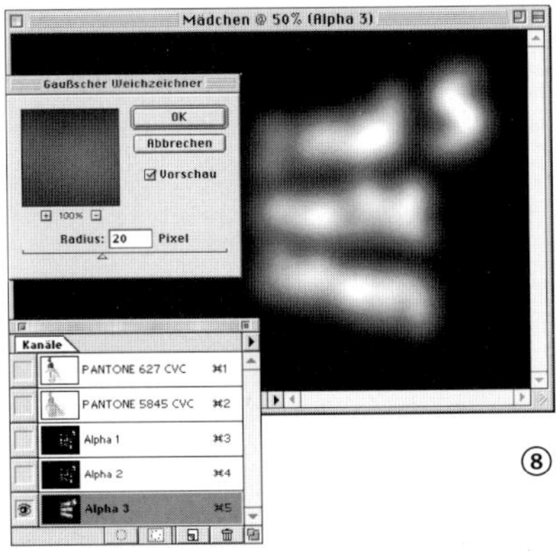

⑧

⑨

⑩

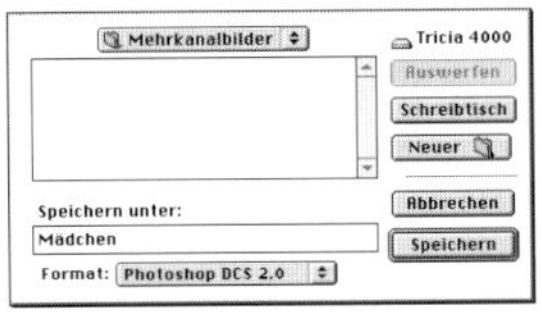

⑪

Die unscharfen Bereiche eines weichgezeichneten Textes erscheinen im Duplexmodus in den Mitteltonfarben.

Auswahl. Mit der Tastenkombination Alt/⌥ + Rückschritt erhielt die Auswahl, nachdem zuvor in der Werkzeugpalette mit der Taste D die Standardfarben eingestellt waren, eine **schwarze Füllung.** Im Bild erschien dieser Bereich natürlich nicht schwarz, sondern in der gewählten Volltonfarbe. (Wenn sich die Volltonfarbe in diesem Bereich nicht mit der anderen Volltonfarbe mischen soll, wird die Auswahl im anderen Volltonfarbkanal mit der Rückschrittaste gelöscht, so daß darin eine Aussparung entsteht.)

10. Nun wurde zu Kanal »Pantone 5845« gewechselt, Kanal »Alpha 3« als Auswahl geladen und ebenfalls schwarz gefüllt. Auch hier erschien die Füllung in der Volltonfarbe. Da der farbige Schatten zu stark ausfiel, schwächte die Funktion **Verblassen** aus dem Menü Filter die Füllung auf das gewünschte Maß ab (45 %).

11. Zum Schluß wurden die nicht mehr benötigten Alphakanäle gelöscht und die Mehrkanaldatei im Format **Photoshop DCS 2.0** gesichert.

Das kleine Duplex-Einmaleins

Das Duplexverfahren basiert auf einem einfachen Prinzip: Bestimmte Tonwertbereiche eines Graustufenbildes werden durch die Duplexfarben ersetzt. Bei mehr als einer Sonderfarbe können dabei Überschneidungsbereiche auftreten, also Tonwertbereiche, in denen sich beide Farben (bei Triplex und Quadruplex auch mehr Farben) in einem bestimmten Verhältnis mischen.

Beim obigen Duplexbeispiel läßt sich im Duplexmodus kein Text eingeben, der nur in einer der beiden Duplexfarben erscheint, da aufgrund der gewählten Duplex-Gradationskurven beide Farben in allen Tonwertbereichen wenigsten zu einem Prozentteil vertreten sind. Mit diesen Kurven würde schwarzer Text mit beiden Farben zu 100 % gedruckt. Im Mehrkanalmodus kann, wenn nur einer der Volltonfarbkanäle aktiv ist, mit der reinen Schmuckfarbe gearbeitet werden.

Weichgezeichneter Text besteht aus dunkel- bis hellgrauen Randbereichen. Im Duplexmodus verschieben sich die Farben dann gemäß dem aus den Gradationskurven resultierenden Duplexverlauf (siehe Abbildung oben). Erfolgt die Weichzeichnung jedoch in einem Volltonfarbkanal eines Mehrkanalbildes, erscheinen die unscharfen Bereiche nur in dieser Volltonfarbe, nur eben in helleren Abstufungen.

Rechte Seite: Dasselbe Beispiel mit den Farben Pantone 2768 und Pantone 124. Die Wahl der Gradationskurven kann die Bildwirkung ganz entscheidend beeinflussen.

Kreativ aus der Krise

Photoshop im Krisenmanagement einer Zeitschriftenredaktion

Das fertige Cover

Foto: Ute Behrend

Bei dieser Vorlage wird nicht nur dem Kreisel schwindelig ...

Krise in der Zeitschriftenredaktion: Die Titelgeschichte erhielt kurz vor dem Drucktermin noch einen Richtungswechsel. Das Titelfoto paßte nicht mehr. Ein neues mußte her, und zwar schnell. Kurzfristig ließ sich aber nur ein etwas unscharfes Foto eines Kinderkreisels auftreiben. Erschwerend kam hinzu, daß der Hintergrund des Kreiselfotos farblich gänzlich ungeeignet war. Auch zeigte das Foto zwar einen rotierenden Kreisel, doch die von der Redaktion gewünschte Eigenbewegung, die nach rechts aus dem Titelbild herausführt, fehlte. Ein Fall also für einen erfahrenen Bildbearbeiter.

Der Kreisel

1. Das Kreiselbild wurde bei einem Dienstleistungsunternehmen als hochauflösender und fertig separierter Scan von einem Kleinbilddia eingekauft. Alle Bearbeitungen fanden daher im CMYK-Modus statt. Da der Kreisel nach rechts aus dem Bild trudeln sollte, wurde der Scan gespiegelt (Bild, Arbeitsfläche drehen, **Horizontal spiegeln**). Um den Kreisel vor dem nicht gewünschten Hintergrund freizustellen, wurde seine Kontur mit dem **Zeichenstift** umgrenzt. Ein Doppelklick auf das Etikett der Hintergrundebene wandelte sie in eine transparente Ebene um. Bei dieser Gelegenheit erhielt sie den Namen »Kreisel«. Der Pfad wurde in eine Auswahl umgewandelt, die Auswahl umgekehrt und gelöscht. Alle den Kreisel umgebenden Bereiche waren so vollständig transparent.

2. Von der Kreiselebene wurde eine Kopie mit dem Namen »Bewegungsunschärfe« angelegt (Ebenenetikett mit gedrückter Alt/⌥-Taste auf das Symbol der Ebenenpalette ziehen). Diese Kopie sollte mit dem Filter Bewegungsunschärfe weichgezeichnet werden, um der Eigenrotation des Kreisels künstlich den Eindruck einer Fortbewegung hinzuzufügen. Der Winkel der Bewegungsunschärfe sollte dabei dem Neigungswinkel des Kreisels entsprechen. Um den Neigungswinkel zu bestimmen, wurde mit dem **Meßwerkzeug** eine Meßlinie von der linken zur rechten Seite des Kreisels aufgezogen. Der Winkel konnte in der Informationenpalette abgelesen und notiert werden.

3. Mit dem Filter **Bewegungsunschärfe** (Filter, Weichzeichnungsfilter) wurde nun die gewünschte Verwischung erzeugt. Im Filterdialog wurde der notierte Neigungswinkel bzw. der nächste ganzzahlige Wert als Winkel für die Richtung der Bewegungsunschärfe eingegeben. Bei eingeschalteter Option Vorschau konnte die Wirkung der Reglerstellung für die Distanz direkt am Bild überprüft werden.

4. Die Unschärfe sollte jedoch von links nach rechts abnehmen, deshalb wurde der unscharfe Kreisel mit einer Verlaufsmaske maskiert. Das Symbol fügte zur Ebene eine leere Ebenenmaske (nichts maskiert) hinzu. In der Optionenpalette des **linearen Verlaufswerkzeugs** wurde die Verlaufsart Vorder- zu Hintergrundfarbe gewählt (bei Ebenenmasken sind dies automatisch Weiß und Schwarz). Das Verlaufswerkzeug zog den Verlauf nun in der Mitte des Kreisels im selben Winkel auf, den auch das Meßwerkzeug ermittelt hatte und der schon im Filterdialog verwendet wurde. Der rechte Bereich des Kreisels war so vollständig maskiert, der linke vollständig sichtbar.

5. Die scharfe Version des Kreisels in der Ebene »Kreisel« mußte in umgekehrter Weise maskiert werden, da sonst auf der linken Seite durch die Verwischung hindurch der scharfe Kreiselrand sichtbar geblieben wäre. Nachdem die Ebene »Kreisel« aktiviert war, wurde die Alt/⌥-Taste gedrückt und das **Thumbnail der Ebenenmaske** der Ebene »Bewegungsunschärfe« auf das Symbol der Ebenenpalette gezogen. Da die Zielebene noch keine Ebenenmaske besaß, wurde durch diese Aktion ein Duplikat der Ebenenmaske zur Ebene »Kreisel« hinzugefügt. Die Alt/⌥-Taste bewirkte dabei, daß die neue Ebenenmaske automatisch umgekehrt wurde.

Anschließend wurde das Verbindungssymbol zwischen Ebene und Ebenenmaske ausgeschaltet und der Maskeninhalt mit dem **Bewegen-Werkzeug** so weit nach links verschoben (Umschalttaste drücken), bis der »Grauschleier« im Übergangsbereich beider Masken verschwunden war. Danach wurde das Verbindungssymbol wieder eingeschaltet.

6. Der Filter Bewegungsunschärfe verwischt ein Motiv gleichmäßig zu beiden Seiten, es spielt also keine Rolle, ob man 19° oder 199° eingibt. Auf der linken Seite des Kreisels war dieser Effekt erwünscht, auf der rechten infolge der Maskierung glücklicherweise nicht sichtbar. An seinem oberen Griff machte sich die beiderseitige Unschärfe jedoch störend bemerkbar. Deshalb

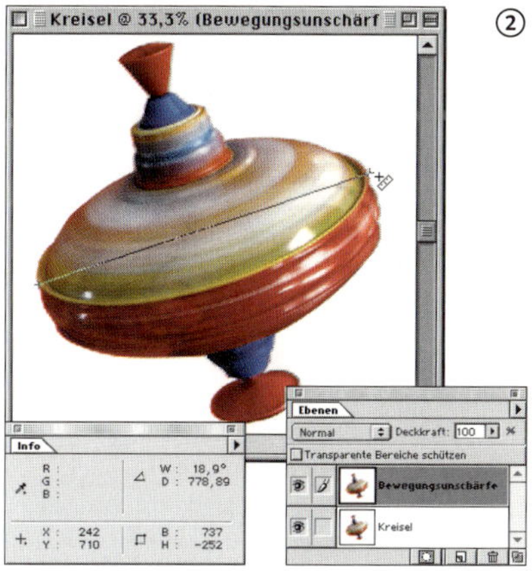

②

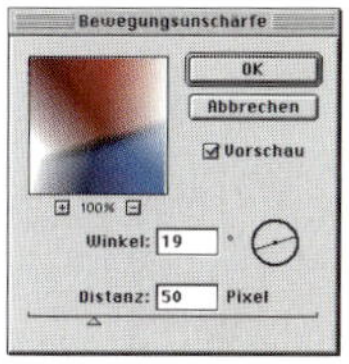

③

④

⑤

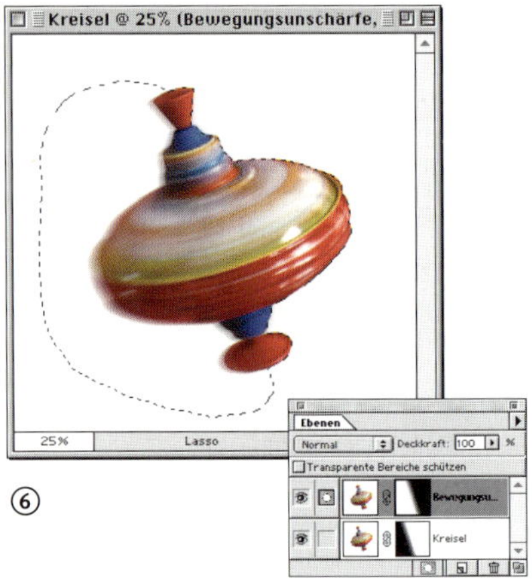

⑥

⑨

⑥

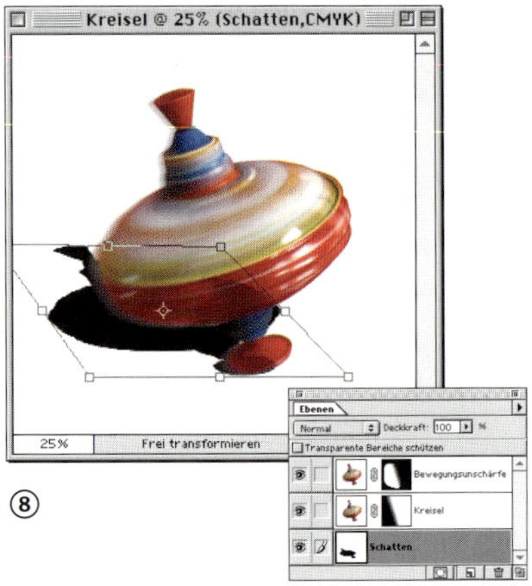

⑧

mußte die Ebenenmaske der Ebene »Bewegungsunschärfe« noch modifiziert werden.

Ein Mausklick auf das Thumbnail der Ebenenmaske aktivierte sie. Nun wurde die **Transparenzmaske** der Ebene »Kreisel« mit einem Mausklick bei gedrückter Strg/⌘-Taste auf ihr Thumbnail als Auswahl geladen (nicht auf das Thumbnail der Ebenenmaske klicken). Das **Lasso** fügte nun links großzügig Bereiche zur Auswahl hinzu, indem es bei gedrückter Umschalttaste vom oberen Kreiselgriff eine großen Bogen bis zur unteren Kreiselspitze zog. Die Auswahl wurde umgekehrt und in der Ebenenmaske mit der Rückschrittaste schwarz gefüllt.

7. Nun war der Schatten des Kreisels zu erstellen. Dazu wurde eine neue Ebene mit dem Namen »Schatten« angelegt (Symbol ◰ mit gedrückter Alt/⌥-Taste anklicken), die **Transparenzmaske** der Ebene »Kreisel« erneut als Auswahl geladen und in der neuen Ebene schwarz gefüllt.

8. Mit der Funktion **Frei transformieren** aus dem Menü Bearbeiten ließ sich der Schatten auf eine imaginäre Raumebene werfen, indem er nach links geneigt (mittleren Griff der oberen Rahmenseite mit gedrückter Strg/⌘-Taste nach links unten verschieben), verzerrt (oberen rechten Griff mit gedrückter Umschalt- und Strg/⌘-Taste nach links verschieben) und skaliert wurde (mittleren Griff der oberen Rahmenseite ohne Zusatztaste nach unten bewegen). Ein Doppelklick ins Rahmeninnere (oder ein Druck auf die Eingabetaste) rechnete die Transformation in die Ebene ein.

9. Anschließend konnte der Schatten mit dem **Gaußschen Weichzeichner** (Filter, Weichzeichnungsfilter) weichgezeichnet werden.

Die Montage über dem Hintergrund

1. Für den Hintergrund wurde eine neue Datei in der Größe des Covers (DIN A4) zuzüglich Anschnitt angelegt. Als Hintergrund genügte eine diffuse Textur. Solche Texturen sind über Bildarchive zu beziehen oder können mit Filtern wie dem Texture Explorer (Strukturforscher) der Kai's Power Tools selbst generiert werden. Da es im Beispiel jedoch auf Schnelligkeit ankam, wurde der Photoshop-eigene Filter **Wolken** (Filter, Renderingfilter) angewendet. Dieser Filter entbindet den Anwender von dedizierten Einstellungen, da er keinen Dialog besitzt (man kann aber den Kontrast verstärken, wenn beim Aufruf des Filters die Alt/⌥-Taste gedrückt wird).

2. Obwohl der Filter Wolken Zufallsmuster erzeugt (also jedesmal andere), meint man bei großen Bildern eine gewisse diagonale Regelmäßigkeit zu erkennen, die eher störend wirkt. Deshalb wurde ein besonders schöner Teilbereich des Wolkenmuster mit dem **Auswahlrechteck** umgrenzt und mit der Funktion **Frei transformieren** (Menü Bearbeiten) unproportional auf die gesamte Größe der Datei gedehnt.

3. Seine pastellene Farbe erhielt das Wolkenmuster im Dialog **Farbton/Sättigung** (Bild, Einstellen) mit der Option **Kolorieren.**

4. Nun mußte nur noch der Kreisel samt Bewegungsunschärfe und Schatten in das Hintergrundbild kopiert werden. Alle Ebenen der Kreiselmontage sollten aber erhalten bleiben, also nicht auf eine Ebene reduziert werden. Im Kreiselbild wurden dazu alle Ebenen miteinander verbunden (alle Verbindungssymbole aktivieren). Das **Bewegen-Werkzeug** zog nun den Inhalt der aktuellen Ebene in das Fenster der Hintergrunddatei. Alle verbundenen Ebenen wurden dabei automatisch mitkopiert. Wichtig beim Kopieren mit dem Bewegen-Werkzeug ist, mit dem Mauszeiger im Dateifenster zu beginnen und nicht das Ebenenetikett in das Fenster der Zieldatei zu bewegen, sonst werden die verbundenen Ebenen nicht mitkopiert.

5. Die Position des Kreisels ließ sich durch Verschieben mit dem **Bewegen-Werkzeug** noch nachträglich ändern – alle verbundenen Ebenen wurden entsprechend mitbewegt. Die Größe des Kreisels wurde mit der Funktion **Frei transformieren** an die Covergröße angepaßt. Als eine Kreiselebene proportional skaliert wurde (mit gedrückter Umschalttaste an einem Eckgriff ziehen), änderten alle verbundenen Ebenen ihre Größe entsprechend. Alle Kreiselebenen konnten so in einem Arbeitsschritt verkleinert werden.

6. Zum Schluß wurde noch die Deckkraft der Ebene »Schatten« auf 50% verringert und ihr Ebenenmodus auf **Multiplizieren** gestellt. Im CMYK-Modus wird ein Ebeneninhalt durch den Deckmodus Multiplizieren als »überdrukkend« definiert. Der Abdunkelungseffekt wirkt so besser.

①

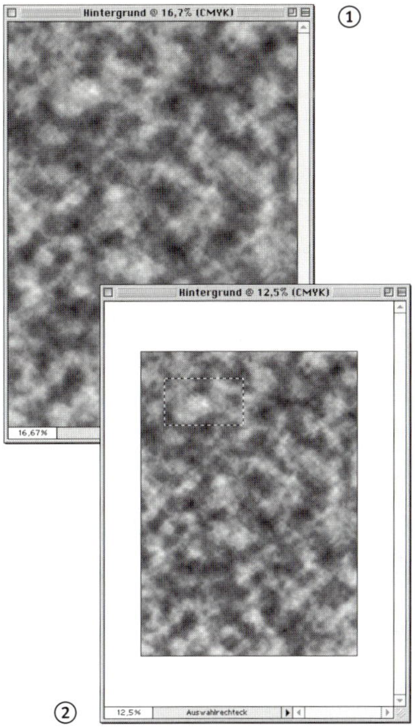

②

②

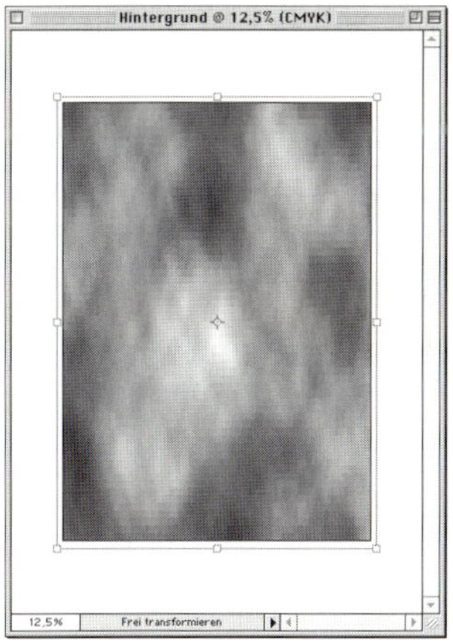

③

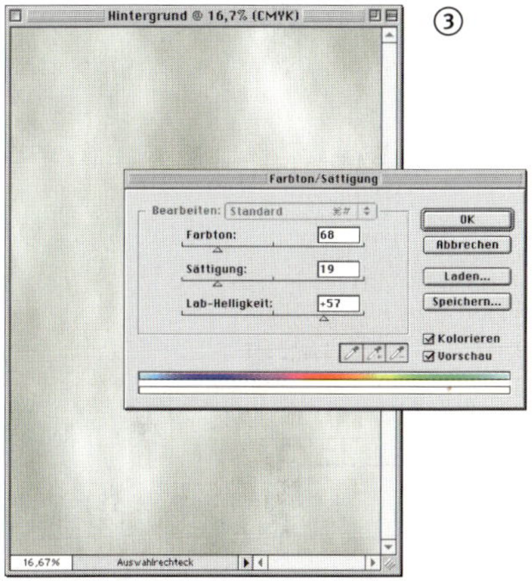

⑥

Evolutionstheorie

Wie trotz denkbar schlechtestem Bildmaterial eine gelungene Montage mit einer Portion hintergründigem Witz entstehen kann

Hulton Deutsch Collection, Vol. 1, People & Personalities

Das Ausgangsmaterial: eine Fotografie von Charles Darwin aus einem Bildarchiv und ein digitaler Schnappschuß

Was liegt näher, als an seinem 40. Geburtstag nicht in die Vergangenheit, sondern in die Zukunft zu blicken und die persönliche Entwicklung nach weiteren 40 Jahren bildhaft zu antizipieren? Diese Einladungskarte entstand aus einem Digitalfoto des Jubilars und einem Foto von Charles Darwin, das einem Bildarchiv entnommen wurde. Daß ausgerechnet der Begründer der modernen Evolutionstheorie seinen gealterten Körper zur Verfügung stellen mußte, war reiner Zufall – das Darwin-Portrait paßte nun mal von allen vorliegenden Bildern hinsichtlich der Perspektive am besten. Dennoch kam diese zufällige Übereinstimmung nicht ungelegen, ja gibt sie dem Bild doch eine ironische Note.

1. Zunächst wurde überprüft, ob die Auflösung des vorliegenden Bildmaterials ausreichte, um in der gewünschten Größe (DIN A6) gedruckt zu werden. Ursprünglich war der Ausdruck auf dem eigenen 600-dpi-Laserdrucker vorgesehen, der mit einer Rasterweite von 85 lpi (Linien pro Inch) druckte. Das Darwin-Bild wurde geöffnet und der Dialog **Bildgröße** (Menü Bild) aufgerufen. Die Option Bild neuberechnen wurde deaktiviert und anschließend mit der Schaltfläche Auto zum Dialog **Auto-Auflösung** gewechselt. Hier wurde die Qualitätsstufe Mittel gewählt und die Rasterweite des Laserdruckers eingegeben. Photoshop ermittelt dann nach einem Klick auf OK die aus der eingegebenen Qualitätsstufe und Rasterweite resultierenden Bildmaße. Mit 9,5 mal 13 Zentimetern besaß das Darwin-Portrait für die DIN-A6-Postkartengröße (10,5 mal 14,8) ideale Abmessungen. Das Digitalfoto besaß eine etwas höhere Auflösung, so daß der Montage nichts mehr im Wege stand.

2. Für eine maßstabsgerechte Integration des neuen Gesichts in das Darwin-Portrait wurde in beiden Bildern mit dem **Meßwerkzeug** der Abstand der Augehöhe zum Mund abgemessen. Bei Darwin betrug der Abstand 91 Pixel, beim Geburtstagsjubilar 102 Pixel (Ergebnis in der Informationenpalette ablesen). Das Digitalfoto wurde deshalb im Dialog **Bildgröße** auf 90% mit bikubischer Interpolation verkleinert, aber nicht nachgeschärft, da es sich mit einer leichten Unschärfe besser in das Darwin-Foto einfügte.

3. Ohne bereits eine Farb- oder Tonwertkorrektur am Digitalfoto vorgenommen zu haben, wurde es per Drag-and-drop mit dem **Bewegen-Werkzeug** in das Darwin-Bild gezogen. Die RGB-Daten wurden dabei automatisch in Graustufen umgewandelt, weil das Darwin-Bild in diesem Modus vorlag.

4. Das Gesicht wurde ungefähr an die vorgesehene Stelle geschoben und dann mit dem **Lasso** »weiträumig« umgrenzt. Ein Mausklick auf das Symbol ⬚ in der Ebenenpalette wandelte die Auswahl in eine **Ebenenmaske** um.

5. Nachdem wieder die Ebene ausgewählt war (Mausklick auf deren Thumbnail), wurden Helligkeit und Kontrast des neuen Gesichts an die Tonwerte des Darwin-Fotos angepaßt. Das Neusetzen von Schwarzpunkt, Weißpunkt und Gammawert erfolgte mit einer **Tonwertkorrektur**-Einstellungsebene (mit gedrückter Strg/⌘-Taste auf das Symbol ◪ klicken), die mit der Ebene gruppiert wurde (Option im Dialog). (Nach erfolgter Maskierung wurden die Tonwerte noch einmal – dank Einstellungsebene verlustfrei – nachkorrigiert.)

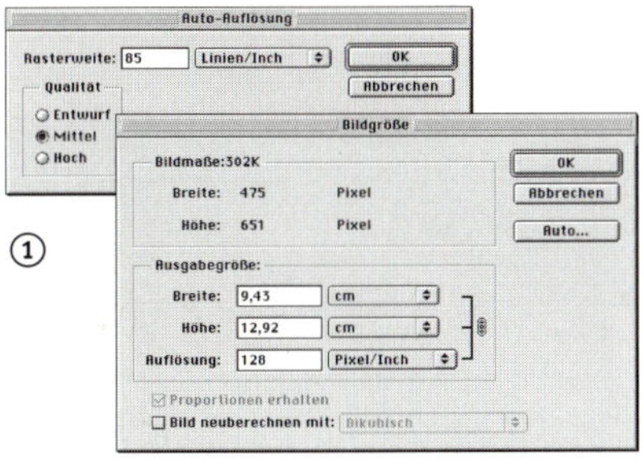

①

②

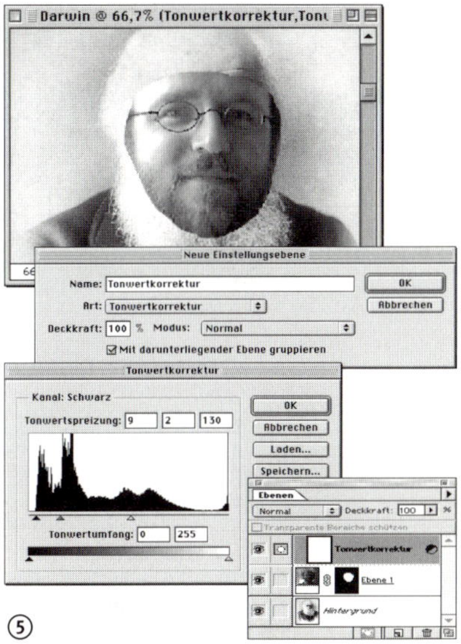

⑤

6. Anschließend verfeinerten die Werkzeuge **Pinsel** und **Airbrush** mit weichen Werkzeugspitzen die Ebenenmaske so, daß die Gesichtspartien optimal in das Darwin-Bild überblendeten. Ein Mausklick auf das Thumbnail der Ebenenmaske wählte sie aus, ein Klick mit gedrückter Alt/⌥- und Umschalttaste auf das Thumbnail blendete die Maske zur besseren Orientierung mit roter Maskenfarbe ein (oder auch wieder aus). Das Gesicht wurde zwischendurch mit dem **Bewegen-Werkzeug** an die Stelle verschoben, die sich als am vorteilhaftesten erwies. Solange das Verbindungssymbol zwischen den Thumbnails von Ebene und Ebenenmaske sichtbar war, wurde die Ebenenmaske stets mitbewegt.

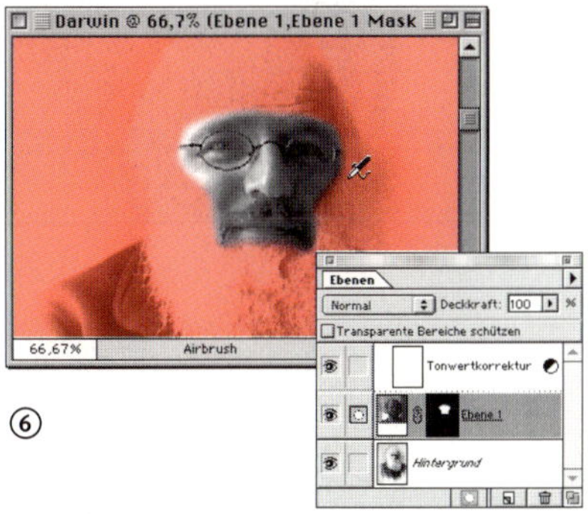

⑥

7. Für die Wiedergabe in diesem Buch wurde das Graustufenbild in RGB umgewandelt und im Dialog **Farbton/ Sättigung** (Bild, Einstellen) koloriert (Option **Kolorieren**).

⑦

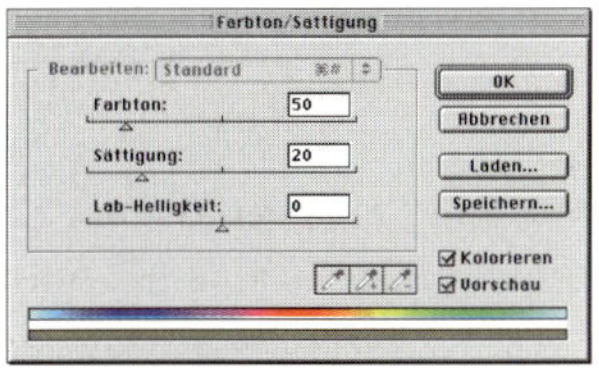

Visuelle Referenz

MON
DIE
MIT
DON
FRE
SAM
NOS

Auswählen

Über die Auswahlwerkzeuge und wie mit Hilfe von Tastenkürzeln und Dialogen die Auswahl vereinfacht werden kann

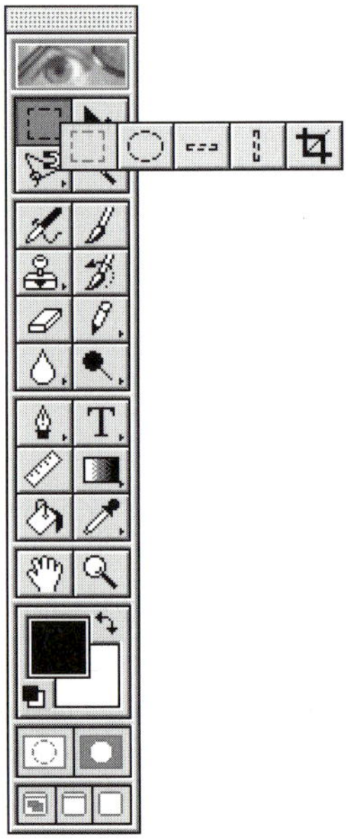

Wenn in der Werkzeugpalette auf einer Symboltaste, die in ihrer rechten unteren Ecke einen kleinen Pfeil nach rechts zeigt, die Maustaste gedrückt gehalten wird, öffnet sich ein Ausklappmenü mit verwandten Werkzeugen. Zur Aktivierung eines alternativen Werkzeugs wird der Mauszeiger auf das gewünschte Symbol gezogen und die Maustaste wieder losgelassen.

Foto: IWC

Auswahlrechteck & Auswahloval
Das Auswahlrechteck erstellt eine rechteckige Auswahl. Das Auswahloval zieht eine elliptische Auswahl auf.

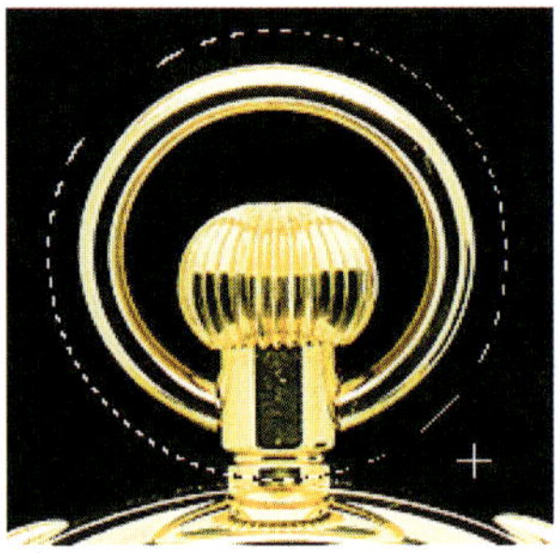

- **Umschalttaste** erstellt – während des Aufziehens gedrückt gehalten – eine quadratische bzw. kreisförmige Auswahl.
- **Alt/⌥-Taste** erstellt eine Auswahl aus dem Zentrum heraus.
- **Umschalt- und Alt/⌥-Taste** erstellt aus dem Zentrum heraus eine quadratische bzw. kreisförmige Auswahl.

Die Taste M aktiviert das zuletzt gewählte Auswahlwerkzeug (Auswahlrechteck, Auswahloval, Einzelne Zeile oder Einzelne Spalte). Mit Umschalt + M kann schnell zwischen Auswahlrechteck und Auswahloval gewechselt werden.

Einzelne Pixelzeile & Einzelne Pixelspalte
Erstellt eine Auswahl über eine komplette Pixelzeile bzw. Pixelspalte.

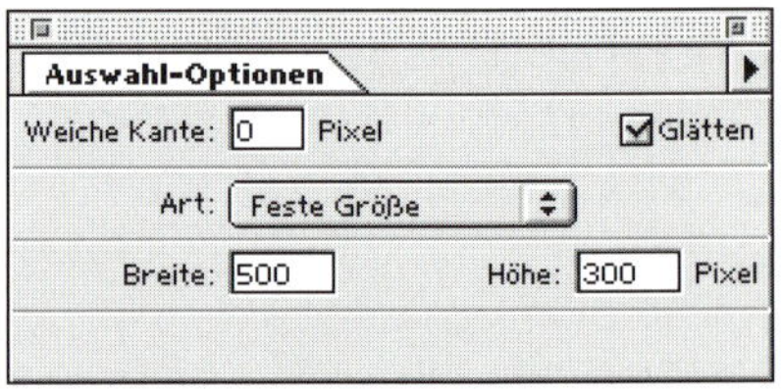

In der Palette **Auswahl-Optionen** (Doppelklick auf das Auswahlwerkzeug in der Werkzeugpalette) lassen sich für das **Auswahlrechteck** und das **Auswahloval** feste Abmessungen bzw. Größenverhältnisse vorgeben. Außerdem besteht für alle Auswahlwerkzeuge die Möglichkeit, eine **weiche Kante** zu definieren, mit der die Auswahlbegrenzung unscharf gemacht werden kann. Der Radius bestimmt die Anzahl der Pixel, die sowohl innerhalb als auch außerhalb der Auswahl die weiche Kante bilden. Die Option **Glätten**, die nur für das Auswahloval zur Verfügung steht, glättet die Auswahlkante durch halb ausgewählte Pixel am Rand. Dies führt zu einer gleichmäßigeren Rundung der ovalen Auswahl.

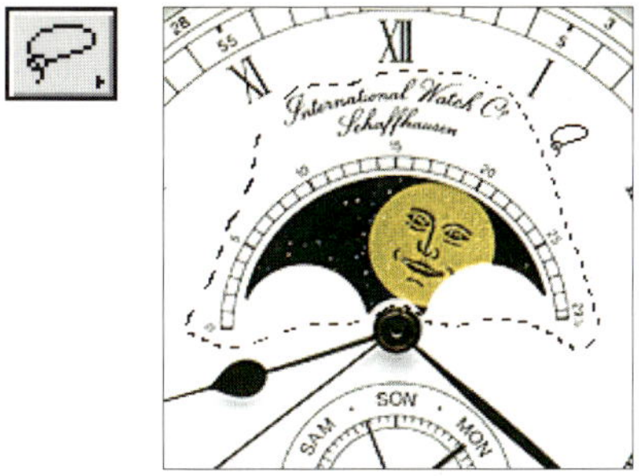

Lasso

Erstellt eine frei definierbare Auswahl durch Zeichnen mit der Maus.

- **Alt/⌥-Taste** beim Zeichnen wechselt kurzzeitig zum Polygonlasso (erst Alt/⌥-Taste drücken, dann Maustaste loslassen und mit einzelnen Mausklicks Auswahlsegmente fixieren).

Polygonlasso

Zeichnet eine Auswahl aus geraden Begrenzungslinien, deren Endpunkte mit einzelnen Mausklicks fixiert werden.

- **Doppelklick** schließt die Auswahl (oder Mauszeiger an den Anfangspunkt heranführen und klicken).
- **Umschalttaste** schränkt die Polygonzüge auf die Waagerechte, Senkrechte oder Diagonale ein.
- **Alt/⌥-Taste** wechselt kurzzeitig zum Freihandlasso (erst Alt/⌥-Taste drükken, dann Maustaste drücken und Freihandsegmente zeichnen).

Magnetisches Lasso

Fixiert die Auswahlbegrenzung entlang von kontrastreichen Konturen.

- **Doppelklick** schließt die Auswahl (oder Mauszeiger an den Anfangspunkt heranführen und klicken).
- **Alt/⌥-Taste** wechselt kurzzeitig zum Freihandlasso (Maustaste drücken und beim Zeichnen gedrückt halten) oder zum Polygonlasso (mit einzelnen Mausklicks Auswahlsegmente ansetzen).

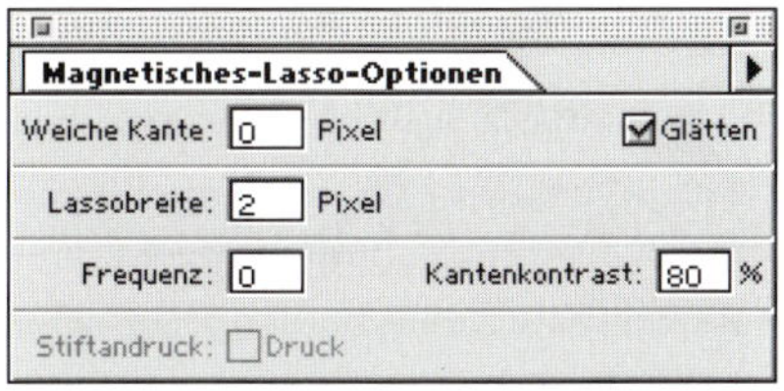

In der Optionenpalette des Magnetischen Lassos läßt sich unter **Lassobreite** der Anziehungsabstand beim Zeichnen der Auswahlbegrenzung vorgeben. Je kleiner die Lassobreite, desto genauer muß das Werkzeug an die Kontur herangeführt werden. Über die **Frequenz** wird gesteuert, wie viele Fixpunkte das Lasso entlang der Kontur setzt. Mit **Kantenkontrast** wird bestimmt, ab welchem Tonwertunterschied benachbarter Pixel das Magnetische Lasso sie als Kontur interpretiert.

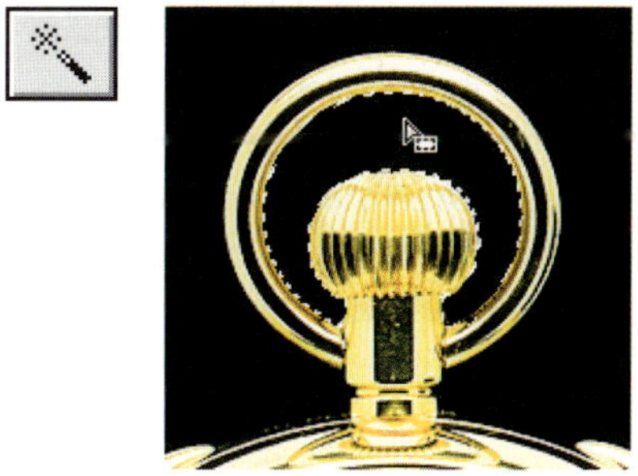

Zauberstab

Wählt aneinandergrenzende Pixel mit gleicher oder ähnlicher Farbe aus.

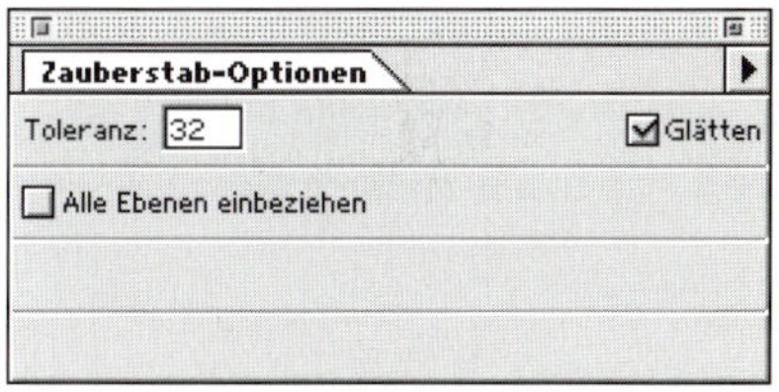

In der Palette Zauberstab-Optionen wird die **Toleranz** für die Farbauswahl eingestellt (von 0 = keine Farbabweichung bis 255 = größtmögliche Farbabweichung). Bildbereiche, die unter Berücksichtigung des aktuellen Toleranzwerts zu stark von der Farbe der angeklickten Bildstelle abweichen, werden nur halb oder gar nicht ausgewählt. (Der Zauberstab berücksichtigt auch den in der Palette Pipette-Optionen eingestellten **Aufnahmebereich.** Bei 3x3 oder 5x5 Pixel Durchschnitt legt der Zauberstab als Referenzfarbe die Mischfarbe aus einer Matrix aus 9 bzw. 25 Pixeln zugrunde.)

Bei aktivierter Option **Alle Ebenen einbeziehen** werden bei der Auswahl nicht nur die Farben der aktuellen Ebene, sondern auch Farbbereiche auf anderen Ebenen berücksichtigt.

Auswahl mit Zauberstab in Farbkanal

Die Auswahl von ähnlich gefärbten Bildelementen mit dem Zauberstab kann in vielen Fällen einfacher innerhalb eines einzelnen Farbkanals vorgenommen werden. Dazu wird in der Kanälepalette nur der gewünschte Farbkanal zur Bearbeitung ausgewählt. Bei der Auswahl werden nur Farbbereiche in der aktiven Ebene berücksichtigt. Um auch Farben in die Auswahl aufzunehmen, die sich aus der Kombination der einzelnen Bildebenen ergeben, muß in der Palette Zauberstab-Optionen die Option Alle Ebenen einbeziehen aktiviert werden.

Auswahl einfacher positionieren

Die Leertaste ermöglicht es, einen Auswahlrahmen während des Aufziehens mit der Maus an eine andere Position zu verschieben und dann nach dem Lösen der Leertaste an der neuen Position weiter in Größe und Form zu verändern. Wichtig ist dabei, daß die Leertaste gedrückt wird, ohne zuvor die Maustaste loszulassen.

Alle nicht transparenten Bereiche in einer Ebene auswählen

Ein Mausklick mit gedrückter Strg/⌘-Taste auf ein Ebenenetikett in der Ebenenpalette lädt die Transparenzmaske der Ebene. Gleichzeitiges Drükken der Umschalttaste fügt den Bereich zu einer vorhandenen Auswahl hinzu, Drücken von Strg/⌘ + Alt/⌥ zieht sie ab. Strg/⌘ + Alt/⌥ + Umschalttaste bildet die Schnittmenge aus aktueller Auswahl und Ebenenpixeln.

Auswahlen kombinieren

Eine bestehende Auswahl kann mit einer neuen Auswahl zusammengefaßt, um neu umgrenzte Bereiche verkleinert oder mit einer neuen Auswahl auf die gemeinsame Schnittmenge reduziert werden.

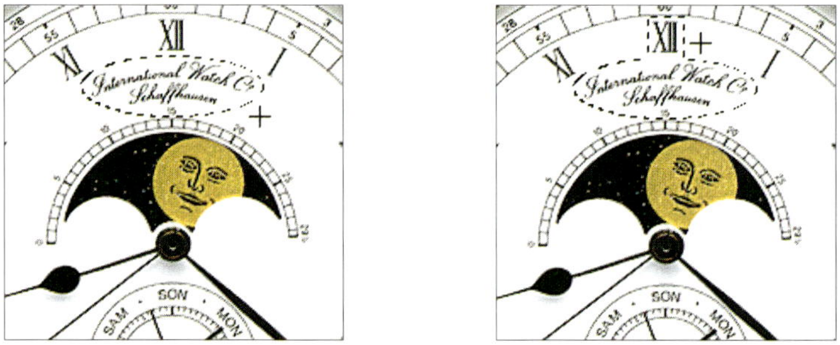

- **Umschalttaste** erweitert die Auswahl um einen weiteren, mit einem beliebigen Auswahlwerkzeug ausgewählten Bereich.

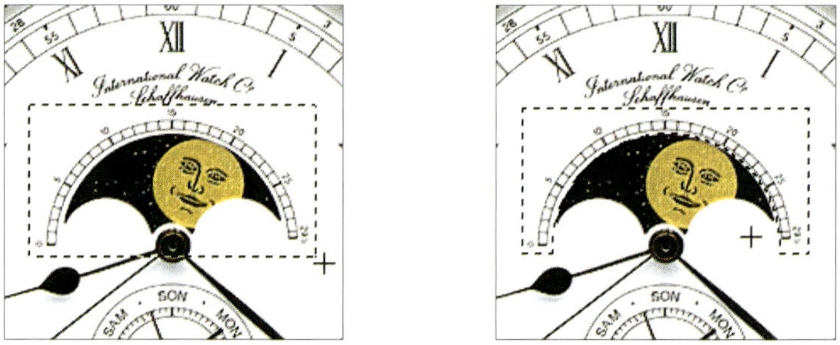

- **Alt/⌥-Taste** zieht von der bestehenden Auswahl den im folgenden mit einem der Auswahlwerkzeuge ausgewählten Bereich ab.

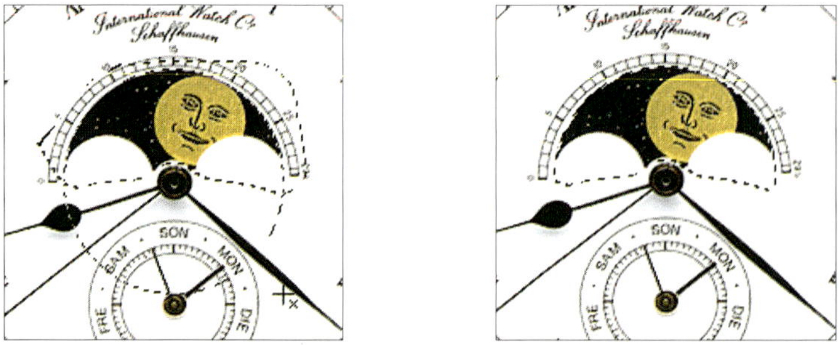

- **Alt/⌥- und Umschalttaste** wählt den Schnittbereich zwischen der aufgezogenen Auswahl und weiteren Auswahlbereichen aus.

Auswahl als Alphakanal sichern

Gerade bei komplizierten und mit viel Mühe erstellten Auswahlen bietet es sich an, sie dauerhaft in einem Alphakanal zu speichern. Falls sie dann zu einem späteren Zeitpunkt wieder benötigt wird, muß sie nicht mühsam rekonstruiert werden. Gesichert wird eine Auswahl mit der Funktion Auswahl speichern aus dem Menü Auswahl oder mit dem Symbol ◘ (Auswahl als Kanal speichern) in der Kanälepalette.

Gesicherte Auswahl laden

Eine gesicherte Auswahl wird mit der Funktion Auswahl laden aus dem Menü Auswahl reaktiviert (oder Alphakanal in der Kanälepalette auswählen und auf das Symbol ⁘ (Auswahl laden) klikken). Schneller geht es mit einem Mausklick bei gedrückter Strg/⌘-Taste auf das Etikett des Kanals. Wird zusätzlich die Umschalttaste gedrückt, wird die Auswahl zu einer vorhandenen hinzugefügt. Ein Klick mit Strg/⌘- und Alt/⌥-Taste zieht die gesicherte Auswahl von der bestehenden ab. Strg/⌘ + Alt/⌥ + Umschalt erzeugt die Schnittmenge beider Auswahlen.

Pfad als Auswahl

Jeder in Photoshop gezeichnete Pfad läßt sich auch in eine Auswahlbegrenzung umwandeln. Dazu dient der Befehl Auswahl erstellen aus dem Menü der Pfadepalette. Auch hier kann eine bereits vorhandene Auswahl um die Pfadauswahl ergänzt, verkleinert oder gemischt werden.

Auswahlbegrenzung verschieben

Klicken in die Auswahl mit einem beliebigen Auswahlwerkzeug ermöglicht das Verschieben der Auswahlbegrenzung.

- **Pfeiltasten** verschieben die Auswahlbegrenzung pixelweise. Wird gleichzeitig die Umschalttaste gedrückt, verschieben die Pfeiltasten die Auswahlbegrenzung um jeweils zehn Pixel.
- **Umschalttaste** schränkt die Richtung aller Auswahlbewegungen auf die Horizontale, Vertikale oder Diagonale ein.

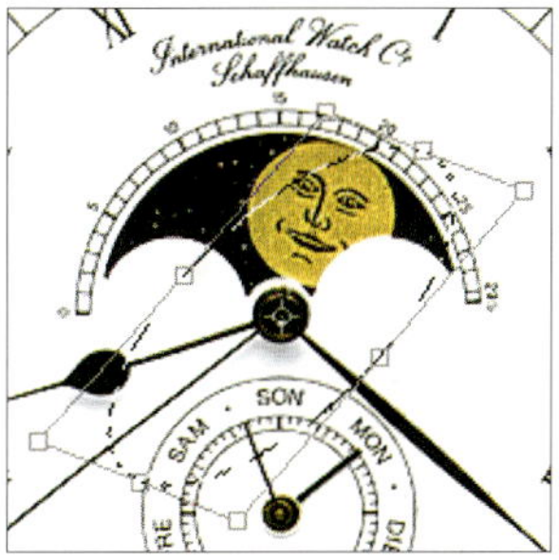

Auswahlbegrenzung transformieren

Die Funktion Auswahl frei transformieren aus dem Menü Auswahl erlaubt vielfältige Modifikationen an der Form einer Auswahlbegrenzung wie Skalieren, Drehen, Neigen und Verzerren. (Näheres zum Transformieren siehe »Transformieren« weiter unten.)

Auswahlbegrenzung in andere Datei kopieren

Eine Auswahlbegrenzung läßt sich bei aktivem Auswahlwerkzeug auch in das Fenster einer anderen geöffneten Photoshop-Datei verschieben.

Alles auswählen
Die Funktion Alles auswählen aus dem Menü Auswahl wählt die gesamte Arbeitsfläche aus.

Auswahl aufheben
Die aktuelle Auswahl wird mit Auswahl, Auswahl aufheben vollständig aufgehoben. Alternativ dazu kann auch mit dem Auswahlrechteck, dem Auswahloval oder dem Lasso ins Bild geklickt werden.

Erneut auswählen
Die Funktion Erneut auswählen aus dem Menü Auswahl reaktiviert die zuletzt bestandene Auswahl.

Auswahl umkehren
Häufig läßt sich der gewünschte Bildbereich einfacher auswählen, wenn zuerst alle Bildelemente ausgewählt werden, die nicht gewünscht sind, und dann die Auswahl mit dem Befehl Auswahl umkehren aus dem Menü Auswahl umgekehrt wird. Nun sind alle zuvor nicht ausgewählten Elemente ausgewählt.

Unsichtbare Auswahlbegrenzung
Falls die schwarzweiß gestrichelte Auswahlbegrenzung während einer Bearbeitung stört, macht der Befehl Begrenzung ausblenden aus dem Menü Ansicht die Begrenzungslinie unsichtbar, ohne daß die Auswahl selbst aufgehoben wird. Zum schnellen Aus- und Einblenden der Begrenzung dient das Tastenkürzel Strg/⌘ + H.

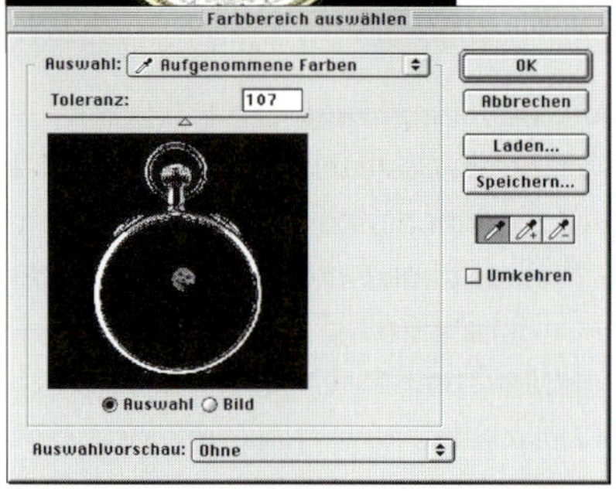

Farbbereich auswählen
Der Befehl Farbbereich auswählen aus dem Menü Auswahl arbeitet ähnlich wie der Zauberstab, wählt aber nicht nur zusammenhängende Bildpixel gleicher Farbe aus, sondern dehnt die Funktion auf das gesamte Bild aus. Falls zuvor bereits eine Auswahl angelegt wurde, wirkt der Befehl nur innerhalb dieses ausgewählten Bildbereichs.

Die vordefinierten Farboptionen im Einblendmenü des Dialogs wählen nur Pixel dieser jeweiligen Farbe aus. Mit der Option Aufgenommene Farben werden alle Bildpixel in die Auswahl eingeschlossen, deren Farbe mit der Pipette aus dem Bild bzw. dem Vorschaubild im Dialog aufgenommen wurde. Die Toleranz für die Farbübereinstimmung läßt sich im Dialog unabhängig von der Toleranz des Zauberstabs einstellen. Die Plus- und Minus-Pipetten ermöglichen es, der Auswahl weitere Bereiche hinzuzufügen oder Bereiche von ihr abzuziehen.

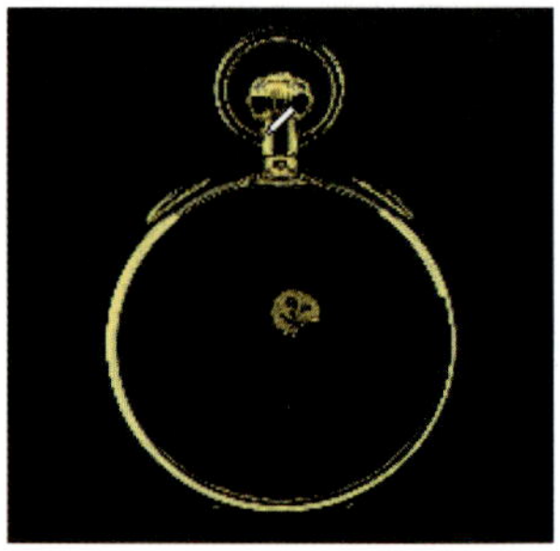

Welche Bildbereiche ausgewählt sind, kann mit der Option Auswahl im Vorschaubild des Dialogs sichtbar gemacht werden. Es ist aber auch eine Auswahlvorschau im Bild selbst möglich. Die Darstellungsweise dafür wird in der Auswahlliste Auswahlvorschau eingestellt. Praktisch ist die Möglichkeit, im Dialog zusammengestellte Farbbereiche zu speichern und später wieder zu laden.

Weiche Auswahlkante
Die Begrenzung einer Auswahl kann mit dem Befehl Auswahl, Weiche Auswahlkante teiltransparent gemacht werden. Im Randbereich, dessen Breite mit dem im Dialog eingegebenen Radius festgelegt wird, nimmt die Deckkraft dann nach außen hin immer mehr ab. Dabei wird die Auswahl um die Hälfte des Pixelradius über die ursprüngliche Begrenzung hinaus vergrößert.

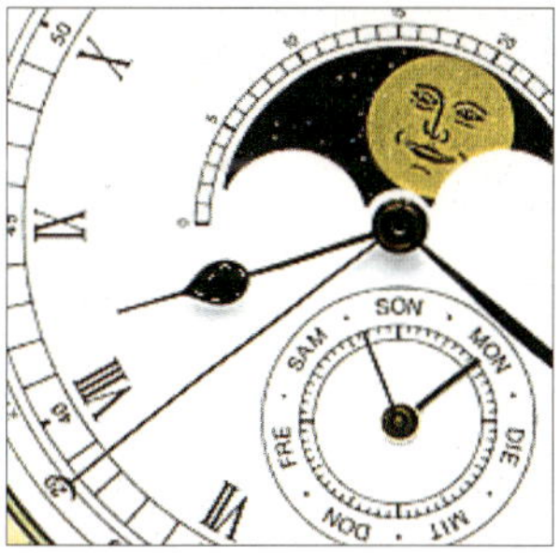

Rahmen erstellen

Dieser Befehl aus dem Menü Auswahl, Auswahl verändern wandelt die Auswahlbegrenzung in eine rahmenförmige Auswahl mit der im Dialog festgelegten Pixelbreite um.

Auswahl vergrößern

Der Befehl Auswahl vergrößern aus dem Menü Auswahl erweitert eine bereits erstellte Auswahl um angrenzende Pixel von gleicher oder ähnlicher Farbe. Als Referenzfarben werden alle in der anfänglichen Auswahl vorkommenden Farben berücksichtigt. Maßgeblich für die farbabhängige Auswahlvergrößerung ist der für den Zauberstab in der Palette Zauberstab-Optionen eingestellte Toleranzwert.

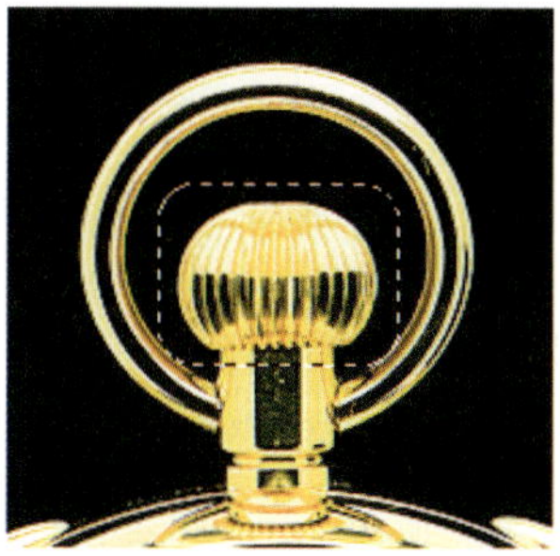

Auswahl abrunden

Beim Abrunden einer Auswahl mit dem Befehl Auswahl, Auswahl verändern, Abrunden werden eckige und zackige Bereiche der Auswahlbegrenzung mit dem angegebenen Pixelradius abgerundet. Dabei wird die Auswahl verkleinert.

Ähnliches auswählen

Die Funktion Ähnliches auswählen aus dem Menü Auswahl ist eine Abwandlung des Befehls Auswahl vergrößern. Die Funktion Ähnliches auswählen wählt nicht nur angrenzende, sondern alle im Bild vorhandenen Pixel gleicher oder ähnlicher Farbe aus. Der Befehl berücksichtigt ebenfalls den Toleranzwert des Zauberstabs.

Auswahl ausweiten

Die Funktion Ausweiten aus dem Menü Auswahl, Auswahl verändern vergrößert die Auswahlbegrenzung um den vorgegebenen Pixelradius gleichmäßig nach außen.

Auswahl verkleinern

Der Befehl Verkleinern aus dem Menü Auswahl, Auswahl verändern läßt eine bestehende Auswahlbegrenzung um den vorgegebenen Pixelradius zusammenschrumpfen.

Freistellen

Wie sich mit den Freistellfunktionen von Photoshop überflüssige Bildränder und Bildüberhänge abschneiden lassen

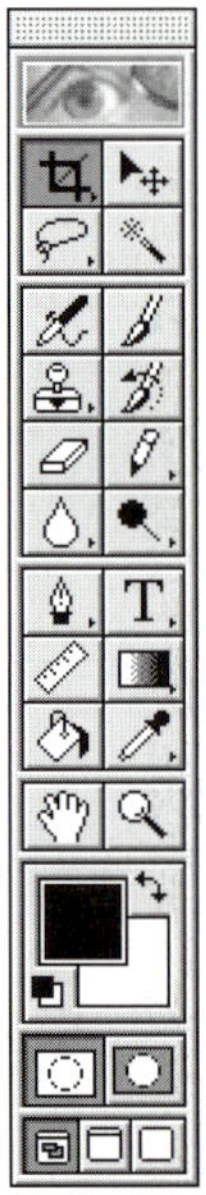

Die Taste C aktiviert das Freistellungswerkzeug. Ein Doppelklick auf sein Symbol in der Werkzeugpalette öffnet die Palette Freistellungswerkzeug-Optionen, in der neue Abmessungen und eine neue Auflösung für den freigestellten Ausschnitt vorgegeben werden können.

Freistellungswerkzeug

Wählt einen rechteckigen Bildbereich aus und stellt ihn frei.

- **Ziehen an den Eckgriffen** skaliert den Freistellrahmen proportional. Mit zusätzlich gedrückter **Alt/⌥-Taste** wird der Rahmen relativ zum Rotationsmittelpunkt skaliert.
- **Ziehen am Rahmeninneren** verschiebt den Freistellrahmen an eine andere Stelle. Bei zusätzlich gedrückter **Umschalttaste** wird die Bewegungsrichtung auf die Horizontale, Vertikale oder Diagonale eingeschränkt.
- **Klicken und Ziehen** außerhalb des Freistellrahmens dreht den Rahmen um den Rotationsmittelpunkt. Der Drehpunkt – standardmäßig in der Mitte des Rahmens – läßt sich an jede beliebige Stelle verschieben.
- **Doppelklick** ins Rahmeninnere oder das Betätigen der **Eingabetaste** stellt den gewählten Ausschnitt frei.
- **Escape-Taste** hebt den Freistellrahmen auf, ohne den Ausschnitt freizustellen.

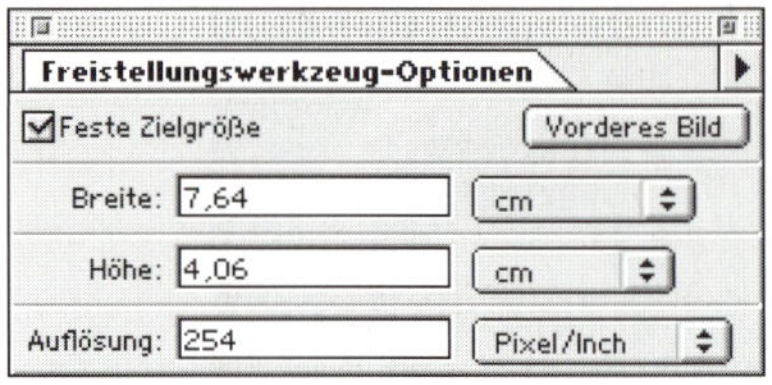

In der Palette **Freistellungswerkzeug-Optionen** kann für den freizustellenden Ausschnitt eine feste Zielgröße – neue Abmessungen und/oder neue Auflösung – vorgegeben werden. Sie ermöglicht somit eine Ausschnittsbestimmung und Bildgrößenänderung in einem Schritt. Bei Parametern, die nicht geändert werden sollen, bleibt das Eingabefeld leer (ggf. mit Rückschrittaste löschen). Die Option **Vorderes Bild** übernimmt die Abmessungen und die Auflösung des aktuellen Bildes.

Auswahl freistellen

Eine mit dem Auswahlrechteck aufgezogene Auswahl läßt sich mit der Funktion Freistellen aus dem Menü Bild von überständigen Rändern befreien. Dieser Menübefehl steht nur bei rechteckigen Auswahlen zur Verfügung; anders geformte Auswahlen können auf diese Weise nicht freigestellt werden.

Bildränder numerisch beschneiden

Wenn ein Bild an einer, zwei, drei oder allen vier Seiten um ein bestimmtes Maß beschnitten werden soll, bietet sich das Freistellen mit der Funktion Arbeitsfläche aus dem Menü Bild an. Im Dialog ist dann von den Bildmaßen die zu entfernende Breite abzuziehen.

Transformieren

Wie sich ausgewählte Bildbereiche, ganze Ebenen, Pfade, Pfadsegmente und Auswahlbegrenzungen auf unterschiedlichste Weise verformen lassen

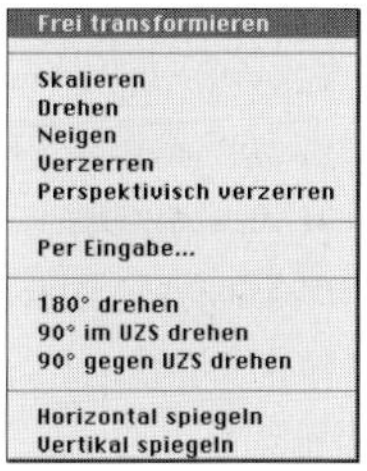

Kontextmenü nutzen

Die einzelnen Transformationsarten lassen sich über die Funktion Bearbeiten, Transformieren auswählen. Schneller geht es jedoch mit dem Kontextmenü, das unter Windows mit der rechten Maustaste und unter dem MacOS mit einem Klick bei gedrückter Ctrl-Taste geöffnet wird.

Frei oder unfrei?

Die Funktionen Frei transformieren und Transformieren unterscheiden sich allein dadurch, daß bei der freien Transformation alle Verformungsarten direkt über Tastenkombinationen zugänglich sind, während bei einer speziellen Transformation der Wechsel zu einer anderer Verformung nur durch Auswahl des entsprechenden Menübefehls möglich ist.

Photoshop kann mit den Transformieren-Befehlen aus dem Menü Bearbeiten ausgewählte Bildbereiche skalieren, drehen, neigen, verzerren und spiegeln. Das Besondere an der Formveränderung ist, daß sich die einzelnen Transformationsarten miteinander kombinieren lassen, aber nur eine einzige Umrechnung stattfindet und nicht jede Formänderung einzeln nacheinander berechnet wird. Wenn nichts ausgewählt ist, gilt der gesamte Ebeneninhalt als ausgewählt. Die Transformieren-Befehle sind auch auf Pfade oder ausgewählte Punkte eines Pfades, ja sogar auf Auswahlbegrenzungen anwendbar, wenn diese vorher mit dem Befehl Auswahl frei transformieren aus dem Menü Auswahl mit einem Begrenzungsrechteck versehen wurden.

Alle Befehle aus der ersten Gruppe im Untermenü Transformieren legen um die Auswahl oder um den gesamten Inhalt der aktiven Ebene ein Begrenzungsrechteck an. Durch Ziehen an den Eck- und Seitengriffen des Transformationsrahmens kann der Inhalt entsprechend der gewählten Funktion verformt werden. Während der Bearbeitung wird der Effekt angezeigt, jedoch noch nicht ausgeführt, und es kann beliebig zwischen den unterschiedlichen Transformationsarten gewechselt werden. Der Transformationsrahmen bleibt so lange erhalten, bis die Transformation mit einem Doppelklick ins Innere des Rahmens (oder mit der Eingabetaste) ausgeführt oder aber mit der Escape-Taste abgebrochen wird.

Tastenkombinationen: Freie Transformation

Transformation	Ausführung
Verschieben	in **Begrenzungsrahmen** klicken und ziehen
Mittelpunkt verschieben	**Mittelpunkt** anfassen und ziehen
Skalieren	**Griff** bewegen
Proportional skalieren	Griff bei gedrückter **Umschalttaste** bewegen
Drehen	Mauszeiger **außerhalb des Transformationsrahmens** plazieren und ziehen
Drehen in 15°-Schritten	Mauszeiger außerhalb des Transformationsrahmens plazieren und mit gedrückter **Umschalttaste** ziehen
Neigen	Griff mit **Umschalt + Strg/⌘** bewegen
Verzerren	Griff mit **Strg/⌘-Taste** bewegen
Symmetrisch verzerren	Griff mit **Strg/⌘ + Alt/⌥** bewegen
Perspektivisch verzerren	Griff mit **Umschalt + Strg/⌘ + Alt/⌥** bewegen

Skalieren

Verändert die Größe des ausgewählten Objekts. Ziehen an Seitengriffen dehnt oder staucht das Objekt, Ziehen an Eckgriffen verändert beide Ausrichtungen gleichzeitig.

- **Umschalttaste** skaliert das Objekt beim Ziehen eines Eckgriffs proportional.
- **Alt/⌥-Taste** skaliert relativ zum Mittelpunkt. Seitengriffe bewegen dabei gegenüberliegende Seiten, Eckgriffe gegenüberliegende Eckgriffe mit.

Drehen

Dreht den Transformationsrahmen um den Mittelpunkt. Der Rotationsmittelpunkt läßt sich unabhängig vom Transformationsrahmen an jede beliebige Stelle verschieben.

- **Umschalttaste** schränkt die Drehwinkel auf Vielfache von 15° ein.

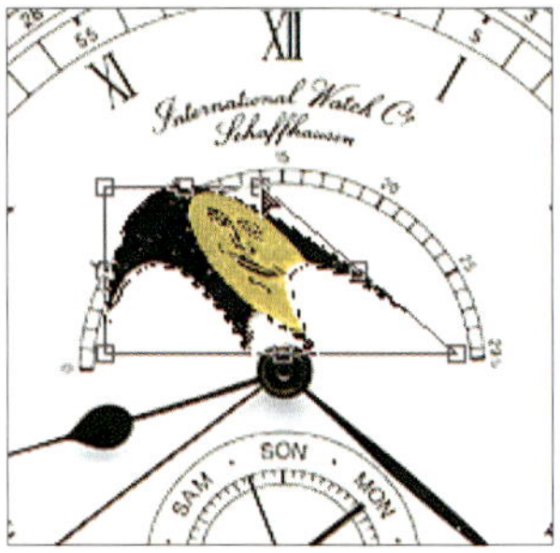

Neigen

Ziehen an einem Seitengriff verschiebt die gesamte Seite des Transformationsrahmens entlang ihrer Ausrichtung. Ziehen an einem Eckgriff verschiebt die Ecke entlang der Seitenausrichtung und kann sie so verlängern, verkürzen oder sogar umkehren, wenn die Ecke über die andere Ecke der Seite hinausbewegt wird.

- **Alt/⌥-Taste** neigt relativ zum Mittelpunkt und verschiebt die gegenüberliegende Seite oder Ecke gegenläufig.

Schnellauswahl: Frei transformieren

Taste(n)	Aktion
Strg/⌘ + T	Freie Transformation aktivieren
Strg/⌘ + Alt/⌥ + T	Freie Transformation im Kopie-Modus aktivieren
Umschalt + Strg/⌘ + T	Letzte Transformation erneut anwenden
Umschalt + Strg/⌘ + Alt/⌥ + T	Letzte Transformation im Kopie-Modus erneut anwenden
Strg/⌘ + Z	Letzten Transformationsschritt widerrufen
Eingabetaste	Transformation anwenden
Escape-Taste (ESC)	Transformation abbrechen

Rückkehr zur freien Transformation

Von einer gewählten Transformationsart kann jederzeit wieder zur freien Transformation gewechselt werden, wenn der Befehl Frei transformieren aus dem Menü Bearbeiten gewählt wird. Dies gilt auch für Auswahlbegrenzungen.

Kopie-Modus

Im Kopie-Modus (Alt/⌥-Taste beim Aufruf des Befehls Frei transformieren, Transformieren oder Erneut transformieren gedrückt halten), wird die Transformation an einem Duplikat des Bildbereichs oder Pfades ausgeführt.

Verzerren

Ziehen an einem Seiten- oder Eckgriff verschiebt die Seite bzw. Ecke in jede beliebige Richtung.

- **Umschalttaste** schränkt die Bewegung der Seiten- und Eckgriffe wie beim Neigen auf die Ausrichtung der Seite bzw. einer der beiden anliegenden Seiten ein.
- **Alt/⌥-Taste** verzerrt relativ zum Mittelpunkt und bewegt die gegenüberliegende Seite oder Ecke gegenläufig.

Perspektivisch verzerren

Beim Ziehen an einem Eckgriff entlang der Ausrichtung einer der beiden anliegenden Seiten wird der gegenüberliegende Eckgriff derselben Seite gegenläufig mitbewegt – die Seite wird entweder verlängert oder verkürzt. Der Seitenmittelpunkt bleibt als Fixpunkt an seiner Stelle. Die Seitengriffe verschieben wie beim Neigen die gesamte Seite entlang der Seitenausrichtung.

- **Alt/⌥-Taste** bewegt beim Verschieben eines Seitengriffs die gegenüberliegende Seite gegenläufig und relativ zum Mittelpunkt.

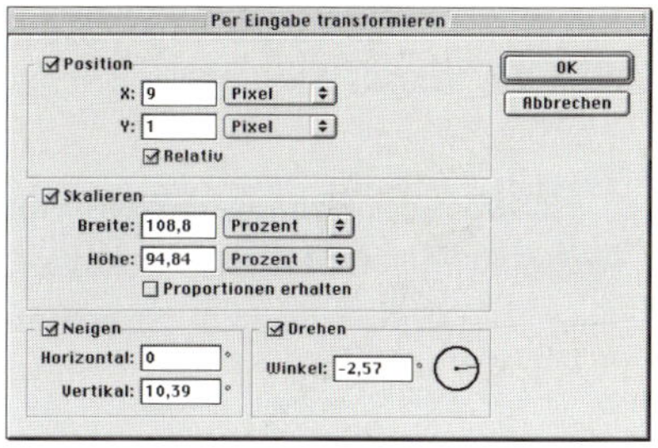

Per Eingabe

Öffnet einen Dialog, in dem die Transformationsarten Skalieren, Drehen und Neigen nach exakten Wertevorgaben ausgeführt werden können. Außerdem läßt sich das Transformationsobjekt um eine bestimmte Distanz verschieben oder auf bestimmte Koordinaten festlegen. Dabei werden die gewünschten Transformationen mit einem Häkchen aktiviert und dann die Werte eingegeben.

Auswahlbegrenzung transformieren

Mit der Funktion Auswahl frei transformieren aus dem Menü Auswahl wird nur die Form der Auswahlbegrenzung, nicht aber des von ihr umschlossenen Ebeneninhalts verändert. Nach Auswahl des Menübefehls kann auch beliebig zwischen den einzelnen Transformationsarten im Untermenü Transformieren des Menüs Bearbeiten gewechselt werden.

Pfade und Pfadpunkte transformieren

Um einen Pfad zu transformieren, muß dieser in der Pfadepalette ausgewählt sein. Die Funktion im Menü Bearbeiten lautet dann Pfade frei transformieren. Sind einzelne Punkte eines Pfades markiert, lautet der Befehl Punkte frei transformieren. Dann werden nur die von den Punkten definierten Pfadsegmente verformt.

Mehr Informationen über die Arbeit mit Pfaden und den Pfadwerkzeugen im Abschnitt »Pfade« weiter unten.

Drehen und spiegeln

Für das Drehen in 90°-Winkeln und das Spiegeln über die horizontale oder vertikale Bildachse enthält das Untermenü Transformieren weitere Befehle.

Bewegen

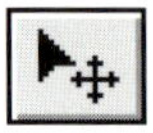

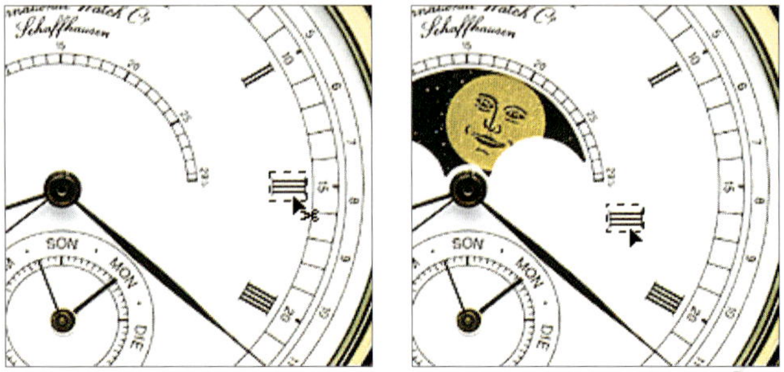

Wie mit dem Bewegen-Werkzeug Bildbereiche verschoben oder kopiert werden

Bewegen-Werkzeug kurz aktivieren

Das Bewegen-Werkzeug kann mit der Taste V aktiviert werden. Es ist jedoch auch möglich, von allen übrigen Werkzeugen (mit Ausnahme des Zeichenstifts und der Hand) kurzzeitig zum Bewegen-Werkzeug zu wechseln. Dazu muß nur die **Strg/⌘-Taste** gedrückt werden. Strg/⌘ + Alt/⌥ aktiviert kurzzeitig den Kopie-Modus des Bewegen-Werkzeugs, bei dem der bewegte Bildbereich nicht ausgeschnitten, sondern dupliziert wird. Sobald die Tasten losgelassen werden, ist wieder das gewählte Werkzeug aktiv.

Pfeiltasten-Schiebung

Bei gewähltem Bewegen-Werkzeug lassen sich Bildinhalte auch mit den Richtungstasten der Tastatur pixelweise verschieben. Aber aufgepaßt: Bei Ansichten unter 100% bewegen die Pfeiltasten den Bildinhalt nicht um je ein Bildpixel, sondern um ein Bildschirmpixel, was beispielsweise bei der 50%-Ansicht zwei Bildpixeln entspricht. Bei zusätzlich gedrückter **Umschalttaste** beträgt die zurückgelegte Distanz grundsätzlich und unabhängig von der Darstellungsgröße zehn Bildpixel.

Bildinhalte verschieben

Das Bewegen-Werkzeug verschiebt den Inhalt der aktuellen Ebene, mehrere miteinander verbundene Ebenen oder einen ausgewählten Bildbereich. Bei einer aktiven Auswahl muß das Werkzeug innerhalb der Auswahlbegrenzung anfassen, um ihren Inhalt zu verschieben.

- **Strg/⌘-Taste** aktiviert, solange sie gedrückt bleibt, die Option Ebene automatisch wählen. Ist diese Option bereits in der Palette Bewegen-Optionen gewählt, deaktiviert die Strg/⌘-Taste die Option vorübergehend.
- **Umschalttaste** und **Ziehen** schränkt die Bewegungsrichtung auf die Horizontale, Vertikale oder Diagonale ein. Bei aktiver Option Ebene automatisch wählen (entweder in der Optionenpalette einschalten oder Strg/⌘-Taste drücken) wird, wenn sich das angeklickte Objekt nicht in der aktuellen Ebene befindet, gleichzeitig dessen Ebene mit der aktuellen verbunden. Beide Ebenen werden dann gemeinsam bewegt.
- **Umschalttaste** und **Klicken** verbindet, wenn die Option Ebene automatisch wählen aktiv ist (Option in der Optionenpalette oder Strg/⌘-Taste drücken), die Ebene des angeklickten Objekts mit der aktuellen Ebene oder hebt, wenn bereits eine Verknüpfung besteht, die Verbindung wieder auf.

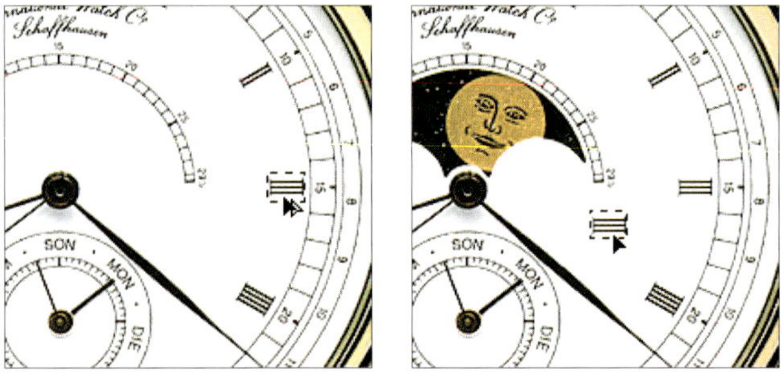

- **Alt/⌥-Taste** erzeugt beim Bewegen eine Kopie der aktuellen Ebene bzw. des ausgewählten Bildbereichs (letzterer als schwebende Auswahl). Bei allen anderen Werkzeugen müssen dazu während der Mausbewegung die Strg/⌘- und die Alt/⌥-Taste gedrückt werden. Bei verbundenen Ebenen kann der Kopie-Modus nicht genutzt werden.

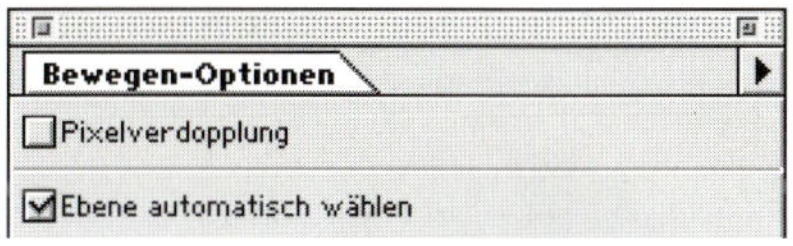

Ebenen »fliegend« wechseln

Wenn in der Optionenpalette des Bewegen-Werkzeugs die Option **Ebene automatisch wählen** eingeschaltet ist, aktiviert das Bewegen-Werkzeug automatisch die Ebene, in der sich das angeklickte Objekt befindet. Voraussetzung für die Ebenenaktivierung ist, daß die angeklickte Stelle eine Deckkraft von mindestens 50% besitzt, ansonsten »schaut« das Werkzeug durch das Objekt hindurch und aktiviert die Ebene des nächsttieferen Elements mit ausreichender Deckkraft.

Bei aktivem Bewegen-Werkzeug kann die Palettenoption auch kurzzeitig mit der **Strg/⌘-Taste** aktiviert werden.

Ebenen-Kontextmenü

Wird bei gewähltem Bewegen-Werkzeug mit rechter Maustaste (unter dem MacOS bei gleichzeitig gedrückter Ctrl-Taste) auf eine Bildstelle geklickt, listet Photoshop im sich öffnenden Kontextmenü alle Ebenen auf, die an der angeklickten Stelle eine Deckkraft von mehr als 50% besitzen. Um schnell zu einer anderen Ebene zu wechseln, wird einfach deren Name im Kontextmenü gewählt.

Ebenen in andere Datei verschieben

Ebenen können mit dem Bewegen-Werkzeug auch in das geöffnete Fenster einer anderen Photoshop-Datei übertragen werden. Der Vorteil dabei: Verknüpfte Ebenen werden mitkopiert. Es lassen sich so mehrere Ebenen auf einen Schwung kopieren.

- **Umschalttaste** setzt den kopierten Bereich mittig in der neuen Datei ein, es sei denn, die Dateien besitzen exakt dieselben Abmessungen: In diesem Fall positioniert Photoshop die Kopie exakt an den Ursprungskoordinaten.

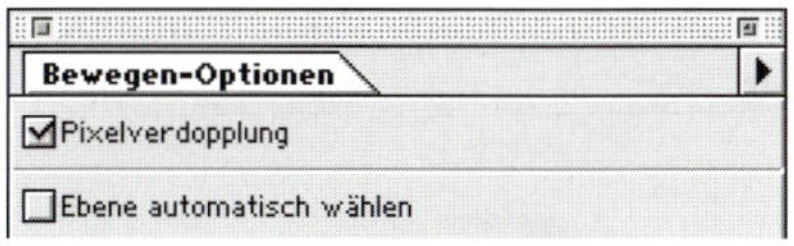

Was heißt »Pixelverdopplung«?

Die Option Pixelverdopplung in der Optionenpalette des Bewegen-Werkzeugs erzeugt nicht etwa Kopien der bewegten Bereiche, sondern beeinflußt nur den Bildschirmaufbau: Photoshop aktualisiert die Bildschirmanzeige erst, wenn der bewegte Bereich um zwei Bildschirmpixel verschoben wird, und nicht, wie sonst üblich, schon bei einem Bildschirmpixel. Die Bewegung erscheint dann weniger flüssig, aber schneller.

Mehrere Ebenen gleichzeitig verschieben

Falls die aktuelle Ebene mit anderen Ebenen verbunden ist, werden deren Inhalte beim Bewegen automatisch mitverschoben. Um die aktuelle Ebene mit anderen Ebenen zu verbinden, kann bei den anderen Ebenen in die zweite Spalte der Ebenenpalette geklickt werden, so daß dort die Verbindungssymbole erscheinen.

Ebenen schnell verbinden

Ebenen lassen sich durch Aktivieren des Verbindungssymbols in der Ebenenpalette verbinden. Schneller geht es oft, wenn die betreffenden Objekte bei aktiviertem Bewegen-Werkzeug mit gedrückter **Umschalttaste** angeklickt werden. Dies funktioniert jedoch nur, wenn in der Palette Bewegen-Optionen die Einstellung Ebene automatisch wählen aktiviert ist (oder gleichzeitig die Strg/⌘-Taste gedrückt wird), die angeklickten Objekte eine Deckkraft über 50% besitzen und diese nicht von anderen Ebenenobjekten verdeckt werden.

Messen

Über das Meßwerkzeug und die Informationenpalette, die wichtige Angaben für die Arbeit an einem Bild liefern

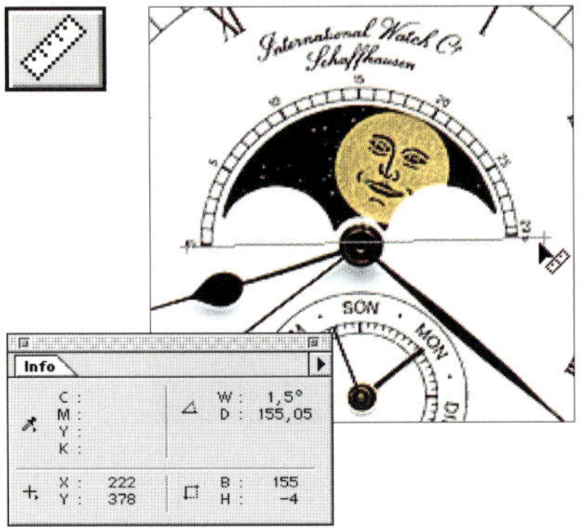

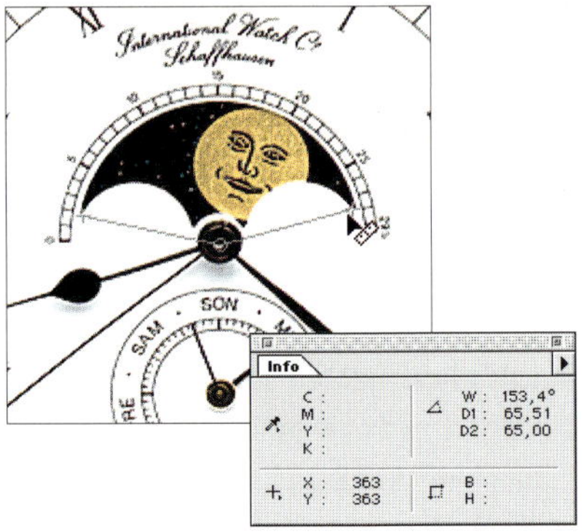

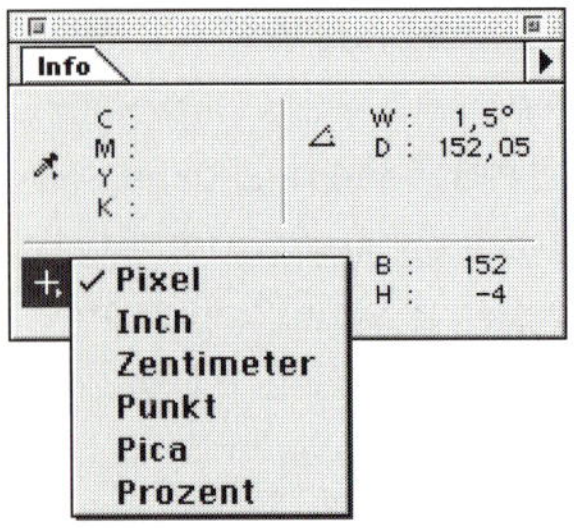

Maßeinheit für Informationenpalette und Lineale ändern

Die Koordinaten und Abmessungen einer **Auswahl** oder **Meßlinie** werden in einer gemeinsamen Maßeinheit in der Informationenpalette angezeigt (beispielsweise Zentimeter oder Pixel). Um die Einheit zu ändern, wird einfach mit einem Mausklick auf das Kreuz in der Informationenpalette das Einheitenmenü geöffnet und eine andere Einheit ausgewählt.

Diese Methode ändert automatisch auch die Einheit für die **Lineale** (Ansicht, Lineale einblenden). Sie ist identisch mit der Voreinstellung im Dialog Infopalette-Optionen (Menü der Informationenpalette) und Maßeinheiten & Lineale (Datei, Voreinstellungen). Letzterer kann auch mit einem Doppelklick auf eines der Lineale geöffnet werden.

Meßwerkzeug

Das Meßwerkzeug dient zum Messen von Längen und Winkeln. Zum Messen Maustaste gedrückt halten, Linie aufziehen und Maustaste wieder lösen. Die Meßergebnisse werden in der Informationenpalette angezeigt: die Position des Anfangspunktes (XY-Werte), die Länge der Strecke (D-Wert), ihr Neigungswinkel gegenüber der x-Achse (W-Wert) und die vertikale und horizontale Ausdehnung der Meßlinie bzw. eines von ihr aufgespannten gedachten Rechtecks (BH-Werte).

Eine Meßlinie bleibt solange erhalten, bis sie durch eine neue ersetzt oder die Datei geschlossen wird.

- **Umschalttaste** schränkt die Meßlinie auf Vielfache von 45° ein.
- **Alt/⌥-Taste** ermöglicht das Aufspannen einer zweiten Meßlinie, deren Anfangspunkt mit dem Anfangs- oder Endpunkt der ersten Linie zusammenfällt (sogenannter Winkelmesser). Dazu wird das Meßwerkzeug an den Anfangs- oder Endpunkt herangeführt. Wenn die Alt/⌥-Taste gedrückt ist, verwandelt sich der Mauszeiger in das Winkelmessersymbol (⊾). Klicken und Ziehen mit der Maus erzeugt die zweite Linie.

Winkelmesser

Die Winkelmesserfunktion wird, wenn bereits eine Meßlinie vorhanden ist, bei gedrückter Alt/⌥-Taste aktiviert indem von einem ihrer Endpunkte eine zweite Linie aufgezogen wird. Die Informationenpalette zeigt dann folgende Werte an: die Position des zuletzt gesetzten Punktes (des Endpunktes der zweiten Linie; XY-Werte), den Winkel zwischen den beiden Winkelmessergeraden (W-Wert) und die Längen beider Geraden (D1 und D2).

Punkt oder Linie verschieben

Um einen Punkt zu verschieben und damit den Winkel der Geraden zu ändern, wird er mit dem Meßwerkzeug an eine andere Stelle bewegt. Faßt das Werkzeug an der Geraden an, wird die gesamte Linie (oder der gesamte Winkelmesser) bewegt.

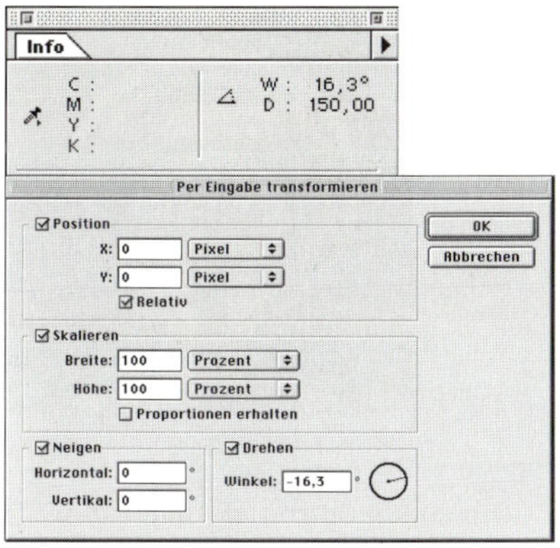

Winkel für Rotation übernehmen

Ein mit dem Meßwerkzeug gemessener Neigungswinkel kann als Vorgabe für den Drehwinkel in die Dialoge **Per Eingabe transformieren** (Bearbeiten, Transformieren) und **Arbeitsfläche drehen** (Bild, Arbeitsfläche drehen, Per Eingabe) übernommen werden – beispielsweise um eine schief eingescannte Vorlage exakt gerade auszurichten. Dazu wird mit dem Meßwerkzeug der Neigungswinkel der Vorlage gegenüber der x-Achse ausgemessen und – bei Verwendung der Transformieren-Funktion – der zu drehende Bereich gegebenenfalls mit einem der Auswahlwerkzeuge ausgewählt. Anschließend wird der Dialog Per Eingabe transformieren oder Arbeitsfläche drehen aufgerufen. Wichtig ist, daß beim Aufruf wieder das Meßwerkzeug in der Werkzeugpalette aktiv ist (und nicht etwa ein Auswahlwerkzeug). Der gemessene Winkel erscheint daraufhin im Eingabefeld für den Drehwinkel. Beim Transformieren muß das Vorzeichen geändert werden, um das Bild in die entgegengesetzte Richtung zu drehen, beim Arbeitsflächen-Befehl ist die Option Gegen UZS zu wählen.

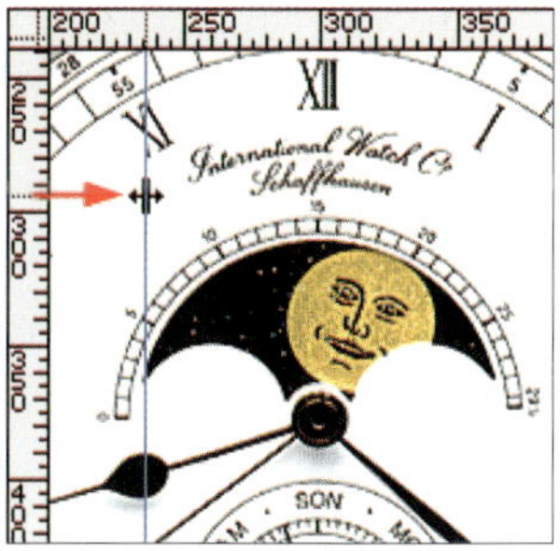

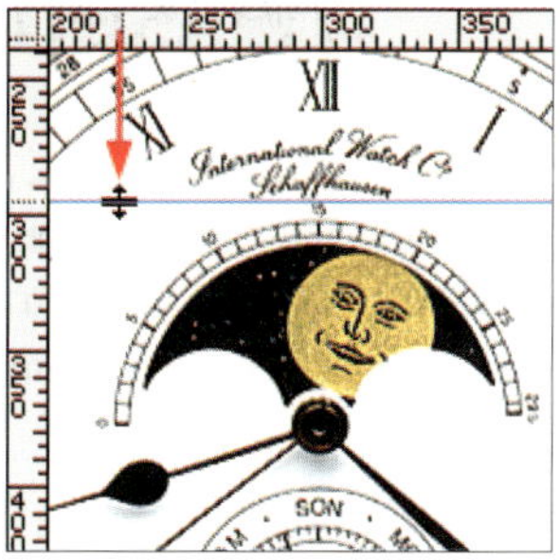

Lineale und Hilfslinien

Eine weitere Hilfe beim Messen von Abständen und Ausdehnungen sind die Lineale (Ansicht, Lineale einblenden), deren Maßeinheiten vom Nullpunkt aus zählen. Aus dem waagerechten Lineal lassen sich waagerechte Hilfslinien, aus dem senkrechten senkrechte Hilfslinien herausziehen. Hilfslinien lassen sich mit dem Bewegen-Werkzeug an eine andere Stelle verschieben.

- **Alt/⌥-Taste** zieht aus dem waagerechten Lineal eine senkrechte, aus dem senkrechten eine waagerechte Hilfslinie heraus. Ein Mausklick bei gedrückter Alt/⌥-Taste auf eine horizontale Hilfslinie wandelt sie in eine vertikale Hilfslinie um und umgekehrt (dazu muß das Bewegen-Werkzeug aktiv sein).

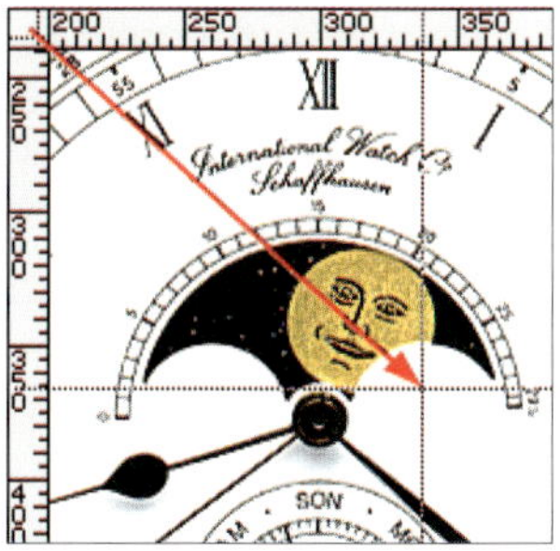

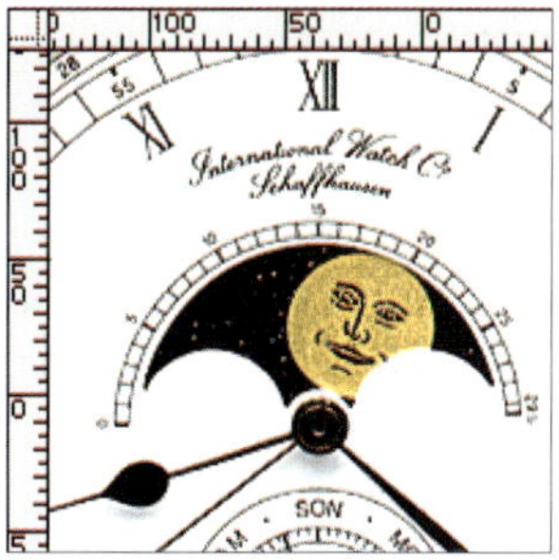

Nullpunkt verschieben

Der Nullpunkt (Koordinaten 0,0) befindet sich standardmäßig in der linken oberen Ecke des sichtbaren Bildes, auch wenn das Bild einen Bildüberhang besitzt, der über die sichtbaren Begrenzungen hinausgeht. Der Nullpunkt ist auch maßgeblich für die mit dem **Meßwerkzeug** gemessenen Koordinaten. Um ihn zu verschieben, wird er aus dem Kreuzungsfeld der beiden Lineale heraus ins Bild gezogen.

Nullpunkt ≠ Nullpunkt

Wird ein ausgewählter Bereich mit dem Dialog **Per Eingabe transformieren** (Bearbeiten, Transformieren) und deaktivierter Option Relativ verschoben, setzt Photoshop die linke obere Ecke der Auswahl an die eingegebenen Koordinaten. Photoshop rechnet die Koordinaten dabei immer von der linken oberen Ecke des sichtbaren Bildes, auch wenn der Nullpunkt an eine andere Stelle verschoben wurde.

Malen

Wie sich mit den Malwerkzeugen Photoshop zum Paint-Shop erweitern läßt

Wie sich die Größe der einzelnen Malwerkzeuge einstellen läßt, ist weiter unten im Kapitel »Werkzeugspitzen« beschrieben.

Die in den Optionenpaletten der Malwerkzeuge zur Auswahl gestellten Deckmodi und die Deckkrafteinstellungen können – von wenigen Ausnahmen abgesehen – auch auf Ebenen angewendet werden (Einblendmenü der Ebenenpalette). Sie werden weiter unten im Abschnitt »Deckkraft und Deckmodus« beschrieben.

Schnellauswahl: Malwerkzeuge

Taste	Werkzeug
J	Airbrush
B	Pinsel
N	Buntstift & Linienzeichner
G	Verlaufswerkzeug
K	Füllwerkzeug

Airbrush

Sprüht Farbe, ähnlich wie eine Spritzpistole.

- **Klicken** bei gedrückter **Umschalttaste** füllt die angeklickten Punkte mit geraden Linienzügen.
- **Ziehen** bei gedrückter **Umschalttaste** schränkt die Bewegungsrichtung auf die Waagerechte oder Senkrechte ein.

Die Palette **Airbrush-Optionen** stellt neben einem Einblendmenü mit Deckmodi und einem Regler für den prozentualen Farbauftrag – beide werden in allen Paletten der Malwerkzeuge angeboten – weitere spezifische Optionen zur Auswahl. Mit **Verblassen** besteht die Möglichkeit, die Wirkung eines Werkzeugs nachzuahmen, dem allmählich die Farbe ausgeht. Die Distanz, über die der Farbauftrag immer schwächer wird, hängt sowohl von der Anzahl der in der Palette vorgegebenen Stufen als auch von der Malgeschwindigkeit ab.

Pinsel

Zeichnet freie Striche, die wie mit einem Pinsel gezogen wirken.

- **Klicken** bei gedrückter **Umschalttaste** füllt die angeklickten Punkte mit geraden Linienzügen.
- **Ziehen** bei gedrückter **Umschalttaste** schränkt die Bewegungsrichtung auf die Waagerechte oder Senkrechte ein.

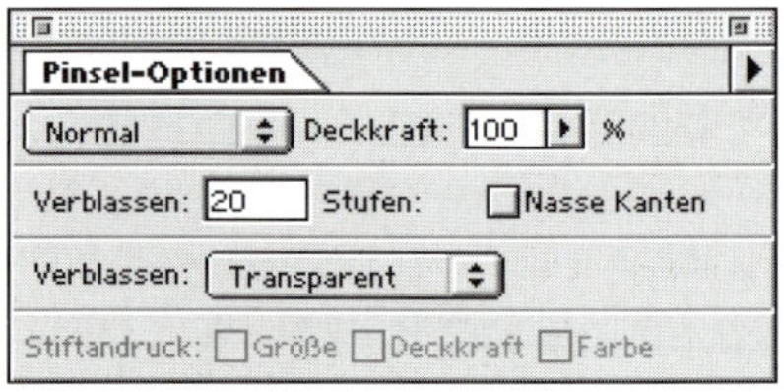

Die Einstellungen in der Palette **Pinsel-Optionen** entsprechen weitestgehend den Vorgaben für den Airbrush. Die Option **Nasse Kanten,** die dem Airbrush nicht zur Verfügung steht, simuliert das »Ausbluten« beim Malen mit nasser Farbe: Die Farbpigmente streben zu den Rändern der Pinselstriche hin. Photoshop löst diesen Effekt so, daß die Deckkraft im Innern des Pinselstrichs verringert wird.

Die Optionen für den **Stiftandruck** sind nur bei einem angeschlossenen Grafiktablett auswählbar.

Buntstift

Zeichnet bei gedrückter Maustaste freie Linien oder auch durch einfaches Klikken der Maustaste Punkte.

- **Klicken** bei gedrückter **Umschalttaste** füllt die angeklickten Punkte mit geraden Linienzügen.
- **Ziehen** bei gedrückter **Umschalttaste** schränkt die Bewegungsrichtung auf die Waagerechte oder Senkrechte ein.

Die Einstellungsmöglichkeiten in der Palette **Buntstift-Optionen** sind mit denen des Airbrushs und Pinsels weitestgehend identisch. Die Option **Automatisch löschen**, die nur für den Buntstift gewählt werden kann, trägt abhängig von der übermalten Farbe entweder die Vordergrund- oder die Hintergrundfarbe auf. In Bereichen, die bereits die Vordergrundfarbe enthalten, malt der Buntstift dann mit der Hintergrundfarbe; in allen übrigen Bereichen mit der Vordergrundfarbe.

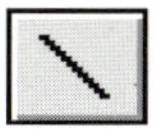

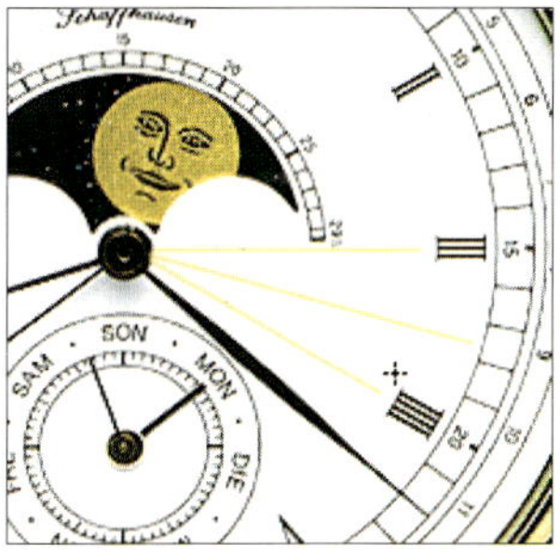

Linienzeichner

Zeichnet bei gedrückter Maustaste gerade Linien.

- **Umschalttaste** schränkt den Linienzeichner auf Winkel von 45° oder Vielfachen davon ein.

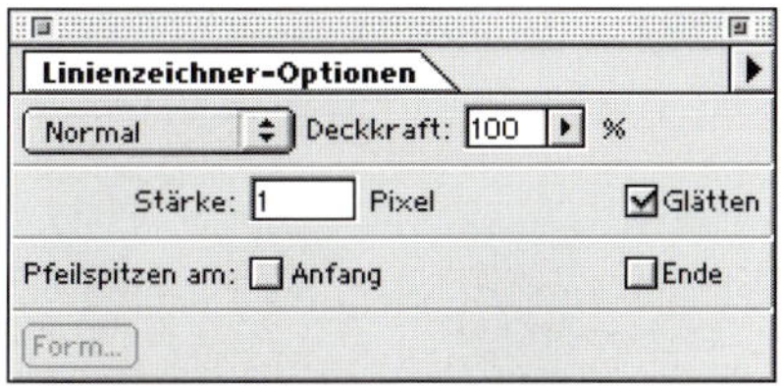

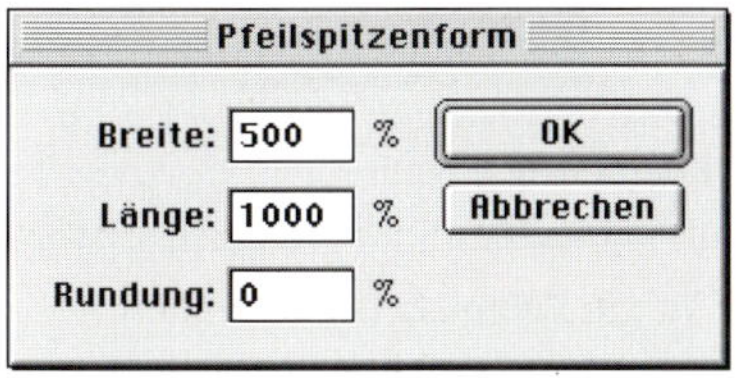

In der Palette **Linienzeichner-Optionen** wird die **Linienstärke** in Pixel vorgegeben (zwischen 1 und 1.000 Pixel). Bei eingeschalteter Option **Glätten** berechnet Photoshop an den Kanten der Linie halbtransparente Pixel. So werden stufige Ränder vermieden. Darüber hinaus besteht die Möglichkeit, **Pfeilspitzen** am Anfang und/oder Ende einer Linie anzufügen. Über die Schaltfläche **Form** lassen sich Breite, Länge und Rundung der Pfeilspitzen variieren.

Vordergrundfarbe aufnehmen

Bei allen Malwerkzeugen ruft die **Alt/⌥-Taste** kurzzeitig die **Pipette** auf, mit der eine beliebige Farbe aus dem Bild als Vordergrundfarbe aufgenommen werden kann. **Alt/⌥ + Umschalt** aktiviert so lange, wie die Tasten gedrückt bleiben, den Farbaufnehmer. (Näheres dazu im Abschnitt »Farbe« weiter unten.)

Optionenpalette einblenden

Die jeweilige Optionenpalette eines Werkzeugs, in der sich Voreinstellungen für seine Arbeitsweise vornehmen lassen, wird mit einem Doppelklick auf das Werkzeugsymbol in der Werkzeugpalette geöffnet.

Zeichnen mit Fadenkreuz

Bei eingerasteter **Feststelltaste** erhält der Mauszeiger bei allen Malwerkzeugen anstelle des Werkzeugsymbols die Form eines Fadenkreuzes, an dessen Mittelpunkt gezeichnet wird. Oft läßt sich mit diesem Fadenkreuz exakter arbeiten.

Verlaufswerkzeug

Füllt einen ausgewählten Bereich mit einem Farbverlauf, dessen Anfangs- und Endpunkt sowie Richtung mit einer aufgezogenen Verlaufslinie bestimmt wird.

- **Umschalttaste** schränkt die Verlaufsrichtung auf Winkel von 45° oder Vielfachen davon ein.

In der **Optionenpalette** des Verlaufswerkzeugs kann aus der Liste einer der vordefinierten Verläufe auswählt werden. Bei Verläufen, die transparente Bereiche enthalten, sollte die Option **Transparenz** eingeschaltet sein, ansonsten würden sie zu 100% deckend aufgetragen. Um einer Streifenbildung im Druck vorzubeugen, wird die Option **Dither** aktiviert. Sie rechnet geringfügige Störungen in den Verlauf ein. Die Option **Umkehren** vertauscht Anfangs- und Endpunkt des Verlaufs (beispielsweise anstatt von Vordergrund- zu Hintergrundfarbe von Hintergrund- zu Vordergrundfarbe).

Radialer Verlauf

Diese Spielart des Verlaufswerkzeugs erzeugt einen kreisförmigen Verlauf um einen Mittelpunkt (= Anfangspunkt).

Winkelverlauf

Der Winkelverlauf »biegt« den Farbverlauf so um einen Mittelpunkt (= Anfangspunkt) herum, daß Anfang und Ende aneinanderstoßen.

Verläufe als Set sichern

Die Schaltfläche Speichern im Dialog Verläufe bearbeiten sichert immer nur den aktuell in der Liste ausgewählten Verlauf in einer Einstellungsdatei.
Um mehrere Verläufe gleichzeitig – sozusagen als Set – zu sichern, werden sie mit der Umschalttaste markiert.

Reflektierter Verlauf

Diese Verlaufsvariante spiegelt den Verlauf über den Anfangspunkt.

Rauteverlauf

Während das Radiale Verlaufswerkzeug einen kreisförmigen Verlauf anlegt, erzeugt diese Variante einen rautenförmigen (quadratischen) Farbverlauf.

Verläufe als Gradationskurven sichern

Wird ein Verlauf mit gedrückter Strg/⌘-Taste auf die Schaltfläche Speichern gesichert, legt Photoshop eine Einstellungsdatei mit Gradationskurven an. Diese Einstellungsdatei kann im Dialog Gradationskurven (Bild, Einstellen) geladen werden, um ein Bild gemäß der Farbanmutung des Verlaufs farblich zu verfremden.

Farbverläufe definieren

Bearbeiten in der Palette Verlaufswerkzeug-Optionen öffnet den Dialog Verläufe bearbeiten, in dem vorhandene Verläufe verändert und neue angelegt werden können. **Neu** startet das Anlegen eines ganz neuen Verlaufs, **Duplizieren** legt einen neuen Verlauf, basierend auf dem zuvor gewählten, an. Anfangs- und Endfarbe werden (die Option Farbe ist aktiviert) über die **Farbregler** unterhalb des Verlaufsbalkens festgelegt. Die Regler werden durch Anklicken aktiviert. Die drei darunter angeordneten **Reglertasten** weisen dem aktuellen Regler automatisch die im Farbfeld angezeigte Farbe, die Vordergrund- oder die Hintergrundfarbe zu (von links nach rechts betrachtet). Um eine der drei Farben zu ändern, wird in das rechts neben den Tasten befindliche Farbfeld geklickt und im Dialog **Farbwähler** eine neue Farbe eingestellt. Die neue Farbe kann alternativ auch mit der Pipette aus einem der geöffneten Bilder, aus der Farbfelderpalette oder sogar aus dem Verlaufsbalken im Dialog aufgenommen werden.

Kleine **Rauten** oberhalb der Verlaufsanzeige zeigen den **Mittelpunkt** zwischen zwei Verlaufsfarben (im Mittelpunkt sind die beiden Farben zu gleichen Teilen gemischt). Rauten als auch Farbregler können mit der Maus gewählt und an eine andere Stelle verschoben werden. Eine exakte Positionierung ist auch durch Eingabe eines Prozentwerts in das Feld Position möglich (50% entspricht bei Reglern dem Verlaufsmittelpunkt und bei Rauten dem Mittelpunkt zwischen zwei Farben). Wenn der Regler für die Anfangs- oder Endfarbe verschoben ist, reicht die Farbe automatisch bis zum Anfang bzw. Ende des Verlaufs, ohne sich dort mit anderen zu mischen.

Für einen **mehrfarbigen Farbverlauf** werden einfach durch Klicken in den Bereich unterhalb des Verlaufsbalkens weitere Regler eingefügt. Nicht mehr benötigte Regler können nach unten weggezogen werden.

Jedem Farbverlauf lassen sich auch Transparenzeigenschaften zuweisen. Die **Transparenzmaske** wird im Dialog Verläufe bearbeiten bei aktivierter Option Transparenz analog zum Farbverlauf erstellt. Die Farbe Schwarz entspricht einer 100%igen Deckung, die Farbe Weiß vollständiger Transparenz. Die Deckkraft wird für jeden Regler der Transparenzmaske numerisch im Eingabefeld vorgegeben. Wie sich die Transparenzmaske auf den Farbverlauf auswirkt, läßt sich im unteren Teil des Dialogs anhand der Vorschau beurteilen. Wenn der Verlauf, nachdem er definiert wurde, mit Transparenzmaske angewendet werden soll, muß in der Optionenpalette des Verlaufswerkzeugs die Option Transparenz aktiviert sein.

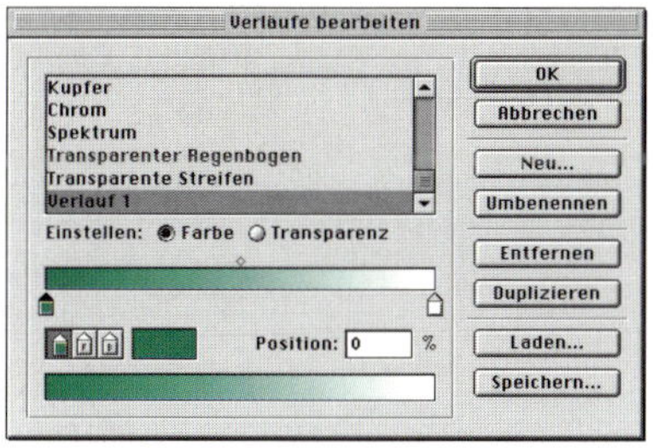

Ein neuer Verlauf wird angelegt.

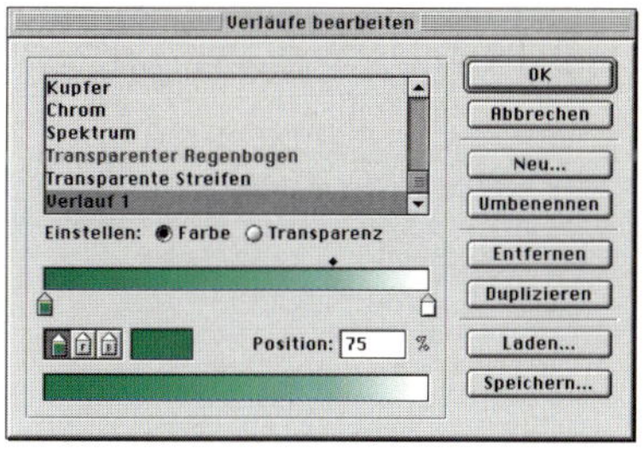

Verschobener Verlaufsmittelpunkt

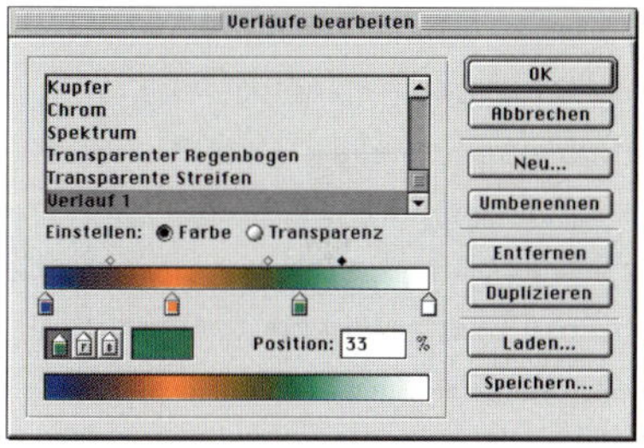

Ein mehrstufiger Verlauf: Die Tabulatortaste wechselt während der Bearbeitung von links nach rechts von einer Farbe zur nächsten. Wird zusätzlich die Umschalttaste gedrückt, kehrt sich die Reihenfolge um.

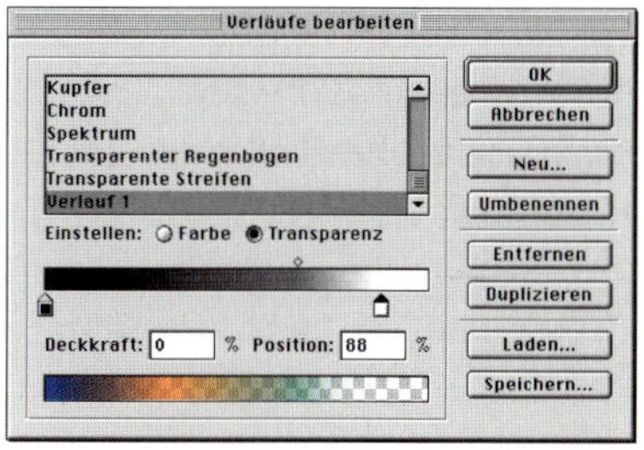

Bearbeitung der Transparenzmaske des Verlaufs

Deckkraft über die Tastatur einstellen
Die Deckkraft der Malwerkzeuge (beim Airbrush wird die Deckung des Farbauftrags als Druck bezeichnet) kann in der Optionenpalette stufenlos über den einblendbaren Schieberegler eingestellt oder über die Tastatur als Wert in das Eingabefeld geschrieben werden. Bei der Tastaturmethode ist es nicht nötig, den Wert im Eingabefeld vorher zu markieren. Sobald ein Malwerkzeug gewählt ist, beziehen sich alle Zifferneingaben über die Tastatur auf die Deckkrafteinstellung. Um beispielsweise eine Deckkraft von 45 % einzustellen, werden die Ziffern 4 und 5 kurz hintereinander gedrückt. Für eine Deckkraft von 10 % genügt bereits ein Druck auf die Taste 1. Eine Deckkraft von 0 % ist nicht möglich; die Taste 0 wählt automatisch die 100 %-Einstellung.

Füllwerkzeug
Füllt einen Bereich gleicher oder ähnlicher Farbe mit der Vordergrundfarbe.

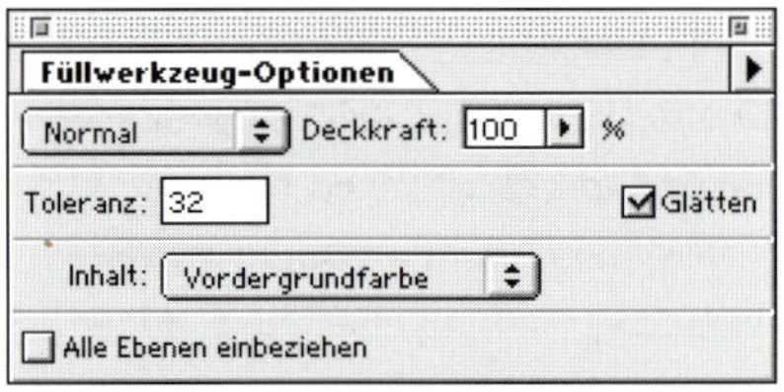

In der Palette **Füllwerkzeug-Optionen** wird wie beim Zauberstab eine Toleranz für die Farbabweichung eingestellt, bis zu der das Füllwerkzeug einfärbt. Referenzfarbe ist nicht etwa die Füllfarbe, sondern die Farbe der angeklickten Bildstelle. (Das Füllwerkzeug berücksichtigt dabei den in der Palette Pipette-Optionen eingestellten **Aufnahmebereich.** Bei 3x3 und 5x5 Pixel Durchschnitt verwendet das Füllwerkzeug als Referenzfarbe die Mischefarbe aus 9 bzw. 25 Pixeln.) Die Option **Glätten** sorgt für gleichmäßigere Übergänge zu nicht gefüllten Bereichen. Bei aktivierter Option **Alle Ebenen einbeziehen** werden auch die Farben der übrigen Ebenen mitberücksichtigt – wenn auch die Einfärbung nur in der aktuellen Ebene erfolgt.

Das Füllwerkzeug füllt wahlweise mit der Vordergrundfarbe oder mit einem gesicherten **Muster**, das mit Bearbeiten, Muster festlegen gesichert wurde. Um ein Muster festzulegen, wird mit dem Auswahlrechteck ein Bereich eines beliebigen Bildes umgrenzt und dann die Funktion Bearbeiten, Muster festlegen aufgerufen. Bei einer Musterfüllung wird dann das Muster kachelartig aneinandergefügt.

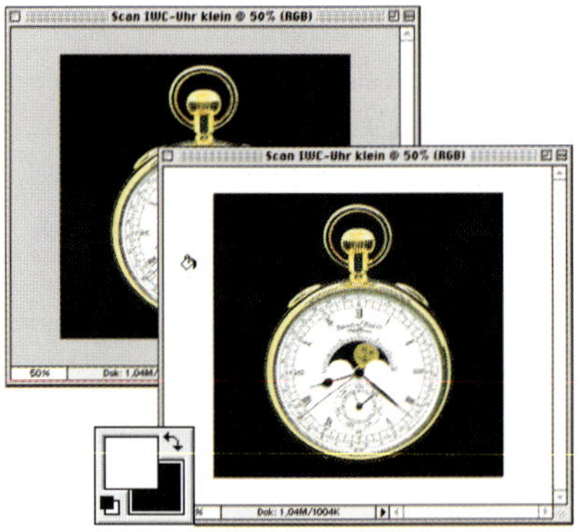

Montagefläche in individueller Farbe
Die im Bildfenster um das Bild herum sichtbare Montagefläche kann mit dem Füllwerkzeug in der Vordergrundfarbe eingefärbt werden. Dazu einfach mit gedrückter Umschalttaste in die Montagefläche klicken. Die Farbe erscheint dann um alle Bilder. (Standardfarbe von Photoshop ist 25 % Grau.)

Werkzeug-spitzen

Wie sich über die Palette Werkzeugspitzen die Form und Größe der Mal- und Retuschewerkzeuge einstellen lassen

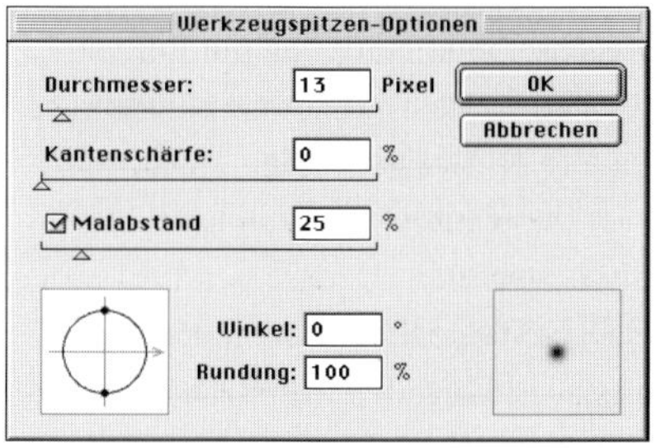

Individuelle Werkzeugspitze
Die Parameter im Dialog **Werkzeugspitzen-Optionen** lassen zwar vielfältige Spitzenvarianten zu, begrenzen das Angebot jedoch auf recht »normale« Formen. Darüber hinaus läßt sich mit **Werkzeugspitze festlegen** aus dem Palettenmenü jede erdenkliche Form als Spitze sichern: Einfach einen Bildausschnitt oder eine im Bild selbstgemalte Form auswählen und in die Zwischenablage kopieren und den Befehl Werkzeugspitze festlegen aufrufen.

Schnellauswahl: Werkzeugspitzen	
Taste	**Operation**
, (Komma)	vorige Spitze wählen
. (Punkt)	nächste Spitze wählen
Umschalt + ,	erste Spitze wählen
Umschalt + .	letzte Spitze wählen

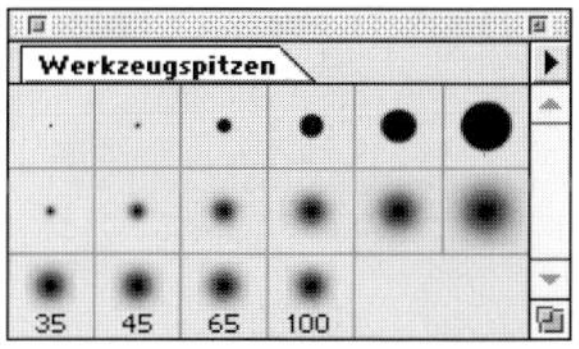

In der Palette Werkzeugspitzen wird die Stiftbreite des aktiven Werkzeugs ausgewählt. Sie kommt bei allen Werkzeugen zum Einsatz, die in der Werkzeugpalette in der zweiten Gruppe angeordnet sind (von Airbrush bis Schwamm).

Ein Doppelklick auf ein Feld in der Palette Werkzeugspitzen öffnet den Dialog **Werkzeugspitzen-Optionen** zum Einstellen der Größe und Form des Werkzeugs. Vorgegeben sind runde Werkzeugspitzen mit Breiten zwischen 1 und 100 Pixel, je nach Werkzeug auch mit weicher Kante.

Beim Malen mit den Mal- und Retuschewerkzeugen werden einzelne Malpunkte in der ausgewählten Form und Größe aneinandergereiht. Der **Malabstand** bestimmt dabei, wie weit die einzelnen Malpunkte voneinander entfernt erscheinen. Bei kleinem Malabstand erscheint die Werkzeugspur als durchgezogene Linie. Durch einen vergrößerten Malabstand können gepunktete oder gestrichelte Linien gemalt werden, bei denen die einzelnen »Abdrücke« sichtbar sind.

Über das Palettenmenü lassen sich neue Werkzeugspitzen definieren, vorhandene Werkzeugspitzen bearbeiten, löschen, speichern und laden. Felder für weitere Werkzeugspitzen werden hinter der letzten Spitze angefügt. **Werkzeugspitzen zurückstellen** lädt wieder die Standardspitzen.

Neben den Standardwerkzeugspitzen werden bei der Installation von Photoshop drei weitere Sammlungen mit ausgefallenen Spitzen im Photoshop-Ordner abgelegt, die zu den Standardspitzen geladen werden können. Die Sammlung **Quadratische Spitzen** bietet rechteckige Stiftformen, **Schlagschatten** enthält spezielle Stiftformen für das Zeichnen von Schlagschatten und **Verschiedene Spitzen** ist ein Sammelsurium unterschiedlichster Symbole.

Ein Doppelklick auf das Feld einer dieser zusätzlichen Werkzeugspitzen öffnet einen verkleinerten Dialog **Werkzeugspitzen-Optionen,** in dem sich insbesondere der Abstand der einzelnen Zeichen voneinander einstellen läßt. Bei ausreichend großem Abstand entsteht eine Linie aus einzelnen aneinandergereihten Symbolen.

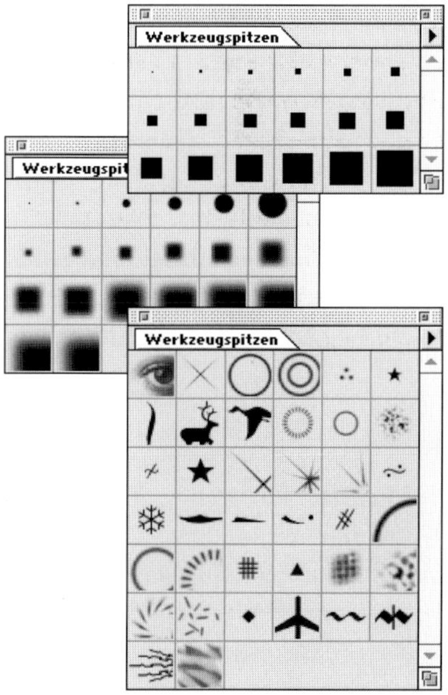

Die Sets Quadratische Spitzen, Schlagschatten und Verschiedene Spitzen

Farbe

Über das intuitive und numerisch exakte Definieren von Vorder- und Hintergrundfarbe

Pipette

Ermöglicht die Übernahme einer Farbe aus dem Bild als Vordergrundfarbe, indem eine Bildstelle, die die gewünschte Farbe zeigt, angeklickt wird.

- **Alt/⌥-Taste** und Klicken legt die aufgenommene Farbe als Hintergrundfarbe fest.
- **Alt/⌥- und Umschalttaste** aktiviert kurzzeitig den Farbaufnehmer.

Farbaufnehmer

Setzt mit einfachen Mausklicks bis zu vier Punkte in einem Bild, von denen die Farbwerte in der Informationenpalette angezeigt werden, auch wenn sich der Mauszeiger an eine andere Stelle bewegt.

- **Alt/⌥-Taste** und Klicken auf Probepunkt löscht den Punkt (oder den Punkt aus dem Dateifenster ziehen).

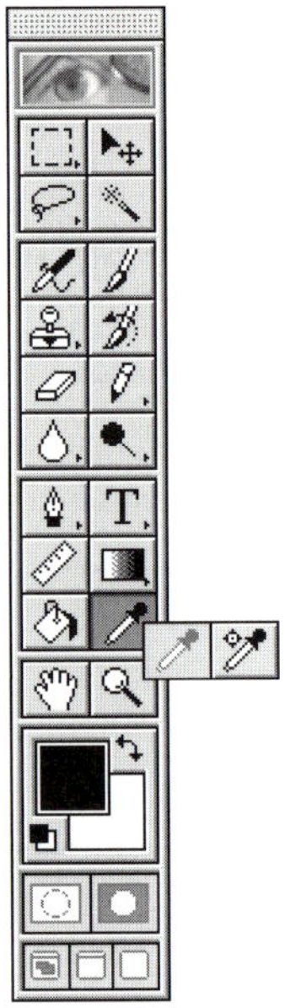

Die Taste I aktiviert die Pipette, Umschalt + I wechselt zwischen Pipette und Farbaufnehmer.

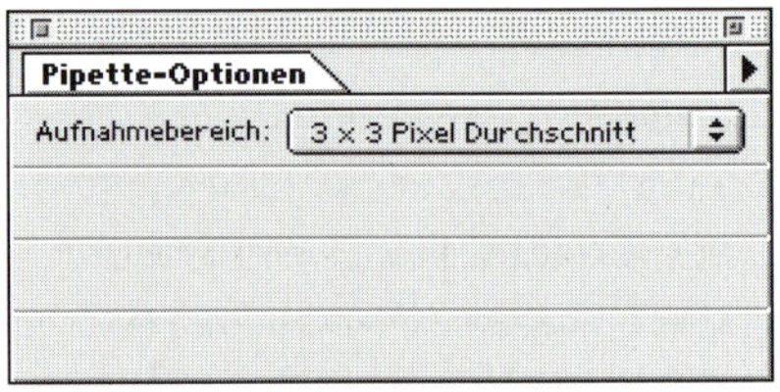

In der Palette **Pipette-Optionen** kann die »Auflösung« der Pipette eingestellt werden. Bei 1x1 Pixel Durchschnitt nimmt die Pipette exakt die Farbe des angeklickten Pixels auf. Bei 3x3 und 5x5 Pixel Durchschnitt berechnet die Pipette die Mischfarbe aus 9 bzw. 25 Pixeln um die Klickstelle.

Der Aufnahmebereich kann für Pipette und Farbaufnehmer nicht getrennt eingestellt werden. Er gilt außerdem global für **alle Pipetten** in Photoshop (wie in den Dialogen Tonwertkorrektur, Gradationskurven, Farbwähler und Farbbereich auswählen) und auch für **Füllwerkzeug** und **Zauberstab.**

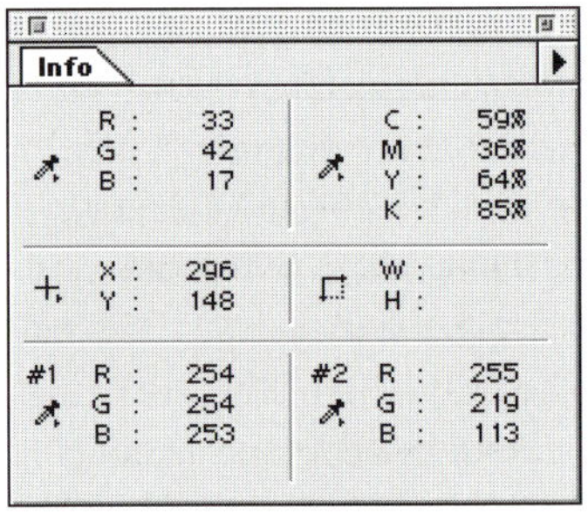

Die **Informationenpalette** zeigt die Farbwerte der gesetzten Farbproben im unteren Bereich an. Jede Farbprobe erhält eine Nummer (#1 bis #4). Falls die Farbwertanzeige für die Farbaufnehmer nicht in der Palette erscheint, muß sie zuerst mit der Funktion Farbaufnehmer einblenden aus dem Menü der Informationenpalette eingeschaltet werden.

Die Farbaufnehmer beziehen automatisch alle eingeblendeten Ebenen ein.

Pipette kurz aktivieren

Wenn in der Werkzeugpalette eines der Malwerkzeuge gewählt ist, kann die Pipette kurzzeitig mit der **Alt/⌥-Taste** und der Farbaufnehmer kurzzeitig mit **Alt/⌥ + Umschalt** aktiviert werden.

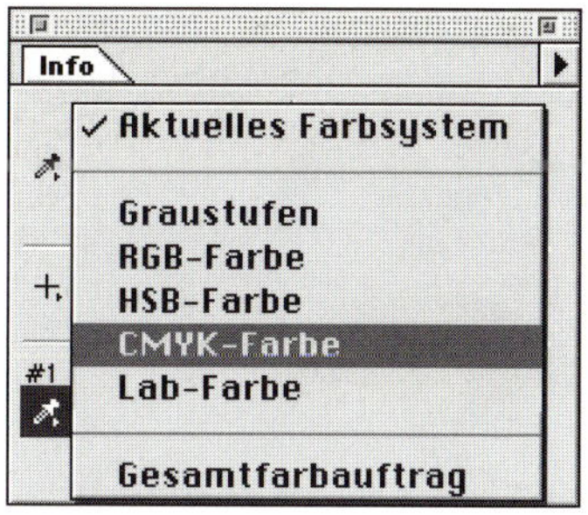

Farbsystem wechseln

Um für eine Farbprobe das Farbsystem der Farbwertanzeige in der Informationenpalette zu ändern, wird einfach auf die kleine Pipette in der Palette, der ein kleiner Pfeil nach rechts beigestellt ist, geklickt und aus dem Menü das gewünschte Farbsystem ausgewählt.

Füllen mit Tastenkombinationen

- Mit der Tastenkombination aus **Alt/⌥- und Rückschrittaste** läßt sich ein ausgewählter Bereich oder eine ganze Ebene mit der Vordergrundfarbe füllen. Wird zusätzlich die **Umschalttaste** gedrückt, bleibt die Transparenz der Ebene erhalten.
- Die Tastenkombination aus **Strg/⌘- und Rückschrittaste** füllt mit der Hintergrundfarbe. Wird zusätzlich die **Umschalttaste** gedrückt, bleibt die Transparenz der Ebene erhalten.
- **Rückschrittaste** löscht einen ausgewählten Bereich zu Transparent bzw. setzt in der Hintergrundebene die Hintergrundfarbe ein.
- **Umschalt- und Rückschrittaste** öffnet den Dialog Fläche füllen, in dem auch andere Füllungsarten auswählbar sind.

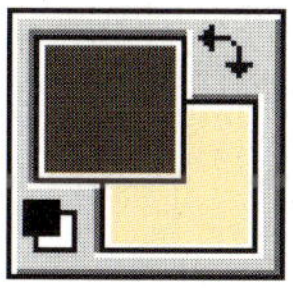

Vordergrundfarbe definieren

Anstatt eine Farbe mit der Pipette aus einem Bild aufzunehmen, kann die Vordergrundfarbe auch mit exakten Wertevorgaben definiert werden. Ein Mausklick auf das Feld für die Vordergrundfarbe in der Werkzeugpalette oder der Farbreglerpalette öffnet den Dialog Farbwähler, in dem Farben nach dem HSB-, Lab-, RGB- und CMYK-System gemischt werden können. Um auch die Hintergrundfarbe numerisch zu definieren, muß nur auf das Feld für die Hintergrundfarbe geklickt werden.

Standardfarben einstellen

Die Photoshop-Standardfarben Schwarz und Weiß werden mit der Taste D oder einem Mausklick auf das Symbol neben den Farbfeldern in der Werkzeugpalette eingestellt.

Vorder- und Hintergrundfarbe tauschen

Die Vordergrund- und Hintergrundfarbe lassen sich mit der Taste X oder einem Mausklick auf das Symbol neben den Farbfeldern in der Werkzeugpalette vertauschen.

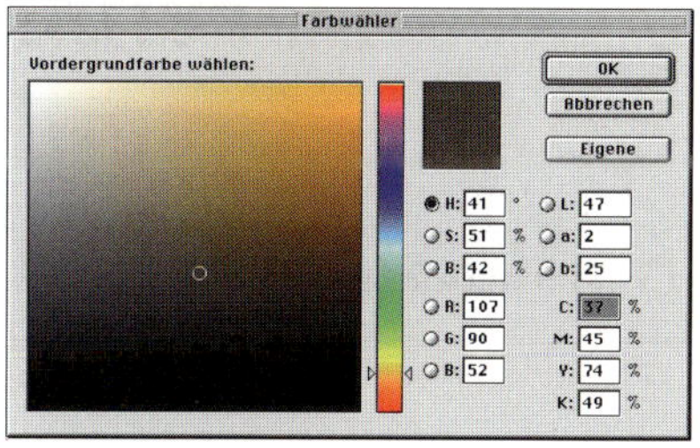

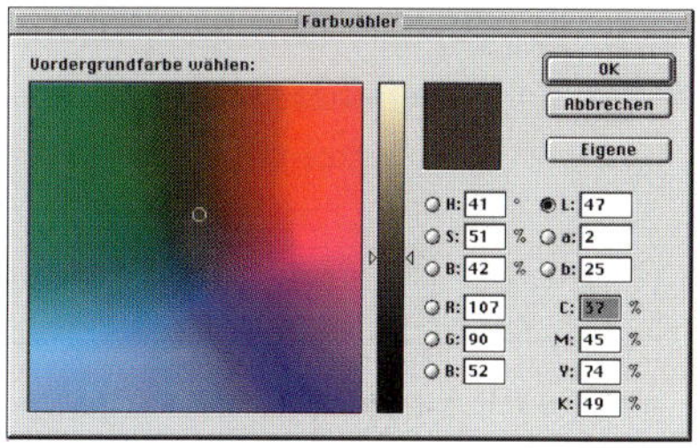

Farbmodell wählen

Neben der Möglichkeit, Farben mit exakten Wertevorgaben zu definieren, bietet der Dialog Farbwähler auch die Aufnahme einer Farbe aus dem Farbfeld links im Dialog an. Photoshop stellt in diesem Feld einen Schnitt durch einen der dreidimensional gedachten Farbräume HSB, Lab oder RGB dar. Die jeweils dritte Dimension (die z-Achse) wird im senkrechten Regler neben dem Farbfeld abgebildet. Welche Farbraumdimension auf den Regler gelegt wird, hängt davon ab, bei welcher Farbkomponente das Optionsfeld aktiviert ist. Die übrigen beiden Komponenten des gewählten Modells werden dann im Farbfeld gezeigt.

Retuschieren und Restaurieren

Wie die Retusche- und Restaurationswerkzeuge die Bildbearbeitung vereinfachen und sich frühere Arbeitsstadien rekonstruieren lassen

Wie die Form der Retuschewerkzeuge über die Palette Werkzeugspitzen eingestellt wird, ist weiter oben im Abschnitt »Werkzeugspitzen« beschrieben.

Bei mehrfach belegten Plätzen in der Werkzeugpalette kann zum nächsten verborgenen Werkzeug gewechselt werden, indem auf das sichtbare Symbol mit gedrückter Alt/⌥-Taste geklickt oder die Buchstabentaste bei gedrückter Umschalttaste betätigt wird.

Schnellauswahl: Retuschewerkzeuge	
Taste	**Werkzeug**
S	Stempel & Musterstempel
Y	Protokollpinsel
E	Radiergummi
R	Weichzeichner, Scharfzeichner & Wischfinger
O	Abwedler, Nachbelichter & Schwamm

Stempel

Kopiert Bereiche aus demselben oder einem anderen Bild und trägt sie wie ein Pinsel auf.

- **Alt/⌥-Taste** und Klicken auf eine Bildstelle (auch die eines anderen Bildes) legt diese als Aufnahmeursprung fest, das heißt als Zentrum, mit dem der Stempel beim Kopieren beginnt.

Wenn in der Palette **Stempel-Optionen** die Option **Alle Ebenen einbeziehen** eingeschaltet ist, kopiert der Stempel aus allen Ebenen. Diese Option kann während des Malens, also ohne den Aufnahmeursprung neu zu bestimmen, gewechselt werden. Gemalt wird aber immer nur in der aktuellen Ebene.

Abstandsgetreue Reproduktion

Der erste Mausklick beim Malen mit dem Stempel bestimmt den Abstand zwischen Malbereich und Aufnahmeursprung. Wenn in der Palette Stempel-Optionen die Option Ausgerichtet eingeschaltet ist, wird dieser Abstand bei jedem Neuansetzen des Werkzeugs eingehalten.

Bildstelle klonen

Wenn in der Palette Stempel-Optionen die Option Ausgerichtet ausgeschaltet ist, beginnt der Stempel bei jedem Neuansetzen wieder mit dem Aufnahmeursprung. Auf diese Weise werden mehrere Kopien des aufgenommenen Bildbereichs erzeugt.

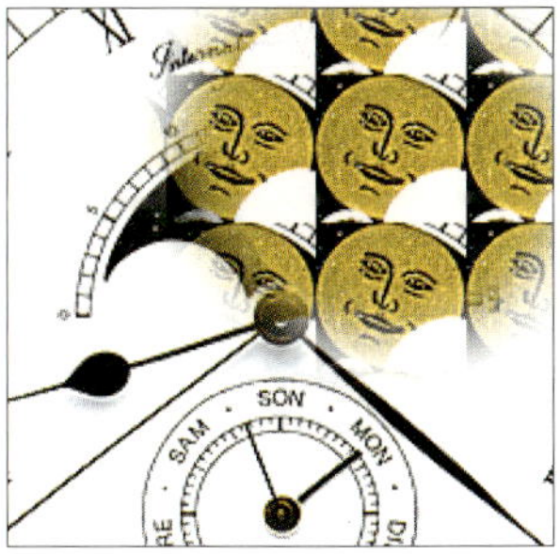

Musterstempel
Malt ein festgelegtes Muster wie ein Pinsel ins Bild.

Muster festlegen
Bevor der Musterstempel das Muster auftragen kann, muß der entsprechende Bildbereich (auch aus einer anderen Datei) mit dem Auswahlrechteck markiert und als Muster festgelegt werden (Bearbeiten, Muster festlegen).

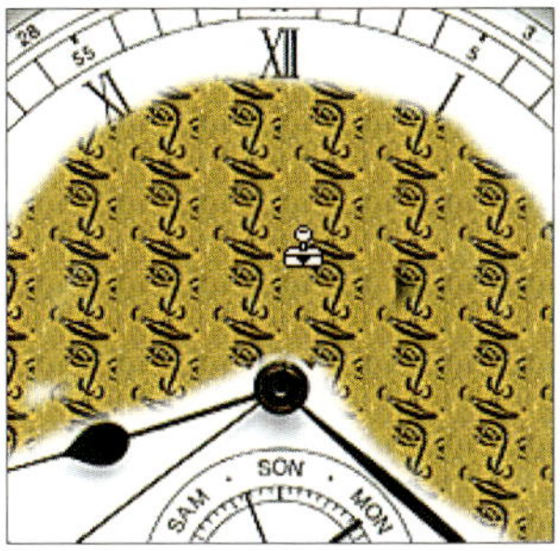

Regelmäßiges Muster
Der Musterstempel malt das festgelegte Muster kachelartig ins Bild. Wenn die Option Ausgerichtet in der Palette Musterstempel-Optionen aktiviert ist, werden die einzelnen Kacheln automatisch bündig aneinandergesetzt, auch wenn das Werkzeug zwischendurch abgesetzt wird und an einer anderen Stelle neu beginnt.

Unregelmäßiges Muster
Ist die Option Ausgerichtet in der Palette Musterstempel-Optionen nicht aktiviert, beginnt der Musterstempel bei jedem Neuansetzen wieder mit einer neuen Position des Kachelmusters. Die in mehreren Arbeitsgängen gemalten Kachelmuster passen also nicht aneinander.

Optionen für die Retuschewerkzeuge
Doppelklick auf eines der Retuschewerkzeuge in der Werkzeugpalette öffnet die Optionenpalette des Werkzeugs mit spezifischen Einstellmöglichkeiten.

Versteckte Werkzeuge
Die Werkzeuge Stempel und Musterstempel, Weichzeichner, Scharfzeichner und Wischfinger sowie Abwedler, Nachbelichter und Schwamm sind jeweils in **Untermenüs** der Werkzeugpalette zusammengefaßt. Zur Auswahl eines nicht sichtbaren Werkzeugs wird das Untermenü geöffnet (Maustaste auf dem sichtbaren Symbol gedrückt gehalten) oder die Buchstabentaste des Werkzeugs bei gedrückter **Umschalttaste** betätigt.

Gerade Strichführung
Unter Zuhilfenahme der Umschalttaste entstehen bei allen Retuschewerkzeugen gerade »Linienzüge« oder exakt horizontale oder vertikale Striche.

- **Klicken** bei gedrückter **Umschalttaste** füllt die angeklickten Punkte mit geraden Linienzügen.
- **Ziehen** bei gedrückter **Umschalttaste** schränkt die Bewegungsrichtung auf die Waagerechte oder Senkrechte ein.

Protokollpinsel

Stellt partiell einen gesicherten Schnappschuß oder Bearbeitungszustand wieder her.

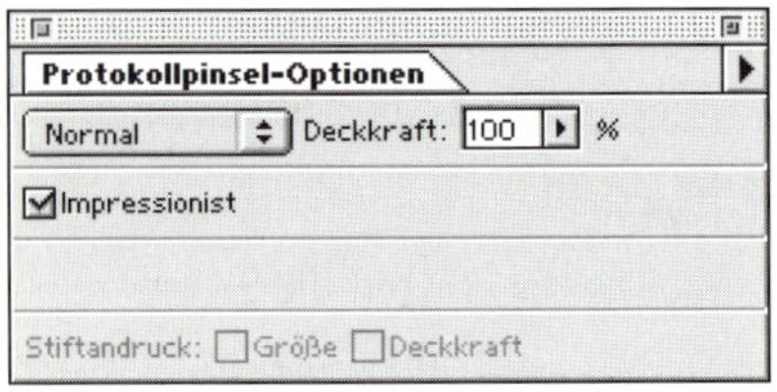

In der Palette **Protokollpinsel-Optionen** versteckt sich eine künstlerische Variante des Protokollpinsels. Bei eingeschalteter Option **Impressionist** rekonstruiert der Protokollpinsel ebenfalls den als Malquelle festgelegten Schnappschuß oder Zwischenschritt des Bildes, das Werkzeug verwischt dabei aber die Pixel so, daß ein impressionistischer Maleffekt entsteht.

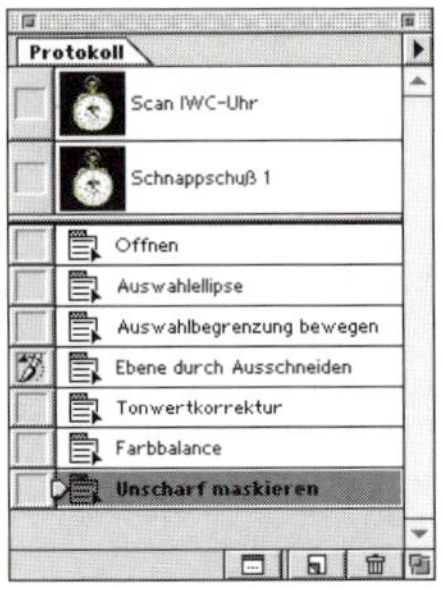

Malquelle festlegen

Welche Dateiversion der Protokollpinsel wiederherstellt, hängt davon ab, welcher Schnappschuß oder Zwischenschritt in der Protokollpalette als Malquelle festgelegt ist. Die Malquelle ist am Protokollpinselsymbol () in der ersten Spalte der Palette zu erkennen. Die Malquelle kann während der Arbeit mit dem Protokollpinsel beliebig gewechselt werden. Dazu muß in der Protokollpalette nur vor das Etikett eines anderen Schnappschusses oder Zwischenschritts geklickt werden, so daß dort das Protokollpinselsymbol erscheint.

Bedingungen für den Protokollpinsel

Damit der Protokollpinsel einen früheren Zustand rekonstruieren kann, darf die Datei sich in bestimmten Punkten nicht verändert haben. Der Protokollpinsel funktioniert nicht mehr (und zeigt als Mauszeiger ein Verbotsschild), wenn nach dem als Malquelle festgelegten Schnappschuß oder Zwischenschritt der Farbmodus oder die Bildgröße geändert wurde. Auch das Hinzufügen oder Löschen von Ebenen und Ebenenmasken kann zur Folge haben, daß das partielle Wiederherstellen einer Malquelle nicht möglich ist.

Radiergummi

Löscht Ebeneninhalte zu Transparent (bei Hintergrundebene mit der Hintergrundfarbe).

- **Alt/⌥-Taste** aktiviert vorübergehend den Modus Zurück zur letzten Version (»magischer Radiergummi«).

In der Palette **Radiergummi-Optionen** können unterschiedliche Malwerkzeuge als Radiergummiform ausgewählt werden. Dabei sind dieselben Optionen verfügbar wie bei dem gewählten Malwerkzeug. **Quadrat** ist eine Sonderform, die unabhängig von der gewählten Werkzeugspitze immer einen Bereich von 16 x 16 Bildschirmpixeln löscht (die Breite der Werkzeugspur im Bild hängt daher von der aktuellen Darstellungsgröße ab). **Zurück zur letzten Version** aktiviert den »magischen Radiergummi«, bei dem der als Malquelle festgelegte Schnappschuß oder Zwischenschritt partiell wieder hergestellt wird.

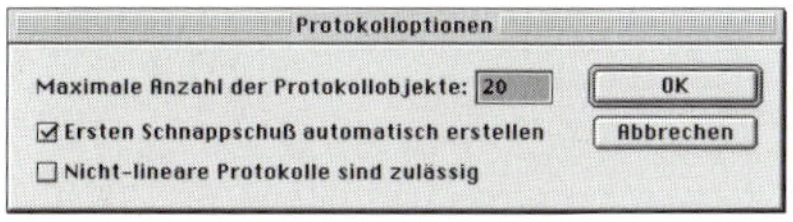

Letzte Version ≠ Letzte Version
Die Radiergummi-Option Zurück zur letzten Version rekonstruiert nicht wie in früheren Photoshop-Versionen die zuletzt auf der Festplatte gesicherte Dateiversion, sondern stellt wie der Protokollpinsel den aktuell in der Protokollpalette gewählten Schnappschuß oder Bearbeitungszustand wieder her. Damit der »magische Radiergummi« funktioniert, muß also in der Protokollpalette ein Schnappschuß oder Zwischenschritt als Malquelle definiert sein. Um stets zum Ausgangszustand des Bildes zurückkehren zu können, empfiehlt es sich, im Dialog Protokoll-Optionen (Menü der Protokollpalette) die Option Ersten Schnappschuß automatisch erstellen zu aktivieren.

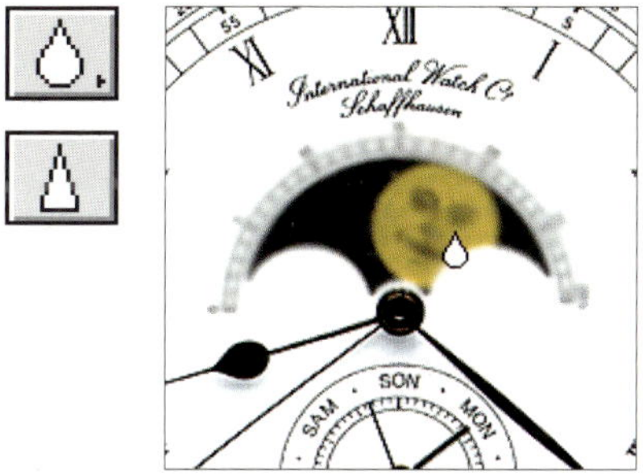

Weichzeichner & Scharfzeichner
Zeichnen Teile des Bildes weich oder scharf.

- **Alt/⌥-Taste** aktiviert kurzzeitig das jeweils andere Werkzeug.

Wischfinger
Verwischt einen Bildbereich.

- **Alt/⌥-Taste** aktiviert kurzzeitig den Fingerfarbenmodus.

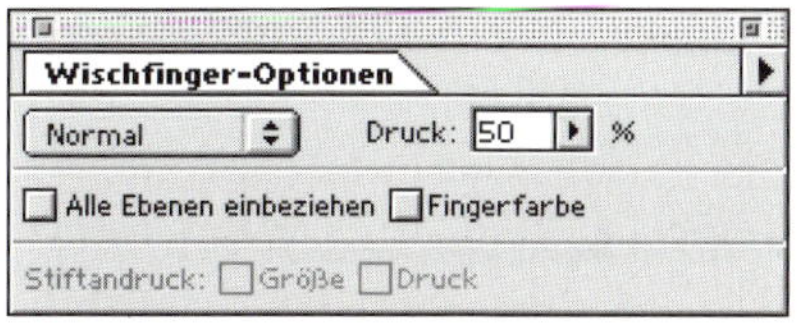

Für Weichzeichner, Scharfzeichner und Wischfinger kann, wenn die Option **Alle Ebenen einbeziehen** aktiviert wird, ihre Wirkung auf alle Ebenen des Bildes ausgedehnt werden. Mit der Option **Fingerfarbe** trägt der Wischfinger zu Beginn etwas Vordergrundfarbe auf.

Abwedler & Nachbelichter
Hellen Teile des Bildes auf oder dunkeln sie ab.

- **Alt/⌥-Taste** aktiviert kurzzeitig das jeweils andere Werkzeug.

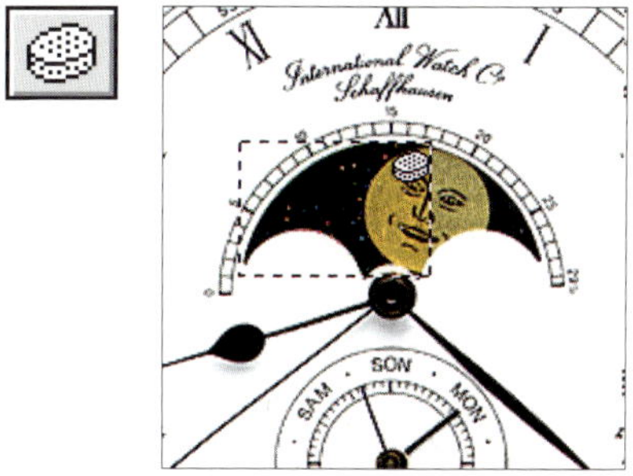

Schwamm
Erhöht oder verringert die Sättigung.

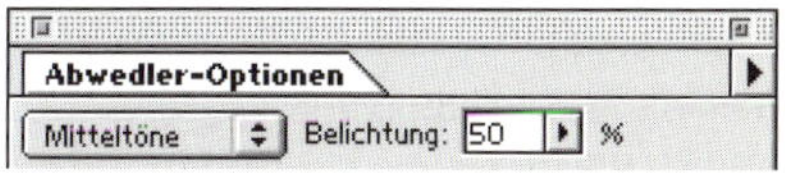

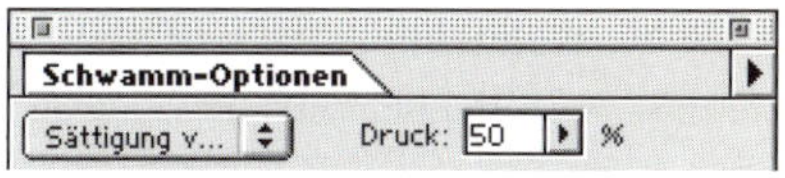

In der **Optionenpalette** von Abwedler und Nachbelichter wird die Wirkung der Aufhellung und Abdunkelung auf einen **Tonwertbereich** eingeschränkt (Tiefen, Mitteltöne oder Lichter). Für den Schwamm läßt sich wahlweise einstellen, ob das Werkzeug die Sättigung erhöht oder verringert.

Protokolle

Wie sich mit Hilfe der Protokollpalette mehrere Arbeitsschritte rückgängig machen lassen und zu einem früheren Bearbeitungszustand zurückgekehrt werden kann

Letzten Schritt rückgängig machen

Der jeweils letzte Arbeitsschritt läßt sich natürlich auch mit Bearbeiten, Widerrufen rückgängig machen. Der Schritt wird dann nicht ins Protokoll aufgenommen.

Zurück zur letzten Version

Der Befehl Zurück zur letzten Version aus dem Menü Datei stellt den auf der Festplatte gesicherten Zustand der Datei wieder her, das heißt die Dateiversion, die zuletzt mit Datei, Speichern oder Datei, Speichern unter gesichert wurde. Das Protokoll wird bei Aufruf dieses Menübefehls unwiderruflich gelöscht.

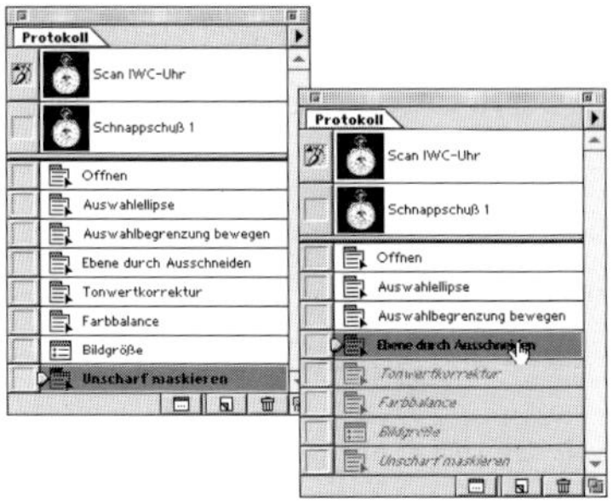

Zu einem beliebigen Arbeitsschritt zurückkehren

Um zu einem früheren Arbeitsschritt zurückzukehren, wird einfach dessen Eintrag in der Protokollpalette angeklickt (oder der Regler zwischen Symbolspalte und Etiketten auf das gewünschte Etikett gezogen).

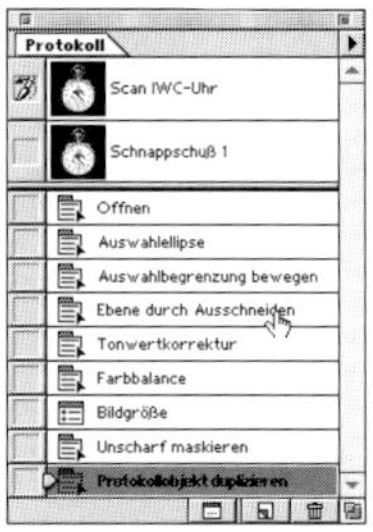

- **Alt/⌥-Taste** erzeugt eine Kopie des angeklickten Zwischenschritts und stellt ihn ans Ende der Liste. Bei linearen Protokollen kann damit die Linearität unterbrochen werden.

Vorsicht beim Löschen!

Um einen Schritt zu löschen, wird dessen Etikett auf das Papierkorbsymbol am unteren Rand der Protokollpalette gezogen. Bei linearen Protokollen (Option Nicht-lineare Protokolle zulässig im Dialog Protokoll-Optionen ist deaktiviert) werden dabei auch alle nachfolgenden Schritte gelöscht!

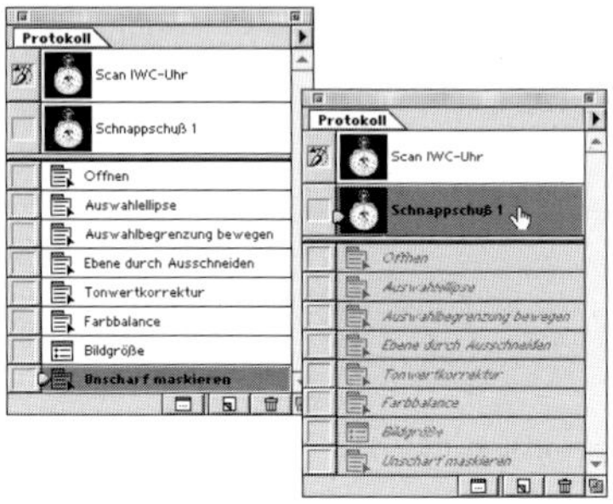

Zu einem beliebigen Schnappschuß zurückkehren

Um einen in der Protokollpalette gesicherten Schnappschuß zum aktuellen Bearbeitungszustand zu machen, wird dieser einfach durch einen Mausklick auf sein Etikett ausgewählt (oder Regler an die gewünschte Position ziehen).

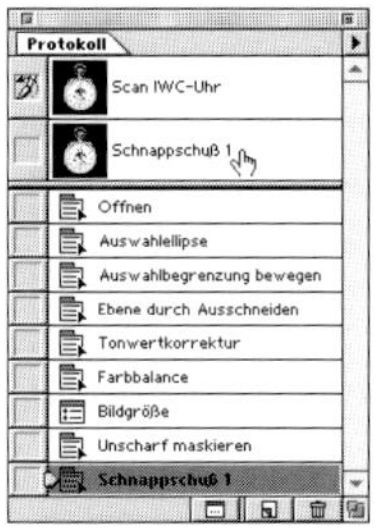

- **Alt/⌥-Taste** wandelt den Schnappschuß in einen Zwischenschritt um und stellt diesen ans Ende der Liste. Bei linearen Protokollen kann damit die Linearität unterbrochen werden.

Protokoll löschen

Der Befehl Protokoll löschen (Menü der Protokollpalette) entfernt bis auf den letzten Bearbeitungszustand alle Zwischenschritte aus dem Protokoll. Wird der Befehl bei gedrückter **Alt/⌥-Taste** gewählt, wird auch der Widerrufen-Speicher gelöscht, die Zwischenschritte sind dann unwiderruflich verloren.

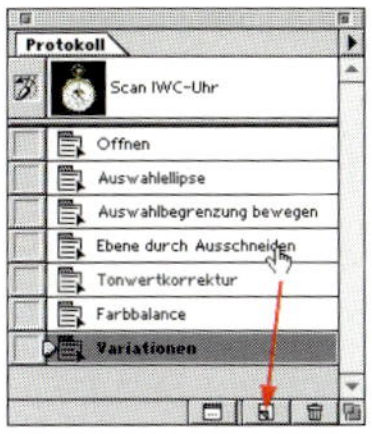

Schnappschuß sichern

Jeder in der Protokollpalette aufgelistete Schritt läßt sich als Schnappschuß sichern. Um den aktuellen Bearbeitungszustand als Schnappschuß zu sichern, wird einfach auf das Symbol ◙ in der Palette geklickt. Ein früherer Schritt muß, wenn er als Schnappschuß gesichert werden soll, vorher in der Palette mit einem Mausklick auf sein Etikett ausgewählt werden. Nach dem Sichern des Schnappschusses kann wieder der zuunterst angezeigte Schritt aktiviert werden.

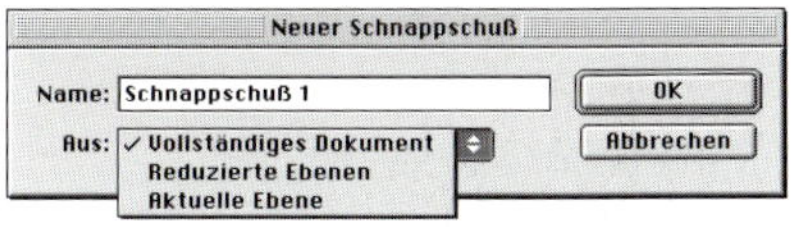

- **Alt/⌥-Taste** blendet den Dialog Neuer Schnappschuß ein, der auch mit dem gleichnamigen Befehl aus dem Palettenmenü geöffnet werden kann. Hier läßt sich wählen, ob der Schnappschuß die Ebenenanordnung der Datei beibehalten, eine auf eine Ebene reduzierte Version sichern oder nur die ausgewählte Ebene aufnehmen soll.

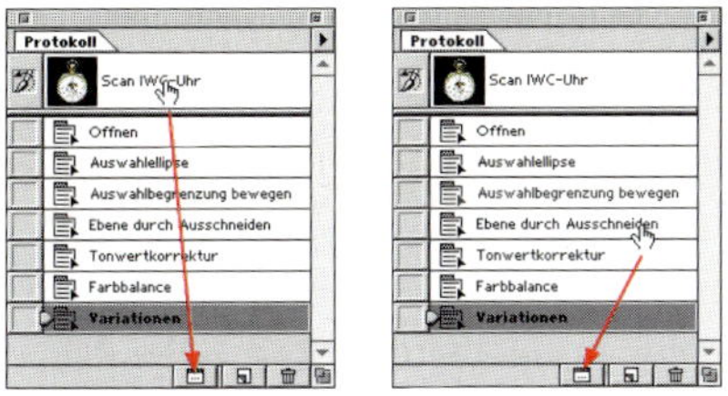

Zwischenschritt dauerhaft sichern

Schnappschüsse und Bearbeitungsschritte gehen nach dem Schließen einer Datei verloren. Um einen Schnappschuß oder einen Zwischenschritt dauerhaft zu sichern, wird dessen Etikett auf das Symbol ▭ in der Protokollpalette gezogen. Photoshop legt daraufhin eine neue Datei, basierend auf dem Schnappschuß oder Zwischenschritt, an. Diese Datei kann wie gewohnt gespeichert werden.

Anzahl der protokollierten Schritte begrenzen

Je mehr Schritte protokolliert werden, desto mehr Dateiversionen muß Photoshop im Arbeitsspeicher vorrätig halten, was die Performance unter Umständen in die Knie zwingen kann. Die Anzahl der Schritte läßt sich im Dialog Protokoll-Optionen (Menü der Protokollpalette) auf jeden beliebigen Wert begrenzen. Sobald dieser Wert überschritten wird, werden die ältesten Schritte automatisch gelöscht. Schnappschüsse werden nicht automatisch entfernt, deshalb empfiehlt es sich, wichtige Zwischenschritte als Schnappschuß zu sichern, bevor sie aus dem Protokoll fallen.

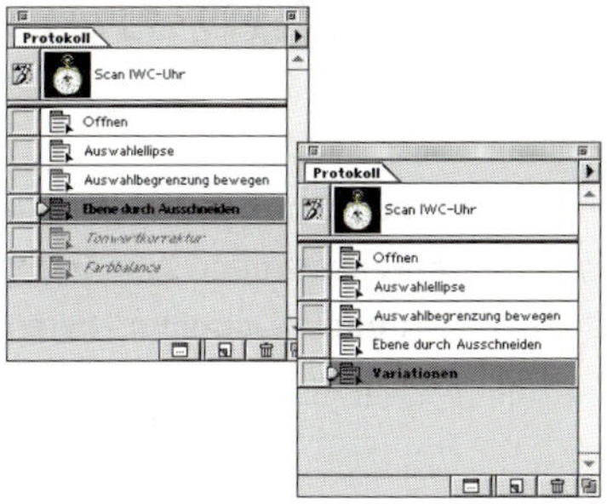

Was sind »lineare« Protokolle?

Standardmäßig protokolliert Photoshop alle Vorgänge linear. Wenn also zu einem früheren Schritt zurückgekehrt wird und anschließend weitere Veränderungen am Bild vorgenommen werden, werden alle nach dem früheren Schritt protokollierten Aktionen gelöscht, so als hätten sie nicht stattgefunden.

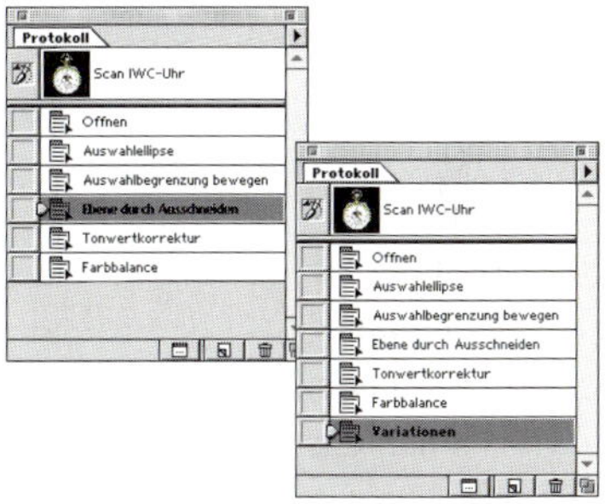

Was sind »nicht-lineare« Protokolle?

Mit der Option Nicht-lineare Protokolle zulässig aus dem Dialog Protokoll-Optionen (Menü der Protokollpalette) bleiben, wenn ein früherer Schritt aktiviert wird, alle protokollierten Einträge in der Liste erhalten; neue Schritte werden hinten angefügt. Der Reihenfolge der Schritte ist dann nicht zu entnehmen, wie die Schritte aufeinander aufbauen.

Ebenen

Wie sich mit den Ebenen Bildelemente übereinanderlegen und unabhängig voneinander bearbeiten lassen

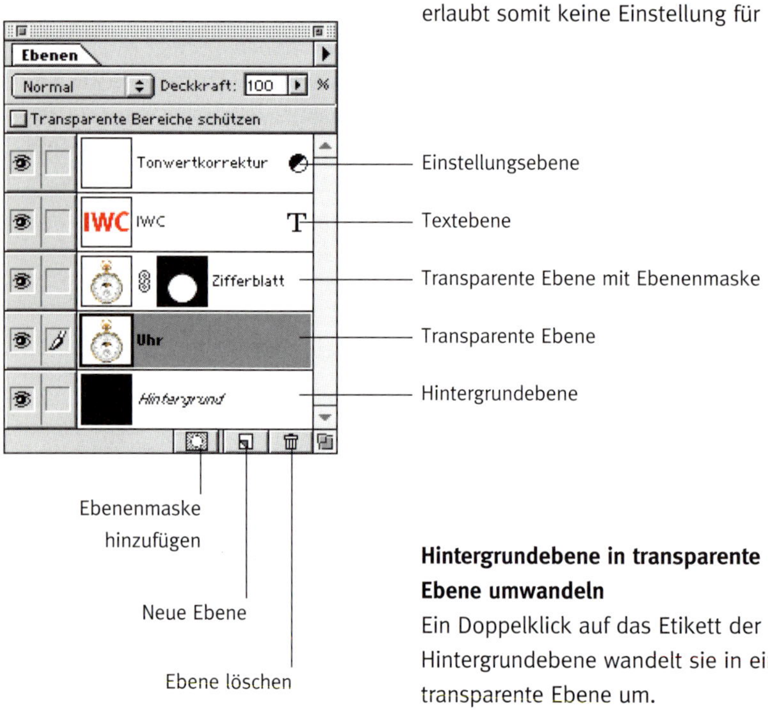

Der Umgang mit Textebenen ist im Abschnitt »Text« weiter unten genauer beschrieben.

Jedes Bild kann in Photoshop aus mehreren Ebenen bestehen, die mit unterschiedlichen Ebenenmodi und unterschiedlicher Deckkraft übereinandergelegt sind. Die Ebenen werden mit der Ebenenpalette verwaltet. Die Palette listet alle Ebenen von unten nach oben in der Reihenfolge auf, wie sie im Bild übereinandergelagert sind.

Die **Hintergrundebene** besitzt keinerlei Transparenzeigenschaften und erlaubt somit keine Einstellung für Deckkraft oder Deckmodus; sie liegt, wenn sie vorhanden ist, immer zuunterst in der Stapelfolge. Scans und Digitalfotos bestehen zunächst nur aus einer Hintergrundebene.

Zusätzliche Bildebenen sind **transparente Ebenen**, die durchscheinende Bereiche enthalten können, aber nicht müssen. Deckkraft und Deckmodus beeinflussen die Wirkung auf darunterliegende Ebenen. Jede transparente Ebene kann eine **Ebenenmaske** erhalten, mit der sich Ebenenbereiche partiell ausblenden lassen.

Eine **schwebende Auswahl** entsteht beispielsweise beim Verschieben einer Auswahl mit dem Bewegen-Werkzeug. Es handelt sich dabei sozusagen um eine Ebene innerhalb einer Ebene (schwebende Auswahlen besitzen kein eigenes Ebenenetikett). Nach dem Aufheben der Auswahl wird sie automatisch in die Bildebene eingerechnet.

Textebenen speichern Text und Schriftattribute und zeigen sie als Bild an. Die Textformatierung kann jederzeit korrigiert werden, ohne daß sich dadurch die Schriftqualität verschlechtert. Textebenen können in normale Bildebenen umgewandelt werden.

Eine **Einstellungsebene** speichert keine Bildinhalte, sondern Korrektureinstellungen wie beispielsweise eine Farb- oder Tonwertkorrektur. Die in einer Einstellungsebene gespeicherten Korrekturwerte wirken sich auf alle darunterliegenden Ebenen aus, verändern aber nicht deren Farbwerte. Die Einstellungen lassen sich jederzeit ändern oder rückgängig machen, ohne daß dadurch die Bildqualität beeinflußt wird.

Hintergrundebene in transparente Ebene umwandeln

Ein Doppelklick auf das Etikett der Hintergrundebene wandelt sie in eine transparente Ebene um.

Schwebende Auswahl in transparente Ebene umwandeln

Schwebende Auswahlen erscheinen nicht mit einem eigenen Etikett in der Ebenenpalette, können aber mit **Ebene, Neu, Ebene durch Ausschneiden** in eine vollwertige Ebene umgewandelt werden.

Operationen für Ebenen

Ebene auswählen

Viele Operationen wirken sich nur auf die aktuelle Ebene aus. Um eine Ebene auszuwählen, wird ihr Etikett in der Ebenenpalette angeklickt; das Etikett wird daraufhin farblich hervorgehoben und in der zweiten Symbolspalte erscheint das Pinselsymbol (🖌). Es kann immer nur eine Ebene aktiv sein.

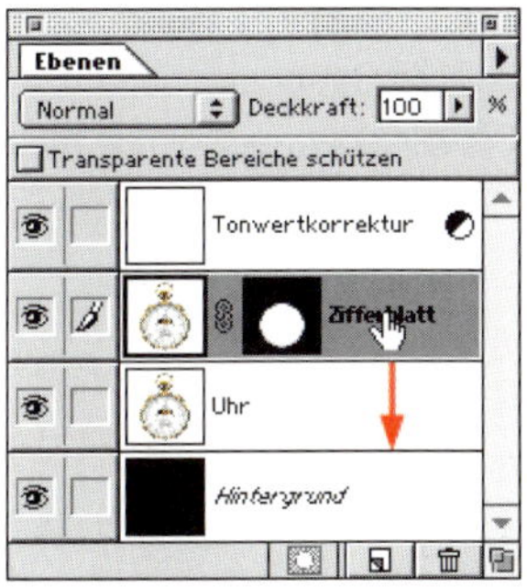

Ebenenreihenfolge ändern

Das Etikett einer Ebene anklicken und an die gewünschte Position verschieben. Oder einen der Befehle aus dem Menü Ebene, Anordnen wählen.

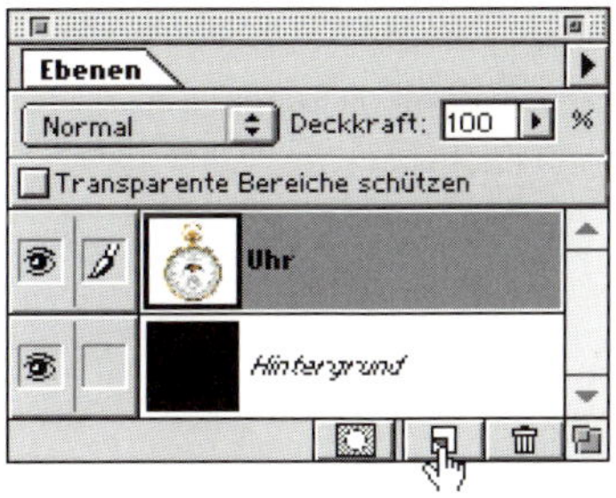

Neue Ebene anlegen

Die Symboltaste Neue Ebene ◱ am unteren Rand der Ebenenpalette legt eine neue, leere Ebene an. Sie erscheint direkt oberhalb der aktiven Ebene und ist automatisch aktiviert. Photoshop numeriert neue Ebenen fortlaufend durch. Mit einem Doppelklick auf das Ebenenetikett läßt sich die Ebene umbenennen.

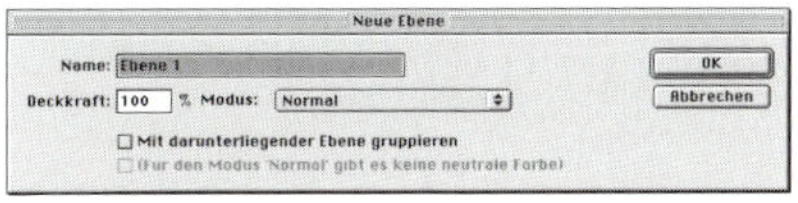

- **Alt/⌥-Taste** blendet den Dialog Neue Ebene ein, der auch mit dem gleichnamigen Befehl aus dem Menü der Ebenenpalette geöffnet werden kann. Im Dialog des Menübefehls können Name, Deckkraft und Deckmodus für die neue Ebene eingestellt und die für den gewählten Modus neutrale – also transparent wirkende – Farbe als Füllfarbe gewählt werden.

Ebene duplizieren

Wird das Etikett einer Ebene auf das Symbol ◱ gezogen, legt Photoshop eine Kopie der Ebene an. Die Kopie erscheint direkt über der Originalebene. (Es kann auch einfach auf das Symbol geklickt werden, wenn die richtige Ebene ausgewählt ist.)

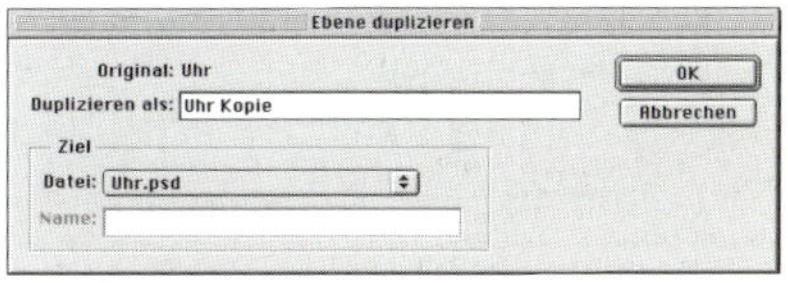

- **Alt/⌥-Taste** blendet den Dialog Ebene duplizieren ein, der auch mit dem gleichnamigen Befehl aus dem Menü der Ebenenpalette geöffnet werden kann. Im Dialog kann ein Name angegeben und die Datei ausgewählt werden, in die die Kopie eingefügt wird. Dabei läßt sich auch eine neue Datei anlegen.

Schnellauswahl: Sichtbare Ebenen auswählen

Tasten	Aktion
Umschalt + Alt/⌥ + .	vorderste Ebene wählen
Alt/⌥ + .	darüberliegende Ebene wählen
Alt/⌥ + ,	darunterliegende Ebene wählen
Umschalt + Alt/⌥ + ,	unterste Ebene wählen

Schnellauswahl: Ebenenreihenfolge ändern

Tasten	Aktion
Umschalt + Strg/⌘ + Ö	Ebene nach vorn stellen
Strg/⌘ + .	um eine Position nach vorn
Strg/⌘ + ,	um eine Position nach hinten
Umschalt + Strg/⌘ + Ä	Ebene nach hinten stellen

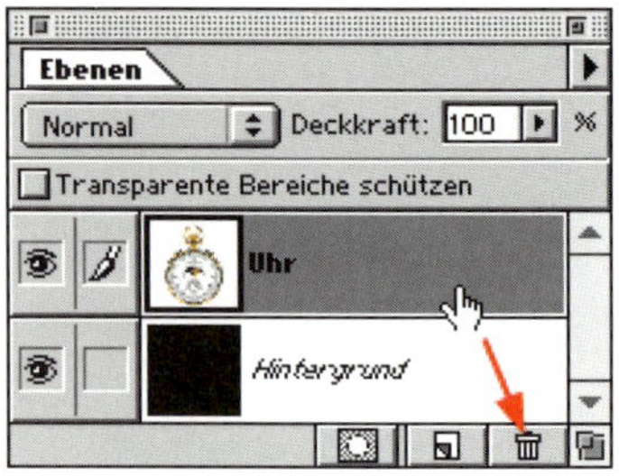

Ebene löschen

Eine Ebene wird gelöscht, indem ihr Etikett auf das Symbol 🗑 gezogen wird. Wie beim Befehl Ebene löschen aus dem Menü der Ebenenpalette wird die Ebene dabei ohne Sicherheitsabfrage entfernt.

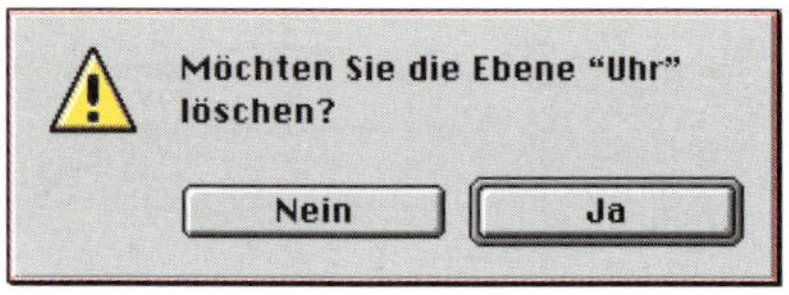

- **Alt/⌥-Taste** blendet eine Sicherheitsabfrage ein, in der der Anwender Gelegenheit hat, den Löschvorgang abzubrechen. Die Sicherheitsabfrage erfolgt auch dann, wenn die zu löschende Ebene aktiviert und ohne Alt/⌥-Taste auf das Symbol 🗑 geklickt wird. (**Achtung:** Wird bei der Klickmethode die Alt/⌥-Taste benutzt, entfällt die Sicherheitsabfrage!)

Ausblenden statt löschen

Sicherer ist es, eine nicht mehr benötigte Ebene zunächst nur auszublenden und erst dann zu löschen, wenn das Bild vollständig fertig bearbeitet ist.

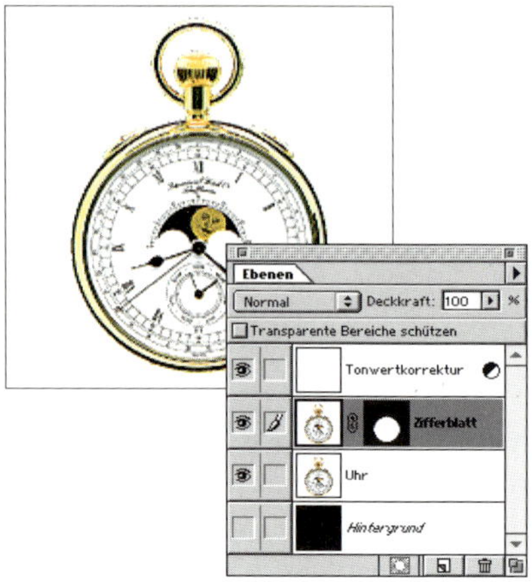

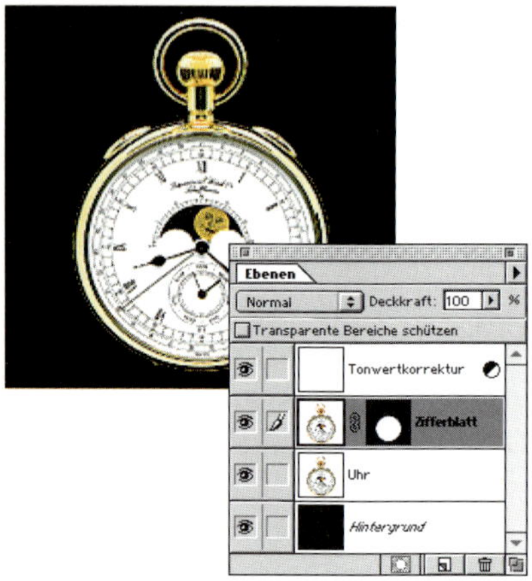

Ebene aus- und einblenden

In der linken Symbolspalte der Ebenenpalette lassen sich Ebenen mit einem Mausklick auf das Augensymbol 👁 aus- bzw. einblenden. Der Inhalt einer ausgeblendeten Ebene ist vorübergehend im Bild nicht mehr sichtbar und wirkt sich auch nicht mehr auf andere Ebenen aus, kann aber jederzeit wieder aktiviert werden. Das Drücken der Alt/⌥-Taste beim Klicken auf 👁 blendet gleichzeitig alle anderen Ebenen aus, ein erneuter Mausklick mit Alt/⌥-Taste auf 👁 blendet alle Ebenen wieder ein.

Enthaltene Ebenen bestimmen

Um für eine Bildstelle zu bestimmen, welche der sichtbaren Ebenen an dieser Stelle Pixel enthalten, wird das Bewegen-Werkzeug aktiviert und dann mit der rechten Maustaste auf diese Bildstelle geklickt (auf dem Macintosh die Maustaste bei gedrückter Ctrl-Taste drücken). Ein Einblendmenü listet alle Ebenen auf.

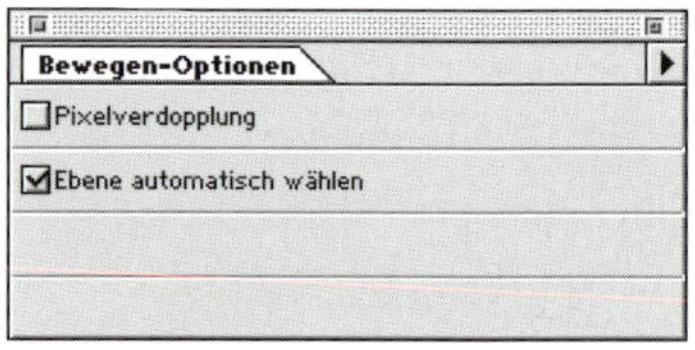

Ebenen-Detektor aktivieren

Wenn in der Palette Bewegen-Optionen für das Bewegen-Werkzeug die Option Ebene automatisch wählen aktiviert ist, wählt das Bewegen-Werkzeug automatisch die oberste Ebene aus, die an der angeklickten Stelle Pixel mit einer Deckkraft von mehr als 50% enthält.

Ausrichten und Verteilen

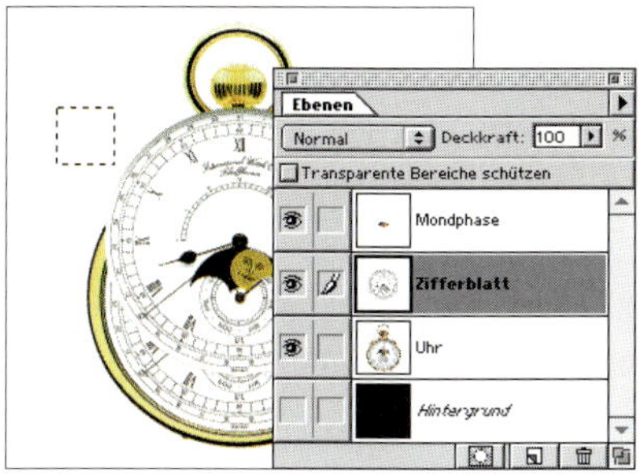

An Auswahl ausrichten

Wenn eine Auswahl aktiv ist, kann der Inhalt einer oder mehrerer Ebenen an ihren Konturen oder ihrer Mittelachse ausgerichtet werden. Dazu muß nur die betreffende Ebene ausgewählt und einer der Befehle aus dem Menü **Ebene, An Auswahl ausrichten** aufgerufen werden. Um mehrere Ebenen gleichzeitig an der Auswahl auszurichten, müssen diese miteinander verbunden werden.

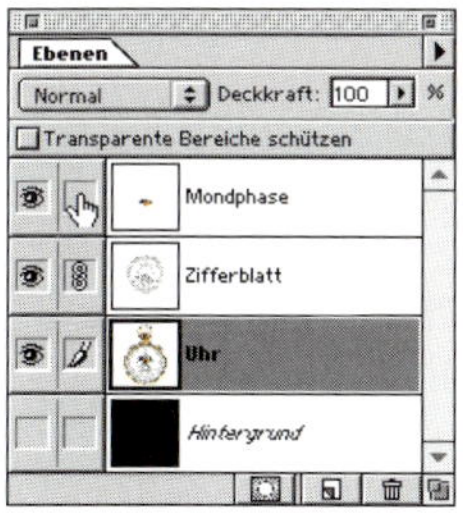

Ebenen verbinden

Um mehrere Ebenen miteinander zu verbinden, wird eine der Ebenen mit einem Mausklick auf ihr Etikett in der Ebenenpalette ausgewählt und anschließend bei den anderen Ebenen in die zweite Spalte geklickt, so daß dort die Verbindungssymbole (🔗) erscheinen.

Verbundene Ebenen ausrichten

Die Befehle aus dem Menü **Ebene, Verbundene ausrichten** richten die Inhalte verbundener Ebenen aneinander aus. Nicht verbundene Ebenen müssen also erst miteinander verbunden werden (Kettensymbole aktivieren).

Die Option **Oben** richtet die oberen Kanten der Ebeneninhalte an der oberen Kante der aktuellen Ebene aus, so daß alle Ebeneninhalte an derselben vertikalen Position beginnen. Die Optionen **Unten, Links** und **Rechts** richten dementsprechend die unteren, linken bzw. rechten Kanten der verbundenen Ebenen am Objekt in der aktuellen Ebene aus.

Die Optionen **Vertikale Mitte** und **Horizontale Mitte** legen für alle verbundenen Ebenen eine gemeinsame vertikale bzw. horizontale Achse fest. Maßgeblich ist auch hier die Mittelachse des Objekts in der aktuellen Ebene.

Verbundene Ebenen verteilen

Mit **Verbundene verteilen** aus dem Menü Ebene werden die Abstände der Inhalte verbundener Ebenen harmonisiert. Nicht verbundene Ebenen müssen also erst miteinander verbunden werden (Kettensymbole aktivieren). Die Objekte mit den jeweiligen Extremkoordinaten bleiben an ihrer Position, die übrigen Objekte werden gleichmäßig dazwischen verteilt. Es müssen als mindestens drei Ebenen verbunden sein, damit ihre Inhalte gleichmäßig verteilt werden können.

Die Option **Oben** orientiert sich beim Verteilen an den oberen Kanten der Ebenenobjekte, so daß diese anschließend gleichmäßige Abstände aufweisen. Die Optionen **Unten, Links** und **Rechts** stimmen dementsprechend die Abstände der unteren, linken und rechten Kanten der Objekte aufeinander ab.

Die Optionen **Vertikale Mitte** und **Horizontale Mitte** orientieren sich beim Verteilen an den Mittelachsen der Objekte und sorgen hier für gleiche Abstände.

Reduzieren von Ebenen

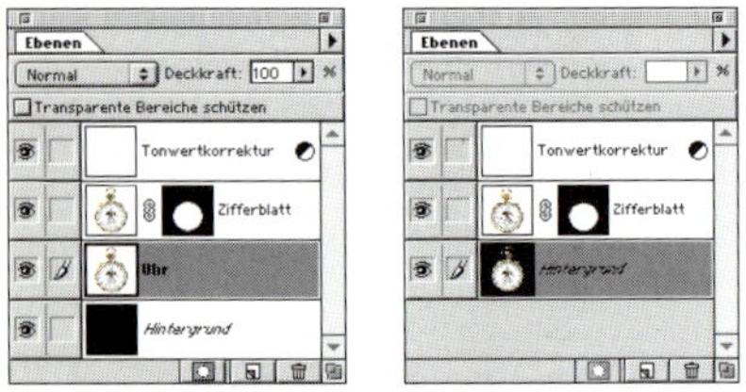

Auf darunterliegende Ebene reduzieren
Zwei übereinanderliegende Ebenen können mit dem Befehl **Mit darunterliegender auf eine Ebene reduzieren** unter Berücksichtigung aller Einstellungen für Deckkraft, Deckmodus, Ebenenmaske etc. ineinandergerechnet werden. Dazu wird die obere der beiden Ebenen aktiviert und mit dem Menübefehl in die untere eingerechnet.

- **Alt/⌥-Taste** rechnet die aktuelle Ebene in die darunterliegende ein, ohne sie zu löschen.

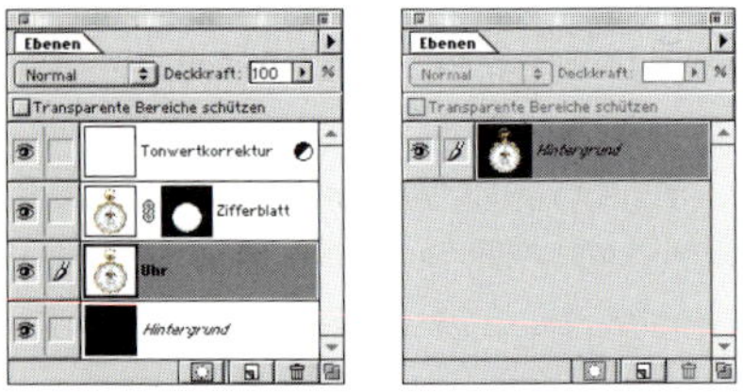

Auf Hintergrundebene reduzieren
Die Funktion **Auf Hintergrundebene reduzieren** faßt alle sichtbaren Ebenen zur Hintergrundebene zusammen. Dabei werden – nach einer Sicherheitsabfrage – alle nicht sichtbaren Ebenen gelöscht. Die Reduktion auf die Hintergrundebene ist Voraussetzung, um eine Datei in einem anderen als dem Photoshop-Format sichern zu können.

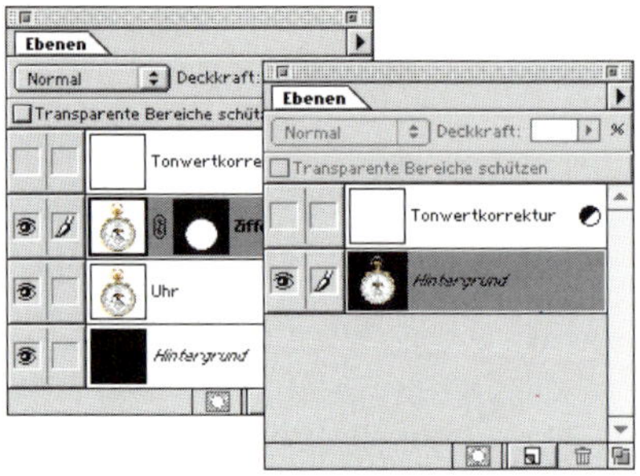

Sichtbare auf eine Ebene reduzieren
Die Funktion **Sichtbare auf eine Ebene reduzieren** aus dem Menü Ebene oder dem Menü der Ebenenpalette faßt alle eingeblendeten Ebenen (Augensymbol sichtbar) zu einer Ebene zusammen. Ausgeblendete Ebenen bleiben erhalten.

- **Alt/⌥-Taste** faßt alle sichtbaren Ebenen in der aktuellen Ebene zusammen, ohne sie zu löschen.

Verbundene auf eine Ebene reduzieren
Auch verbundene Ebenen (Verbindungssymbol 🔗 muß aktiviert sein) lassen sich mit **Verbundene auf eine Ebene reduzieren** aus dem Menü Ebene oder dem Menü der Ebenenpalette in einem Arbeitsschritt zusammenfassen.

- **Alt/⌥-Taste** faßt alle verbundenen Ebenen in der aktuellen Ebene zusammen, ohne sie zu löschen.

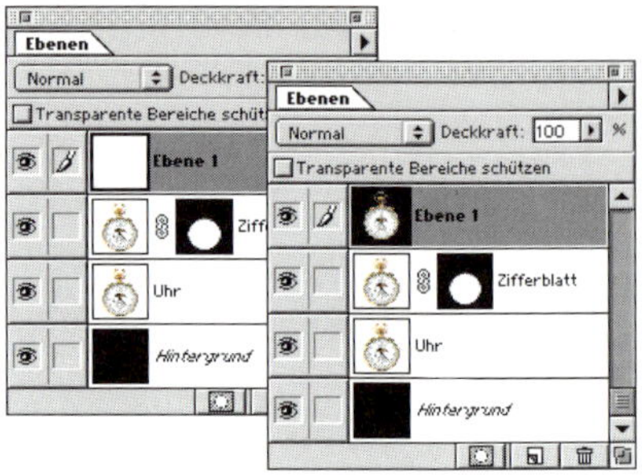

Sichtbare auf eine Ebene reduzieren, ohne die Ebenen zu löschen
Oft ist es hilfreich, wenn die zusammengefaßten Ebenen nicht gelöscht, sondern weiterhin als separate Ebenen bestehen bleiben. Die Alt/⌥-Taste verhindert beim Aufruf des Menübefehls **Sichtbare auf eine Ebene reduzieren** das Löschen der zusammengefaßten Ebenen. Da die Ebenen jedoch in der aktuellen Ebene kombiniert werden, ist sie die einzige, die nicht in ihrem ursprünglichen Zustand erhalten bleibt. Um auch diese Ebene unverändert zu erhalten, wird vor der Reduktion aller sichtbaren Ebenen eine neue, leere Ebene angelegt, die dann das Ergebnis der Ebenenreduktion in sich aufnimmt.

Verbundene auf eine Ebene reduzieren, ohne die Ebenen zu löschen
Wie bei den sichtbaren Ebenen funktioniert der Trick, die Ebenen in einer neuen, leeren Ebene zusammenzufassen, auch mit verbundenen Ebenen.

Transparenz

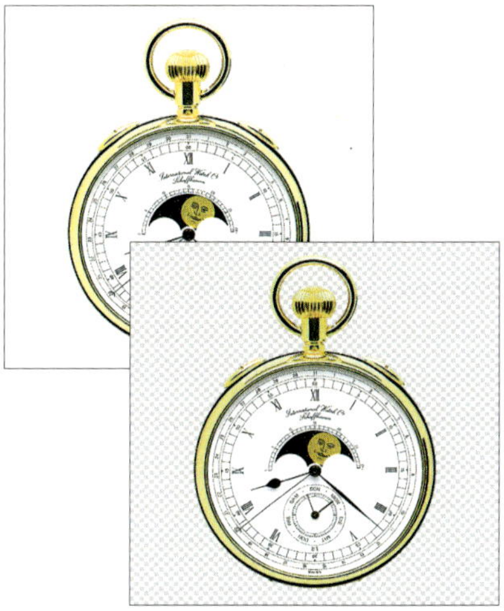

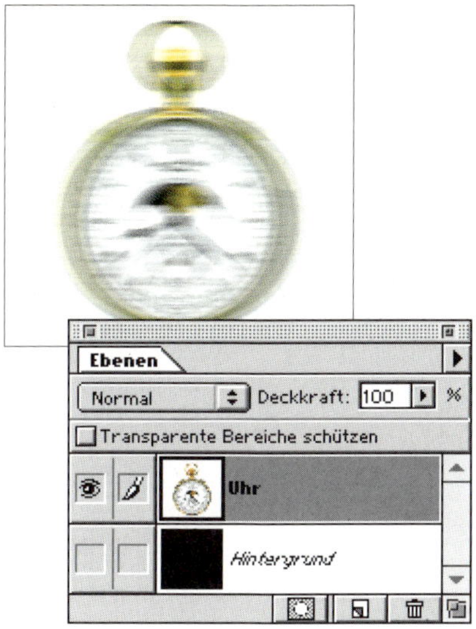

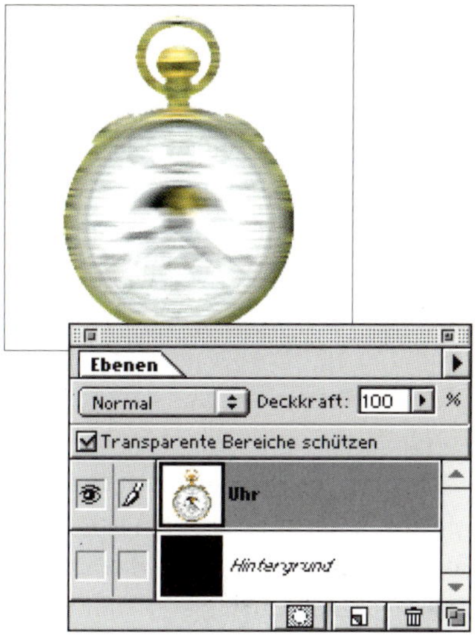

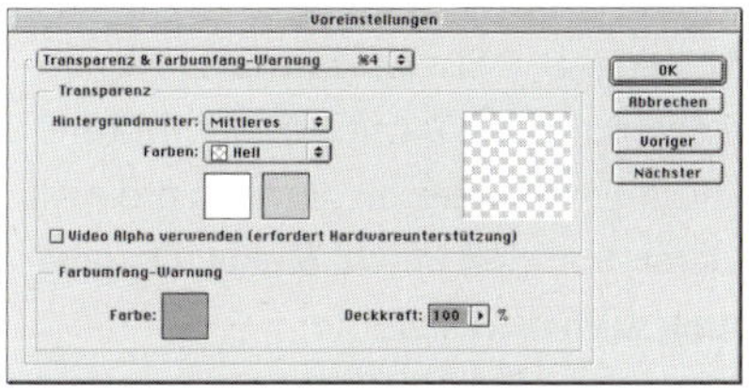

Transparente Bereiche schützen

Die Ebenenoption **Transparente Bereiche schützen** verhindert, daß bei Bearbeitungen in einer Ebene deren Transparenzmaske verändert wird, das heißt innerhalb von transparenten Bereichen neue Bildpixel entstehen. Die Option wird besonders dann angewendet, wenn eine Ebene Objekte enthält (beispielsweise Text), deren Konturen nicht verändert werden dürfen. Alle Operationen wirken sich dann nur auf die bereits vorhandenen Bildpixel aus.

Hintergrund für transparente Bereiche

Im Dialog Datei, Voreinstellungen, Transparenz & Farbumfangwarnung läßt sich der Hintergrund für transparente Bildbereiche – ein Schachbrettmuster aus Kästchen mit auswählbarer Größe und Farbe – einstellen. Welche Größe und Farbe der Kästchen sinnvoll ist, hängt von den Ebeneninhalten und deren Farben ab.

Transparenz als Auswahl laden

Die Transparenzmaske einer Ebene läßt sich mit einem Mausklick bei gedrückter Strg/⌘-Taste auf ihr Etikett in der Ebenenpalette als Auswahl laden (oder mit dem Befehl Auswahl, Auswahl laden). Die Auswahl berücksichtigt dabei die individuelle Deckkraft der Ebenenpixel, das heißt ein nur zu 50% deckendes Pixel wird auch nur halb ausgewählt.

Beim Laden der Transparenzmaske läßt diese sich mit den üblichen Tastenkürzeln auch zu einer bestehenden Auswahl hinzufügen, von ihr abziehen oder mit ihr mischen (siehe »Auswählen« weiter oben).

Ebenentransparenz und Deckkraft

Die Transparenzmaske einer Ebene speichert die individuelle Deckkraft jedes einzelnen Pixels der Ebene. Eine globale Deckkrafteinstellung mit dem Deckkraftregler der Ebenenpalette wirkt sich nicht auf die Transparenzmaske aus.

Maskierungsgruppen

Maskierungsgruppen ermöglichen es, den Inhalt einer Ebene als Maske für andere Ebenen zu verwenden. Die unterste Ebene einer Maskierungsgruppe bildet die Basisebene, deren Transparenzmaske als Maske für die Gruppe dient. Die Inhalte aller darüber angeordneten Ebenen der Maskierungsgruppe werden nur dort sichtbar, wo auch die Basisebene Bildpixel enthält (das heißt: nicht transparent ist). Die Basisebene bestimmt auch die Ebenenoptionen (Deckmodus, Deckkraft usw.) für die gesamte Maskierungsgruppe. Ebenen innerhalb einer Maskierungsgruppe erscheinen in der Palette nur durch eine gepunktete Linie abgetrennt, die Thumbnails der über der Basisebene angeordneten Gruppenebenen sind nach rechts eingerückt.

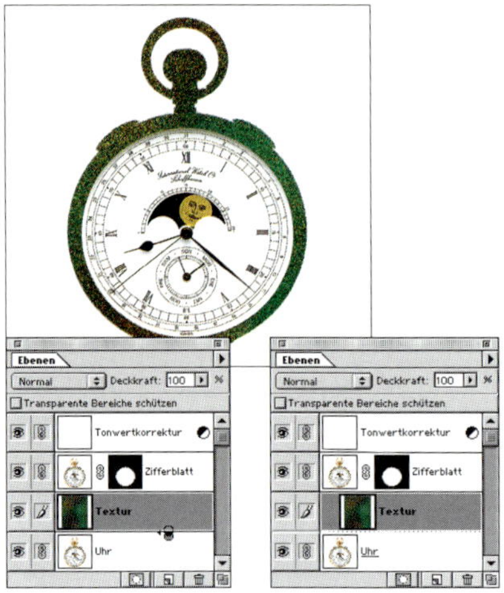

Maskierungsgruppe erstellen

Um zwei Ebenen miteinander zu gruppieren, wird mit gedrückter Alt/⌥-Taste auf die Trennlinie zwischen beiden Ebenen geklickt (‹●). Weitere Ebenen lassen sich nach demselben Schema zur Maskierungsgruppe hinzufügen, wenn sie oberhalb oder unterhalb der Maskierungsgruppe angeordnet werden. Eine unten eingefügte Ebene wird zur neuen Basisebene; die alte Basisebene wird dabei in eine normale Gruppenebene umgewandelt. Oft geht es schneller, wenn die neue Ebene einfach zwischen zwei Gruppenebenen gestellt wird.

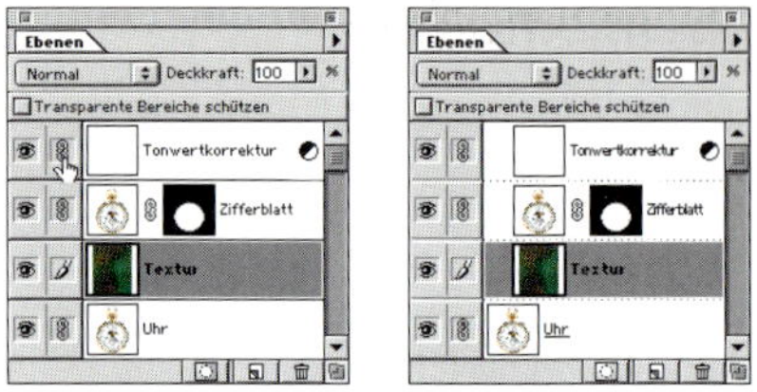

Verbundene Ebenen gruppieren

Zuerst alle Ebenen für die Maskierungsgruppe direkt übereinander anordnen und verbinden (in der zweiten Symbolspalte das Verbindungssymbol 🔗 aktivieren), dann den Befehl **Verbundene Ebenen gruppieren** aus dem Menü Ebenen wählen.

Maskierungsgruppe aufheben

Alt/⌥-Taste drücken und auf die unterste gepunktete Trennlinie der Gruppe klicken (‹●). Oder die Basisebene aktivieren und den Befehl **Ebene, Gruppierung aufheben** wählen.

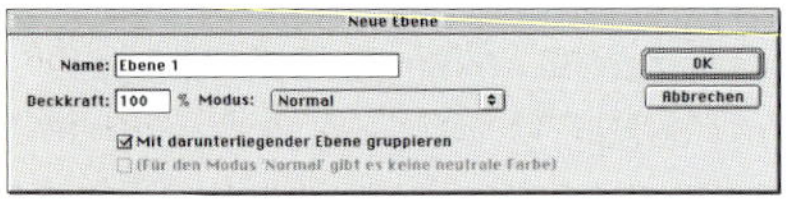

Neue Ebene direkt als Gruppenebene anlegen

Die neue Ebene mit dem Befehl Neue Ebene aus dem Palettenmenü anlegen und im Dialog die Option **Mit darunterliegender Ebene gruppieren** aktivieren. Dies erspart das anschließende Gruppieren.

Ebene aus Maskierungsgruppe herauslösen

Bei gedrückter Alt/⌥-Taste auf die gepunktete Trennlinie unterhalb des Ebenenetiketts klicken (‹●). Alle Ebenen oberhalb der angeklickten Ebenen werden dabei ebenfalls wieder freie Ebenen. Oder Ebenenetikett einfach an eine Position außerhalb der Maskierungsgruppe ziehen.

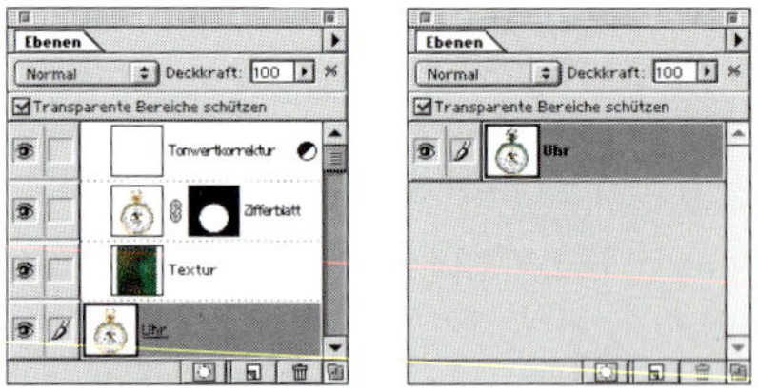

Maskierungsgruppe auf eine Ebene reduzieren

Basisebene aktivieren und **Gruppe auf eine Ebene reduzieren** aus dem Palettenmenü oder dem Menü Ebene wählen.

- **Alt/⌥-Taste** faß die Gruppenebenen in der Basisebene zusammen, ohne sie löschen.

Ebenenmasken

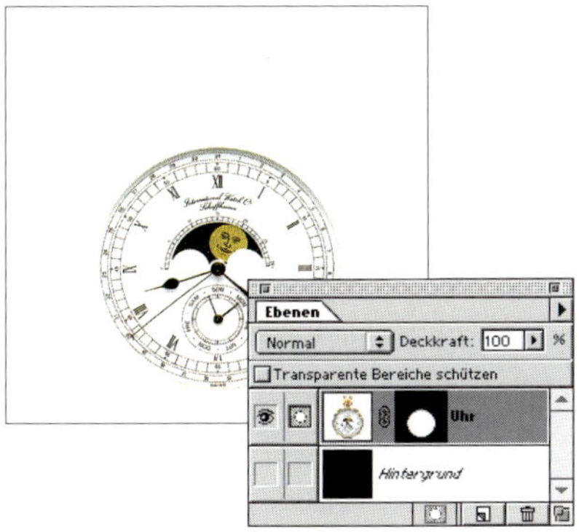

Auswahl als Ebenenmaske sichern
Ebene aktivieren, den für die Maske gewünschten Bereich auswählen und auf das Symbol ▣ der Ebenenpalette klicken. Alternativ kann auch der Menübefehl Ebene, Ebenenmaske hinzufügen, Außerhalb der Auswahl maskieren verwendet werden.

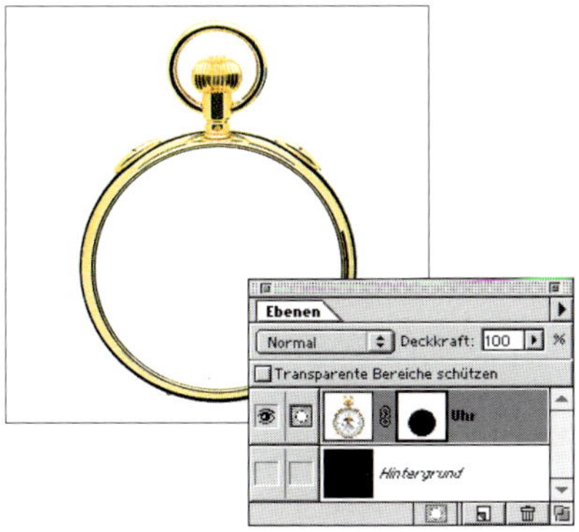

- **Alt/⌥-Taste** maskiert den ausgewählten Bereich, kehrt also die Wirkung der Maske um (wie der Menübefehl Ebene, Ebenenmaske hinzufügen, Auswahl maskieren).

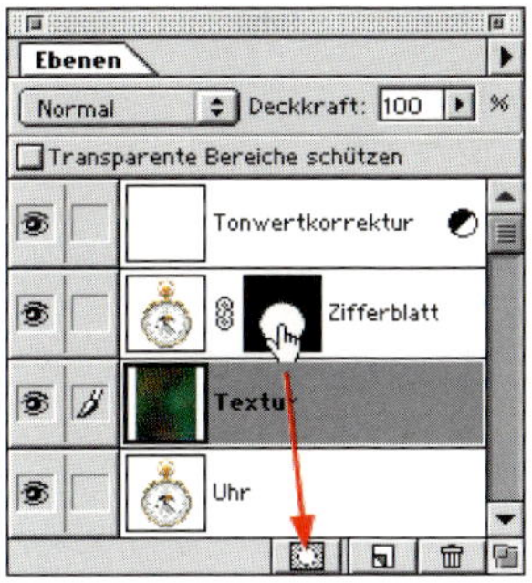

Ebenenmaske duplizieren
Ebenenmasken lassen sich in andere Ebenen kopieren, wenn die Zielebene aktiviert und das Thumbnail der Ebenenmaske auf das Symbol ▣ gezogen wird. Auf die gleiche Weise lassen sich auch Masken von Einstellungsebenen und Transparenzmasken in Ebenenmasken kopieren (Thumbnail der Ebene ziehen).

- **Alt/⌥-Taste** invertiert die neue Maske, kehrt also ihre Wirkung gegenüber dem Original um.

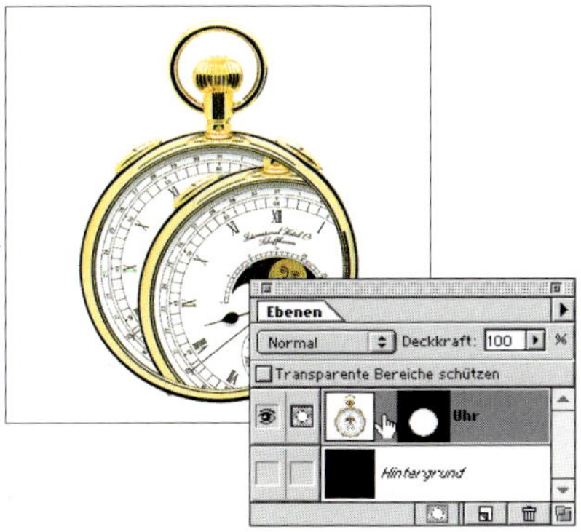

Verknüpfung aufheben
Ebene und Ebenenmaske sind nach dem Neuanlegen miteinander verknüpft (Verknüpfungssymbol 8 zwischen den beiden Thumbnails). Beim Verschieben des Ebeneninhalts mit dem Bewegen-Werkzeug wird auch die Ebenenmaske verschoben. Außerdem verändern einige Filter, die die Bildpixel der Ebene verschieben, auch die Pixelanordnung in der Ebenenmaske. Durch Anklicken des Verknüpfungssymbols kann die Verknüpfung aufgehoben werden. Die Ebenenmaske wird dann nicht von Veränderungen am Ebeneninhalt beeinflußt.

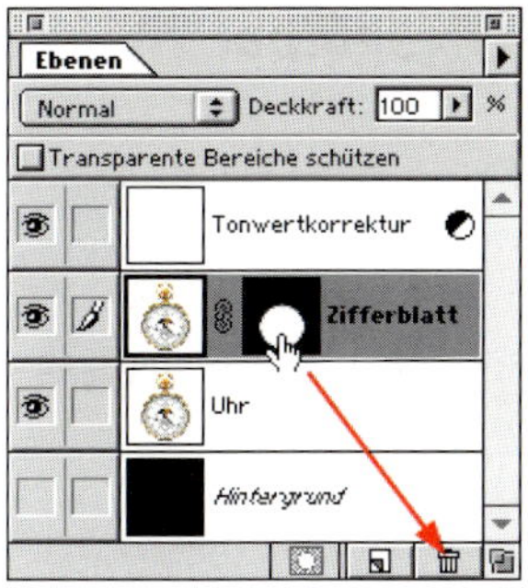

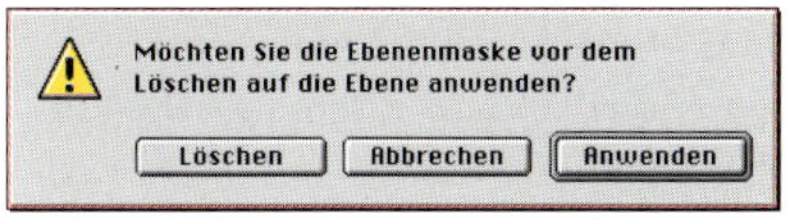

Ebenenmaske anwenden oder löschen
Ebenenmaske auf die Symboltaste Löschen 🗑 am unteren Ende der Ebenenpalette ziehen oder den Befehl Ebene, Ebenenmaske entfernen wählen. Im Dialog kann dann zwischen Anwenden (die Ebenenmaske wird in die Ebene eingerechnet) und Löschen (die Ebenenmaske wird gelöscht, ohne daß ihre Wirkung bestehen bleibt) gewählt werden.

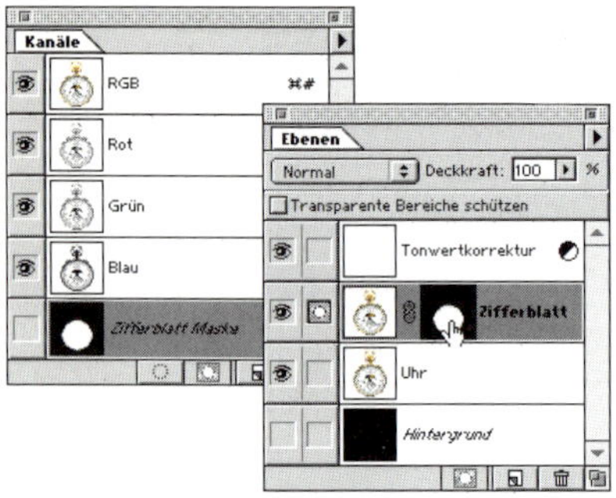

Ebenenmaske auswählen

Zum Aktivieren der Ebenenmaske auf das Thumbnail der Ebenenmaske klicken. Bei aktivierter Ebenenmaske erscheint in der zweiten Symbolspalte anstelle des Pinselsymbols das Maskensymbol ◘.

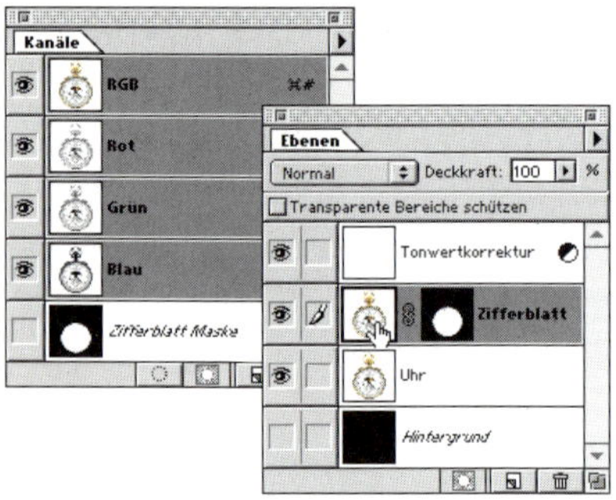

Ebene aktivieren

Um, nachdem die Ebenenmaske aktiviert wurde, wieder zur Ebene zurückzukehren, auf das Thumbnail der Ebene (oder den Ebenennamen) klicken. Es erscheint wieder das Pinselsymbol (✎).

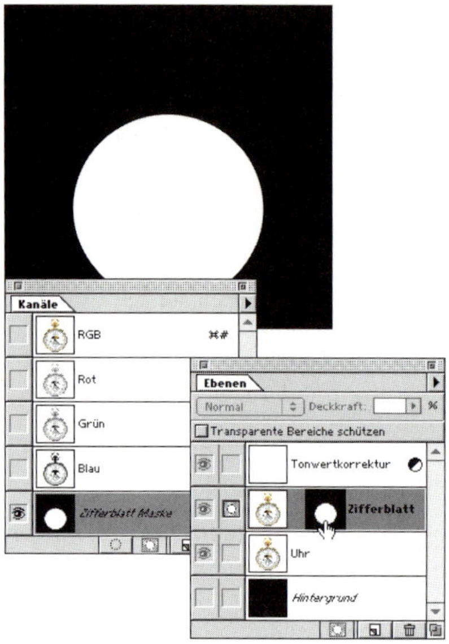

Kanal der Ebenenmaske anzeigen

Mit gedrückter **Alt/⌥-Taste** auf das Thumbnail der Ebenenmaske klicken. Die Ebenenmaske ist dann auch automatisch aktiviert. Ein zweiter Mausklick mit gedrückter Alt/⌥-Taste blendet die Ebenenmaske wieder aus und aktiviert gleichzeitig die Ebene.

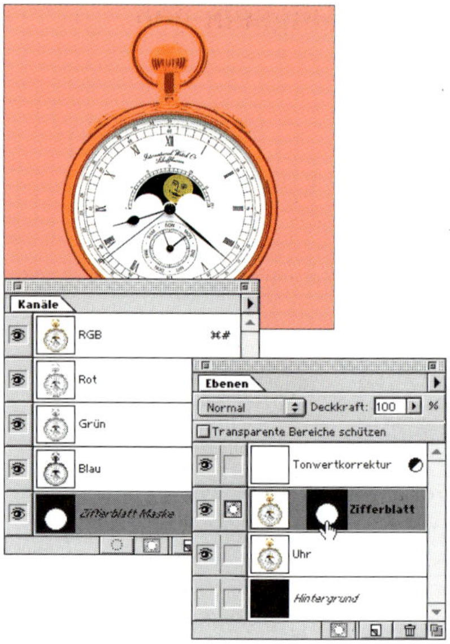

Ebenenmaske in Maskenfarbe einblenden

Mit gedrückter **Umschalt- und Alt/⌥-Taste** auf das Thumbnail der Ebenenmaske klicken, um sie zu aktivieren und die Farbkanäle dabei zusätzlich eingeblendet zu lassen. Erneutes Klicken mit dieser Tastenkombination schaltet die farbige Maskenanzeige wieder aus.

Ebenenmaske aus- und einschalten

Zum Ausschalten der Ebenenmaske (die Ebene wird dann unmaskiert angezeigt) mit gedrückter **Umschalttaste** auf das Thumbnail der Ebenenmaske klicken oder den Befehl Ebene, Ebenenmaske deaktivieren wählen. In der Ebenenpalette erscheint das Thumbnail mit einem roten X durchkreuzt. Die gleiche Tasten-Maus-Aktion bzw. der Befehl Ebene, Ebenenmaske aktivieren aus dem Ebenenmenü schaltet die Ebenenmaske wieder ein.

Einstellungsebenen

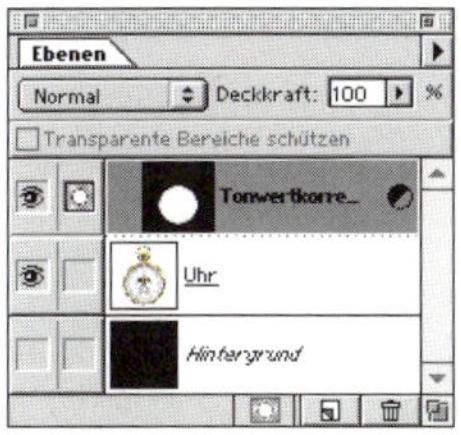

Wirkung einer Einstellungsebene auf eine Bildebene beschränken

Wird eine Einstellungsebene mit einer Bildebene gruppiert, wirkt sie sich nur auf diese Ebene aus. Bereits beim Neuanlegen einer Einstellungsebene kann die Gruppierung mit der Option **Mit darunterliegender Ebene gruppieren** aktiviert werden. (Siehe auch den Abschnitt »Maskierungsgruppen« weiter oben.)

Einstellungen korrigieren

Ein Doppelklick auf den Namen im Etikett einer Einstellungsebene (nicht auf das Thumbnail) öffnet den betreffenden Dialog zur Bildkorrektur. Hier können die Einstellungen verlustfrei korrigiert werden.

Einstellungsebene reduzieren

Beim Zusammenfassen einer Einstellungsebene mit einer Bildebene werden die Einstellungen nur auf diese Bildebene angewendet (auch wenn die Ebenen vorher nicht gruppiert waren) und wirken sich nicht mehr auf darunterliegende Ebenen aus. Einstellungsebenen können nur mit Bildebenen, nicht aber mit anderen Einstellungsebenen zusammengefaßt werden.

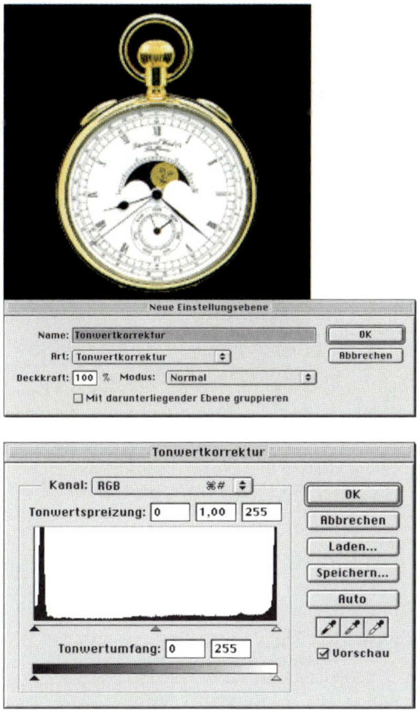

Einstellungsebene anlegen

Eine neue Einstellungsebene wird mit einem Mausklick bei gedrückter Strg/⌘-Taste auf das Symbol Neue Ebene in der Ebenenpalette (oder mit der Funktion Neue Einstellungsebene aus dem Menü Ebene oder dem Menü der Ebenenpalette) angelegt. Im Dialog wird die Art der in der Ebene gespeicherten Korrektur ausgewählt und der Ebene ein Name gegeben (vorgegeben ist der Name der Korrekturart). Anschließend wird der gewählte Korrekturdialog geöffnet, in dem die gewünschte Bildkorrektur eingestellt werden kann.

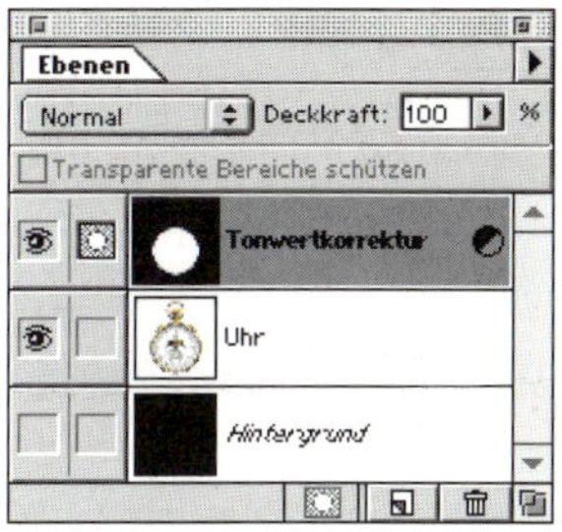

Einstellungsebene maskieren

Wenn sich die Einstellungsebene nicht auf die gesamte Arbeitsfläche auswirken soll, kann sie eine Maske erhalten. Falls beim Neuanlegen einer Einstellungsebene bereits eine Auswahl bestand, wird diese automatisch in eine Einstellungsmaske umgewandelt.

Die Maske läßt sich auch nachträglich mit Malwerkzeugen oder auf andere Art und Weise bearbeiten: Dazu muß die Einstellungsebene nur aktiviert werden. Da Einstellungsebenen keinen Bildinhalt besitzen, wirken sich alle Bearbeitungen automatisch auf die Maske aus.

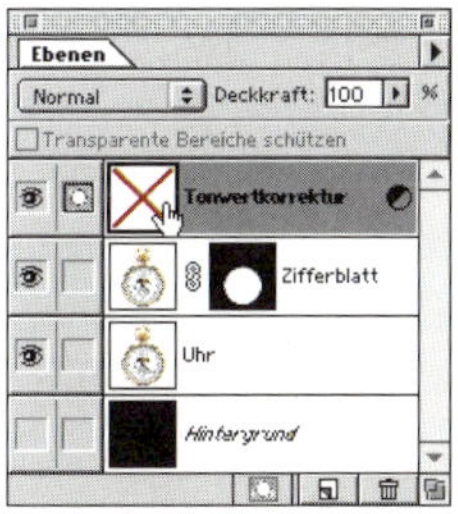

Einstellungsmaske deaktivieren

Ein Mausklick bei gedrückter Umschalttaste auf das Thumbnail der Einstellungsebene deaktiviert die Einstellungsmaske. Die Wiederholung dieser Aktion aktiviert sie wieder.

Deckkraft und Deckmodus

Wie die Wirkung der Malwerkzeuge und die Überblendung der Ebenen mit Hilfe der Deckmodi und der Deckkraft beeinflußt werden können

Deckkraft und Deckmodi werden bei unterschiedlichen Photoshop-Funktionen eingesetzt: bei einigen Mal- und Retuschewerkzeugen, bei Ebenen und bei Bild- und Kanalberechnungen. Die Deckmodi ermöglichen es, übereinandergelegte Pixel auf unterschiedliche Art miteinander zu verrechnen. So lassen sich viele für die Bildmontage wichtige Effekte erzielen. Die Deckkraft regelt die globale Transparenz einer Ebene.

Was heißt »Neutrale Farbe«?

Fast alle Deckmodi besitzen eine neutrale Farbe, die transparent angezeigt wird. Schwarz wird beispielsweise im Modus Negativ multiplizieren unsichtbar. Weiß ist im Modus Multiplizieren und Grau im Modus Ineinanderkopieren nicht zu sehen. Dennoch sind diese Farben in der Ebene enthalten, wie der Wechsel zu einem anderen Modus deutlich vor Augen führt.

Deckkraft über die Tastatur einstellen

Bei der Eingabe eines Deckkraftwertes über die Tastatur muß das Eingabefeld in der Optionenpalette des Werkzeugs bzw. in der Ebenenpalette nicht notwendigerweise markiert sein – alle Eingaben über die **Zifferntasten** werden automatisch in das Deckkraftfeld geschrieben. Bei Eingabe nur einer Ziffer wird die entsprechende Zehnerstufe eingestellt (1 = 10%, 2 = 20% etc.), schnelles Tippen zweier Ziffern hintereinander stellt diesen exakten Wert als Deckkraft ein. Die Null stellt – als Ausnahme von der Regel – eine Deckkraft von 100% ein.

Werkzeug oder Ebene?

Ist ein Werkzeug mit variablem Farbauftrag (Deckkraft, Druck oder Belichtung) aktiviert, wirken die Tasten auf den Farbauftrag des Werkzeugs, sonst auf die Deckkraft der aktiven Ebene.

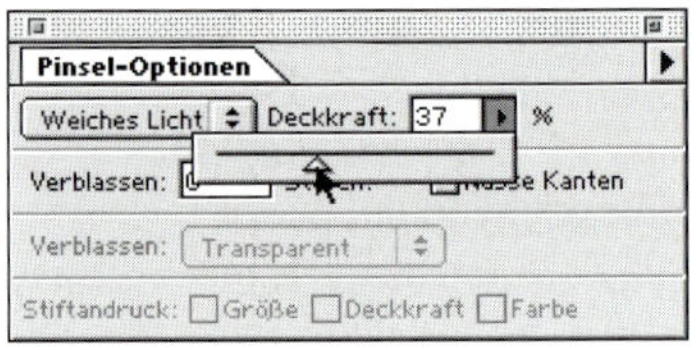

Werkzeuge

Deckmodus und Deckkraft der Mal- und Retuschewerkzeuge werden in der Optionenpalette des Werkzeugs eingestellt. Abhängig vom ausgewählten Werkzeug stehen unterschiedliche Deckmodi zur Auswahl. Die Deckkraft – bei einigen Werkzeugen heißt sie Druck oder Belichtung – bestimmt die Transparenz der mit dem Werkzeug aufgetragenen Farbe oder Pixel. Der Farb- oder Bildauftrag wird beim Malen direkt in die aktuelle Bildebene eingerechnet. Deckkraft und Deckmodus können nachträglich nur über die Funktion Verblassen (Menü Filter) verändert werden, und zwar nur direkt nach ihrer Anwendung.

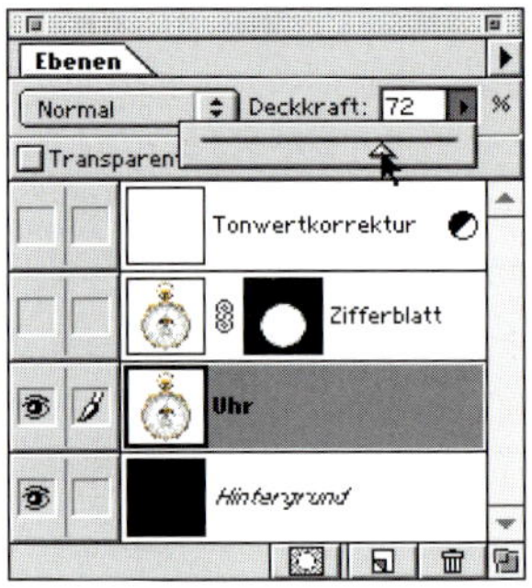

Ebenen

Bei Ebenen erfolgt die Einstellung von Deckmodus und Deckkraft der aktiven Ebene entweder in der Ebenenpalette oder im Dialog Ebenen-Optionen. Die Deckkraft bestimmt die globale Transparenz der Ebene. Falls einzelne Bildbereiche bereits durch andere Effekte (beispielsweise durch eine Ebenenmaske oder ein Malwerkzeug, das mit reduzierter Deckkraft eingesetzt wurde) teiltransparent sind, wird diese Ausgangstransparenz um den mit dem Deckkraftregler gewählten Prozentwert reduziert. Beide Transparenzeinstellungen wirken also zusammen.

Solange die Ebenen nicht zusammengefaßt sind, können Deckkraft und Deckmodus noch geändert werden.

Bild- und Kanalberechnungen

Mit den Befehlen Bildberechnungen und Kanalberechnungen aus dem Menü Bild lassen sich unterschiedliche Kanäle aus einem oder mehreren Bildern kombinieren. Dabei sind in den Dialogen für die Kanalkombination Deckmodus und Deckkraft einstellbar.

Der Befehl Kanalberechnungen ist nur auf einzelne Kanäle anwendbar, mit dem Befehl Bildberechnungen lassen sich auch Gesamtkanäle kombinieren. Voraussetzung für die Anwendung der Befehle auf mehrere Bilder ist, daß die Ausgangsbilder exakt dieselbe Größe und Auflösung haben. Nur dann sind die betreffenden Bilder in den Dialogen der Befehle auswählbar. Das Ergebnis einer Kanalberechnung läßt sich als neues Bild anlegen oder in einen vorhandenen oder neuen Kanal eines geöffneten Bildes einfügen. Ziel der Bildberechnung sind immer die bei Befehlsaufruf aktive Bildebene und der aktive Kanal.

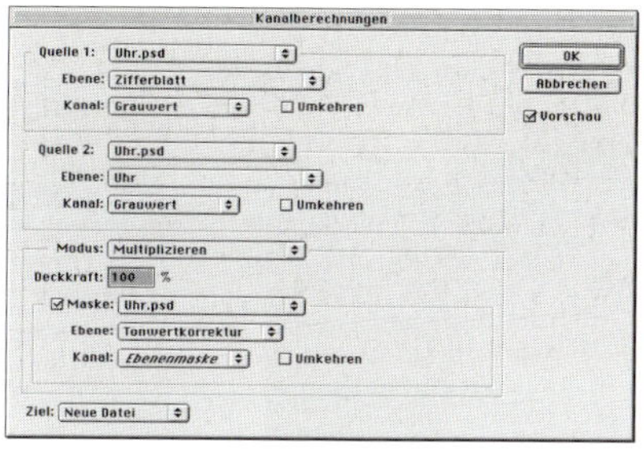

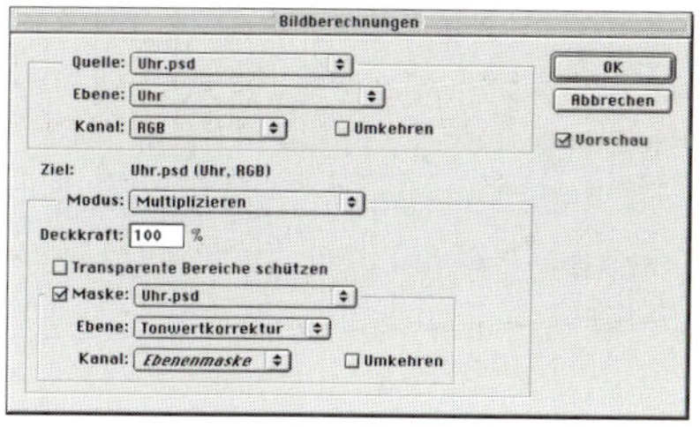

Die Wirkung der Deckmodi

Die Bilder auf den folgenden Seiten zeigen die Wirkung der unterschiedlichen Deckmodi am Beispiel einer freigestellten Taschenuhr, die in einer transparenten Ebene liegt und partiell den Hintergrund aus einer farbigen Textur und einem Graustufenverlauf verdeckt. Um die Moduswirkung besser zu verdeutlichen, werden drei unterschiedliche Deckkrafteinstellungen gezeigt.

Da bei einigen Modi die Stapelfolge der Ebenen nicht beliebig ist, wird deren Wirkung auch bei umgekehrter Ebenenanordnung gezeigt.

Um den Werkzeugmodus Dahinter auftragen in der folgenden Übersicht darstellen zu können, wurde in der transparenten Ebene farbig gemalt.

Bei den Berechnungsmodi Addieren und Subtrahieren wird eine Bildberechnung zwischen zwei Dateien mit den Inhalten der beiden Ebenen gezeigt.

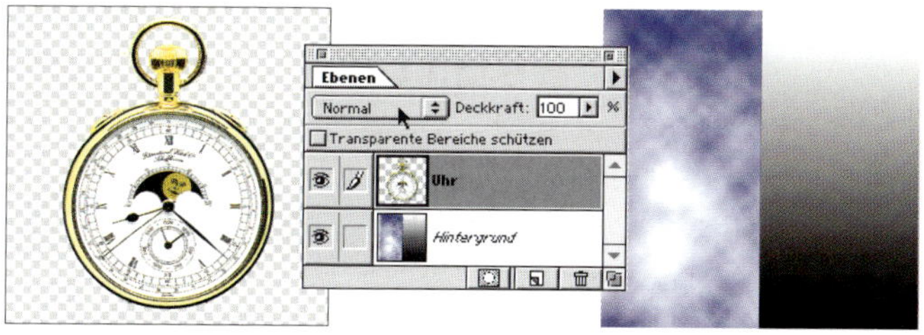

Transparente Ebene **Hintergrundebene**

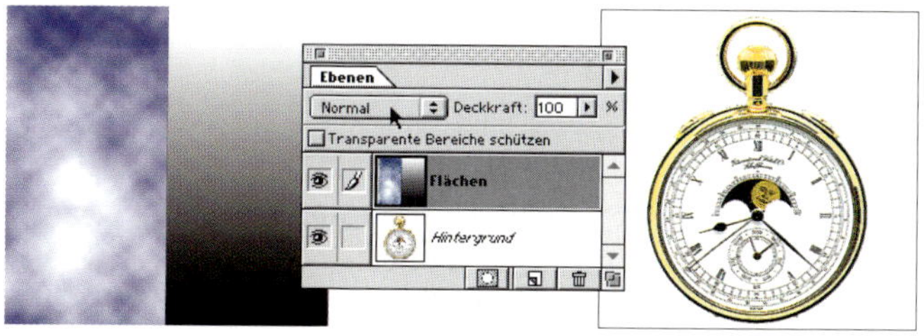

Transparente Ebene **Hintergrundebene**

20% | **60%** | **100%**

Normal behält die Farbe der Pixel bei und überdeckt die darunterliegenden entsprechend der eingestellten Deckkraft.

Sprenkeln (nicht für Berechnungen) behält die Farbe der Pixel in der transparenten Ebene bei. Abhängig von der Deckkraft (< 100%) werden jedoch einige Pixel per Zufallsverteilung vollständig transparent, so daß dort die darunterliegenden Pixel sichtbar sind.

Multiplizieren erzielt einen Effekt, der dem Übereinanderlegen von zwei Positiv-Durchsichtsvorlagen entspricht.

- Neutrale Farbe: Weiß

Negativ multiplizieren entspricht dem Ergebnis, das erreicht wird, wenn zwei Negativ-Durchsichtsvorlagen übereinandergelegt werden und davon ein positives Bild erzeugt wird.

- Neutrale Farbe: Schwarz

Ineinanderkopieren wirkt je nach Helligkeit der Pixel ähnlich wie Multiplizieren oder Negativ multiplizieren. Der Modus Ineinanderkopieren ist die Umkehrung von Hartes Licht.

- Neutrale Farbe: 50% Grau

20% | 60% | 100%

Weiches Licht wirkt wie die Beleuchtung eines Bildes mit diffusem Licht. Dunkle Farben dunkeln darunterliegende Pixel ab, helle Farben hellen sie auf.
- Neutrale Farbe: 50% Grau

Hartes Licht wirkt wie die Beleuchtung eines Bildes mit grellem Licht. Der Modus eignet sich zum Erzeugen von Schattenbereichen. Der Modus Hartes Licht ist die Umkehrung des Modus Ineinanderkopieren.
- Neutrale Farbe: 50% Grau

Farbig abwedeln vergleicht die Farben der Pixel in den Farbkanälen und hellt die Ausgangsfarbe auf.
- Neutrale Farbe: Schwarz

Farbig nachbelichten vergleicht die Farben der Pixel in den Farbkanälen und dunkelt die Ausgangsfarbe ab.
- Neutrale Farbe: Weiß

Abdunkeln vergleicht die Farbanteile der Pixel in jedem Farbkanal und zeigt nur die Pixel an, die dunkler als das darunterliegende Bild sind.
- Neutrale Farbe: Weiß

20% | 60% | 100%

Aufhellen vergleicht die Farbanteile der Pixel in jedem Farbkanal und zeigt nur die Pixel an, die heller als das darunterliegende Bild sind.

- Neutrale Farbe: Schwarz

Differenz subtrahiert die Farbwerte des dunkleren Pixels vom helleren Pixel. Mit diesem Befehl lassen sich beispielsweise leicht die Unterschiede zwischen zwei ähnlichen Bildern bestimmen.

- Neutrale Farbe: Schwarz

Ausschluß arbeitet ähnlich wie Differenz, jedoch mit einer abgeschwächten Wirkung.

- Neutrale Farbe: Schwarz

Zum Vergleich: Einige der oben gezeigten Modi werden in der Praxis auch dazu eingesetzt, ein Objekt, das sich in einer transparenten Ebene befindet (im Beispiel die Uhr), mit einer überlagerten Textur »einzufärben«. In diesem Fall liegt die Texturebene oberhalb der Objektebene. Die nebenstehenden Beispiele zeigen deshalb zum Vergleich nochmals, wie sich die Ebenenmodi bei vertauschter Ebenenreihenfolge auswirken. (Bei den nicht gezeigten Modi spielt die Reihenfolge der Ebenen keine Rolle.)

Ineinanderkopieren

Weiches Licht

Hartes Licht

Farbig abwedeln

Farbig nachbelichten

Uhr oben 100 % | **Fläche oben 50 %** | **Fläche oben 100 %**

Farbton (nicht für Berechnungen) übernimmt den Farbton der aktuellen Ebene, Luminanz und Sättigung jedoch von den darunterliegenden Ebenen. Der Modus färbt also, ohne die Helligkeit zu verändern.

Sättigung (nicht für Berechnungen) übernimmt die Farbsättigung der aktuellen Ebene, Luminanz und Farbton jedoch von den darunterliegenden Ebenen. Grautöne in der aktuellen Ebene lassen die Farben der unteren Pixel unverändert.

Farbton & Sättigung (nicht für Berechnungen) übernimmt Farbton und Sättigung der aktuellen Ebene, Luminanz jedoch vom darunterliegenden Bild. Der Modus eignet sich zum Kolorieren von Bildern. Farbton & Sättigung ist die Umkehrung von Luminanz.

Luminanz (nicht für Berechnungen) übernimmt die Luminanz der aktuellen Ebene, Farbton und Sättigung jedoch von den darunterliegenden Ebenen. Der Luminanz-Modus ist die Umkehrung des Modus Farbton & Sättigung.

Was bedeutet »Umkehrung«?
Daß der Modus Luminanz die Umkehrung von Farbton & Sättigung und der Modus Hartes Licht die Umkehrung von Ineinanderkopieren ist, bedeutet, daß man ein vollkommen identisches Ergebnis erhält, wenn die Ebenenreihenfolge vertauscht und für die obere Ebene der Umkehrmodus eingestellt wird. Dies gilt natürlich nur, solange die beiden Ebenen dieselbe Deckkraft besitzen.

Addieren (nur Berechnungen) berechnet die Summe der Helligkeitswerte zweier Pixel, wodurch sich insgesamt hellere Pixel ergeben. Das Ergebnis wird durch den Skalierungsfaktor (zwischen 1,000 und 2,000) dividiert und zur Verschiebung addiert. Durch einen hohen Skalierungsfaktor oder eine negative Verschiebung wird das gesamte Bild dunkler. Eine positive Verschiebung bewirkt ein helleres Bild.

Skalierung: 1,5
Verschiebung: 0

Skalierung: 1,5
Verschiebung: -30

Skalierung: 1
Verschiebung: -30

Subtrahieren (nur Berechnungen) berechnet die Differenz der Helligkeitswerte zweier Bilder. Das Ergebnis wird durch den Skalierungsfaktor (zwischen 1,000 und 2,000) dividiert und zur Verschiebung addiert. Negative Ergebnisse erhalten den Wert 0 (Schwarz). Skalierungsfaktor und Verschiebung haben denselben Einfluß wie beim Addieren-Modus. Im Gegensatz zum Addieren spielt es hier eine entscheidende Rolle, welches Bild die Quell- und welches die Zieldatei ist.

Zieldatei: Fläche
Skalierung: 1,5
Verschiebung: 0

Zieldatei: Fläche
Skalierung: 1
Verschiebung: 128

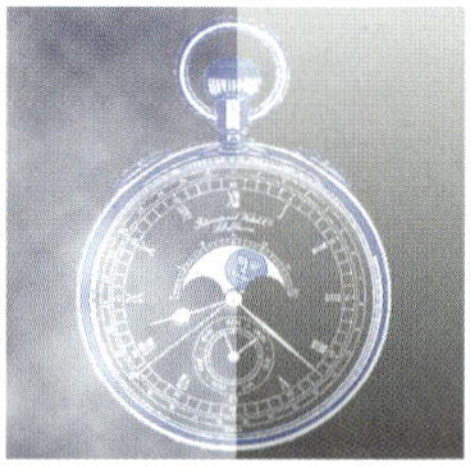

Zieldatei: Fläche
Skalierung: 2
Verschiebung: 200

Zieldatei: Uhr
Skalierung: 1,5
Verschiebung: 0

Zieldatei: Uhr
Skalierung: 1
Verschiebung: 128

Zieldatei: Uhr
Skalierung: 2
Verschiebung: 200

Dahinter auftragen (nur Werkzeuge) malt nur in transparenten Bereichen einer Ebene, als sei deren Transparenzmaske als Auswahl geladen und die Auswahl umgekehrt. Dies wirkt so, als wäre das Motiv auf eine Folie aufgedruckt, auf deren Rückseite gemalt wird.

Ebeneneffekte

Über die erstaunliche Wirkung von Licht- und Schatteneffekten

Das Ausgangsbild

Licht- und Schatteneffekte lassen sich mit den Funktionen aus dem Menü Ebene, Effekte komfortabel einrichten. Die Ebeneneffekte sind auf alle transparenten Ebenen und Textebenen anwendbar, jedoch nicht auf die Hintergrundebene. Die unterschiedlichen Effektarten lassen sich auch miteinander kombinieren, wenn im Dialog Effekte für jede gewünschte Art die Option Anwenden aktiviert wird.

Effekte duplizieren

Um einen Ebeneneffekt in gleicher Form auf eine andere Ebene zu übertragen, wird die Funktion Effekt kopieren (Ebene, Effekte) aufgerufen, die neue Ebene in der Ebenenpalette aktiviert und die Funktion Effekt einfügen gewählt. Mit Effekt einfügen in verbundene kann ein Effekt auf einen Schwung in alle verbundenen Ebenen kopiert werden.

Effekte bearbeiten

Ein Doppelklick auf das Symbol ⓕ im Etikett einer Effektebene (nicht auf den Namen) öffnet direkt den Dialog Effekte, in dem sich die Einstellungen verlustfrei korrigieren lassen.

Effekte maskieren

Wird einer Effektebene eine Ebenenmaske hinzugefügt, erscheint der Licht- oder Schatteneffekt auch an den Konturen der Maske. Dies ist jedoch oft nicht erwünscht. Um einen Effekt so zu maskieren, daß er sich nicht an den Maskenkonturen zeigt, wird der Effekt zunächst in Ebenen umgewandelt (Ebene, Effekte, Ebenen erstellen). Anschließend werden die erzeugten Ebenen wie gewohnt mit einer Ebenenmaske maskiert.

Effekte

Modus Multiplizieren, Deckkraft 75 %, Winkel 120°, Distanz 20 Pixel, Weichzeichnen 20 Pixel, Intensität 5 %

Schlagschatten

Modus Multiplizieren, Deckkraft 75 %, Winkel 120°, Distanz 20 Pixel, Weichzeichnen 20 Pixel, Intensität 20 %

Schatten nach innen

Modus Negativ multiplizieren, Deckkraft 100 %, Weichzeichnen 50 Pixel, Intensität 100 %

Schein nach außen

Modus Normal, Deckkraft 100 %, Weichzeichnen 50 Pixel, Intensität 100 %, Kante

Schein nach innen

Modus Negativ multiplizieren, Deckkraft 100 %, Modus Multiplizieren, Deckkraft 75 %, Stil Relief, Winkel 120°, Farbtiefe 20 Pixel, Oben, Weichzeichnen 20 Pixel

Abgeflachte Kante und Relief

Text

Wie mit Textebenen Schrift und Typo-Effekte in ein Bild integriert werden können

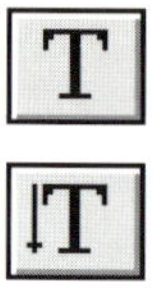

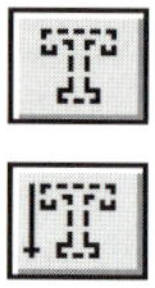

Textwerkzeug

Legt eine neue Textebene an; der Text beginnt an der angeklickten Stelle. Nach dem ersten Mausklick öffnet Photoshop einen Dialog zur Eingabe und Formatierung des Textes. Beim Vertikalen Textwerkzeug stehen die Schriftzeichen nicht nebeneinander, sondern untereinander oder um 90° gedreht (Option Drehen).

- **Alt/⌥-Taste** aktiviert kurzzeitig die Pipette, mit der eine Vordergrundfarbe für den Text aufgenommen werden kann.

Textmaskierungswerkzeug

Arbeitet ähnlich wie das Textwerkzeug, erstellt jedoch anstelle einer neuen Textebene eine Auswahl in der Form des eingegebenen Textes. Die Textauswahl kann wie jede andere Auswahl verwendet und weiterbearbeitet werden (beispielsweise kann ein Bild in die textförmige Auswahl eingefügt werden). Beim Vertikalen Textmaskierungswerkzeug stehen die Schriftzeichen nicht nebeneinander, sondern untereinander oder um 90° gedreht (Option Drehen).

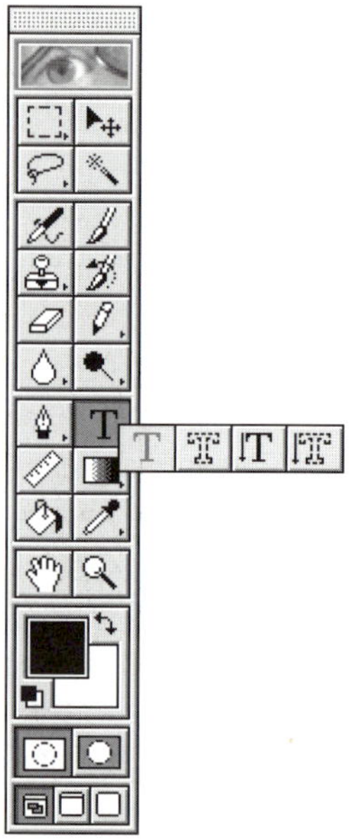

Die Taste T aktiviert das in der Werkzeugpalette sichtbare Textwerkzeug oder Textmaskierungswerkzeug. Das gewünschte Werkzeug kann aus dem Werkzeuguntermenü gewählt werden. Ein Mausklick bei gedrückter Alt/⌥-Taste auf das Werkzeugsymbol oder die Tastenkombination Umschalt + T wechselt zum nächsten Textwerkzeug des Untermenüs, ohne das Untermenü zu öffnen.

Horizontalen Text in vertikalen Text umwandeln

Ein horizontal ausgerichteter Text läßt sich jederzeit in einen vertikal laufenden Text umwandeln – und umgekehrt. Dazu muß nur die Funktion Horizontal oder Vertikal aus dem Menü Ebene, Text gewählt werden. Bei in Bildebenen umgerechnete Textebenen und Textmasken (Textauswahlen) ist eine Änderung der Ausrichtung nicht möglich.

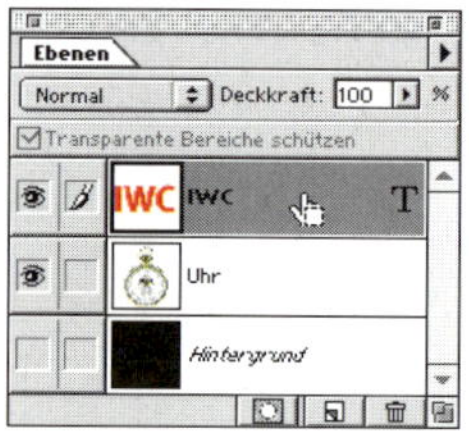

Text in Textmaske umwandeln

Auch aus einer vorhandenen Textebene läßt sich eine Textmaske (Textauswahl) erstellen, ohne erneut dieselben Texteingaben im Dialog Textwerkzeug vornehmen zu müssen: Dazu wird einfach mit einem Mausklick bei gedrückter Strg/⌘-Taste auf das Etikett der Textebene deren Transparenzmaske als Auswahl geladen.

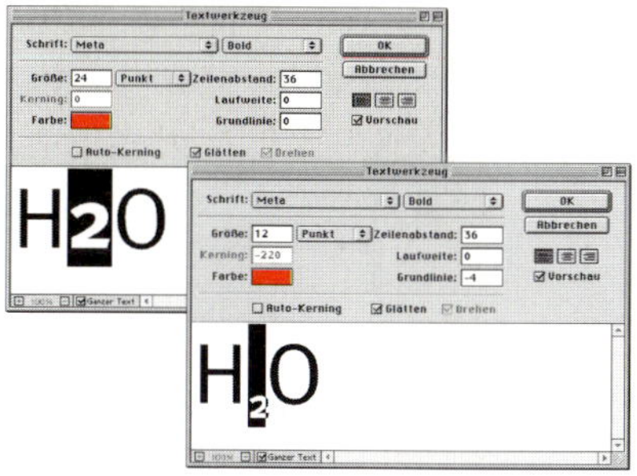

Text formatieren

Im Dialog Textwerkzeug lassen sich Schriftzeichen einzeln markieren und auszeichnen. Das Markieren von Zeichen ist sogar eine notwendige Voraussetzung, um eingegebenen Text zu ändern. Wenn die Textvorschau scheinbar nicht auf Änderungen reagiert, liegt das oft daran, daß kein Text markiert wurde, der Cursor also entweder am Anfang, am Ende oder zwischen zwei Zeichen steht. Zum Markieren einfach die Maustaste gedrückt halten und über die zu formatierenden Schriftzeichen ziehen.

Fast alle Optionen im Dialog Textwerkzeug können individuell einzelnen Zeichen oder Zeichengruppen zugewiesen werden. Davon ausgenommen sind die Optionen Auto-Kerning und Glätten [Anti-Aliased] sowie die Textfarbe. Der Zeilenabstand läßt sich zwar auch individuell vergeben, es gilt jedoch immer der höchste Zeilenabstand in einer Zeile für die gesamte Zeile.

Text bearbeiten

Ein Doppelklick auf das Etikett einer Textebene (nicht auf das Thumbnail) öffnet den Dialog Textwerkzeug. Alle Textänderungen werden ohne Qualitätseinbußen ausgeführt.

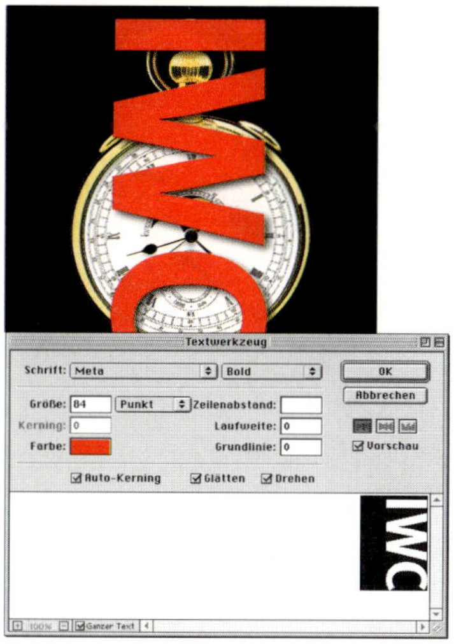

Text um 90° drehen

Für vertikalen Text und vertikale Textmasken steht im Dialog Textwerkzeug die Option **Drehen** zur Verfügung. Bei aktivierter Option werden die Schriftzeichen nicht untereinander angeordnet, sondern der Text um 90° im Uhrzeigersinn gedreht. Die Option läßt sich übrigens auch gezielt nur auf einzelne ausgewählte Zeichen anwenden.

Text verschwunden?

Beim Umwandeln von horizontalen in vertikalen Text oder beim Aktivieren der Option Drehen im Dialog Textwerkzeug kann es vorkommen, daß der Text danach nicht mehr sichtbar ist. Er ist dann nicht etwa gelöscht, sondern liegt außerhalb der Bildbegrenzungen (als sogenannter Bildüberhang). Mit dem Bewegen-Werkzeug läßt er sich wieder in den sichtbaren Bereich zurückholen (die Option Ebenen automatisch wählen in der Palette Bewegen-Optionen muß dafür deaktiviert sein).

Laufweite und Kerning per Tastatur einstellen

Die Buchstabenabstände der eingegebenen Zeichen lassen sich mit der **Alt/⌥-Taste** und den **Richtungstasten** (Pfeil-nach-links- und Pfeil-nach-rechts-Taste) verkleinern bzw. vergrößern. Befindet sich der Cursor zwischen zwei Zeichen, ändert die Tastenkombination das Kerning. Ist der gesamte Text markiert, ändert sich die Laufweite.

Verborgene Regler

Die numerischen Eingabefelder verfügen über »unsichtbare Regler«, die bei ausgefeilten typografischen Einstellungen die mühsame Annäherung an den idealen Wert vereinfachen: Einfach den Cursor ins Eingabefeld setzen und mit den **Pfeiltasten** der Tastatur (Pfeil-nach-oben-Taste und Pfeil-nach-unten-Taste) in vorgegebenen Stufen – diese variieren von Eingabefeld zu Eingabefeld – zu höheren oder niedrigeren Werten »scrollen«. Wird gleichzeitig die **Umschalttaste** gedrückt, springen die Werte um das Zehnfache. Zwischenwerte müssen manuell eingegeben werden (dies gilt übrigens für alle Dialoge).

Text rendern

Auf Textebenen sind zwar Ebeneneffekte anwendbar (Ebene, Effekte), aber beispielsweise keine Filter. Der Text kann eine Farbe erhalten, aber nicht mit einem Farbverlauf gefüllt werden. Um auf eine Textebene solche Funktionen anwenden zu können, muß sie in eine normale Bildebene umgewandelt werden (Ebene, Text, Text rendern). Der Text ist danach aber nicht mehr editierbar.

Pfade

Wie sich mit dem Zeichenstift noch flexiblere Auswahlmöglichkeiten ergeben

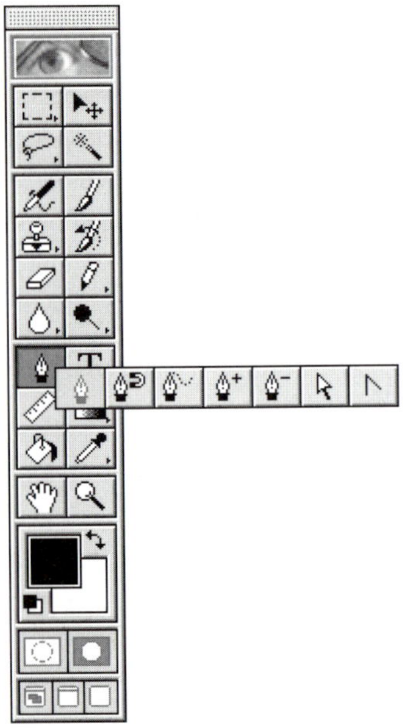

Die Taste P aktiviert das aktuelle Pfadwerkzeug. Umschalt + P oder ein Mausklick bei gedrückter Alt/⌥-Taste auf das momentan sichtbare Pfadwerkzeug wechselt der Reihe nach zwischen den im Untermenü zusammengefaßten Werkzeugen.

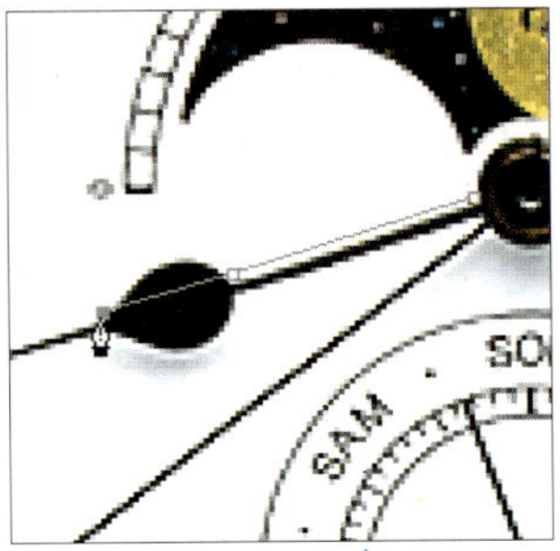

Zeichenstift

Zeichnet einen neuen Pfad. Mit einzelnen Mausklicks entstehen Ankerpunkte, die durch gerade **Linien** verbunden sind. Das Zeichnen eines zusammenhängenden Pfades ist entweder dann abgeschlossen, wenn der Pfad eine geschlossene Form ergibt (Endpunkt an Anfangspunkt heranführen) oder wenn zu einem anderen Werkzeug gewechselt wird.

- **Umschalttaste** schränkt die Bewegung auf Vielfache von 45° ein.

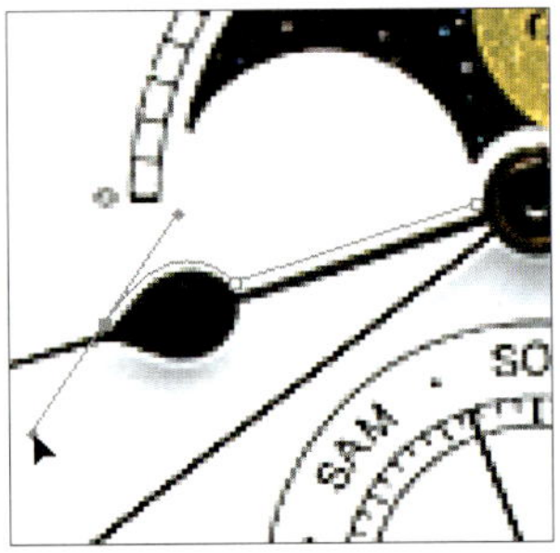

Wird die Maustaste nach dem Setzen eines Ankerpunktes gedrückt gehalten und die Maus bewegt, entsteht eine **Kurve**. Beim Ziehen wird der führende Griff bewegt, der die Form des Segments zum nächsten Punkt bestimmt.

- **Alt/⌥-Taste** aktiviert das Ankerpunkt-umwandeln-Werkzeug. Beim Ziehen wird der führende Griff unabhängig vom anderen Griff bewegt.

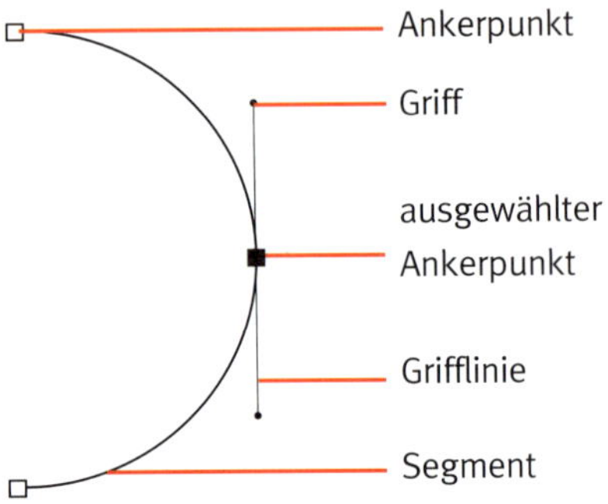

Der Zeichenstift arbeitet ähnlich wie das Bézierwerkzeug eines vektororientierten Grafikprogramms (beispielsweise Adobe Illustrator, Macromedia FreeHand oder CorelDraw). Mit der Maus werden **Ankerpunkte** gesetzt. Die Form des zwei Ankerpunkte verbindenden **Segments** wird durch Ziehen an den zu den Ankerpunkten gehörenden **Griffen** verändert. Mehrere zusammenhängende Segmente werden als **Unterpfad** bezeichnet, Ankerpunkte, die zwischen zwei Segmenten liegen, auch als **Übergangspunkte**.

Alle Pfadwerkzeuge funktionieren kontextabhängig. So wechselt der Zeichenstift beispielsweise über einem bereits gezeichneten Pfad automatisch zum Ankerpunkt-einfügen-Werkzeug.

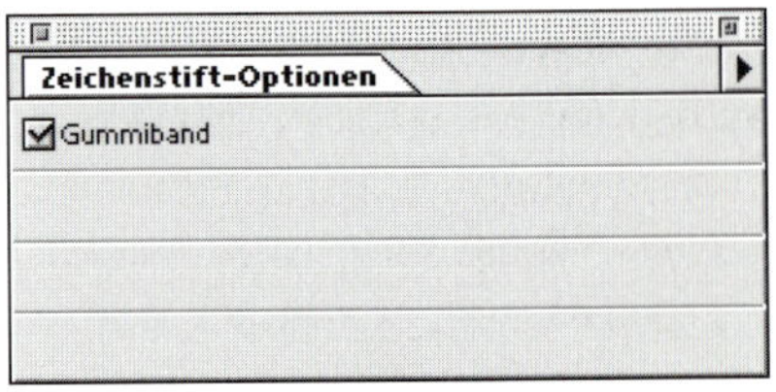

In der Palette **Zeichenstift-Optionen** kann für den Zeichenstift die Option **Gummiband** aktiviert werden. Sie macht das neu gezeichnete Segment auch schon vor dem Setzen des nächsten Ankerpunkts sichtbar.

Magnetischer Zeichenstift
Zeichnet einen neuen Pfad und fixiert die Ankerpunkte entlang von kontrastreichen Konturen. Die Maustaste muß beim Zeichnen nicht gedrückt gehalten werden; es genügt, einmal zu klicken und den Mauszeiger dann an der Kontur entlangzuführen. Mit einzelnen Mausklicks entstehen Befestigungspunkte, die den Pfad vorübergehend fixieren. Ob ein Befestigungspunkt als Ankerpunkt bestehen bleibt oder automatisch gelöscht wird, hängt von der Pfadform und den Einstellungen in der Optionenpalette des Magnetischen Zeichenstifts ab.

Das Zeichnen eines zusammenhängenden Pfades ist abgeschlossen, wenn der Pfad eine geschlossene Form ergibt (Endpunkt an Anfangspunkt heranführen) oder die Eingabetaste betätigt wird.

- **Doppelklick** schließt den Pfad mit einem geraden Segment.
- **Alt/⌥-Taste** aktiviert, wenn die Maus gezogen wird, kurzzeitig den Freiformzeichenstift oder, wenn durch einfaches Klicken nur Punkte gesetzt werden, den normalen Zeichenstift im Gummibandmodus. In beiden Fällen werden die magnetischen Eigenschaften vorübergehend außer Kraft gesetzt.

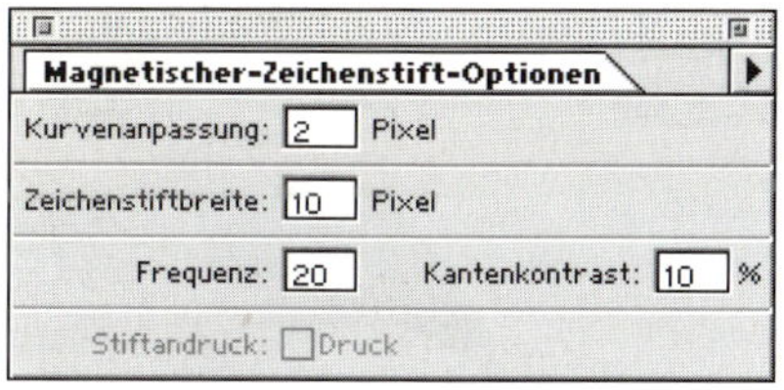

In der **Optionenpalette** des Magnetischen Zeichenstifts läßt sich mit **Kurvenanpassung** (zwischen 0,5 und 10) vorgeben, wie genau sich der Pfad an die Form der Kontur anpassen soll. Kleinere Werte ergeben einen genaueren Kurvenverlauf. Unter **Zeichenstiftbreite** wird der Anziehungsabstand beim Zeichnen des Pfades vorgeben. Je kleiner die Stiftbreite, desto näher muß das Werkzeug an die Kontur herangeführt werden. Über die **Frequenz** wird gesteuert, wie viele Befestigungspunkte (nicht Ankerpunkte) der Magnetische Zeichenstift entlang der Kontur setzt. Mit **Kantenkontrast** wird bestimmt, ab welchem Tonwertunterschied benachbarter Pixel der Magnetische Zeichenstift sie als Kontur erkennt.

Intelligente Werkzeuge
Alle Pfadwerkzeuge funktionieren kontextabhängig, das heißt sie verändern ihre Funktionsweise, je nachdem ob sie sich über einem Pfadsegment, einem Ankerpunkt oder außerhalb eines Pfades befinden. Welche Funktion gerade aktiv ist, ist am Mauszeiger zu erkennen (siehe Tabelle nächste Seite).

Freiformzeichenstift
Erstellt eine frei definierbare Pfadform durch Zeichnen mit der Maus.

- **Alt/⌥-Taste** aktiviert den normalen Zeichenstift im Gummibandmodus (erst Alt/⌥-Taste drücken, dann Maustaste loslassen und mit einzelnen Mausklicks Pfadsegmente fixieren).

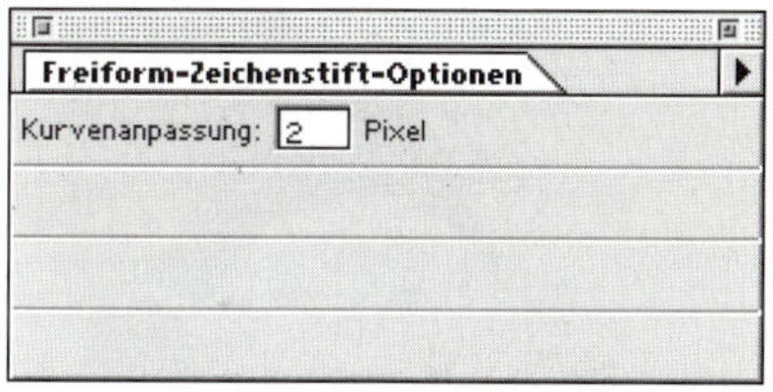

In der **Optionenpalette** des Freiformzeichenstifts wird unter **Kurvenanpassung** angeben, ob der Pfad mit wenigen Ankerpunkten auskommt oder viele Punkte benötigt. Kleinere Werte bedeuten mehr Punkte, aber auch eine höhere Kurvengenauigkeit.

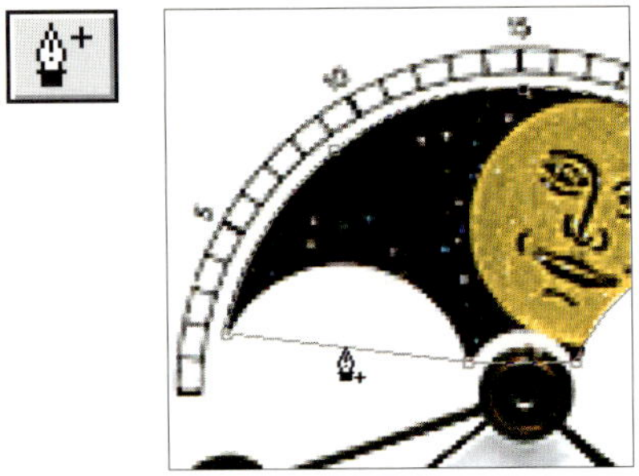

Ankerpunkt-einfügen-Werkzeug

Fügt mit einem Mausklick auf ein Pfadsegment einen neuen Ankerpunkt ein.

- **Alt/⌥-Taste** wechselt über einem Punkt zum Ankerpunkt-löschen-Werkzeug.

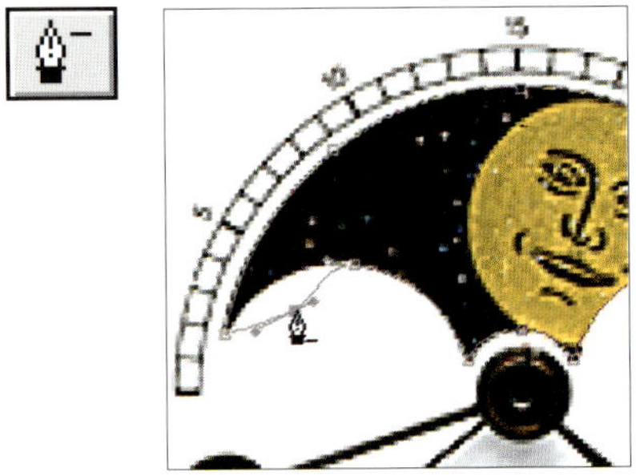

Ankerpunkt-löschen-Werkzeug

Löscht mit einem Mausklick einen Ankerpunkt aus einem Pfad.

- **Alt/⌥-Taste** wechselt über einem Pfadsegment zum Ankerpunkt-einfügen-Werkzeug.

Direktauswahl-Werkzeug aktivieren

Die Strg/⌘-Taste wechselt von jedem Pfadwerkzeug kurzzeitig zum Direktauswahl-Werkzeug. Strg/⌘ + Alt/⌥ aktiviert das Direktauswahl-Werkzeug im Kopie-Modus.

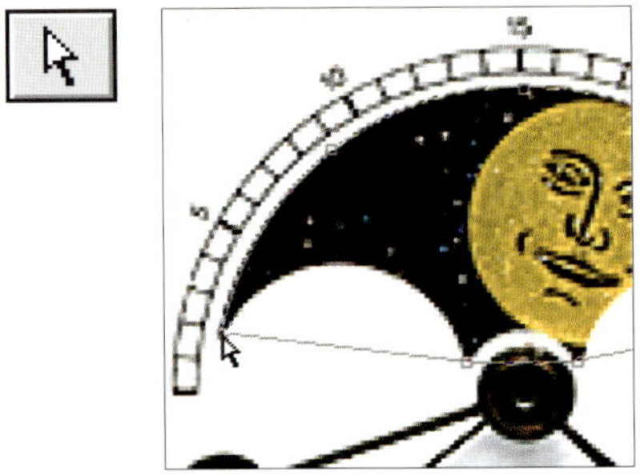

Direkt-Auswahlwerkzeug

Wählt einen Pfad, ein Pfadsegment, einen Ankerpunkt oder einen Griff aus, um durch Verschieben des jeweiligen Pfadelements die Form des Pfades nachträglich zu ändern. Durch Aufziehen eines Auswahlrechtecks können mehrere Ankerpunkte gleichzeitig ausgewählt werden.

- **Umschalttaste** wählt alle nacheinander angeklickten Ankerpunkte aus.
- **Alt/⌥-Taste** aktiviert den Kopie-Modus, in dem das Direktauswahl-Werkzeug ein Duplikat des Pfades erstellt und dieses anstelle des Originals verschiebt.

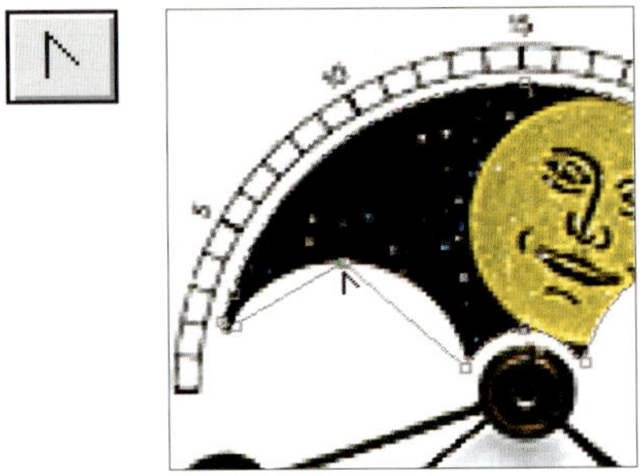

Ankerpunkt-umwandeln-Werkzeug

Wandelt einen Ankerpunkt in einen Eckpunkt ohne Griffe um (auf Ankerpunkt klicken) oder zieht zwei gegenläufige Griffe aus dem Punkt heraus.

- **Umschalttaste** schränkt die Bewegung auf Vielfache von 45° ein.
- **Alt/⌥-Taste** zieht nur einen Griff aus dem Punkt heraus.

Kontextabhängige Funktion: Pfadwerkzeuge

Werkzeug	Auf Segment	Auf Punkt	Außerhalb
 **Zeichenstift**			
 **Magnetischer Zeichenstift**			
 **Freiformzeichenstift**			
 **Ankerpunkt-einfügen-Werkzeug**			
 **Ankerpunkt-löschen-Werkzeug**			
 **Direktauswahl-Werkzeug**			
 **Ankerpunkt-umwandeln-Werkzeug**			

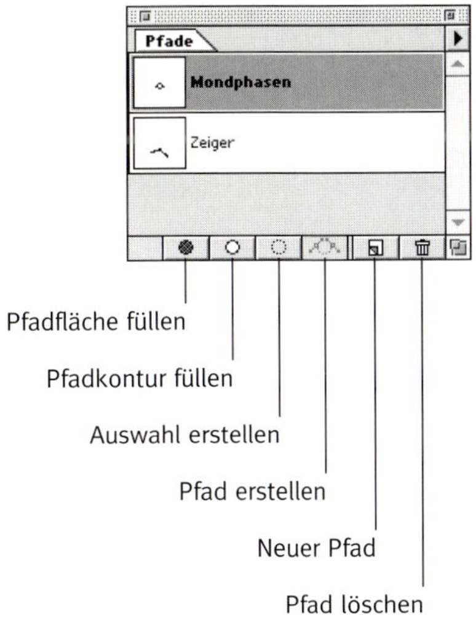

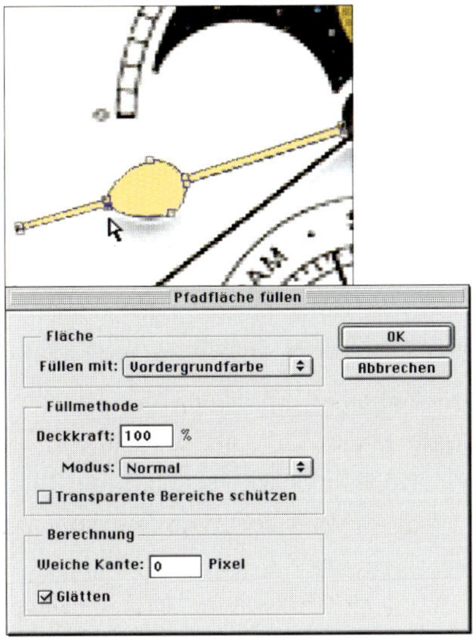

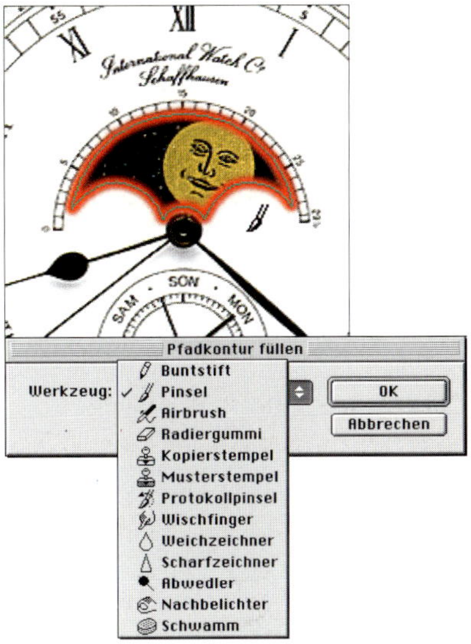

Arbeitspfad als Pfad sichern

Gezeichnete Pfade sollten unter einem Namen gesichert werden, indem ihr Etikett auf das Symbol gezogen wird. Wird zusätzlich die Alt/⌥-Taste gedrückt, erscheint ein Dialog, in dem der Name geändert werden kann. Arbeitspfade haben den Nachteil, daß sie sich weder duplizieren noch in einen Beschneidungspfad umwandeln lassen.

Auswahl in Pfad umwandeln

Das Symbol in der Pfadepalette wandelt eine Auswahl in einen Pfad um. Um die Kurvengenauigkeit vorzugeben, Symbol bei gedrückter Alt/⌥-Taste anklicken.

Auswahl aus Pfad erstellen

Das Symbol in der Pfadepalette wandelt den aktuellen Pfad oder einen ausgewählten Unterpfad in eine Auswahl um. Alternativ kann auch – wie bei Ebenen und Kanälen – bei gedrückter Strg/⌘-Taste auf das Pfadetikett geklickt werden.

Pfadfläche füllen/Unterpfadfläche füllen

Die Symboltaste der Pfadepalette füllt die von einem Pfad oder Unterpfad umschlossene Fläche.

- **Alt/⌥-Taste** blendet den Dialog Pfadfläche füllen ein, der auch mit dem gleichnamigen Befehl aus dem Palettenmenü geöffnet werden kann.

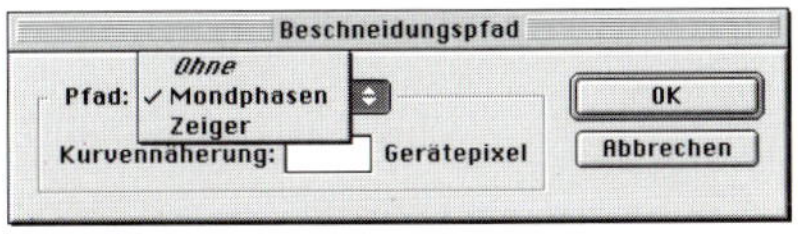

Bild mit Pfad maskieren

Falls ein Bildmotiv in einem Layoutprogramm als Freisteller plaziert werden soll, wird es mit einem Pfad umgrenzt und dieser in einen Beschneidungspfad umgewandelt (Menü der Pfadepalette). Die Datei muß dann im Photoshop-EPS- oder TIFF-Format gesichert werden. Beschneidungspfade werden in der Pfadepalette mit konturierter Schrift gekennzeichnet.

Pfadkontur füllen/Unterpfadkontur füllen

Die Symboltaste zeichnet den Pfad bzw. ausgewählten Unterpfad mit dem in der Werkzeugpalette aktiven Malwerkzeug in der Vordergrundfarbe nach.

- **Alt/⌥-Taste** blendet den Dialog Pfadkontur füllen ein, der auch mit dem gleichnamigen Befehl aus dem Palettenmenü geöffnet werden kann. Im Dialog läßt sich jedes beliebige Mal- oder Retuschewerkzeug wählen.

Pfad verschwunden?

Sobald ein Etikett in der Pfadepalette ausgewählt wird, wird der darin enthaltene Pfad im Bild sichtbar. Falls der Pfad wider Erwarten nicht sichtbar sein sollte, ist er möglicherweise nur ausgeblendet. Die Tastenkombination **Umschalt + Strg/⌘ + H** (oder die Funktion Pfad einblenden aus dem Menü Ansicht) blendet den Pfad wieder ein.

Kanäle

Wie sich mit Kanälen Farben, Auswahlen und Masken erzeugen lassen

In der Kanälepalette werden mehrere Arten von Kanälen unterschieden. An oberster Stelle erscheint der **Gesamtkanal**, der sämtliche Farbinformationen zeigt. Darunter sind die **Farbkanäle** angeordnet, aus denen der Gesamtkanal zusammengesetzt ist. Anzahl und Farbe der Farbkanäle ergibt sich aus dem Farbmodus des Bildes. Jede Ebene des Bildes hat eigene Farbkanäle. Die Kanälepalette zeigt in jedem Farbkanal die Anteile aus allen sichtbaren Ebenen. Neben den Farbkanälen des gewählten Farbsystems kann ein Bild **Volltonfarbkanäle** enthalten, die den Druck mit zusätzlichen Sonderfarben ermöglichen.

Eine andere Funktion als Farbkanäle besitzen die **Alphakanäle:** Sie dienen zur dauerhaften Speicherung und Bearbeitung von Auswahlen. Darüber hinaus listet die Kanälepalette auch **Ebenenmasken** (sofern die aktuelle Ebene eine Ebenenmaske enthält) und Masken von **Einstellungsebenen** (sofern eine Einstellungsebene ausgewählt ist) auf. Bei aktivem **Maskierungsmodus** ist auch dieser mit einem eigenen Etikett vertreten.

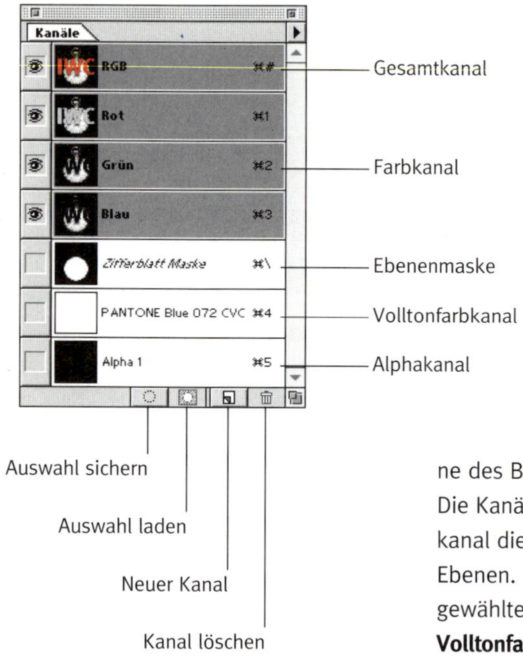

Um nur einen einzelnen Kanal einzublenden und zu aktivieren, einfach die Strg/⌘-Taste gefolgt von der Nummer des Kanals drücken. Strg/⌘ + # wählt den Gesamtkanal.

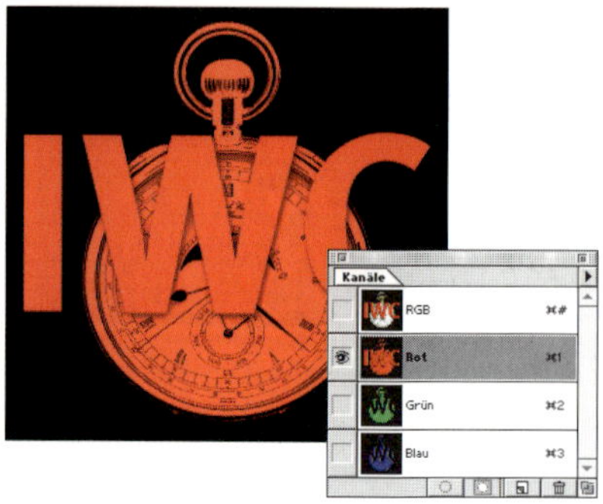

Farbkanäle zur Bearbeitung auswählen

Auch wenn Farbkorrekturen normalerweise am gesamten Bild vorgenommen werden, kann es manchmal hilfreich sein, nur in einem Farbkanal zu arbeiten. Dazu wird einfach auf das Etikett des Farbkanals geklickt. Alle übrigen Kanäle werden dabei automatisch ausgeblendet. Ein Mausklick auf den Gesamtkanal aktiviert automatisch alle Farbkanäle.

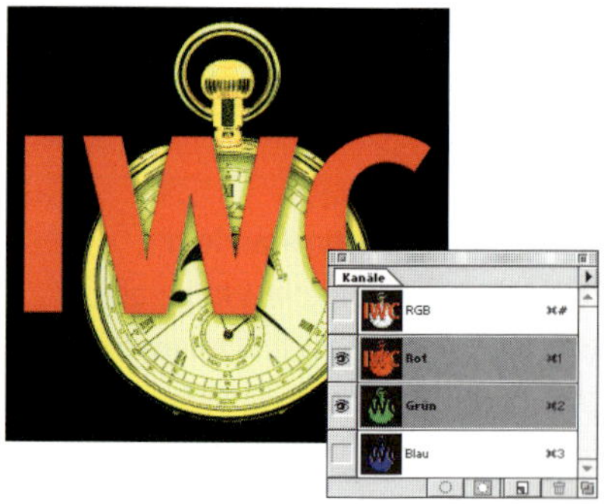

- **Umschalttaste** ermöglicht das gleichzeitige Auswählen mehrerer Farbkanäle oder wählt einen ausgewählten Farbkanal wieder ab.

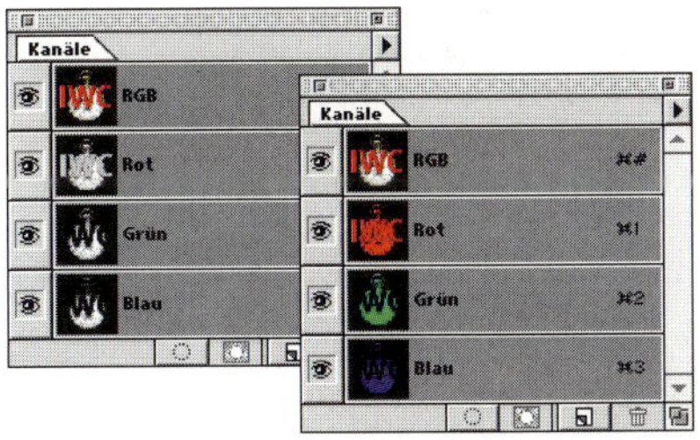

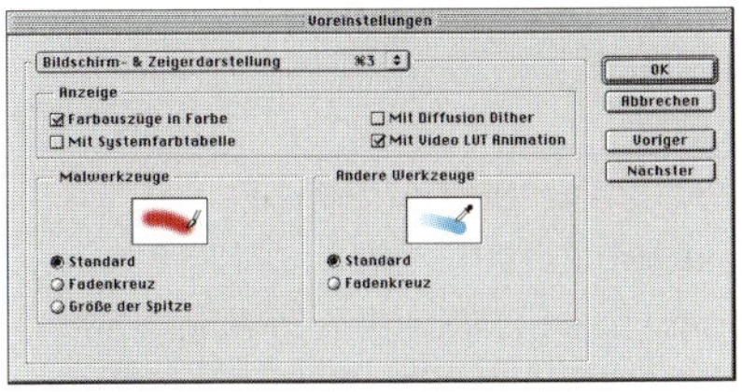

Farbkanäle farbig anzeigen

Der Inhalt eines einzelnen Farbkanals wird normalerweise mit den entsprechenden Grauwerten angezeigt. Nach Aktivieren der Option **Farbauszüge in Farbe** im Dialog Datei, Voreinstellungen, Bildschirm- & Zeigerdarstellung werden Farbkanäle und Volltonfarbkanäle in der Auszugsfarbe bzw. Volltonfarbe angezeigt. Dies betrifft auch die Thumbnails in der Kanälepalette.

Kanal verschieben

Das Etikett eines Alphakanals oder Volltonfarbkanals anklicken und mit gedrückter Maustaste an eine beliebige Position unterhalb der Farbkanäle verschieben. Der Gesamtkanal und die Farbkanäle belegen immer die ersten Plätze in der Palette und können nicht verschoben werden. Die Reihenfolge der Alphakanäle hat keine Auswirkung auf das Bild. Die Anordnung der Volltonfarbkanäle bestimmt, in welcher Reihenfolge sie auf einem Drucker oder Belichter ausgegeben werden.

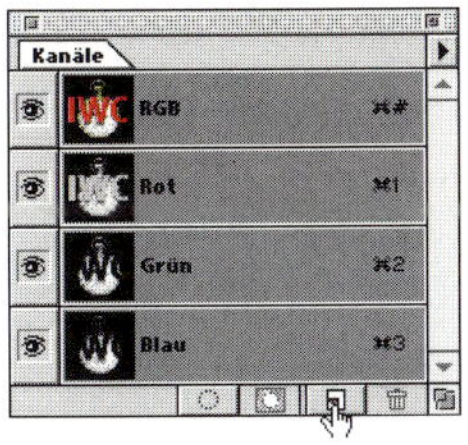

Neuen, leeren Alphakanal anlegen

Das Symbol ◨ in der Kanälepalette fügt in die Palette einen neuen Alphakanal an unterster Stelle ein. Der neue Kanal wird automatisch aktiviert.

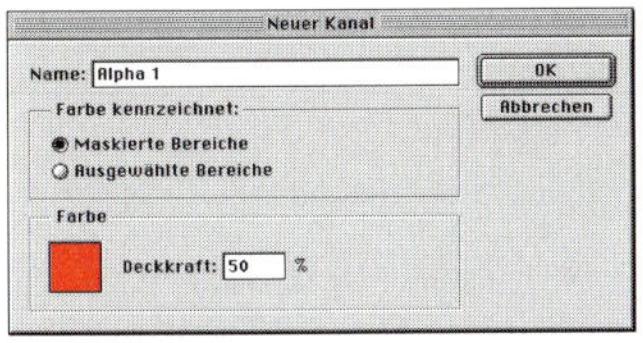

- **Alt/⌥-Taste** blendet den Dialog Neuer Kanal ein (der auch mit dem gleichnamigen Befehl aus dem Menü der Kanälepalette geöffnet wird). Im Dialog läßt sich ein Name vergeben und bestimmen, welche Bereiche – maskierte oder nicht maskierte – in der Maskenfarbe angezeigt werden sollen, wenn der Kanal zusätzlich zu anderen Kanälen eingeblendet wird.

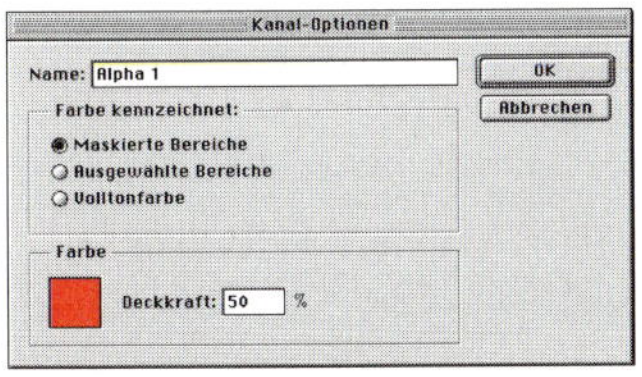

Kanal umbenennen

Alphakanäle (und auch Volltonfarbkanäle, aber keine normalen Farbkanäle) können im Dialog Kanal-Optionen, der mit einem Doppelklick auf das Kanaletikett eingeblendet wird, einen neuen Namen erhalten.

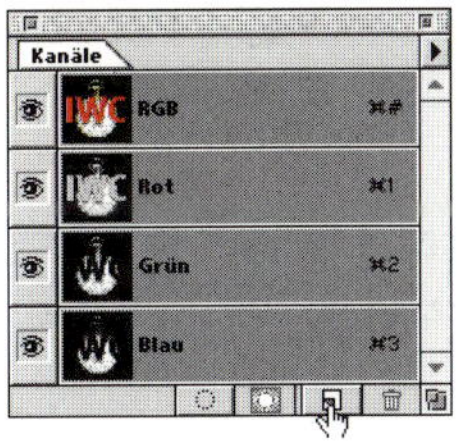

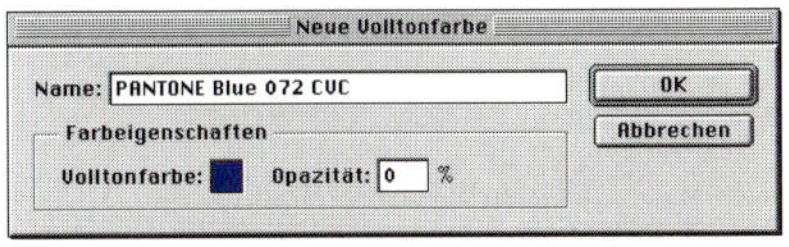

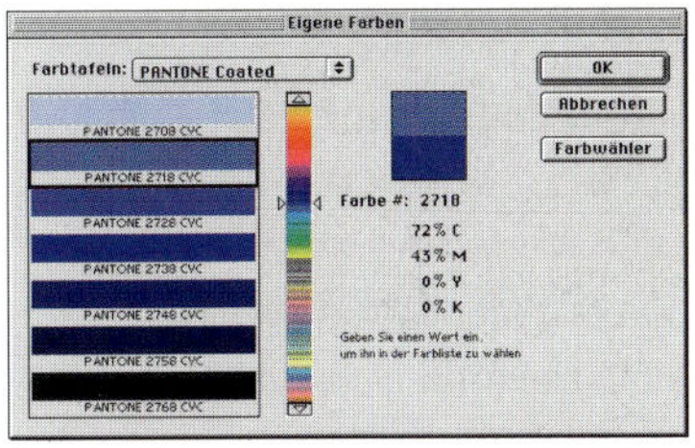

Neuen Volltonfarbkanal anlegen

Ein neuer Volltonfarbkanal wird mit einem Mausklick bei gedrückter **Strg/⌘-Taste** auf das Symbol ◨ in der Kanälepalette oder der Funktion Neue Volltonfarbe [Neuer Vollfarbenkanal] aus dem Menü der Kanälepalette angelegt. Im Dialog kann mit einem Mausklick auf das **Farbfeld** die gewünschte Schmuckfarbe aus einer der Farbbibliotheken ausgewählt werden. Photoshop übernimmt den Farbnamen automatisch als Name für den Kanal. Die Option **Opazität** [Tonwert] ist für eine korrekte Wiedergabe der Deckwirkung der Farbe am Bildschirm zuständig. Für voll deckende Farben wie Metalliclacke ist eine Opazität von 100% einzustellen, bei lasierenden Farben ist die Opazität entsprechend niedriger zu veranschlagen. Diese Option steuert nur die Bildschirmdarstellung, hat also keinen Einfluß auf die Farbmenge im Volltonfarbkanal.

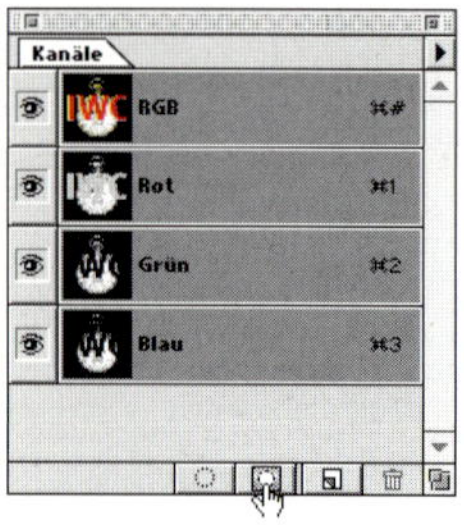

Auswahl als Alphakanal oder Volltonfarbkanal sichern

Bei aktiver Auswahl auf das Symbol am unteren Rand der Kanälepalette klicken, um einen neuen Alphakanal einzufügen, oder bei gedrückter Strg/⌘-Taste klicken, um einen Volltonfarbkanal zu erstellen. Die zuvor ausgewählten Bereiche erscheinen im Kanal als weiße Bereiche, nicht ausgewählte schwarz. Teilweise ausgewählte Bereiche gehen als graue Pixel in den Kanal ein.

- **Alt/⌥-Taste** (nur bei Alphakanälen) öffnet den Dialog Neuer Kanal, in dem ein Name für den Alphakanal vorgegeben werden kann.

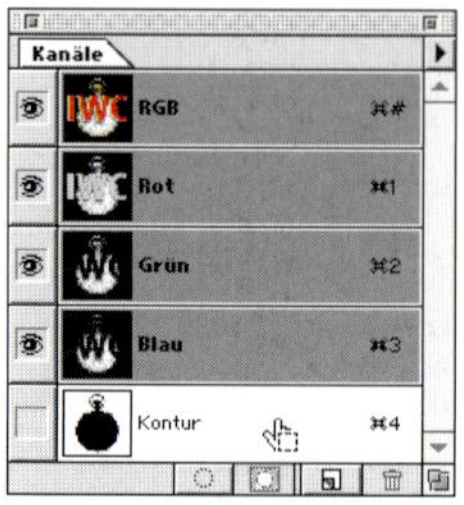

Kanal als Auswahl laden

Mit gedrückter Strg/⌘-Taste auf das Etikett des gewünschten Alphakanals klicken (auch Farb- und Volltonfarbkanäle lassen sich als Auswahl laden). Das Etikett kann auch auf das Symbol gezogen werden. Wenn der Kanal bereits ausgewählt ist, genügt ein einfacher Mausklick auf das Symbol.

Falls bereits eine Auswahl besteht, läßt sich die Kanalauswahl mit ihr kombinieren. Für die Kombinationsarten Hinzufügen, Abziehen und Schnittmenge sind bestimmte Tastenkürzel festgelegt (siehe Tabelle), die übrigens auch bei Pfaden, Ebenenmasken und Transparenzmasken funktionieren.

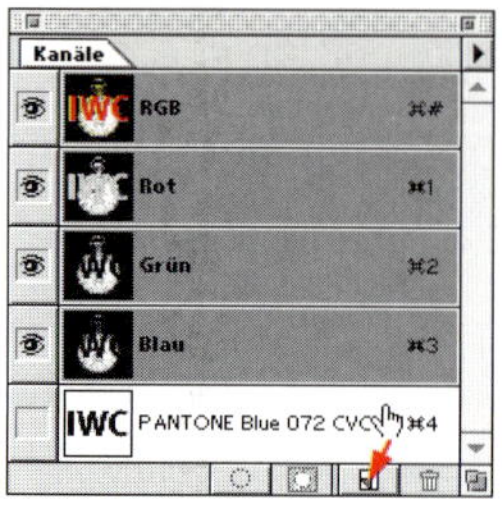

Kanal duplizieren

Etikett des Kanals auf das Symbol in der Kanälepalette ziehen.

- **Alt/⌥-Taste** blendet wie der gleichnamige Befehl aus dem Palettenmenü den Dialog Kanal duplizieren ein. Der Dialog ermöglicht es auch, den Kanal in eine andere geöffnete Datei gleicher Größe oder in eine neue Graustufendatei zu kopieren. Die Option Umkehren vertauscht dabei maskierte und ausgewählte Bereiche.

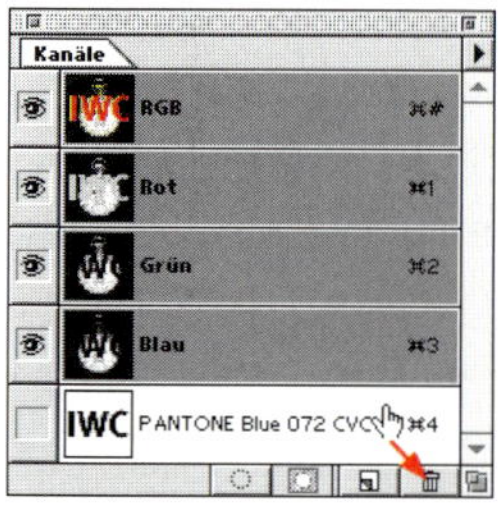

Kanal löschen

Kanaletikett auf das Symbol ziehen oder den Befehl Kanal löschen aus dem Palettenmenü wählen. Um einen Kanal mit Sicherheitsabfrage zu löschen, wird sein Etikett markiert und das Symbol nur angeklickt. **Achtung:** Durch das Löschen eines Farbkanals verliert das Bild seinen Farbmodus und es entsteht ein auf die Hintergrundebene reduziertes Mehrkanalbild.

Kombinationen: Kanal als Auswahl laden

Tasten	Aktion
Strg/⌘	Kanal als Auswahl laden
Umschalt + Strg/⌘	Kanal zur Auswahl hinzufügen
Strg/⌘ + Alt/⌥	Kanal von der Auswahl abziehen
Umschalt + Strg/⌘ + Alt/⌥	Schnittmenge aus Kanal und Auswahl bilden

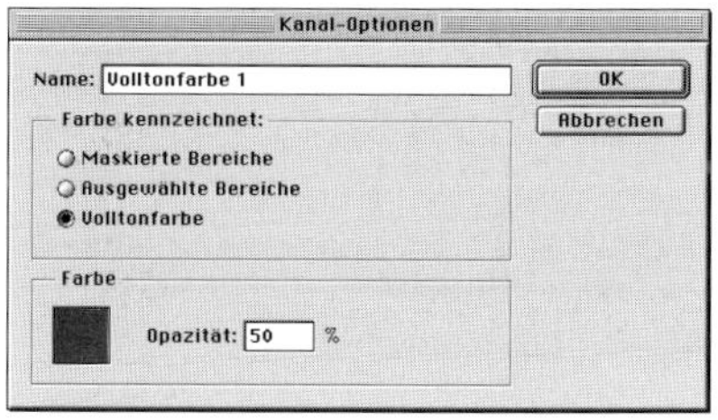

Alphakanal in Volltonfarbkanal umwandeln

Um einen Alphakanal in einen Volltonfarbkanal umzuwandeln, wird mit einem Doppelklick auf das Kanaletikett der Dialog **Kanal-Optionen** geöffnet und die Option Volltonfarbe aktiviert. Bevor der Dialog geschlossen wird, sollte mit einem Mausklick auf das Farbfeld die gewünschte Schmuckfarbe aus einer der angebotenen Farbpaletten ausgesucht und die Opazität der Farbe eingegeben werden.

Ebene in Volltonfarbkanal umwandeln

Da sich eine Ebene nicht direkt in einen Volltonfarbkanal umwandeln läßt, wird zunächst deren Transparenzmaske mit einem Mausklick bei gedrückter Strg/⌘-Taste auf ihr Etikett in der Ebenenpalette als Auswahl geladen. Die Auswahl wird anschließend umgekehrt (Auswahl, Auswahl umkehren). Ein Mausklick bei gedrückter Strg/⌘-Taste auf das Symbol in der Kanälepalette speichert die Auswahl in einem neuen Volltonfarbkanal.

Bild mit Volltonfarben sichern

Da die Verwendung von Volltonfarben nur dann Sinn macht, wenn das Bild im Vierfarbdruck mit einer oder mehreren zusätzlichen Sonderfarben oder ausschließlich mit Sonderfarben reproduziert wird, kommt als **Farbmodus** nur CMYK oder Mehrkanal in Frage. Damit die Volltonfarbkanäle erhalten bleiben, muß als Dateiformat **Photoshop DCS 2.0** gewählt werden. Dieses Dateiformat setzt voraus, daß die Datei im CMYK- oder Mehrkanalmodus vorliegt.

Volltonfarben in CMYK separieren

Im Druckvorstufenalltag kann es passieren, daß ein mit Schmuckfarbe angelegtes Bild doch nur vierfarbig gedruckt wird. In diesem Fall muß die Volltonfarbe in eine CMYK-Farbe umgewandelt und wiedergabetreu in die CMYK-Kanäle des Bildes eingerechnet werden. Diese Aufgabe übernimmt die Funktion **Volltonfarbe separieren** [Vollfarbenkanal mischen] aus dem Menü der Kanälepalette. Dieser Befehl erfordert es, daß die Datei auf die Hintergrundebene reduziert wird. **Achtung:** Obwohl die Option **Opazität** [Tonwert] im Dialog Volltonfarbkanal-Optionen normalerweise nur die Darstellung der Schmuckfarbe am Bildschirm steuert, beeinflußt sie beim Einrechnen der Volltonfarbe in die CMYK-Kanäle das Separationsergebnis. Sie sollte deshalb vorher überprüft werden.

Eine Rückumwandlung der CMYK-Anteile in eine Volltonfarbe ist nicht möglich, daher empfiehlt es sich, stets eine Version des Volltonfarbenbildes zu archivieren.

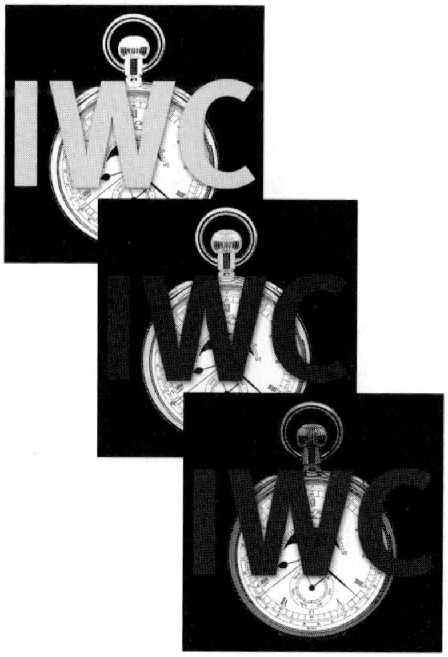

Kanäle aufteilen

Der Befehl Kanäle teilen aus dem Palettenmenü erstellt aus jedem Kanal des Bildes ein Graustufenbild. Dafür darf das Bild nur aus einer Hintergrundebene bestehen.

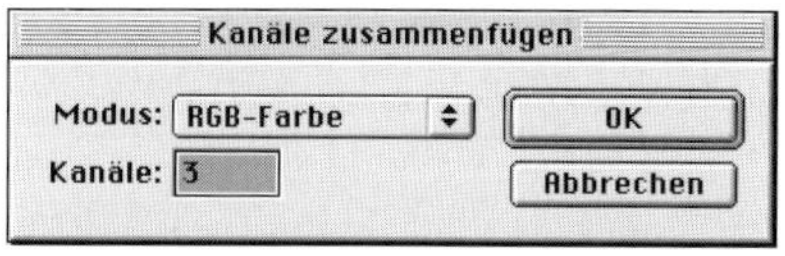

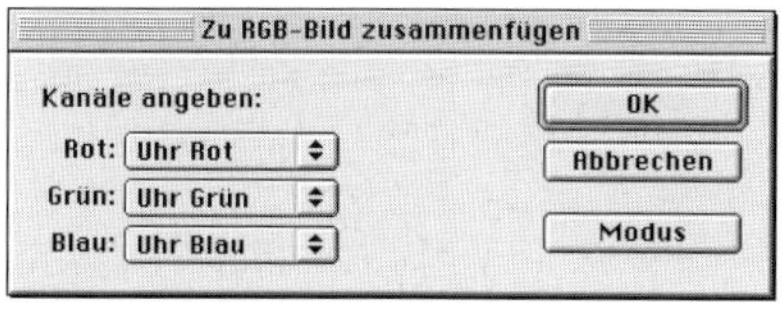

Kanäle zusammenfassen

Als Umkehrung zum Teilen der Kanäle lassen sich mit dem Befehl Kanäle zusammenfügen Graustufenbilder zu einem Farbbild des im Dialog gewählten Modus zusammenfügen. Voraussetzung dafür ist, daß die Graustufenbilder geöffnet sind und identische Abmessungen haben.

Filter

Wie sich mit den Photoshop-Filtern Bilder korrigieren und verändern lassen

Das Ausgangsbild

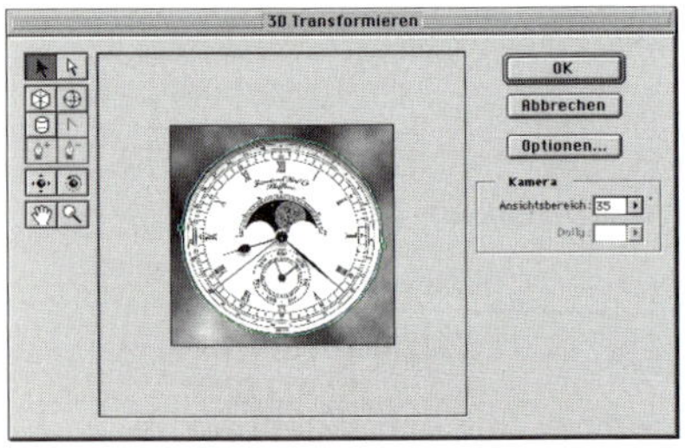

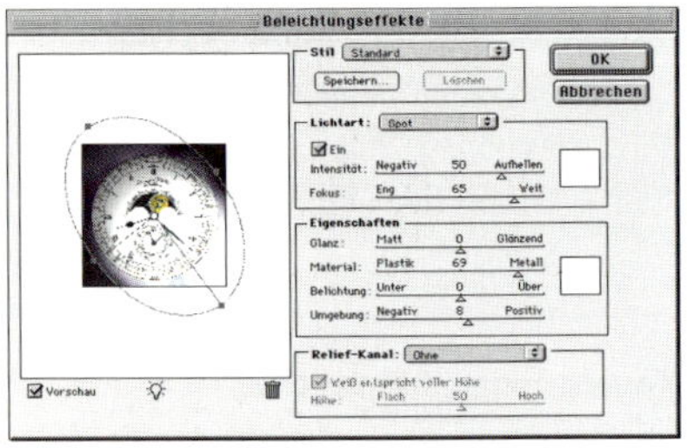

Zwei Beispiele für komplexe Filterdialoge: der Dialog des Filters 3D-Transformieren und der Dialog Beleuchtungseffekte (beide Filter, Renderingfilter)

Die Wirkung der Photoshop-Filter wird auf den folgenden Seiten anhand eines Beispielfotos gezeigt. Die Filter lassen sich (wie in den Beispielen) auf eine gesamte Ebene anwenden oder aber auf einen kleineren Bereich, wenn dieser vorher ausgewählt wurde. Bei den meisten Filtern können über einen (oft recht komplexen) Dialog Einstellungen vorgenommen werden.

Letzten Filter erneut anwenden

Mit dem Tastenkürzel **Strg/⌘ + F** läßt sich der zuletzt gewählte Filter erneut anwenden. Vorher kann ein neuer Auswahlbereich umgrenzt, eine andere Ebene oder auch eine andere Datei gewählt werden. Das Tastenkürzel wendet den Filter mit den zuletzt vorgenommenen Einstellungen an, ohne den Filterdialog zu öffnen. Falls dennoch der Filterdialog eingeblendet werden soll, muß die Tastenkombination **Strg/⌘ + Alt/⌥ + F** benutzt werden.

Filterwirkung abschwächen

Falls die Wirkung eines Filters zu stark ausfällt, muß die Anwendung nicht unbedingt wieder rückgängig gemacht und der Filter erneut mit niedrigerer Stärke angewendet werden. Die Funktion Filter verblassen aus dem Menü Filter ermöglicht die nachträgliche Abschwächung der Filteraktion. Dies kann vor allem bei rechenintensiven Filtern eine Erleichterung bedeuten.

Die Funktion Filter verblassen verhält sich so, als würde man den Filter auf eine Ebenenkopie anwenden und dann die Ebenendeckkraft reduzieren. Das Ergebnis ist also nicht identisch mit einer Anwendung des Filters, bei der niedrigere Einstellungen gewählt werden. Davon abgesehen läßt sich mit der Verblassen-Funktion aber auch einer der Deckmodi nachträglich anwenden. Die Funktion ist nur unmittelbar nach der Filteranwendung auswählbar.

Kunstfilter

Details 5, Abdunklungsbereich 1, Struktur 2

Aquarell

Strichstärke 3, Druck 6, Papierhelligkeit 36

Buntstiftschraffur

Strichlänge 2, Aufhellungsbereich 1, Intensität 9

Diagonal verwischen

Anzahl der Stufen 4, Abstraktionsgrad 4, Genauigkeit 2

Farbpapier-Collage

Pinselgröße 2, Details 7, Struktur 2

Fresko

Pinselgröße 2, Details 9, Struktur 1

Grobe Malerei

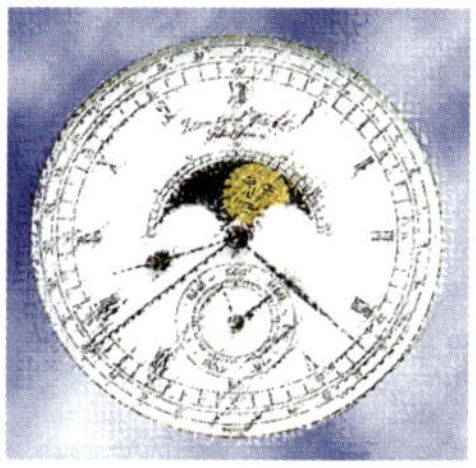

Strichlänge 6, Details 4, Struktur Sackleinen, Skalierung 100 %, Relief 20, Lichtposition oben rechts

Grobes Pastell

Körnung 12, Aufhellungsbereich 5, Intensität 10

Körnung & Aufhellung

Glanz 15, Details 9, Glättung 7

Kunststoffverpackung

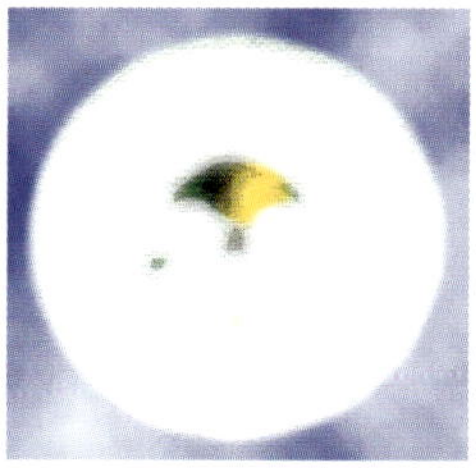

Pinselgröße 6, Strukturbereich 16, Struktur Leinwand, Skalierung 100 %, Relief 4, Lichtposition oben

Malgrund

Strichstärke 16, Details 2, Glättung 1

Malmesser

Größe 5, Helligkeit 15, Farbe C 87 %, M 85 %, Y 0 %, K 0 %

Neonschein

Pinselgröße 4, Scharfzeichnung 9, Pinselart Einfach

Ölfarbe getupft

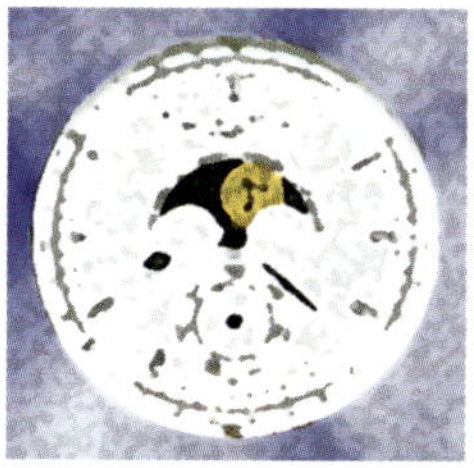

Schwammgröße 2, Struktur 12, Glättung 5

Schwamm

Kantenstärke 3, Kantendeckkraft 1, Tontrennung 1

Tontrennung & Kantenbetonung

Malfilter

Balance 5, Schwarz-Intensität 6, Weiß-Intensität 2

Dunkle Malstriche

Balance 50, Strichlänge 15, Scharfzeichnung 3

Gekreuzte Malstriche

Kantenbreite 2, Kantenhelligkeit 38, Glättung 5

Kanten betonen

Strichlänge 4, Tiefen-Intensität 20, Lichter-Intensität 10

Konturen nachzeichnen

Strichlänge 9, Scharfzeichnung 6, Stärke 2

Kreuzschraffur

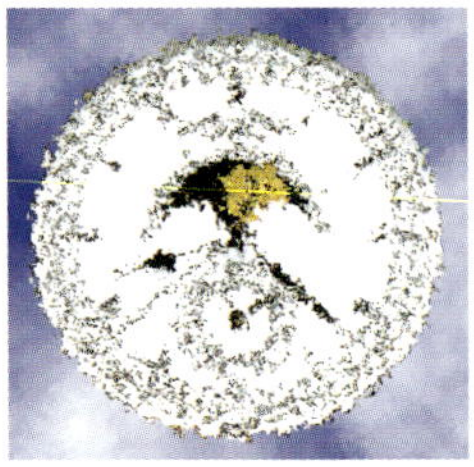
Radius 10, Glättung 5

Spritzer

Strichbreite 10, Druck 2, Kontrast 16

Sumi-e

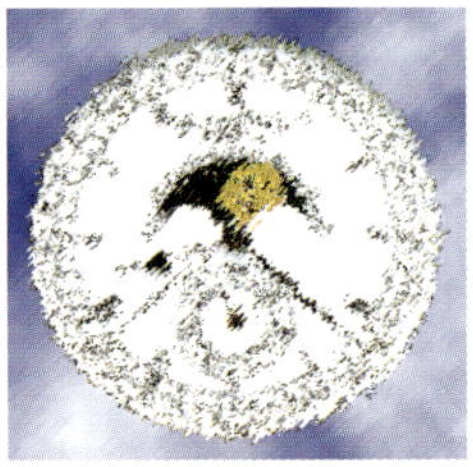
Strichlänge 12, Radius 11, Richtung links unten -> rechts oben

Verwackelte Striche

Rendering-Filter

Kugel, Bildwinkel (Ansichtsbereich) 35°, Entfernung (Dolly) 50%, Auflösung hoch, Glätten hoch

3D-Transformieren

Siehe Abbildung zu Beginn des Abschnitts

Beleuchtungseffekte

Helligkeit 196%, Objektivart 50–300mm Zoom

Blendenflecke

Vordergrundfarbe 84/77/0/0, Hintergrundfarbe 1/0/1/0

Differenz-Wolken

Vordergrundfarbe 84/77/0/0, Hintergrundfarbe 1/0/1/0

Wolken

Scharfzeichnungsfilter

Konturen scharfzeichnen

Scharfzeichnen

Stark scharfzeichnen

Stärke 310 %, Radius 2,1 Pixel, Schwellenwert 0 Stufen

Unscharf maskieren

Stilisierungsfilter

Form Quader, Größe 30 Pixel, Tiefe 30 Zufällig

Extrudieren

Anzahl der Kacheln 10, Maximale Verschiebung 10 %, Undefinierte Bereiche füllen mit Hintergrundfarbe

Kacheleffekt

Konturen finden

Stufe 128, Grenze unterhalb

Konturwerte finden

Modus normal

Korneffekt

Konturenbreite 2, Helligkeit 6, Glättung 5

Leuchtende Konturen

Winkel 135°, Höhe 3 Pixel, Stärke 100 %

Relief

Solarisation

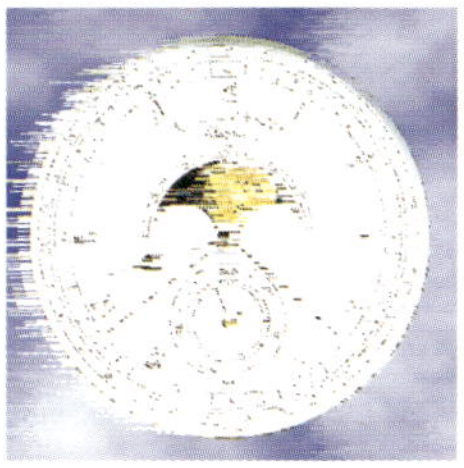

Methode Sturm, Richtung Links

Windeffekt

Störungsfilter

Radius 4 Pixel
Helligkeit interpolieren

Radius 2 Pixel, Schwellenwert 16 Stufen
Staub & Kratzer entfernen

Störungen entfernen

Menge 100, Verteilung Gleichmäßig
Störungen hinzufügen

Strukturierungsfilter

Mosaikgröße 9, Fugenbreite 3, Lichtintensität 3
Buntglas-Mosaik

Kachelgröße 28, Fugenbreite 6, Fugen aufhellen 5
Kacheln

Intensität 69, Kontrast 30, Körnungsart Regelmäßig
Körnung

Struktur Leinwand, Skalierung 100 %, Relief 23, Lichtposition Oben
Mit Struktur versehen

Quadratgröße 4, Relief 8
Patchwork

Abstand 45, Tiefe 6, Helligkeit
Risse

Vergröberungsfilter

Facetteneffekt

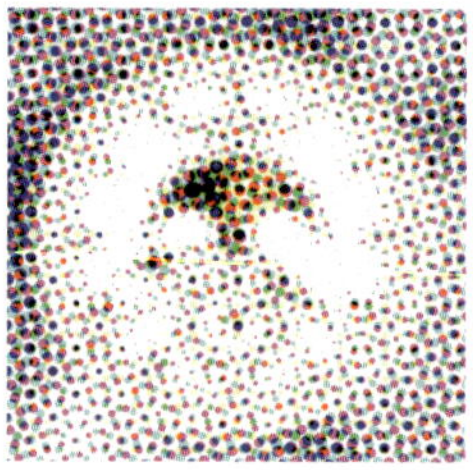
Standard
Farbraster

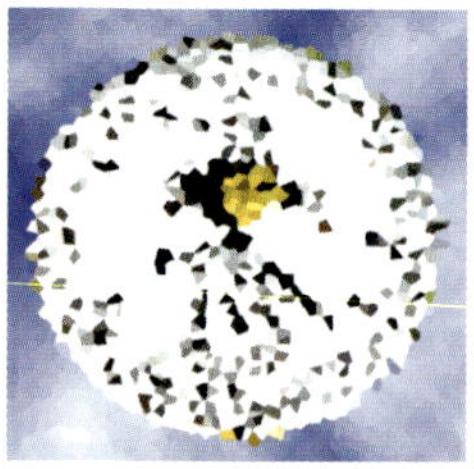
Zellengröße 11
Kristallisieren

Mezzotint

Rasterform Kleiner Punkt

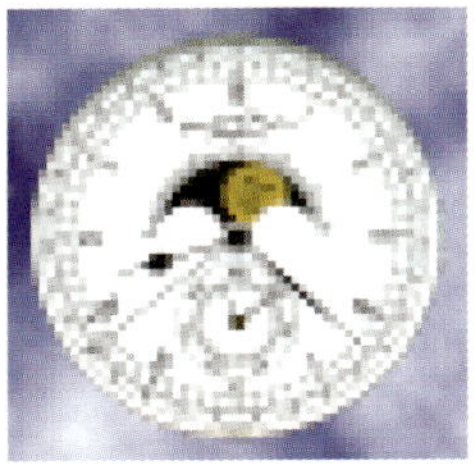

Mosaikeffekt

Zellengröße 6 Quadratpixel

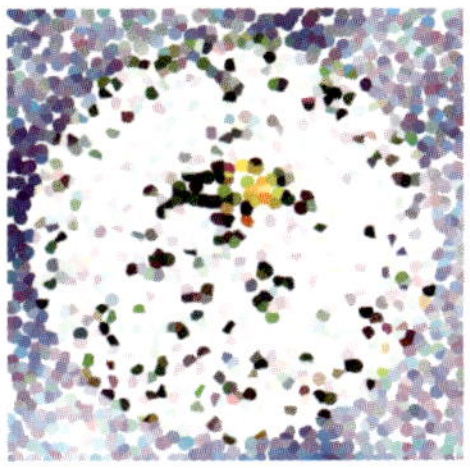

Punktieren

Zellengröße 12

Verwacklungseffekt

Verzerrungsfilter

Distorsion

Stärke -55%

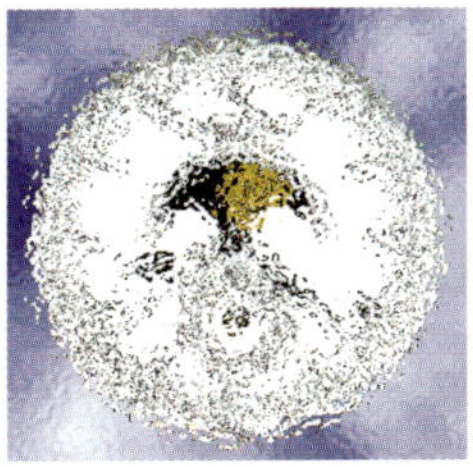

Glas

Verzerrung 5, Glättung 3, Struktur Riffelglas, Größe 100%

Kräuseln

Größe 100%, Frequenz Hoch

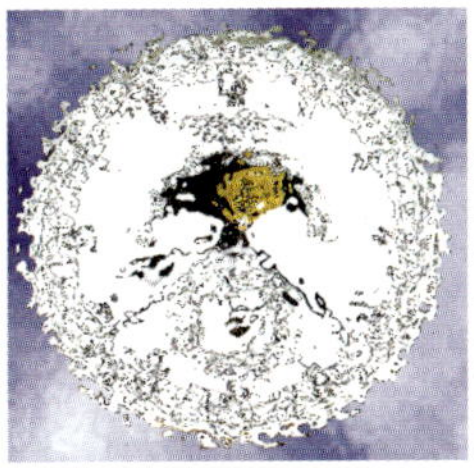

Ozeanwellen

Wellenabstand 9, Wellenhöhe 9

Polarkoordinaten

Polar → Rechteckig

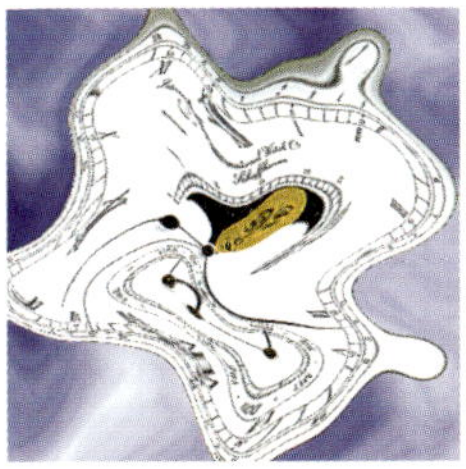

Schwingungen

Zufallsparameter

Strudel

Winkel 211°

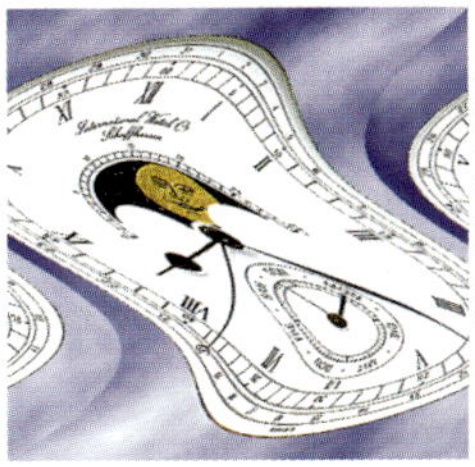

Verbiegen

Senkrechte Wellenlinie, Undefinierte Bereiche durch verschobenen Teil ersetzen

Versetzen

Skalierung 10/10, Auf Auswahlgröße, Kantenpixel wiederholen, Verschiebungsmatrix Freie Striche 25%

Körnung 6, Lichtmenge 10, Kontrast 15

Weiches Licht

Stärke 10%, Wellen 5%, Art Kreisförmig um die Mitte

Wellen

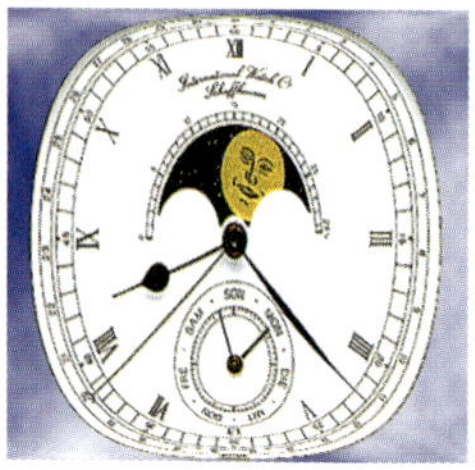

Stärke 100%, Modus Vertikal

Wölben

Weichzeichnungsfilter

Winkel 0°, Distanz 10 Pixel

Bewegungsunschärfe

Radius 2,1 Pixel

Gaußscher Weichzeichner

Stärke 10, Methode Kreisförmig, Qualität Gut

Radialer Weichzeichner

Radius 25,0, Schwellenwert 50,0, Qualität Hoch, Modus Nur Kanten

Selektiver Weichzeichner

Stark weichzeichnen

Weichzeichnen

Zeichenfilter

Details 13, Glättung 3, Lichtposition Unten

Basrelief

Details 4, Glättung

Chrom

Vordergrund 11, Hintergrund 7, Struktur Leinwand, Skalierung 100%, Relief 4, Lichtposition Oben

Conté-Stifte

Faserlänge 15, Helligkeit 60, Kontrast 80

Feuchtes Papier

Details 7, Farbverhältnis 8

Fotokopie

Farbverhältnis 38, Glättung 11, Kontrast 17

Gerissene Kanten

Stärke 2, Details 4, Farbverhältnis 50

Kohleumsetzung

Kohle 6, Kreide 6, Druck 1

Kreide & Kohle

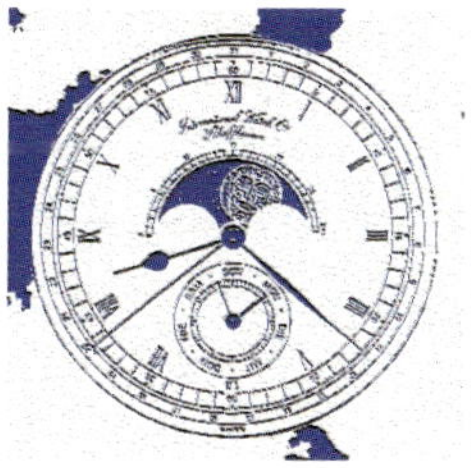
Reliefbalance 25, Körnung 10, Reliefhöhe 11

Prägepapier

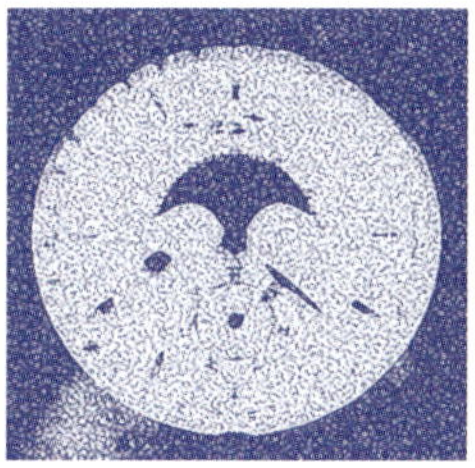
Tonwertverteilung 12, Tiefen 40, Lichter 5

Punktierstrich

Größe 2, Kontrast 5, Rasterart Punkt

Rasterungseffekt

Farbverhältnis 25, Glättung 5

Stempel

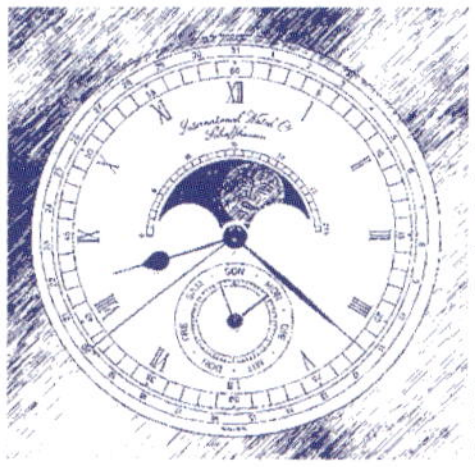
Strichlänge 12, Farbverhältnis 50, Richtung Links unten

Strichumsetzung

Farbverhältnis 20, Glättung 2, Lichtposition Oben

Stuck

Sonstige Filter

Radius 2 Pixel

Dunkle Bereiche vergrößern

Radius 1 Pixel

Helle Bereiche vergrößern

Radius 10,0 Pixel

Hochpaß

Horizontal 20 Pixel nach rechts, Vertikal 15 Pixel nach unten, Undefinierte Bereiche Durch verschobenen Bereich ersetzen

Verschiebungseffekt

Einstellen

Wie sich mit den Einstellen-Befehlen Bildkorrekturen und Bildmanipulationen vornehmen lassen

Das Ausgangsbild

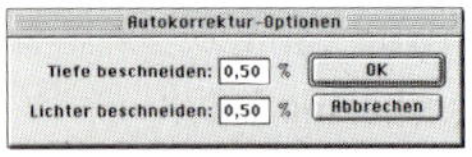

Auto-Tonwertkorrektur

Führt eine automatische Tonwertkorrektur durch. Diese Funktion ist identisch mit den Schaltflächen Auto in den Dialogen Tonwertkorrektur und Gradationskurven. Wie stark die Tiefen und Lichter beschnitten werden sollen, wird im Dialog **Auto-Korrektur-Optionen** festgelegt (im Dialog Tonwertkorrektur oder Gradationskurven mit Alt/⌥-Taste auf die Schaltfläche Auto klicken).

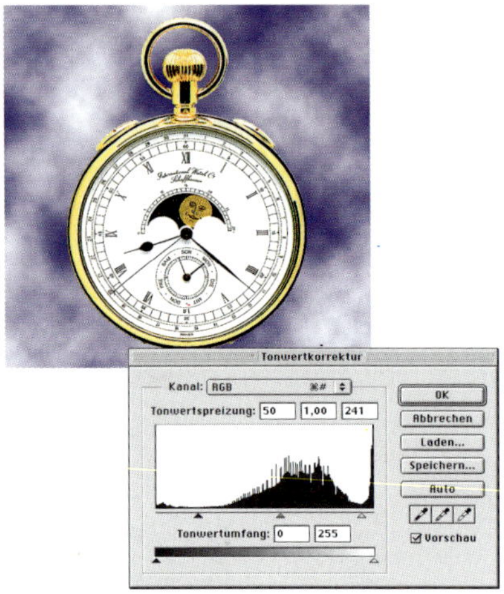

Tonwertkorrektur

Dient zur Korrektur von Helligkeit, Kontrast und Gamma. Mit dem **schwarzen und weißen Regler** unter dem Histogramm können die Lichter und Tiefen so beschnitten werden, daß ein engerer Tonwertbereich über die gesamte zur Verfügung stehende Skala gespreizt wird. Das Neusetzen von Schwarzpunkt und Weißpunkt erhöht den Kontrast im Bild. Der **graue Regler** (Gamma) verschiebt die Helligkeit in den mittleren Tonwertbereichen.

Die **Pipetten** dienen zur Kompensierung von Farbstichen in den Lichtern, Mitteltönen oder Tiefen. Die im Bild angeklickte Farbe wird neutral, das heißt zu einem nicht farbstichigen Grauton.

Die Regler unter dem Graustufenbalken (Tonwertumfang) im unteren Bereich des Dialogs verringern den Bildkontrast. Sie können für Verfremdungseffekte eingesetzt werden, etwa um ein Bild durch massives Aufhellen als Fond für Text aufzubereiten.

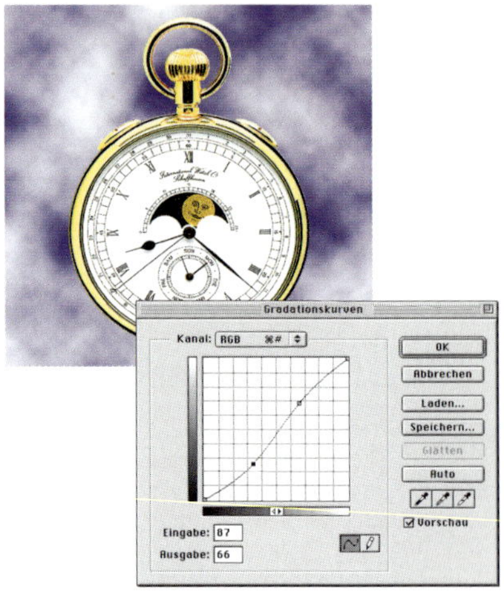

Gradationskurven

Ermöglicht die Korrektur von Helligkeit, Kontrast und Gamma mit Hilfe von Gradationskurven. Eine steile Kurve (oder Kurvensegment) erhöhte den Kontrast, eine flache verringert ihn.

Um eine glatte Kurve zu zeichnen, wird das **Stiftsymbol** gewählt und ins Diagramm geklickt; Photoshop setzt an der Klickstelle einen neuen Kurvenpunkt. Ein gesetzter Kurvenpunkt läßt sich mit der Maus an jede andere Stelle verschieben oder über **numerische Eingabe-Ausgabe-Werte** exakt im Diagramm positionieren (dazu den Punkt anklicken und Werte eingeben).

Ein Mausklick mit gedrückter **Alt/⌥-Taste** ins Diagramm stellt ein feineres Gitternetz ein. Bei Positionierschwierigkeiten läßt sich der Dialog auch vergrößern (Feld rechts in der Titelzeile).

Der Dialog kennt zwei Anzeigemodi: die **Tonwertanzeige** (gemäß den Tonwerten in den Farbkanälen) und die **Prozentwertanzeige** (gemäß dem Farbauftrag beim Druck). Ein Mausklick auf den Doppelpfeil im Graustufenbalken schaltet zwischen beiden Modi um.

Farbbalance

Reguliert die Farbmischung in Farbbildern für Tiefen, Mitteltöne und Lichter getrennt. So lassen sich Farben verstärken oder unerwünschte Farben herausnehmen, beispielsweise um Farbstiche zu korrigieren. Die Regler entsprechen den drei Achsen im Farbkreis. Bei eingeschalteter Option **Luminanz erhalten** werden nur Farbton und Sättigung verändert.

Farbton/Sättigung

Erlaubt eine getrennte Änderung der Farbkomponenten Farbton, Sättigung und Helligkeit. Der obere Spektralverlauf zeigt die ursprüngliche Farbverteilung, der untere die Zuordnung der neuen Farben. Durch Auswahl eines **Farbbereichs** im Einblendmenü läßt sich dieser unabhängig von anderen Farbbereichen umfärben. Im dunkelgrau gekennzeichneten Intervall werden alle Farben in die im unteren Verlauf sichtbaren Farben umgewandelt. Bei den hellgrauen Bereichen handelt es sich um **Übergangsbereiche**, die harte Farbabrisse verhindern. Die **Regler**, die diese Bereiche eingrenzen, lassen sich beliebig verschieben. Um einen Übergangsbereich komplett zu verschieben, wird mit der Maus in die hellgraue Fläche geklickt und gezogen. Soll der gesamte Bereich verschoben werden, faßt die Maus an der dunkelgrauen Fläche an. Die **Pipetten** erlauben eine Farbbereichsfestlegung durch Anklicken von Bildstellen.

Mit der Option **Kolorieren** kann das Bild als Ganzes eingefärbt werden.

Entfärben [Sättigung verringern]

Durch Verringern der Sättigung auf Null entzieht diese Funktion dem Bild jegliche Farbe. Das Bild erscheint in Grautönen, der ursprüngliche Farbmodus bleibt jedoch erhalten. Die Wirkung dieser Funktion ist identisch mit einer vollständigen Reduzierung der Sättigung im Dialog Farbton/Sättigung.

Das Ergebnis des Farbentzugs fällt je nach aktuellem Farbmodus unterschiedlich aus. Während das Entfärben im **RGB-Modus** zu einer – im Vergleich zum Farbbild – kontrastarmeren Darstellung führen kann (Bild oben), behält die Umsetzung im **Lab-Modus** den natürlichen Helligkeitseindruck der Farben bei (diese Umsetzung ist auch die Grundlage für die Konvertierung in den Graustufenmodus). Die Anwendung im **CMYK-Modus** führt zu keiner helligkeitsgetreuen Darstellung.

Lab-Farbe

CMYK-Farbe

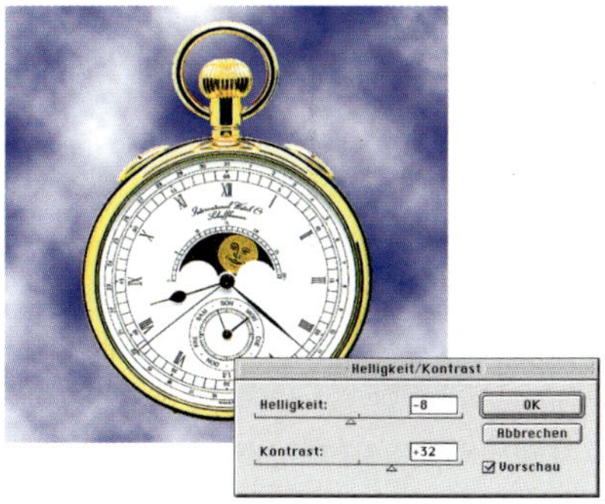

Helligkeit/Kontrast

Verstärkt oder verringert die Helligkeit oder den Kontrast.

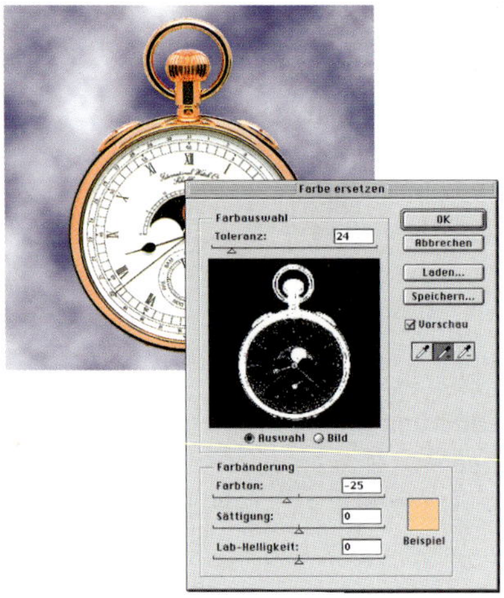

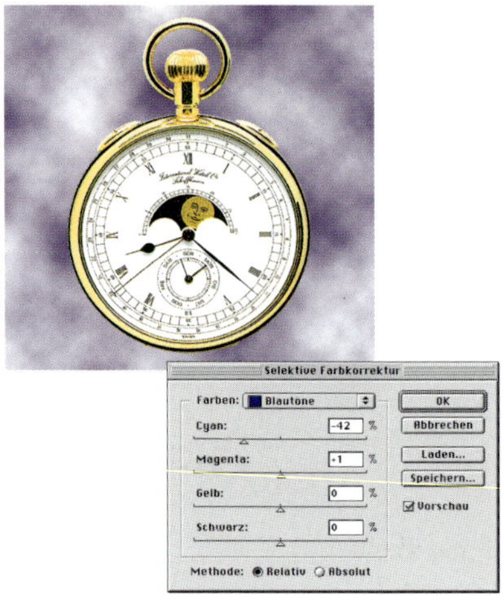

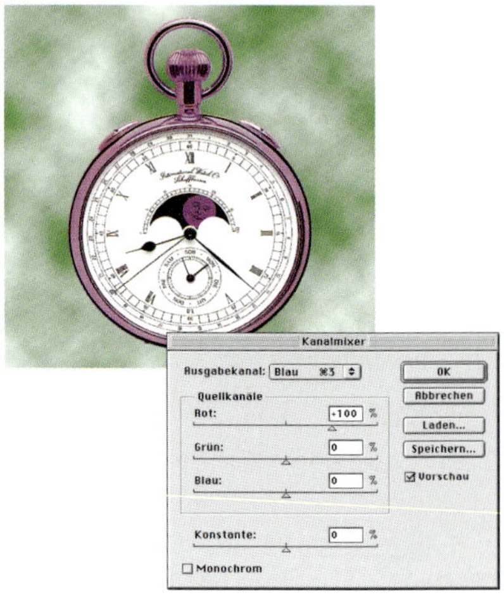

Farbe ersetzen

Bietet die Kombination aus einer Farbbereichsauswahl und einer darauf basierenden Farbkorrektur. Im oberen Teil des Dialogs wählt der Anwender – wie im Dialog Farbbereich auswählen aus dem Menü Auswahl – Bildpixel gleicher oder ähnlicher Farbe aus. Die **Pipetten** können dabei im Vorschaubild und im Bild selbst benutzt werden. Die **Plus-Pipette** fügt der Auswahl weitere Farbbereiche hinzu, die **Minus-Pipette** zieht Farbbereiche ab.

Im unteren Teil läßt sich dann für die ausgewählten Farben eine Farbänderung nach den Komponenten Farbton, Sättigung und Helligkeit vornehmen.

Kanaleffekte

Bei der Installation von Photoshop werden auch ein paar Voreinstellungsdateien für den Kanalmixer mit installiert. Diese Dateien können im Dialog Kanalmixer geladen werden und erzeugen interessante Effekte.

Selektive Farbkorrektur

Dient speziell der Farbabstimmung in CMYK-Bildern (kann aber auch bei RGB-Bildern verwendet werden). Im Dialog lassen sich die Anteile der vier Druckfarben in ausgewählten Helligkeits- und Farbbereichen verstärken oder abschwächen. Um beispielsweise in den Gelbtönen einen Grünstich zu entfernen, wird im Einblendmenü der Farbbereich Gelbtöne gewählt und der Cyan-Regler nach links bewegt.

Die Option **Relativ** verstärkt oder verringert den Anteil einer Druckfarbe nur in den Bereichen, in denen die Druckfarbe bereits Anteile enthält. Um welchen Prozentwert Druckfarbe hinzugegeben oder entfernt wird, hängt von ihrem ursprünglichen Anteil ab. Die Option **Absolut** hingegen orientiert sich bei der Zugabe oder Zurücknahme einer Druckfarbe allein am Druckfarbenanteil des ausgewählten Farbbereichs (nicht der veränderten Druckfarbe). Ist der Anteil des ausgewählten Farbbereichs hoch, erzielt die Druckfarbenänderung eine starke Wirkung, ist er niedrig, eine geringe.

Kanalmixer

Ändert die Farbanteile in ausgewählten Farbkanälen abhängig von den Anteilen anderer Farbkanäle. Der **Ausgabekanal** ist der Kanal, dessen Farbanteile verändert werden. Die **Quellkanäle** dienen dabei als Masken, durch die die Farbzugabe oder -verringerung wirkt. Eine Erhöhung oder Verringerung einer der Quellfarben verändert nicht deren Anteil, sondern den des Ausgabekanals. Die »Arbeitsanweisung« an den Kanalmixer lautet etwa so: »Erhöhe oder verringere im Ausgabekanal den Farbanteil an den Stellen, an denen der Quellkanal Farbe enthält.«

Die Option **Monochrom** dient zur Erstellung von Graustufenbildern, in die unterschiedliche Anteile der Farbkanäle einfließen können. Ergeben die eingestellten Werte zusammen nicht 100%, muß, um einen getreuen Helligkeitseindruck zu erreichen, die Konstante entsprechend nachgeregelt werden. **Achtung:** Wenn die Option wieder ausgeschaltet wird, aktiviert der Kanalmixer einen dritten Modus für getönte Effekte.

Umkehren
Erzeugt aus einem Bild sein Negativ.

Tonwertangleichung
Spreizt die Tonwerte in jedem Farbkanal weiter über die gesamte zur Verfügung stehende Skala und orientiert sich dabei vorrangig an der statistischen Verteilung.

Einstellungen rückgängig machen
Wird bei gedrückter **Alt/⌥-Taste** auf die Abbrechen-Schaltfläche in einem der Einstellen-Dialoge geklickt (die Schaltfläche heißt dann »Zurück«), werden alle Änderungen seit Aufruf des Dialogs rückgängig gemacht. Um nur die letzte Änderung zu widerrufen, kann – bei weiterhin geöffnetem Dialog – die Funktion **Bearbeiten, Widerrufen** gewählt werden.

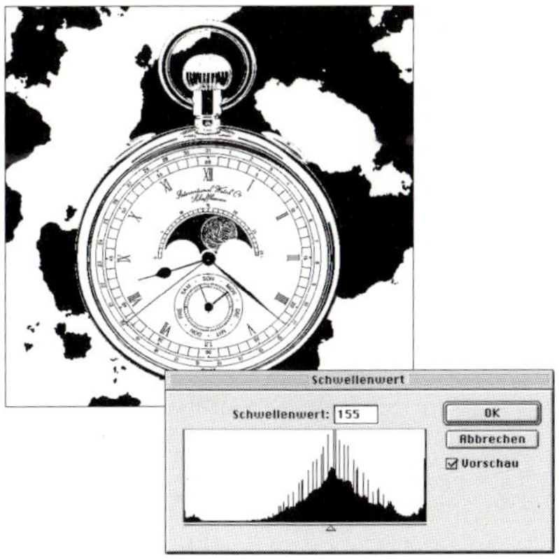

Schwellenwert
Wandelt Graustufen- und Farbbilder in Bilder mit ausschließlich schwarzen und weißen Pixeln um. Im Dialog läßt sich der Schwellenwert – ein bestimmter Helligkeitswert – festlegen: Alle Pixel, die dunkler sind als der Schwellenwert, werden schwarz, alle übrigen weiß.

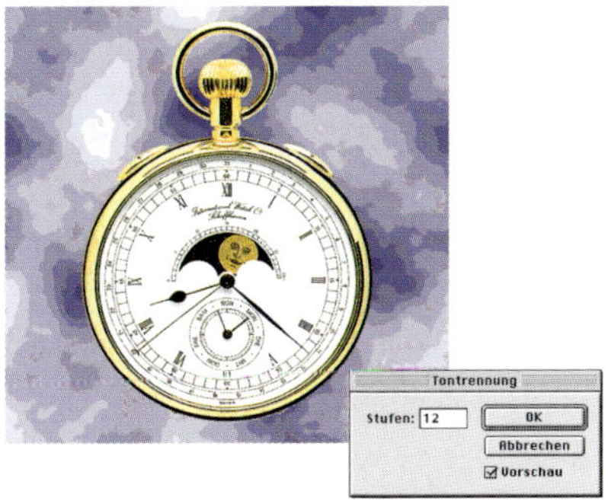

Tontrennung
Reduziert die Anzahl der Helligkeitsstufen in den Farbkanälen auf den im Dialog eingestellten Wert. Bei Farbbildern kann die Anzahl der sichtbaren Farben daher höher liegen.

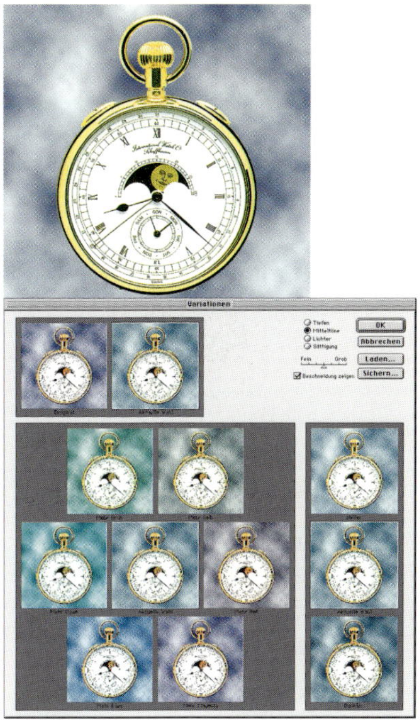

Variationen
Erlaubt eine in den Tiefen, Mitteltönen und Lichtern getrennte Änderung der Farbbalance und der Helligkeit sowie eine Anhebung oder Absenkung der Sättigung. Im Gegensatz zum Dialog Farbbalance erfolgt die Farbkorrektur im Dialog Variationen anhand der Vorschaubilder nach Augenmaß – es muß nur das Bild mit der besseren Wirkung angeklickt werden. Über den Regler läßt sich die Stärke der Änderung einstellen. Oben links im Dialog werden das Original und das veränderte Bild zum Vergleich nebeneinander gezeigt. Um alle Änderungen rückgängig zu machen, genügt ein Mausklick auf das Originalvorschaubild.

Ansicht

Wie sich die Darstellungsgröße eines Bildes mit den Anzeigewerkzeugen, dem Navigator und Tastenkürzeln verändern läßt

Zoomen mit der Tastatur

Unter **Windows** beim bleibt Ändern der Darstellungsgröße mit den Tastenkürzeln Strg + Plus-Taste bzw. Strg + Minus-Taste die Fenstergröße unverändert. Um die Fenstergröße beim Zoomen automatisch anzupassen, muß zusätzlich die Alt-Taste gedrückt werden.

Unter dem **MacOS** verhält es sich genau umgekehrt: Die Fenstergröße paßt sich automatisch an, mit ⌥-Taste wird sie fixiert. Um die Zoommethode des Mac-Photoshop der des Windows-Photoshop anzugleichen (praktisch für Leute, die an beiden Systemen arbeiten), kann das Zusatzmodul **Zoommethode umkehren** aktiviert werden. Es befindet sich im Ordner Other Goodies, Weitere Erweiterungen.

Hand

Verschiebt den im Fenster sichtbaren Bildausschnitt.

- **Doppelklick** auf das Handsymbol in der Werkzeugpalette zoomt – wie die Funktion Ganzes Bild aus dem Menü Ansicht – auf die größtmögliche Ansicht, bei der das Bild noch vollständig auf dem Bildschirm dargestellt werden kann. Dabei wird auch die Fenstergröße mit angepaßt.

Hand vorübergehend aktivieren

Jedes Werkzeug der Werkzeugpalette verwandelt sich bei einem Druck auf die **Leertaste** kurzzeitig in die Hand.

Schnellauswahl: Darstellungsgröße

Tasten	Operation
Strg/⌘ + Plus-Taste	einzoomen
Strg/⌘ + Bindestrich o. Minus-Taste	auszoomen
Strg/⌘ + o	bildschirmfüllend zoomen (Ganzes Bild)
Strg/⌘ + Alt/⌥ + o	100%-Ansicht (Tatsächliche Pixel)
Strg/⌘ + Leertaste	Zoomwerkzeug aktivieren (einzoomen)
Alt/⌥ + Leertaste	Zoomwerkzeug aktivieren (auszoomen)

Zoomwerkzeug

Vergrößert oder verkleinert die Darstellung des Bildes. **Klicken** mit der Lupe in das Bild vergrößert auf die nächste Vergrößerungsstufe. Beim **Ziehen** mit der Maus über das Bild wird der umgrenzte Bildbereich auf die maximale, im Fenster darstellbare Anzeigegröße gebracht.

- **Alt/⌥-Taste** und Mausklick ins Bild zoomt die Darstellung auf die nächstkleinere Ansicht.
- **Doppelklick** auf das Lupensymbol in der Werkzeugpalette stellt – wie die Funktion Tatsächliche Pixel aus dem Menü Ansicht – die 100%-Ansicht ein.

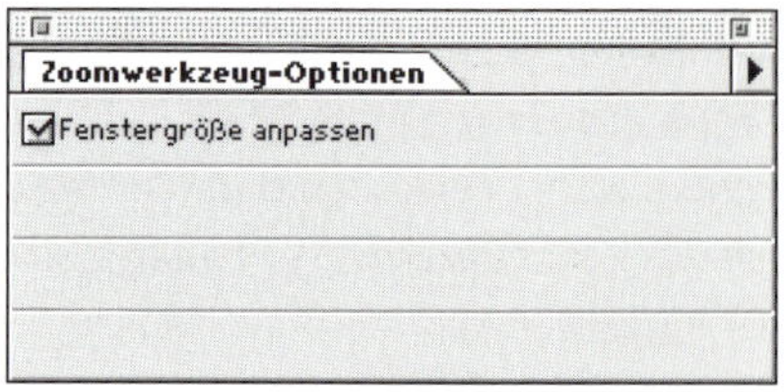

Die Option **Fenstergröße anpassen** in der Optionenpalette des Zoomwerkzeugs paßt die Fenstergröße stets der gewählten Darstellungsgröße an (maximal bis Bildschirmgröße). Reicht die Bildschirmgröße nicht zur Darstellung des gesamten Bildinhalts aus, rückt Photoshop den angeklickten oder umgrenzten Bildbereich beim Einzoomen in die Mitte des Dateifensters.

Zwei Fenster einer Datei

Mit der Funktion Neue Ansicht aus dem Menü Ansicht läßt sich für die aktuelle Datei ein zweites Fenster öffnen. Dies hat den Vorteil, daß sich so gleichzeitig zwei entfernte Bereiche eines Bildes betrachten oder unterschiedliche Darstellungsgrößen (beispielsweise Detailvergrößerung und 100%-Ansicht) verwenden lassen. Alle Bearbeitungen in dem einen Fenster wirken sich natürlich auch auf den Inhalt des anderen Fensters aus.

Bildschirmfüllend zoomen

Die Funktion Ganzes Bild zeigt das Bild in der größtmöglichen Darstellung, bei der es noch vollständig im Dateifenster sichtbar ist. Diese Ansicht kann auch mit einem Doppelklick auf das Symbol des Handwerkzeugs in der Werkzeugpalette eingestellt werden.

Originalgröße einstellen

Der Befehl Tatsächliche Pixel aus dem Menü Ansicht zeigt das Bild in Originalgröße, wobei ein Bildpixel durch genau ein Bildschirmpixel wiedergeben wird. Diese Ansicht kann auch mit einem Doppelklick auf das Symbol des Zoomwerkzeugs in der Werkzeugpalette eingestellt werden.

Ansicht wie gedruckt

Die Funktion Ansicht, Ausgabegröße zeigt das Bild im Fenster mit den Abmessungen, wie es bei der festgelegten Bildauflösung (siehe Dialog Bild, Bildgröße) gedruckt würde.

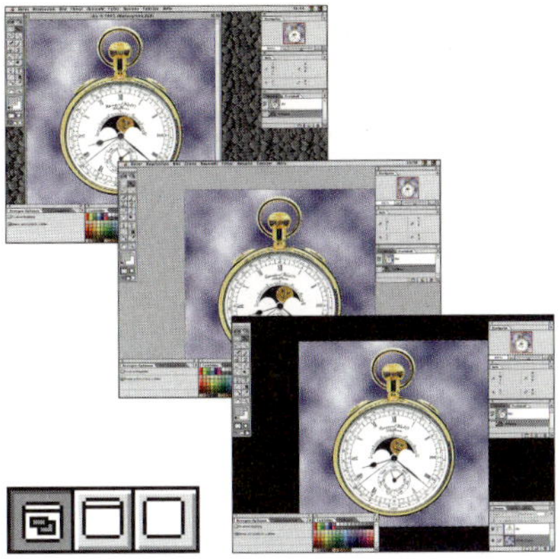

Bildschirmmodi

Die drei Symbole am unteren Rand der Werkzeugpalette wechseln zwischen unterschiedlichen Anzeigeformen für das aktuelle Bildfenster. Die **Standardansicht** zeigt das Bild in einem frei verschiebbaren Fenster. Die beiden anderen Darstellungen stellen das Bild in den Mittelpunkt des Bildschirms und umgeben es entweder mit der Montagefläche, bei der am oberen Rand noch die Menüleiste zur Verfügung steht **(Vollschirm mit Menüleiste)** oder mit einem vollständig schwarzen Hintergrund **(Vollschirm).** Unter Windows sind die Menübefehle bei ausgeblendeter Menüleiste über ein Menü an der Werkzeugpalette auswählbar.

Paletten ein- und ausblenden

Wenn die Paletten beim Betrachten eines Bildes stören, müssen sie nicht einzeln geschlossen werden. Ein Druck auf die **Tabulatortaste** blendet alle Paletten vorübergehend aus (und auch wieder ein). Die Kombination **Umschalt + Tabulatortaste** blendet alle Paletten mit Ausnahme der Werkzeugpalette aus (und ebenfalls wieder ein).

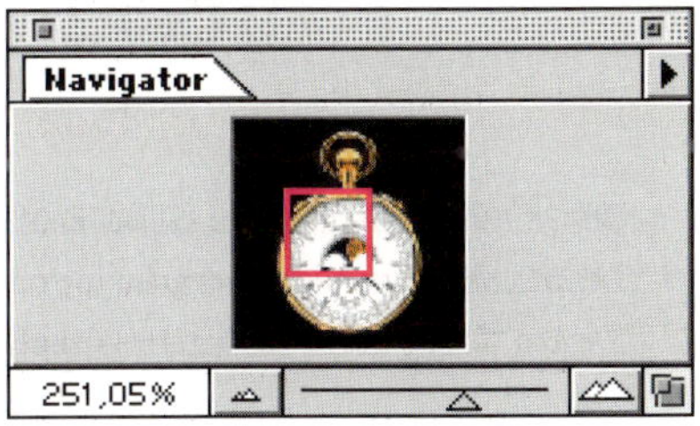

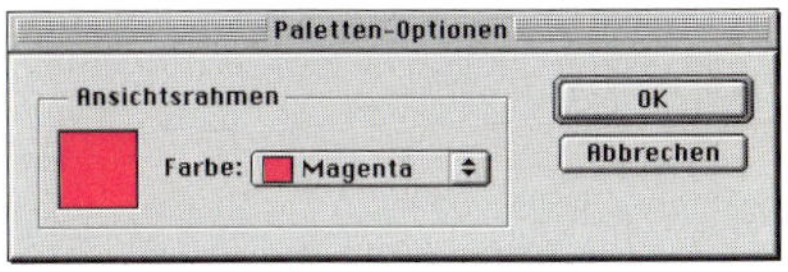

Navigatorpalette

Die Navigatorpalette faßt die Funktionen von Lupe und Hand in einem Tool zusammen. Sie zeigt das gesamte Bild und, durch einen farbigen Rahmen eingefaßt, den derzeit im Fenster sichtbaren Ausschnitt. Der Ausschnitt läßt sich innerhalb der Navigatorpalette an eine andere Stelle setzen (klicken) oder verschieben (mit der Maus ziehen) oder beliebig neu aufziehen (bei gedrückter Strg/⌘-Taste ziehen).

Über das Palettenmenü kann die **Farbe des Ausschnittrahmens** geändert werden, was je nach Farbgebung des Bildes erforderlich wird.

Zoomstufe numerisch festlegen

Ein beliebiger, von den vorgegebenen Stufen unabhängiger Zoomfaktor kann als Prozentwert direkt in das Anzeigefeld der Navigator-Palette eingegeben werden. Ein zweites Eingabefeld befindet sich unter Windows in der Informationsleiste in der linken unteren Ecke des Programmfensters, auf dem Macintosh direkt links unten im Rahmen des Bildfensters.

Aktionen

Wie die Aktionenpalette dabei hilft, Arbeitsprozesse zu automatisieren und zu vereinfachen

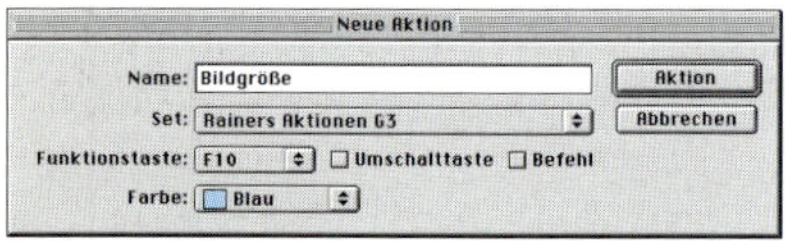

Funktionstasten

Im Dialog Neue Aktion (Menü der Aktionenpalette) läßt sich für eine Aktion eine Funktionstaste festlegen, die die Aktion startet. Wird eine Taste ausgewählt, die bereits vergeben ist, aktiviert Photoshop automatisch die Option Umschalttaste.

Dialogeinstellungen korrigieren

Aufgezeichnete Einstellungen in Dialogen können jederzeit korrigiert werden, indem der Dialog mit einem Doppelklick auf das Schrittetikett in der Aktionenpalette geöffnet wird. Die geänderten Einstellungen müssen mit OK bestätigt werden. Zu beachten ist, daß die Änderungen bereits am aktuellen Bild ausgeführt werden, deshalb empfiehlt es sich, für Aktionskorrekturen eine Probedatei zu verwenden.

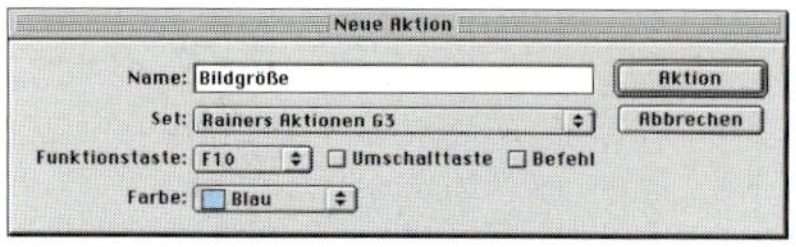

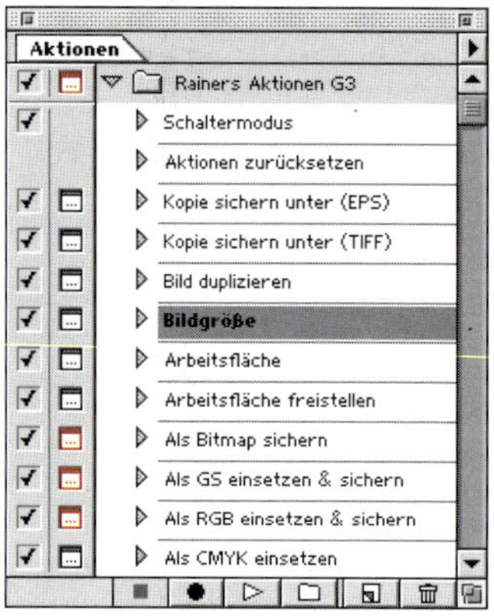

Aktion aufzeichnen

Ein Mausklick auf das Symbol ▣ in der Symbolleiste der Aktionenpalette (oder die Funktion Neue Aktion aus dem Palettenmenü) startet die Aufzeichnung einer neuen Aktion. Sobald im Dialog ein Name vergeben und auf Aufzeichnen geklickt wurde, können die einzelnen Operationen in der Reihenfolge ausgeführt werden, in der sie später angewendet werden sollen. Ein Mausklick auf die Stoptaste (■) beendet die Aufzeichnung.

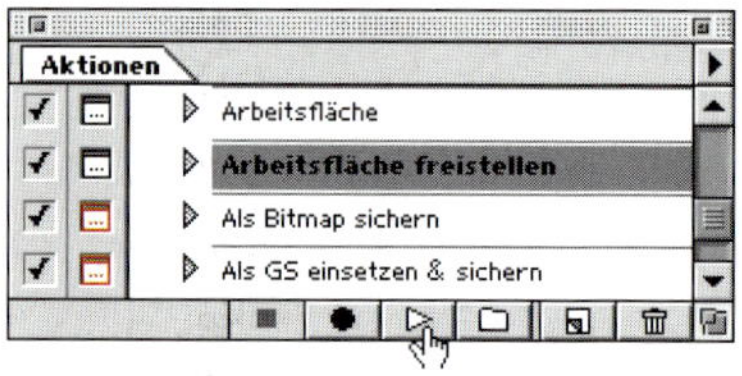

Aktion anwenden

Eine aufgezeichnete oder modifizierte Aktion wird auf eine Datei angewendet, indem ihr Etikett in der Aktionenpalette markiert und auf das Symbol ▷ geklickt wird.

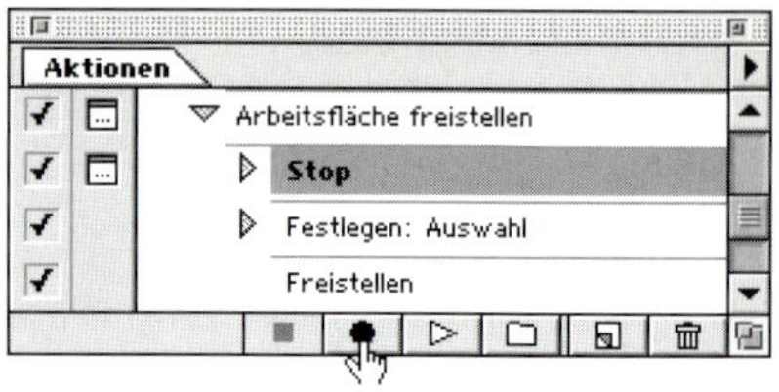

Aktion erweitern

Um weitere Schritte in eine aufgezeichnete Aktion einzufügen, wird der Schritt aktiviert, dem die neuen Operationen folgen sollen, und auf die Aufzeichnen-Taste (●) geklickt. Beendet wird die Aufzeichnung mit der Stoptaste (■).

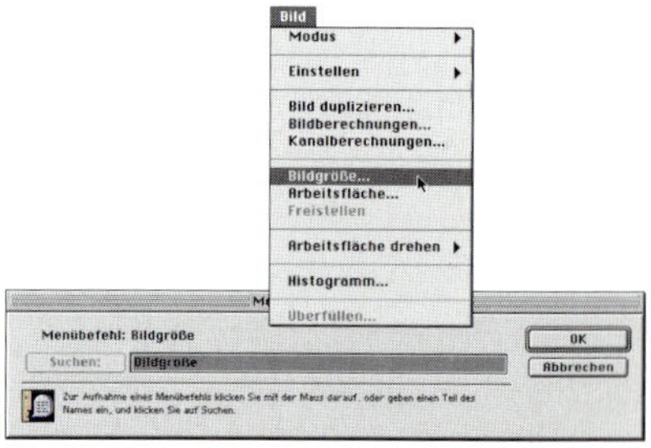

Dialog ohne Einstellungen aufnehmen

Anwender, die den Aufruf häufig benötigter Befehle über Funktionstasten bevorzugen, sollten die Befehle nicht aufzeichnen. Wird beispielsweise der Befehl Bildgröße aus dem Menü Bild aufgezeichnet, speichert Photoshop im Aktionsschritt die Maße des aktuellen Bildes. Wird die Aktion dann bei einem Bild mit anderen Abmessungen und anderer Auflösung gestartet, erscheint im Dialog die aufgezeichnete Größe und nicht die aktuelle Bildgröße. In diesem Fall ist es besser, den Befehl Bildgröße mit der Funktion **Menübefehl einfügen** (Menü der Aktionenpalette) in die Aktion aufzunehmen.

Reihenfolge der Schritte ändern

Wenn die Schritte in einer anderen Reihenfolge, als sie aufgezeichnet wurden, abgespielt werden sollen, müssen die Etiketten in der Aktionenpalette entsprechend sortiert werden. Dazu werden die Etiketten einfach an eine andere Position verschoben.

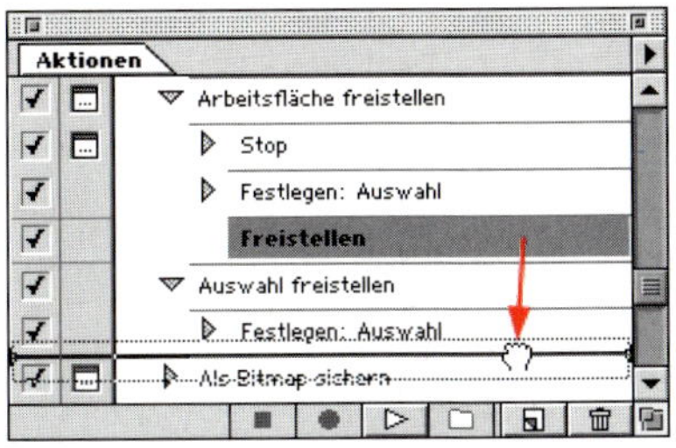

Schritt, Aktion oder Set kopieren

Ein Schritt, eine Aktion oder ein ganzes Set läßt sich kopieren, indem das jeweilige Etikett auf das Symbol ◲ in der Aktionenpalette gezogen oder bei gedrückter **Alt/⌥-Taste** an eine andere Position verschoben wird. Beim Kopieren von Aktionen werden alle darin enthaltenen Schritte, bei Sets alle darin enthaltenen Aktionen mitkopiert. Ein Schritt läßt sich auch in eine andere Aktion und eine Aktion in ein anderes Set kopieren.

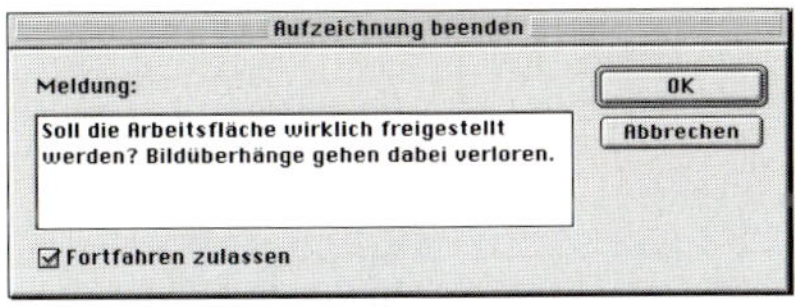

Hinweise für den Anwender einfügen

Mit dem Befehl Unterbrechung einfügen lassen sich Hinweisfenster in eine Aktion aufnehmen, die beim Abspielen geöffnet werden, um den Anwender über bestimmte Eigenschaften der Aktion oder notwendige Benutzereingaben zu informieren. Bei aktivierter Option **Fortfahren zulassen** wird die abgespielte Aktion weiter ausgeführt, wenn der Anwender auf Fortfahren klickt. Bei deaktivierter Option stellt Photoshop im Hinweisfenster nur die Stop-Schaltfläche zur Auswahl, die die Aktion anhält, auch wenn weitere Schritte folgen.

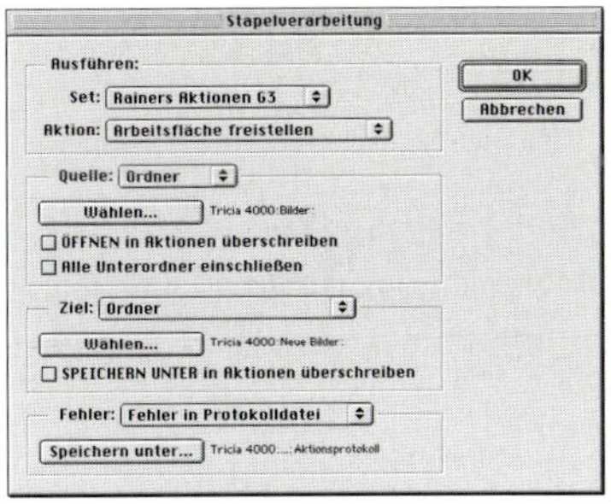

Stapelverarbeitung

Photoshop gibt die Möglichkeit, eine Aktion auf eine ganze Reihe von Bildern anzuwenden. Diese Bilder müssen sich in einem gemeinsamen Ordner befinden. Dazu wird der Befehl Datei, Automatisieren, Stapelverarbeitung aufgerufen. Im Dialog können die gewünschte Aktion und der Bilderordner ausgewählt werden. Darüber hinaus kann der Anwender entscheiden, ob die bearbeiteten Dateien überschrieben oder in einem anderen Ordner gesichert werden sollen.

Aktionen speichern

Aktionen können in einer Einstellungsdatei gesichert werden (Aktionen speichern aus dem Menü der Aktionenpalette). Photoshop speichert nicht einzelne Aktionen, sondern immer das gesamte Set. Deshalb muß vor dem Aufruf des Speichern-Befehls das gewünschte Set in der Palette markiert sein.

Aktionen laden

Mit der Funktion Aktionen laden aus dem Menü der Aktionenpalette läßt sich die Liste der Aktionssets um gesicherte Sets ergänzen (etwa, wenn das Set in der Zwischenzeit aus der Palette gelöscht wurde).

Vorsicht beim Löschen und Ersetzen!

Die Funktionen Aktionen löschen und Aktionen ersetzen aus dem Menü der Aktionenpalette löschen alle Sets aus der Palette; letztere lädt danach das ausgewählte Set. Die gelöschten Sets gehen dabei unwiederbringlich verloren, wenn sie nicht vorher gesichert wurden.

Appendix

CD zum Buch

Wie die Beispielbilder aus diesem Buch Gelegenheit für eigene Experimente geben

Die Bilder auf der CD sind jeweils nach Kapiteln in Ordnern zusammengefaßt. Mac-Anwender können sich auch anhand der Ordnersymbole orientieren.

Nichts wird die Experimentierfreude eines Photoshop-Anwenders mehr ins Leere laufen lassen, als das Fehlen von geeignetem Bildmaterial. Das Ausprobieren der unzähligen Photoshop-Techniken an Beispielbildern ist eine der wichtigsten Lernerfahrungen auf dem Weg zum professionellen Bildbearbeiter, die kein noch so exzellenter theoretischer Exkurs, keine noch so brillante Trockenübung ersetzen kann.

Damit nach oder während der Lektüre dieses Buches gesammelte Ideen direkt am Bildschirm umgesetzt werden können, sind auf der beiliegenden CD-ROM alle Beispiele dieses Buches enthalten – mit Ausnahme der Bilder, die aus rechtlichen Gründen nicht als Bilddatei weitergegeben werden können. In der Regel ist neben dem fertigen Endbild auch das unbearbeitete Ausgangsbild vorhanden, so daß der Leser den Versuch unternehmen kann, die Buchbeispiele »nachzuspielen«. Natürlich sind der Kreativität keinerlei Grenzen gesetzt, und es lassen sich mit den Bildern auch völlig neue Variationen erstellen.

Einschränkungen gelten jedoch hinsichtlich der Verwertbarkeit des Bildmaterials. Die Bilder dürfen nur im Rahmen der Lektüre dieses Buches verwendet werden. Alle übrigen Verwertungen bedürfen der Genehmigung des Autors.

Die Bilder auf der CD sind sowohl für Macintosh-Anwender als auch für Windows-User verfügbar. Sie sind jeweils nach den Kapiteln, in denen sie vorgestellt werden, zusammengefaßt und befinden sich im Ordner Bilder auf der obersten Hierarchieebene der CD. Die Namen der Unterordner und Dateien können den folgenden drei Seiten entnommen werden.

Symbolerklärung	
	Ordner auf der CD
	Photoshop-Ebenendatei
	TIFF- oder EPS-Datei
	Einstellungsdatei
	Anwendung

Wozu Bildbearbeitung?
14–17
wozubild

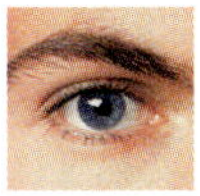

- augapfel.tif
- auge.tif
- augeblau.tif
- duplex1.eps
- duplex2.tif
- kolorier.tif
- maleffek.tif
- montage.tif
- rahmen.tif
- textbild.tif
- tiefe.tif
- verfremd.tif

Ganz schön bunt
22–31
ganzbunt

- kugel.tif

Passepartout
66–71
passepar

- elefant.tif

Wahl ohne Qual
72–77
wahlqual

- himmel.tif
- mahner.tif
- maler.tif
- struktur.tif
- verlauf.tif

Canale Grande
78–81
canale

- chrom.tif
- g.tif
- relief.tif
- plexi.tif

Auf Montage
82–83
montage

- fisch.tif
- fischwei.tif
- schweiss.tif

ARTificial Reality
84–87
artifici

- graffiti.tif
- grafkorr.tif

Real Reality, Virtual Reality
88–91
realreal

- hauskorr.tif
- hausscan.tif

Schön schattig
92–95
schattig

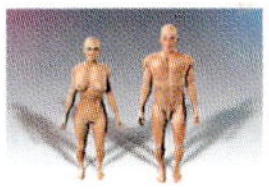

- schatten.psd
- figuren.tif
- schatten.tif

Unschärferelation
96–99
unschaer

- kopf.psd
- weichzei.psd
- portrait.tif
- weichzei.tif

Wirklich einleuchtend
100–101
einleuch

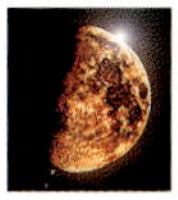

- mond.psd
- mond.tif
- mondsw.tif

Globalisierung
102–103
global

- global.psd
- global.tif
- panorama.tif

Schnell, schneller, am schnellsten
104–105
schnell

- bewegung.tif
- maserati.tif

Bewegend
106–107
bewegend

- flugzeug.tif
- rotation.tif

Zeitraffer
108–109
zeitraff

- uhr.psd
- uhren.psd
- uhren.tif
- zeitraff.grd

Offensichtlich
110–112
offensic

- espresso.psd
- aussen.tif
- espresso.tif
- innen.tif

Eine Offenbarung
113
offenbar

- offenbar.psd
- offenbar.tif
- uhr.tif
- uhrwerk.tif

Farbe ohne Farbfilm
114–115
farbe

- landfarb.tif
- landsw.tif

Vom Winde verweht
116–117
vomwinde

- muehle.tif
- vomwinde.tif
- vomwinde.amp
- vomwinde.grd

Ohne Grenzen
118–119
ohnegren

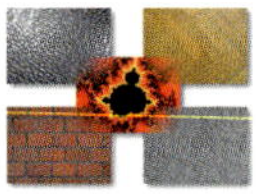

- blending.psd
- blending.tif
- fraktal.tif
- frottee.tif
- mauer.tif
- metall.tif
- parkett.tif

Gut in Form
120–123
gutinfor

- konzert.psd
- geige.tif
- konzert.tif
- noten.tif

3-D-Effekt
126–127
3deffekt

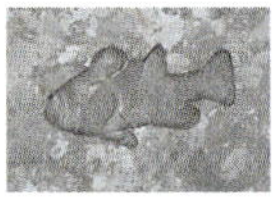

- fossil.psd
- fisch.tif
- fossil.tif
- stein.tif

Photoshop als Typoshop
128–131
typoshop

- nepal.psd
- auswasch.tif
- dunkel.tif
- farbton.tif
- kolorier.tif
- kontrast.tif
- kopf.tif
- negahell.tif
- negakolo.tif
- nepal.tif
- solarisa.tif

Gespaltene Persönlichkeit
132–133
gespalte

- clara.psd
- 100mark.tif
- clara.tif
- riss.tif

Vierfarbwunder
134–137
vierfarb

- 4color.psd
- 4color.tif

Wie im Studio
138–139
studio

- fuerte.tif
- kamera.tif
- ventura.tif

Leuchtendes Beispiel
140–141
leuchten

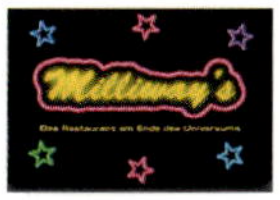

- milliway.tif

Unter die Lupe genommen
142–143
lupe

- farbrast.psd
- mosaik.psd
- farbrast.tif
- holz.tif
- mosaik.tif

Spieglein, Spieglein ...
144–147
spieglei

- surreal.psd
- falter.tif
- surreal.tif

Rundherum
148–149
rundheru

- rand1.tif
- rand2.tif
- rand3.tif
- rand4.tif
- rand5.tif
- rand6.tif

Güteklasse A
150–153
aklasse

- aklasse.psd
- blau.tif
- gelb.tif
- grau.tif
- gruen.tif
- halebopp.tif
- original.tif
- pink.tif
- schwarz.tif
- silber.tif
- spektrum.tif
- weiss.tif

Naßgemacht
154–155
nass

- tropfen.psd
- fisch.tif
- tropfen.tif

Graffiti-Projekt
156–159
graffiti

- kunst.psd
- cewa.tif
- kunst.tif
- tanks.tif
- teufel.tif

Chapeau claque
172–175
chapeau

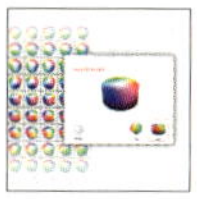

- boden.tif
- deckel.tif
- mantel.tif

Interaktiv
176–179
interakt

- image-browser (nur MacOS)
- browser.psd
- knopf.psd
- reiter1.psd
- reiter2.psd
- reiter3.psd
- reiter4.psd

Visuelle Referenz
202–273
referenz

- ebenen1.psd
- ebenen2.psd
- filter.tif
- textur.tif
- uhr.tif
- uhrklein.tif

Index

THE SIGN OF EXCELLENCE

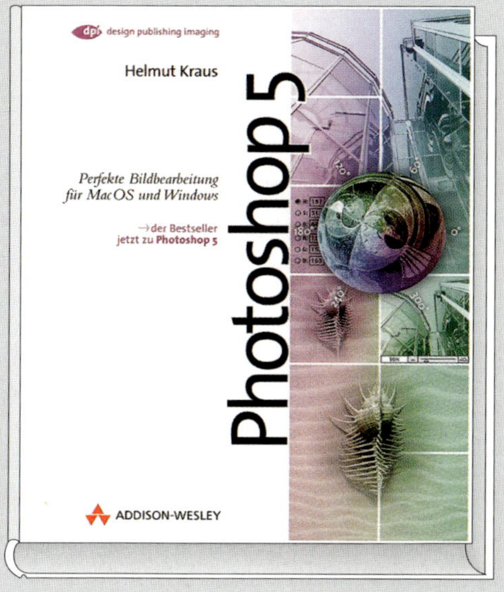

Photoshop 5

Perfekte Bildbearbeitung für Mac OS und Windows

Helmut Kraus

Das durchgehend vierfarbige Buch übernimmt den anwendungsorientierten Aufbau des erfolgreichen Vorgängerbuchs. Es bietet Anfängern sowie fortgeschrittenen Anwendern einen schnellen Zugriff auf interessante Arbeitstechniken und Anwendungsbeispiele. Zunächst vermittelt ein Theorieteil das grundlegende Verständnis für das Programm und seine Arbeitsweise. Im folgenden Praxisteil werden an ausgesuchten Beispielen verschiedene Arbeitstechniken mit Photoshop demonstriert. Eine visuelle Kurzreferenz erklärt die wichtigsten Fachbegriffe anhand von Bildbeispielen.

288 S., 1. Auflage 1998, geb., CD

DEM 89,90, ATS 656, CHF 78,00

ISBN 3-8273-1441-0

ADDISON-WESLEY